Thomas Giesenhagen

Dithmarschen unterm Danebrog

Die Lebensgeschichte des Kirchspielvogts
Johann Harders
1748 - 1826
in Nordhastedt und Meldorf

© 2017

Gestaltung, Umschlag: Wolfgang W. Schulz

Herstellung und Verlag: BoD – Books on Demand, Norderstedt.

ISBN: 9783743119529

Inhalt

		Seite
Vorwort		5
Kapitel 1	Prägung (1748-1780)	9
Kapitel 2	Amt und Familie (1781-1806)	107
Kapitel 3	Franzosentid (1806-1814)	297
Kapitel 4	Rezession (1815-1826)	379
Nachwort		447
Anhang		
Karte Meldorf		448
Karte Nordhastedt		449
Bildnachweis		450
Personenregister		466
Literaturnachweis		480
Quellennachweis		483

Vorwort

Wie schreibt man eine authentische Lebensgeschichte eines Menschen des 18. Jahrhunderts, von dem man anfangs kaum mehr als seinen Namen kennt, der keine persönlichen Aufzeichnungen hinterlassen hat und von dem es auch kein überliefertes Bildnis gibt? Kann es da gelingen, ein glaubwürdiges Porträt zu erstellen? Zu Beginn dieses Experiments, das allein von der Begeisterung für Geschichte und einer zweifachen Lust am Suchen und Fabulieren getragen ist, stehen viele Fragen in einem überdimensionalen, zunächst ungriffigen und konturlosen Raum. Geschichte wird im Verlauf meiner Suche zu einem spannenden und faszinierenden Detektivspiel, an dessen Anfang allerdings kein Verbrechen, sondern ein bislang noch unbekannter Lebensweg liegt. Im weiteren Fortgang der Reise durch die Zeit treibt mich dann im Kern immer wieder nur eine einzige Frage voran: Warum? Warum ist dieses so? Warum konnte jenes geschehen? Warum passiert etwas zu einem bestimmten Zeitpunkt? Warum? Warum? Im Laufe der Reise überrascht mich, für wie viele Fragen ich tatsächlich Antworten finde, welche teils überraschenden Querverbindungen sich mit zunehmender Komplexität auftun. Kleine Glücksmomente, die hinter jeder Ecke lauern und mich mittels Adrenalinschub immer weiter führen in die „terra incognita" verstaubter Archive und abgelegter Geschichte.

Zu den größten Schätzen meiner Kindheit gehört eine alte metallene Dokumentenkiste meines Großvaters, in der schon leicht angegilbte Durchschläge einer maschinengeschriebenen Familiengeschichte (meiner väterlichen Familie) nebst zahlreichen, zu einem großen Puzzle zusammenlegbarer Stammtafeln gehütet werden. Von Raubrittern und Reformation, von Hexenverbrennungen und Hofmaurermeistern ist dort die Rede. Ein Namensvetter lebt bereits vor über fünfhundert Jahren. Ein sehr entfernter Verwandter hat vor mehr als 100 Jahren mit seiner Forschungsarbeit eine abenteuerliche Spur gelegt, die mich als Heranwachsenden mit aller Macht leimt, Schritt für Schritt führt und früh mit einer Begeisterung für Geschichte erfüllt. Ein Same ist gepflanzt …

Und eines Tages kommt da wieder unvermittelt eine Frage in den Vordergrund meines Bewusstseins. Anfänglich zart, dann immer drängender und schließlich quälend: Warum? Warum weiß ich, der ich doch in Dithmarschen den weitaus größten Teil meines Lebens verbracht habe, demgegenüber eigentlich so wenig über die Geschichte meiner Dithmarscher Vorfahren? Und schließlich die naheliegende, aber viel gefährlichere nächste Frage: Warum finde ich nicht einfach selbst heraus, was es da zu entdecken gibt?

Zwei Facetten stellen sich für mich im Laufe meiner angetretenen Zeitreise als besonders faszinierend heraus. Dithmarschen zu Zeiten des Dänischen Gesamtstaates des 18. Jahrhunderts, eine ungemein spannende und durchaus bewegte Zeit, über die nach meinem

Empfinden aber erstaunlich wenig lokalspezifische Geschichtsliteratur existiert im Vergleich zu den heroisierten Umbruchzeiten der Dithmarscher Republik oder den großen Umwälzungen des 19. Jahrhunderts im größeren Kontext Holsteins mit zunächst gescheiterter Erhebung der Schleswig-Holsteiner und etwas später folgender Eingliederung in Preußen und Deutschem Reich. Daneben aber auch die Süderdithmarscher Beamtenschaft des Dänischen Gesamtstaates, ein in Teilen privilegierter, aber auch eng in sich verwobener Zirkel innerhalb der Dithmarscher Gesellschaft, in deren Gefühls- und Gedankenwelt in ihrem spezifischen Spannungsfeld einzutauchen, mindestens aber ihre Beziehungsgeflechte zueinander sichtbar zu machen, mich von Beginn an elektrisiert.

Zwei Ortsgeschichten bieten sich im Weiteren als gegebener Rahmen besonders an. Nordhastedt, der Ort, in dem ich seit vielen Jahren gerne lebe und Meldorf, eine mir zunächst weitgehend unbekannte Stadt, die mein Großvater, obwohl er sie vergleichsweise früh verlassen hat, stets als Heimat in seinem Herzen getragen hat und die auch mich im Laufe meiner Erkundung immer mehr in ihren Bann gezogen hat mit ihrer Unmenge an offener, teils aber auch nur oberflächlich verborgener und dennoch erlebbarer Geschichte, von der ich im ohnehin schon breit genug gesteckten Rahmen dieser Erzählung aber nur einen kleinen Teil darlegen, wiederentdecken kann. Das wirtschaftlich schwer gebeutelte Meldorf des 18. Jahrhunderts wird im Glanze zahlreicher großer Persönlichkeiten im vorliegenden Zeitrahmen dennoch von einem ganz besonderen, weil kontrastreichen Licht beschienen. Es offenbart sich hoffentlich auch in diesem Buch ein kleiner Blick auf die Seele einer Stadt.

Details, Details, Details. Für mich das Salz in der Suppe einer jeden lebendigen Erzählung und der ewige Spagat, zwischen der Lust auf Beschreibung kleinster Kleinigkeiten und dem süßen Reiz, sich zu verlieren in den Abgründen der immer weiter in die entlegensten Winkel führenden und versuchenden und lockenden Frage des Warum. Irgendwann ist soviel Material beisammen, beim Sammeln, Sammeln, Lesen und Denken und Suchen und wieder Sammeln, dass ein Bild entsteht - ein Bild von einem Menschen, geprägt von seinen Mitmenschen, seiner Zeit, seiner räumlichen Umgebung. Es bleibt die Frage nach der Form, mit der dieses Bild gerahmt sein soll. Schließlich habe ich mich gegen die immer wieder lockende Form eines Romans entschieden, hoffe aber dennoch, dass auch die vorliegende, Fakten basierte Erzählung hinreichend lebendig ist für Jeden, der Spaß an der Erkundung der Geschichte Dithmarschens hat. Nicht nur die häufig genug ausführlich behandelte große Geschichte, die sich mit Politik und Struktur, dem Leben der Mächtigen im Detail, Volkes Leben aber meist nur im Allgemeinen und Prosaischen beschäftigt. Dem möchte ich eine Geschichte entgegen stellen, die in möglichst vielen Facetten versucht, das Leben eines Menschen in seiner Zeit und unter ihren Lebensbedingungen nachzuzeichnen, der ein vielleicht in Teilen privilegiertes, aber keinesfalls außergewöhnliches Leben gelebt hat, mit Ausnahme seiner Nachfahren (als wäre das nicht genug) kaum sichtbare oder bedeutsame Spuren hinterlassen hat. Aber er hat sein Leben in einer Weise gelebt, ohne die es mein Leben nicht geben würde und das in einer ungemein spannenden Zeit, die ich im Laufe der Beschäftigung mit derselben als immer faszinierender, immer weniger exotisch und mit ihren Herausforderungen und gefundenen Lösungen der Menschen immer ähnlicher unserer eigenen empfinde. Was wäre besser geeignet als eine solche „durchschnittliche" Lebensgeschichte, um hier auch eine Vielzahl von Menschen zu zeigen, darzustellen, auftreten zu lassen, die in den schillernden Erzählungen der „Reichen und Schönen" ansonsten häufig nur am Rande als namenlose Staffage auftreten, mangels erhaltener Zeugnisse meist auch nur auftreten können. Für den Einen mag die gewählte Form mit Nennung einer möglichst großen Zahl von Dithmarschern ihrer Zeit ermüdend wirken, für mich ist das angestrebte Ziel eine Form von Farbigkeit und Lebendigkeit, die das Risiko aufwiegt.

Die vorliegende Erzählung wäre aus meiner Sicht gelungen, wenn sie zur Nachahmung verleiten könnte. Mögen die Fachleute in ihrem Urteil gnädig sein mit einem Autodidakten, der stets versucht, so wenig Fehler wie möglich zu machen, aber auch weiß, dass sie sich wohl nie gänzlich vermeiden lassen. Am Ende des abgeschlossenen Experiments steht eine wesentliche Feststellung: Lust auf Fragen und Hunger nach Antworten können mächtige Triebfedern sein. Mit jeder Antwort entstehen immer wieder neue Fragen, die mich antreiben und schließlich zu der Erkenntnis führen, wie spannend, lebendig und anhand vieler Dinge konkret mit meinem heutigen Erleben Dithmarschens in Verbindung zu bringen die Dithmarscher Geschichte und ihre inkludierten Ortsgeschichten sind. Meine Lust auf mehr ist jedenfalls während der mehrjährigen Arbeit an diesem Buch gewachsen...

Kapitel 1

Prägung (1748-1780)

„Wo habt ihr einen Schauplatz des Lebens für mich?"

(Johann Wolfgang von Goethe 1776, aus dem Singspiel „Claudine von Villa Bella")

„An Kleinigkeiten zeigt sich die Natur des Menschen"

(Jean-Jacques Rousseau (1712-1778), französischsprachiger Genfer „Aufklärer")

Wäre dieses kein Buch und wäre an dieser Stelle Raum für mehr als Buchstaben und Worte, dann erklängen Fragmente der Fugen eines Johann Sebastian Bach. Es ist die Spätphase des Barock und die Blütezeit der Orgelmusik. Der 63-jährige Bach, zu Lebzeiten allenfalls als Virtuose, als Komponist aber nur einem kleinen Kreis von Musikkennern bekannt, beginnt im September 1748, in dem diese Geschichte ihren Anfang nimmt, mit der eigenhändigen Niederschrift eines überarbeiteten Fugenzyklus, der nach Drucklegung drei Jahre später, kurz nach seinem Tod, als sein Spätwerk "Die Kunst der Fuge" veröffentlicht wird. Erst weitere 80 Jahre später, im Jahre 1829 und damit nur kurze Zeit, nachdem auch die hier zu erzählende Geschichte geendet haben wird, wird Bachs heutiger Ruhm entstehen, nachdem die Wiener Klassiker Mozart, Haydn und Beethoven sich mit dem musikalischen Erbe des längst verstorbenen Bach auseinandersetzen, damit diesen ins Gedächtnis der kulturellen Welt zurückholen und Felix Mendelssohn-Bartholdy Bachs Matthäus-Passion neu aufführt. Es braucht die Lebensspanne unseres Protagonisten, so scheint es, das Geniale und das die Zeit Überdauernde in der Musik des Johann Sebastian Bach zu entdecken. Betrachten und erforschen wir im Folgenden die letztmalig „unbe-Bach-te" Zeit am Ende des Barock in seiner Entwicklung auf die Klassik hin.

Als bildlichem Kontrapunkt zu Bachs Aufenthalt in dem gerade ein Jahr zuvor für den großen Preußen Friedrich II. fertiggestellten Rokoko-Sommerschloss Sanssouci in Potsdam bei Berlin, wo er Teile dieser Niederschrift, trotz zunehmender Augenkrankheit und motorischer Störungen seiner Schreibhand, in diesem September 1748 mit letzter Kraft zu

Papier bringt, blicken wir in diesem Spätsommer auf ein beginnendes Leben im ländlichen Süderdithmarschen, das sowohl räumlich als auch zeitlich weit entfernt von Preußen, noch ein Teil des Dänischen Herrschaftsbereiches ist.

Eine unkorrekte Taufe

Johann Harders wird an einem Sonnabend, den 14. September 1748, mitten hinein in die Erntezeit, als drittes von später fünf Kindern des Nordhastedter Kirchspielvogts und -schreibers Claus Harders und seiner Frau Wiebke, geborener Behrens auf dem väterlichen Hof in Nordhastedt am Rand der Dithmarscher Geest geboren und eine Woche später am 21. September 1748 in der kleinen Katharinen-Kirche in Nordhastedt von dem noch jungen Pastor Peter Hermann Karstens getauft, der hier das Kirchenamt zu diesem Zeitpunkt bereits im neunten Jahr ausübt. Die schon mehrere hundert Jahre alte, aus groben Feldsteinen gemauerte Dorfkirche ist zu diesem für die Kirchspielvogtfamilie Harders feierlichen Anlass allerdings in einem wenig erbaulichen Zustand. Sieben Jahre zuvor ist sie „am mittelsten Pfingsttage 1741", einem Mai-Montag also, da zu dieser Zeit auch der Pfingstdienstag noch ein kirchlicher Feiertag ist, in einem großen, vermutlich durch einen Blitzeinschlag verursachten Brand, wie auch noch zahlreiche andere umliegende Gebäude, erheblich beschädigt, *„in die Asche gelegt"* worden und auf Jahre nur notdürftig wiederhergestellt.

Nicht nur das beklagenswerte Innere und Äußere des Gotteshauses zeugt davon, dass die Nordhastedter Kirchengemeinde in diesen Jahren nicht zu den Aushängeschildern der Kirche in den deutschsprachigen Herzogtümern Schleswig und Holstein des Dänischen Gesamtstaates gezählt werden kann. Auch bei formalen Vorgaben übt man auf der Dithmarscher Geest Zurückhaltung oder eine ganz eigene Auslegung der Kirchenregeln. So bemängelt eine im Mai des Jahres 1753 in ganz Süderdithmarschen vorgenommene Generalvisitation der Holsteinischen Landeskirche[1] scharf die *„zu lange Verschiebung der Kind-Taufen, da nemlich selbige zu Nordhastedte sehr oft bis auf den achten Tag aufgeschoben werden."* Gemäß dem geltenden Kirchenrecht wäre auch der kleine Johann tatsächlich schon spätestens am dritten Tage nach der Geburt zu taufen. Doch nicht nur die anscheinend im Ort seit Jahren übliche verspätete Durchführung von Taufen erregt den Unmut der Aufseher. Noch viel tiefer liegt es bei den Beerdigungen dieser Zeit im Argen. Im Visitationsprotokoll ist weiter zu lesen, *„daß das Leichenbier, wie zu Barlt und Nordhastedt gemeldet worden, zu einigen nicht geringen Unordnungen Anlaß gebe, in dem bey denen öffentlichen Beerdigungen während des Gesanges beständig gezechet, geschnaufet, geplaudert und gelacht werde."* Insbesondere bei den abendlichen Beerdigungen, die nach

Wunsch der Obrigkeit eigentlich schon längst des üblichen Fackeltragens und der damit verbundenen Feuergefahr wegen ganz eingestellt werden sollten, muss das Leichenbier wohl regelmäßig ausarten, da die Visitatoren als verschärfenden Kritikpunkt bemängeln, dass diese teilweise erst um 1 oder 2 Uhr nachts begangen werden. Hierzu wird auch Wöhrden noch als negatives Beispiel mitverhaftet. Der Landvogt in Meldorf reagiert auf diese Zustände u.a. drei Jahre später mit einer Verordnung, dass sich die Einwohner des Kirchspiels Nordhastedt bei Beerdigungen *„Mäßigkeit in Bier und Branntwein aufzulegen haben, um Exzesse und Unordnungen zu vermeiden."*

Patengemeinschaft

Welch eine leicht derangierte, eigensinnige, aber auch lebensfrohe Gemeinde, in die der kleine Johann da hineingeboren wird. Als erstem Gevattern des jungen Täuflings, dem ersten Sohn, werden die Eltern am Tauf-Sonnabend begleitet von Johann Behrens Senior zur "Schönefeldter Mühle"[2]. Der aus einer Wackener Müllerfamilie stammende Großvater mütterlicherseits ist zu dieser Zeit bereits von seiner zuvor langjährigen Wirkungsstätte im Hanerauer Gut nach Schenefeld auf die dortige Wassermühle „Neumühlen" verzogen. Weiterer Pate ist der 71-jährige Großonkel Hans Thedens aus Odderade. Dieser ältere und einzig noch lebende Bruder zur bereits verstorbenen Großmutter väterlicherseits, Margaretha, wird sechs Jahre später im nahe gelegenen Odderade als Junggeselle versterben. Marx Schelhorn (1705-1789), ein 17 Jahre älterer Cousin seiner Mutter, der erst seit wenigen Jahren in Schafstedt als Essigbrauer und wohl auch Gastwirt tätig ist, nimmt die übliche dritte Patenstelle ein. Johanns Vater Claus hat bei einer Kindstaufe dieses dritten Paten Marx Schelhorn wenige Wochen zuvor, am 7. Juli 1748 ebenfalls die Gevatternschaft für dessen Sohn Johann übernommen. Dieses Patenkind wird 35 Jahre später als Cousin 2. Grades unseres Protagonisten als mehrjähriger Pächter Johann Schillhorn der Schafstedter Wassermühle genannt, dessen Verpächter u.a. auch ein Thede Thedens ist, der wiederum zu der schon genannten einflussreichen Odderader Thedens-Familie zu zählen und Johann Harders Onkel 2. Grades ist. Ein prägender Mühlenbezug wird als einendes und die Familienstrukturen bestimmendes Band früh deutlich.

Dem Kirchspielvogt und stolzen Vater Claus Harders und seiner Frau Wiebke fällt die Wahl der Paten ihres ersten Sohnes in dieser Erntezeit des Spätsommers 1748 nur in Teilen leicht. In Fortsetzung einer guten alten Familientradition möchte man die älteste Generation der Großeltern des Täuflings einsetzen, da wird es allerdings bei den für einen ersten Jungen angemessenen männlichen Vertretern eng. Nachdem der prädestinierte väterliche Großvater, der alte Nordhastedter Kirchspielvogt Marx Harders, der nur die

Geburt der ersten Enkelin, Johanns ältester Schwester Margaretha noch miterlebt hat, bereits am 28. Juni 1746 in Nordhastedt im Alter von 67 Jahren verstorben[3] und nun also über zwei Jahre tot ist, bleibt natürlich als erste Wahl der Vater der glücklichen Mutter, Johann Behrens. Doch auch für die zweite Patenstelle gibt es von der väterlichen Seite keine unmittelbaren Kandidaten, da alle (männlichen) Verwandten der Harders dieser Generation schon verstorben sind. Der einzige ältere Bruder des Großvaters, auch ein Claus Harders, ist ebenfalls längst tot. Es bleibt für die zweite Patenstelle mit Hans Thedens „nur" noch der letzte noch lebende von ursprünglich vier zeitlebens eng mit den Nordhastedter Verwandten verbundenen Thedens-Onkeln von der mütterlichen Seite des Vaters, dieser allerdings als „gut betuchter" Großbauer aus einer respektablen und in weitreichende und einflussreiche verwandtschaftliche Netzwerke der Süderdithmarscher Geest verflochtenen Familie.

Umso bemerkenswerter ist da die Einsetzung eines Cousins der Mutter für die dritte Patenstelle, für die sich eigentlich aus der Generation der Eltern noch von Vaterseite fast alternativlos dessen drei Jahre jüngerer und einziger Bruder Marx Harders (1714-1771) als engster Verwandter anbieten würde. Möglicherweise ist das Verhältnis des Vaters Claus zu diesem jüngeren Bruder allerdings zu dieser Zeit nicht ganz spannungsfrei, da der Jüngere beim Tod des Vaters zwei Jahre zuvor im Erbe deutlich weniger bedacht worden scheint als sein das Amt und den großen elterlichen Hof übernehmender älterer Bruder. Marx Harders, der bei dieser Patenwahl übergangene und bereits auf seine 35 Jahre zugehende Onkel des Täuflings, wird allerdings erst im November dieses Jahres 1748 eine wohl zudem nicht ganz standesgemäße, verwaiste und möglicherweise auch noch schwangere Schneiderstochter Trienke Thiessen (1727-1761) aus Nordhastedt heiraten und lebt schon seit einiger Zeit lieber auf dem großen Hof seiner dorthin verheirateten jüngeren und einzigen Schwester im Kirchspiel Marne als bei seinem Bruder Claus im heimischen Nordhastedt auf dem einstmals elterlichen Hof. Die Umstände der ersten Jahre nach dem Tod des Vaters scheinen das Verhältnis der beiden Brüder, mindestens in dieser Zeit, noch sehr zu belasten. Die Trauung von Johann Harders Onkel Marx und Trienke findet, wohl aufgrund der Schwangerschaft der Braut und auf Drängen des sich hierdurch kompromittiert fühlenden Kirchspielvogt-Bruders Claus, im benachbarten Albersdorf statt, obwohl beide Brautleute aus Nordhastedt stammen. Nach der Heirat lebt dieser Bruder aber mit seiner Familie ebenfalls wieder in Nordhastedt. Hier wird im Folgejahr der „etwas zu früh gezeugte" Sohn Marx als Cousin unseres Protagonisten geboren, allerdings im Alter von zwei Jahren früh versterben. Das Verhältnis der beiden Brüder Claus und Marx Harders zeigt sich bei dessen Taufe im Sommer 1749 wieder etwas entspannter. Der Kirchspielvogt Claus Harders übernimmt die erste Gevatternstelle, wie später auch seine Frau Wiebke als

Frau Kirchspielvogt die erste Patenstelle bei der am 2. Dezember 1754 geborenen ersten Tochter Margaretha des Marx Harders, von deren späterem Ehemann, einem Nordhastedter Schneider wie ihr Großvater, wir noch hören werden.

Dagegen werden aber auch bei den beiden noch folgenden Kindsgeburten des Kirchspielvogts Claus Harders und seiner Frau weder sein jüngerer Bruder Marx, noch dessen Frau als Gevattern der Kinder eingesetzt. Es ist eine Zeit, in der bei der Auswahl von Paten neben deren Bereitschaft zur Übernahme der „Gevatternstelle" und der materiellen Fähigkeit zur Gabe eines jeweils adäquaten Patengeschenks neben einer familiären Verbundenheit auch stark auf den sozialen Status zueinander geachtet wird. Der jüngere Bruder Marx des Kirchspielvogts Claus Harders teilt so das Schicksal vieler nachgeborener Geschwister. Im Verständnis der Zeit sollen häufig Vermögen und Status einer Familie über den ältesten Sohn gewahrt bleiben – anderenorts auch bewusst über ein „Jüngstenerbrecht" über die jüngsten Nachkommen. In einer Kirchspielvogtfamilie gehören zudem Amt und Besitz gezwungenermaßen eng zusammen. So bleibt der Bruder Marx gegenüber seinem älteren Bruder Claus trotz Abfindung aus dem Hoferbe zeitlebens wohl etwas minderbemittelter. Neben geringerem Erbteil bliebe ihm so, wie Vielen seiner Zeitgenossen, zur Erreichung eines höheren Lebensstandards nur die Suche nach einer „guten Partie", einer auf Familienvermögen sitzenden Witwe oder „Brüder-losen" Braut, eine Karriere als Schwiegersohn also. Dieser materiellen und sozialen Lebenschance hat sich der Bruder Marx anscheinend aber durch die folgenreiche, aber verlässliche Liebschaft dieses Jahres 1748 in Teilen früh beraubt, auch wenn sein neues, aus der Brautfamilie Thiessen stammendes Nordhastedter Domizil nicht zu den schlechtesten gehören wird.

So wird also auch für die dritte Patenstelle des im September 1748 zu taufenden ersten Sohnes Johann des Kirchspielvogts Claus Harders, aufgrund dieser Familiensituation, mit dem Cousin der Frau nochmals auf die mütterliche Seite zurückgegriffen. Man kann davon ausgehen, dass bei dieser Wahl des Marx Schelhorn nicht in erster Linie der gleiche Vorname wie der des verstorbenen Großvaters ausschlaggebend ist, sondern eine zu dieser Zeit enger gepflegte Freundschaft mit dem anscheinend ambitionierten und bereits etwas darstellenden Vetter. Der wohl aus dem Rendsburger Amt stammende Schelhorn, die Familie wird sich später auch Schillhorn nennen, ist ein Sohn eines Hans Schelhorn und der Anna Barbara Puls, der ältesten Schwester der Mutter der Frau Kirchspielvogt Harders. Er ist erst im Laufe des Jahres 1746, also zwei Jahre zuvor, nach Schafstedt verzogen. Ein frühes, bereits im Sommer 1745 geborenes Kind kommt noch an anderer Stelle zur Welt. Die erste in Schafstedt erfolgende Geburt und somit im Albersdorfer Kirchenbuch registrierte Taufe wird im August 1746 für die Familie dokumentiert. Wahrscheinlich ist Marx Schillhorn ebenfalls im Bereich des Guts Hanerau aufgewachsen und so, über die

Beziehung zu seiner dort lebenden Base Wiebke Behrens, seit deren Ehe mit Claus Harders im Jahre 1743 auch in engerem freundschaftlichen Kontakt mit diesem. Anzeichen für eine in späteren Jahren noch bestehende enge Verbindung der Nordhastedter Harders zu den Schafstedter Schelhorn lassen sich dagegen keine finden. In der nächsten Generation der Vettern und Basen 2. Grades werden mindestens keine wechselseitigen Patenschaften mehr übernommen. Gleichwohl wird der als Essigbrauer tätige Patenonkel Marx Schelhorn bis zu seinem späten Tod im 83sten Lebensjahr im Jahre 1789 noch für lange Zeit den Kontakt zu seinem Patenkind Johann Harders und dieser zu ihm halten, zumal auch das Amt der Nordhastedter Kirchspielvögte häufige Besuche bei der in Schafstedt wirkenden und befreundeten Albersdorfer Kirchspielvogt-Familie Hedde vice versa besonders nötig macht.

Den in der Nordhastedter Kirchspielvogt-Familie Harders bis dahin weniger gebräuchlichen Vornamen Johann erhält der junge Täufling somit zu Ehren des einzig noch lebenden Großvaters, dem ursprünglich von 1716 bis 1746 auf der Lohmühle am Lindhorster Teich bei Bendorf im Hanerauer Gutsbesitz wirkenden Lohmüller Johann Behrens (1684-1770). In der väterlichen Harders-Familie dominieren bis zu dieser Zeit die männlichen Vornamen Claus, natürlich in seiner plattdeutschen Form „Clas", sowie Marx, eine niederdeutsch zeittypische und weitverbreitete Form des „Marcus". Beide Vornamen werden sich auch in nachfolgenden Generationen der Familie noch zeigen. Johann Harders gehört mit seiner späteren Amtsfunktion, ebenso wie sein Vater Claus und Großvater Marx Harders sowie deren Vorväter und in späteren Jahren sein eigener Sohn Johann Andreas Harders zu einer ganzen Dynastie von Kirchspielvögten in einer Familie, die mindestens seit dem 30-jährigen Krieg im kleinsten der Süderdithmarscher Kirchspiele in Nordhastedt wirkt und lebt. Zudem wird Johanns Neffe Jacob Diederich Harders, Sohn seines zwei Jahre jüngeren Bruders Marx, von 1838 bis zum Tod im Jahre 1860 Kirchspielvogt im benachbarten Albersdorf.

Sturmfluten und andere Katastrophen

Bereits in seiner frühen Jugend erlebt der 1748 geborene Johann Harders die ersten schweren Herbststürme, die der Dithmarscher Küste zur Mitte dieses 18. Jahrhunderts nach über dreißig eher ruhigen Jahren wieder heftiger zu schaffen machen. Eine verspätete Sturmtaufe, die ihn früh eine der prägendsten und ursprünglichsten Eigenarten seiner Heimat spüren lässt. Im August des Jahres 1751 machen nach einem ohnehin sehr wechselhaften Sommer starke Regenfälle ungewöhnlich früh viele Marschwege fast unpassierbar. Die sich in noch vollem Gange befindliche Ernte ist so mindestens in den nahen Marschkirchspielen erheblich belastet, als ein erster, sehr früher Herbststurm Anfang

September über das Land fegt. Am vierten windigen Tag in Folge, „beim letzten Viertel des Mondes", steigert sich dieser Weststurm am 11. September 1751, drei Tage vor Johanns drittem Geburtstag, schließlich sogar zu einem Orkan. Die Deiche Süderdithmarschens, vor allem bei Brunsbüttel und Eddelak, nehmen an diesem Sonnabend schweren Schaden, doch am Ende halten sie und verhindern so eine Katastrophe. In den kommenden Wochen muss die gesamte Süderdithmarscher Landschaft sowie die selbst noch stärker betroffene Wilstermarsch über Wochen Mannschaft, Pferde und Gerät zur dringend notwendigen Reparatur bereitstellen. Auch die Nordhastedter Landmänner werden, wie üblich Seite an Seite mit den Hemmingstedtern, in den Deichabschnitten der nahegelegenen Kirchspiele der Meldorfer Nordervogtei und Wöhrden zur Hilfe aufgefordert, um noch vor dem Winter die dringendsten Reparaturen durchzuführen.

Der Vater Claus Harders hat als Kirchspielvogt die Aufgabe, diese Hilfsleistungen der Nordhastedter Bevölkerung zu organisieren. Mitten hinein in die kräftezehrenden Deicharbeiten wird im Gesamtstaat kurz vor Weihnachten 1751 auch noch eine allgemeine Staatstrauer ausgerufen, die auch die holsteinischen Landeskinder von den Deichen in die Kirchen ruft. Die junge und doch schon zum sechsten Mal schwangere dänische Königin Luise, eine englische Königstochter und aufgrund ihrer allgemeinen Beliebtheit eine „Lady Di" ihrer Tage, stirbt am 19. Dezember, nur einen Tag nach ihrem 27. Geburtstag, nach einer Verrenkung, die sie sich zuzieht, als sie etwas vom Boden aufzuheben versucht. Ihr Gemahl, König Friedrich V. (1723-1766), der erst seit fünf Jahren, nur wenige Jahre vor der Geburt Johanns, die Regierungsgeschäfte von seinem Vater übernommen hat, ordnet daraufhin eine landesweite Trauerzeit an. An all diese Geschehnisse wird der gerade einmal drei Jahre junge Johann später sicherlich aber kaum noch konkrete Erinnerungen haben.

Doch bereits die als "Markusflut" oder auch „Amalienflut" in die Chroniken eingehende nächste schwere Sturmflut vom 7. Oktober 1756 - der König ist längst schon wieder mit einer neuen Königin verheiratet, von deren Einfluss auf die Geschichte noch zu reden sein wird - erlebt der nun 8-jährige Johann Harders wohl als eines der ersten persönlichen großen Abenteuer und wird dieses stets als eine der frühesten Kindheitserinnerungen bewahren. Nachdem seit Montag, dem 4. Oktober ein starker Südwind weht, steigert sich dieser bis zum Donnerstagmorgen des 7. Oktober - in der Nacht hat es auch noch stark zu regnen begonnen - unter starkem Getöse zu einem zunächst aus Südwest blasenden Sturm. Es wird eine Springflut erwartet. Der weiter auf Orkanstärke angeschwollene Sturm dreht im Verlauf dieses Donnerstags auf ein bedrohliches Westnordwest. Die älteren und erfahreneren Nordhastedter ahnen für die bevorstehende Vollmondnacht angesichts der damit einhergehenden besonders hohen Flutstände vermutlich Böses, doch das Unglück wird bereits im Laufe des von Sturm- und Regenwolken früh verdunkelten Nachmittags über die gesamte Westküste hereinbrechen. Auch auf der Geest fliegen schon seit den Morgenstunden Geäst, Reetdachteile und nicht ausreichend gesichertes Hofgerät durch die vom Regen gepeitschte Luft. Selbst große Bäume werden an der Westküste und in den Elbmarschen zuhauf entwurzelt. Die Wege im Dorf sind bald unter Ästen und von diesen noch umfangreich getragenem Blattwerk begraben, die vom Starkregen in jedem vertieften und windabgewandten Winkel zu braungrünen Morastklumpen zusammengespült sind. Der Aufenthalt im Freien wird lebensgefährlich. Der unmittelbar am heimischen Hof in Nordhastedt vorbeifließende Mühlenbach droht wohl spätestens jetzt über seine Ufer zu treten und Teile der den Harders-Hof umgebenden und niedrig am Bach gelegenen Wisch- und Wiesenflächen unter Wasser zu setzen, vielleicht sogar das Hofgebäude selbst zu gefährden. Sorgenvoll richtet Johanns Vater Claus von den höher gelegenen südlichen Ausläufern des Dorfes, vom nach Odderade und Sarzbüttel hin gelegenen Donn oder dem „Fieler Berg" im Westen des Dorfes, die Augen auf die Fieler Niederung in Richtung Hesel und Meldorf. Sohn Johann wird vermutlich lange, aber vergebens darum betteln, ihn bei diesem Wetter bei den gefährlichen, aber notwendigen Inspektionsgängen begleiten zu dürfen. Der Junge kennt sicherlich seit langem die Geschichten aus seines Vaters Jugend. Erzählen und Handarbeiten sind häufige Familienbeschäftigungen zwischen Abendbrot und Schlafensruhe, in gebildeteren Schichten, wie seiner Kirchspielvogtfamilie auch das Lesen und Vorlesen. Doch längst noch nicht jeder Landmann ist in diesen Tagen, trotz mit Riesenschritten voran eilender Aufklärung, ausreichend des Lesens oder gar Schreibens kundig.

Erst vor wenigen Tagen, als der Sturm begonnen hat, unter starkem Geächze der Holzbalken, am Dach des reetgedeckten Hofgebäudes zu zerren, hat der Kirchspielvogt Claus Harders des Abends wohl zum wiederholten Male, während Mutter und Mägde Flachs spinnen oder im Halbdunkel der Stube andere Handarbeiten verrichten und der Sturm durch die Ritzen der Fenster pfeift, den inzwischen fünf Kindern im Takt der klappernden Fensterläden die Geschichten von damals erzählen müssen. Als Vater Claus Harders selbst ein Junge von knapp sieben Jahren und in Johanns Alter war, hat er die schwere „Weihnachtsflut" vom Heiligabend 1717 und die nur wenige Wochen später folgende, wegen ihres sie begleitenden schweren Eisgangs „Eisflut" genannte, beinahe noch größere Folgekatastrophe in der Nacht vom 25. auf den 26. Februar 1718 mit ihrem 14-tägigen durchgängigen Sturm erlebt, bei der die Westsee durch diverse Deichbrüche bei Meldorf sogar bis fast an die Ortsgrenzen Nordhastedts am Geestrücken vorgedrungen war und „die ganze Marsch einer offenbahren See glich". Tagelang stand damals auch die nahe Niederung um Fiel herum im Brackwasser, in einzelnen Marschhäusern gar „vier bis sieben Fuß hoch". Man musste über Tage hinweg mit Kähnen, sofern überhaupt vorhanden, vom

Geestrand über die Marsch bis nach Brunsbüttel oder Büsum fahren, um die letzten der sich auf Hausdächer und vereinzelte Bäume geflüchteten Familien zu retten. Fast 500 Tote waren damals allein in den beiden Dithmarschen zu beklagen, davon 344 in Süderdithmarschen. Krepiertes Vieh und zerstörte Gebäude kaum zu zählen. Eine schlimmere Flut hat es seitdem nicht mehr gegeben.

Weihnachtsflut 1717 / Februar 1718

Auch an diesem Oktobertag des Jahres 1756 werden die Deiche erstmals nach fast vierzig Jahren wieder brechen. Die besonders gefährdeten Abschnitte in den Kirchspielen Brunsbüttel und Eddelak, die gerade erst vor fünf Jahren schwer beschädigt und anschließend repariert wurden, widerstehen dieses Mal aufgrund einer für sie günstigeren Windlage zwar den Naturgewalten, aber an vielen anderen Stellen können die Bollwerke von Menschenhand nicht standhalten. Allein in den aufgrund der Windrichtung besonders exponierten Kirchspielen Meldorf und Wöhrden kommt es im Laufe der Nachmittagsstunden dieses Donnerstags an fünfzehn verschiedenen Abschnitten, unter gewaltigem Beben und Dröhnen der Erde, zu Grundbrüchen und Kammstürzungen. Teilweise geht das Meer mannshoch über die Deichkrone. Die größten Durchbrüche messen mehr als 100 Ruthen, etwa 500 Meter. Gegen sechs Uhr abends ist bereits das ebenfalls höher gelegene Meldorf, so weit das Auge in der Dämmerung reicht, von Wasser umgeben, das an den tiefsten Stellen 20-30 Fuß, etwa neun Meter Tiefe misst. Unerbittlich treibt der Sturm auch nach Erreichen des Scheitelpunkts der Flut die Wassermassen auf die überschwemmten Marschflächen und Niederungen. Erst um Mitternacht lässt der Orkan nach, um beim Morgengrauen schließlich ganz abgeklungen zu sein.

Auch wenn der 8-jährige Johann in diesen Stunden im aufgrund seiner Geestlage mindestens vor dem Salzwasser sicheren Nordhastedt kein heran rauschendes Meer zu sehen bekommt, wird er die vom Sturmwind lautstark untermalte Aufregung der Erwachsenen doch hautnah miterleben. Vater und Mutter werden in dieser Sturmnacht wohl kein Auge zu bekommen. Der Vogt Claus Harders wird gleich bei Einsetzen der ersten Dämmerung das Haus verlassen und eine erste Sichtung der Schäden am eigenen, nach Westen ungeschützt daliegenden Hof und im ganzen umliegenden Dorf vornehmen, und er wird nicht der Einzige sein, den es bei Tagesanbruch nach draußen treibt, um nach den Nachbarn, dem Vieh und den Sturmschäden zu schauen. Dieses Mal sind, Gott sei Dank, zumindest in Dithmarschen kaum Todesopfer zu beklagen, da die Deichbrüche hier noch am Tage geschehen und so die Menschen in der nahen Marsch nicht im Schlaf überrascht werden, doch die Verwüstungen dieses Sturmes sind immens. Als am Freitagmorgen die Sonne aufgeht, hat sich das Wetter längst geklärt. Wunderschöne Regenbögen zieren den Himmel und erzeugen mit ihren Spiegelungen auf der gesamten überfluteten Marsch eine höchst bizarre Stimmung. Der Wind dreht auf Ost und der restliche Oktober wird von schönstem Sonnenschein geprägt sein. Doch Notiz nimmt man nur dergestalt, dass die Aufräumarbeiten durch die Witterung nun wiederum begünstigt werden.

Schon an dem auf den Sturmtag folgenden, absurd idyllisch erscheinenden Freitagmorgen des 8. Oktober 1756 ergeht eine eiligst durch Boten überbrachte schriftliche Aufforderung des Meldorfer Landvogts auch an die Vögte der nicht unmittelbar betroffenen Geestkirchspiele, durch vertrauenswürdige Männer sicher stellen zu lassen, dass alle angespülten Güter zügig geborgen und zur späteren Rückgabe an die Marscheigentümer sicher verwahrt werden. Eine Anfang April des Folgejahres 1757 aufgestellte Bilanz[4] macht deutlich, dass sich die materiellen Süderdithmarscher Gesamtschäden dieser Flut, die im Elbraum darüber hinaus bis zu 600 Menschenleben gefordert hat, auf einen Betrag von über 700.000 Reichstaler belaufen. Das entspricht in dieser Zeit einem Gegenwert von etwa 350 mittelgroßen Bürgerhäusern oder in heutiger Kaufkraft gerechnet ca. 75 Mio. Euro. Davon erleiden die Kirchspiele Marne mit 180.663 Taler, die aus nur Marschland der nördlich um den Flecken gelegenen Ortschaften sowie den östlichen drei Vierteln des

Kloster-, Geer- und des Rosenviertels Meldorfs bestehende Meldorfer Nordervogtei mit 171.148 Taler, Meldorfs in Teilen auch aus nicht unmittelbar betroffenem Geestland bestehende Südervogtei mit 132.846 Taler sowie der zu Süderdithmarschen gehörende südliche Teil des Kirchspiels Wöhrden mit 71.289 Reichstaler die größten Schäden. Der Nordhastedter Kirchspielvogt Claus Harders muss dagegen nur geringste Verluste melden. Mit einem Betrag von 36 Reichstaler bildet seine Auflistung das abgeschlagene aber „glückliche" Schlusslicht in der Süderdithmarscher Bilanz des Grauens. Dem 25-jährigen Nordhastedter Hufner Reimer Schlüter (1731-1784), einem zu diesem Zeitpunkt noch unverheirateten Neffen zweiten Grades des Kirchspielvogts Claus Harders und Sohn des schon verstorbenen Nordhastedter Landesgevollmächtigten Henning Schlüter (1682-1742), ist ein Stück Vieh ertrunken, „so in der Epenwörder Feldtmark gegraset", und dem Fieler Hufner Claus Peters ist auf seinem Wischland durch das über Wochen auf dem Land stehende Salzwasser Gras verdorben im Gegenwert von 6 Reichstaler. In seiner Aufstellung gibt Johanns Vater Claus aber auch noch einen Aufwand von weiteren 689 Reichstalern zu Protokoll, der nun der Landschaft in Rechnung gestellt wird. Dieser bezieht sich darauf, dass auch die Nordhastedter in den auf die Katastrophe folgenden Wochen nicht nur zügig die kleineren Sturmschäden im eigenen Dorf beheben, sondern auch *„bey der beschädigten See-Teich der Nordervogtey Melldorff"* mit anpacken, um noch vor dem Winter mindestens die gröbsten Deichschäden zu beseitigen, indem zunächst bei den größten Durchbrüchen bei Harmswöhrden, Barsfleth und vor allem bei Ketelsbüttel, von wo das Wasser über die gesamte Hemmingstedter Marsch gedrungen ist, zunächst „Kay- bzw. Notdeiche" vorgebaut werden.

Kirchspielvogt Claus Harders notiert am 27. März 1757 weiter: *„Das Kirchspiel Nordharstede ... hat ... ein Stürtz-Karre nebst eine Treyber und Aufspitter austhun müssen"* und *„von dem 25sten October bis den 19ten November 1756 bey der Dorfschaft Ketelsbüttel in alle 93 Tage geteichet (558 RT) und hat das Kirchspiel den 19ten bis 8ten December bey Meldorferhafen in alle 19 Tage geteichet, so freywillig geschehen (114 RT)".* Die vom Vogt Harders genannten „Aufspitter", ein ursprünglich aus dem Holländischen stammender Begriff (anderenorts auch Pütter), heben oder stechen dabei die zu verarbeitende Erde an geeigneten Stellen des Hinterlandes aus und beladen die im 18. Jahrhundert einachsigen, mit hohem Radstand versehenen und meist von Pferden gezogenen „Stürzkarren" (auch Wüppe), deren aufgesetzter Kasten dann von den „Treibern", an die Deichlinie gekarrt und dort abgekippt werden kann. Da bei Pferdeeinsatz gerade die Arbeit als Treiber körperlich weniger anstrengend ist, werden für diese Aufgabe häufig jüngere Knaben und auch gelegentlich Mädchen eingesetzt. Durch die Nutzung von Pferden wird zudem im Inneren des Deiches die aufgefahrene Erde von den Hufen auch

regelmäßig bei Anlieferung gleich verdichtet. Endgültig geschlossen sind die zahlreichen Deichlücken in den Dithmarscher Seedeichen erst wieder im Sommer 1757. Die „Wasserflut von 1756" wird noch viele Jahrzehnte später dafür sorgen, dass gerade die besonders betroffenen Marschkirchspiele, als auch die übergeordnete Landschaft Süderdithmarschen, in erster Linie durch Steuerausfälle, einen enormen Schuldenhaushalt aufweisen. Auch wenn die kleineren Schäden und Notaufnahmen der vielen obdachlos gewordenen Kätner und Tagelöhner durch schnelle Nachbarschaftshilfe aufgefangen werden, dauert die nachhaltige Abarbeitung der Katastrophe neben der reinen „Neudeichung" noch lange an. Noch im Jahre 1758 werden vom König landesweit in den Herzogtümern Schleswig und Holstein die Pastoren angewiesen, Kollekten für die Opfer der Flut einzunehmen, die andere Küstenregionen der Herzogtümer in noch viel dramatischerer Weise betroffen hat. Die Kirchenspenden werden auch in Süderdithmarschen zum Teil erst im Februar 1759 in Beträgen zwischen 3 und 12 Reichstaler von den Kirchspielvögten an die vornehmlich ärmeren betroffenen Tagelöhnerfamilien ausgekehrt. Im Jahre 1760 werden in einer Süderdithmarscher Petition an den König[5] die hiesigen Langzeitfolgen beschrieben:
„ ... weil die Marschländereyen, welche von der Wasserfluth 1756 überschwemmt und verdorben worden, bey weitem zu ihrer vorigen Fruchtbahrkeit noch nicht wieder gediehen, mithin durch vieles Pflügen und Bearbeiten annoch wieder zu verbessern sind, auch dem Anschein nach eine ansehnliche Teich-Reparations-Arbeit allen Kirchspielen bevorsteht, die von einer unaussetzlichen Nothwendigkeit seyn dürfte."* Theodor Storm wird 130 Jahre später die Schilderungen dieser Markusflut als Vorlage für seine 1888 veröffentlichte Novelle "Der Schimmelreiter" heranziehen und diese literarisch zum Prototyp einer verheerenden Sturmflut schlechthin machen.

Für die norddeutschen Küstenbewohner ist die Markusflut weitaus konkreter und damit prägender als die fast genau ein Jahr zuvor am Morgen des Allerheiligentag 1755 bereits ganz Europa in Aufruhr versetzende Zerstörung Lissabons. Ein Erdbeben mit anschließendem „Tsunami" und ausgelösten Bränden hat die portugiesische Metropole fast vollständig zerstört und mit ihr bis zu geschätzte 50.000 Menschenleben in den Tod gerissen. Die tektonischen Erschütterungen, die in ganz Europa, in Dithmarschen u.a. durch einen ungewöhnlich starken Tidehub - in Glückstadt kommt es sogar zu Überschwemmungen - und in Heide durch einen heftig schwankenden Turm der St. Jürgen-Kirche zu spüren gewesen sind, sind allerdings nichts im Vergleich zu den in den Folgejahren ausgelösten intellektuellen Nachbeben. Die Auswirkungen der alles bis dahin gekannte Maß übersteigenden Katastrophe auf das Geistesleben Europas sind gewaltig. Die in barocker Zeit noch allgegenwärtige Gläubigkeit an einen gütigen Gott und eine daraus abgeleitete optimistische „Leibniz'sche" Weltsicht auf die bestehende als die beste aller denkbaren

Welten wird über Nacht zutiefst erschüttert. Für die Zeit ist das Beben in seiner psychologischen Wirkung einschneidender als in unseren Tagen die New Yorker Ereignisse vom 11. September 2001. Der aufklärerische Zeitgeist entwickelt aus der philosophischen Verarbeitung der Katastrophe zunehmend atheistische Weltsichten und begründet an Stelle einer Frage nach den Absichten eines Gottes eine naturwissenschaftliche Ergründung solcher Phänomene – die Wissenschaften der Geologie und Seismologie entstehen – als auch einen modern anmutenden Ansatz des „Krisenmanagements". Es hat den Anschein,

Das Erdbeben von Lissabon am 1. November 1755

dass sowohl die teils überbordende Lebensfreude des Barock als auch eine hierauf reagierende und sich häufig zum Fanatismus gesteigerte fundamentalistische Religiosität allein durch die Zerstörung der doch so gottesfürchtigen und „allerchristlichsten" Stadt Lissabon in weiten Teilen Europas ein nahezu abruptes Ende finden.

Die Dithmarscher, seit Jahrhunderten mit dem Auftreten solcher Naturkatastrophen und ihren nachhaltigen Auswirkungen auf das Volksempfinden und die Weltsicht ganzer Generationen zutiefst vertraut, sind in diesem Sinne in ihrem Weltbild in diesen Jahren allerdings keineswegs erschüttert. Sie haben über Generationen schmerzhaft gelernt, mit Respekt und Demut vor den stets drohenden Naturgewalten zu leben und agieren auch in diesem Herbst 1756 nach der Markusflut und den ersten lethargischen und mutlos machenden schweren Wochen des Aufräumens in erster Linie gewohnt stoisch und pragmatisch, naturwissenschaftliche und philosophische Diskussionen an den Universitäten hin oder her. Es zeigt sich mindestens bei der Obrigkeit längst die Wirkung der Aufklärung.

Wurden im 17. Jahrhundert die verheerenden Sturmfluten, beispielsweise der Jahre 1632 oder 1634, noch kollektiv als Strafen eines ob des irdischen Lebenswandels alttestamentarisch erzürnten Gottes oder gar Zeichen einer apokalyptischen Endzeit gedeutet, der man nur mit strengster kirchlicher Buße, frömmstem Gebet und christlichstem Lebenswandel entrinnen könne, wird zur Mitte dieses 18. Jahrhunderts längst eine andere Ursache jenseits aller Metaphysik erkannt. Wenn beispielsweise die von der Flut besonders betroffenen Pellwormer in einer Bittschrift noch 1781 schreiben[6]: *„So sah es um uns aus, als Ao 1756 Gott dem Meer erlaubte, all seine Schlünde zu öffnen und dem Winde geboth, die Schrecken des Meeres zu verbreiten ... Unser Teich musste nachgeben ...",* so ist das schon mehr ein Versuch, sich von einer nachträglichen Mitschuld durch zuvor versäumte Deicharbeiten zu befreien, denn alternativloses Empfinden einer Gottesstrafe oder religiöser Fatalismus. Ein nach einem Elbhochwasser und in Folge Übertretens auch der Stör im holsteinischen Hinterland zum 14. Juli 1771 entstehendes pastorales Mahngedicht im benachbarten Kellinghusen[7] spricht zwar noch von göttlichem Strafgericht, doch alleiniger Maßstab des Handelns sind diese bereits zu dieser Zeit leicht veralteten Zeilen längst keiner mehr:

HERR wenn dein Wille es gebeut, so müßen Ströme sich ergießen,
Und gar bey schönster Sommer Zeit durch Garten Fluhr und Felder fließen,
Des Oben Wassers wilde Fluth, reißt unsers Landmanns Schweiß darnieder,

Solch Unglück hat kein Mensch erlebt, für Schrecken Zittern unsre Glieder.
Laß uns dis schwere Straf-Gerichte, zur Beßerung und zur Warnung seyn,
Daß nicht die Menge unserer Sünden, zu dir O! Gott um Rache schreyn.

Auf oberliche Anordnung der dänischen Krone wird nach der Sturmflut 1756 auch in Dithmarschen endlich die Deichkrone weiter auf ein eigentlich schon seit einer Verordnung von 1723 gefordertes Maß erhöht, das man nach der Flut 1717/18 als längst notwendig erachtet und festgelegt hat. Eine Erhöhung war aber in Dithmarschen in den wirtschaftlich schwierigen Jahrzehnten in der ersten Hälfte des 18. Jahrhunderts immer wieder unterblieben. Wieder einmal müssen auch die Dithmarscher nach schmerzhaftem Schaden der Klugheit auf die Sprünge helfen. An den Elbdeichen der Wilstermarsch beginnt und bei Brunsbüttel erweitert man die Steinpflasterung ganzer Deichabschnitte. Erst gegen Ende seines langen Lebens wird Johann Harders ein zweites Mal erleben müssen, wie das Meer sich erneut in ähnlich dramatischer Weise zur Gefahr für das ganze Land entwickelt.

Grenzland Nordhastedt

Für den achtjährigen Johann Harders, seine beiden älteren Schwestern Margaretha und Anna Magdalena, seinen zwei Jahre jüngeren Bruder Marx und die jüngste Schwester, das Nesthäkchen Wiebke Catharina, beginnt in dem auf einen sehr heißen und trockenen Sommer folgenden Sturmherbst 1756 eine aber auch in anderer Hinsicht abenteuerliche Jugendzeit. Mindestens die älteren Kinder des Ortes verfolgen in diesen Wochen die Gespräche der Eltern mit mehr Interesse als üblich, denn diese sorgen sich zunehmend, dass nach den schon im April des Sturmjahres 1756 zwischen Frankreich und England ausgebrochenen Spannungen und einer im August des Jahres in Sachsen gegen Österreichische und Russische Interessen gerichteten Preußischen Offensive der sich zunehmend global ausweitende Konflikt, den die Historiker später den "Siebenjährigen Krieg" nennen werden, auch auf das zunächst nicht unmittelbar betroffene Dänemark auswirken könnte. Spätestens der Kriegseintritt Russlands macht die Nordhastedter nervös, denn auch das schon unmittelbar hinter den Ortsgrenzen liegende Norderdithmarschen ist bereits russische Interessensphäre, eine der letzten holsteinischen Enklaven der Gottorfer Herzöge, die engste Verbindungen zur russischen Krone haben.

In wohl kaum einer anderen Gemeinde Dithmarschens - am ehesten vergleichbar noch die Situation Wöhrdens, wo es 1752 sogar anlässlich einer Beerdigung zu einer Prügelei auf dem Friedhof zwischen Norder- und Süderdithmarscher Nachbarn des geteilten Kirchspiels kommt - ist die Spannung der beiden, durch unterschiedliche Herrschaft getrennten Landschaften Norder- und Süderdithmarschens so alltäglich im Dorfleben spürbar wie in Nordhastedt. Denn die Kirchengemeinde der örtlichen Katharinen-Kirche besteht nicht nur aus dem königlich dänischen Süderdithmarscher Kirchspiel Nordhastedt, sondern aus ältester „Nach-Republik-Zeit" und in seinen Ursprüngen aus alten Republikzeiten heraus auch aus den zum herzöglich gottorfschen Norderdithmarschen gehörenden Bauerschaften Süderholm und Bennewohld. Dieses stets bewahrte Relikt alter gemeinsamer „Mittel-Döfft"-Zeiten, das auch heute noch Gültigkeit hat, wurde besonders gefestigt in den Jahren 1559-1582, als man nach der Aufteilung Dithmarschens für einige wenige Jahre gemeinsam Teil des kurzzeitig existierenden dritten Mittelteil Dithmarschens war. Seit 1582, als dieses Drittel erneut zwischen Gottorf und Dänemark aufgeteilt wurde, setzen sich also in

Nordhastedt regelmäßig Norder- und Süderdithmarscher nicht nur im täglichen Klein-Klein der Kirchen- und hiermit verbundenen Schul- und Armenangelegenheiten zusammen. Die Süderholmer und Bennewohlder suchen, wie auch die eigentlich der Meldorfer Kirche zugepfarrten Süderdithmarscher Bewohner der nahen Ortschaften Fiel, Odderade und Lehrsbüttel, Nordhastedt und die hiesige Katharinen-Kirche bei den meisten regulären Gottesdiensten sowie familiären Kirchenfeierlichkeiten, also bei Kindstaufen, Konfirmationen, Hochzeiten oder Begräbnissen auf und verlernen im Laufe der Zeit über alle politischen und verwaltungstechnischen Grenzen hinweg, die der Untergang der alten Dithmarscher Republik mit sich brachte, nicht gänzlich, trotzdem gut nachbarschaftlich miteinander umzugehen. Diese grenzüberschreitende enge Verbindung zeigt sich neben einer familiären Verflechtung auch in einer viele Generationen überdauernden, stets paritätischen Besetzung der alle drei Jahre neu vergebenen Nordhastedter Kirchenämter. Einem Kirchenbaumeister, dem die Rechnung führenden Kirchenvorstand, aus dem königlich dänischen Süderdithmarscher Teil der Kirchengemeinde (Nordhastedt, Osterwohld mit Riese oder Westerwohld) wird stets ein zweiter aus dem (groß-)fürstlich gottorfschen Norderteil (Süderholm oder Bennewohld) an die Seite gestellt.

Als im Jahr 1707 die zuständige Süderdithmarscher Propstei in Meldorf beschließt, nach dem Tod des langjährigen Nordhastedter Pastors, des gebürtigen Glückstädters Wilhelm Olter (1634-1707), der in seiner langjährigen Wirkenszeit (ab 1662 Diakon, ab 1691 Pastor) aufgrund früh abgelegter zusätzlicher Medizinstudien auch weit über die Orts- und Landesgrenzen hinaus nebenher mit einer „praxin medicam" als Arzt und „Heiler" für viele „Maniacis und Melancholicis", also Wahn- und Schwermütige, tätig war, die noch existierende hauptamtliche Diakonatsstelle eines zweiten Nordhastedter Pastoren einzustellen[8], proben die Norderdithmarscher Mitglieder einen Aufstand, um ihren Einfluss in der Kirchengemeinde zu wahren. Erst fünf Jahre später sind ihre Befindlichkeiten vertraglich eingefangen. Fortan werden ebenfalls die nun zwei ehrenamtlichen Diakone, die als Armen- und Schulaufseher fungieren, jeweils paritätisch aus beiden Teilen der Kirchengemeinde gestellt. Im Jahr 1707 rückt der bisherige, aus Koldenbüttel als dortiger Rektorensohn geborene Diakon Christian Probst bis zu seinem Tod 1736 als neuer Pastor der gemeinsamen Kirchengemeinde nach, dessen „interessanter" Lebenswandel ebenfalls gut in die feuchtfröhliche, aber auch streitbare Dorfschaft zu passen scheint. Probst hat sich 1697 in das noch vollamtliche Nordhastedter Diakonat beim König selbst eingeklagt, nachdem er zuvor „wegen unpriesterlichen Wandels und Lebens" vier Monate lang von seinem vorherigen Amt in Grundtoft nördlich Kolding im Nordschleswigschen von einer Synode suspendiert worden war. Er wird im Tausch mit dem aus Hamburg stammenden Diakon Jacob Macke in Nordhastedt eingesetzt, da auch Macke zuvor in Nordhastedt angeeckt war, als er „eine vom Küster Geschwängerte geheiratet hat", wie Band 4 der Schleswig-Holsteinischen Kirchengeschichte berichtet.

Nachdem man sich in Süderdithmarschen gerade erst für das Sturmjahr 1756 durch eine jährliche Sonderabgabe von 3 Reichstaler je Pflug bis auf Weiteres von der Aushebung eines seit 1739 eigentlich dauerhaft auch für die Landschaft anbefohlenen Landausschusses, also einer eigenen regulären Truppenstellung, freigekauft hat - Nordhastedt hätte auf seine Pflugzahl zwei bis drei Landausschuss-Männer für den königlich dänischen Militärdienst stellen müssen -, werden vom sich als in diesem globalen Konflikt „neutral" erklärenden dänischen König ab Frühjahr 1758, vorrangig zur Sicherung der Südgrenzen Holsteins, trotzdem Vorbereitungen zur Stationierung von zusätzlichen Schutztruppen im Herzogtum Holstein getroffen. Schließlich tobt der „heiße Krieg" zwischen preußischen und französischen Truppen im südelbischen Hannoveraner Gebiet bei Harburg, somit in unmittelbarer Nähe des als freie Reichsstadt ebenfalls neutralen Hamburgs, und auch das Verhalten der russischen Zaren als Konfliktpartei bleibt zunächst unkalkulierbar.

Truppenstationierung

Die Folgen der für Holstein angedachten, den Frieden sichernden Aufrüstung werden im April 1758 unmittelbar auch in Süderdithmarschen spürbar. Während in den Garnisonsstädten über im In- und Ausland aktiv werdende Anwerber die Truppenaufstellung beginnt, erhalten in allen Teilen der Herzogtümer die Verwaltungsbeamten erste Ankündigungen, ihren hierzu notwendigen Versorgungsbeitrag zu leisten. Johanns Vater Claus Harders vermeldet mit Schreiben vom 26. April 1758 an den Landvogt in Meldorf[9], dass im Kirchspiel Nordhastedt aber keiner der Landmänner überzähliges, über den Eigenbedarf hinausgehendes Heu oder Stroh abzugeben hätte. Allerdings habe er gehört, fügt der Vogt in seinem Schreiben ausweichend hinzu, im Norderdithmarscher St. Annen wäre noch welches zu verkaufen. Diese Kenntnis mag mit einem alten und zu diesem Zeitpunkt schon über hundert Jahre bestehenden St. Annen-Lehen in Verbindung stehen, das noch im 18. Jahrhundert für die Nordhastedter Kirche eingetragen ist[10]. Auch der Albersdorfer Kollege Johann Hedde versucht der anstehenden Belastung durch eine Fehlanzeige zu entgehen, während alle anderen Kirchspiele abgabefähige Bestände über insgesamt fast 70.000 Pfund melden. Doch der Versuch, sich zu drücken und erst einmal zu mauern, wird vom Landvogt natürlich sofort durchschaut. Schon am 6. Mai ergeht der deutliche Befehl an alle Kirchspielvögte, binnen weniger Tage eine vollständige Auflistung aller Bestände in den jeweiligen Kirchspielen in Meldorf vorzulegen. Claus Harders weist daraufhin den Wassermüller Conrad Lindemann in Westerwohld und Hans Hennings, einen zum Vogt unmittelbar benachbarten, am südlich des Baches am Fuhlenweg in Nordhastedt ansässigen Hausmann an, die Einzelbestände je Hof im Kirchspiel aufzunehmen. Die beiden sind in dieser Sache geeignet, weil unverdächtig, da sie selbst anscheinend über keinerlei relevante eigene Bestände verfügen. Eine Rückmeldung des Vogts an den Meldorfer Landvogt ergeht sechs Tage später am 12. Mai. Im Kirchspiel Nordhastedt lagern aus der vorjährigen Ernte noch insgesamt 1.100 Pfund Heu und 1.980 Pfund Stroh bei insgesamt 11 Hufnern, wie die in den Kirchenbüchern meist als „Hausmänner" bezeichneten Großbauern in Abgrenzung zu den Kätnern im holsteinisch fiskalischen Amtsdeutsch der Jahre genannt werden, unter ihnen auch der Kirchspielvogt Harders selbst mit rund 200 Pfund Heu. Diesen ersten durch die Obrigkeit befohlenen Bestandsaufnahmen folgen zügig die von den Dithmarscher Bauern befürchteten Lieferbefehle, wenn auch gegen (unauskömmliches) Entgelt.

In den folgenden Sommerwochen muss der Kirchspielvogt Claus Harders aus der neuen Ernte sogar weit über die Erstabfrage hinausgehende Versorgungsleistungen an „Magazinkorn- und sonstigen Fourageliefenrungen" in das königliche Fourage-Magazin in Rendsburg, später auch noch Itzehoe, anweisen. Das Kirchspiel Nordhastedt hat nach den Vorgaben des für die Verpflegung der Truppen in Holstein eingerichteten Feldkommissariats zunächst auf seine knapp 8 Pflüge, ca. 80-100 Hektar abgabepflichtiges Land (ohne das in der Regel nicht steuerbare, der Dorfgemeinschaft gehörende Gemeinland der „Meente"), acht der insgesamt 680 Betten, die die Landschaft Süderdithmarschen für ein „Campement" bei Segeberg zur Verfügung stellen muss, sowie aus der laufenden Ernte 16 Tonnen Roggen, 25 Tonnen Hafer, 16 Fuder Heu und 16 Fuder Stroh einzuliefern. Das Maß eines „Pflugs" entspricht ursprünglich der Fläche, die ein volles Pferdegespann an einem Tag mit dem Pflug bearbeiten kann und dient traditionell in Holstein als Besteuerungs- und allgemeine fiskalische Berechnungsgrundlage, ist also kein Flächenmaß im eigentlichen Sinn. Auch in Dithmarschen ist das fiskalische Maß schon zu Zeiten der Republik vor 1559 bekannt, wenngleich wegen fehlender Abgaben empfangender Obrigkeit nicht in Nutzung. Ab der Unterwerfung unter die holsteinischen Herzöge erhält der Pflug aber auch für die Abgabenbemessung der nun steuerpflichtigen Dithmarscher ab 1560 eine zentrale Bedeutung. Auf der Geest entspricht der fiskalische Pflug etwa dem Flächenmaß von rund 8 Morgen oder 10-12 heutigen Hektar.

Doch es kommt noch schlimmer für die Süderdithmarscher Bauern, denen zudem spätestens ab diesem Jahr 1758 für die nächsten drei Jahre eine wiedererstarkte Viehseuche zu schaffen machen wird. Im Herbst des Jahres 1758 sind die angeworbenen Truppen mehr oder weniger vollständig in den Garnisonen und in noch auf teils freiem Feld eingerichteten „Campements" aufgestellt. Nun gilt es, für diese entsprechende Winterquartiere zu organisieren. Johann Harders Vater wird an einem Sonntag (!), den 22. Oktober 1758 durch einen Boten aus Meldorf eine Aufforderung zugestellt[11], sich schon am kommenden Montagmorgen um 10 Uhr im Meldorfer Gerichtshause – zu dieser Zeit das Haus des seit rund 14 Jahren amtierenden Landvogts Christian Siegfried Eggers im Meldorfer Rosenviertel - einzufinden. Die zusammengerufenen Kirchspielvögte und Landesgevollmächtigten der Landschaft ahnen vermutlich den Grund der so eilig einberufenen Sitzung, haben aber aufgrund der wohl bewusst gewählten und generalstabsmäßig vorbereiteten Terminierung kaum noch eine Gelegenheit, sich vorher untereinander abzustimmen.

So wird sich der Kirchspielvogt Claus Harders am kommenden Herbstmorgen sorgenvoll und in der festen Erwartung auf den Weg nach Meldorf machen, am Abend mit weiteren schlechten Nachrichten nach Nordhastedt zurückzukehren. Ob er allerdings damit rechnen kann, in welch hohem Maße sich entsprechende Befürchtungen bewahrheiten werden, bleibt fraglich. Am Montag verkündet der 52-jährige Landvogt Christian Siegfried Eggers (1706-1790) den versammelten Kirchspielvögten, dass schon ab Mitte November, in knapp drei Wochen also, zwei Regimenter schwerer gepanzerter Kavallerie, nach ihrem Brustpanzer „Kürass" genannte Kürassiere, in der Landschaft Süderdithmarschen einquartiert werden. Da die königlich dänischen Reiter-Regimenter in diesen Jahren aus vier Eskadronen je rund 120 Mann Sollstärke aufgestellt sind, ist den Kirchspielvögten schnell klar, dass insgesamt fortan rund 1000 „Reuter" nebst Tross und Pferden durch die Süderdithmarscher Landschaft zu verköstigen sein werden. Insgesamt werden im Herzogtum Holstein in diesen Jahren zunächst rund 24.000 Mann (zum Höhepunkt der Krise 1762 37.000 Mann) von der dänischen Krone in Bereitschaft gehalten. Eine den Frieden sichernde Maßnahme, die allerdings nach den Flutschäden drei Jahre zuvor auf lange Zeit weitere tiefe Löcher sowohl in die Taschen der Bauern als auch in die dänische Staatskasse reißen wird. Verschlingen bereits im Jahre 1755 die Militärausgaben von rund 1,5 Mio. Reichstaler mehr als ein Drittel der rund 3,8 Mio. Steuereinnahmen des Gesamtstaates, davon ca. 1,0 Mio. Reichstaler aus den königlichen Teilen der Herzogtümer, wird das Militärbudget in den kommenden Jahren auf rund 2/3 des Haushalts anschwellen.

Landvogt Eggers eröffnet den Vögten an diesem Montagmorgen in Meldorf, dass die Vorplanungen der beiden Regimentsquartiermeister Leutnant dè Seve und Leutnant von Hegemann ergeben haben, dass in den südlichen Kirchspielen der Landschaft Süderdithmarschen zunächst das zur 1. Kavalleriedivision (2. Brigade) gehörende Holsteinische Kürassierregiment unter dem Kommando eines Generalmajor Christian Christof Baron Schenck von Winterstedt (1712-1783) Winterquartier beziehen wird[12]. Natürlich muss bei dieser Verkündung, die in Anwesenheit der Stabsoffiziere der Truppen stattfinden könnte, zunächst noch unklar und damit unerwähnt bleiben, dass die Einquartierungen keinesfalls nur über den kommenden Winter, sondern schlussendlich mehrere Jahre bis zum Ende des großen globalen Konfliktes des „Siebenjährigen Krieges" bis in den Sommer 1763, also fast fünf Jahre, andauern werden. Bereits in den ersten Wochen nach Bezug der Quartiere im November 1758 in und um Brunsbüttel, Marne, Eddelak, Burg usw. wird das Holsteinische Regiment am 20. Dezember des Jahres unter das Kommando des noch jungen Caspar Hermann Gottlob von Moltke (1738-1800) gestellt[13]. Der im Stationierungsjahr gerade einmal 20 Jahre alte und am Beginn einer langen und erfolgreichen Militärkarriere, zuletzt als Generalleutnant, stehende neue Regimentschef ist ein Sohn des aus Mecklenburg stammenden und 1750 in den dänischen Grafenstand erhobenen, seit 1746 Oberhofmarschalls und als eine Art erster Minister „allmächtigen Günstlings" des dänischen Königs Friedrich V., Adam Gottlob von Moltke (1710-1792).

Bei der Einheit wird während der Dithmarscher Stationierungszeit noch ein weiterer Kommandowechsel stattfinden. Zum 21. September 1761 übernimmt dessen drei Jahre jüngerer Bruder Obrist Christian Magnus Frederik von Moltke (1741-1803), ebenfalls gerade einmal 20 Jahre alt, die Kürassier-Truppe, die er bis 1784 führen wird, einige Jahre nach dem Abzug aus Dithmarschen im Mai 1767 zu einem Dragonerregiment umgebaut. Es ist in diesen Jahren durchaus üblich, dass gerade auch im dänischen Militär, angesichts eines europaweiten Wettrüstens, eines „leergefegten" europäischen Arbeitsmarktes für Soldaten jeglicher Herkunft und demzufolge akuten Mangels an erfahrenen Offizieren, selbst die jüngsten Angehörigen des mächtigen Hofadels früh mit guten Positionen versorgt werden. Die besonders im dänischen Gesamtstaat dieser Jahre blühende „Lakaien-Un-Kultur", in der auch außermilitärisch Positionspfründe gnadenlos ausgebeutet werden, wird bereits in diesem Stationierungsherbst 1758 von dem noch jungen späteren Staatsumformer Struensee, gerade als Stadtphysicus im holsteinischen Altona sesshaft geworden, mit einem von ihm in einer für wenige Monate edierten kleinen Zeitschrift veröffentlichten Epigramm „An die Fürsten" früh als nach Amt und Titel gierender „Lakaiismus" gegeißelt[14]:

> *Ihr heisst mit Recht die Götter unserer Erde;*
> *Denn ihr erschafft: – o schöne That!*
> *Ihr sprecht nur allmächtig : Werde,*
> *schnell wird aus dem Lakai'n – ein Rath.*

In den nördlichen Kirchspielen Süderdithmarschens soll hingegen zunächst das als Divisionskavallerie der 1. Division fungierende 3. Jütische Kürassierregiment stationiert werden, im Herbst dieses Jahres 1758 noch unter dem Kommando eines Generalmajorsohns Henrik August Stevens, dem die Einheit aber zu diesem Zeitpunkt bereits seit neun Jahren unterstellt ist und der die Truppe in die Winterquartiere führen wird. Doch bereits am 25. April 1759 übernimmt der erfahrene Oberst Caesar Laesar von Lüttichau (1709-1787, Kommandeur bis 1768) das in Süderdithmarschens Norden stehende Regiment[15]. Die feierliche Kommandoübergabe im April 1759 wird dabei vermutlich vor den angetretenen und formierten Reitertruppen auf einem großen, südlich Gudendorf auf dem Barlter Vierth eingerichteten Exerzierplatz als großes und farbenprächtiges Spektakel auch für die Dithmarscher stattfinden. Oberst von Lüttichau entstammt einem alten deutschen Adelsgeschlecht, das bereits im 11. Jahrhundert bei Meissen genannt wird und seit Generationen auch in dänischen Militärdiensten steht. Bereits sein Vater Hans Helmuth von Lüttichau (1670-1732) war Generalleutnant der dänischen Kavallerie.

Claus Harders erhält an diesem Vormittag des 23. Oktober 1758 in Meldorf die ernüchternde Ankündigung, dass im Kirchspiel Nordhastedt große Teile der Kompanie des Rittmeisters Paulsen aus der 2. Esquadron unter Obristleutnant Andrehsen aus dem Jütischen Regiment einquartiert werden sollen. Als die Truppen knapp drei Wochen später am Freitag, den 17. November 1758 aus Rendsburg kommend wirklich im Kirchspiel Quartier beziehen, wird klar, dass die etwas über 400 Einwohner des Kirchspiels Nordhastedt zusätzlichen Platz schaffen müssen für zwei Offiziere, drei Unteroffiziere, 56 gemeine Reuter und 3 Krämer-Weiber, alles in allem also 64 Personen und eben so viele Pferde[16]. Der in Nordhastedt fortan ranghöchste Offizier, der Kompaniechef Rittmeister Paulsen, vor Juli 1760 hier noch zum Major befördert[17], wird nebst einem Domestiken und persönlichen Pferden bei dem Nordhastedter Hufner Claus Peters auf seinem wohl unmittelbar im Wegedreieck westlich der Kirche und damit sehr zentral gelegenen Hof einquartiert.

Kirchspielvogt Claus Harders, der den größten Hof des Kirchspiels besitzt, scheint es angesichts der erhaltenen Listen einrichten zu können, dass er selbst, von Amtswegen (?), von Einquartierungen in den nächsten Jahren verschont bleibt[18]. Die Last wird im Kirchspiel insgesamt auf 26 Hausmänner und Kätner verteilt. Gleichwohl ist der Vogt Harders bei den über die nächsten Jahre darüber hinaus regelmäßig stattfindenden Versorgungsleistungen an das zentrale Fouragemagazin in Rendsburg, in vermutlicher Kompensation der unterbleibenden persönlichen Einquartierungsaufwände, der größte Warenlieferant aus dem Kirchspiel. Größere Nordhastedter Transporte stehen unter anderem über die Ostertage des Jahres 1759 hinweg, zwischen dem 7. - 23. April an, unmittelbar vor dem am Mittwoch, den 25. April erfolgenden Kommandowechsel des Regiments auf Oberst von Lüttichau. Hier liefert allein Claus Harders 1.626 Einzelrationen über insgesamt 14.634 Pfund an Pferdefutter in Rendsburg ein[19].

Im Umgang mit den fortan vor Ort einquartierten königlich dänischen Truppen haben die Süderdithmarscher mindestens in der Mehrzahl keine Sprachprobleme. Die Kommandosprache im gesamten dänischen Heer ist, anders als in der königlichen Flotte, bis 1772 das Deutsche, selbst in den im Kernland Dänemark des Gesamtstaates stationierten und aus überwiegend dänischsprachigen heimischen Männern rekrutierten regionalen Truppenteilen. Die weit überwiegende Anzahl der Offiziere sind Deutsche, vornehmlich aus dem Adel des gesamten norddeutschen Raumes und meist ausgebildet an der Offiziersschule in Rendsburg. Die meisten der frisch angeworbenen Kavalleristen aus den nun in Süderdithmarschen stationierten beiden Kürassierregimentern dürften ebenfalls deutschsprachiger Herkunft aus den Herzogtümern sein, viele der Reuter des Jütischen Regiments stammen aus dem Nordschleswigschen und noch überwiegend deutsch geprägten Landesteil.

Dragoner vom 1. Soenderfjaellske nationalen Dragonerregiment 1758/60

Königlich dänischer Kürassier (Brustpanzer)

Doch wo eine solch große Ansammlung von Soldaten über einen längeren Zeitraum der Bevölkerung „auf die Pelle rückt", sind auch in Friedenszeiten Krankheiten nicht fern. Es mag demzufolge kein Zufall sein, dass gerade in diesem Stationierungsjahr 1758, neben der bereits erwähnten wiedererstarkten Viehseuche, auch die „Blattern" genannte Pocken-

Krankheit erneut die Dithmarscher Lande heimsucht. Den ganzen, sehr milden ersten Einquartierungswinter 1758/59 hindurch grassiert die Geißel im Lande. Dörfler und Soldaten leiden in diesen ersten gemeinsamen Monaten unter einer meist feuchten und lauwarmen Luft, bei der sich stets Regen, Niesel und Nebel bis zum frühen Einsetzen eines sehr warmen Frühlings abwechseln. Der sich anschließende Sommer 1759 bringt dann nahtlos eine große und trockene Hitze, die in starkem Kontrast zum weiteren Wüten der „Blattern" steht. Die Epidemie wird auch immer mehr im angrenzenden Rendsburger Amt zum Problem. Bis 1760 wird sie die Westküste im Würgegriff halten und insbesondere viele Kinder dahinraffen oder mindestens lebenslang zeichnen. Die Harders in Nordhastedt haben allerdings Glück, keines der fünf Kinder fällt in diesen Jahren, anders als in vielen anderen Familien, den Blattern zum Opfer.

Die Sorgen der Eltern richten sich in dieser Zeit vielmehr auf die politische Entwicklung. Die Älteren im Ort sehen zunehmende Spannungen zwischen Norder- und Süderdithmarschern auf sich zukommen, meinen immer wieder das eine oder andere Bedrohliche gehört zu haben, das geeignet wäre, einen Riss auch durch die eigene Kirchengemeinde zu treiben, auch wenn die im Ort stationierten Soldaten ein gewisses Maß an unmittelbarer Sicherheit vermitteln. Wie schon zu Beginn des Nordischen Kriegs (1700-1720), der in seinem Verlauf für die Zivilbevölkerung Dithmarschens schwerere und anhaltendere Kriegsbelastungen und Leiden als der „Große", der Dreißigjährige Krieg, mit sich gebracht hat, könnten nun erneut beide Teile Dithmarschens zwischen den Konflikten ihrer unterschiedlichen Herrschaften aufgerieben werden. Auch die frühen Kindheitserinnerungen des 45-jährigen Kirchspielvogts Claus Harders reichen noch in diese schlimmen Zeiten zurück. Ressentiments zueinander, auf denen wieder neue Gewalt aufsetzen könnte, sind jedenfalls auch gut vierzig Jahre danach in beiden Landschaften noch weit verbreitet. Die Kinder und Jugendlichen des Dorfes sind jedoch in erster Linie von dem bunten Treiben und den in besonderem Maße spektakulären Exerzierübungen der stationierten Truppen in der Folge tief beeindruckt. Die Heldengeschichten des einen oder anderen aufschneidenden Geschichtenerzählers unter den Soldaten dürften stets reißenden Absatz finden und sich von Ohr zu Ohr zu immer gewagteren Abenteuern auswachsen. Die Süderdithmarscher Heranwachsenden dieser Jahre, so auch Johann Harders, werden fortan, fasziniert von dem bislang ungewohnten Anblick hoch zu Ross daherkommender Rotröcke der königlichen Kavallerie, das Militär und den Krieg in ihr festes Spiele-Repertoire aufnehmen.

Während der Stab der beiden Kürassier-Einheiten für einige Jahre repräsentativ in einem Haus am Meldorfer Südermarkt unter der heutigen Adresse Burgstraße 1 untergebracht wird[20], in dem auch der Kirchspielvogt Claus Harders in diesen Jahren häufiger als ihm lieb sein dürfte zu verkehren haben wird, locken v.a. die farbenprächtigen Exerzierübungen bei

Gudendorf, südwestlich von Windbergen, regelmäßig die Massen zur Unterhaltung aus ganz Süderdithmarschen. In späteren Jahren wird diese fortan als „Reuter-" oder auch „Exerzierplatz" bezeichnete Heidefläche allerdings zu einem ernsten ökologischen Problem der Region. Das jahrelange Malträtieren durch tausende Pferdehufe der schweren gepanzerten Kavallerie zerstört die karge Oberflächenvegetation so nachhaltig, dass sich aus der darunter befindlichen Sandfläche innerhalb weniger Jahre nach Abzug der Truppen eine Wanderdüne entwickelt, die zum Ende des Jahrhunderts von ursprünglich zwei auf bereits zehn Morgen Landes unter Flugsand angewachsen sein und noch hundert Jahre später die Verwaltung beschäftigen wird[21]. Es kann dagegen bezweifelt werden, dass sich die Regimentskommandeure, im Gegensatz zu ihren Truppen und Offizieren, während der gesamten Stationierungszeit in Süderdithmarschen aufhalten. Wenn überhaupt, dürften sie ihr zeitweises Quartier vermutlich ebenfalls in Meldorf beziehen, wie das mindestens für den ersten kurzzeitigen Kommandeur von Winterstedt in einem Haus in der Süderstraße für den Stationierungsherbst 1758 belegt ist. Ansonsten kommt Meldorf relativ glimpflich davon. Neben den wenigen Stabsoffizieren werden nur einige wenige weitere Stabs- und Wachsoldaten im Ort einquartiert, u.a. der Feldscherer mit Assistenten sowie der „maitre d'hotel", bei dem es sich um den Koch der Regimentskommandeure handeln dürfte[22]. Die Hauptlast tragen die Höfe des Umlandes.

Haus Burgstraße 1 (mit Brettergiebel) am Meldorfer Südermarkt

Die beiden berittenen Regimenter bleiben zunächst vom Herbst 1758 bis in den Oktober 1761 hinein in dieser Ordnung in Süderdithmarschen für zunächst drei Jahre einquartiert. Bemerkenswerte Jahre, in denen in Nordhastedt der Danebrog weht, den mindestens das

Jütische Regiment als Standarte führt. In vielen Haushalten dürften die stationierten Reitersoldaten bald zum vertrauten Mitglied der Hausgemeinschaften werden, etwas Exotik und Wissen über die Welt da draußen im Gepäck, von der man hier auf dem Dithmarscher Land doch recht selten etwas zu hören oder zu sehen bekommt und auch die eine oder andere Liebschaft dürfte mehr oder weniger folgenreich entstehen. Beispielsweise heiratet der in Meldorf einquartierte und aus Blankenburg im Harz stammende Assistent des Feldscherers, Johann Caspar Junker, im Februar 1760 die knapp 25-jährige Tochter Wiebke Margaretha seines Hauswirts, des am Nordermarkt auf der Fläche des späteren „Stadt Hamburg" residierenden und aus Hamburg stammenden Amtsschneiders Hans Jürgen Inselmann. Dessen Sohn Claus Hinrich Inselmann (1731-1773) wird hier zwei Jahre später das väterliche Haus übernehmen und mit der Profession eines Weinhändlers eine Wirtstradition an dieser Stelle begründen. Die Schwester und Braut des Jahres 1760 wird ihrem Mann beim Abzug der Truppen folgen und Meldorf verlassen.

Doch für solche Romantik bleibt anderenorts häufig genug kaum Platz. Die immer noch durch die Folgen der Flut von 1756 und nun auch noch durch die Viehseuche geplagte Landschaft ächzt von Anfang an unter den zusätzlichen erheblichen Belastungen. Eine stetig steigende Zahl von Klagen aus der Bevölkerung veranlasst schließlich die Kirchspielvögte und Landesgevollmächtigten der Landschaft Süderdithmarschen, unter ihnen auch der Nordhastedter Vogt Claus Harders und der hiesige langjährige Landesgevollmächtigte Marx Marxen (ca. 1714-1791), unter dem 24. März 1760 den König selbst *„um eine allermildeste Befreyung oder wenigstens um eine Erleichterung in der gegenwärtigen Einquartierungs-Last für die hiesigen Eingesessenen unterthänigst anzuflehen..."*. Der mehrseitige Brief[23] schildert die Zustände zweckgebunden möglicherweise mit einer etwas überzeichneten Dramatik, ist letztendlich aber doch eine prägnante Beschreibung der Lage weiter Teile der Bevölkerung in den knapp eineinhalb Jahren seit Beginn der Einquartierungen.

Die Vögte und Vollmachten, denen sich der Landvogt Eggers aber nicht anschließt, schreiben: *„Auf Ehrwürdigsten Königlichen Majestät allergnädigsten Befehl, sind der hiesigen Landschaft im Herbst 1758 zwey Cavallerie-Regimenter (...) zur Einquartierung zugeleget, und umfänglich größten Theils auf der Geest, nachhero aber auch in der Marsch, und also nunmehro über die gantze Landschaft dergestalt vertheilt, daß bei denen Eingesessenen nach Unterschied ihrer Umstände für zwey oder auch einen Reuter, wie auch die Officiers, die Quartiere angewiesen sind... Bekanntlich ist die hiesige Landschaft, vermöge des ihr allergnädigst verliehenen Privilegii, wofür sie jährlich 1.500 Reichsthaler erleget, seit beynahe 70 Jahren mit ordentlicher Einquartierung verschonet geblieben. Die Eingesessenen haben daher auf einige Einquartierung sich gar nicht eingerichtet, und es* *muß also dieselbe in ihren häuslichen Umständen nothwendig ein Derangement machen. Den Haußmann gehet dadurch an der nöthigen Bequehmlichkeit für sein Vieh erachtlich vieles ab, und neue Einrichtungen zu machen, erfordert Kosten, die er wegen der erlittenen allgemeinen Schicksahle, als insbesondere der Wasser-Fluth und der Vieh-Seuche, die in den vorigen, so wie in den Jahren 1758, 1759 und noch itzo grassiert, und manchen schon 4, 5, bis 6 mahle betroffen hat, nicht abhalten kann. Der Bequartierte siehet sich daneben in die Nothwendigkeit gesetzet, insonderheit den Reuter und Unter-Officier mit an seinen Tisch zu nehmen, und denselben mit Speise und Trank zu versorgen; dafür gibt derselbe ihm wöchentlich regulariter 12, 14 bis 16 Schilling und es ist zu ermessen, daß der Wirth dabey einen nicht geringen Schaden habe, und vielen, die sich mit einem außerordentlichen Vorrath darauf zu versehen nicht des Vermögens gewesen, müßen dadurch in einen Mangel an selbst eigenen Bedürfnißen gerathen. Es ist zwar an dem, daß ... der Einquartierte ist freylich schuldig, für sein Essen und Trinken selber zu sorgen. Allein aus solchem Fall ist es doch die Pflicht der Landschaft, solche Anstalten vorzukehren, daß der Einquartierte allenthalben gegen billige Bezahlung das dazu benöthigte haben könne. Und diese Vorkehrungen sind, wie die Erfahrung gelehret, alhier durchgängig unmöglich, weil an allen Orten nicht jemand zu finden ist, der sich mit Fourrierung der erforderlichen Lebens-Mittel abgibt, oder solches gegen eine des Reuters Umständen gemäße Bezahlung zu thun im Stande ist... Die Landschaft bekömmt außerdem von der Einquartierung so ansehnliche Kosten, die sie ohne ihrer größten Beschwehrde nicht abhalten kann. Vieles ist mit Bauerngelde zu bezahlen. Die Natural-Einquartierung hat unmöglich über alle Eingesessenen gleich verpflichtet werden mögen, und daher muß denen jenigen, die sie vor anderen würcklich getragen haben, eine Vergütung, und überhaupt eine Gleichmachung der Last geschehen, wovon der Verlauf der Kosten so beträchtlich und groß, daß dagegen die 1.500 Reichsthaler, die hierfür die Befreyung ... jährlich gibt, und um deren Erlaßung während der in Natura getragenen Einquartierung sie gebeten hat, in gar keinen Betracht kommen können."*

Weiter führen die Süderdithmarscher ihre Klage fort: „*Um der Fuhren zu Abholung der nöthigen Fourage und des Habers* (Anm.: Hafer ist für eine Kavallerie-Einheit als Futtermittel der Pferde existenzieller Teil der Verpflegung) *aus den Magazinen in Rendsburg und Itzehoe überhoben zu seyn, hat die Landschaft im vergangenen Winter* (Anm.: 1759/1760) *eine Lieferung von 18, gegenwärtig 14 ¾ Tonnen a Pflug, an die hiesigen Regimenter übernommen, womit sie ohngefähr bis Maytag verpfleget seyn werden, und wegen der Heu- und Stroh-Verpflegung hat sie mit Genehmigung des Feld-General-Commissiariats die Einrichtung gemacht, daß jeder Wirth seinen einquartierten Pferden das Ordonanntzmäßige gegen Quittung liefert. Wir sind allerunterthänigst versichert, daß die Wenigsten an*

Haber ein mehreres als das oben erwehnte zu liefern im Stande sind, und eben so gewiß sehen wir es zum Voraus, daß die Fourage Lieferung nicht lange mehr vonstatten gehen werde, weil hier im Lande kein sonderlicher Heu-Wachs ist, und die strenge Kälte dieses Winters dasjenige Heu wieder weggenommen und verzehrt hat, was sonsten wegen der umgehenden Vieh-Seuche übrig gewesen seyn würde; folglich müßte doch der Ackersmann, wenn die Landschaft die Einquartierung behalten sollte, sich zu den vielen Fuhren nach Rendsburg und Itzehoe entschliessen, welche ihm ungemein beschwerlich sind. Die Vieh-Seuche hat ihm größtentheils sein Vieh geraubt. Er hat folglich dadurch ein Vieles an seinem Dünger verlohren, und was dadurch dem Acker an Befruchtung abgehet, muß nothwendig durch fleißiges Pflügen und Beackern ersetzt werden. Er kann mithin seine Pferde, deren er keine überflüssig halten kann, ohne seinen Acker außer aller Fruchtbahrkeit gesetzt zu sehen, zu den lästigen Fuhren nicht hergeben...Bekanntlich hat die Landschaft Anno 1758... 680 Betten nach Segeberg, zu den allda der Zeit cantonierenden Truppen liefern müssen, die sie nicht zurück erhalten hat, und die, wenn sie dieselben auch wiederbekäme, dem Vernehmen nach, nicht mehr in einem brauchbahren Stande sind. Viele mittelmäßige Eingesessene wissen daher zu den benöthigten Betten für ihre Einquartierten kaum Rath zu schaffen, und müssen woll gar deswegen für sich und die ihrigen in dem Stücke sich kümmerlich behelfen.

Auch von den häufigen Kranken, welche uns besonders bey den Compagnien, die in der Marsch liegen, gewesen und noch sind, und deren Anzahl bey jedem Regiment zu Zeiten woll auf 70 bis 80, auch noch höher gestiegen ist, haben die Bequartierten eine nicht geringe Last, indem von ihnen wenigstens allemahl der Transport nach den Kranken-Häusern bezahlt werden muß, sie auch woll gar mit bey den Wirthen, wo sie ihr Quartier haben, verbleiben, zumahl, wenn man die Krankheit nicht für gefährlich hält, oder wann die eingerichteten Kranken-Häuser sie nicht alle fassen mögen, und zu Anlegung unserer Kranken-Häuser und Anschaffung der darin erforderlichen Betten nicht sogleich die Anstalten gemacht werden können."

Die auffallende Häufung erkrankter Soldaten in der Marsch wird dabei auf die Malaria zurückzuführen sein. Gerade in den Nach-Sturmflut-Jahren verbreiten sich die den Erreger tragenden Mücken in den durchfeuchteten Marschgebieten an der gesamten Nordseeküste besonders stark. Die heute nur noch als Tropenkrankheit bekannte Malaria gehört auch bei den Einheimischen zu den häufigsten Erkrankungen. Das „Marschenfieber" und vor allem dessen chronische Spätfolgen tragen wesentlich zu den gegenüber der Geest überdurchschnittlichen Sterberaten in der Marsch bei. Erst verbesserte Entwässerungstechnik, Überwindung des noch lange Jahre vorherrschenden Irrglaubens, üble Ausdünstungen des Meeres würden das Fieber verursachen, und die Entdeckung des Chinins um 1820 werden die Fieber-Situation zu Ende der Lebenszeit des Johann Harders in den Marschen Norder- und Süderdithmarschens entscheidend verbessern, schließlich in der Folge die Malaria in Norddeutschland ganz ausrotten.

Die sich wortreich beklagenden Vögte versuchen in diesem frühsommerlichen Gesuch des Jahres 1760 aber auch noch einem befürchteten Pyrrhus-Sieg vorzubeugen: *„... und daß selbige (Anm.: Gründe) uns zugleich Verschonung mit anderweiter Einquartierung, nemlich mit Infanterie, wofür sich die Eingesessenen ungemein fürchten, auch die ihnen noch mehr als die Cavallerie Einquartierung unerträglich ist, gewähren werden."* Der Ruf der aufgrund ungleich höherer Desertationsgefahren überwiegend in Rendsburg und Glückstadt kasernierten Fußsoldaten muss dieser Tage tatsächlich verheerend sein. Die Vögte sehen insbesondere für Meldorf negative Konsequenzen, wenn sich der durch das umfangreiche Verschonungs-Gesuch möglicherweise gereizte König nach einer entsprechenden Ersatz- belegung umsehen sollte, wenn die sich in der Regel durch einen leicht gehobenen sozialen Status auszeichnenden Kavalleristen nicht genehm seien: *„Die fehlende Einrichtung bey den Eingesessenen würde sich auch hier äußern, die Reichung der benöthigten Feuerung sie drücken, ...die hier zulande sehr kostbahr ist, auch der Mangel der Betten eben derselbe bleiben, ja woll noch größer werden, nicht zu geschweigen, daß der Flecken Meldorf, worin doch allenfalls die mehrsten zu verlegen seyn würden,* (Anm.: die „Reuter" können aufgrund ihrer individuellen Mobilität, anders als Infanteristen, dezentral einquartiert werden), *dadurch in Sonderheit beschwehret, die Einwohner, weil die Häuser zur Einquartierung nicht eingerichtet, in ihrer Nahrung sehr gestöhret werden würden, und man hat allhier so wenige Quartiere, daß man viel Mühe hat, nur diejenigen auszumachen, die zum Staab der beeden itzigen Regimenter und zu den Wachen, samt was deren weiter anhängig, erforderlich sind."*

Der König reagiert vier Wochen später allerdings milde und huldvoll mit einer längeren, im Kern aber eindeutigen Resolution[24] vom 26. April, in der die Herren aufgefordert werden, dass sie *„noch etwas in gedult stehen mögten."* Mehr geschieht zunächst nicht. Alles bleibt beim Alten, außer, dass sich zu den bestehenden Belastungen ein abermals sehr unangenehmer Winter 1760/61 gesellt. Die Vögte wagen schließlich nach gut einem Jahr in den ersten Monaten des Jahres 1761 dem König erneut schriftlich ihre Qualen vorzutragen[25]. Viel Papier und mittels Gänsekiel aufgetragene Tinte wird zunächst darauf verwendet, den Monarchen durch ein erneutes Vorpreschen nicht doch noch in Rage zu bringen: *„Eine von landesväterlicher Milde und Gnade so starcke ... Resolution* (Anm.: des Königs Antwort, man möge sich in Geduld üben!) *ist den Unterthanen eine kräftige Anmunterung gewesen, die Bedrückungen, welche die Einquartierung ihnen verursacht, selbst bey dem Gefühl ihres empfindlichen Unvermögens, mit Freude und mit Ehrfurcht,* *ein gantzes Jahr hindurch zu tragen. ...Diese allerhuldreichste Resolution ... leitet uns zu der vertrauensvollen Kühnheit, ... über die Einquartierungs-Angelegenheit itzt, nach Verlauf eines Jahres ... bittlich anzugehen."* Dann kommt man wieder zur Sache:

„Allergnädigster Erb-König (Anm.: seit dem „Kongeloven" (Königsgesetz) von 1665 sind die dänischen Könige, unter Ausheblen des bis dahin bei einer Königs-"Wahl" zur Mitsprache berechtigten Adels, im 18. Jahrhundert auf diese Anrede besonderen Wert legende dynastische Monarchen) *und Herr! Der Unterthan in dieser Landschaft hat sich von den Schwachheiten nicht schon erholet, die ihn im vorigen Jahr drückten, und er sehnt sich noch itzt, wie vorhin, und aus ebendenselben Gründen, so damahls allerunterthänigst vorgestellet wurden, und welche die obrigkeitliche Beyfüge enthält, noch eine völlige Entfreyung von den Einquartierungs-Beschwehrlichkeiten. Ja! Er ist anitzo zu einer noch größeren Schwäche herunter gekommen, als worinnen er sich vor einem Jahr befand.*

Um der Fuhren aus den auswärtigen Magazinen entleget zu seyn, hat die Landschaft für das itzige Jahr eine abermahlige Haber-Lieferung an die hiesigen beyden Regimenter, von fast 10.000 Tonnen, oder 14 ¾ Tonnen a Pflug übernommen. Nach den desfals getroffenen Contract bekömmet zwar der Unterthan für jede Tonne 40 Schilling (Anm.: = 2 Mark 8 Schilling) *in der laufenden Contribution* (Anm.: ordentliche Steuerabgabe) *gekürzt und vergütet. Allein, da der Haber gegenwärtig 4 Mark 4 Schilling bis 4 Mark 8 Schilling gilt, so verlieren einige Unterthanen an den Haber den sie nicht verkaufen können, weil sie ihn in Natur zu liefern haben beynahe die Hälfte des Preises und viele andere, die den zu liefernden Haber, weil in dieser Landschaft davon dermalen ein großer Mangel ist, auswärts aufkaufen müssen, zahlen fast die Hälfte dafür mehr, als ihnen hernach vergütet wird. Darum der daher für die Unterthanen erwachsende Verlust überschlagen wird, so ergibt sich eine Summe von 17 bis 20.000 Mk Lübisch, eine Summe, die für verschwächte Unterthanen gewis drückend und empfindlich ist.*

Ohnehin hat der ... gewesene vorige Winter einen außerordentlichen Anwachs des Binnenwassers verursacht und an den äußersten Orten der Marsch die Winter-Saat völlig verderbet. Nicht im Jahr 1756, als bekanntlich das saltzen Wasser einbrach, und verschiedene Marsch-Kirchspiele dieser Landschaft überschwemmte, stunden gewiße Marsch-Gegenden solange unter Wasser, als im verwichenen Winter geschehen ist. Und die mehrste Zeit ist diesmahl der Wasserstand so hoch gewesen, daß vieler Orte keine Wege zu sehen waren, folglich gewisse Zeichen ausgestellet werden mußten, um die Reisenden vom Unfall zu bewahren. Wenn nun dieser beträchtliche und für sich schon schmerzhafte Verlust weiter nach seiner nothwendigen Folge betrachtet wird, nemlich, daß der Unterthan nunmehro ausser den Äckern, die eigentlich nur zur heurigen Sommer-Saat bestimmt waren, auch diejenigen in diesem Frühling abzubearbeiten muß, worauf die Winter-Saat verloren gegangen ist. So ist unschwehr ermeßlich, daß vielen beim Abtrag der gewöhnlichen und außergewöhnlichen Abgifften (Anm.: Steuern und Abgaben) *schon schwehr und fast unerträglich fallen werde, den Verlust an der Winter-Saat durch gehörige Bestellung der Sommer-Saat einigermaßen zu ersetzen.*

Hiezu kommen die unermüdlichen und recht wichtigen Teich-Arbeiten, nachdem die häufigen Sturmwinde und die hohen Fluthen vom erwichenen Herbst und Winter die diese vieler Orten fast heftig beschädiget haben."

Zarenmord

Doch auch dieser erneute Versuch der Vögte, eine Milderung zu erreichen, bleibt zunächst einige Monate ergebnislos. Dann ergehen im Herbst 1761 die kaum mehr erhofften Abmarschbefehle. Auch das im Nordteil Süderdithmarschens seit nun ziemlich genau drei Jahren stationierte 3. Jütische Regiment zieht in ein neues großes Sammelfeldlager bei Segeberg ab[26]. Die Truppenzusammenziehungen reflektieren allerdings keine späte Gnade und Einsicht des Königs in eine Überforderung seiner Süderdithmarscher Untertanen, sondern die sich zuspitzende Entwicklung im bis dahin gegen Preußen militärisch äußerst glücklich agierenden und immer forscher auftretenden Russland, die dem bisher sich erfolgreich neutral haltenden Dänemark im inzwischen auf allen Erdteilen als „Weltkrieg" ausgefochtenen Konflikt letztendlich doch gefährlich zu werden droht. Denn im fernen St. Petersburg gelangt zum Beginn des Jahres 1762 der im Kieler Sommerschloss gebürtige Gottorfer Herzog Carl Peter Ulrich, seit 1742 von seiner kinderlosen Tante Zarin Elisabeth längst als Enkel des einstigen Zaren Peter des Großen zum zukünftigen russischen Thronfolger und Großherzog bestimmt, endgültig auf den russischen Thron und beginnt sofort als Zar Peter III. eine Rückeroberung alter Besitzungen der Gottorfer in Schleswig und Holstein, die bereits 1721 unter unangenehmen Umständen verkauft werden mussten, ins Auge zu fassen. Die wachsame, aber teure Politik einer bewaffneten Neutralität des Gesamtstaats Dänemark scheint sich also spätestens seit dem Jahreswechsel 1761/62 als zutiefst gerechtfertigt herauszustellen. Doch obwohl die bislang in Reserve gehaltenen königlich dänischen Schutztruppen nach so langer Zeit Süderdithmarschen wieder verlassen, bleiben sowohl psychische als auch materielle Belastungen für die hiesige Bevölkerung bestehen. In Heide wird anlässlich der landesväterlichen Thronbesteigung des Gottorfer Großfürsten zum 21. Februar 1762 ein feierliches Dankfest mit umfangreicher Beteiligung der gesamten Norderdithmarscher Verwaltungsprominenz ausgerichtet. Sogleich steigern sich erneut die gegenseitigen Animositäten in den beiden Landesteilen.

Einige Norderdithmarscher Beamte fordern eine Höherachtung vor ihren Süderdithmarscher Kollegen, schließlich diene man nun einem Kaiser und nicht nur, wie diese, einem König. Eine provokative Retourkutsche, denn bislang haben sich stets die Süderdithmarscher Königlichen mit gleichem Argument ihren Vortritt vor den Großherzoglichen aus dem Norden ausbedungen. Die wachsende Sorge vor Spannungen innerhalb Dithmarschens und einem Krieg mit Russland wird genährt durch nochmals steigende Fourage-Verpflichtungen für die königlichen Truppen. Zum 2. Juni 1762 müssen auch die Nordhastedter für das bei Segeberg immer größer werdende Heerlager des Königs zuliefern. Allein 20 Nordhastedter Fuhrwagen unter der Führung von Kirchspielvogt Claus Harders und Landesgevollmächtigtem Marx Marxen bringen in einem mehrere Tage andauernden Versorgungskonvoi insgesamt 1.182 Verpflegungsrationen in ein Militärmagazin in Bramstedt ein[27]. Derweil ziehen die zusammengezogenen königlich dänischen Truppen den bereits in Mecklenburg aufmarschierten russischen Truppen entgegen.

Aber von einem „heißen" Krieg bleiben, obwohl es in diesem Sommer 1762 noch nicht den Anschein hat, sowohl die dänischen, nun in Mecklenburg aufgestellten Truppen, als auch damit die in feindlichen Lagern in der Heimat zurückgebliebenen Norder- und Süderdithmarscher schlussendlich glücklich verschont, anders als am 28. Juni 1700, als man sich in der Marsch bei Ketelsbüttel im Auftrag fremder Herren (damals Dänen und Schweden) sogar gegenseitig die Köpfe eingeschlagen hat und allein 26 der vielen Gefallenen im Süderdithmarscher Kontingent in Meldorf zu beklagen waren. Das Verhältnis der beiden Dithmarschen ist danach noch auf Jahrzehnte zutiefst zerrüttet. In diesem dänisch-russischen Konflikt, rund sechzig Jahre später, bluten die Dithmarscher nur finanziell, für Einige allerdings mindestens ein annähernd gleich großes Übel. Doch die kurzfristig neu angefachten Ressentiments bekommen keine neue Nahrung.

Im Gegenteil, nach frühem Militärputsch gegen (9. Juli) und Ermordung von Zar Peter III. (17. Juli) im Auftrag, mindestens aber mit Wissen und Duldung seiner jungen Gattin Katharina, dessen Heere zum Angriff auf die bei Wismar in Verteidigungsstellung gegangenen Dänen bereits im östlichen Mecklenburg bei Waren aufmarschiert sind und in dessen Besitz sich auch Norderdithmarschen befindet, ist Ende Juli 1762 in sprichwörtlich letzter Minute der Weg frei für eine endgültige diplomatische und friedliche Lösung der "Gottorfer Frage", sprich der Zukunft der in den beiden Herzogtümern Schleswig und Holstein verbliebenen restlichen Besitzungen der Gottorfer Herzöge. Die russischen Truppen werden umgehend nach ihrer Machtübernahme von der tatkräftigen jungen Zarenwitwe Katharina kampflos zurückgerufen. Die königlich dänischen Schutztruppen ziehen schließlich ebenfalls in diesem Spätsommer ab dem 9. August 1762 unverrichteter Dinge aus Mecklenburg ab und sollen zunächst auch wieder ins Winterquartier nach

Dithmarschen zurückverlegt werden. Erneut werden daraufhin die alarmierten hiesigen Kirchspielvögte aktiv. Die Erfahrungen der erfolglosen Gesuche an den König der Jahre 1760 und 1761 lassen die Vögte aber einen anderen Weg einschlagen. Sie wenden sich nun mit ihrer erneuten Bitte um Verschonung von einer neuerlichen Belegung an die ihnen vorgesetzte Deutsche Kanzlei in Kopenhagen. Der Brief, den mit Ausnahme des Landvogts Eggers, des Meldorfer Kirchspielvogts Hargen Karstens (1704-1775), ein Schwager und wohl auch Parteigänger des Landvogts, und des Eddelaker Kollegen Nicolaus Dührsen (1728-1789) alle anderen neun Süderdithmarscher Kirchspielvögte und zahlreiche Landesgevollmächtigte am 20. August 1762 unterzeichnen, unter ihnen auch wieder die beiden Nordhastedter Claus Harders und Marx Marxen, ist aber schon nicht viel mehr als eine verzweifelte Suche nach dem Zuständigen und Bitte um Unterstützung und Protektion[28]: *"Wir wissen nicht, ob dieses Gesuch eigentlich an die höchstgerichtliche deutsche Cantzelley gehöre. ... Nichts ist also unserem Gesuche nöthiger, denn, daß es von daher eine kräftige Unterstützung erhalte ..."*. Doch auch dieser Versuch bleibt ohne Erfolg.

Für eine veränderte Situation wird gleichwohl gesorgt. Im „erweiterten" Kirchspiel Nordhastedt wird jetzt die 2. Kompanie unter Führung eines Majors von Adelers und seiner Offiziere Rittmeister Petersen und Cornet (Fähnrich) Fabriccius aus dem Holsteinischen Kürassierregiment, das bis zum Herbst des Vorjahres im Süden der Landschaft stationiert war, mit insgesamt 63 Mann ins Quartier gelegt, davon 13 Mann in Fiel und jeweils 6 in Lehrsbüttel, Osterwohld und Westerwohld[29]. Im darauffolgenden Mai 1763 allerdings ist nach erneuten knapp acht Monaten Belegung der mehrjährige Militärspuk dann endgültig für die Süderdithmarscher vorbei. Die Truppen sammeln sich im Laufe des 4. Mai „unter klingendem Spiel" und ziehen nach Osten ab, um bereits am 5. Mai ihr Nachtquartier in Schenefeld zu beziehen, von wo man an den für die verbleibende Kernmannschaft neuen Garnisonsort der Festung Fredericia an der Ostsee weiterzieht. Die Nordhastedter müssen letztmalig im Vorfeld zwei Vorspannpferde und einen Fuhrwagen mit weiteren vier Zugpferden stellen, mit denen bereits am 3. Mai Fourage und die Truppenausrüstung nach Schenefeld verbracht wird[30]. Dabei könnte der eine oder andere Abschied der meist jungen Soldaten schwer werden und tränenreich ausfallen.

Ein teurer Frieden

Angesichts eines seit Februar 1763 in ganz Europa ausgerufenen großen Friedens, allgemeiner Demobilisierung und der endgültigen Befreiung von einer potentiellen kriegerischen Bedrohung des Gesamtstaates, die zumindest im Vorjahr 1762 gegeben war, ordnet der dänische König in den Herzogtümern zu Beginn dieses Mai 1763 für Dienstag, den 28. Juni des Jahres landesweite Dankfeste an[31], die der junge Johann Harders, dies ein kleiner Vorgriff auf die weitere Erzählung, aber schon als Schüler in Meldorf erleben wird. Die förmliche Ankündigung des verordneten Festes verlesen die Dithmarscher Prediger von ihren Kanzeln etwa acht Tage vorher im Gottesdienst des dritten Sonntag nach Trinitatis. Ein Fest mehr für Alt denn Jung, da endlich nach Jahren die Stationierungskosten entfallen werden.

Diese Entlastung ist umso nötiger, da die Krone, zum Stopfen der durch die langjährige Truppenhaltung entstandenen gewaltigen Haushaltslöcher bereits zum 23. September 1762 eine weitere Steuer eingeführt hat. Die Kopfsteuer muss fortan, bis zur Herauslösung der Herzogtümer aus dem Gesamtstaat hundert Jahre später, für jede Person ab 12 Jahren mit einem Reichstaler jährlich oder monatlich 4 Schilling bezahlt werden. Zum 17. Januar 1764 werden allerdings bereits, nach erheblichen Protesten, Kinder von Bauern bis zu ihrem 16. Lebensjahr und Soldaten von der Besteuerung wieder ausgenommen. Als Ersatz für diese fehlenden Gelder wird ab 1764 eine Rangsteuer, von der noch in einem anderen Zusammenhang gesprochen werden wird, eingeführt, die fortan ausschließlich die vermögenderen und mit einem Titel oder öffentlichen Amt in den „Rang" gestellten Bürger des Staates zu zahlen haben. Abgestuft über den 9-stufigen Rangkalender müssen diese ab 1764 zwischen 6 und 80 Reichstaler jährlich zahlen. Die Rangsteuer wird in den folgenden Jahrzehnten einen wesentlichen Beitrag in die dänische Staatskasse liefern. Um 1800 herum werden allein in Holstein im jährlichen Schnitt etwas über 95.000 Reichstaler (entspricht ca. 10 Mio. Euro) aus der Rangsteuer vereinnahmt.

Doch diese Dimensionen einer dauerhaften zusätzlichen Belastung sind im Friedensjahr 1763 noch nicht wirklich fassbar. So ist man zunächst in Feierlaune. Auch die Meldorfer Lustgilde, die sich im Dezember 1749 aus den zuvor existierenden, aber auf königlichen Beschluss landesweit wegen zu häufigen Missbrauchs verbotenen Toten- und Feuergilden, neu gegründet hatte, kann wieder das Scheibenschießen aufnehmen, auf das man aus Rücksicht auf die kritische Anwesenheit des Militärs seit 1756 verzichten musste[32]. Allgemein wird der Abzug der Truppen begrüßt und man kann es sich in Dithmarschen, wie von Alters her erstritten und danach regelmäßig durch Abgaben erkauft, wieder ohne auch immer als Besatzer empfundene königliche oder herzogliche Truppen gemütlich machen. Einige Marschbauern dürften allerdings ein wenig den guten Geschäften nachtrauern, die sie in den zurückliegenden Jahren mit dem Verkauf junger Pferde, später Remonten (frz. Ersatzpferd) genannt, mit den stets auf Nachschub angewiesenen Kavalleristen machen konnten. Die geschäftstüchtigen Züchter unter ihnen, und von denen gibt es reichlich, haben aber längst ihre Kontakte zu den Stabsoffizieren in Meldorf geknüpft und sich nachhaltig auch für späteren Bedarf im Gedächtnis derselben gehalten.

Einzelne Soldaten bleiben aber auch nach unmittelbarer Auflösung ganzer Truppenteile und Abmusterung in Süderdithmarschen. In Nordhastedt verstirbt noch im April 1776 ein aus Jütland stammender 42-jähriger Jens Jenßen, der zuvor als Reuter in der Schwadron des Mayors Paulsen diente und eine Frau und zwei Söhne im Ort zurücklässt, deren Spuren sich aber verlieren[33]. Jenßen, der kurz vor seinem Tod zumindest im Besitz einer, vielleicht für sein Pferd eingetauschten, älteren Milchkuh ist, bleibt in seiner Nordhastedter Zeit aber grundbesitzlos. Vermutlich ist er häufig als Dienstknecht auch auf dem Harders-Hof tätig, lebt zumindest in unmittelbarer Nähe. Das ist aus erhaltenen Viehhalterlisten zu schließen, auf die zu einem späteren Zeitpunkt nochmals eingegangen werden wird. Knuth Laarsen könnte ebenfalls ein hängen gebliebener junger Soldat dieser Zeit sein. Er dient noch einige Jahre als Kutscher bei Herrn von der Wisch auf dem zu dieser Zeit noch Gutshof Riese im Nordhastedter Kirchspiel.

Auch Johann Harders Schwiegereltern werden ihm viele Jahre später noch Einiges aus dieser vom allgegenwärtigen Truppenrock „rot" geprägten Zeit berichten können. Sind die beiden doch als junges Pastorenbrautpaar in Windbergen, in unmittelbarer Nachbarschaft zum großen Exerzierplatz bei Gudendorf, ebenso wie die Nordhastedter, vielfältig erfahren im täglichen Umgang mit den im Dorf einquartierten Militärs. Johanns spätere Schwiegermutter übernimmt zum Ende der Stationierungszeit im März 1763 als angehende Pastorenbraut, nur fünf Tage vor ihrer eigenen Hochzeit, eine Patenschaft bei einem Sohn eines verabschiedeten Reuters Andreas Andersen aus der Companie des Herrn Kammerjunker Christian Friedrich Numsen (1741-1811), dessen Einheit in den letzten Monaten in Windbergen stationiert ist[34].

Numsen, ein Sohn des 1757 verstorbenen Generalfeldmarschalls und Kopenhagener Stadtcommandanten Michael von Numsen aus einem dänischem Adelsgeschlecht mit wahrscheinlichen Husumer Wurzeln, beginnt hier in Süderdithmarschen seine steile Karriere als Rittmeister beim Holsteinischen Regiment. Er wird 1772-1775 dänischer Gesandter am russischen Hof in St. Petersburg und ab 1776 Direktor der Oeresunder Zollkammer in Helsingör (der wichtigsten Zollstelle des Gesamtstaates Dänemark, da hier der gesamte maritime Warenverkehr mit dem Mare Balticum mit dem „Sundzoll" taxiert wird), wirkt 1782-83 auch als Deputierter in der Rentekammer, dem auch für die Dithmarscher zuständigen gesamtstaatlichen „Finanzministerium" und krönt sein Lebenswerk schließlich als Oberhofmarschall in Kopenhagen.

Der junge Johann Harders erlebt in diesen Jahren bei seinem Vater dagegen zunächst hautnah, welch schweißtreibende Aufgabe es für einen lokalen Kirchspielvogt bedeuten kann, den natürlich murrenden Bauern des Landes regelmäßig die Belastungen aus einer

Truppenstationierung vorzulegen und durchzusetzen, nach den Sturmflutschäden des Jahres 1756 eine weitere frühe Erfahrung, auf die er als älterer Vogt in nachhaltigster Weise wird zurückgreifen müssen.

Norderdithmarschen wird königlich

Die 1762 in Russland „aufgeputschte" junge Witwe Katharina, später in Würdigung ihres politischen Lebenswerks zur Großen werdend, hat, im Unterschied zu ihrem „kriegslüsternen" und durch seine Herkunft auf die Herzogtümer fixierten, aber nach nur knapp sechs Monaten Regentschaft erfolgreich aus dem Weg geräumten Ex-Gemahl, kaum Interesse an den holsteinischen Randgebieten ihres Großreiches, diesem nach Otto Brandt „unbequemen Außenposten Gottorper Landes", zumal sie für die holsteinischen Besitzungen unter die Lehnsoberhoheit des deutschen Kaisers treten müsste. Nach vierjährigen diplomatischen Missionen und Verhandlungen einigen sich russische und dänische Seite mit Vorvertrag vom 11. April 1767 auf einen Gebietstausch.

Nachdem sie bereits viele Jahre zuvor den Landesteil Schleswig weitgehend käuflich erwerben konnte - jenes Geschäft, dessen Rechtmäßigkeit der Gottorfer Zar Peter III. angezweifelt und durch den Truppeneinsatz zu revidieren versucht hat - erhält die dänische Krone jetzt, die Gunst der politischen Stunde erfolgreich nutzend, mit Ausnahme Lübecks, Eutins und weniger anderer hiermit verbundener Distriktsreste, weitere Gottorfsche Enklaven auf holsteinischem Boden, zu denen neben Kiel und südlichem Umland (u.a. Bordesholm und Neumünster) auch Norderdithmarschen gehört, im Tausch gegen die alten Stammlande der dänischen Königslinie, den südelbischen Grafschaften Oldenburg und Delmenhorst, die fortan von der jüngeren Gottorfer Linie aus dem Fürstbistum Lübeck regiert werden, großzügig von Katharina an die Verwandtschaft ihres verschiedenen Mannes weitergereicht, weil sie auch für diese den Habsburgern auf dem deutschen Kaiserthron lehnspflichtig werden würde. Eine wohl inakzeptable und gefährliche symbolische Unterwerfung für die in diesen Jahren noch an ihrer russischen Machtbasis arbeitende junge Zarin deutscher Herkunft, die hier ein frühes Gespür für Realpolitik zeigt. So erhält Zarin Katharina den nötigen Freiraum, um ihre zukünftige Expansionspolitik im Südwesten des Großreiches auf vermeintlich attraktiveres osmanisches Terrain zu richten. Da man aber auf die Mündigkeit des Großfürsten Paul, des Sohnes von Peter III. und Katharina, als letztem Gottorfer Herzog dieser Linie, warten muss, wird der Vertrag erst sechs Jahre später am 1. Juni 1773 ratifiziert und in Kraft gesetzt werden. Trotz allem wird der Russische Großfürst Paul aber fortan als einen seiner vielen Titel auch den eines Herzogs von Dithmarschen führen dürfen.

Im Nordelbischen nimmt mit dem Vertrag von „Zarskoje Selo", dem zaristischen Sommerschloss nahe St. Petersburg, vom Juni 1773 der Dänische Gesamtstaat mit der Regierung der beiden Herzogtümer Schleswig und Holstein aus einer Hand, eine neue und respektable Gestalt an. Das in seiner Struktur in Europa einzigartige übernationale Staatswesen des Gesamtstaates, in dem die rund zwei Millionen Untertanen unterschiedlicher Kulturen aus Dänen, Norwegern, Isländern und Deutschen (25% der Gesamtbevölkerung) in diesem 18. Jahrhundert noch weitgehend unkompliziert miteinander zusammenleben können, wird in den folgenden Jahrzehnten der wieder gesicherten „Ruhe des Nordens", zur Lebenszeit des Johann Harders, seinen politischen, wirtschaftlichen und kulturellen Höhepunkt erreichen. Norder- und Süderdithmarschen werden, dank eines Zarenmordes, von einem gemeinsamen Herrscher regiert, bleiben aber gleichwohl in ihrer lokalen Selbstverwaltung getrennt. Viele der sich über zwei Jahrhunderte unterschiedlicher Herrschaft herausgebildeten kleinen, aber feinen Unterschiede und Usancen werden sich die beiden Teile Dithmarschens in ihrer inneren Struktur aber noch für weitere knapp hundert Jahre bewahren können.

Nordhastedter Schulmeister

Für Johann Harders beginnt in den noch von Militärpräsenz geprägten Jahren vor diesem langsamen Zusammenrücken der beiden Dithmarschen seine Schulzeit. Den ersten Unterricht im Lesen, Schreiben und Rechnen erhält er dabei zunächst wohl noch im Wesentlichen zu Hause, in für gebildete und deshalb hierzu befähigten Schichten durchaus zeitüblicher Weise. Er dürfte aber auch einige Jahre die Dorfschule in Nordhastedt besuchen, zumal die Familie der Kirchspielvögte Harders eine engere und auch langjährige Beziehung zur Familie Kröger, der Küster und Schulhalter des Dorfes, unterhält. Sein erster Lehrer ist hier Paul Lindemann Kröger (1718-1792), seit 1748, dem Geburtsjahr Johanns, ein Nach-Nachfolger des 1740 verstorbenen Vaters als Küster und Schulhalter in Nordhastedt, nachdem er zuvor als junger Mann, vor der ersten von später drei Ehen, einige Jahre als Schulhalter in Eesch südlich Meldorf tätig war. Küster Kröger ist ein Patenkind von Johanns 1746 verstorbenem väterlichen Großvater, dem alten Kirchspielvogt Marx Harders, obwohl der Vater Hartwig Kröger (ca. 1686-1740), seit 1714 als Nachfolger eines Hans Hansen als Küster und Schulhalter in Nordhastedt tätig, bei dessen Amtsantritt als Kirchspielvogt im Jahre 1716 sogar von einer erheblichen Anzahl Nordhastedter als dessen ernstzunehmender Gegenkandidat nachträglich eingefordert war[35], da er als ein hierzu befähigter Schwiegersohn des während der Wahlwochen verstorbenen und ebenfalls „mächtigen" Nordhastedter Landesgevollmächtigten Paul Lindemann angesehen wurde, der ursprünglich auch zur Wahl aufgestellt worden war. Die fortan trotzdem wertschätzende Verbindung der Familie der Kirchspielvögte Harders zu den Krögers bleibt über die Jahre eng. Für den im März des Sturmjahrs 1756 geborenen Sohn der ersten Ehe des Paul Lindemann Kröger mit der aus dem Meldorfer Klosterviertel stammenden Anna Elsabe Rademacher, Hartwig Kröger d.J., übernimmt Johanns Vater, der Kirchspielvogt Claus Harders eine erneute Patenschaft. Die Kindsmutter stirbt sieben Tage nach dieser Geburt im Kindbett.

Die Nordhastedter Kirchengemeinde und an ihrer Spitze der noch junge Kirchspielvogt Claus Harders ergreift im Geburtsjahr 1748 seines Sohnes Johann nur allzu gern die Gelegenheit, als neuen Küster und Lehrer mit Paul Lindemann Kröger auf ein Mitglied einer im Dorf gut vertrauten Familie zurückzugreifen, denn mit dem seit dem Tode des Vaters Kröger amtierenden Vorgänger hat man über die letzten sieben Jahre, in die auch der Kirchenbrand von 1741 und damit der Verlust des alten Schulhauses an der Kirche fällt, schwersten Schiffbruch erlitten. Über dessen höchst unrühmliche Nordhastedter Schuljahre 1740-1747 gibt ein Entlassungsantrag des Nordhastedter Kirchencollegiums vom 2. Mai 1747 bei den Meldorfer Kirchenvisitatoren, der vorgesetzten Aufsicht, mehr als beredte Auskunft[36]: *„ ... wasmaßen der hiesige Kirchen- und Schulbediente Eberhard Steinfeld in seiner beynahe 7 jährigen Amtszeit einen in vielen Stücken, ihm gantz unanständigen Lebenswandel geführt, da er nicht allein sehr viele Ferien mit Versäumung seines Amts in Kirchen- und Schulsachen gemacht, sondern auch durch fleißigen Besuch und langwierigen Aufenthalt in denen Wirtshäusern viel Ärgerniß verursacht hat, zumal da er sich in solchen öfters berauschet und mit Kartenspiel die Zeit unverantwortlicher Weise verschwendet, so, daß er in den darauf folgenden Tagen nicht tüchtig gewesen, seine Schul-Arbeit zu verrichten, ja er hat sich auch wohl bezecht bey denen Kindern in der Schule sehen lassen. ... er ist außerdem 1,2 und 3 Tage nach Heide verreiset."*

Der Antrag fährt in dieser Weise und mit Schilderungen weiterer Abmahnungen und Verfehlungen über die Jahre fort. Schließlich ist bei Pastor Karstens und Vogt Harders nach wahrscheinlich unzähligen Elternbeschwerden der Geduldsfaden im Jahr 1747 endgültig gerissen. Steinfeld, der nur mit einer einzigen Nordhastedter Kindstaufe 1743 dokumentiert ist, bei der u.a. neben der Witwe des Landesgevollmächtigten Henning Schlüter ein als Barbier in Büsum bezeichneter vermutlicher Bruder Johann Georg Steinfeld genannt ist, wird fristlos entlassen. Vielleicht hat die Monate andauernde katastrophale Schulsituation nach dem Brand von 1741 zu seiner Trunksucht beigetragen. Er versucht sich bereits im Juni des Jahres 1747 in Rendsburg einbürgern zu lassen, wird damit aber wohl scheitern, da sich die argwöhnischen Rendsburger über ihren Bürgermeister persönlich umgehend nach einem Führungszeugnis in Nordhastedt erkundigen.

Meldorfer Schulzeit

Wahrscheinlich von klein auf vom Vater Claus als ältester Sohn zum Nachfolger im Amt eines Kirchspielvogts auserkoren, werden die Eltern sich mühen, Johann und seinen Geschwistern, neben dem plattdeutsch verlebten Alltag, auch früh das Hochdeutsche ins Bewusstsein zu bringen, keine Selbstverständlichkeit im Dorfleben Nordhastedts. Spätestens nach der Konfirmation zu Ostern 1762 wechselt Johann jedoch auf die Meldorfer Gelehrtenschule. Auch seinen eigenen Sohn wird er später hierher schicken, möglicherweise im Zuge einer längeren Familientradition, die bereits seinen Vater und Großvater vor ihm eingeschlossen haben könnte. Hier in Meldorf muss Johann sich sowohl im Hochdeutschen beweisen, als auch seine ersten Gehversuche in Latein absolvieren.

In Begleitung seines Vaters begibt sich Johann hierfür im noch vom Krieg bedrohten Frühjahr 1762 - die zuvor über Jahre in der Landschaft stationierten Kürassiere haben auch Meldorf verlassen und warten in Segeberg auf einen anstehenden Abmarsch, den in Mecklenburg aufmarschierenden Russen entgegen - in das Rektorat der Schule im Meldorfer Klosterhof zu einem Aufnahmegespräch mit dem aus einem alten Eiderstedter Pastorengeschlecht stammenden und in Tating geborenen Gerhard Dietrich Ebio, der nach Schulbesuchen in Husum und Altona und anschließendem Theologiestudium in Halle und Helmstedt der Gelehrtenschule seit zehn Jahren als Rektor vorsteht und dieses Amt auch noch bis zu seinem Wechsel in das Diakonat in Kellinghusen im Jahr 1771 ausüben wird. Die Prüfung des Schülers Johann Harders durch den Meldorfer Rektor fällt positiv aus. Vermutlich überspringt Johann die vierte, „deutsche" genannte Klasse, in der überwiegend jüngere Meldorfer Schüler im Wesentlichen nur die Grundfertigkeiten im Lesen und Schreiben unter der Anleitung des örtlichen Küsters erlernen sollen, deshalb auch „Küsterklasse" genannt. In späteren Jahren wird diese Klasse durch die Schulreform des Jahres 1814, lange von den Rektoren der Schule gefordert, von der Gelehrtenschule abgetrennt. Aus ihr entwickelt sich die Bürgerschule, die über viele Jahrzehnte im folgenden 19. Jahrhundert ebenfalls im Meldorfer Klosterviertel in der Papenstraße/Ecke Küsterstraße (!) gegenüber dem Hauptpastorat in der Küsterei untergebracht sein wird[37]. Mit dem langjährigen, bereits seit 1739 an der Schule und Kirche in Meldorf tätigen und aus Sarzbüttel stammenden Küster Hans Bornholt (1700-1775) wird Johann Harders gleichwohl in den kommenden Jahren häufig genug in Kontakt kommen.

Vater Claus entrichtet für den Sohn zunächst die Aufnahmegebühr von 2 Mark. Die gesamten Schulkosten werden sich im ersten Schuljahr inklusive der pro Vierteljahr an die Lehrer zu zahlenden täglichen Privatstunden, die jeweils vor- und nachmittags eine Stunde andauern, auf rund 10 Mark belaufen, die sich in der letzten Klasse, der Prima, später auf bis zu 20 Mark jährlich steigern werden. Nachdem der Vater für den Sohn eine adäquate Unterkunft in einer der befreundeten Bürgerfamilien in Meldorf organisiert hat, verlässt Johann erstmals für längere Zeit das heimische Nordhastedt und tritt zu Beginn seiner Meldorfer Schulzeit in die „Tertia" genannte, dritte Klasse unter der Obhut des aus Lüneburg stammenden und seit 1754 in Meldorf tätigen Kantors Michael Hinrich Dreyer (1714-1769) ein.

Feuer in der Burgstraße

Gleich in seinem ersten Schuljahr 1762 grassiert in Meldorf die Ruhr. Von der schrecklichen Durchfallerkrankung, deren Auftreten in diesem Jahr vermutlich ebenfalls auf die schon genannten Bewegungen der erneut stationierten Kavallerietruppen zunächst nach und nun wieder zurück von Segeberg und Mecklenburg zurückzuführen ist, könnten auch einige von Johanns neuen Mitschülern und er selbst heimgesucht werden. Doch auch noch ein anderes Ereignis des Sommers 1762 macht diese frühe Meldorfer Schulzeit für Johann Harders aufregend. In den Spätsommertagen des August brennt es zu Süden der Kirche in Meldorfs Burgstraße[38]. Fast die gesamte südwestliche Häuserzeile zwischen der „hohen Bürgerstraße" (heute Albersberg) und der heutigen Schulstraße ist betroffen. Die v.a. von „kleinen Leuten" bewohnte Straße ist in heller Aufregung. Betroffen sind die kleinen Bürgerhäuser eines in der Amtsrolle der Meldorfer Schneidermeister genannten Hans Christian Schaaf (an der Ecke Albersberg gelegen) und des nördlich benachbarten Schullehrers Reimer Kroll (1727-1768). Der aus Sarzbüttel stammende Kroll ist wohl zu dieser Zeit als Lehrer an der um die Ecke liegenden Südervogtei-Schule (Ecke Schulstraße/ Westerstraße, später die Mädchenschule) tätig und hat das kleine Haus in der Burgstraße gerade erst im Januar dieses Jahres erworben und bezogen. Doch auch noch die beiden nördlicher gelegenen Häuser samt Ställen eines Jochim Matthies Lange (1709-1799), ein 1738 aus Kiel zugewanderter Weißgerber, und des mit seiner Frau und Stiefkindern dort lebenden und aus Wöhrden stammenden Amtsschusters Jacob Behmerwohld (1717-1771) tragen einen zum Teil erheblichen Brandschaden davon. Obwohl natürlich auch in Meldorf über die Jahrhunderte regelmäßig Feuer ausbrechen – allein in der zweiten Hälfte des 18. Jahrhunderts 15 mal[39] -, ist dieser Brand des Sommers 1762 doch in verschiedenster Hinsicht bemerkenswert.

Ursache ist ein schweres Sommergewitter, das zunächst den rückwärtig zur Burgstraße gelegenen Stall des zur vorderen Süderstraße wohnenden und aus Windbergen stammenden Brauers Boje Rohde (1708-1773) in Brand setzt, der im Übrigen nur zwei Jahre später der Schwiegervater des Albersdorfer Kirchspielvogts Peter Bendix Hedde

(1726-1796) wird. 1787 heiratet eine weitere Tochter den verwitweten Barlter Kirchspielvogt Conrad Wulfsdorf (1734-1813), zu diesem Zeitpunkt ist der Brauer aber längst gestorben. Brauer Boje Rohde ist seit seiner zweiten Heirat 1757 mit der Eddelaker Kirchspielvogttochter Magdalena Dorothea (1734-1766) des Boje Boje (1699-1748) bestens vernetzt mit den Süderdithmarscher Vogtkreisen. Der junge Johann Harders könnte diesen Meldorfer Honoratioren über Kontakte seines Vaters längst kennengelernt haben. Vermutlich ist Rohdes Stall zur Erntezeit dieses Spätsommers 1762 gut gefüllt und brennt wie Zunder. Durch einen sehr wahrscheinlich das Gewitter begleitenden böigen Ostwind wird die Glut auf die unmittelbar gegenüberliegende westliche Häuserzeile der engen Burgstraße geblasen.

Meldorfer Burgstraße 24 und 22

Es ist auffällig, dass bei keinem anderen Feuer des 18. Jahrhunderts in Meldorf so viele Häuser auf einmal betroffen sind. Zum anderen überrascht die Geschwindigkeit, mit der sämtliche Schäden repariert werden bzw. Neubauten entstehen. Am häufig genug fehlenden Geld scheitert der Wiederaufbau jedenfalls nicht, obwohl gerade „kleine Leute" die Betroffenen sind. Die von der Meldorfer Brandgilde bzw. dem in unmittelbarer Nähe des Brandes unter der Adresse der heutigen Westerstraße 8 wohnenden ersten amtlichen Branddirektor Johann Christian Teichmann (1709-1771) geführten Protokolle vermelden für das Burgviertel jedenfalls für die ab dem 15. September 1762 eingetragenen substanziellen Brandschäden bereits im November desselben Jahres eine abgeschlossene Baumaßnahme einschließlich der damit verbundenen Wertaufholungen.

Es ist zumindest denkbar, dass der schnelle Wiederaufbau gleich mehrerer Gebäude auf eine externe Unterstützung durch die gerade erst wieder in die Landschaft zurückgekehrten königlichen Truppen zurückzuführen ist. Brauer Boje Rohde nutzt den Neuaufbau des zur Burgstraße gelegenen rückwärtigen Stalles zur Errichtung einer Rossmühle auf der Diele, mit der fortan in erster Linie durch die antreibenden Pferde die für seine Brauerei benötige Gerste geschrotet wird.

Heute befindet sich auf dem vom Unwetter 1762 als erstes betroffenen Brauereigrundstück unter der Adresse Süderstraße 14 das Kino sowie ein Eiscafe. Für den Pennäler Johann Harders und seine Schulkameraden dürfte das Ereignis sicherlich auf Tage für erheblichen Gesprächsstoff sorgen und einige abendliche Besuche der schaurigen Stätte der Verwüstung auslösen. Die nach dem Brand von 1762 entstehenden Neu- bzw. Umbauten in der Burgstraße sind als gleichzeitig renoviertes und deshalb in vergleichbarem Baustil erhaltenes Gebäudeensemble noch heute als Zeitzeugen eines der bekanntesten Postkartenmotive Meldorfs.

Gelehrtenschule

Die Meldorfer Gelehrtenschule, Johanns Lebensmittelpunkt der nächsten Jahre, ist bereits 1540 als Lateinschule gegründet und so schon in diesen Jahren mit einer über 200-jährigen Tradition versehen. Johann erlebt in seiner dortigen, rund fünfjährigen Schulzeit unter dem Rektor Ebio recht ursprüngliche und karge Räumlichkeiten (vor Umbau 1789 und Umzug 1859) in zwei alten und wohl schon zu dieser Zeit sehr baufälligen Gebäuden auf den Grundmauern des mittelalterlichen Dominikanerklosters im Meldorfer Klosterhof. Über seinen Schulalltag geben zahlreich erhaltene Dokumente der Gelehrtenschule Auskunft. Die kleine, aber ambitionierte Schule hat in weiten Teilen des 18. und auch noch 19. Jahrhunderts selten mehr als 30 bis 40 Schüler, die in den Gassen des Ortes schon von weitem durch Dreispitz und ihre schwarzen Umhänge, kleinen Studierenden gleich, als solche zu erkennen sind. Selbstverständlich kennt man sich untereinander. Die Unterrichts- räume der insgesamt vier Klassen, die wesentlich nach dem Wissensstand, weniger dem Alter nach unterschieden werden, sind im 18. Jahrhundert in einem teilweise erbärmlichen Zustand, über den sich die Lehrer regelmäßig in schriftlicher Form beklagen. Die Schule ist neben geringen kirchlichen Zuwendungen weitgehend auf das Schulgeld der wenigen Schüler angewiesen, das allenfalls zur Sicherung eines Überlebens der Lehrer auf einfachstem Niveau, aber keinesfalls zur Erhaltung oder gar Verbesserung der baulichen Substanz der Schule hinreichen kann. Erst später wird hier einer der prominentesten Mitschüler des Johann Harders in Zeiten der fortgeschrittenen Aufklärung, seiner eigenen

Jugenderfahrungen und der Bedeutung von Bildung bewusst geworden, mit einer Stiftung spürbare Abhilfe leisten, die insbesondere der Besoldung der chronisch am Existenzminimum lebenden Lehrer dienen soll.

Die Meldorfer Gelehrtenschule im ehemaligen Kloster am Klosterhof

Der Unterricht findet zu Johann Harders Zeit in Meldorf am Montag, Dienstag, Donnerstag und Freitag von 8 Uhr morgens bis 17 Uhr abends mit einer Stunde Mittagspause statt. Mittwochs und samstags endet der Unterricht um 2 Uhr. Tatsächlich beginnt der Unterricht um 8.15 Uhr, da auch den Lehrern der Meldorfer Gelehrtenschule das Zugeständnis des „akademischen Viertels" wichtig ist. Ein an universitären Riten orientierter Bildungsanspruch der Schule, die in aller Regel auf einen anschließenden Hochschulbesuch vorbereiten soll, wird ersichtlich. Vor dem eigentlichen Unterricht verbringen die Schüler jeden Tag mit einer gemeinsamen Gebets- und Gesangsstunde. Reihum muss ein Schüler ausgewählte Bibelstellen vorlesen, während die Mitschüler still mitlesen. Anschließend wird aus dem Text jeweils eine Hauptpflicht extrahiert und eingeschärft. Auch zum Abschluss eines jeden Schultages sprechen die Knaben noch gemeinsam einen Psalm, der dann nach einigen Wochen auswendig aufgesagt werden muss.

Meldorfer Musikanten I

Daneben ist aber auch der sonntägliche Gang zum Hauptgottesdienst Pflicht für jeden Schüler, so dass Johann wohl nur gelegentlich für wenige Stunden an Sonntagnachmittagen oder in den noch unregelmäßig ausgerufenen Ferienzeiten, die auch in erster Linie der Erholung der Lehrer dienen sollen, die Familie im heimischen Nordhastedt besuchen kann. Für den jungen Johann Harders könnten diese Kirchgänge in Meldorf eine erste Begegnung mit ernsthafter Instrumentalmusik bedeuten. Die betagte und seit 1741 ruinenhafte Katharinen-Kirche in Nordhastedt besitzt in seiner Lebenszeit noch keine Orgel.

Hier in Meldorf erlebt der Junge zum ersten Mal über das kirchliche, seit 1566 in Meldorf nachgewiesene Orgelspiel[40] des aus Meldorf stammenden und 1749-1775 hier wirkenden Organisten Johann Wieburg (1730-1775, seit 1761 im Meldorfer Norderviertel und ab 1766 im östlichen, zwischen Kloster- und Rosen- gelegenen Geerviertel lebend) das Phänomen Musik in einer anderen als der rein gesungenen Form oder daheim bei Festlichkeiten vorgetragenen Fiedelei zum Tanz.

Kalkantendienste, also das Treten der Blasebälge, müssen die Schüler in Meldorf allerdings nicht leisten. Das Amt eines Kalkanten wird als Kirchendienst in diesen Jahren von dem Bürger Jacob Wieben bzw. dessen in Wöhrden geborenen Schwiegersohn Johann Hinrich von der Heide (1734-1784; ein Leinweber aus einer aus dem südelbischen Balje stammenden Schneiderfamilie; auch ein Urururgroßvater von Gustav Frenssen) für ein Jahressalär von 33 Mark ausgeübt[41]. Möglicherweise bleibt das Erleben der Orgelmusik im Meldorfer Dom für Johann, wie für viele seiner Zeitgenossen im ländlichen Dithmarschen, trotz der sich in den nächsten Jahrzehnten zu höchster Blüte entfaltenden instrumentellen und orchestralen Musik der wesentliche Zugang zu dieser Form von Kultur, die ansonsten häufig noch den Bewohnern der größeren Städte und Zentren vorbehalten bleibt.

Will man als Dithmarscher z.B. die Oper genießen, bleibt einem nur der Weg nach Hamburg, wo eine Bürgeroper bereits 1678 am Gänsemarkt gegründet wurde. Mindestens in kleinerer Besetzung laden zudem auch gelegentlich in Meldorf fahrende Orchester zu kammermusikalischen Aufführungen. Doch auch die kommunal angestellten und im 18. Jahrhundert als sehr respektabel geltenden Meldorfer Stadt-Musikanten, über die an anderer Stelle auch noch mehr zu berichten sein wird, sind nicht zu den schlechtesten ihres Fachs zu zählen. So bittet sogar der damalige vorgesetzte Gouverneur Süderdithmarschens, Christoph Blome auf Farve in Ostholstein, den Meldorfer Landvogt Friedrich Christian von Helm im Mai 1716 gelegentlich eines Schriftverkehrs in amtlichen Dingen - es geht um die Amtseinsetzung von Johann Harders Großvater Marx zum Nordhastedter Kirchspielvogten –

beiläufig[42]: *„ ... alß sonsten mein ältester Sohn gerne einige gute Musicalische Stücke auff dem Waldhorn hätte, und demselben berichtet worden, daß der Stadt-Musicante in Meldorff ihm damit an die Hand gehen könte, so wird Mein Hochgeehrter Herr Etats-Raht mich obligiren, wann er denselben, nach Einhändigung des einliegenden Berichts, dahin vermögen wil bemeldten meinem Sohn einige von den besten und neuesten Stücken zukommen zu laßen."*

Die Vielzahl der zu besuchenden Gottesdienste wird den Schuljungen Johann Harders trotz allem Bemühen um kulturellen Genuss über die Jahre dennoch häufig genug eher strapazieren als erbauen. Er wird im Kreise seiner Kameraden den Gottesdienst regelmäßig im Stehen verbringen. Nur die vermögenderen Bürger leisten sich eigene Kirchenstühle[43]. Während die Familie des Kirchspielvogts Harders im heimischen Nordhastedt wohl auch schon in diesen Jahren einen eigenen repräsentativen und für sich abgekleideten Familienstuhl für die Gottesdienste nutzt, wird Johann in Meldorf nicht das Glück haben, in den Stühlen seiner Wirtsfamilie Platz zu finden und den Gottesdienst, häufig genug ohnehin als Sänger verpflichtet, mit seinen Kameraden „durchstehen". Kein Wunder, dass v.a. die jüngeren, teils noch pubertierenden Schüler regelmäßig durch Störungen des Gottesdienstes auffällig werden und von Küster und Kantor, in besonders schweren Fällen auch vom Pastor, zur Ordnung gerufen werden müssen.

Dom der Dithmarscher

Johann Harders erlebt in seiner Schulzeit den „Dom der Dithmarscher" bei diesen Gelegenheiten in einer gänzlich anderen Verfassung, als wir diesen heute wahrnehmen können. Der für die Meldorfer Gemeinde zur Mitte des 18. Jahrhunderts noch von dem sich um die gesamte Kirche ziehenden Begräbnisplatz mit seiner Vielzahl von windschiefwuchtigen Grabsteinen und Stelen umgebene und schon für die Größe des Ortes all zu überdimensionierte Bau der St. Johannis-Kirche ist, wie die heimische Katharinen-Kirche in Nordhastedt, stark baufällig. Nachhaltige Reparaturen aber überfordern die finanziellen Möglichkeiten oder mindestens den Willen der Meldorfer Kirchengemeinde. Die Baumeister im Kirchenvorstand können immer wieder nur die nötigsten Arbeiten erledigen lassen. Umfangreiche Mauerstützungen sind beispielsweise im Jahre 1750 erforderlich, nachdem Anfang der 1730er Jahre sogar der ganze, vor 1869 noch wuchtig-eckige Turm einzustürzen drohte. Ein Gutachten aus dem Jahre 1765, während der Meldorfer Schulzeit des Johann Harders erstellt, macht abermals erhebliche Mängel aus[44]. Das Dach habe mehrere große Leckstellen, teilweise seien die Dachlatten auf der Dachnordseite verrottet, Mauersteine müssten an diversen Stellen ausgetauscht werden. Im Inneren des Baus erlebt

Johann Harders Orgelmusik und Gottesdienst in einem noch durch zahlreiche Wandmalereien gezierten und allein angesichts der schieren Raumgröße den Schuljungen sicherlich optisch und akustisch stark beeindruckenden Kirchenraum. Die im Laufe der Jahre immer weiter verblassenden Malereien werden erst 1816/17 durch eine zeitgemäße Weiß-Kälkung übermalt werden, die der Kirche aber auch im Vergleich zu heute eine deutlich hellere Erscheinung bescheren wird. Johann wird diese Eindrücke im Alter bei einigen, meist nicht angenehmen Gelegenheiten noch auf sich wirken lassen können.

Dom der Dithmarscher und Hauptkirche der Süderdithmarscher Propstei

Schülerpflichten und Verfehlungen

Zu den kirchlichen Verpflichtungen der Schüler gehört neben der Teilnahme an den zahlreichen, auch innerhalb der Woche stattfindenden Gottesdiensten aber auch noch zu Johann Harders Schulzeit in Meldorf das gelegentliche Leichensingen. Küster Bornholt, Kantor Dreyer und bei „großen Musikleichen" auch die Rektoren erhalten bei Beerdigungen, soweit gewünscht, für die gesangliche Begleitung der sterblichen Hülle der Verstorbenen auf ihrem letzten, aber kurzen Weg zu den unmittelbar um die Kirche gelegenen Gräbern eine bei den ansonsten geringen Einkünften nicht unwesentliche Entlohnung[45]. Zur

Enttäuschung der Schüler können oder wollen sich viele Familien des Kirchspiels diesen Dienst aber zur Mitte der 1750er Jahre kaum noch leisten. Einem Kirchenvisitationsbericht des Jahres 1754 ist zu entnehmen, dass in Meldorf schon längst „die meisten Leichen stille beerdigt werden". So entfällt für die Schüler ihr damit verbundener Lohn eines Unterrichtsausfalls. Obwohl finanziell selbst betroffen, ist wenigstens dieser Umstand eine gewisse Beruhigung des Rektors Ebio, dem ohnehin in dieser Zeit viel zu viel versäumter Unterricht zu schaffen macht. Johanns Lehrer in der Tertia, der Kantor Dreyer, muss sich im Jahr 1757 sogar einer ernsten Verwarnung stellen[46], da er die Schüler an Stelle des angesetzten Unterrichts häufig lieber auf dem Dachboden des Schulhauses, in dem er wohnen muss, während Rektor und Konrektor im benachbarten Rektorenhaus untergebracht sind, als Wintervorrat auch schon einmal Torf stapeln lässt; das übliche Feuerungsmittel der Zeit in Dithmarschen. Zu häufig des Nachmittags umher stromernde Schüler lassen die Herren Kirchenvisitatoren im Juli 1763, Johann Harders ist schon ein Jahr Schüler in Meldorf, die Ordnung in der Schule scharf bemängeln. Zudem haben die Schüler wohl auch diverse Lausbubenstreiche auf Lager, denn die Visitatoren fragen den Rektor bei dieser Gelegenheit an[47], *„ob nicht bey der Schule ein zum Carcer bequemer und leicht einzurichtender Platz vorhanden sey, mit welchem die Schüler geschrecket und in welchen sie nach Befinden auch wirklich gesetzt werden könnten."* Es ist das jüngst endgültig von der Kriegsgefahr befreite Frühjahr und der Sommer 1763 eine schwere Zeit für den Kantor Dreyer, da er gerade seine Frau und einen knapp sechsjährigen Sohn (durch die Ruhr?) verloren hat und als alleinstehender Witwer mit seinen verbliebenen drei Kindern häufig genug vom rechten Lehrpfad abgelenkt sein könnte und Trauer die notwendige Aufsicht über die Schüler trübt.

Klosterbrauerei

Eine der im wahrsten Sinne des Wortes nahe liegenden Ursachen für ein häufig ungebührliches Verhalten der heranwachsenden Schüler könnte in der unmittelbaren räumlichen Nachbarschaft der Schule zu suchen sein. Denn südlich angrenzend an die Gebäude der Gelehrtenschule im Klosterhof liegt seit alters her das Klosterbrauhaus, das auch zu Lebzeiten Johann Harders als Brauerei und Gastwirtschaft genutzt wird. Der Duft frisch gebrauten Bieres und die sonstigen Verlockungen des Geschäftsbetriebes liegen den Schülern also permanent in der Nase, während sie sich in den Unterrichtsräumen mit weitaus trockenerer Materie auseinandersetzen müssen. Angesichts der in Johanns frühester Meldorfer Schulzeit noch starken Militärpräsenz dürfte das Treiben in dieser Meldorfer Gaststätte starken Eindruck auf so manchen Schüler machen. Johann Harders wird sich allein deshalb zwangsläufig häufiger hierhin verirren, da einer seiner engsten

Schulfreunde hier geboren ist und bei seiner verwitweten Mutter lebt, seit der verstorbene Vater im Oktober 1751 durch Heirat dieser Witwe des Vorbesitzers die Klosterbrauerei übernommen hat. Ein weiterer der Mitschüler und Freunde, noch bekannter und an dieser Stelle ebenfalls noch der Dramatik wegen verhüllt, entstammt zudem dieser alteingesessenen Meldorfer Brauerfamilie, in deren zeitweisem Vorbesitz die Klosterbrauerei bis eben 1751 war. Beste Voraussetzungen also für die Knabenbande mit entsprechender Ortskenntnis und Zugangsmöglichkeit von den verbotenen süßen und gegorenen Früchten gelegentlich probieren zu können. Doch die aus Sicht der Schulleitung problematische Nachbarschaft zur Klosterbrauerei wird in späteren Jahren auf noch härtere Proben gestellt.

Klosterbrauerei in der Meldorfer Klosterstraße 13

Nachdem zunächst ab 1764 der Nachbesitzer des verstorbenen Vaters seines noch im Dunklen gelassenen Schulfreundes, ein Hinrich Warner (1734-1804), der nächste Ehemann der höchst widerstandsfähigen, aus Wilster stammenden und nun zweifachen Brauerwitwe Marie Catharina geb. Goldbeck (1719-1782) und somit Stiefvater von Johann Harders Schulfreund auf der Diele der Brauerei eine sicherlich lärmende und in beständigen Pferdeduft eingehüllte Rossmühle aufstellen lässt und zudem auch noch eine einigen Gestank verbreitende Essigbrauerei ergänzt, geht der durch die wiederholt sich beklagende Schule wohl schon vollauf genervte Nachfolger desselben noch einen Schritt weiter.

Der zu Johann Harders nur acht Jahre ältere, aus Barlt als Sohn eines aus der Wilstermarsch stammenden Kornschreibers gebürtige neue Wirt Johann Huesmann (1740-1815) lässt in den Jahren nach 1785 genau unter den Fenstern der Schulräume einen Schweinekoben an der Grundstücksgrenze errichten, eine Provokation, der sicherlich zahlreiche Anwürfe der Rektoren gegen die Gastwirtschaft und ihre Vorbetreiber vorausgegangen sind. Der zwei Jahre ältere Bruder des gelernten Schusters und jetzt Gastwirts, Hermann Peter Huesmann (1738-1788), wird sich als Diakon und späterer Pastor in Eddelak möglicherweise sogar noch in seinen letzten Lebensjahren im zuständigen Süderdithmarscher Kirchengremium mit der strittigen Angelegenheit seines Wirtsbruders beschäftigen müssen, als sich die Schule über ihren Nachbarn und sein provozierendes Verhalten bei den kirchlichen Herren zum wiederholten Mal beklagt. Während aber Johann Harders in der Gelehrtenschule viele Jahre zuvor seine schulische Ausbildung durchläuft, könnte er zu den vom Arrest bedrohten Schülern gehören, die im Sinne einer ganzheitlichen Bildung auch ihre ersten umfangreicheren Alkoholerfahrungen „kurzerhand" in der benachbarten Klosterbrauerei machen.

Lehrinhalte und Lehrer

Findet der ordentliche Teil des Unterrichts statt, werden die Knaben unterrichtet in Latein - mit 16 Wochenstunden der alles andere dominierende Lehrinhalt - sowie Theologie, Griechisch, Hebräisch, Logik, Geschichte und Geografie. Sie lesen dabei die lateinischen und griechischen Klassiker Horaz, Cicero, Plutarch, Virgil, Aristoteles, Caesar und die hebräische Bibel im Originaltext, werden aber auch bereits in Physik oder Rhetorik geschult. Allein die vorzuhaltenden Bücherlisten umfassen in der zweiten Hälfte des 18. Jahrhunderts über 60 Titel, aus denen die Schüler über die Jahre lesen, u.a. Aristoteles "De arte rhetorica" (Kunst der Rhetorik) und die gesammelten Werke Ciceros sowie die Heilige Schrift in kommentierter Form sowohl im Lateinischen, Griechischen als auch Hebräischen[48]. In Geschichte beschäftigt man sich in erster Linie mit den jeweiligen Herrschaftslinien der einzelnen Staaten, einer „Regentengeschichte", und in Geografie müssen die Schüler z.B. die Lage der einzelnen Länder, Flüsse und Hauptstädte sowie die Oberflächenform aller „vier" Erdteile auswendig lernen. Australien ist noch nicht entdeckt. Besondere Bedeutung kommt im Lehrplan aber neben dem Latein nach wie vor mit sechs Wochenstunden theologischen Themen zu - kein Wunder, denn die Lehrer sind zur Mitte des 18. Jahrhunderts immer noch vorwiegend junge Geistliche, die in dem schlecht bezahlten Lehrerberuf bei nächstbester Gelegenheit ein Sprungbrett in eine besser bezahlte Pastorenfunktion sehen.

Wohl bereits zu Ostern 1763 wechselt Johann Harders in seinem zweiten Meldorfer Schuljahr in die Sekunda. An Stelle des Kantors Michael Hinrich Dreyer, der 1769, zwei Jahre nach Johanns Schulabgang, in Meldorf versterben wird, wird zunächst für das folgende Schuljahr der Konrektor Rudolph Friedrich Otto Heinzelmann (1738-1805) sein neuer Lehrer. Johann Harders kann hinreichend im Lateinischen deklinieren und konjugieren und wird nun im lateinischen Satzbau unterwiesen. Daneben wird er erstmals anhand von Textpassagen aus dem Neuen Testament mit der Griechischen Sprache vertraut gemacht. Der 25-jährige Konrektor Heinzelmann, im April 1738 in Helingen, südöstlich Wolfsburg, als Sohn eines Pastors aus Salzwedel geboren, in Berlin zur Schule gegangen, in Halle studiert und seit drei Jahren an der Gelehrtenschule Konrektor, ist seit einigen Monaten stolzer Vater eines ersten Sohnes. Von diesem Sprössling wird noch ausführlich im weiteren Verlauf der Geschichte zu sprechen sein.

Der Sommer dieses Sekundajahres 1763, in dem auch die stationierten Truppen nach Jahren die Landschaft Süderdithmarschen gerade erst wieder Anfang Mai, nun aber endgültig, verlassen haben, ist von schlechtem Wetter mit besonders viel Regen geprägt. Im südlichen Holstein sind die Niederschläge teils so ergiebig, dass auf zahlreichen Wiesen der Elbmarschen Boot gefahren werden kann[49]. Die Meldorfer Schüler haben in diesem Sommer wenig Ablenkung vom Lernen und somit viel Zeit, sich an ihren neuen, „von ungeheuchelter Frömmigkeit" und „ungeschminkter Religiosität" beseelten, ambitionierten und demzufolge mindestens anfänglich fordernden Lehrer zu gewöhnen, bei dem es zunächst deutlich weniger unterrichtsferne Aktivitäten gibt als bei Kantor Dreyer.

Doch auch Heinzelmann ist in diesem Schuljahr nicht mehr voll bei der Sache, eigentlich längst wieder auf dem Sprung. Bereits zum Beginn des kommenden Schuljahres erhält Konrektor Heinzelmann endlich die Gelegenheit, in Salzwedel, der Heimat seiner Pastorenfamilie seit vielen Generationen, eine Rektorenstelle zu besetzen, um die er sich im Jahresverlauf 1763 bei dem späteren Superintendenten Wilhelm Johann Georg Cleinow (1727-1798) beworben hat, einem Vertrauten seines Vaters und wohl auch nahem Verwandten der zweiten Frau Sara geb. Cleinow (1726-1801), einer Hamburger Kaufmannstochter, des schon genannten Küsters Michael Dreyer, die dieser wohl zuvor über den Nochkollegen Heinzelmann kennengelernt haben dürfte. Heinzelmann, der seit seinem Zuzug nach Meldorf im Jahre 1760 im Rektorenhaus lebt, während sein Bruder Gebhard Wilhelm als Doktor im Geerviertel in einem kleinen, in der Spreestraße gegenüber der

Einmündung der Küsterstrasse gelegenen Haus in Sichtweite der Gelehrtenschule praktiziert, verlässt mit bereits wieder hochschwangerer Frau, einer in Meldorf geborenen Tochter Auguste (1742-1769) des ersten Meldorfer Gerichtsaktuars Johann Athen Remmers (1705-1768) und Sohn sowie Bruder Meldorf und veröffentlicht bereits vier Jahre später eine umfangreiche Schrift über den Ursprung des Namens Salzwedel. Heinzelmann wird dort an seinem 67. Geburtstag im Jahre 1805 am Schlagfluss sterben, wie schon sein Großvater, den der Schlag im Jahre 1717 sogar auf seiner Kirchenkanzel in Gardelegen getroffen hat. Johann Harders und seine Mitschüler erhalten so zum Beginn ihres vermutlich zweiten Jahres in der Sekunda zu Ostern 1764 wiederum einen neuen Lehrer.

Das Gebäude der Meldorfer Gelehrtenschule bis 1859

Während Ebios Rektorenjahren besteht die Aufgabe der Schüler fast ausschließlich aus auswendig lernen. Nur nach dieser Fähigkeit wird ihre Leistung bewertet. Schriftliches oder gar selbständiges Erarbeiten ist in diesen Jahren noch nicht gefordert, eigene Meinungsbildung sogar verpönt. Profilieren kann sich ein Schüler vor allem dadurch, dass er Erlesenes in angemessener Form zusammengefasst wiedergeben kann. Selbständigkeit der Schüler zu fördern und so schulreformerische Arbeit im Sinne der Aufklärung zu betreiben, wird erst Ziel von Ebios Nachfolger. Johann Harders gehört so zu einer der letzten Generationen von Schülern, die zwar schon mächtig vom Zeitgeist der Aufklärung umweht, aber noch weitgehend in tradierter Form behandelt und geformt werden. Man kann sich vorstellen, in welchem Gefühlszwiespalt viele junge Männer auch schon zu dieser Zeit leben und welchen Eindruck der junge Konrektor auf Johann und seine Mitschüler machen muss, den er nun, nach dem Weggang Heinzelmanns, in seinem zweiten Sekundajahr erhält.

Johann Gottlob Jäger, 1731 im sächsischen Werdau als Sohn eines Tuchmachers geboren, tritt zu Ostern 1764 an der Meldorfer Gelehrtenschule seinen Dienst als Konrektor und somit Lehrer der Sekunda an und wird in den kommenden Jahrzehnten, obwohl nur von kleiner Statur, zu einer „Lichtgestalt" der Schule werden und sie in besonderer Weise prägen. Johann Harders erlebt als knapp 16-Jähriger einen neu zugezogenen Lehrer, der, selbst erst knapp 33 Jahre alt und noch Junggeselle, in Meldorf ganz anders auftritt als das restliche Kollegium. Jäger studiert ab 1750 in Leipzig und wird 1758 dann zunächst Privat- und Hauslehrer bei den Kindern seines Universitätsprofessors Barth. Um 1760 nimmt er eine Hofmeisterstelle beim Kammerherrn von Plessen in Wahlstorf, südlich Preetz am Lanker See, an und bewirbt sich 1763/1764 erfolgreich um die vakante Konrektorenstelle in Meldorf.

Hier tritt der später wegen seiner Bescheidenheit und dem „rechten Maß in allen Dingen" gerühmte Jäger von Anfang an als Pädagoge neuen Zuschnitts auf. Er rezitiert nicht pastoral, wie seine Kollegen, vom Katheder herab, sondern greift erst dann zur Erläuterung gestellter Aufgaben, wenn die Schüler selbst nicht mehr weiter wissen. Auch geht er häufig durch die Reihen der Schüler oder setzt sich sogar zu einzelnen Knaben in die Bank, wenn diese an einem besonderen Problem zu knabbern haben. Ein unerhört vertrauliches Vorgehen, angesichts seiner Körpergröße ein zudem nicht schwieriges Agieren auf Augenhöhe, das ihm zunächst den Argwohn der Kollegen, mit Sicherheit aber schnell die Bewunderung der Jungen einbringen dürfte. Jäger stellt die Anforderungen an die einzelnen Schüler stets auf deren individuelles Vorwissen ab, stärkt so Selbstvertrauen und Eigenmotivation der Jungen in einem ganz besonderen Maße. Über Jahrzehnte wird er als besonders pünktlich und gewissenhaft beschrieben, ein Zeugnis nicht nur für ihn, sondern auch seine hierin nicht eingeschlossenen Kollegen. Er ist fromm, schreibt aber niemandem die Ausübung seines Glaubens vor. „Religion sei für ihn eher eine Sache des Herzens als der Ratio", wie sein späterer Nachfolger, der aus Beidenfleth stammende Dr. Henning Dohrn (1783-1855), ihn beschreibt. Auch Johann Harders wird sich dem Charisma des jungen Johann Gottlob Jäger und seiner „modernen" Lehrauffassung nicht entziehen.

Jäger wird 1771, einige Jahre nach Beendigung von Johanns Schulzeit, bei Weggang Ebios dessen Nachfolger als Rektor der Gelehrtenschule und dann bis 1813 über 40 Jahre dieses Amt ausüben. In dieser Zeit wird er u.a. der von diesen hochgepriesene Lehrer so bedeutender Dithmarscher Persönlichkeiten wie des Pastoren Claus Harms sowie des Geschichtswissenschaftlers Barthold Georg Niebuhr. Beiden werden wir in dieser Geschichte ebenfalls noch begegnen. Im Übrigen wird Johann Gottlob Jäger nach seiner Heirat vom 10. Dezember 1767 für einige Jahre ein Schwager seines Amtsvorgängers als Konrektor, Heinzelmann, da er die jüngere Schwester Elisabeth Magdalena Erhardina Christina (1747-1773) dessen rund fünf Jahre älterer Ehefrau Auguste Charlotte Marianne Remmers heiratet. Beide sind Töchter des von 1751-1770 wirkenden ersten Meldorfer Gerichtsaktuars Johann Athen Remmers, dessen Großvater wiederum wohl der von 1685 bis zu seinem Tod 1720 an der Meldorfer Gelehrtenschule tätige und aus dem sächsischen Dittersbach bei Dresden stammende Cantor August Renner/Remmers war. Mit der Person des ebenfalls im Meldorfer Klosterviertel in Nähe der Gelehrtenschule am Nordermarkt lebenden Aktuars Remmers, dessen Vater angesichts der ungewöhnlichen Namensgebung „Athen" früh nicht nur klassische Ideale bekundet, sondern schon fast eine diesbezüglich architektonische Prophetie an den Tag legt, verbindet sich im Weiteren auch noch ein spannender Teil der Nordhastedter Baugeschichte, auf den aber ebenfalls später eingegangen werden soll.

Das Amt eines Aktuars wird 1751 in Süderdithmarschen geschaffen, um den Landschreiber von seinen bisher auch auszuführenden Protokollierungsverpflichtungen der vom Landvogt geführten Gerichtsprozesse zu entbinden. Die Konflikte zwischen Landvogt und dem als obersten Steuereinnehmer des Königs in der Landschaft diesem eigentlich nicht untergebenen, sondern in den gleichen Rang gestellten Landschreiber sind einfach zu groß geworden. Folglich nutzt man den Tod des Landschreibers Ernst Ulrich Dose, bei Neubesetzung der Position 1751, diesem permanenten Konflikt durch Neuschaffung einer weiteren Position eines eindeutig dem Landvogt untergeordneten „Gerichtsschreibers" die Grundlage zu entziehen. Fortan steht der Gerichtsaktuar auch den einzelnen Kirchspielen für diverse größere unterstützende Tätigkeiten mit seinen besonderen juristischen, schriftlichen und sonstigen Fähigkeiten zur Verfügung. Eine häufig wenig beachtete, in der Folge aber, Dank der umfassenden Einblicke in wesentliche Vorgänge der ganzen Landschaft, zentrale Beamtenfunktion ist entstanden.

Nach nur einem Jahr Unterricht bei dem zu diesem Zeitpunkt noch Junggesellen Jäger und einem Jahreswechsel 1764/1765, an dem über die Weihnachtstage und auch noch im März erneut viele Blatterntote in Meldorf zu beklagen sind - u.a. auch ein kleiner Neffe Johann Timmermann des Rektors Ebio, dessen Schwester Margaretha Augusta seit Juli 1763 mit dem verwitweten Gewürzhändler Paul Timmermann am Südermarkt 6 verheiratet ist -, wird Johann Harders aber wohl schon zu Ostern 1765 nach Prima versetzt, nachdem der Rektor die Prüfung abgenommen hat, dass er im Lateinischen „grammatice etwas schreiben oder setzen könne". Von nun an wird der 17-Jährige vom Rektor Ebio persönlich unterrichtet werden. Möglicherweise sorgt der damit verbundene Rückfall in tradierte Lehrgewohnheiten für einigen Verdruss bei ihm und seinen Mitschülern. Ob damit allerdings auch in dieser Konstellation ein Kampf der Lehrer um die so begehrten, weil extra bezahlten, täglichen zwei Privatstunden verbunden ist, muss offen bleiben. Die teils unwürdigen Kämpfe der Lehrer um die Schüler sind legendär und da sie auf dem Rücken der Schüler ausgefochten werden, finden diese sozusagen, anatomisch schwirig, doch auch vor den Augen derselben statt. Doch gegenüber dem Versetzungsprimat des Rektors hat ein, zudem moralisch stets einwandfrei agierender Jung-Konrektor Jäger, wohl kaum Möglichkeiten, Schüler zu halten, auch wenn schon aus seinen frühen Konrektorjahren Konflikte mit dem Rektor Ebio überliefert sind, zu unterschiedlich scheinen Charaktere und methodische Vorstellungen der beiden Lehrer zu sein.

Ein neuer König

Noch während Johanns Meldorfer Schulzeit als Primaner stirbt am 14. Januar 1766 der dänische König Friedrich V. in seinem 20. Jahr der Regentschaft im Alter von nicht einmal 43 Jahren. Ein gutes halbes Jahr zuvor war bereits der deutsche Kaiser Franz I. Stephan, Mann und Mitregent der Habsburgerin Maria Theresia, am 18. August 1765 in Innsbruck verstorben. Auch im zum Reich zählenden dänischen Holstein war eine symbolische Staatstrauer anberaumt. Doch der nur wenige Monate später eintretende Tod des dänischen Königs und Reichsherzogs Holsteins hat für die Dithmarscher eine ungleich höhere, weil realpolitische Bedeutung. Es sind Anfang Januar 1766 die einzigen wirklich kalten Tage eines ansonsten extrem milden norddeutschen Winters. Während der Süden Europas unter Schnee und Eis leidet, ist Holstein ab Mitte Januar bis zum Beginn des kalendarischen Frühlings fast unaufhörlich von Südwinden umweht. Der nahezu frostfreie Winter 1765/66 ist mit seinen häufig neblig-trüben Tagen ein überaus symbolträchtiger äußerer Rahmen für den Beginn einer ebenfalls nebulösen Interimszeit, in der die innenpolitischen Geschicke des Staates erst nur ein klein wenig ins Wanken, nach wenigen Jahren aber erheblich ins Trudeln geraten werden. Nach kurzer Staatstrauerzeit übernimmt notgedrungen der gerade einmal 17-jährige Sohn des verstorbenen Königs in diesem Frühjahr 1766 die Regierungsgeschäfte. Im Folgejahr wird er als Christian VII. gekrönt und begibt sich ab Mai 1768 für ein halbes Jahr als junger König auf eine ausgedehnte

Bildungs- und Antrittsreise zu den gekrönten Herrscherhäusern in halb Europa. Johann Harders wird aus dem Munde seines Vaters Claus hierzu sicherlich skeptische Kommentare des inzwischen 55-jährigen Kirchspielvogts hören, für den dieser Amtswechsel seines Souveräns bereits als Generationenkonflikt gesehen werden wird. Ihm und seinen in der Mehrzahl konservativen Dithmarscher Amtskollegen wird in diesen Tagen des Öfteren der Bibelvers Prediger 10, 16 in den Sinn und im vertrauten Kreis auch von den Lippen kommen: „Weh Dir, Land, dessen König ein Kind ist."

Allgemein ist bekannt, dass der zuletzt der Trunksucht und Melancholie anheim gefallene und verschiedene König Friedrich V. schon längst nicht mehr, wenn denn je, ernsthaften Einfluss auf die dänischen Staatsgeschäfte genommen hat. An seiner Stelle regierte zuletzt wesentlich der deutschstämmige und insbesondere in Holstein sehr populäre Staatsmann Johann Hartwig Ernst von Bernstorff (1712-1772) als eine Art „Prinzipalminister" im „Geheimes Conseil" genannten Kabinett. Dem daneben eng mit dem bereits erwähnten Günstling des Königs, Oberhofmarschall Adam Gottlob von Moltke befreundeten Bernstorff, der als Obersekretär der Deutschen Kanzlei in Kopenhagen auch oberster Verwaltungschef der Dithmarscher Vögte ist, wird sowohl die erfolgreiche, nach außen gerichtete Neutralitätspolitik als auch die daraus resultierende wirtschaftliche Prosperität und das rege kulturelle Leben der letzten Jahre im Gesamtstaat zugeschrieben. Der Vogt Claus Harders sorgt sich sicherlich, wie viele der politisch interessierten Dithmarscher und fast alle seiner über diese Zusammenhänge gut informierten Vogtkollegen, um den zukünftigen Kurs des Gesamtstaatsschiffes und die Bewahrung holsteinischer Freiheiten auf demselben.

Tatsächlich wird der bisherige Garant, Minister Bernstorff (der Ältere), der bis dato seinen innersten Kopenhagener Beamtenapparat der für die deutschen Herzogtümer zuständigen Deutschen Kanzlei gut in seinem Sinne im Griff hat, von dem jungen König Christian VII. zwar noch im Folgejahr 1767 in den Grafenstand erhoben, nachdem sein Vertrauter von Moltke bereits unmittelbar nach Übernahme der Regentschaft 1766 vom Hof entfernt worden ist. Doch verliert auch er, wie später in einer weithin bekannteren historischen Parallele Reichskanzler Bismarck unter dem jungen Kaiser Wilhelm II., zunehmend an Einfluss und muss 1770 ebenfalls den Hof verlassen, nachdem der neue und jugendliche Günstling des jungen Königs, Johann Friedrich Struensee, der dem König als Reisearzt für seine Auslandsreise 1768 zur Seite gestellt wurde, das Ruder übernommen hat. Der ausgebildete Arzt Struensee will sogleich den Gesamtstaat innerhalb kürzester Zeit aus dem vermeintlich behäbigen Absolutismus in die Moderne der Aufklärung treiben, schießt hierbei allerdings in mehrfacher Hinsicht phänomenal und vor allem viel zu „deutsch" über das Ziel hinaus, um schließlich nach kurzer, aber intensiver Zeit spektakulär zu scheitern. Auf Struensee, über den noch mehr an geeigneterer Stelle zu sprechen sein wird, wird für einige Jahre eine dänisch-bürgerliche aber auch antiaufklärerische Gegenreaktion folgen, die die kommenden 1770er Jahre insgesamt zu einer innenpolitisch unruhigen Zeit im Gesamtstaat machen wird. Die Süderdithmarscher kümmern sich in diesen Jahren, die Johann Harders als junger Mann erlebt, zumeist um ihr eigenes wirtschaftliches Wohlergehen. Die wechselhaft hektische Politik der dänischen Krone wird skeptisch, aber aus der Ferne beobachtet und immer dann hitziger in den Wirtshäusern und Landesversammlungen diskutiert, wenn sie unmittelbare Auswirkungen auf das Leben in Dithmarschen haben könnte. Insbesondere das Lieblingsthema Geld dürfte hierzu in Gestalt drohender neuer Steuern regelmäßig Anlass bieten.

Johann Harders früher Blick auf diese Entwicklungen der kommenden Jahre wird natürlich in erster Linie durch die Sicht seines Vaters und dessen berufliches Umfeld der Süderdithmarscher Beamtenschaft geprägt. Der Nordhastedter Kirchspielvogt Claus Harders wird in diesen Jahren bei zahlreichen seiner mit dem Amt zwangsläufig verbundenen häufigen Meldorf-Besuche regelmäßig den zum jungen Mann heranreifenden Sohn bei seiner Gastfamilie besuchen und mit ihm über Werte und eine allgemeine Weltsicht sprechen.

Der vor seinem Schulabschluss stehende Johann, spätestens zu diesem Zeitpunkt von seinem Vater als künftiger Amtsnachfolger ausersehen, wird den jungen, nahezu gleichaltrigen König Christian VII. im Antrittsjahr 1766 noch mit anderen, hoffnungsvolleren Augen betrachten. Dessen, trotz einer langen Lebenszeit, wenig ruhmreiche Zukunft ist zu diesem Zeitpunkt noch nicht zu erahnen. Selbst bei Hof ist man noch im Januar 1764 bei einem Empfang anlässlich seines 16. Geburtstags oder im März des Folgejahres bei seiner am Hofe üblichen, späten Konfirmation von seinem Auftreten ganz allgemein mehr als angetan. Seine dunklen Seiten liegen noch im Verborgenen, wenn selbst ein Neffe Bernstorffs über den Kronprinzen schwärmt[50]: *„Sein Erscheinungsbild ist immer erfreulich. ...Ich glaube nicht, dass es jemals einen Prinzen gab, der besser ausgebildet war. Unser Prinz besitzt die allergrößten Talente."* Doch Bernstorffs Neffe Andreas (später der jüngere Bernstorff genannt) beweist auch prophetische Fähigkeiten, wenn er fortfährt: *„Man kann sich niemanden mit mehr Geist vorstellen, und wenn er nicht auf Abwege gerät, die immer eine Folge zu reger Fantasie sind, dann können wir uns eines solchen Erben der Krone nur rühmen."*

Süderdithmarscher Beamtenschaft 1766

Der Kirchspielvogt Claus Harders muss dieser Tage, ungeachtet aller persönlichen Vorbehalte oder Bedenken, wie alle Beamten des Gesamtstaates, nur wenige Tage nach dem Tod des Königs einen schriftlichen Eid auf den neuen jungen König Christian leisten. Nachdem die Verwaltung der Deutschen Kanzlei gleich nach dem Tod Friedrichs V. damit begonnen hat, die entsprechenden Vorbereitungen zu treffen, schickt Landvogt Eggers am 6. Februar 1766 die entsprechende Aufforderung[51], der die schriftlich abzugebende Eidesformel als Vorlage beigefügt ist, an alle Kirchspielvögte der Landschaft Süderdithmarschen und andere relevante „civile Bedienstete" des Landes, die sich in Süderdithmarschen aufhalten. Da neben dem Landvogt, den Kirchspielvögten und deren vereinzelten Adjunkten (Gehilfen) auch der Landschreiber, die Kirchspielschreiber, der Gerichtsaktuar, Untergerichtsadvokaten, Landphysicus, Hegereuter und Branddirektor verpflichtet werden, müssen sich in diesen Wochen in Süderdithmarschen insgesamt 31 nicht militärische Personen im Beamtenstand auf den jungen König neu vereiden lassen. In ähnlicher Weise verpflichten sich die Beamten auch bei jedem eigenen Amtsantritt. Als „Bediente" leisten sie dem König den Eid, treu und gehorsam Nutzen und Bestes zu befördern und Schaden und Nachteil abzuwenden, seine Herrschaft, Souveränität und Erbgerechtigkeit zu erhalten und auf seine Nachkommen „fortzupflanzen", mit *„Leib, Gut und Blut"*.

Die Beamten werden im Geiste der Zeit nicht nur zu loyaler Amtsverrichtung angehalten, sondern auch zu Auge, Ohr, Hand und Mund des Monarchen, wenn es in einer weiteren Passage heißt: *„Ich will nicht gestatten oder zulassen, daß jemand, wer der auch seyn mögte, dawider einigermaaßen heimlich oder öffentlich etwas gefährliches vornehme, rede oder handle, besondern daferne dergleichen wider Verhoffen sich etwas begeben und zu meiner Notice*

Eidesformel 1766 auf den neuen König

kommen sollte, mich demselben sofort nicht allein ungescheuet widersetzen, sondern auch Ihro Königl. Majestät solches allerunterthänigst zu erkennen geben. Was ich in Erfahrung bringe, und verschwiegen soll gehalten werden, will ich nimmer offenbaren."

In dem ersten von der Meldorfer Landvogtei aus diesem Anlass herangezogenen und archivierten Rangsteuer-Verzeichnis von 1764 aller in Süderdithmarschen lebenden „Standespersonen" wird auch noch eine höher rangige Militärperson genannt, die sich, obwohl die regulären Truppen im Sommer 1763 abgezogen sind, mindestens noch im Januar 1764 in Nordhastedt aufzuhalten scheint, und jetzt, im Februar 1766, möglicherweise als Pensionist, immer noch dort leben könnte. Hierbei handelt es sich um einen Capitain Johann Friedrich von Langen, der der 6. Rangklasse angehört, über den ansonsten bislang aber wenig bekannt ist, außer, dass er auch noch im Dezember 1769 bei einer Kindstaufe auf Riese weilt (s.u.). Mindestens scheint er aber in der Folge nicht in Nordhastedt zu versterben. Wahrscheinlich lebt er einige Zeit als Verwandter und möglicher Schwager auf Riese, das 1764 noch als Gutshof unter der Verwaltung des Capitaine Friedrich Christian von der Wisch (1728-1786) genannt ist.

Das Gut wurde um 1730 von dessen Vater Johann von der Wisch (1704-1769) durch Aufkauf und Zusammenlegung einzelner Höfe gegründet. Dessen Mutter Elisabeth Dorothea wiederum war eine Tochter des Wulf von Ahlefeldt (1629-1678). Johann von der Wisch ist zu seiner Zeit, mit der Errichtung des Gutshofs Riese, der einzige in Dithmarschen lebende adlige Grundbesitzer überhaupt. Der das Gut führende Sohn Friedrich Christian von der Wisch wird, seit 1745 in eine Offizierslaufbahn im königlich dänischen Militär eingeschwenkt, als inzwischen Kapitän (Hauptmann) im Jahr 1756 des Ausbruchs des Siebenjährigen Krieges zum Oldenburgischen geworbenen Infanterieregiment in die Garnison Friedrichsort bei Kiel versetzt. Er wird 1761 zum Kompaniechef befördert und hält sich demzufolge nur sehr selten auf Riese auf. 1769 wird das Gut Riese nach dem Tod des Vaters an seinen bürgerlichen und aus Plön stammenden Schwager August Hinrich Meyer verkauft, der zunächst in Nordhastedt seit 1753 die Wassermühle am nordöstlich des Ortes noch in Alleinlage liegenden Mühlenteich führt und fortan als erster der Gutsbesitzer tatsächlich auch dauerhaft im Kirchspiel Nordhastedt leben wird.

Der Witwer August Hinrich Meyer heiratet im April 1767 die zwei Jahre jüngere Schwester Charlotte Adelheid des zuletzt als Oberst aus dem Militärdienst ausgeschiedenen Friedrich Christian von der Wisch, nachdem seine erste Frau Anna Elisabeth, eine Tochter des seit 1748 Vorbesitzers der Mühle, Ernst Christian Wiese, im April 1765 verstorben ist. Bei der ersten Kindstaufe des August Hinrich Meyer und seiner zweiten Frau im Mai 1769 wird der besagte königliche Capitain Langen als Kindspate des Sohnes Johann Friedrich Christian Meyer eingesetzt, von dem noch berichtet werden wird.

Ranghöchster „Rangsteuerpflichtiger" Beamter der Krone mit Wohnsitz in Süderdithmarschen ist im Januar 1764 gemäß der vorliegenden Steuerliste der Conferenz-Rath von Rheder, der, wie auch eine Frau von Rheder in der Meldorfer Nordervogtei in der zweithöchsten Rangklasse aufgeführt wird. Landvogt Christian Siegfried Eggers (1706-1790, in Funktion von 1744-1781) ist als Etatsrath mit der Rangklasse 3, zunächst überraschend, nur nach diesen an dritter Stelle zu finden. Ihm folgt unmittelbar und gleichrangig in der Klasse 3 der ebenfalls Etatsrath und Landschreiber Matthias Reinhold von Jessen (1705-1783), der seit dem Tode des Vorgängers Ernst-Ulrich Dose per 14. Dezember 1750 zum neuen Süderdithmarscher Landschreiber benannt ist.

Die erstgenannten „von Rheders" sind dessen bei ihm lebende verwitwete Schwiegermutter Dorothea Helena geb. von Ötken (1693-1773) und der Bruder Johann Christian seines bereits 1757 verstorbenen Schwiegervaters Michael Peter von Rheder (1691-1757), der zuvor Vizekanzler der Glückstädter Kanzlei war, der unmittelbar vorgesetzten Behörde der Süderdithmarscher Vögte und für Holstein zuständigen Unterabteilung der Deutschen Kanzlei in Kopenhagen. Der Conferenz-Rath von Rheder lebt als Onkel der Ehefrau auch schon im Juni 1760 beim Landschreiber von Jessen in Meldorf[52]. In einer handschriftlichen Aufzeichnung in der Familienbibel des Landschreibers wird er bei der Taufe des Sohnes Hermann Heinrich Caesar genannt als *„Herr Conferentz-Rath von Rheder, welcher itzo bey mir wohnt, nach dem er seine Präsidentschaft in Glückstadt niedergeleget hat."* Bei dieser Taufe des 13. Juni 1760 vertritt der emeritierte Glückstädter Stadtpräsident gemeinsam mit dem Landvogt Eggers die eigentlich als Paten eingesetzten Regimentskommandeure Hermann Caspar Gottlob von Moltke vom Holsteinischen Regiment und Caesar Lesar von Lüttichau vom 3. Jütischen Regiment, die sich zu diesem Zeitpunkt laut Bibeleintragung *„beide zur Revue in Rendsburg aufhalten."*

Der im Oktober 1692 geborene „Herr Johann Christian von Rheder, königlicher Conferenzrath und ehemaliger President zu Glückstadt" stirbt nur drei Monate nach Erstellung der Liste am 26. April 1764 in Meldorf an einer schweren Brustkrankheit und wird in seinem „hiesigen Erde Begräbnisse" beigesetzt. Der im Juni 1760 so prominent getaufte Sohn des Landschreibers Jessen wird am Weihnachtsabend 1769 in Meldorf an den wieder einmal grassierenden Blattern versterben. Vom Landschreiber von Jessen, dem höchsten königlichen Steuerbeamten vor Ort, seinem Meldorfer Domizil, in dem auch die von Rheders und vielleicht auch die genannten Regimentskommandeure für einige Jahre Zuflucht gefunden haben - groß genug und standesgemäß wäre es - und weiteren interessanten familiären Verbindungen wird ebenfalls noch an anderer Stelle ausführlich berichtet werden.

Schulabschluss im Kreise der Kameraden

Johann Harders macht schließlich als einer von nur fünf Schülern ein gutes Jahr nach dieser auch für seinen Vater anstehenden Beamtenvereidigung auf den neuen König Christian, zu Ostern 1767 bei Rektor Ebio seinen Abschluss an der Meldorfer Gelehrtenschule. Mindestens diese vier seiner wohl langjährigen Schulfreunde, deren bisher verschleierte Namen nun endlich enthüllt werden sollen, sind als gemeinsame Absolventen dieses Jahres eindeutig identifizierbar, des ersten Jahrgangs überhaupt, für den die Abgangslisten der Gelehrtenschule vollständig erhalten sind[53]. Neben dem ungefähr gleichaltrigen Norderdithmarscher Claus Starck Erps, einem Landmannssohn aus Schülp und vermutlichem Enkel mütterlicherseits des Wesselburener Kirchspielvogts Claus Starck Voss (1677-1741), der 1808 mit 58 Jahren als kinderloser und nach nur kurzer Ehe wieder geschiedener Landes- und Kirchspielsgevollmächtigter in Wesselburen verstirbt, soll zunächst der zu Johann vier Jahre jüngere Johann Wilhelm Berning als Sohn des 1751 im Klosterviertel aus Altona eingebürgerten, aber schon im November 1757 verstorbenen Meldorfer Braumeisters in der Klosterbrauerei, Georg Bendix Berning, genannt sein. Berning Junior, der nur drei Tage vor Johann Harders am 11. September eines Jahres seinen Geburtstag feiern kann, wird später Advokat in Elmshorn. Im Zusammenhang mit gelegentlich notwendigen Besuchen des Kirchspielvogts Johann Harders in der Glückstädter Kanzlei, der unmittelbar vorgesetzten holsteinischen Behörde und Gerichtssitz, könnte es in späteren Jahren einen gelegentlichen Kontakt der beiden Schulkameraden geben.

Dagegen haben die folgenden zwei Mitschüler mit Sicherheit auch für das weitere berufliche Leben des Johann Harders zwingend eine unmittelbare Bedeutung. Dabei ist zunächst Hinrich Christian Piehl (1751-1814) zu nennen, ein Sohn des gleichnamigen Kirchspielvogts in Brunsbüttel, der Landesgevollmächtigter und Landespfennigmeister in Süderdithmarschen und schließlich auch noch selbst für kurze Zeit Kirchspielvogt in Brunsbüttel werden wird und als einer der reichsten Männer seiner Zeit den neu gedeichten Kronprinzenkoog mit besiedelt. Johann Harders wird demzufolge in späteren Jahren mindestens über die regelmäßigen Landesversammlungen und die Steuerzahlungen in beruflichem Kontakt und wohl auch vertrautem Umgang mit ihm bleiben. Es lässt sich unschwer denken, dass die jungen Männer mindestens in den letzten Jahren ihrer Schülerschaft als Primaner bevorzugt in der Klosterbrauerei ihre Köpfe über gefüllten Bierkrügen zusammenstecken, zumal genau diese Gaststätte in den Jahren vor 1751 aus dem Besitz eben der seit über 150 Jahren in Meldorf tätigen Brauerfamilie stammt, dessen jüngster Spross als Neffe des letzten Wirts dieser Familie die Fünferrunde des Jahrgangs 1767 komplettiert. Es ist der letzte der nur vier Mitschüler, die im gleichen Jahr 1767 die Meldorfer Gelehrtenschule abschließen, gleichsam der bekannteste und mindestens für den Flecken Meldorf auch wichtigste von allen, der spätere Landesgevollmächtigte, Danebrogsmann und schon genannte große Stifter Meldorfs, Christian Bütje (1750-1817). Während sein angedeuteter Onkel Albert Bütje (1701-1751), den der Schüler Christian aber nicht mehr bewusst kennengelernt haben kann, für einige Jahre, bis zu seinem Tod, die Klosterbrauerei führt, ist Christian Bütjes gleichnamiger Vater Christian (1716-1772), der fünfzehn Jahre jüngere Bruder des Brauers, im Besitz des Stammhofes und weiterer wesentlicher Besitzungen der Familie im Meldorfer Klosterviertel im nordöstlichen Sektor Meldorfs und längst auch in andere gesellschaftliche Schichten aufgestiegen. Er ist in Meldorf zuletzt als königlicher Obergerichts- und Regierungsadvokat genannt, verbringt also wohl in den letzten Lebensjahren auch einige Zeit berufsbedingt in Glückstadt, dem Sitz des zuständigen Obergerichts.

Der zuvor erwähnte Schulfreund Johann Wilhelm Berning ist über seine Mutter, die Witwe des Albert Bütje, ein Halbcousin seines Schulkameraden Christian Bütje und ein vermutliches berufliches Protegé des Advokaten Christian Bütje d.Ä, seines Halbonkels. Nach Johann Harders Schulkameraden Christian Bütje und seiner Familie werden viele Jahrzehnte später in Meldorf u.a. eine Schule, die Bütjestraße, das Bütjebad mit -brunnen und der Bütjekamp benannt. Der noch junge Bütje schreibt der Gelehrtenschule als Primaner in eben diesem gemeinsamen Abschlussjahr 1767 einen Vers ins Stammbuch, der bereits von der etwas später durch die Zeitgenossen Friedrich Schiller und Johann Wolfgang von Goethe unsterblich gemachten, zu diesem Zeitpunkt aber noch jungen "Sturm und Drang-Zeit" geprägt ist und der wohl auch seinen Mitschülern in diesen Jahren aus dem Herzen spricht[54]:

> *"Was hilft es auf der Welt nach hohen Jahren streben,*
> *wer jung nicht sterben will, muss sich zu Tode leben."*

Sturm und Drang - auf Klopstocks Spuren

Johann Harders wird sich in eben diesem Geiste, wie sein Schulkamerad und möglicher Freund, ebenfalls als junger "Stürmer und Dränger" im Frühjahr 1767 ins Leben schmeißen. Voll vom Idealismus einer aufbegehrenden Jugend, die der kalten Sachlichkeit der Aufklärung, in deren Geiste man erzogen wird, zunehmend das "Gefühl" gegenüberstellt, getreu dem sich bildenden Motto dieser Tage "emotio statt ratio". Eine neue Empfindsamkeit entsteht, die die Kultiviertheit des Verstandes, die die Aufklärung mit sich brachte, mit der der Gefühle zu verbinden sucht. Diese Entwicklung findet zur Jahrhundertwende ihre konsequente, wenngleich aus Sicht der Aufklärer auch reaktionäre Fortsetzung im Zeitgeist der Romantik. Auch die jungen, bodenständigen aber weltoffen interessierten und nun auch humanistisch grundgebildeten jungen Männer Dithmarschens werden sich dieser die ganzen deutschen Lande früher oder später erfassenden Geistesströmung nicht gänzlich entziehen können. So werden sie anfänglich auch die Werke des geistigen Wegbereiters des deutschen "Sturm-und-Drang", Friedrich Gottlieb Klopstock (1724-1803), lesen und zu verstehen versuchen, den der umtriebige Minister Bernstorff zu Beginn von Johanns Schulzeit im Jahre 1762 ins dänische Exil geholt hat und der spätestens seit fünf Jahren mit seinem allerdings teils schwer verdaulichen Werk maßgeblich auf die kulturelle Entwicklung im Gesamtstaat Einfluss nimmt.

Johann Harders ist mit seinem Schulabgang ein des Lateinischen leidlich mächtiges, wenngleich bodenständiges Kind dieser Epoche der fortgeschrittenen Aufklärung. Auch Johann Wolfgang von Goethe (1749-1832) ist ein Zeitgenosse, dessen Lebensspanne weitgehend deckungsgleich ist. Johann Harders wird im Herbst 1774 noch als Junggeselle erleben, wie dessen zweites Werk „Die Leiden des jungen Werthers" zum Bestseller und Meilenstein der „Sturm und Drang"-Zeit wird und den jungen Dichter auf Schlag europaweit berühmt macht. In der Erstausgabe des Werkes von 1774 taucht tatsächlich beim „Werther" noch ein zeittypisches, später von Goethe in Überarbeitungen mit eigener Hand gestrichenes, für uns heute daher im Titel ungewohnt klingendes „genitivisches" Schluss-S auf, dessen Verwendung im Zusammenhang dieser Geschichte noch eine gewisse Bedeutung haben könnte und deshalb hier Erwähnung findet.

Wenngleich die theologische Fakultät der Universität Kopenhagen das Werk bei Erscheinen zunächst auf die Liste verbotener Bücher setzt, wird es auch in den deutsch orientierten Herzogtümern zur angesagten Lektüre der jungen Leute. Das im dänischen Teil des Gesamtstaates ausgesprochene anfängliche Verbot des „Jugendverführers" Goethe ist in erster Linie als (Über-) Reaktion auf die gerade beendete „Struensee-Ära" zu sehen, in der alles allzu Deutsche und Aufrührerische im Gesamtstaat in seine Schranken verwiesen werden soll. Auch Johann Harders könnte in den folgenden Jahren, nach Abschluss der Schule, noch so etwas wie einen Funken stürmisch drängender Rebellion in sich spüren, obwohl sein Lebensweg in tradiert dithmarsisch-konservativen Bahnen wohl bereits jetzt erkennbar auf eine perspektivische Fortsetzung einer lokalen Landmanns- und mit Glück diese ergänzenden Beamtentradition hinauszulaufen und somit vorgezeichnet scheint. Doch behalten wir das kleine, von Goethe inspirierte Werthersche „s" einstweilen im Hinterkopf.

Nordlichter über Holstein 1768-1790

Nach Beendigung der Schule zu Ostern 1767 beginnt für den 19-jährigen Johann Harders endgültig der Eintritt in die Erwachsenenwelt, verbunden mit einem Verlassen Meldorfs und zunächst einer Rückkehr ins elterliche Nordhastedt. Die ersten Jahre, in denen Johann sicher noch, trotz aller beruflichen Perspektive, die ihm die angedachte, aber keinesfalls planbare Übernahme der väterlichen Funktion bietet, auf der Suche nach seinem Weg sein wird, sind politisch bewegte, um mit Shakespeare zu sprechen, „faule" Jahre des Umbruchs im „Staate Dänemark", in denen viele tradierte Denkmuster über Bord gespült zu werden drohen. Illustriert, oder besser gesagt illuminiert, wird dieser Übergang aber von einem ganz besonderen Phänomen, das sich in Holstein in den kommenden zwanzig Jahren extrem häufig zeigen wird, um danach fast wieder vollständig zu verschwinden. Beginnend am Nikolausabend 1768 zeigen sich in ganz Holstein wiederholt prächtige Nordlichter am Himmel[55]. Waren diese in der Erinnerung der Älteren in Vorzeiten nur hin und wieder einmal zu sehen gewesen, wie beispielsweise im Jahr 1716 oder 1750, treten sie von nun an bis zum Jahr 1790 nahezu jährlich gleich mehrere Male pro Jahr auf.

Eine naturwissenschaftliche Begründung, warum die „aurora borealis" gerade in diesem zwanzigjährigen Zeitraum in der zweiten Hälfte des 18. Jahrhunderts in so weit südlichen Gefilden wie Holstein zu sehen ist, ist wohl in besonders starken Sonnenaktivitäten dieser Periode zu suchen. Allerdings ist angesichts der in nicht allzu ferner Zukunft lauernden weiteren globalen tektonischen Erscheinungen nicht auszuschließen, dass sich hier auch schon eine in Bewegung geratene Erdkruste durch temporäre Veränderungen des Magnetfelds ankündigt. Für die holsteinischen Zeitgenossen des Johann Harders werden diese Himmelserscheinungen im Laufe der nächsten Jahre zu einer für uns heute kaum mehr vorstellbaren Selbstverständlichkeit in diesen in fast allen Belangen bewegten Zeiten.

Besonders „anmerkungswürdige" Nordlichter beschreiben Holsteiner in ihren Tagebuch- und Journalaufzeichnungen für das Jahr 1777: „ *Es erschienen im März mehrere Male Nordlichter am Himmel, unter anderem verbreitete sich am 22sten eins fast über den ganzen Himmel. Es war konischer Gestalt, ging aus von der Dunkelheit in Nordwest, umgab beynahe den ganzen Horizont, und reichte mit seiner Spitze wohl zehn Grad übers Zenith; sein Licht fuhr stromweise zur Höhe, und wirbelte oben wie Rauch, der zerfließet... Am 27sten November erschien wieder ein herrliches Nordlicht von der pyramidalischen Art mit rothem und blassem Lichte.*" Eine Erscheinung im Jahr 1780 ist ebenfalls besonders intensiv: „*Am 30sten Oktober war ein helles Nordlicht, das sich über den größten Theil des Himmels verbreitete, und die ganze Nacht erleuchtete. Im November und Dezember zeigte es sich öfters.*" Im Folgejahr 1781 wird für den 27. März, abends um halb elf eine fast wissenschaftliche Beschreibung geliefert: *„Es lag ein Bogen mit ziemlich starkem Licht auf dem schwarzblauen Himmelsgrunde in der prächtigsten Ausbreitung, der sich durch seine Helle weit von der Milchstraße unterschied. Zunächst am Horizonte sahe man einen hellen Klumpen in Form eines Quadrats, das ohngefähr 10 Grad am Himmel hinaufging, und sich 7 bis 8 Grad in die Breite erstreckte. Aus der linken Seite desselben quoll der Bogen hervor, der sich über den Himmel ausbreitete, und einen großen Raum in gleicher Breite durchstrich. Elliptische helle Klümpchen entstanden fast im Zenith auf der nördlichen Seite des Bogens, und bewegten, ohngefähr ein paar Grade von ihm, sich hinunter und verschwanden."* Ein Nordlicht am 8. Oktober 1782 ist *„um 9 ½ Uhr (abends) ..so helle, daß man eine, nicht zu feine, Schrift ganz gut dabey lesen konnte."*

Landschaft mit Nordlicht. Zeitgenössisches Gemälde von Jens Jörgensen Juel

Landvogt Eggers und Kaufmann Mügge „am Zingel"

Die Anblicke der Nordlichter dürften vor allem in den ersten Jahren den Junggesellen Johann Harders durchaus auch romantisch berühren und verzaubern. Unter dem Dach dieses Himmelsspiels lernt er seine erste Frau, Anna Dorothea Mügge, in Meldorf, seiner schulischen Heimat der letzten Jahre und später auch beruflich wichtigen Wirkungsstätte, kennen. Ihr Vater Johann Mügge (1736-1772) ist als bedeutender Kaufmann im Meldorfer

Rosenviertel "auf der Cingel" tätig. Das dortige Elternhaus von Johanns am Montag, den 8. Oktober 1759 hier geborener Braut Dorothea ist mit „15 Fach", also mit einer addierten Front- und Seitenlänge von insgesamt 15 Fenstern bzw. „Fachwerken", von nicht geringer Größe. Den Meldorfer Umschreibeprotokollen[56] zufolge ist die Lage des Mügge-Hauses dem Status und der Profession des Vaters angemessen. Unmittelbarer Nachbar der Mügges in ihrem Haus, das sehr wahrscheinlich auf dem Grundstück der heutigen Adresse Roggenstraße 12 gestanden haben dürfte, ist niemand Anderes als der amtierende Landvogt Süderdithmarschens, Christian Siegfried Eggers (1706-1790), dessen Anwesen (heutige Roggenstraße 10 und weitflächig rechts daneben und dahinter liegende Flächen) mit seinen „21 Fach" nebst zwei Ställen und zwei weiteren Nebengebäuden im rückwärtigen Teil natürlich ebenfalls dessen Amt mehr als gerecht wird. Gegenüber der heutigen Gebäudesituation wird dessen Haupthaus allerdings leicht rückwärtig liegen und hauptsächlich über den dahinter liegenden Heisterberg erschlossen, an anderer Stelle wird aber auch „eine Pforte zur Cingel", also größere verschließbare Hofauffahrt genannt.

Mindestens eines der Nebengebäude des Anwesens des Landvogts reicht in diesen Jahren zudem bis an die heutige Straßenecke Süderstraße/Roggenstraße am Südermarkt heran. Aufgrund der nur durch die jeweiligen Nachbarn grob bezeichneten Lagen ist es wahrscheinlich, dass zudem mindestens eines der Nebengebäude/Stallungen auch an die Süderstraße auf den Flächen der im weiteren Verlauf der zweiten Hälfte des 19. Jahrhunderts hier eingerichteten Kirchspielvogtei (wohl erst nach 1800 errichtet; vor 1900 auch kurzzeitig als Schule; später Kaufhaus Grützmacher; heutige Adresse Süderstraße 1) heranreicht. Eine passgenaue Eckbebauung in dieser exponierten südöstlichen Rosenviertel-Marktlage scheint, ebenso wie an der nordöstlichen Klosterviertel-Ecke des Marktes, im 18. Jahrhundert nicht zu bestehen. Allerdings kommt die Lage des späteren Eckhauses Roggenstraße/Süderstraße 1784/1794 als Mitgift der Frau in die Familie der vielgliedrigen Meldorfer Bäckermeister-Dynastie Rahe. Kurz zuvor scheint der aus Fiel stammende Brautvater Peter Schröder (1732-1801) Grundstück oder Haus aus dem Vorbesitz des Landvogtes Eggers erworben zu haben. Die Landvogt-Witwe wird bei der Transaktion 1794 des Eckhauses tatsächlich sowohl als östliche als auch südliche Nachbarin (also auch Süderstr. 1) bezeichnet.

Der später noch geadelte Eggers übt in dieser erweiterten Rosenviertel-Lage das Amt eines Landvogtes von 1744-1781 als unmittelbarer Vorgesetzter des Nordhastedter Kirchspielvogts Claus Harders aus. Das ausgedehnte Anwesen scheint bereits dessen Eltern- und damit auch Geburtshaus zu sein, da seine Mutter als verwitwete Justizräthin Eggers hier bereits drei Jahre zuvor im Jahr 1741 als Eigentümerin genannt ist. Der in der Kremper Marsch in Süderau als Sohn eines Hamburg-stämmigen Pastors geborene Vater des späteren Landvogts, Hans Hinrich Eggers (1663-1736), war in Meldorf bereits seit 1699 als Landschreiber, also oberster königlicher Steuerbeamter an wohl gleicher Stelle aus dem Vorbesitz der Kirchspielvogtfamilie Johannsen tätig. Der 1706 in Meldorf geborene Sohn Christian Siegfried besucht nach seiner Schulausbildung zunächst die Universität Utrecht, geht dann früh nach Kopenhagen und macht dort schnell Karriere in der Deutschen Kanzlei. Seit 1744 Landvogt in Süderdithmarschen, wird der vielfältig gebildete und interessierte Etatsrath Christian Siegfried Eggers im Nordlichtjahr 1768 mit entsprechendem Rangaufstieg zum Konferenzrath ernannt. Rückwärtiger Nachbar der Mügges und des Landvogts Eggers ist, zur heutigen Rosenstraße/Heisterberg hin gelegen, das „mittleres" genannte zweite Pastorat „am Graben", Amts- und Wohnsitz des ersten von zwei Meldorfer Kompastoren, wie zweiter und dritter Pastor in Meldorf an Stelle des sonst üblichen Diakons genannt werden. Johann Mügge ist in erster Linie im Gewürzhandel tätig und noch zu Johanns Schulzeit, genauer von 1764-1770, Mitglied der Bürgersechs in Meldorf[57]. Er gehört somit zu den angesehenen Bürgern der Stadt, repräsentiert als einer der sechs auf Zeit gewählten Bürgervertreter das kommunale Selbstverwaltungsorgan Meldorfs.

Dorothea Mügges Großvater Johann Mügge d.Ä. (1699-1760) ist, ursprünglich aus Brunsbüttel kommend, erst 1727 in Meldorf zugezogen. Er erleidet nur wenige Wochen nach ihrer Geburt in der Frühpredigt des Neujahrstages 1760 in der Meldorfer Kirche einen Schlaganfall, dem er wenige Tage später am 4. Januar erliegt. Dorothea Mügges Vater Johann Mügge d.J. stirbt im August 1772 im Alter von nur 36 Jahren als zu dieser Zeit auch noch amtierender Meldorfer Kirchenbaumeister, also die Kirchenrechnung führender Kirchenvorstand. Die Verbindung von Gewürzhandel mit der Herkunft aus dem Hafenort Brunsbüttel und seiner Beziehung zu Elbe, Hamburg- und Hollandhandel jener Jahre macht es wahrscheinlich, dass der Mügge-Haushalt, neben aller gelebten christlichen Werte, die aus dem übernommenen Kirchenamt deutlich werden, zudem sehr weltoffen orientiert ist. Möglicherweise lebt der ortsfremde Johann Harders in seinen Meldorfer Schuljahren, wie das durchaus üblich ist, als Logiergast im Haushalt der Mügges oder der näheren Nachbarschaft zur Untermiete und kommt so früh in einen engeren Kontakt mit der Familie, wenngleich er seine spätere Frau aufgrund eines deutlichen Altersunterschiedes in seiner Schulzeit nur als noch sehr kleines Mädchen kennengelernt haben kann.

Der Vater Claus Harders verkehrt in den Meldorfer Schuljahren des Sohnes Johann jedenfalls meist beim unmittelbaren Nachbarn der Mügges zur Rechten zu den regelmäßigen Landesversammlungen im Haus des Landvogts Eggers oder zwei Häuser weiter links (östlich) beim Landschreiber Matthias Reinhold von Jessen. Es ist nicht auszuschließen, dass der Nordhastedter Vogt hierbei deren in die Mitte genommenen Nachbarn Mügge gut kennenlernt und dem Sohn eine für ihn günstig gelegene und den

Horizont erweiternde Unterkunft bei demselben beschafft. Spätestens in den Jahren 1777 oder 1778 dürften sich aber der nun in seinen Endzwanzigern befindliche Johann Harders und die knapp 17-jährige, inzwischen verwaiste Anna Dorothea Mügge endgültig näher kommen.

Europa im Aufbruch

Vor seiner Ehe sieht Johann Harders aber vielleicht in den Jahren nach Beendigung seiner Schulausbildung auch noch das Eine oder Andere von der Welt. Die Jahre nach seinem Meldorfer Abschluss 1767 sind nicht nur im Gesamtstaat Dänemark in Folge des Regentschaftswechsels auf den blutjungen König Christian und der hieraus resultierenden Wirren bewegt, sondern in ganz Europa Jahre des Auf- und Umbruchs. Die Zeitgenossen finden sich nahezu täglich in einem Rausch neuer Entdeckungen wieder. Die Weltsicht ändert sich rasant. 1768 wird auch aus diesem Grund in Edinburgh der erste Band der ersten Ausgabe der Encyclopaedia Britannica veröffentlicht. Ihr Anspruch ist dem Zeitgeist angemessen ambitioniert: „The sum of human knowledge". Man erforscht und misst Alles und Jedes, noch den vermeintlich kleinsten Kleinigkeiten wird Aufmerksamkeit zuteil. Man will *„erkennen was die Welt im Innersten zusammenhält",* wie Goethe in diesen Jahren seinen Faust sagen lässt. An die Seite der reinen und abstrakten Vernunft gesellt sich in dieser zweiten Phase der Aufklärung die messende, wiegende, zählende und rechnende Empirik und eine akribische Skepsis, die in aller „Erkenntnis" ein stetiges Hinterfragen der Dinge fordert. Wissenschaft und Fortschritt werden für Viele so in Folge der Geisteserschütterungen nach Lissabon 1755 zu einer neuen Form von Religion.

1769 kehrt der Franzose Louis Antoine de Bougainville als erster Kontinentaleuropäer von einer Weltumseglung zurück, im Gepäck nicht nur die von ihm erstmals aus Südamerika nach Europa mitgebrachten farbenprächtigen „Bougainvillea". Zwei Jahre später endet James Cooks erste Südseereise, zu der er 1768 aufgebrochen war, mit der Veröffentlichung seiner in ganz Europa verschlungenen Reiseberichte aus der Südsee Tahitis. Cook zerstört in diesen endgültig die bis dahin gehegte Hoffnung auf die Entdeckung eines weiteren großen Kontinents in den Weiten des Südpazifik, den man des nötigen Gleichgewichts der größeren Erdmassen wegen eigentlich zwingend erwartet hat. Erst zwei Jahre später wird Cook als „kleinen Ersatz" auf einer weiteren Reise die Konturen Australiens (wieder-) entdecken. Die geografische Welt ist weitgehend bekannt geworden, die „terra incognita" schmilzt immer weiter auf zunehmend nur noch innerkontinentale unkartografierte Flecken zusammen.

Mit der Entdeckung des Wasserstoffs (1766), der „phlogistischen Luft" (Sauerstoff) im Jahr 1771 sowie des Stickstoffs im Folgejahr und der Errichtung der ersten chemischen Fabrik für Vitriolöl (Schwefelsäure) im Jahre 1778 beginnt zudem ein neues naturwissenschaftliches Zeitalter, aus der mittelalterlichen und noch barocken „Alchemie" wird die wissenschaftliche Chemie. Doch kaum eine andere Erfindung wird die Welt innerhalb weniger Jahre mehr verändern als die Baumwollspinnmaschine des Engländers Richard Arkwright im Jahr 1769. Selbst noch gelernter Schneider und Perückenmacher, steht Arkwright wie kaum ein anderer als Prototyp einer Zeitenwende. Neben James Watt, der im gleichen Jahr eine entscheidende Verbesserung der schon bekannten Dampfmaschine abschließt, steht er für den Beginn eines industriellen Zeitalters, das 1784 durch die Weiterentwicklung von Edmond Cartwrights mechanischem Webstuhl einen weiteren Schub erhält.

Am Beginn dieser naturwissenschaftlich-technisch ambitionierten Ära stellt sich für den demgegenüber noch klassisch humanistisch ausgebildeten „Lateinbauern", wie ihn der profunde Kenner der Dithmarscher Geschichte, Wilhelm Johnsen, im Schulterschluss mit vielen seiner gut gebildeten, aber in erster Linie immer als Bauern denkenden Zeitgenossen bezeichnet hätte, und auf eine Beamtenkarriere zusteuernden Dithmarscher Landmanns- und Beamtensohn Johann Harders vielleicht auch noch die Frage nach einer weitergehenden Ausbildung. Schließlich geht man in der Regel nur zur Vorbereitung auf ein Universitätsstudium auf die „teure" Meldorfer Gelehrtenschule. Ein denkbares Studium der Rechte ist bislang aber nicht belegt. Mindestens taucht Johann Harders in den meisten deutschen Universitätsmatrikeln, so auch in den Verzeichnissen der naheliegenden Universität in Kiel nicht auf. Diese wird zwar in dem schon erwähnten Einigungs-(Vor-)Vertrag vom April 1767 zwischen russischer und dänischer Krone bezüglich der Zukunft der Gottorfschen Besitzungen als „Akademie zu Kiel" in all ihren Privilegien, auch unter schon angedachter königlich dänischer Regierung, bestätigt, aber die Tinte unter diesem „vorläufigen" Vertrag ist zu Ostern 1767, dem Schulabgangstermin des Johann Harders, noch nicht einmal trocken, so dass ein möglicherweise hier angedachtes Studium noch zu heikel scheinen könnte. Zumal die Universität in diesen Jahren ohnehin dahinzusiechen scheint und erst von der Zarin Katharina ab 1768 bis zur endgültigen Übergabe 1773 wieder finanziell aufgepäppelt werden muss. Aber auch in den Matrikeln von Rostock, Göttingen, Helmstedt oder Greifswald, den angesagten norddeutschen Universitäten der Zeit, wird ein Johann Harders aus Dithmarschen nicht genannt. Auch auf die an anderer Stelle mit Familienbezügen versehene Universität in Jena oder die anderen sächsischen Hochschulen geht Johann Harders nicht. Demzufolge könnte er, wenn er nicht ein Jurastudium in Kopenhagen oder den über die Mügge-Kontakte schon angedeuteten und durchaus denkbaren Niederlanden antritt - der den Vater möglicherweise inspirierende Landvogt Eggers hat anfänglich ebenfalls in Utrecht die Rechtswissenschaften studiert -, einer der letzten nicht studierten Dithmarscher Kirchspielvögte seiner Zeit sein. Ein ebenfalls durchaus denkbares Szenario, angesichts der mehr als überschaubaren Größe und Bedeutung des kleinen Kirchspiels Nordhastedt. Neben der Unterstützung für seinen älter werdenden Vater dürfte dann doch die heimische Hofarbeit in den Jahren vor der Ehe vor allem auf den Schultern des jungen Mannes ruhen. Seine Neugier auf die Welt muss der junge Johann Harders wohl wesentlich durch Lektüre im heimischen Nordhastedt befriedigen. Zu den modernen „technischen" Alltagserrungenschaften, die auch er aber in diesen Jahren bald zu nutzen wissen wird, wird dabei wohl eine Erfindung aus dem Jahre 1770 gehören. Nachdem das „Schreibblei" längst eingeführt ist, werden erstmals Radiergummis aus Kautschuk hergestellt.

Ein „dynastisches Gesamtkonzept"

Johann Harders ist bereits über 30 Jahre alt, als er seine junge, noch keine 20 Jahre alte Braut Anna Dorothea Mügge heiratet[58], die zu diesem Zeitpunkt schon einige Jahre Vollwaise ist. Sowohl ihre Eltern als auch ihre zwei Geschwister sind Anfang der 1770er Jahre gestorben. Dorothea Mügge lebt im Heiratsjahr 1779 vermutlich im Haushalt eines ihrer beiden benannten Vormünder, eines Meldorfer Hans (Johann) von Horsten, ein Verwandter ihrer aus der Liether/Hemmingstedter Kirchspielvogtfamilie Schlömer stammenden Stiefgroßmutter mütterlicherseits, bzw. wahrscheinlicher eines Peter Peters in Elpersbüttel (1740-1793). Dieser zweite Vormund und Onkel Peter Peters wird später auch als Kindspate bei einer ihrer Kindstaufen genannt und ist im Laufe der Zeit der Ehemann gleich zweier ihrer Tanten, beides Jacobsen-Halbschwestern ihrer Mutter Anna Margaretha geb. Jacobsen (1737-1771). Dorotheas Großvater mütterlicherseits ist der langjährige Landesgevollmächtigte Jacob Jacobsen aus Norderbusenwurth (1707-1768). Dieser ist aufgrund seiner Funktion zwangsläufig über die Landesversammlungen mindestens noch in der Schulzeit des Johann Harders ebenfalls bekannt mit dem Kirchspielvogt Claus Harders.

Eine zu Johann Harders annähernd gleichaltrige Tochter Anna Elsabe (1748-1801) dieses Jacob Jacobsen hat im Jahre 1766 zunächst den verwitweten Hans Thiessen, Branntweinbrenner in Meldorf (1737-1780) am nordöstlichen Geerviertel-Ende des „Zingel" und Sohn des Landesgevollmächtigten Hans Thiessen in Sarzbüttel (1714-1765) geheiratet, der ebenfalls befreundet/bzw. über die Odderader Thedens verschwägert ist mit dem Vogt Claus Harders in Nordhastedt. Diese Anna Elsabe, verwitwete Thiessen, heiratet im Juni 1781 den Witwer ihrer zwei Jahre älteren und zu diesem Zeitpunkt schon seit neun Jahren verstorbenen Schwester Wiebke Catharina (1746-1772), den oben genannten Peter Peters, der als damit „zweifacher" Onkel der Vormund von Johann Harders Braut Dorothea Mügge ist. Sollten sich also die Brautleute Harders/Mügge des Jahres 1779 nicht schon aus Johanns früher Schulzeit in Meldorf kennen, gesellschaftliche und/oder familiäre Anlässe gibt es darüber hinaus diverse, bei denen sie sich in den nächsten Jahren über das kommunale Netzwerk des Vaters Claus Harders kennenlernen könnten. Die für den mit 30 Jahren nicht mehr ganz jungen Johann Harders vergleichsweise späte Heirat im Herbst 1779 ist dabei keinesfalls romantisch zufällig terminiert oder nur einer immer stärker drängenden Libido geschuldet, sondern Teil eines für die Zeit typischen und häufig genug notwendigen wirtschaftlichen Kalküls. Die Hochzeit bettet sich nahtlos in ein von Vater und Sohn anscheinend minutiös vorbereitetes „dynastisches Gesamtkonzept" ein.

Nachdem seit dem April 1779 mit der Einheirat des jüngeren Sohnes Marx Harders nach Hochwöhrden auf einen dortigen großen Witwenhof alle anderen Kinder – die drei Töchter wurden bereits zuvor allesamt respektabel verheiratet - in den Ehestand getreten sind und auch die „Copulation" von ältestem Sohn und Amtsnachfolger in spe Johann auf Ende Oktober dieses Jahres 1779 festgelegt ist, setzt der Kirchspielvogt Claus Harders laut einem Vermerk im von ihm selbst geführten Schuld- und Pfandprotokoll Nordhastedts am Montag den 20. September 1779, sechs Tage nach Johanns 31. Geburtstag und rund sechs Wochen vor dessen Heirat, einen „Contract" auf, demzufolge dieser älteste und einzig noch in Nordhastedt lebende Sohn in sämtlichen Grundbesitz der Familie in Nordhastedt eintritt.

Johann wird fortan als Hufner und Hausherr auf dem seit mehreren Generationen im Familienbesitz befindlichen Hof in Nordhastedt wirtschaften, der über erhebliche Landflächen verfügt, die, vermutlich überwiegend zu Osten Nordhastedts gelegen, bis an die Grenzen der Osterwohlder und Westerwohlder Gemarkung reichen. Während Vater Claus sich in der nächsten Zeit zunächst noch weiter um die Amtsgeschäfte kümmern wird, ist Johann von nun an als Junghausmann Besitzer von 53 Tonnen Ackerland (1 Tonne Aussaat entspricht auf der Dithmarscher Geest rund 0,6 Hektar, hier also knapp 32 ha), 39 Tonnen (ca. 23,4 ha) Wiesenland, zwei Moorwiesen (zum Torfabbau) sowie 6 Holzbüthen (Anm.: eingefriedete Holz- bzw. Waldkoppeln) mit Fischteichen, die zusammen nochmals etwas über 15 Morgen (in Süderdithmarschen etwas über 20 ha) ausmachen.

Mit einem privaten Landbesitz von über 75 Hektar zuzüglich weiterer Besitzanteile am umfangreichen dörflichen Gemeinschaftsbesitz, der Meente, ist Johann damit größter Hufner/Hausmann im Kirchspiel.

Hornviehzählung 1774

Darüber hinaus ist er aber auch, nach dem Pastor Karstens, mindestens zweitgrößter Viehbesitzer. Gemäß einer ersten großen systematischen Hornvieh-Zählung in den Herzogtümern vom 1. April 1774 ist der Vater Claus Harders zu diesem Zeitpunkt im Besitz von 14 Stück Vieh[59]. Die Zählung wird 1774 im dritten Jahr einer die Herzogtümer erneut nach den späten 1750er-Jahren und den Jahren 1764/65 verheerenden nächsten großen Viehseuche innerhalb weniger Jahrzehnte mit insgesamt über die Jahre 150.000 verendenden Tieren von der Krone angeordnet. Neben fünf Jungkühen zwischen ein und drei Jahren besitzt der Vogt (noch?) 6 ältere Milchkühe über drei Jahre sowie drei Jungochsen unter drei Jahren. Nur Pastor Karstens hat mit 21 Tieren mehr Vieh im Stall. Seinen Hof hat der Pastor von seinem Vater Reimer Karstens übernommen, der als Nachfolger des 1716 verstorbenen Paul Lindemann, als einer der Großbauern des Dorfes, noch für einige Jahre Landesgevollmächtigter für das Kirchspiel Nordhastedt war.

Ein größerer Bestand im Kirchspiel wird auch für die Witwe des Marx Wittmaack aufgelistet, der Mutter des späteren gleichnamigen Landesgevollmächtigten Marx Wittmaack aus Osterwohld, die 1774 im Besitz von fünf Jungkühen und drei Kühen ist, die älter als drei Jahre sind. Zehn und mehr Tiere halten aber auch Marx Peters (10), der von der Flut 1756 betroffene „Neffe" Reimer Schlüter (12), ein auch als Gastwirt tätiger Marten Hinrich Wohld (10), Hans Jacob Paulsen (11), der zu dieser Zeit amtierende langjährige Landesgevollmächtigte Marx Marxen mit 10 Tieren, Teede Karstens (10) und Johann Hinrich Boljen (11), beide aus Westerwohld.

Insgesamt werden im April 1774 im kleinen Kirchspiel Nordhastedt 335 Stück Hornvieh ermittelt, die einer Gesamttierzahl in Süderdithmarschen von 14.552 gegenüber stehen und deutlich machen, dass die Viehhaltung allerdings nicht zur wesentlichen Betätigung der Landwirte im Kirchspiel gehört und in erster Linie der Selbstversorgung mit Milchprodukten und Produktion von Felddünger dient. Zu relativieren ist diese Zahl auch durch den Umstand, dass allein um den Jahreswechsel 1764/65 – wir kommen darauf zurück – in Nordhastedt während der Meldorfer Schulzeit des Johann Harders, allein 69 krepierte Tiere im Kirchspiel Nordhastedt gemeldet werden. Die größten Süderdithmarscher Viehbestände „über einjährigen Hornviehs" im Jahre 1774 werden in den Marschkirchspielen Marne inkl. St. Michel (2.969) und Meldorfer Südervogtei (2.583), aber auch Albersdorf (1.601) gemeldet. Die dezidierte Hornvieh-Zählung von 1774 wird vom Kirchspielvogt Claus Harders und seinen Amtskollegen der anderen Kirchspiele selbst vorgenommen, wahrscheinlich aber schon tatkräftig unterstützt durch seinen früh auch in der Amtsarbeit assistierenden Sohn Johann. Sie ist über die explizite Nennung der Tierhalter, neben den Steuerlisten, eine auch heute noch gut nachvollziehbare frühe „Bevölkerungsliste", da die erste echte Volkszählung im Gesamtstaat[60], fünf Jahre zuvor (1769), nur zahlen-, aber nicht namenmäßig die Bevölkerung der Herzogtümer erfasste. Erst 1803 wird erstmals eine namentliche Erfassung aller Einwohner der Herzogtümer durch die Kirchspielvögte erfolgen, also knapp 30 Jahre nach genauester Erhebung der „Rindviecher" und ihrer Halter.

Johann wird Adjunkt

Zum Zeitpunkt des Hofübergangs auf den Sohn Johann im Oktober 1779 hat der Vater Claus auch schon längst den nächsten „dynastischen" Schritt in diesem wiederum besonders stark von Nordlichtern beleuchteten Jahr in Richtung seiner Amtsarbeit in Vorbereitung. Die Zeit ist gekommen, auch hier dem Sohn „das Feld zu bereiten". Dabei macht dem inzwischen 68-jährigen Kirchspielvogt das Alter wohl bereits seit einiger Zeit erheblich zu schaffen. Eine deutliche Schwerhörigkeit hat sich eingestellt und macht damit zahlreiche Amtsverrichtungen fast zu einer Unmöglichkeit. Mit Schreiben an den Landvogt Eggers vom 13. März 1780 stellt Claus Harders nur sechs Monate nach Heirat und Hofübernahme seines Sohnes Johann einen Antrag auf Bewilligung eines Adjunkten, eines offiziellen Gehilfen zur Unterstützung seiner Amtsarbeit[61]. Er begründet dieses damit, dass seine *„Sinne anfangen stumpf zu werden"*, insbesondere das Gehör habe sehr gelitten. *„Ich muss als Mitvorsteher der Landschaft den landschaftlichen Versammlungen und als Assessor dem Meldorfer Gericht beiwohnen"*. Hier kann er, so der Vogt in seiner weiteren Ausführung, den Inhalten der Gespräche kaum noch folgen.

Wie die spätere, noch einige Jahre währende Aufteilung der Amtsarbeit zwischen Sohn und Vater zeigen wird, konzentriert sich der alte Vogt Claus Harders noch einige Jahre auf den Schriftverkehr und die amtlichen Beurkundungen, z.B. die Führung der Schuld- und Pfandprotokolle, im Wesentlichen also die zeitraubenden Tätigkeiten eines zuarbeitenden Kirchspielschreibers alter Prägung, während der Sohn die steuerlichen Einnahmen, die Kommunikation im Kirchspiel und die „politische" Arbeit in den oben genannten Gremien einschließlich der damit verbundenen Reisetätigkeiten, also zunehmend den anstrengenden Außendienst und die Repräsentation übernimmt. Wir können schließen, dass zumindest die Sehkraft des älteren Claus Harders, wohl mit Hilfe einer Brille, im Gegensatz zu seinem Gehör noch für viele Jahre für die Amtsarbeit ausreichen dürfte. Neben einer Lesebrille dürfte sich Vater Claus aber in diesen Jahren zunehmend eines großen Hörrohrs bedienen müssen - wie einige Jahre später auch der alternde und zunehmend tauber werdende Beethoven - , um wenigstens noch auf diese Weise seiner Beeinträchtigung entgegenwirken zu können.

Bei allen Altersbeschwerden, die der Vater Claus in seinem Antrag zur Einsetzung eines Adjunkten vorträgt, dürfte unausgesprochen auch noch ein anderer Fakt dem Wunsch des Vaters, sich allmählich zurückzuziehen, zu Grunde liegen. Im Jahre 1779 kann er endlich einen Vorgang erfolgreich abschließen, den er noch als schweres Amtserbe seines Vaters hinterlassen bekommen hat, und der, wie nichts Anderes, seine Kräfte über einen mehr als dreißigjährigen Zeitraum verschlissen haben wird. Die seit dem Brand von 1741 marode Kirche ist endlich in diesem Jahr 1779, nach einem steinigen und Kräfte zehrenden Weg, den wir ebenfalls noch im Weiteren genauer ausleuchten und beschreiben werden, saniert. Der Vater kann Kirchengemeinde und Sohn ein tragfähiges (Gottes-) Haus übergeben. Der leid- und mühevollen Arbeit in Bezug auf den die finanziellen Möglichkeiten des kleinen Kirchspiels Nordhastedt über die zurückliegenden fast vierzig Jahre zutiefst überfordernden Kirchenbau werden wir uns ebenfalls noch ausführlich widmen. Die Heirat des Sohnes im Oktober 1779 ist ein Ereignis, mit dem die Familie diesen beschwerlichen Prozess feierlich und an zutiefst angemessener Stelle endlich in einem würdigen Rahmen beschließen kann.

Der formale Antrag zur Gewährung eines Adjunkten vom März 1780 ist für den Kirchspielvogt Harders zwingend nötig, denn eine eigenmächtige Übertragung der Amtsfunktion auf den Sohn ist natürlich nicht möglich. Der sicherlich seit längerer Zeit in die diesbezügliche Planung des Kirchspielvogts Claus Harders eingeweihte Landvogt Eggers überträgt nach Vorlage der entsprechend beantragten königlichen Genehmigung die anstehende Vorbereitung einer ordentlichen Wahl eines „Adjunctus in Officio" (Amtsgehilfe) in der weitestgehenden Form eines „Adjunctus cum spe succedendi", also eines Gehilfen, der bereits bei der Adjunkten-Bestellung zum späteren automatischen Nachfolger (bei Tod des Amtsinhabers) im Amt festgelegt wird, mit Schreiben vom 8. Juni 1780, in der üblichen Weise, an die beiden in dieser Sache unabhängigen benachbarten Kirchspielvögte Peter Bendix Hedde (1726-1796) aus Albersdorf/Schafstedt und den zu diesem noch rund neun Jahre älteren Peter Scriver aus Hemmingstedt (1717-1807), der in Nordhusen im Kirchspiel Brunsbüttel geboren ist.

Unter deren Leitung versammelt sich am Donnerstag, den 29. Juni 1780, das gesamte erwachsene und durch Landbesitz wahlberechtigte Nordhastedter Kirchspiel, unter diesen auch drei Witwen, im Hause des Claus Hennings in Nordhastedt, der als unmittelbarer Nachbar der Harders einen großen Hof am Fuhlenweg südlich des Bachlaufs besitzt, zur Wahl eines Adjunkten und späteren Kirchspielvogts[62]. Das vorgeschriebene Verfahren sieht vor, dass mindestens drei in der Landschaft (vor 1778 im Kirchspiel) geborene Kandidaten aufzustellen, „zu präsentieren" sind. Das Votum des Kirchspiels muss dann, im Nachgang vom kommentierenden Landvogt weitergereicht, allerdings zwingend durch die königlichen Oberbehörden und schließlich den König selbst bestätigt werden. Der alte Kirchspielvogt

Claus Harders und sein durch die Hofübertragung vom Oktober des Vorjahres mit dem damit verbundenen „Großgrundbesitz" erst als „adjunctus succedendi" wählbar gewordener (!) Sohn, haben für die anstehende Wahl an diesem sommerlichen Donnerstag ihre Hausaufgaben im Sinne eines vorangegangenen Wahlkampfes in ordentlichster Weise erledigt. Denn der zur Wahl stehende Sohn Johann Harders erhält mit 56 Erststimmen fast alle Voten der 61 grundbesitzenden und deshalb stimmberechtigten Kirchspielseingesessenen. Nur die Stimmen der drei nicht zur Wahl erschienenen Nordhastedter Matthies Widdrich, Hans Bielenberg sowie Claus Peters Witwe und die des ebenfalls aus nicht bekannten, vielleicht taktisch motivierten Gründen abwesenden Osterwohlders Jürgen Barkmann fehlen am Ende. Vater Claus Harders ist zudem der einzige, der „der Etikette wegen" seine Stimme einem gänzlich anderen Kandidaten (Peter Vogt Peters vom Fieler Damm) gibt.

Dass die zeittypisch offen und durch Zuruf durchgeführte Wahl in gewisser Weise familiär vorbereitet ist, zeigt auch die Verteilung der zweiten und dritten Stimmen. Die meisten der Zweitstimmen (33) vereint der Nordhastedter Hufner Reimer Schlüter (1731-1784) auf sich, der schon als „Opfer der Markusflut von 1756" genannte Onkel 2. Grades von Johann Harders. Mit 29 Drittstimmen wird der Nordhastedter Hufner Christopher Thiessen (1739-1799) genannt, der zu diesem Zeitpunkt seit zwei Jahren mit einer Nichte Telsche Groth (1749-1793) des Reimer Schlüter verheiratet ist. Das deutliche Wahlergebnis ist in erster Linie als Ausdruck einer Zufriedenheit der Nordhastedter mit der langjährigen Amtszeit des Vaters Claus und auch dessen Vorfahren zu werten. Vergessen sind die Zeiten zu Anfang des Jahrhunderts, als es bei der Wahl des Großvaters Marx Harders im Juli 1716 zu lautem Murren und erst nach energischem Zwischenruf des Gouverneurs zu einem Verstummen einiger unzufriedener, fast rebellischer Großbauern des Dorfes gekommen war, trotz eindeutigem vorherigen Wahlvotum für Marx Harders[63]. Aber auch der nun einige Jahre als Hufner im Ort tätige junge Johann Harders dürfte in seinen Nordhastedt-Jahren nach 1767 wenig Anlass zum Zweifel an seiner Persönlichkeit gegeben haben.

Der 31-jährige Johann Harders verlässt somit nach Sitzungsende an diesem Donnerstag unter zahlreichen Beglückwünschungen der anwesenden Kirchspielsgemeinschaft das Wahllokal des Hennings-Hofes am Fuhlenweg, um einen seit langem vorbereiteten Berufsweg aus Landwirtschaft und nebenberuflichem Beamtentum zu beschreiten, der ihm eines, allerdings auch betrüblichen Tages das „vollumfängliche" und alleinige Amt eines Kirchspielvogts bescheren wird. An diesem Abend dürfte auch das eine oder andere Bier durch die Kehlen so manches Nordhastedters fließen, erleichterter Vater und Sohn Harders eingeschlossen. Wie wir noch sehen werden, könnte dieses Wahlbier des Jahres 1780 sogar noch ein Nordhastedter Bräu sein. Doch es wird noch einige Monate dauern, bis Johann in das offizielle Adjunkten-Amt durch die Überreichung einer ordentlichen Bestallung durch Landvogt Eggers in Meldorf eintreten kann. Zunächst wartet ein mehrmonatiger behördlicher und formaler Genehmigungsmarathon auf ihn und seinen sicherlich ebenfalls an diesem Tag glücklich zufriedenen Vater[64]. Nach Zustimmung des Landvogtes zur Wahl, obrigkeitlicher Bestätigung, Beibringung entsprechender „Gebühren" (u.a. 38 Reichstaler, 5 ½ Schilling, also knapp 4.000 Euro) und Sicherheitsleistungen und schließlich Eingangs-bestätigung eines schriftlichen Eides auf den König durch den Adjunkten Johann Harders erhält Eggers schließlich erst am 16. November 1780 die Beauftragung, Johann Harders durch öffentliche Bekanntmachung in sein neues Amt anzuweisen. Einer der späten Amtsvorgänge für den im Folgejahr seine Funktion nieder legenden Landvogt. In diesem Herbst/Winter 1780 beginnt eine vieljährige und für beide, Vater wie Sohn Harders, sicherlich nicht immer ganz einfache engste Zusammenarbeit im Amt und auf dem Hof. Ein besonders helles Nordlicht, das sich über den größten Teil des Himmels verbreitet und die ganze Nacht erleuchtet, ist in diesen Wochen gleich mehrmals zu bewundern, so am Montag des 30. Oktober und nochmals im November und zur Adventszeit 1780.

Kirchspielvogt - Polizist, Richter und Hebungsbeamter

Ein langsames Hineinwachsen in die Funktion des Vaters oder Schwiegervaters ist zu dieser Zeit in den Verwaltungsämtern, bei Vorhandensein einer geeigneten Konstellation, genauso typisch, wie in Handwerksberufen oder bäuerlicher Hofführung. Dabei setzt auch schon die Ausübung der Adjunctus-Funktion, spätestens seit Beginn des 18. Jahrhunderts, eine wie bereits beschriebene ordentliche Bestallung durch die Obrigkeit mit entsprechender Bestätigung der grundsätzlichen Eignung durch hinreichende Bildungsnachweise voraus. Auch muss der amtierende Kirchspielvogt glaubhaft machen können, einer "Unterstützung zu bedürfen", um überhaupt einen Adjunctus bewilligt zu bekommen. Eine Voraussetzung, die der zunehmend von Altersbeschwerden geplagte 68-jährige, wie er selbst in seinem Antrag schreibt, „hohen Alter" befindliche Vogt Claus Harders wie gesehen im Jahre 1780 erfüllen kann.

Die Kirchspielvögte, seit dem 1. August 1707 in Süderdithmarschen bei Neubesetzungen von Positionen in Personalunion mit der bis dahin beigeordneten, aber eigenständigen Funktion eines Kirchspielschreibers, sorgen in Dithmarschen seit Ende der Republik nach 1559 als landesherrliche Beamte, auf Weisung des Landvogtes, in ihren Kirchspielen für Sicherheit, Ruhe und Ordnung, üben also die untere Polizeigewalt aus. Sie siegeln und bestätigen daneben eine Vielzahl von zivilrechtlichen, vor allem Grundstücks- und Nachlass-verträgen und sorgen für die niedere Rechtsprechung auf örtlicher Ebene. Hierzu werden in der Juristen-Sprache der Zeit[65] *"vorläufige Befehle zur Sicherstellung der Partheyen auf 27 Stunden, Erkenntnisse bey Liquidationen und Verlegungen, über Prioritäten in Concursen und über Erbtheilungen ... (sowie) in processu ordinario der erste Versuch zur Güte gepflogen und Zeugschaften aufgenommen."* Eine konsequente Trennung von exekutiver und judikativer Gewalt wird in Dithmarschen, wie im gesamten Herzogtum Holstein, erst viel später durch die Eingliederung in Preußen nach 1866 eingeführt werden, obwohl Montesquieu seine grundlegenden Gedanken hierzu bereits im Geburtsjahr Johann Harders in seinem Werk „De l'esprit des loix" (Vom Geist der Gesetze) veröffentlicht hat und die darin proklamierte Gewaltenteilung seitdem regelmäßig Bestandteil der „aufgeklärten" staatstheoretischen Diskussion ist. Der dänische Gesamtstaat ist und bleibt bis zu seinem Ende, trotz aller im aristrokratischen Vergleich der Zeit liberalen Ansätze, ein zutiefst vom „ancient regime" geprägter absolutistischer Staat. Nicht zuletzt führen die Kirchspielvögte zudem die Steuer- und Finanzverwaltung des zugeordneten Kirchspiels. Sie sind außerdem Mitglieder im jeweiligen örtlichen Kirchenkollegium und nehmen hierüber wesentlichen Anteil an der Regelung der Kirchen-, Armen- und Schulangelegenheiten. Obwohl 1707 abgeschafft, werden in der Folge in einzelnen größeren Kirchspielen Dithmarschens, zu denen Nordhastedt aber nicht gehört, dennoch im Laufe der nächsten Jahrzehnte auch wieder separierte und den Schriftverkehr erledigende, also zuarbeitende Kirchspielschreiber-Positionen neu besetzt, wie z.B. in Meldorf und Marne.

Als einer der im 18. Jahrhundert noch elf (ursprünglich zwölf, aber Süderhastedt hat seine eigene Vogtei im Laufe der Zeit eingebüßt und wird aus Burg mitverwaltet) Süderdithmarscher Kirchspielvögte nimmt Johann Harders spätestens ab Frühjahr 1781 als Beisitzer - der Vater Claus schreibt in seinem Antrag von 1780 von einer Assessor-Funktion - an den regelmäßigen, dreimal jährlich stattfindenden ordentlichen Süderdithmarscher Gerichtstagen teil. Für jeweils (mindestens) drei Tage am Stück wird unter dem Vorsitz des Landvogts neben Strafrechtsfällen auch das "Zivil"-Recht in den Fällen gesprochen, die nicht bereits einvernehmlich, "zur Güte", mit den Streitparteien vom jeweiligen Kirchspielvogt daheim beigelegt werden können. Dabei wird nach dem Dithmarscher Landrecht noch im gesamten 18. Jahrhundert unterschieden zwischen den kleineren Prozessen, die unter dem Vorsitz des Präsis des Gerichts, des Landvogts also, und dem Protokoll führenden Gerichtsaktuar „in der kleinen Stube" nur mit einer Delegation von drei Kirchspielvögten durchgeführt werden („*zweyter Versuch zur Güte, Inventarien, Beeidigungen, Begebungen der weiblichen Rechte, Verificatierungen der Beysprüche*") und den großen „in pleno" versammelten Gerichtstagen, an denen das Meldorfer Gericht neben Landvogt und Aktuar aus allen Kirchspielvögten der Landschaft zusammengesetzt ist und die eigentlichen Hauptverhandlungen – wenn noch notwendig – geführt werden. Diese

Gerichtstage beginnen üblicher Weise in Meldorf jeweils an den ersten Montagen im Mai und September sowie den Montagen der vollen Woche vor Weihnachten.

Hierbei wird auch noch zur Lebenszeit des Johann Harders eine Besonderheit deutlich, die Süderdithmarschen von anderen Regionen Holsteins wesentlich unterscheidet. Man untersteht zwar auch hier, ebenso wie die ansonsten in Holstein üblichen Ämter oder Gutsbesitzungen, einer landesherrlichen Jurisdiktion, aber Süderdithmarschen ist im Unterschied zu diesen kein Amt, sondern eine „Landschaft", ein Gebiet eigenen Rechts. Es gilt im Kern somit auch im 18. Jahrhundert immer noch das alte Dithmarscher Landrecht, wenngleich im Laufe der Jahrhunderte, auch durch Gewohnheitsrechte, an vielen Stellen dem allgemeinen Recht Holsteins angeglichen. Zum Beispiel wird bereits kurz nach der königlichen Übernahme Norderdithmarschens mit Verordnung vom 27. Juli 1774 für ganz Dithmarschen „die Mündigkeit der Kinder ... künftig auf den Anfang des 21. Lebensjahres" auf den Holsteiner Standard zurückgesetzt, nachdem zuvor nach dem Landrecht in Dithmarschen die Mündigkeit schon mit vollendeten 18 Jahren erreicht war.[66] Mindestens in rechtlicher Hinsicht ist also die Titulierung des dänischen Königs als „Herzog von Schleswig, Holstein, Stormarn und der Dithmarschen", auch noch im 18. Jahrhundert mehr als eine rein traditionalistische Formel, Dithmarschen im engeren Sinne nicht einmal ein Bestandteil Holsteins, diesem allenfalls assoziiert. Im rechtlichen Sinne ändern wird sich dieses erst unter preußischem Regime.

Als Vertreter ihrer Kirchspiele werden von den elf Vögten („de Vagt") und 22 Landesgevollmächtigten („de Vullmach") - einige größere Kirchspiele stellen zwei oder gar drei Vollmachten[67] - im mehrmals im Jahr tagenden Landesvorsteherkollegium („Landes versammlungen"), in das Johann Harders ebenfalls zügig nach dem Jahreswechsel 1780/81 für oder anfänglich an der Seite des Vaters einrücken wird, zudem Steuer- und Umlagefragen für ganz Süderdithmarschen erörtert und umgesetzt. Als großer Steuertermin für die „Pflugschatz" oder auch „monatliche Contribution" genannte, monatlich ermittelte und meist dem Wert nach dargestellte, aber jährlich gezahlte Hauptsteuer ist dabei vor allem Martini, also der 11. November relevant. An diesem Tag erhalten nach erledigter Ernte traditionell die Landarbeiter ihren Lohn und müssen Pachtgelder u.ä. bezahlt werden. Auch größere unterjährige Anschaffungen werden von vielen Dithmarschern beim Handel „auf Credit bis zum Herbst" getätigt.

Während der in den Kirchspielen durch die Kirchspielvögte erhobene Pflugschatz von der Landschaft Süderdithmarschen durch den Landespfennigmeister („de Pennmeister"), der in den Landesversammlungen auch als nicht stimmberechtigter Teilnehmer das Protokoll führt, vereinnahmt wird und wiederum von diesem „in toto" mit der Königlichen Verwaltung abgerechnet wird, muss der Kirchspielvogt Harders in Nordhastedt daneben auch das auf der Geest ab 1559 zusätzlich erhobene und als besonders schmerzlich empfundene „Pflicht- oder auch Herrenkorn" eintreiben, eine jährliche, dem alten Brauch des „Zehnten" entsprechende „Grundsteuer", die die Geestleute „zu Nicolai", also dem Nikolaustag zu Ende des Jahres, auf alle Saatflächen zahlen müssen, während die Marsch einen vergleichbaren „Ackerschatz" abführt. Diese „Herren"-Steuer muss der Kirchspielvogt dagegen an den Meldorfer Landschreiber als oberstem königlichen Hebungsbeamten in der Landschaft als direkte obrigkeitliche Steuer zur unmittelbaren Weiterleitung an die Staatskasse übergeben. Das „Herrenkorn" ist eine Steuerleistung, die die orthodoxen Dithmarscher als Erinnerung an den Verlust der Souveränität nach der „Letzten Fehde von 1559" besonders schmerzt.

Kautionen und Donative

Wesentlich wegen dieser Steuererhebungsfunktion kommen in ganz Dithmarschen nicht nur hinreichend gebildete, sondern auch nur vermögende Landbesitzer für die Position eines Kirchspielvogts in Frage, da die Sicherheit der Durchleitung der Steuern gegenüber der Krone durch die Stellung von Kautionen zu gewährleisten ist, die seit dem Jahr 1707 auf durchschnittlich 2.000 Reichstaler festgelegt sind. Johann Harders dürfte für das kleine Kirchspiel Nordhastedt mit seinem vergleichsweise geringen Steueraufkommen dagegen aber nur eine Kaution von 1.500 Reichstaler, die einer heutigen Kaufkraft von etwa 150.000 Euro (!) entsprechen, zu hinterlegen haben, wie dieses schon für seinen Großvater und Vater belegt ist[68].

Claus Harders hat gemäß der vorliegenden Kautionsgestellungen hierfür eine Summe *„auf den 4ten Theil der ihm anzuvertrauenden Hebung* (Anm.: Steueraufkommen)" aufzubringen. Großvater Marx Harders hinterlegt eine gleich hohe Bürgschaftsverschreibung seiner beiden Odderader Schwager Thede Thedens (1675-1745) und Karsten Thedens (1681-1726) vom 24. Juli 1722 bei der königlichen Rentekammer zu Kopenhagen, sein Sohn Claus bei dessen Amtsübernahme eine auf 1.500 Reichstaler lautende Bürgschaftsverschreibung vom 30. September 1746, selbstschuldnerisch übernommen vom seinerzeitigen Landesgevollmächtigen Christian Probst (gest. 1749), wiederum Sohn des vormaligen, bis 1736 wirkenden gleichnamigen Nordhastedter Pastors, und den beiden Nordhastedter Hausmännern Hans Hennings (dem Futtermittel-Bestandsaufnehmer von 1758) und Carsten Rohde. Für Amtskollegen der größeren Marschkirchspiele Süderdithmarschens sind aufgrund des deutlich höheren Steueraufkommens dagegen auch Zahlungen von 2.500 und sogar 4.000 Reichstaler belegt.

Da Johann Harders, wie wir noch sehen werden, als zuvor bereits ordentlich erwählter „adjunctus succedendi" formal durch den Tod seines Vaters automatisch in die Position nachrücken wird, ist für ihn keine gesonderte Zahlung aufgeführt. Auf ihn wird vermutlich zunächst die geleistete und stehende Kaution seines Vaters umgeschrieben.

Auch die in der Familie Harders besonders augenfällige „Vererbung" der Position von Generation zu Generation muss zudem, nach erfolgreicher Wahl, durch hoheitliche Bestätigung der Privilegien in harter Münze von den ewig klammen Souveränen neu erworben werden. Diese zusätzlich zu den Kautionen zu entrichtenden, als "Donative" bezeichneten Ernennungsprämien an den dänischen König müssen im Gesamtstaat stets bei Amtsübernahme als auch bei einem Regentenwechsel als „Erneuerungsprämien" aller gegebenen Ämter und Privilegien geleistet werden. Bei einem Königswechsel, wie beispielsweise 1766, muss die Landschaft Süderdithmarschen pauschal eine Zahlung von 20.000 Reichstaler für alle verliehenen Privilegien leisten, für die sie sich, mindestens teilweise, für die Privilegien der Kirchspielvögte anteilig bei diesen wiederum schadlos halten dürfte, so dass auch hier von einer persönlichen „Betroffenheit" eines Kirchspielvogts Harders in der Größenordnung von vielleicht mehreren hundert Talern auszugehen ist. Daneben wollen aber auch die königlichen Räte und Administranten der Verwaltung mit ihrem "Douceur" geneigt gemacht werden. Hierbei fallen schnell nochmals weitere hundert Taler an, um den Amtsprozess in halbwegs zügigem Gang zu halten.

Eine vierrädrige Kariole nach französischem Vorbild

Die Kaufkraft solcher Beträge wird nochmals deutlich, wenn man sich vergegenwärtigt, dass um 1750 der Brandversicherungswert der mittelgroßen Bürgerhäuser in Meldorf zwischen 1.500 und 2.000 Mark Courant (entspricht 500 - 700 Reichstaler bzw. bis zu 70.000 heutigen Euro) angegeben wird. Für ein ausgewachsenes durchschnittliches Arbeits- oder Kutschpferd muss man um die Jahrhundertwende 1800 bis zu 50 Mark bezahlen. Eine der in Mode kommenden kleinen ein- oder zweisitzigen Kutschen, Karriolen (aus dem Französischen „Carriole") genannt, kostet um die 300 Mark (entsprechend 100 Taler). Aufgrund der ausschließlichen Beförderungsmöglichkeit einer oder zweier Personen und des weitgehenden Fehlens irgendwelcher größeren Gepäcktransportmöglichkeiten sind diese Karriolen auf dem von Landwirtschaft geprägten Dithmarscher Land dann wohl in die Kategorie „Luxusartikel" oder Statussymbol im Sinne eines heutigen Zweisitzer-Cabriolets einzuordnen, eines im Vergleich zu heute allerdings günstigen Cabrios, da man es schon für 24.000 Eier erhält (ca. 8.000-10.000 Euro), denn für eine Mark erhält man zum Ende des 18. Jahrhunderts rund 80 Eier, 4 Pfund Butter oder zweieinhalb Brote.

Selbst der Amtseid der Dithmarscher Kirchspielvögte (hier in einer frühen Version des Jahres 1599) atmet den Geist dieser großen finanziellen Bedeutung der Ämter für alle Beteiligten. Sogar eine pekuniäre Bestrafung für Fehlverhalten findet Einlass in die Eidesformel[69]: *"Ich N.N. Lobe und schwere zu Gott und seinem heiligen Evangelio, daß ich in meinem Rathstande nach meinem besten Verstande dahin allewege sehen und trachten will, daß einem jeden ohn ansehen der Persohnen, auch ungeachtet einiger Freundschaft, Feindschafft, Verwandniß oder jeniger Affection Unparteiliches Recht mitgetheilet werden möge, so will ich auch keine Gifte, Gaben oder Geschenke, wegen Administrierung der Justiz in guten oder Bösen Sachen, es sey für oder nach gesprochener Urtel, weder für mich selbst, oder durch andere, nehmen oder nehmen lassen, da ich aber wieder diesen meinen Eydt handeln und dessen Bestande überweiset würde, will ich nicht allein in die Straffe des Meineydes, Besonders auch meinem Gnädigen Fürsten in eine Willkührliche Geldt Buße verfallen sein. So wahr mir Gott helfe und sein heiliges Wort."*

Alte Harders

Aus den oben genannten Summen wird deutlich, dass eine entsprechende Funktionsübernahme, die in Dithmarschen aufgrund alter Sonderrechte seit 1559 ohnehin nur Grund besitzenden und gebürtigen Dithmarschern offensteht („Indigenatsrecht"), nur einhergehen kann mit erfolgreicher Landwirtschaft als Großbauer. Nis R. Nissen spricht in diesem Zusammenhang in einer Abhandlung[70] aus dem Jahre 1972 von einer "finanzaristokratischen Führungsschicht" Dithmarschens, die sich bei vielen dieser Familien bis in die

Zeiten der Dithmarscher Republik vor 1559 und dort häufig auch in den Kreis der alten 48er-Regenten zurückverfolgen lässt. In einem solchen Verständnis ist es denkbar bis wahrscheinlich, dass Johann Harders weitere Vorfahren identisch sind mit den Harders, die auch schon im Regentenzeitalter Dithmarschens vor 1500 zu dieser Oberschicht gehören. Ursprünglich dem Geschlecht der Vokemannen vom Süderstrand bei Brunsbüttel entstammend, finden sich die Harder/Harders im 14. Jahrhundert in Brunsbüttel, dann ab ca. 1400 auch in Meldorf und Marne und um 1470 und nochmals 1540 als dokumentierte Regentenfamilie in Meldorf. 1429 immatrikuliert sich z.B. ein Johannes Herderi (Harders) de Meldorpe an der Universität in Rostock. Nach der letzten Fehde 1559 wird ein Jacob Harder (ca. 1480-1563) noch für einige wenige Jahre erster königlicher Landvogt im Süderteil Dithmarschens. Es ist denkbar, dass tatsächlich aus Meldorf stammend, zwischen 1618 und 1625 Johanns ältester eindeutig zuordenbarer Vorfahr Claus Harders als erster belegter Nordhastedter Kirchspielvogt dieser Familie hier das weitere Fundament einer mindestens 7 Generationen anhaltenden und in relativem Wohlstand lebenden "Vogt"-Dynastie Harders begründet. Gestützt wird diese These dadurch, dass gleich mehrere Töchter eines Nordhastedter Claus Harders des späten 17. Jahrhunderts in Meldorf getraut werden (1698 und 1701), obwohl für eine ortsansässige und mit der kirchlichen Verwaltung vor Ort eng verbundene Vogtfamilie solche Trauungen eigentlich in Nordhastedt üblich sein müssten, zumal nach der bäuerlichen Dithmarscher Tradition meist immer am Heimatort der Braut geheiratet wird. Eine ebenfalls noch bestehende Bindung der Nordhastedter Harders des späten 17. Jahrhunderts nach Meldorf ist offensichtlich.

Wappen und Siegel

Obwohl für die frühe Nordhastedter Harders-Familie die Nutzung eines eigenen Wappens oder Siegels nicht erhalten ist, wird man, als alteingesessene Dithmarscher Kirchspielvogt-Familie gleichwohl eines nutzen. Eine bestmögliche Näherung an eine solche Hypothese liefert hierfür das vom späten 17. Jahrhundert bis zum ausgehenden 18. Jahrhundert in den Meldorfer Harders-Familien genutzte Siegelbild, das auch vor 1700 in Heide in einer somit familiär wohl verbundenen Harders-Familie im Gebrauch ist. Es stellt einen Hirsch dar, der in einem Fischschwanz endet, möglicherweise ein Hinweis auf eine zwischenzeitliche Marschherkunft für einen wieder auf der Geest beheimateten Familienzweig. Dieses Siegelmotiv, das in der Heraldik auch als Wasser- oder Seehirsch bezeichnet wird, gehört in Dithmarschen zu den seltensten, wenngleich der Hirsch in vielen anderen Variationen sehr häufig vorkommt. Die in der Marsch (Kirchspiel Brunsbüttel) ansässigen Harders-Familien, die noch zur Geschlechter-Zeit mit einem aus einem Wald springenden Hirschen siegeln, werden dagegen später, soweit überliefert, im 18. Jahrhundert mit dem Ankermotiv bzw. einem Halb-Adler/Halb-Ähren-Siegel genannt.

Das Halbadler-Motiv übernehmen von den Marsch-Harders später die in Marne stark vertretenen und mit den Harders früh verwandten Wilckens, die im 17. und 18. Jahrhundert einige dortige Kirchspielvögte und Landesgevollmächtigte stellen. Diese Wilckens sitzen in Fahrstedt, im Marner Kirchspiel, über viele Generationen auf dem „Löwenhof", der im 16. Jahrhundert noch im Besitz der Harders ist. Wir werden noch sehen, dass die Nordhastedter Harders hierhin im 18. Jahrhundert neue familiäre Beziehungen aufbauen. Mit dem springenden Hirschen der alten Harders siegelt demgegenüber auch der bis 1748 wirkende Eddelaker Kirchspielvogt Boje Boje und dessen Schwiegersohn, der Meldorfer Brauer Boje Rohde aus der Süderstraße, der es u.a. noch während der Schulzeit des Johann Harders nutzt.

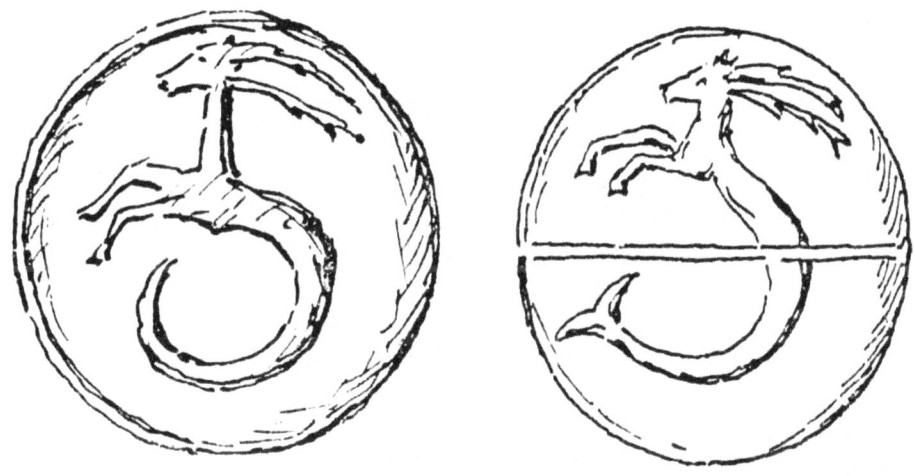

Siegelmotive der Hardersfamilien

Johann Harders selbst siegelt in späteren Jahren, soweit erhalten, überwiegend mit dem amtlichen dreizeiligen Siegel „Königliche Kirchspielvogtei Nordhastedt" sowie mit einer persönlichen Petschaft, die ausschließlich die zeittypisch geschwungenen Initialen „JH" beinhaltet[71]. Für seinen Vater Claus bzw. Großvater Marx, die demgegenüber wahrscheinlich noch traditionalistischere Motive verwendet haben könnten, sind entsprechend „entzifferbare" Siegel in dem ansonsten umfangreich erhaltenen Aktenbestand leider nicht mehr vorhanden.

Standesunterschiede

Ein über die Jahrhunderte gewachsener bedeutender Grundbesitz der Kirchspielvögte Harders in Nordhastedt ist aus dem oben Genannten fast zwingend ableitbar. Vor Ort repräsentiert der mit einer großen lokalen Machtfülle ausgestattete Kirchspielvogt gegenüber der Dorf- und Kirchspielgemeinschaft die Obrigkeit. Dabei sind die Vögte in ihrer Amtsführung nicht allein mit einem heutigen Beamtenverständnis zu fassen. Ebenso, wie sie hoheitliche Anordnungen zur Ausführung bringen müssen, sind sie im selben Atemzug aufgefordert, eigeninitiativ für die Wohlfahrt ihres Kirchspiels Verantwortung zu übernehmen. So sind die Kirchspielvögte in letzter Konsequenz dem Landvogt gegenüber zwar rechenschaftspflichtig, aber in einem hierarchischen Sinne nicht zwingend weisungsgebunden.

Der in weltlichen Dingen im Kirchspiel höchsten Autorität der Kirchspielvögte steht in kirchlichen Angelegenheiten in einer Zeit, da Kirche und Staat nicht voneinander getrennt sind, der Pastor als zweite Instanz im Kirchspiel zur Seite. Nur diese beiden haben kraft ihres Amtes und damit verbundenen Standes die Berechtigung, von allen Kirchspielbewohnern mit dem förmlichen „Herr" angesprochen zu werden. Gemeinsam mit den aus der Bauerschaft gewählten und selbst zur begüterten Großbauernschicht zählenden Bauerngevollmächtigten (je Dorf oder Bauerschaft auf Zeit gewählt) bzw. Landesgevollmächtigten (je Kirchspiel auf Lebenszeit) bilden sie mindestens bis zur Neuordnung der Verwaltung unter preußischer Herrschaft für viele Jahrhunderte die gesellschaftliche Führungsschicht innerhalb der Kirchspiele. Voraussetzung auch für die Wählbarkeit als Gevollmächtigter ist in Dithmarschen der Besitz von mindestens zehn Morgen (= ca. 13,5 Hektar) Marschland oder auf der Geest zehn Tonnen Aussaat (entspricht ca. 6 Hektar Land).

In der gesellschaftlichen Rangfolge des Gesamtstaates werden auch diese gewählten Gevollmächtigten über die Jahrhunderte vom dänischen König stets geachtet und schon mit Confirmation vom 29. Dezember 1674 als (zu dieser Zeit noch nur Süder-) Dithmarscher Besonderheit im offiziellen staatlich dänischen Rangkatalog über dem Stand der gelehrten Advokaten bestätigt und mit einer konkretisierenden Resolution vom 25. September 1702 über den Stand des Rektoren der Meldorfer Schule gesetzt. In einer Klarstellung vom 6. März 1741 wird dieser Rangvortritt der Landesgevollmächtigten allerdings in Abgrenzung zu den Ober- und Regierungsadvokaten auf den Stand der vor Ort in der Landschaft am Gerichtssitz Meldorf tätigen Untergerichtsadvokaten beschränkt. Die Kirchspielvögte in Dithmarschen rangieren im königlich dänischen neunstufigen Rang-Reglement von 1746 über den Gevollmächtigten auf der 6. Stufe.

Starke Auswirkungen auf das Miteinander und den tagtäglichen Umgang innerhalb Dithmarschens haben diese „Standesunterschiede" im 18. Jahrhundert aber nicht. Selbst anderen Holsteinern fällt zeitgenössischen Reisebeschreibungen zufolge immer wieder auf, in welch krassem Unterschied zu anderen holsteinischen Regionen die Dithmarscher im Allgemeinen in ihrem Gebaren selbstbewusst und stolz, deshalb in den Augen Anderes Gewohnter fast schon überheblich erscheinen. Ob Großbauer oder Dienstbote, den Dithmarschern sei es eigen, die Zeitgenossen schreiben dieses einem stolzen Geschichtsbewusstsein bezüglich der Zeiten der alten freien Republik vor 1559 und fehlender Adelsherrschaft zu, dem Gegenüber stets aufrecht und mit geradem Blick zu begegnen, ungeachtet aller Standesunterschiede.

Der Kieler Professor Johann Nicolaus Tetens (1736-1807) beschreibt 1788 in einem Reisebericht über die Marschländer auch die Dithmarscher[72]: *„Wer so gleich Herablassung, demüthigen Blik gegen die Erde und gesenkte Augen erwartet von jedem, der vor ihm tritt, und nur eine oder zwei Stufen im Statskalender unter ihm steht, der bleibe hier weg. Sicher ist man aber auch dagegen vor dem herabsehenden Blik des Höhern, und die meistenmale wenigstens vor Grobheit... Von dem alten wilden Uebermuth habe ich keine Spur mehr angetroffen, dergleichen es in der ersten Hälfte dieses Jahrhunderts sonst noch gegeben hat... Dagegen ist der gerade gesunde Menschenverstand, und der freie feste Muth noch im Durchschnitt der nämliche."*

In Hanerau „rumo(h)rt" es

Die frühen ersten Wirkensjahre des Johann Harders als den Vater auf dem Familienhof unterstützender Jungbauer, später immer mehr eigenständiger Hausmann und dann auch in der Funktion als Adjunkt des Vaters – also die Jahre bis 1781 - sind durch eine in der Sache liegende mangelhafte Aktenlage mit Bezug auf seine eigene Person weitgehend unbekannt. Hier sind weit mehr als in den besser recherchierbaren Folgejahren Vermutungen notwendig. Die zu dieser Zeit wesentlich stärker prägenden beruflichen Kontakte des noch aktiven Vaters und die familiären Beziehungen zur Familie der Mutter werden aber auch das soziale Umfeld des Sohnes Johann in seinen ersten Berufsjahren nach Beendigung der Schulzeit stark beeinflussen. Der am 25. Januar 1711 in Nordhastedt geborene Vater Claus Harders[73] scheint dabei sowohl bezüglich der eigenen Landwirtschaft als auch als Vogt neben seiner notwendigen beruflichen Ausrichtung nach Meldorf zum dortigen vorgesetzten Landvogt Eggers v.a. stark auf das östlich angrenzende Holsteiner Grenzgebiet zu Dithmarschen ausgerichtet zu sein.

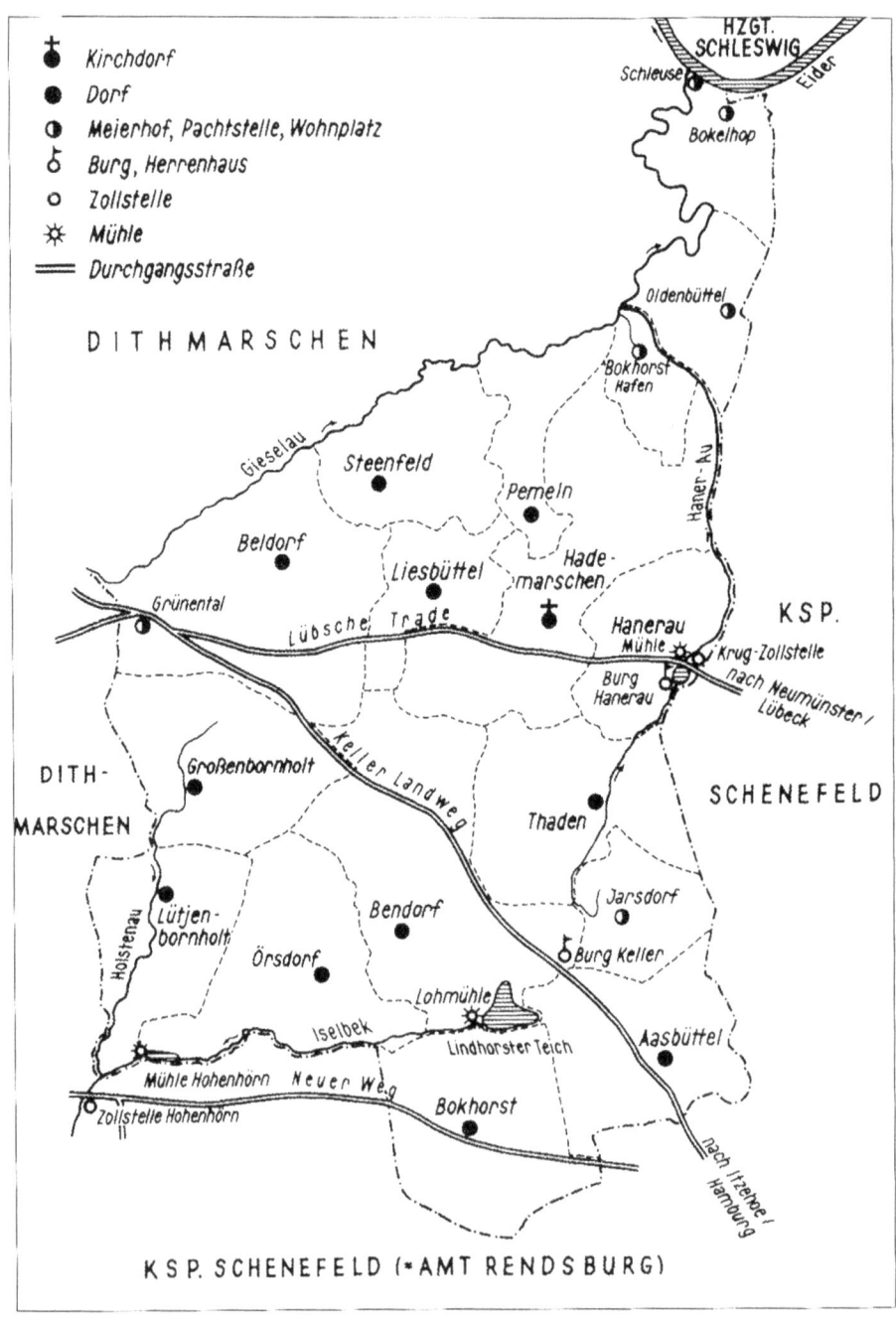

Übersichtskarte des Amtes / Gutes Hanerau   Nach dem „Generalriß" von 1779 (LAS 402 A 3, 498b)
Zeichnung: Erwin Raeth, Kiel

Der zu diesem Zeitpunkt bereits 32-jährige Claus Harders heiratet im Oktober 1743 die elf Jahre jüngere Tochter Wiebke des langjährigen Pächters der Hanerauer Lohmühle in Bendorf am Lindhorster Teich, Johann Behrens, dem schon genannten Großvater und späteren Paten von Sohn Johann[74]. Wahrscheinlich kommt der zunächst ebenfalls als Adjunkt wirkende Claus Harders über amtliche Vorgänge seines als Vogt amtierenden Vaters Marx Harders mit dem Lohmüller Behrens und in Folge seiner Tochter in engeren Kontakt. Im Unterschied zu der Bestallung seines Sohnes im Jahre 1780 als „adjunctus succedendi", also automatischer späterer Nachfolger im Amt, ist Vater Claus zunächst nur seit März 1741 ohne Wahl in der schwächeren Form als „ad dies vitae" seinem Vater Marx adjungiert[75], nur bis zum Ableben des Amtsinhabers an dessen Seite gestellt. Dann muss er sich einer ordentlichen Wahl stellen.

Möglicherweise ist diese Probezeit des Claus auf eine im Unterschied zum Sohn Johann nicht ausreichende Vorbildung zurückzuführen, oder der Vater Marx, bei dessen Wahl es zu Widerständen im Dorf kam, die vielleicht auch 1741 noch nicht gänzlich überwunden sind, wählt diese Form der Amtseinführung, weil ein positiver Wahlausgang noch zu unsicher erscheinen mag. Claus Harders kann seine nachhaltige Tauglichkeit aber offensichtlich ausreichend in der Praxis unter Beweis stellen.

Seit den späten 1730ern hält die Hanerauer Gutsbesitzerfamilie von Rumohr auch die Dithmarscher in Atem und erzwingt zahlreiche Kontakte und Lokaltermine der Verwaltungsbeamten aus Dithmarschen im benachbarten Hademarschen und Hanerau. Die chronisch klammen Rumohrs beginnen um 1738, die alten Dithmarscher Zollbefreiungen für deren Viehhandel an den holsteinischen Grenzen durch Abgabenforderungen ernsthaft in Frage zu stellen und auch zu brechen, befördert allerdings vermutlich auch durch eine im Lauf der Zeit immer weiter zu eigenen Gunsten ausgelegte Handlungsweise einiger Dithmarscher Vieh- und Getreidebauern.

Ein entsprechendes Gerichtsurteil vom 19. Juni 1739 ist erhalten, nochmals bestätigt mit Rückzahlungsverfügung vom 7. Mai 1741, in dem die Dithmarscher Privilegien bestätigt werden, und für das federführend der Heider Kirchspielvogt Nicolaus Timm für Norderdithmarschen und der Albersdorfer Kollege Claus Jebens für Süderdithmarschen vor das Glückstädter Gericht ziehen[76]. Es weist die Rumohrs an, auch zukünftig in Hanerau keine Zölle bei den beiden Zollstationen „beim Keller" und Hohenhörn zu erheben. Wie bisher solle auf die Einforderung von Papieren verzichtet werden. Die Dithmarscher dürfen durch bloßen Zuruf ihres Namens und Benennung ihrer Dithmarscher Herkunft ungehindert mit ihren Gütern passieren. Die von Seiten der Obrigkeit gewollte weitgehende Assoziation der Landschaften der beiden Dithmarschen mit Holstein wird deutlich.

Noch im Jahre 1745 scheint der Vorgang aber nicht endgültig abgeschlossen, da eine Klarstellung erfolgen muss, dass diese Dithmarscher Zollfreiheit sich dagegen nicht auf einen auswärtigen Wareneinkauf bezieht, der von den externen Verkäufern in Dithmarschen angeschafft werden muss. Diese haben entsprechende Abgaben an den Hanerauer Zollstellen zu entrichten. Im Vorfeld wird auch der amtierende Nordhastedter Vogt Marx Harders mit seinem Sohn Claus häufig in die diesen Sachverhalt begründenden Vorfälle, nach Aufforderung durch die betroffenen Bauern und Viehhändler, eingebunden sein und diese mit Besuchen der relevanten Zollstellen und dem Gutsherrn verpflichteten Zollkontrolleure vor Ort verbinden. Da sich seit je her die Albersdorfer Vögte bei längeren Abwesenheiten/Krankheiten durch ihre Nordhastedter Kollegen „vice versa" vertreten lassen, könnten die Harders zeitweise sogar eng in die mehrjährigen Vorgänge eingebunden sein.

Anders als die „streitbaren" Hanerauer Gutsbesitzer, deren Glückstädter Gerichtsakten in vielfältigster Form Schränke füllen, scheint der auf gute Geschäftsbeziehungen zu den Dithmarschern angewiesene Hanerauer Mühlenpächter Johann Behrens möglicherweise vermittelnd aufzutreten. Die in den Rechtsstreitigkeiten genannte Zollstelle „am Keller" liegt nur 200 Meter nordöstlich des Lindhorster Teiches am alten Ochsenweg, über den die Dithmarscher ihr Vieh seit Jahrhunderten von Grünental über Hanerauer Gebiet weiter in südöstlicher Richtung in das von der Zollstelle nur gute 5 Kilometer entfernte Schenefeld und von dort weiter nach Holstein hinein treiben (lassen), soweit es nicht aus den südlicheren Teilen der Landschaft über den Kudensee direkt nach Wilster verschifft wird.

Die Lohmühle am Lindhorster Teich[77] entpuppt sich in der ersten Hälfte dieses 18. Jahrhunderts sowohl für die Gutsbesitzerfamilie von Rumohr als auch den langjährigen Pächter Johann Behrens (Pachtverträge 1716-1746) aufgrund einer zeitweisen weitgehenden Alleinstellung an der Westküste als wahre Goldgrube. Johann Behrens hat die um 1670 herum entstandene Lohmühle von seinem früheren Dienstherren und Schwiegervater Johann Puls, der diese ebenfalls dreißig Jahre bewirtschaftet hat, wenige Jahre, nachdem im Jahre 1713 schwedische Truppen im Zuge des Nordischen Krieges das Gut und wohl auch die Mühle verwüstet hatten, 1716 übernommen. In der Lohmühle wird Baumrinde, vornehmlich von Eichenbäumen, gemahlen und verkohlt. Die so entstehende rotbraune "Lohe" wird von den Gerbern des weiteren Umlandes als Gerbstoff zur Verarbeitung von Leder dringend benötigt und entsprechend stark nachgefragt. Während die Mühle in kleinen Teilen auch nach Dithmarschen liefert, wird ein Großteil der Lohe von der Lindhorster Mühle dabei an das „löbliche Wilsteraner Schusteramt" verkauft. Die dortige Zunft unterzeichnet zu Zeiten des Johann Behrens stets neben dem Gutsbesitzer und Pächter die zeitlich unbefristeten, aber jährlich kündbaren Pachtverträge mit und übernimmt einen Teil der Pachtkosten in Höhe von 65 Reichstalern. Das wirtschaftliche Risiko aus dem Mühlenbetrieb ist für Johann Harders Großvater begrenzt, da sich die Wilsteraner durch diese Kooperation einen Großteil der produzierten Ware für ihre im Amt eingeschriebenen Schuster sichern. Der (in Teilen Auftrags-) Lohmüller Johann Behrens hat als Bestandteil seines Pachtvertrages mit dem Gutsherrn zudem ein Vorkaufsrecht auf die Rinde aller im Gutsbesitz Haneraus gefällten Bäume.

Doch das ehemals waldreiche, im 18. Jahrhundert aber bereits stark entwaldete Gebiet um Hademarschen kann den Bedarf der Mühle allein schon lange nicht mehr decken. Nicht nur eine übermäßige Abholzung hat dem Waldbestand des Gutes seit Beginn des Nordischen Krieges sehr geschadet, sondern auch die zudem übliche und im Gutsbetrieb besonders stark ausgeprägte Schweinezucht. Die Schweine werden in Waldgegenden Holsteins traditionell jeden Herbst zur Mast bevorzugt in die Wälder getrieben, um sich von Eicheln und Bucheckern nochmals fett zu fressen.

Auch viele Dithmarscher Bauern lassen noch im 17. Jahrhundert, bevorzugt die aus den waldarmen Kirchspielen, ihre Schweine in Hanerau mästen. Vor 1500 kommen auf ein Hanerauer Schwein fast drei, die gegen Entgelt aus Dithmarschen hinzu getrieben werden. Da hat es der örtliche Wald über Jahrhunderte schwer, genügend Jungbäume zur Aufforstung zu produzieren. Im 18. Jahrhundert ist der Wald in Hanerau dann bereits so geschrumpft, dass die Schweinemast keine wirtschaftliche Bedeutung mehr hat.

Der trotz dieser „Waldnot" sehr erfolgreiche Lohmüller Johann Behrens sichert sich auch deshalb durch eine geschickte Verheiratungspolitik den Zugang zum Waldbestand der umliegenden Regionen. Eine Tochter wird mit dem königlichen Hegereuter zu Haale Mathias Westphalen, dem obersten Forstbeamten des Königs im Amt Rendsburg, verheiratet. Dieser Onkel wird im November 1750 Taufpate von Johanns jüngerem Bruder Marx Harders in Nordhastedt[78]. Die andere Tochter Wiebke heiratet den angehenden Kirchspielvogt Claus Harders im ebenfalls mit etwas Wald gesegneten Kirchspiel Nordhastedt.

Ein weiterer Schwiegersohn Peter Beeck, Sohn eines ehemaligen „Rumohr'schen" Zöllners in Hohenhörn, übernimmt nach dem Wegzug des Johann Behrens auf eine neue Mühle in Schenefeld die Bendorfer Lohmühle. Er und später sein Sohn Andreas Beeck, ein Cousin des Johann Harders, halten die Lohmühle im Familienbesitz, bis die „Erbpachtstelle Lohmühle" 1790 im Zuge einer öffentlichen Versteigerung auch als Privateigentum an die Witwe des inzwischen verstorbenen Andreas Beeck geht. Von den Hanerauer Beecks sollen die ab ca. 1780 auf dem Windberger (vormals Frestedter) Hof „Spersdick" ansässigen Wassermüller und späteren Landwirte Beeck abstammen.

Von Bendorf nach Schenefeld

Johann Behrens hat im Jahre 1746, nach dreißig Jahren auf der Mühle, endgültig die Nase voll von dem sich immer hitziger und jähzorniger gebärdenden jungen Gutsbesitzer Johann Rudolf von Rumohr (1705-1782), der seit 1744 gemeinsam mit seiner bereits seit 1723 verwitweten und ebenfalls „schwierigen" Mutter Benedicta Margaretha geb. Buchwaldt das Gut führt. Die bei den zum Gut dienstverpflichteten, aber anders als auf vielen anderen

Neumühlen bei Schenefeld

holsteinischen Gütern nicht leibeigenen Hademarscher Bauern wegen ihrer „eigennützigen und ungerechten Art" berüchtigte Gutsherrin wird noch nach ihrem Tod in vielen mündlichen Überlieferungen in Verbindung gebracht mit dem deutschlandweit bekannten Sagentypus der „weißen Frau", die den Menschen als Unheil kündende, schwebende Geistererscheinung begegnet, vorzugsweise auf nächtlich vernebelten Waldwegen.

Großvater Johann Behrens, nur durch Pachtvertrag an die Hanerauer Gutsbesitzer gebunden, ergreift noch im Alter die Gelegenheit, gemeinsam mit seinem Sohn Johann Behrens d.J. (1724-1782), die seit 1711 genannte Wassermühle in Schenefeld zu übernehmen und so etwas Ruhe vor den unliebsamen Herrschaften zu finden. Die Mühle in Schenefeld wird zur Mitte dieses 18. Jahrhunderts allgemein „Neumühlen" genannt, da sie immer noch die jüngste Mühle im ganzen Kirchspiel ist. Für das Jahr 1747 erwirbt Johann Behrens Neumühlen für die stolze Summe von 9.000 Mark (rund 300.000 Euro). Den notwendigen Kontakt zum Verkäufer erhält der Lohmüller wohl noch im Gutsbereich Haneraus. Hier hat er in Erfahrung gebracht, dass der seit 1734 Neumühlen besitzende und aus Hademarschen stammende Kollege Johann Revenstorff verkaufen möchte.

Der Umzug ist relativ leicht zu bewerkstelligen. Über den nahe der Bendorfer Lohmühle am Lindhorster Teich vorbeiführenden alten Ochsenweg des Keller Landweges mit seiner an der alten Burg Keller gelegenen Zollstation ist das neue Domizil Neumühlen vor Schenefeld über Aasbüttel und Siezbüttel keine fünf Kilometer von der bisherigen Lohmühle entfernt. Der ehemalige Lohmüller Johann Behrens hat in Schenefeld ab 1747 nicht nur bezüglich der Herrschaft ein geruhsameres Leben. Für die Wassermühle herrscht ein in Dithmarschen unbekannter Mühlenzwang. Die Bauern aller umliegenden Ortschaften und Dörfer (Schenefeld, Oldenborstel, Warringholz, Siezbüttel, Kohlenbek, Besdorf, Holstenniendorf, Gribbohm, Wacken, Vaale, Nienbüttel, Agethorst sowie Pöschendorf, Kaisborstel und Nutteln) sind per königlicher Anordnung verpflichtet, ihr Mahlgut auf Neumühlen anzuliefern sowie Hand- und Spanndienste für den Müller zu leisten.

Doch Großvater Behrens, jetzt nicht mehr beständig auf der Suche nach neuem Mahlgut, pflegt auch im hohen Alter über 70 Jahre keinen Müßiggang. Noch 1755 errichtet er auf dem nahegelegenen Mühlenberg, gemeinsam mit seinem Sohn Johann, eine zusätzliche Windmühle, die bis 1870 an dieser Stelle stehen wird, bevor sie von einem Behrens-Nachfahren nach Gribbohm verlegt wird. Zum zünftigen Mühlenrichtfest des Jahres 1755 wird auch der siebenjährige Enkel Johann mit seiner Familie aus Nordhastedt zugereist sein und mit dem zu diesem Zeitpunkt seit drei Jahren verwitweten Großvater feiern. Möglicherweise erzählt der Großvater den Harders-Enkeln bei dieser oder späteren Gelegenheiten als „süße Rache" auch die „Gruselgeschichten" über seine alte Dienstherrin aus Hanerauer Tagen, die „weiße Frau" aus den Hanerauer Forsten, die dort alle sieben Jahre des Nächtens ihr Unwesen treiben soll.

Die Stimmung dieser beliebten Schauererzählungen mag schon an die des „Erlkönig" anklingen, den Goethe nur wenige Jahre später (1782) erschaffen wird. Enkel Johann Harders ist im November 1770 bereits 22 Jahre alt, als sein geschäftstüchtiger Großvater und Pate Johann Behrens in Schenefeld auf der dortigen, westlich des Ortes am Mühlenteich gelegenen Mühle im hohen Alter von 86 Jahren, nach über 18 Jahren als Witwer, verstirbt und dürfte diesen als junger Mann noch eindringlich erleben[79]. Die Schenefelder Wassermühle „Neumühlen" bleibt bis ins 19. Jahrhundert hinein im Besitz der Nachfahren des Großvaters Johann Behrens, allesamt Vettern der Nordhastedter Harders.

Von Wölfen und Hegereutern

Vermutlich ist die Beziehung zum Holzgroßabnehmer Johann Behrens und seiner Familie für die Grund besitzenden Harders in Nordhastedt mit entsprechendem steuerfreien Waldlandbesitz von rund 20 ha und bestem Zugang zum freien Meentwald des Riesewohld und den südlich angrenzenden Waldgebieten auch von hohem eigenen wirtschaftlichen Interesse.

Mit Ausnahme der nach Westen liegenden Fieler Niederung ist Nordhastedt zur Mitte dieses 18. Jahrhunderts mindestens nach Osten und Süden fast vollständig von kleineren, allerdings wenig imposanten Waldflächen umgeben. Die Bewirtschaftung und Nutzung des Waldes hat für viele Nordhastedter im Vergleich zum ansonsten waldarmen Dithmarschen eine ungleich größere Bedeutung. So soll eine entsprechende „Holzschule", die der Hege und Pflege des örtlichen Waldbestandes unter der Obhut jährlich neu gewählter Holzvögte dient, mindestens noch bis 1807 in Nordhastedt bestehen[80]. In diesem Zusammenhang ist es sehr wahrscheinlich, dass sowohl der Vater Claus Harders als auch der Sohn Johann mindestens bis in die späten 1770er Jahre auch einen engen Kontakt zum königlichen Hegereuter in Süderdithmarschen halten werden, dem in unmittelbarer Nachbarschaft zu den Nordhastedtern auf dem Hof Hollenborn jenseits des Arkebeker Bergs wirkenden Jacob Möller (1697-1784), zu dem auch der Großvater Johann Behrens, bei allem bewiesenen Geschäftssinn, seine Fühler ausgestreckt haben dürfte.

Adjunkt Claus Harders und dessen Vater Kirchspielvogt Marx Harders werden im Juni 1740 und Mai 1741, gemeinsam mit dem Albersdorfer Kirchspielvogt-Kollegen Claus Jebens (geboren 1674, in Funktion 1721-1749) und dem Hegereuter Jacob Möller im Zusammenhang mit den Aufsehen erregenden Wolfsjagden in Dithmarschen genannt, die nach mehreren bitterkalten Wintern notwendig geworden und durch die Vögte zu organisieren waren[81]. Der Albersdorfer Vogt Claus Jebens hat erstmals im März 1729, gemeinsam mit dem 1701-1744 amtierenden Süderdithmarscher Landvogt Friedrich von Helm, der zu seiner Zeit auf dem heute noch existierenden Harmswöhrdener Hof Kanzlei sitzt (so allerdings erst benannt nach seinem Nachbesitzer, dem Meldorfer Landesgevollmächtigten und „Kanzleirath" Harder Offenhusen (1698-1769), siehe Anmerkungen zu seinem Meldorfer Besitztum Burgstraße 1), beim für Dithmarschen und Steinburg zuständigen und dem Landvogt vorgesetzten Amtmann (Gouverneur) Heinrich de Blome, dem 1716 am Waldhorn interessierten Sohn des damaligen Amtmannes, um die königliche Genehmigung zur Durchführung einer Wolfsjagd ersucht: *„da viele Wölfe sich heute sehen und spühren lassen, welche denen Eingesessenen daselbst sowohl an ihren Schäfereyen, wie auch am übrigen Vieh, so aus Mangel an Fourage schon aufs Feld jagen müssen, vielen Schaden thäten."*

In Folge der extrem strengen Winter 1739 und 1740 nimmt die Wolfsplage ernste Ausmaße an. Die Kirchspielvögte der Landschaft Süderdithmarschen werden, in Ergänzung der ohnehin jeden September auf jeweils eine Woche erfolgenden ordentlichen Besetzjagden auf Hase und Fuchs, aufgefordert, „die zu einer Wolfsjagd erforderliche Mannschaft" beim Hegereuter Jacob Möller in „Heldenborn", also im Waldgebiet vor der Nordhastedter Haustür, zur Verfügung zu stellen. Die Kirchspielvögte müssen hierzu Jagdregister aufstellen, in denen vermerkt wird, welche „qualifizierten" Untertanen als Treiber erscheinen und welche Anzahl Pferde und zusätzliche Wagen aus dem jeweiligen Kirchspiel für den umfangreichen Jagdtross zur Verfügung gestellt werden müssen. Doch die Dithmarscher scheinen diesbezüglich, auch knapp 200 Jahre nach der Unterwerfung unter die holsteinischen Herzöge, ihre Untertanenpflichten noch höchst eigen zu interpretieren. Mit schöner Regelmäßigkeit kommen sie diesen abverlangten Unterstützungen nicht oder wenigstens nicht genügend nach, da sich zahlreiche Dokumente in diesem Zusammenhang mit verhängten Brüchen (Strafen) beschäftigen[82]. Deren Eintreibung gehört ebenfalls zu den undankbaren Aufgaben der Kirchspielvögte. Im Jahr 1734 wird ein Vorfall aktenkundig, nach dem von 124 Verpflichteten des Kirchspiels Barlt zur angesetzten ordentlichen Besetzjagd kein einziger erscheint. Auch die Beteiligung der anderen Kirchspiele liegt häufig deutlich unter dem Geforderten. In der Folge werden den Bauerngevollmächtigten persönliche hohe „Brüchen" für den Fall angedroht, dass sich eine solche Missachtung wiederholen sollte.

Die relative Beschaulichkeit des kleinen Kirchspiels Nordhastedt wird an den verordneten Jagdgemeinschaften deutlich[83]. Johanns Großvater Marx Harders muss für die Süderdithmarscher Besetzjagd des September 1738 nur einen der insgesamt 55 geforderten Wagen und nur zwei der insgesamt 187 abverlangten Vorspann-Pferde zur Verfügung stellen. Ohnehin ist auffällig, dass die Marschkirchspiele, in denen, einem Bericht des Wesselburener Pastors Heinrich Wolf aus dem Jahre 1789 zufolge, *„jeder Hausmann sich mit der Pferdezucht beschäftige"*, gegenüber der Geest den weit überwiegenden Teil der Kontingente zu stellen haben. Bei den Wolfsjagden vor der eigenen Haustür der Jahre

1740 und 1741 werden die Nordhastedter allerdings in erheblichem Umfang als Treiber eingesetzt und versammeln sich offensichtlich, angesichts fehlender Brücheverzeichnisse, wie verordnet beim Hegereuter Jacob Möller in Hollenborn. Die Beteiligung an den befohlenen Wolfsjagden liegt allerdings im höchst eigenen Interesse, da privates Jagen in diesen Jahren noch streng verboten ist. Bereits das Halten von „Wind-, Schieß- und Vorstehhunden" ist den Dithmarscher Untertanen noch untersagt. Erst 1780 erhält die Landschaft Süderdithmarschen die hoheitliche Konzession zur Ober- und Unterjagd übertragen.

Wolfsjagd im 17. Jahrhundert

Doch auch zu Lebzeiten des Johann Harders werden noch vereinzelt Wölfe in Dithmarschen gesichtet und erlegt. Wenige Wochen nach Johanns Geburt berichtet am 21. November 1748 der Albersdorfer Kirchspielvogt Jebens[84] an den Landvogt Eggers in Meldorf, dass noch vor zwei Jahren vom Hegereuter Jacob Möller ein alter Wolf erschossen worden sei. Am 10. Mai 1749 muss Jebens erneut Meldung machen, dass in der Nacht auf Donnerstag der Woche ein Wolf in Osterrade und später in Wennbüttel mehrere Tiere, unter anderem auch „Füllen im Stall", getötet und erheblich angefressen habe. Wenige Wochen später kann der Hegereuter Möller am 20. Juni vermelden, dass er wiederum einen alten Wolf erlegt habe. Noch im Mai 1797 kommt es im Kirchspiel Albersdorf zu einer weiteren

Wolfssichtung. Dieses Mal ist es Johann Harders selbst, der hiervon dem Meldorfer Landvogt Bericht erstattet. Er ist zu dieser Zeit, wie wir noch genauer erfahren werden, zusätzlich auch im benachbarten Kirchspiel Albersdorf als Interimsvogt eingesetzt und schreibt[85]: *„Ein Wolf der sich in der Gegend von Schillrade, Süder- und Oesterrade hat sehen lassen, soll einiges Vieh dorten auf der Weide Schaden gethan haben. Um ihn zu verscheuchen oder zu erlegen, hat man eine Jagd von den benachbarten Eingesessenen erstellen lassen, aber bei so bösem Wetter, ist er nicht gefunden worden. Vermuthlich streift er allenthalben herum, und kann schon in den benachbarten Kirchspielen sich aufhalten. Damit man ihm habhaft werden mögte, so wäre wol nötig, daß die benachbarten Kirchspiele zusammen kerten, um eine Wolfs-Jagd anstellen zu können. Man erzälte mir gestern, wie ich von Albersdorf zurückkam, daß drey Wölfe hier gegenwärtig seyn solten. Ich ermangele also nicht Ew. Hochwohlgeboren dieses zu dero Verfügung ganz gehorsamst zu berichten. Nordhastedt, den 8. May 1797"*

Auch in diesem Sommer des Jahres 1797 ist es also nach wie vor keine Besonderheit, dass sich gelegentlich einer oder sogar mehrere Wölfe auf dem Dithmarscher Geestrücken aufhalten. In Bearbeitung des Informationsschreibens leitet der Landvogt Boie die Nachricht unmittelbar an alle Vögte der Geestkirchspiele weiter und regt gemäß eines erhaltenen Briefentwurfs an, dass man sich künftig umgehend direkt untereinander informieren solle, *„damit als dann die Erlegung dieses Thiers falls es erforderlich ist, gemeinschaftlich* (nachträglich durch ihn selbst ergänzt*: durch anzustellende Treib oder Klopf-Jagden) bewürkt werden kann."*

Mühlenwirtschaft als familiäres Band

Der junge Johann Harders wird die familiären Bande schätzen, die ihn, wie bei seinen Paten deutlich geworden, in nachhaltigen Kontakt sowohl mit der Holz-, Wald- als auch der Mühlenwirtschaft bringen, zumal sie, in wahrscheinlich nicht unerheblichem Maße, die Vermögenslage der eigenen Familie in Nordhastedt befördern. In späteren Jahren ist auch der Kontakt zu seinen ebenfalls das Müllerhandwerk ergreifenden Cousins sehr wahrscheinlich. Der am 23. Mai 1769 auf Neumühlen geborene, also zwanzig Jahre jüngere Vetter Peter Behrens übernimmt in den 1790er Jahren von Großvater und Vater Johann Behrens die 1747 erstmals von der Familie bezogene neue Mühle in Schenefeld und dessen älterer Bruder Claus erwirbt im Juni 1775 für einige Jahre die Mühle in Pahlen an der Eider. Johanns jüngerer Bruder Marx Harders wird in späteren Jahren in zweiter Ehe ebenfalls in eine sehr bekannte Heider Müllerfamilie einheiraten. Einer seiner Söhne, Johann Conrad

Harders, wird mit seinen Nachkommen zahlreiche Mühlen u.a. in Heide, Meldorf und bei Brunsbüttel betreiben.

Diese gelebten frühen Verbindungen zur Mühlenwirtschaft schließen für den jungen Johann Harders auch die erwähnten Kontakte zur Familie seines Patenonkels Marx Schelhorn in Schafstedt ein. Bei dessen Tod am 20. Januar 1789 hat der Sohn Johann Schillhorn, das Patenkind des Nordhastedter Kirchspielvogts Claus Harders, längst die dortige Wassermühle gepachtet, die er mit einem zehnjährigen Pachtvertrag bis 1794 bewirtschaftet. Nach dem Tod seines Vaters Marx 1789 und seines dessen Geschäfte zunächst übernehmenden, zwei Jahre jüngeren Bruders Marx Schillhorn, der kurz darauf im November des Folgejahres 1790 als Junggeselle verstirbt, rückt für den zum Kirchspielvogt Johann Harders gleichaltrigen Cousin 2. Grades und Wassermüller Johann Schillhorn aber zunehmend die väterliche Essigbrauerei ins Zentrum seiner eigenen Aktivitäten, so dass er sich 1794 nicht um eine Verlängerung des Pachtvertrages der Mühle bemüht. Aber auch dem Essiggeschäft hält Johann Schillhorn nicht allzu lang die alleinige Treue. 1803 wird er als Krugwirt in Schafstedt genannt.

Die zunehmende Abkehr der Schillhorns vom reinen Mühlengeschäft und eine im Zeitablauf immer mehr auseinanderdriftende Entwicklung der wirtschaftlichen Verhältnisse der Familien könnten in dieser Generation dafür sorgen, dass die Kontakte des Nordhastedter Adjunkten und späteren Vogt Johann Harders, spätestens nach dem Tod des Patenonkels, der für einen weiteren späteren Sohn Hans Hinrich im Jahre 1754 auch noch den in Schafstedt lebenden, späteren Albersdorfer Kirchspielvogt Peter Bendix Hedde als Paten gewinnen konnte, merklich zurückgehen. Weder die zahlreichen Kinder des Johann Schillhorn, die später vorwiegend als Tagelöhner und Insten genannt sind, noch die Familien der anderen Kinder des Marx Schelhorn (u.a. Hans Hinrich als Kätner und Leinweber) entsprechen mit ihrem gesellschaftlichen und wirtschaftlichen Status dem üblichen Freundes- und Bekanntenkreis der Nordhastedter Familie oder dem des Vaters Marx Schelhorn. Fast zwangsläufig lassen sich auch in der Folge keine weiteren Patenschaften oder sonstige Beziehungen mehr identifizieren.

Landesgevollmächtigte – das Netzwerk des Vaters

Weitere früh prägende und nachhaltige Bekanntschaften werden sich dagegen über die väterliche Verwandtschaft und deren Bezüge zur Süderdithmarscher Kommunalverwaltung ergeben. Ein für einige Jahre enger Vertrauter des Vaters ist der einflussreiche und bereits in Bezug auf seine Verbindungen zum Landesgevollmächtigten Jacobsen in Busenwurth genannte Hausmann und Landesgevollmächtigte in Sarzbüttel, Hans Thiessen (1714-1765). Mit diesem Mann seiner Cousine, wie seine Mutter eine geborene Thedens aus Odderade, sitzt Claus Harders 1761-1765 gemeinsam in den Landesversammlungen. Zudem gibt es in den frühen Jahren eine auch wirtschaftliche Verbindung Hans Thiessens nach Nordhastedt, die einen engeren Kontakt zu den Vögten Harders sehr wahrscheinlich macht, über die in Kapitel 4 berichtet werden soll. Hans Thiessens zahlreiche Nachkommen, allesamt Vettern 2. Grades zu Johann Harders, sitzen später nicht nur als Großbauern in Sarzbüttel (Claus Thiessen, geboren 1744, zunächst in Sarzbüttel), sondern auch als Gastwirte in Albersdorf (Claus, später in Albersdorf), Hausmänner in Lieth (Thede Thiessen 1742-1778) und Wennbüttel (Peter Thiessen 1749-1807) sowie Branntweinbrenner in Meldorf (Hans Thiessen d.J. 1737-1780).

Ein ebenfalls Vertrauter und indirekt Verwandter des Vaters Claus Harders ist der zu diesem zehn Jahre jüngere Nordhastedter Henning Schlüter d.J. (1721-1803), Sohn des gleichnamigen Landesgevollmächtigten Henning Schlüter d.Ä. in Nordhastedt (1682-1742), dessen Stiefmutter Trienke (1703-1767) ebenfalls eine Thedens aus Odderade und eine Cousine zu Claus Harders ist. Henning Schlüter d.J. von 1721 ist also ein Stiefneffe 2. Grades zu Claus Harders. Eine Halbschwester dieses Henning Schlüter und damit echte Nichte 2. Grades, Antje, wird vom frisch berufenen Kirchspielvogt Claus Harders bei der Geburt seiner ersten Tochter im Jahre 1744 als 18-jährige Taufpatin eingesetzt. Eine bemerkenswerte Einsetzung, die die persönliche Nähe der beiden Familie unterstreicht. Später lebt diese Antje Schlüter als verheiratete Rohde in Fiel. „Neffe" Henning Schlüter d.J., Halbbruder zu Antje Schlüter, heiratet in Nordhastedt ein Jahr nach Claus Harders, verzieht danach aber auf den Hof seines Schwiegervaters Peter Groth (1682-1764), seines Zeichens Landesgevollmächtigter in Thalingburen. Der in Nordhastedt als Sohn eines Landesgevollmächtigten geborene Schlüter Junior wird diese Funktion in späteren Jahren von seinem Schwiegervater übernehmen und so als „Vetter" 2. Grades zu Johann Harders viele Jahre ebenfalls gemeinsam in den Meldorfer Landesversammlungen sitzen.

Einen weiteren sehr frühen und intensiven Kontakt erhält Johann Harders auch zum langjährigen Wegbegleiter seines Vaters, dem Nordhastedter Landesgevollmächtigten Marx Marxen (ca. 1714-1791), der von 1749 an das Amt über 40 Jahre, bis kurz vor seinem Tod im Sommer 1791, hinein bekleiden wird. Von den ersten Amtsgeschäften an wird Johann Harders mit dieser örtlichen „Institution", der ersten und lautesten Stimme der Bauern und einem der engsten Vertrauten seines Vaters, in intensivem Kontakt stehen, sowohl über die Jahre als Adjunkt als auch noch in den späteren Jahren seiner eigenen Amtsführung. Muss es noch erwähnt werden? Auch der Landesgevollmächtigte Marxen ist mit den Vögten Harders verschwägert, denn auch dessen erste, früh versterbende Frau Gretje, eine geborene Duncker aus Odderade, hat Thedens-Vorfahren. Sie ist eine weitere der vielen Nichten 2. Grades des Kirchspielvogts Claus Harders. Marxens Vorgänger im Amt und noch einige Jahre im beruflichen Kontakt mit Claus Harders – u.a. bürgt er 1746 bei dessen Amtsübernahme selbstschuldnerisch für die zu stellende Kaution - ist der zu Jahresanfang 1749 als 53-Jähriger verstorbene Landesgevollmächtigte Christian Probst, Sohn des gleichnamigen Nordhastedter Pastors Christian Probst (1654-1736) Koldenbüttler Herkunft, der zunächst von 1697-1707 das zu dieser Zeit noch eigenständige Amt eines hauptamtlichen zweiten Pastors („Diaconus") ausübt, um dann von 1707 (Einstellung des Nordhastedter Diakonats) bis zu seinem Tod 1736 das Amt des Pastoren der Nordhastedter Katharinen-Gemeinde zu übernehmen.

Familienverbindungen nach Fahrstedt

Ob in den frühen Jahren des Johann Harders darüber hinaus engere Kontakte ins Marner Kirchspiel bestehen, ist nicht belegt, aber sehr wahrscheinlich. Johanns Tante Catharina Harders, Trienke genannt (1717-1770), die fast sieben Jahre jüngere und einzige Schwester seines Vaters, hat bereits 1742 nach Fahrstedt geheiratet. Bei ihr lebt auch einige Zeit der sich in Nordhastedt vermutlich nach dem Tod des Vaters Marx Harders unerwünscht fühlende Bruder Marx bis zum frühen Tod ihres Mannes im Mai 1747. Ihr Mann Jacob Wilckens (1700-1747), ebenfalls Enkel eines dortigen vormaligen und gleichnamigen Kirchspielvogts (1616-1677) und einer Margaretha Harders, aus deren Familie der Nordhusener Löwenhof im 16. Jahrhundert stammt - ihr Großvater Frenz Harders stirbt 1598 als damaliger Besitzer und ebenfalls Kirchspielvogt -, stirbt zwar nach fünf Ehejahren und sie ist zügig wiederverheiratet mit einem Johann Jacobsen in Kattrepel, aber ein Sohn Boje Wilckens aus der ersten Ehe, somit ebenfalls ein Vetter des Johann Harders in Nordhastedt, ist noch bis zu seinem frühen Tod im März 1784, als namhafter Bierbrauer in Marne bekannt.

Selbst wenn diese Verbindungen nach Marne keinen Einfluss mehr auf die erlebten Beziehungen des jungen Johann Harders haben sollten, so dürften sie doch mindestens einen weiteren deutlichen Hinweis auf die entsprechenden Wurzeln seiner Familie im südlichsten Dithmarschen geben. Welch lebendiges Familienbewusstsein, selbst für entferntere Zusammenhänge, sich die Dithmarscher Familien noch im 18. Jahrhundert bewahren, wird ein späterer Brief des Johann Harders zeigen[86], auf den wir im entsprechenden Kontext nochmals zurückkommen werden, in dem er die Verwandtschaft zu der „im vierten Grade verwandten" Frau eines Diakons Thomas Petersen aus Büsum anzeigt. Deren Verbindung zur Nordhastedter Kirchspielvogt-Familie aufzuschlüsseln, dürfte uns, angesichts für diese frühen Zeiträume fehlender Kirchenbücher, ohne glücklichste Zufallsfunde heute aber wohl nicht mehr möglich sein. Belegt ist aber eindrucksvoll, in welch umfassendem Verständnis familiäre Verbundenheit wahrgenommen und noch gelebt wird.

All diese Kontakte werden neben dem sich verstärkenden Tagesgeschäft als Adjunkt seines Vaters den mit über 30 Jahren gar nicht mehr so jungen Familienvater Johann Harders bis in die immer mehr Eigenständigkeit bringenden 1780er Jahre hinein prägen und könnten früh erste eigene berufliche und kommunalpolitische Netzwerke begründen.

Kapitel 2

Amt und Familie (1781-1806)

„Ich habe nämlich die Ueberzeugung, … daß überhaupt Gehorsam und Unterwerfung unter die bestehende Ordnung in der Welt mit allen ihren Mängeln besser als raissonement und Trotz und so wohl für den einzelnen als für das Allgemeine bei weitem das geringere Uebel sei…"

(Matthias Claudius (1740-1815), holsteinischer Dichter und Journalist, aus einem Brief an den ihn protegierenden Grafen Schimmelmann im Jahre 1800)

„Die Freiheit eines Volkes beruht ungleich stärker auf seiner Verwaltung als auf seiner Verfassung"

(Barthold Georg Niebuhr (1776-1831), in Meldorf aufgewachsener Historiker und zunächst dänischer, später preußischer Staatsbediensteter)

Mit Beginn des Kalenderjahrs 1781 startet der jung verheiratete, 32-jährige Hausmann Johann Harders, an der Seite seines Vaters, als adjungierter Kirchspielvogt seine Beamtenkarriere im Kirchspiel Nordhastedt. Während der Vater Claus noch über Jahre viele der Schreibarbeiten erledigt, wird Johann mit Beginn dieses Jahres sowohl im Kirchspiel als auch in der Süderdithmarscher Landschaft das neue Gesicht des Amtes. Er ist aufgrund der Schwerhörigkeit seines Vaters immer dann zur Stelle, wenn in kleinerer oder größerer Runde neben den alltäglichen Verrichtungen im Kirchspiel die regelmäßigen Sitzungen von Landesversammlung und Gericht in Meldorf anstehen.

Aus der am Dienstag, den 26. Oktober 1779, in der frisch renovierten Nordhastedter Katharinen-Kirche vollzogenen und sowohl im Kirchenbuch Nordhastedts als auch Meldorfs verzeichneten Ehe des hierbei ein gutes Jahr noch vor seiner Berufung zum Adjunkten stehenden und deshalb „nur" als Junggesellen bezeichneten Johann Harders mit der erst 19-jährigen Dorothea gerufenen Braut entspringen neben einem Sohn und einer Tochter, die bereits als Kleinkinder versterben, im Laufe der nächsten Ehejahre zwei weitere Töchter, die noch in der späteren Volkszählung im Februar 1803 im gemeinsamen Haushalt des Johann Harders mit seiner zu diesem Zeitpunkt zweiten Frau aufgeführt werden. Bei der Taufe dieser Töchter im Sommer 1784 bzw. 1785 wird Johann Harders auch in den Kirchenbüchern erstmals als "Kirchspielsvogt adjuncti" bezeichnet. Die jüngere Tochter Dorothea Magdalena stirbt später unverheiratet mit 26 Jahren in Nordhastedt im väterlichen Haushalt ebenfalls, wie ihre Mutter, "vor der Zeit". Über das weitere Schicksal der älteren lebenden Tochter von 1803 aus dieser ersten Ehe, Anna Margaretha, ist dagegen nichts bekannt. Ihre Spur verliert sich auf mysteriöse Weise. Sie lebt noch 1803, scheint aber ebenfalls vor ihrem Vater, aber nicht in Nordhastedt und wohl unverheiratet zu versterben.

1782 – eine drohende Hungersnot und die Influenza

Einen ersten genaueren Blick auf das eheliche, als auch berufliche Leben des Johann Harders können wir bereits in das zweite Amtsjahr 1782 werfen. Im Spätsommer ist der fast 34-jährige Johann Harders seit gut eineinhalb Jahren als Adjunkt seines Vaters tätig, aber wohl in diesen Tagen in erster Linie mit den Hofarbeiten beschäftigt. Die anstehende Ernte treibt auch den Nordhastedter Bauern ordentlich den Schweiß auf die Stirn, allerdings mehr aus Sorge, denn der Witterung geschuldet. Nachdem schon die Herbstsaat des Vorjahres durch extreme Nässe kaum gediehen ist, steht auch die Sommersaat auf der Geest nicht besonders gut. August und September sind nach einem ohnehin zu feuchten Sommer total verregnet und bedrohen weite Teile des Feldertrages. Viele Marschwege sind bereits im Spätsommer, wie sonst erst ab Spätherbst üblich, kaum noch befahrbar. Aus Sorge vor einer nach 1771 erneuten Hungersnot im Gesamtstaat - damals waren vor allem im Kernland Dänemark, weniger in den Herzogtümern, wetterbedingt dramatische Ernteausfälle zu verzeichnen gewesen - sind die Amtmänner und Vögte im Herzogtum Holstein zur Abgabe von außerordentlichen Zustandsberichten zur Erntesituation aufgefordert. Per Ende September erwartet der seit dem Vorjahr in Meldorf neu amtierende Landvogt Boie die detaillierten Meldungen aus den einzelnen Kirchspielen zur Weiterleitung an die Glückstädter Kanzlei. Johann Harders wird seinen schwerhörigen Vater bei den zu führenden Gesprächen mit den Bauerschaften des Kirchspiels zwangsläufig unterstützen müssen, obwohl ihm eigentlich überhaupt nicht danach ist.

Im Frühjahr dieses Jahres ist seine erste Tochter Wiebke Cathrin am 20. April 1782, wenige Wochen vor ihrem ersten Geburtstag verstorben. Sehr wahrscheinlich gehört sie zu den vielen Opfern einer der ersten gut dokumentierten globalen Influenza-Pandemien, die in diesem Jahr 1782 als „Schnuppenfieber", „Blitzkatarrh" oder auch „russische Krankheit" bezeichnet, ganz Europa heimsucht[87]. Nachdem bereits Anfang April, am Freitag nach Ostern, in Osterwohld ein 8-jähriger Sohn des Hausmanns Hinrich Lütjens zu Tode gekommen ist, kommt es in den folgenden April-Tagen des Jahres 1782 zu einer sehr auffälligen Häufung von Todesfällen im kleinen Kirchspiel.

Nach dem Tod der an der Landstraße nach Heide in einer kleinen Kate wohnenden 69-jährigen Witwe Margaretha des einstigen Ortsschusters Claus Diener d.Ä. (1698-1779) am 15. April, stirbt vier Tage später deren 26-jähriger Sohn Hans Hinrich und am folgenden Tag auch die kleine Tochter des Kirchspielvogts. Im Juni des Jahres folgen dann nochmals in einer zweiten Welle bemerkenswerte acht weitere Todesfälle. Ausgebrochen ist die Influenza bereits 1780 in Südostasien. Von dort verbreitet sie sich 1781 sowohl nach Nordamerika, als auch über Sibirien nach Russland. Im Dezember 1781 wird sie in Moskau nachgewiesen, Ende Januar 1782 sind in St. Petersburg bereits 40.000 Menschen infiziert.

Die Grippe verbreitet sich von hier in den folgenden Wochen auch nach Mittel- und Westeuropa. Die mit Heiserkeit, klingendem Husten, Schmerzen in der Brust und Luftröhre und einer schnellen Entkräftung sowie allgemeiner Ermattung einhergehende fiebrige Krankheit weitet sich mit ungeheurer Geschwindigkeit auf dem dichter besiedelten westeuropäischen Kontinent aus und erreicht bereits im März Norddeutschland, um im April auch auf die dänischen Inseln überzugreifen. Hamburg ist im Mai stark betroffen, aber auch in Holstein sind in diesem Frühjahr viele Tote, vor allem bei den schwächeren Kindern und Alten zu verzeichnen. Vermutlich werden viele andere Nordhastedter, auch im Hause Harders, in diesem Frühjahr von der Influenza befallen und brauchen Wochen, manche Monate, um wieder halbwegs zu Kräften zu kommen. Erst vor wenigen Tagen hat nun im Spätsommer 1782 seine Frau Dorothea dem mit Ernte und Ernteberichten beschäftigten Hausmann und Adjunkten Johann Harders mitgeteilt, dass sie wieder in anderen Umständen ist und ein zweites Kind, wohl zu Ostern 1783, auf die Welt bringen wird.

Die gemeinsam erhobene und vom Vater anschließend protokollierte Bewertung der Erntesituation in Nordhastedt wird ergeben, dass die immer noch grippegeschwächten Bauern im Kirchspiel über alles zwar ein nur mäßiges, aber kein katastrophales Getreidejahr erwarten. Allein Erbsen und Bohnen machen erhebliche Sorgen, wenn Anfang Oktober nicht endlich Trockenheit einsetzt. Landvogt Boie wird später in seinem Gesamtbericht für Süderdithmarschen[88] vom 9. Oktober 1782 nach Glückstadt und Kopenhagen weiterleiten, dass aufgrund vor allem der besseren Situation des Sommerkorns der Marschkirchspiele *"ein Mangel an einer oder anderen Getraide-Art nicht zu befürchten ist, da in dieser Landschaft der Kornbau ganz vorzüglich den Landmann beschäftigt, und mithin leicht so viel gebauet wird, als die Bedürfnisse hieselbst erfordern."* Einschränkend ergänzt er aber, dass von der Rapssaat nichts zu erwarten sei und das Korn nur wenig Strohfang liefere. Insgesamt bleibt das Herzogtum Holstein trotz nur mäßiger Ernten, angesichts einer in diesem Oktober endlich einsetzenden gnädigen trockeneren Witterung, neben der Influenza von einer allgemeinen Hungersnot verschont, wenngleich die traditionell hohen Exportüberschüsse der Marsch in diesem Jahr kleiner als üblich ausfallen dürften.

Hehrrauch und viel Schnee

Nur wenige Wochen später schicken die Gebrüder Montgolfier im weit entfernten Frankreich in diesem Herbst erstmals erfolgreich einen Heißluftballon in die Höhe. Im November des Folgejahres 1783 beginnt die Menschheit mit der Eroberung der Luft durch eine erste, nun auch bemannte Ballonfahrt. Die Nachrichten über das Ereignis verbreiten sich mit noch schnellerer Geschwindigkeit als die Grippe des Vorjahres in ganz Europa und werden auch viele Dithmarscher in ungläubiges Staunen versetzen. Gerade ist der Sommer 1783, der des „Hehrrauchs" (auch Höhenrauch), der die Menschen auch in Holstein ängstigt, zu Ende gegangen.

Ausgelöst durch Vulkanausbrüche in Sizilien im Februar und insbesondere den isländischen Eldeyjar im Mai sowie den benachbarten Laki, der beginnend am 8. Juni 1783 bis in den Februar 1784 hinein über acht Monate hinweg eruptiert, zeigt sich in Europa durch die gewaltigen Aschemassen in der Atmosphäre - u.a. geschätzte 120 Millionen Tonnen Schwefeldioxid - über den gesamten, zudem besonderes trockenen Sommer hinweg ein als dick und trocken beschriebener Hochnebel. Dieser ist so intensiv, dass er für Wochen das Sonnenlicht und damit auch die Stimmung der Menschen in einem ganz besonderen Maße beeinflusst. Eine zeitgenössische Schilderung aus Holstein lautet[89]: *„Schon vom 24sten May an nahm jener Hehrrauch den untern Theil der Athmosphäre ein, und die Sonne erschien bereits gelb oder roth und ohne Glanz vom 20sten Grad der Höhe bis zu ihrem Untergange."* In einem Plöner Tagebuch dieser Jahre ist weiter zu lesen[90]: *„Anno 1783 im Sommer hatten wir allhier eine gewaltige Dürrniß, von Ostern bis nach Johannis fast keinen Regen, und im Julimonat in den letzten Tagen einen großen Nebel, der über zehn Tage stand, so daß die Sonne ihren Glanz verlor und des Morgens und Abends ganz roth und* *betrübt am Himmel stand ; und in demselben Monat von dem 24. auf den 25. fiel ein starker Thau, der das Getreide am Sommerkorn ganz beschädigte. Ja, es war so gelb, daß es schien, als wollte Gott uns umkommen lassen. Aber durch Gottes Hand ist es wieder gebessert und alles gut geworden."* Schweren Schaden nehmen anscheinend in diesem Jahr in Holstein vor allem Obstbäume, die teilweise alle Blätter verlieren, als auch Gemüse und Gartenfrüchte. Durch die seit dem Frühsommer durch die Vulkanasche des Hehrrauchs belegten Blütenstände wird auch ein Massensterben von Bienenvölkern ausgelöst, das nach erhaltenen Journalen eines Flensburger Kaufmanns[91] den Handel mit Honig und Met noch Ende September stark hemmt, da *„.. wie die Bauern sagen, so sind wenig Immen noch im Land mehr."* Auch das Folgejahr wird noch von einer echten Honignot gezeichnet sein. Doch die kommenden Monate fallen auch für die Menschen bedrohlich aus.

Denn auch der Winter 1783/84 ist weltweit noch von den Auswirkungen der isländischen Dauereruptionen geprägt. Beginnend in der Adventszeit 1783, bis in den April 1784 hinein, halten Frost und ungeheure Schneemengen den deutschen Norden in diesem „vulkanischen Winter" im eisigen Griff. Über weite Teile sind die ländlichen Gebiete Holsteins durch nicht passierbare Wege angesichts ungeheurer Schneemassen wochenlang von der Außenwelt abgeschnitten. Selbst der große Plöner See ist von Fastnacht an bis Ende April mit einer über einen halben Meter dicken Eisschicht bedeckt, so dass auch mehrspännige Fuhrwerke ihn gefahrlos befahren können. In Dithmarschen ist belegt, dass viele Amtstermine der Meldorfer Würdenträger Landvogt und Propst in den südlicheren Kirchspielen Süderdithmarschens in diesen Wintermonaten wegen der teils katastrophalen Schneesituation ausfallen müssen. Als krönendes Finale des seit Menschengedenken schlimmsten Winters kommt am Sonnabend des 24. April 1784, knapp vierzehn Tage nach dem noch im eisigen Griff des Winters verbrachten Osterfest, auch noch ein übler Orkan über die Westküste.

Am Barsflether Deich sterben zwei Brüder namens Kock aus St. Margarethen, die mit ihrem Boot auf den Deich geworfen werden und dort ihren schweren Verletzungen erliegen[92].
In Meldorf entstehen an einigen Häusern erhebliche Schäden, u.a. an dem des Hans Göttsche im Geerviertel, des Claus Lucht und des Hinrich Beckmann im Klosterviertel und einer gerade im Aufbau befindlichen Bockmühle des aus Perleberg zugewanderten Friedrich August Buchholtz (1746-1788) in der Süderstraße (westliche Burgviertel-Seite), die dann, kurz unterhalb des heutigen Albersberg gelegen, für einige wenige Jahre (wohl bis 1799) neben Südermühle und Mittelster Mühle der dritte und nördlichste Mahlbetrieb an diesem Straßenzug wird. Seinen Höhepunkt erreicht der warmwindige Sturm, der das Eis des Plöner Sees nach Wochen endlich aufbricht und auch in den Elbmarschen zahlreiche Häuser, Scheunen und Bäume umwirft, zwischen 12 und 1 Uhr zur Mittagsstunde. Noch in der Nacht vom 1. auf den 2. Mai 1784 stürzt in Meldorfs Norderviertel die kleine Kate eines

Johann Severin im Breiten Weg ein, die sich nach den Sturmschäden nur noch wenige Tage hat halten können[93]. Der Wesselburener Pastor Heinrich Wolf berichtet später, in seinem Norderdithmarscher Kirchspiel seien 41 Häuser und Ställe beschädigt, zum Teil umgestürzt und viel Vieh erschlagen worden. Den Gesamtschaden allein in Wesselburen beziffert er auf 14.400 Mark Courant. *„Kein Mensch in unserer Gegend hat solch fürchterliches Toben des Windes erlebt",* wird in einem Plöner Tagebuch an diesem Tag festgehalten. Noch Anfang Mai 1784 liegt in der Elbmarsch, trotz der mit dem Sturm einsetzenden wärmeren Witterung, vereinzelt zur Gerstensaat noch eine Handbreit Schnee auf den Feldern. Anfang des Folgejahres setzt der dänische König eine Kommission ein, die möglichst schnell auch die Folgen für das in weiten Teilen durch den gewaltigen Vulkanausbruch besonders geschädigte und zum Gesamtstaat gehörende Island beseitigen soll. Als deren ruhmreicher Sekretär wird im Übrigen mit Christian Ulrich Detlev Eggers (1758-1813) ein Neffe des kinderlosen und nun emeritierten Landvogts Eggers eingesetzt, der in jungen Jahren auch einige Zeit zur Ausbildung bei seinem vielseitig gebildeten Onkel in Meldorf verbringt.

Teile der modernen Geschichtswissenschaft bewerten die mittelfristigen Folgen des Vulkanausbruchs von 1783 besonders hoch. Die klimatischen Konsequenzen der isländischen Dauereruptionen werden auf mehrere Jahre die Durchschnittstemperaturen in weiten Teilen Mitteleuropas innerhalb einer ohnehin langfristig zu beobachtenden „kleinen Eiszeit" nochmals deutlich herabsenken. Auch noch der norddeutsche Sommer 1785 wird als außergewöhnlich schlecht, nass und kalt beschrieben. Die mehrjährig ausgelösten Hungerfolgen werden u.a. in Frankreich einen wesentlichen Nährboden für eine immer weiter steigende Unzufriedenheit weiter Teile der Landbevölkerung bilden und somit fast unmittelbar sechs Jahre später die weltverändernden umstürzlerischen Prozesse der Französischen Revolution mit verursachen. *„Und von da an kamen schlechte Zeiten und es war alles sehr teuer",* beschreibt der Plöner Mauermeister Heinrich Christian Struck die auf den vulkanischen Winter folgenden Jahre im Holsteinischen. Johann Harders erlebt den endlos erscheinenden Winter 1784 und den ihn schließlich beiseite fegenden Sturm nach zwei Kindstoden im fünften Ehejahr noch immer ohne lebenden Nachwuchs auf dem heimischen Hof in Nordhastedt, doch seine Frau ist erneut in anderen Umständen und wird zum Sommer ein drittes Kind, die bereits genannte Tochter Anna Margaretha, zur Welt bringen.

Komplizierte Pastorenwahl in Nordhastedt 1786

Knapp eineinhalb Jahre später ist Johann Harders als Vater der zwei genannten späten Töchter dieser ersten Ehe immer stärker auch in den Schriftverkehr der Vogtei eingebunden, als der langjährige Nordhastedter Seelsorger Peter Hermann Karstens, sein Tauf-

und Traupastor, zum Jahresende 1785 beantragt, von seinem Amt zum 1. Mai 1786 zurücktreten zu dürfen. Pastor Karstens ist als Sohn des vormaligen Landesgevollmächtigten Reimer Karstens im Kirchspiel geboren, zunächst als Candidatus theologicae in Ammerswurth tätig und zu Cantate, am Sonntag, den 26. April 1739 von der Kirchengemeinde Nordhastedt als Nachfolger des verstorbenen, von 1736-1739 als Nachfolger von Christian Probst nur kurz amtierenden Vorgängers Jacob Thomsen (1697-1739), einem Barlter Kirchspielvogt-Sohn des Andreas Thomsen, dessen Mutter Anna zu den Meldorfer Dührsens gehört, erwählt worden. Karstens hat der Kirche in Nordhastedt für fast 47 Jahre vorgestanden.

In einer unter der formalen Leitung des sich v.a. auch noch intensiv um die diversen kirchlichen Angelegenheiten kümmernden Alt-Kirchspielvogts Claus Harders stehenden Versammlung der Kirchengemeinde[94] trifft man sich am Montag des 13. März 1786 in der Katharinen-Kirche zwecks einer ersten Vorbesprechung der nötigen Neubesetzung der per Mai vakanten Pastorenstelle, nachdem Pastor Karstens die königliche Genehmigung zur Niederlegung seines Amtes erhalten hat. Schnell sind sich die Nordhastedter, mit Ausnahme der einzigen Gegenstimme des 46-jährigen Hufners Detlef Lindemann, einig, den 26-jährigen und erst im Vorjahr examinierten Theologie-Studenten Boje Claussen aus Barsfleth, Sohn des dortigen Landesgevollmächtigten Hinrich Claussen, als Nachfolger benennen zu wollen. Claussen durfte kurz zuvor, vermutlich auf Geheiß des ihn protegierenden alten Pastors Karstens, in der Nordhastedter Kirche predigen und wusste bei dieser Gelegenheit einen guten Eindruck zu machen. Der Kirchenbaumeister dieses Jahres, Michael Boljen aus Westerwohld, wird von der Versammlung beauftragt, den entsprechenden Vorschlag dem zuständigen Meldorfer Kirchen-Consistorium zu unterbreiten. Mit Schreiben vom 16. März bittet dieser folglich, den candidatus theologicae Claussen zu ihrem Pastor erwählen zu dürfen.

Allerdings fehlt der Nordhastedter Kirchengemeinde angesichts einer fast 47-jährigen Amtszeit des abgedankten Pastor Karstens das Wissen darüber, wie eine ordentliche Neubesetzung vonstatten zu gehen hat. Der Meldorfer Propst Jacob Jochims hat hiervon eine klare Vorstellung. Zumal er von mehr als besorgten Teilen der Kirchengemeinde schriftlich darüber informiert worden ist, dass man sich eine regelgerechte Pastorenwahl mit mehreren Kandidaten wünsche. Denn der bei der Vorbesprechung vom 13. März in der Katharinen-Kirche nicht anwesende Süderholmer Teil der Kirchengemeinde wittert unlautere Machenschaften. Zwanzig dortige Antragsteller wenden sich mit einem durch einen eingeschalteten Juristen M.H. Reimers verfassten Supplicandum sogar an den König, um zu erreichen, dass auch in diesem Fall die ordnungsgemäße Durchführung einer Pastorenwahl erfolge[95]. Die Formulierungen zeigen, dass noch 13 Jahre nach der

"Wiedervereinigung" von 1773 kleinere Gräben durch die durch Landschaftsgrenzen geteilte Kirchengemeinde laufen: *"…die Supplicanten machten sich die Hoffnung, daß mehrgemeldeten Kirchen-Gemeine in Ansehung der Wiederbesetzung der erledigten Prediger-Bedienung der rechtlichen Ordnung nachgehen würde; mit Befremden aber müßen sie erfahren, daß Verschiedene aus dem Kirchspiel Nordhastedte sich zusammen gethan, und ohngefähr 5 bis 6 Wahl-Interessenten, theils aus der Bauerschaft Süderholm, theils aus Benewohld an sich gezogen haben, um zwey Drittheil auszumachen, welche die Absicht hegen, einen Candidaten aus Bardesfleth, nahmens Claußen, ohne Präsentation und Wahl, zum Prediger zu vociren."*

Bereits am 22. März, nur wenige Tage später, bestätigt der Nordhastedter Kirchspielvogt Johann Harders dem Propst, dass er, als auch der örtliche Landesgevollmächtigte Marxen sowie die beiden amtierenden Kirchenbaumeister der Gemeinde selbstverständlich als Durchführende einer ordentlichen Pastorenwahl zur Verfügung stehen werden. Nachdem das zweifelhafte Vorgehen der (vermutlich weitgehend) älteren Herren unter dem Vorsitz des Vaters also gescheitert ist, übernimmt nun der Sohn das weitere Procedere, vermutlich von seinem genervten Vater nun erstmals zähneknirschend in die vordere Linie auch der kirchlichen Angelegenheiten geschoben. Schließlich geht es bei dem Vorgang auch um eine nachhaltige Weichenstellung für die Zukunft der Gemeinde. Schnell ist auch klar, wer sich hierbei zu einer Wahl stellen wird und wer nicht. Der ursprünglich erbetene Kandidat Claussen, von dem die Süderholmer Antragsteller sogar meinen, jüngst von diesem in Heide gehaltene Predigten hätten gezeigt, seine Stimme sei für die Nordhastedter Gemeinde viel zu schwach, gehört am Ende nicht zum ausgesuchten Kreis. In einem Bericht vom 15. April wird erwähnt, dass der in Meldorf geborene Claussen zwischenzeitlich von der Kirchengemeinde in Drelsdorf bei Bredstedt, wo er sich parallel ebenfalls beworben haben muss, bereits zum zukünftigen Pastor erwählt wurde. Später wird Boje Claussen (1759-1802) Pastor in Süderbrarup und Loit, bevor er nur ein Jahr vor seinem Tod als Pastor noch nach Horst gerufen wird. Eine offizielle Wahl-Ankündigung des zügig durch den Propst Jochims informierten Gouverneurs vom 1. Juni 1786 zur für den 18. Juni, dem ersten Sonntag nach Trinitatis, in der Nordhastedter Katharinen-Kirche stattfindenden ordentlichen Wahl wird in den ersten Juni-Tagen von der Nordhastedter Kirchenkanzel verkündet[96]:

"Von GOTTES Gnaden Carl Landgraf und Printz zu Heßen, Fürst zu Hersfeldt, Ihro Königl. May. zu Dännemarck, Norwegen pp., verordneter Statthalter in den Herzogtümern Schleswig Holstein, bestalter Feld-Marschall und commandierender General in Norwegen, wie auch Gouverneur der Landschaft Süderdithmarschen, des Elephanten Ordens-Ritter pp Thun kund hiermit:

Demnach Ihro Königl. May. vermöge Rescripti vom 16 May zu verfügen allergnädigst geruhet, daß nachfolgende subjecta, als:

1) der Pastor Andreas Jessen zu Windbergen

2) der Pastor Kruse zu Hemmingstedt und

3) der Diaconus Petersen zu Büsum,

der Kirchgemeine zu Nordhastedt zur Wahl eines neuen Pastors praesentiret werden sollen, und dann zu vorheriger Ablegung der Wahl-Predigten, wie auch zu der immediate (Anm.: unverzüglich) darauf vorzunehmenden Wahl, den 1ten Sonntag nach Trinitatis, als den 18ten Juny angesetzt worden, dergestalt und also, daß der Pastor Jessen die erste, der Pastor Kruse die zweite und der Diaconus Petersen die dritte Wahl-Predigt am besagten Sonntag zu halten haben, und darauf nach der letzten Wahl-Predigt sogleich die würkliche Wahl vorgenommen werde: Als wird solches hiedurch nicht allein zu jedermanns Wißenschaft gebracht, besondern es werden auch sämtliche bey der Gemeine zu Nordhastedt Eingepfarrete hiemit ermahnt, sich an diesem Tage zu Anhörung der Wahl-Predigten fleißig einzufinden, und unter Anruffung des göttlichen Nahmes, demjenigen ihre Stimme ohne alle Neben-Absichten zu geben, von welchem sie glauben und hoffen, daß er sie an ihrer Seele am meisten erbauen und ihnen mit einem gottgefälligen Tugend-Wandel und exemplarischen Leben verleuchten werde, mit der angehängten Verwarnung, daß der oder diejenige, so ein Recht zu wählen haben und sich dennoch zur Wahl nicht einfinden, selbige für diesesmahl von dem Wahl-Actu gäntzlich ausgeschlossen seyn sollen. Gottorff - aus dem Gouvernement der Landschaft Süderdithmarschen den 1ten Juny 1786"

Aus diesen Akten geht hervor, dass die Frau des letztgenannten Diaconus Thomas Petersen aus Büsum in viertem Grade mit dem Nordhastedter Kirchspielvogt Johann Harders verwandt ist. Hierauf weist der Vogt in einem Aktenvermerk an den Propst aus dem März des Jahres pflichtschuldigst hin. Weiterhin ist die Aufnahme des Windberger Pastors Jessen in den Kreis der Präsentanten nur durch Protektion des Propstes Jochims, und wohl auch „in letzter Minute", erfolgt. Jessen bedankt sich beim Meldorfer Propst hierfür in einem Schreiben vom 6. Juni wie folgt[97]:

„*Ew. Wohlgeboren haben mir auch schriftlich zuerkennen gegeben, daß Sn. Königl. Majestät allergnädigst geruhet haben, mich mit zur Wahl eines neuen Pastoris zu Nordhastedt zu praesentiren. Da ich dieses dero Erwähnung und dero Vorsprechen lediglich zu verdanken habe, so erkenne mich hiermit gegen Ew. Wohlgeboren dafür gantz ergebenst verpflichtet....*"

Über den Verlauf und das Ergebnis dieses seit 1739 ersten Wahl-Gottesdienstes in Nordhastedt berichtet das noch am gleichen Tag erstellte Protokoll[98] des den Wahl-Teil der ansonsten in kirchlicher Zuständigkeit stehenden Veranstaltung leitenden Kirchspielvogts Johann Harders.

„Actum Nordhastedt, den 18ten Junii 1786

Zufolge eines aus dem Gouvernement der Landschaft Süderdithmarschen unterm 1ten Juni abgegebenen, und dies ejusdem (Anm.: am gleichen Tag) jüngsthin hieselbst von der Kanzel verlesenen Publicandi, ist die, über die von Sr. Königlichen Majestät der hiesigen Kirchen Gemeine allergnädigst praesentierte Dorf Pastoren, als nemlich: H. Pastor Jessen, H. Pastor Kruse und H. Diaco. Petersen, zu Wiederbesetzung des hier erledigten Pastorat dieses, auf heute angesetzte Wahl, in Gegenwart des königlichen Consistorial-Raths und Kirchen-Propsten, Herrn Jochims, mit Zuziehung des Landes- und Kirchspielsgevollmächtigten, Marx Marxen und der beede p.t. (Anm.: pro tempore = zur Zeit) Kirchen-Baumeister, Michel Boljen und Hans Tomsen, von mir Eides unterschreibenen Kirchspielvoigt, auf erhaltenen gnädigsten Befehl, nachdem von Hochgedachten Herrn Consistorial-Rath und Probsten die gewöhnliche Erweckungs-Rede an die Gemeine gehalten, und damit der Gottesdienst geschlossen war, sogleich unmittelbar hierauf, in der Kirche … volzogen worden

(Anm: Es folgen die Namen der 108 anwesenden Abstimmenden aus den einzelnen Bauerschaften, davon 27 aus Süderholm, 4 aus Bennewohld, 3 aus Riese, 14 aus Osterwohld, 4 aus Westerwohld sowie 56 aus Nordhastedt, mit dem letzten Namen des Kirchspielvogts Johann Harders; sein Vater Claus ist nicht unter den Wählenden aufgeführt, da er seit 1779 grundbesitzlos sein formales Wahlrecht eingebüßt und an seinen Sohn weitergereicht hat.)

Als nun alle diejenigen, welche nach Recht und Lust zu wählen hatten, zum 1ten, 2ten und 3ten mal aufgerufen wurden, aber wieder keine sich eingefunden, so ward der eigentliche Wahl-Actus geschlossen, und zum sortieren und Nachzählen der Stimmen und Zetteln geschritten.

(Anm.: Im Unterschied zur weltlichen Kirchspielvogt-Wahl von 1780, die namentlich offen und durch Zuruf erfolgt, findet die Pastorenwahl grundsätzlich in Süderdithmarschen in geheimer Wahl statt; unter den 108 Wählenden befinden sich laut Protokoll 13 stimmberechtigte, weil grundbesitzende Witwen)

Nach Ergebung dieses Protocolli, haben in allem gestimmt 108 Personen und an Zetteln sind befunden worden

1) *mit dem Namen des Herrn Pastoris Jessen 75*
2) *mit dem Namen des Herrn Pastoris Kruse 26*
3) *mit dem Namen des Diaconis Petersen 7*
   machen 108 Stimmen

Ist also der Herr Pastor Jessen per majora zum pastore hiesiger Gemeine erwählt worden, und damit hat sich denn die ganze Handlung geendiget.
Nordhastedte, datum ut antea
J. Harders"

Mit Introduktionsbefehl vom 25. Juli 1786 bestätigt der König diese Wahl. Die Einführung des neuen Pastoren Andreas Jessen erfolgt am 13. Sonntag nach Trinitatis, dem 10. September 1786 durch den Meldorfer Kirchenpropsten Jacob Jochims in der Nordhastedter Kirchengemeinde[99]. Der sicherlich bei diesem feierlichen Akt anwesende Kirchspielvogt Johann Harders, der gerade erst vor wenigen Tagen einen ersten größeren familiären Schicksalsschlag verkraften musste, über den noch berichtet werden wird, kann zu diesem Zeitpunkt noch nicht wissen, dass der ausführlich dargestellte und von ihm selbst geleitete Vorgang auch für sein weiteres Privatleben noch eine wesentliche Bedeutung haben wird. Nach mehreren Monaten Vakanz wird zu Michaelis des Jahres 1786 jedenfalls nicht der ursprünglich von den Nordhastedtern erbetene, junge Boje Claussen, sondern der erfahrene, die letzten 25 Jahre in Windbergen tätige und bereits bestens in der Süderdithmarscher Pastorenschaft vernetzte 55-jährige Pastor Andreas Jessen seinen Dienst antreten. Seine Wahlpredigt hat bei der Gemeinde offenbar am meisten Eindruck hinterlassen.

Der zum Zeitpunkt der Wahl noch junge und gerade erst mit einer Tochter seines bis 1784 amtierenden Vorgängers Christian Friedrich Hinkelmann verheiratete Pastor Peter Kruse (1757-1826) wird bis zu seinem Tod noch 40 Jahre in der Nachbargemeinde Hemmingstedt seinen Dienst tun. Parallel zu seiner Amtsübernahme in Nordhastedt scheint Pastor Jessen aber auch noch die durch seinen zügigen Abgang frei werdende Pastorenstelle in Windbergen für noch fast ein weiteres ganzes Jahr als Verweser der dortigen Vakanz zu bekleiden und dürfte somit in den kommenden Monaten viel Zeit auf den Wegen zwischen den beiden Gemeinden verbringen, insbesondere in den Wintermonaten keine angenehme Vorstellung. Doch während Pastor Jessen bemüht ist, sich langsam in die Nordhastedter Gemeinde-Befindlichkeiten einzuarbeiten, gärt es dort längst schon wieder, auch wenn dieses Mal nicht das Verhältnis der Süderholmer zu den Nordhastedtern im Mittelpunkt steht. Ein noch das ganze nächste Jahr 1787 prägender Streit zwischen der Kirchengemeinde und dem emeritierten Pastor Karstens, der inzwischen nach Heide verzogen ist, über diesem zustehende Einkünfte aus seinem ersten Amtsjahr 1739 (!) beschäftigt noch lange die verschiedenen Instanzen bis hin zur Deutschen Kanzlei in Kopenhagen[100]. Der Inhalt des Streits, den die Kirchengemeinde im Endergebnis verliert und nach Ansicht des zur Beurteilung eingebundenen Meldorfer Propsten Jochims *„nur aus reiner Prozesslust"* zu führen scheine, mag in dieser Geschichte kaum sinnvoll weiter ausgearbeitet werden, doch scheint er mindestens den Start des neuen Pastoren Jessen, der in diesem Fall zwar nicht direkt betroffen ist, aber einen frühen Einblick in die Arbeitsweise und Denkwelt des Nordhastedter Kirchen-Collegiums erhält, keinesfalls leichter zu machen. Vielleicht ist man in Nordhastedt aber auch nur darüber erbost, dass der Emerit Karstens unmittelbar nach seiner Entlassung zum Maitag 1786 die Gemeinde verlassen hat, und in eigentlich unüblicher Weise die Interimsarbeit während der Neubesetzungsvakanz einfach seinem Albersdorfer Kollegen Johann Jacob Rink (1745-1826) hinterlassen hat.

Johann Butterbrodt auf dem Heider Wochenmarkt

Noch während der vorangegangenen Pastorenvakanz dieses wieder etwas wärmeren und trockenen, teils aber nachtkalten Sommers 1786 treten der Kirchspielvogt Johann Harders und seine Frau Dorothea nur wenige Tage nach Eingang der Bestätigung, dass der König Andreas Jessen als neuen Pastor in Nordhastedt benannt hat, einen für die junge Frau Kirchspielvogt schweren Beerdigungsgang nach Meldorf an. In aller Frühe wird dort am Freitagmorgen des 11. August die bereits am 3. August im Alter von 75 Jahren verstorbene Stiefgroßmutter Wiebke Catharina Jacobsen (1711-1786) aus Norderbusenwurth, seit 14 Jahren Witwe des ehemaligen dortigen Landesgevollmächtigten und Großvaters Jacob Jacobsen (1707-1768), ohne große Zeremonie zu Grabe getragen[101]. Noch sieben Jahre zuvor haben der Vogt und seine Frau die als Tochter des Brunsbüttler Landesgevollmächtigten Johann Peters geborene Stiefgroßmutter zur Patin ihrer erstgeborenen, aber früh gestorbenen Tochter eingesetzt und dieser den Namen Wiebke Cathrin dieser Großmutter gegeben. Mit der frühmorgendlichen Beerdigung in Meldorf werden für Johanns seit früher Kindheit verwaiste Frau Dorothea geb. Mügge die letzten Bande zu ihrer Busenwurther Familie gekappt.

Kaum von diesem traurigen Anlass zurück in Nordhastedt, schwirrt dort am unmittelbar folgenden Sonntag in den Krügen - wenige Jahre später werden in Nordhastedt derer mindestens drei genannt – der Dorftratsch von den Gerüchten über eine wahre menschliche Monstrosität. Besucher des Heider Wochenmarkts berichten von einer besonderen Attraktion. Der aus dem nahen Heiligenstedten in der Wilstermarsch stammende 56-jährige Bierbrauer und Branntweinbrenner Johann Paul Butterbrodt (1730-1793) ist am gestrigen Sonnabend, frisch zurückgekehrt von einer längeren Frankreichreise, zum Vieh- oder Pferdekauf in Heide gewesen und hat sich gegen Entgelt auf dem großen Wochenmarkt zur Schau gestellt[102]. Butterbrodt ist in diesen Tagen eine europaweite Berühmtheit.

Johann „Paul" Butterbrodt (1730-1793) aus Heiligenstedten

Am 30. April 1786 ist er auf besagter Reise in Paris hochoffiziell vermessen worden. Sein Gutsherr, der Geheimrat Otto von Blome auf dem 1769 erbauten Herrenhaus Heiligenstedten (1745-1803) und seit einiger Zeit Dänischer Gesandter am Hofe Louis XVI., hatte ihn zur Ausstellung nach Paris beordert. In französischem Maß hat er bei einer Körperlänge von fünf Fuß und zehn Zoll (1,89 Meter) einen beachtlichen Körperumfang von fünf Fuß und acht Zoll (1,84 Meter). Der Koloss bringt dabei in Paris 476 Pfund auf die

Waage. Allerdings ist Butterbrodt nach seiner Rückkehr nach Norddeutschland hierüber leicht bekümmert, hat er doch aufgrund der Reiseanstrengungen und der wenig deftigen französischen Speisen aus „Confitüren und schlickerigen Saucen" 25 Pfund verloren[103]. Zurück in Holstein muss er in diesen Tagen also ordentlich zulegen, um wieder eine zuvor gesetzte Marke von 500 Pfund zu erreichen. Er lässt sich eigens Drucke anfertigen, die als zeitgenössisches Marketing unters Volk gebracht werden und so geschäftsfördernd seine Bekanntheit steigern helfen. Er wird in einem der am Heider Markt befindlichen Gasthäuser bei einem Frühstück beobachtet, bei dem er neben einer ganzen Mettwurst drei Liter Bier und eine Flasche Kümmel verputzt. An ihn muss der deutsche Bestseller-Autor dieser Jahre, Gottfried August Bürger (1747-1794), fast unweigerlich gedacht haben, wenn er 1785 in seiner Ballade „Der Kaiser und der Abt" schreibt: „Drei Männer umspannten den Schmerbauch ihm nicht."

Es ist denkbar, dass Butterbrodt die morgendliche Mahlzeit am Rande des Heider Wochenmarktes im Hause von Johann Harders Schwager Hartwig Bracker (1750-1821) zu sich nimmt, der zu dieser Zeit am Markt 42 als Weinhändler und Gastwirt genannt wird[104]. Dessen Wirtschaft dürfte demzufolge an der Stelle Ecke Markt West/Große Westerstraße gegenüber dem Haupteingang der St. Jürgen-Kirche liegen, an der später u.a. ein früher „Heider Hof" und dann die „Marktschänke" untergebracht ist und dessen Nachfolgebau in unseren Tagen Neubaumaßnahmen weichen muss.

Nur wenige Tage nach diesem denkwürdigen sommerlichen Marktbesuch des Paul Butterbrodt in Heide stirbt dort Hartwig Brackers Ehefrau Wiebke Catharina an den Folgen einer Geburt. Die jüngste Schwester des Vogtes Johann Harders ist bei ihrem Tod am 26. August 1786 nur 32 Jahre alt und stirbt als erstes der fünf Harders-Geschwister. Sie hinterlässt bei ihrem Tod neben ihrem Mann mindestens drei Töchter, von denen die gerade erst geborene jüngste Tochter die Mutter aber nur um wenige Monate überleben wird.

Paul Butterbrodt stirbt, angesichts seines Lebenswandels erstaunlich spät, im Alter von 63 Jahren sieben Jahre später. Um seinen Sarg aus seinem Haus in Heiligenstedten schaffen zu können, müssen sogar die Türpfosten ausgebrochen werden. Noch im frühen 19. Jahrhundert ist der Name Butterbrodt deutschlandweit ein allgemein bekanntes Synonym für "Vielfraße" jeglicher Art. Ein Abbild seiner Person fertigt die in diesen Jahren noch in Paris lebende Madame Tussaud nach ihren dort erlebten Eindrücken an. Butterbrodts in Wachs modellierter Körper gehört zu den ersten gewichtigen Ausstellungsstücken, die im Kreise zahlreicher Personen der Revolutionszeit in ihrem ersten berühmten Londoner Wachsfigurenkabinett ab 1802 zu bewundern sind.

Tod der Frau und zweite Ehe

Neben dem schmerzhaften Verlust der jüngsten Schwester und der „Großmutter" seiner Frau belasten den Kirchspielvogt und Hufner Johann Harders in diesem Sommer der Nordhastedter Pastorenwahl 1786 erneut auch das Wetter. Die Hofführung verläuft für ihn, wie für viele der Dithmarscher Landmänner auf der Geest, wohl äußerst unbefriedigend. Mit Ausnahme der Marschbauern leiden alle Landwirte in den Herzogtümern erneut unter erheblichen witterungsbedingten Ernteausfällen, ähnlich wie in dem schlechten Jahr 1782. Auch der folgende Winter 1786/87 beginnt früh und droht wiederum ein harter zu werden. Bereits am 5. November 1786 kommt der erste Schnee im Gefolge eines starken Oststurms[105]. Doch ein ähnliches Winterchaos wie zwei Jahre zuvor bleibt aus.

Kontrastreicher, aber im Ergebnis nicht weniger schrecklich, als das in mehrfacher Hinsicht traurige Vorjahr zeigt sich für die Familie Harders auch das Folgejahr 1787. Trotz einer nun sehr ertragreichen und damit wirtschaftlich endlich wieder guten Saison mit besonders guten Ernten bei Raps, Hafer und Gerste, wird 1787 für den Nordhastedter Hufner und Mit-Vogt Johann Harders dennoch zu einem ganz besonders bitteren Jahr. Nur wenige Monate nach dem Tod der Schwester in Heide stirbt auch seine Ehefrau Dorothea in der Woche nach Ostern an einem echten Unglückstag, Freitag, den 13. April 1787. Nach fünf Kindsgeburten in weniger als acht Ehejahren wird sie nur 27 Jahre alt.

Nach einem schneearmen Winter und ebenfalls insgesamt sehr milden Frühjahr haben die ersten Apriltage 1787 doch noch einmal für fast zwei Wochen eine harte und rau kalte Witterung gebracht. Am Vorabend ihres Todestages hat endlich ein von den Landmännern sehnsüchtig erwarteter, mild warmer Niederschlag eingesetzt. Bei vom Regen getrübtem Licht kommen die letzten Lebensstunden seiner Frau für Johann Harders tatsächlich nicht mehr „aus heiterem Himmel". Die Todesursache ist nicht im Kirchenbuch festgehalten[106].

Ein Kindbetttod wie bei seiner Schwester, die häufigste Todesursache junger Frauen dieser Zeit, ist zwar denkbar, aber unwahrscheinlich, da weder eine zeitgleiche Geburt noch ein entsprechender Sterbefall eines Kindes verzeichnet sind. Sehr wahrscheinlich ist Dorothea Harders, geb. Mügge, eines der frühen Opfer der in den Jahren 1787 und 1788 in Süderdithmarschen verzeichneten Scharlach- und Fleckfieber-Epidemien, da an diesem „schwarzen Freitag" noch drei weitere Nordhastedter versterben. Neben zwei kleinen Kindern kommt auch die Frau des Kuhhirten Marx Castor unter nicht genannten Umständen ums Leben. Diese für die nur etwas mehr als 320 Einwohner zählende Dorfschaft Nordhastedt außergewöhnliche Häufung von Todesfällen kann eigentlich nur durch eine grassierende Seuche begründet werden.

Zwei Tage nach der Beerdigung am Donnerstag, den 19. April, dem ersten Anlass, bei dem Johann Harders den seit dem Herbst des Vorjahres in Nordhastedt amtierenden Pastor Andreas Jessen, den er zuvor nur in dienstlichen Angelegenheiten kennengelernt hat, in den Stunden der schwersten persönlichen Betroffenheit erlebt, beginnt es sogar doch noch für wenige Stunden zu schneien. Bis zum 6. Mai hält das verspätete stürmische und nasskalte Winterwetter während der ersten Trauertage an. Danach setzt sich das milde und fruchtbare Wetter der Vorwochen wieder durch. Johann verbringt den Sommer, der reiche Ernten bringen wird, als alleinstehender und vielleicht auch etwas überforderter Witwer mit zwei kleinen Töchtern. Um die Kinder wird sich zunächst auch seine Mutter Wiebke kümmern können, die mit ihrem Mann Claus noch auf oder mindestens in der Nähe des seit Jahren auf den Sohn übergegangenen Harders-Hofes leben wird. Da der 76-jährige Vater Claus, der dem trauernden Sohn damit nochmals eine gewisse berufliche Stütze sein könnte, nach wie vor einen Teil der schriftlichen Amtsarbeit tätigt, ist es wahrscheinlich, dass die Eltern in dieser Zeit noch gemeinsam mit dem Sohn auf dem großen Harders-Hof leben, in dem auch die Amtsstube eingerichtet ist und die für die amtlichen Verrichtungen nötigen Dokumente, Siegel, Stempelpapiere und Registerbücher in einer der zeittypischen feuerfesten Dokumentenkisten lagern. Sich die buchführende und Geld einnehmende Kirchspielvogt-Arbeit des Vaters in einer Altenteiler-Kate vorzustellen, fällt schwer.

Doch dreizehn Monate später, und damit bald nach Beendigung des vorgeschriebenen vollständigen Trauerjahres, heiratet der Kirchspielvogt Johann Harders in Nordhastedt an einem der traditionellen, für Heiraten vorbehaltenen Dienstage, den 20. Mai 1788, am Beginn eines bemerkenswert warmen Sommers in Holstein, als knapp 40-jähriger Witwer die Jungfer Christina Dorothea Jessen, die nur wenige Tage vor ihrem 23. Geburtstag stehende, einzige noch lebende Tochter des neuen örtlichen Pastors Andreas Jessen, zu dem sich das Arbeitsverhältnis von Johann Harders in den letzten Monaten stetig intensiviert haben dürfte. In der Folge bleibt offensichtlich ein auch vom Pastor wohl mehr als gutgeheißenes näheres Kennenlernen dessen einziger Tochter nicht aus.

Es scheint der gewählte Hochzeitstag dieses 20. Mai[107] nach einem sehr kalten und langen Winter der erste wärmere Tag des Jahres zu sein. In einem nordschleswigschen Tagebuch dieser Jahre wird festgehalten[108]: *„und erst den 20sten May konnte man zur Noth des Feuers im Ofen entbehren".* Welch schönes Omen für eine „standesgemäße" Ehe, die über 35 Jahre andauern wird. Pastor Jessen, gebürtiger Meldorfer, mit aber ausschließlich Flensburger bzw. Eiderstedter Wurzeln ist zuvor 25 Jahre lang an der Heilig-Kreuz-Kirche zu Windbergen tätig gewesen und nun in der zudem deutlich besser bezahlten Nordhastedter Pastorenstelle „gut vernetzter" Senior, also Ältester der Süderdithmarscher Pastorenschaft.

Johanns neuer Schwiegervater nimmt im Mai 1788 die Trauung seiner einzigen noch lebenden Tochter in der Nordhastedter Katharinen-Kirche selbst vor.

Johanns neue Schwiegermutter Marta Maria, Tochter des Amtsschlachters Valentin Jürgens aus dem nordschleswigschen Apenrade und somit ebenfalls ohne Dithmarscher Vorfahren, wird sich als Frau Pastorin "Maria Jessen" auch schon zu diesen Zeiten angesichts des regelmäßig gefeierten „Frauenfestes" in Nordhastedt schnell heimisch fühlen. Leitfigur des „Frunsbeer" ist der zu dieser Zeit über 150 Jahre bestehenden Legende nach eine ältere Maria Jessen, die mit einem initiierten Frauenaufstand die Männer des Dorfes in den Jahren nach dem alles verrohenden Großen Krieg (1618-1648) aus den Händen einer den Riesewohld unsicher machenden Räuberbande errettet hat. Wie schon sein Vater nimmt Johann, mindestens in dieser zweiten Ehe, eine Frau an seine Seite, die, obwohl in Dithmarschen geboren, keine Dithmarscher Familienwurzeln hat.

So geht der Vogt Johann Harders im Sommer 1788 mit seiner jungen Frau in eine zweite Ehe. Doch die durch den Vulkanausbruch des Jahres 1783 noch verstärkte mehrjährige Kaltwetterphase hält unvermindert an. Der auf die Heirat folgende Frühwinter 1788 wird in Holstein zu einem der in Bezug auf Kälte schlimmsten des 18. Jahrhunderts, in der Wahrnehmung der Ältesten nur übertroffen von den schweren Wintern anno 1709 oder 1740. „Der Frost fing im Jahre 1788 am 22. November an und die Kälte stieg von Tag zu Tag höher, so daß an vielen Orten viele Menschen erfroren und durch die grausame Kälte ums Leben gekommen sind. Der Frost dauerte bis zum 13. Januar 1789, also 7 Wochen und drei Tage. Seit dem war gelindes und bequemes Wetter", schreibt abermals der Holsteiner Wetter aufzeichnende in Plön.

Staatsstreich in Kopenhagen – der Kronprinz und Bernstorff

Bei Tod der ersten Frau im April 1787 als auch der "standesgemäßen" zweiten Trauung im Mai 1788 wird Johann in den bereits vom Schwiegervater geführten Kirchenbüchern als Königlicher Kirchspielvogt in Nordhastedt bezeichnet. Längst hat er in der Wahrnehmung des Kirchspiels und des Pastors das Amt in all seiner Breite übernommen. Der Vater Claus, formal noch der amtierende Vogt, hat sich aus den wesentlichen Verrichtungen zurückgezogen, notarielle Einträge in den Registern, insbesondere den Schuld- und Pfandprotokollen, nimmt er aber noch vor. Johann Harders faktische Amtsübernahme als königlicher Kirchspielvogt in Nordhastedt fällt damit genau in die Aufbruchjahre, in denen in Kopenhagen die Regierungsgeschäfte vom inzwischen eindeutig gemütskranken König Christian VII. (1749-1808) ab 1784 in die Hände seines zunächst als Kronprinzregenten regierenden Sohnes Friedrich (1768-1839), später Friedrich VI., übergehen, der noch vor der Struensee-Ära vom „debilen" Jungkönig und seiner englischen Gemahlin Caroline gezeugt war, bevor seine Mutter erst fremd ging und dann, nach der Hinrichtung des Liebhabers Struensee, in die Verbannung geschickt wurde.

Während sich Johanns jugendliche Erwartungen an den fast gleichaltrigen König Christian VII. zu diesem Zeitpunkt nachhaltig nicht erfüllt haben, steht er selbst längst gefestigt in

Kronprinz Friedrich von Dänemark bei Übernahme seiner Regentschaft im Jahre 1784

seiner eigenen Beamtenposition unter dem neuen Regenten Friedrich, auf gerade dessen Jugend sich trotz allem viele Hoffnungen im Staat stützen. Der schon in seinen jungen Jahren ob seiner weißen Augenbrauen und rötlichen Augen äußerlich leicht greisenhaft bis hässlich wirkende „Albino"-Kronprinz setzt ab 1784, nach dem dänischen Königsgesetz nach seiner Konfirmation vom 4. April gerade mündig geworden, bereits in einer ersten Regierungssitzung vom 14. April 1784, mit Hilfe entsprechender Unterschriften seines willfährigen Vaters, in „Staatsstreich-Manier" unmittelbar die Interimsregierung seines zuvor mit Rückendeckung der Königinmutter, seiner Stiefgroßmutter, regierenden Halb-Onkels ab und regiert fortan wieder mit Unterstützung eines Staatsrates, in den nach Jahren der „dänisch-bürgerlichen Guldberg-Reaktion" auch erneut Holsteiner Adlige berufen werden. Insbesondere auf den jüngeren Bernstorff, den Neffen des bis 1770 den Staatsgeschäften seinen Stempel aufdrückenden älteren Bernstorff setzen auch die Dithmarscher wieder ihre Hoffnungen auf eine Rückkehr zur gleichberechtigten Politik in Richtung des deutschen Südens im Gesamtstaat. Es entsteht ab 1784 ein allgemein optimistisches Gefühl, dass man nach der kurzen, aber entzweienden Zeit nach 1770, zunächst unter dem „zu deutschen Struensee" und dann dem folgenden „zu dänischen Guldberg", der Gesamtstaat wieder zu einer prosperierenden Dualität zurückfindet, in der dänische und deutsche (sowie norwegische und isländische) Kulturen wieder gleichberechtigter nebeneinander stehen können; für die politisch sensiblen Dithmarscher die beste Garantie für den Beibehalt auch der angestammten Sonderrechte der Landschaften.

Graf Andreas Peter Bernstorff (1735-1797), später in der Geschichtsschreibung als der „jüngere Bernstorff" bezeichnet, wird vom Kronprinzregenten Friedrich 1784 unmittelbar wieder in die Regierungsmannschaft berufen, aus der er 1780 unter dem Kabinettssekretär Guldberg entfernt wurde, und entwickelt sich in der Folge, getrieben von dem schwierigen innenpolitischen Unterfangen, die seit 1773 hinzugewonnenen, ehemals herzoglich gottorfschen und damit traditionell dänen- und königskritischen Landesteile Holsteins, allen voran die Kieler Gesellschaft und an deren Spitze die Intellektuellen an der dortigen Universität, auf jeden Fall mit dem neuen Herrscherhaus zu versöhnen, als zuverlässiger Garant und sogar Förderer vieler Holsteiner Sonderrechte und -wege im Gesamtstaat.

So fällt es auch den neuen Norderdithmarscher Landeskindern leicht, ihre überlieferten großherzoglichen Eigen- und Gepflogenheiten in weiten Teilen in ihren neuen königlichen Herrschaftsrahmen zu übernehmen. Der wieder hoffähig gewordene holsteinische Adel feiert Bernstorff in einer merkwürdig anmutenden politischen Interessenparallelität mit den ansonsten adelskritischen Dithmarschern auch als Bewahrer der Privilegien der schleswig-holsteinischen Ritterschaft, oder wie ihn einer der Ihren, Friedrich Christian, Herzog von Schleswig-Holstein-Sonderburg-Augustenburg (1765-1814) und ab 1786 mit der Struensee-Königstochter Luise Auguste verheiratet, selbst im Nachrang also anspruchsberechtigt auf den dänischen Thron und entsprechend häufig kritisch gegenüber der Kronpolitik eingestellt, überschwänglich bezeichnet: „Abgott der Nation".

Friedrich Christians Enkel Friedrich (1829-1880) wird im Zuge der zweiten Schleswig-Holsteinischen Erhebung 1864 selbst als zukünftiger Herzog eines von Dänemark unabhängigen Herzogtums Schleswig-Holstein gehandelt. Neben den Meldorfern werden auch die Heider Bürger diesem Enkel Friedrich zu Ehren, um ihrer patriotisch holsteinischen Gesinnung feierlichen Ausdruck zu verleihen, 1864 die Oesterstraße dauerhaft in „Friedrichstraße" umbenennen.

Freilich sehen Bernstorffs Gegner, vornehmlich in der „dänisch gesinnten" Fraktion, in diesen vorgehenden 1780er Jahren die wieder mehr Platz greifende „deutsche" Politik deutlich kritischer. Das negativ belegte Schlagwort vom „Holsteinismus" macht erstmals die Runde in Kopenhagen, dem der wieder mehr Einfluss gewinnende holsteinische Adel, dem dieser Anwurf in erster Linie gilt, den „Danizismus" entgegen wirft. Doch zu Lebzeiten des glaubwürdig als Kosmopoliten, in der Sprache und Gefühlswelt der Zeit „Weltbürger", agierenden Bernstorffs, dessen Wahlspruch „Patria ubique" (das Vaterland ist überall) den gebürtigen Deutschen bereits früh als überzeugten „Gesamtstaatler" ausweist, bleiben die seit den 1770er Struensee-Jahren stetig gewachsenen Ressentiments im Gesamtstaat beherrschbar. Deutschen Nationalismus wirft man ihm nicht vor, allein deshalb, weil der Begriff im politischen Verständnis der Zeit noch gar nicht ausformuliert oder in einem etikettierenden Sinne genutzt wird.

Im restlichen Verlauf des 18. Jahrhunderts ist noch keine Rede von einem Zerbrechen des Gesamtstaates, wie später zur Mitte des 19. Jahrhunderts, wo der mit dem Ideal des Gesamtstaates in diesem 18. Jahrhundert noch eng verbundene und auf ein Cicero-Zitat zurückgehende Wahlspruch „Ubi bene, ibi patria" (Wo es mir gut geht, dort ist mein Vaterland) im Vorfeld der ersten schleswig-holsteinischen Erhebung von 1848 endgültig zum Markenzeichen einer Epoche geraten wird. Das vorgehende Bernstorff'sche „Patria Ubique" als Ausdruck einer Gesinnung, nach der man als Deutscher (Dithmarscher) aus den Herzogtümern trotzdem ein treuer, dem dänischen Gesamtstaat verpflichteter Bürger (und Beamter) sein kann, ist so als geteiltes Bekenntnis eines Dithmarscher Kirchspielvogts dieser Jahre durchaus glaubhaft.

Letztlich bleibt das Einfordern von landschaftlichen Eigenheiten und verwaltungstechnischer Eigenständigkeit der deutschen Herzogtümer unter dem Hoffnungsträger Bernstorff ein legitimer Anspruch, der vom dänischen Königshaus im 18. Jahrhundert unter dem jungen Kronprinzregenten Friedrich (noch) akzeptiert wird und auch die Dithmarscher in politischen Angelegenheiten alles in allem wieder ruhiger schlafen lässt.

Die Dithmarscher Kirchspielvögte haben nach 1784 wieder etwas mehr Vertrauen in den übergeordneten Verwaltungsapparat der Herzogtümer, bestehend im Wesentlichen aus der Deutschen Kanzlei in Kopenhagen und der bis 1834 für Holstein zuständigen Unterabteilung der Glückstädter Regierungs- und Justizkanzlei, in die den Kirchspielvogt Johann Harders sein weiterer Berufsweg gelegentlich führen wird. Hier trifft er dann möglicherweise neben dem schon erwähnten Schulkameraden Berning ebenfalls noch auf mindestens einen weiteren gebürtigen Dithmarscher. In Glückstadt amtiert von 1783-1795 als Kanzler, also Leiter der Behörde, mit Heinrich Christian Eggers (1722-1798) der in Meldorfs Zingelstraße geborene, 15 Jahre jüngere Bruder zum ehemaligen, nun im Ruhestand lebenden Süderdithmarscher Landvogt Christian Siegfried Eggers, deren beider Vater Hans Hinrich Eggers (1663-1736) viele Jahre zuvor als Landschreiber in Meldorf verstorben ist.

Der 1765 in Glückstadt geborene jüngste Sohn Georg Wilhelm Eggers (1765-1816) des genannten Kanzlers und Vorstehers der Glückstädter Kanzlei wird ab 1792 königlicher Inspektor des Kronprinzenkoog in Süderdithmarschen und also wieder für einige Jahre nach Meldorf auf den familiären Stammhof im Rosenviertel zurückkehren, bevor er Landvogt auf Sylt wird. Eggers Nachfolger als Glückstädter Kanzler wird 1795 ein aus Sachsen stammender Friedrich August Wilhelm von Witzendorff (1737-1810), der das Amt bis 1803 innehat. Ihm folgen dann in kürzeren Abständen bis 1834 weitere, auf deren Auflistung hier verzichtet werden soll. Die engen familiären Bindungen Dithmarscher Familien zu den obersten Verwaltungsebenen in den Herzogtümern erleben ihren nie wieder erreichten Höhepunkt in der zweiten Hälfte des 18. Jahrhunderts.

Baumeister Schott

Wenige Monate nach dem Tod der ersten Frau, aber noch vor der zweiten Heirat übernimmt der verwitwete Kirchspielvogt Johann Harders am 1. Dezember 1787 in Hochwöhrden eine erste nachzutragende Patenschaft für einen zwei Tage zuvor geborenen Neffen Johann Harders. Dieser stirbt aber kurz vor Weihnachten und wird noch am Heiligabend 1787 von seinem Vater Marx Harders, dem zwei Jahre jüngeren Bruder des Vogts, beerdigt. Nur sechs Wochen später stirbt auch dessen Frau Jacobea geb. Johannsen an den Folgen dieser Geburt. Beide Harders-Brüder sind also zeitgleich für einige Monate im Frühjahr 1788 Witwer.

Die im Mai darauf geschlossene zweite Ehe des Kirchspielvogts Johann Harders mit der Pastorentochter Christina Jessen steht anfangs anscheinend ebenfalls noch unter keinem guten Stern. Eine bereits im Juli 1789 geborene erste Tochter stirbt unmittelbar nach der Geburt. Die eilig aus Heide herbeigerufene Hebamme Sodtfeldt kann nur eine Nottaufe vornehmen. Selbst der nur wenige Schritte entfernt im an der Kirche gelegenen Pastorat lebende Schwiegervater Andreas Jessen kann als Pastor anscheinend nicht schnell genug herbeigeschafft werden, ist möglicherweise in einer seiner vielen auswärtigen Amtsgeschäfte als Senior der Pastorenschaft unterwegs. Im Kirchenbuch hält er für diese, seine erste Enkelgeburt neben dem Sterbefakt nicht einmal einen Namen fest, ein für ihn sehr schmerzhafter, weil erinnerungsträchtiger Amtsvorgang.

Auch Johanns Bruder Marx Harders in Hochwöhrden heiratet nach nur einem guten Witwerjahr in diesem die Welt verändernden Jahr 1789 erneut. Am 15. April tritt er in einer Haustrauung in der Woche nach Ostern im Kreise seiner sicherlich umfangreich anwesenden Familie zum zweiten Mal in die Ehe[109].

Der Bruder Johann nimmt teil in Begleitung seiner erstmals hochschwangeren jungen zweiten Frau. Des Bruders neue Braut, die am 20. Juni 1765 in Heide geborene Dorothea Magdalena Schott, ist eine Enkelin des ursprünglich aus dem Schwäbischen stammenden Großfürstlich Holsteinischen Baumeisters Johann Georg Schott (1690-1753), der zu seiner Zeit noch heute sichtbare spätbarocke Baukunst nach Dithmarschen bringt. Baumeister Schott rettet u.a. 1724 den sich gefährlich neigenden Turm der Heider St. Jürgen-Kirche, erbaut 1733 das am Eingang auf der Marktseite der Heider Süderstraße gelegene "Dreetorns-Hus", auch Böttcher-Haus genannt, renoviert 1736 die Wesselburener Kirche mit ihrem charakteristischen, so wenig norddeutsch wirkenden Zwiebelturm, errichtet 1739 in Heide das später "Altes Pastorat" genannte Gebäude am Heider Markt, wirkt aber auch an den Kirchen in Eddelak, Tellingstedt und Hademarschen und wird zudem im Zusammenhang mit Deichvorbauten bei Büsum genannt. Daneben betreibt Schott aber auch die nach ihm benannte "Schotten-Mühle" in der „Kelter's Drift" im Westen Heides. So wird die Lage aber erst ab 1952 genannt, nach dem Heider Stadtrat Peter Hinrich Kelter, der die Mühle von 1880 bis zu einem vernichtenden Feuer 1899 führt. Norderdithmarschens zu Schotts Zeit größte Mühle bei den „Gastwurten" wird als Graupenmühle nach dem Tod des Baumeisters zunächst von Dorothea Schotts Vater Nicolaus Conrad Schott (1725-1776) weitergeführt.

Auf ihr wird Marx Harders ältester Sohn dieser zweiten Ehe, der im Februar 1790 in Hochwöhrden auf die Welt kommende Johann Conrad Harders d.Ä. (1790-1877), später ebenfalls ein in Heide und Lunden tätiger Müller, seine Profession erlernen. Dessen Sohn Johann Conrad Harders d. J. (1823-1897) verheiratet sich zur Mitte des 19. Jahrhunderts in Meldorf mit einer Enkelin des Nordhastedter Kirchspielvogts Johann Harders, seiner Cousine zweiten Grades. Johann Conrad Harders d.J. betreibt von 1856 bis 1865 die Meldorfer Nordermühle, die während seiner dortigen Tätigkeit im Oktober 1862 nach einem Blitzeinschlag abbrennt. Er geht danach noch für jeweils kurze Zeit auf Mühlen in Brunsbüttel und Nindorf, bevor er sich bereits 1870 im Meldorfer Rosenviertel „mit etwas Land zu Norden und zu Westen an Hesel gelegen" früh zur Ruhe setzt[110].

Durch den Mühlenbetrieb der Familie seiner Braut im Heider Westen dürfte der verwitwete Landmann Marx Harders viele Jahre zuvor bei entsprechenden geschäftlichen Transaktionen die Tochter des Hauses Schott kennengelernt haben. Zum Zeitpunkt der

Eheanbahnung zum Jahreswechsel 1788/89 lebt seine 23-jährige Braut wohl immer noch bei der Heider Mühle, die inzwischen ihr Stiefvater Carsten Volquartsen als Graupenmüller führt. Volquartsen hat ihre verwitwete Mutter Cathrin Dorte geb. Bartels bereits im Oktober 1777 geheiratet.

Der Nordhastedter Kirchspielvogt Johann Harders erhält trotz seiner eigenen geschwisterlosen zweiten Frau durch die Heirat seines jüngeren Bruders eine ganze Reihe neuer Schwipp-Schwager und -schwägerinnen mit einem Lebensmittelpunkt in Heide. Unter diesen sind die beiden Brüder der Dorothea Harders geb. Schott zu nennen: Johann Georg Schott (1761-1845), der als Goldschmied in den Heider Gastwurten in unmittelbarer Nähe der väterlichen Mühle genannt ist und Peter Nicolaus Schott (1763-1814), ein Essigbrauer aus der Heider Norderstraße sowie die beiden mit deren Schott-Schwestern verheirateten Hans Jacob von Herberg (mit Cathrin Margareth), ein Färber und Drucker in der Süderstraße, sowie der Bäcker am Markt 60, Jacob Diedrich Peters (mit Anna Elsabe)[111].

Nordhastedts Urkatastrophe - Kirchenbrand und mühselige Restaurierung

Der im April 1789 längst verstorbene Großvater der Bruder-Braut, der noch immer respektvoll in aller Munde geführte und bedeutendste der im Dithmarschen des 18. Jahrhunderts wirkenden Baumeister, Johann Georg Schott, hat nach dem Kirchenbrand vom Pfingstmontag 1741 auch die Anfrage zur zunächst drängenden Neuerrichtung von Nordhastedter Schule und Pastorat auf dem Tisch, lehnt aber aufgrund zu vieler und wohl auch attraktiverer Projekte ab und verweist die Nordhastedter stattdessen an den Heider Zimmermeister Johann Heins[112]. Doch Schott begutachtet auch einige Jahre später nochmals die Nordhastedter Kirche im Jahre 1747. Er lehnt eine angefragte Renovierung aber nach einer Besichtigung ebenfalls ab und schlägt stattdessen einen kompletten Neubau vor. Schott fertigt hierzu sogar einen detaillierten Aufriss.

Der Empfehlung kann die Nordhastedter Kirchengemeinde aufgrund finanzieller Zwänge schlussendlich nicht folgen und entschließt sich stattdessen, nach langen Jahren des Zögerns und notdürftigster Konservierungsmaßnahmen, zu einer kostengünstigeren, aber langwierigen Reparatur, die erst 1779, also insgesamt 38 Jahre später, abgeschlossen sein wird. Die 1789 entstandene Beziehung der Familie Harders zum Baumeister Schott und dessen zarte Verbindung zur Baugeschichte der Kirche in Nordhastedt liefern an dieser Stelle einen Ansatzpunkt, nochmals auf die besondere, weil unmittelbare Beziehung der Harders zur Katharinen-Kirche im Zusammenhang mit dem Brand vom 22. Mai 1741 und dessen Folgen zu sehen.

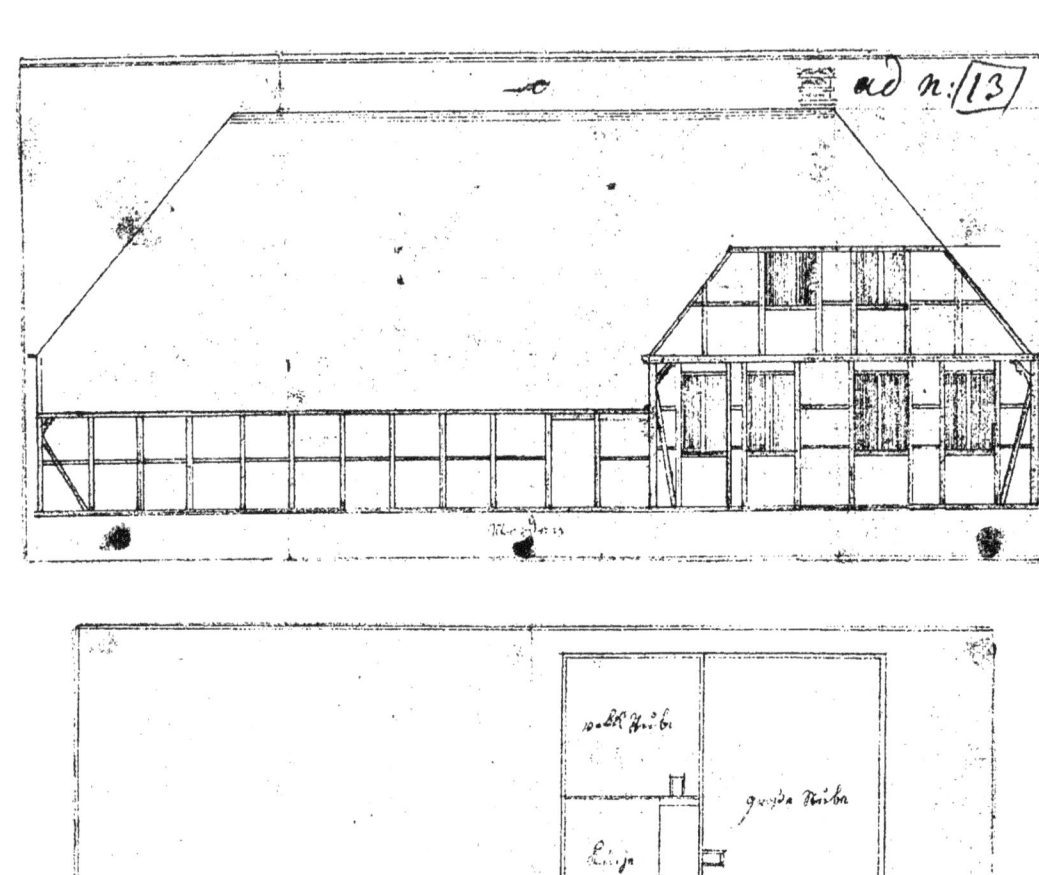

Pastorat in Nordhastedt errichtet nach dem Brand von 1741

Während sich in den 1730er Jahren die jährliche Gesamteinnahme der Nordhastedter Kirchengemeinde in wesentlicher Abhängigkeit der Erträge aus dem eigenen Land, im Kern also der jeweiligen Getreide- und Holzpreise, noch zwischen 600-700 Reichstaler bewegt, zeigt die Einnahmerechnung für das Brandjahr 1741 einen außerordentlichen, fast zehnmal so hohen Saldo von 5.327 Taler und einigen Schillingen[113]. Wesentliche Beiträge, die zur Erstbehebung der gröbsten Schäden dienen sollen, kommen mit 3.500 Reichstaler zum Einen von „Herrn Commerzrath Lienau" und zum Anderen, in fünf verteilten Einzelzahlungen über insgesamt 1.235 Reichstaler, vom Kirchspielvogt Marx Harders, Johanns Großvater.

Diese beiden, einzig persönlich im Rechnungsbuch genannten Zahler stemmen allein den außerordentlichen Handlungsbedarf dieses Brandjahres, in dem nicht nur die Kirche, sondern auch weitere neun angrenzende Häuser, wie Pastorat und Schule, sowie fünf Scheunen und ein Backhaus ein Opfer der Flammen werden[114]. Bei diesem Commerzrath Lienau handelt es sich um den Süderdithmarscher Landespfennigmeister dieser Jahre, Claus Lienau (1682-1767), zuvor auch bereits Kirchspielvogt in Brunsbüttel. Diese Tatsache gibt einen Hinweis darauf, dass die Zahlungen keine persönliche Gabe, sondern in Ausübung des Amtes eines Vermögens- und Kassenverwalters der Landschaft geschehen. Die Landschaft Süderdithmarschen springt hier der in Not geratenen Gemeinde zur Seite.

Ein von Kirchspielvogt Marx Harders und dem Nordhastedter Gevollmächtigten Henning Schlüter unter dem 10. Juli 1741, also genau sieben Wochen nach dem Brand, an den König gerichtetes Gnadengesuch um einen Zuschuss von 500 Mark aus der königlichen Kasse für den zumindest Wiederaufbau des Schulhauses wird zunächst von der Deutschen Kanzlei in Kopenhagen unter dem 22. Juli an die Kirchenvisitatoren in Süderdithmarschen, also Landvogt und Propst, mit der Bitte um weitere Stellungnahme zurück delegiert[115]. Wahrscheinlich also, dass im Weiteren die Landschaft von der königlichen Kassa eine entsprechende Steuergutschrift erhält, wie bei anderen Schulbränden der Zeit üblich, und so dem überforderten Kirchspiel im königlichen Auftrag mindestens teilweise beispringen kann. Die Restsumme wird von der Landschaft *„als Vorschuss gegen gebührliche Zinsen"* gewährt, die die Nordhastedter über die nächsten Jahrzehnte mühsam werden abstottern müssen.

Mittels der Finanzspritze können aber mindestens Pastorat und Schule zügig neu errichtet und die gröbsten Schäden an der Kirche beseitigt werden, die fortan allerdings trotzdem einen trostlosen Anblick bieten muss. Wegen der knappen Mittel wird gespart, wo es nur geht. Das Baumaterial für neues Pastorat und Schule erwirbt der Nordhastedter Kirchenvorstand in Heide. Dort wird bereits im Juni 1741, also vor dem Gnadengesuch an den

König, für 880 Mark ein großer Stall von Johann Diedrich Koch aus der Norderstraße erworben, abgerissen und zur Wiederverwendung nach Nordhastedt verfrachtet.

Der in Brunsbüttel als Sohn eines Schiffers geborene Lienau hat keine persönlichen Verbindungen nach Nordhastedt, obwohl eine aus dem Rendsburgischen stammende gleichnamige Familie im Ort lebt. Claus Lienau wirkt zunächst als Kirchspielvogt in Brunsbüttel und später, nach Übernahme des Amtes eines Landespfennigmeisters (ab 1729 auf Lebenszeit) im Meldorfer Rosenviertel (Zingelstraße). Auch seine drei Ehefrauen, alle Ehen bleiben kinderlos, haben bezüglich ihrer Herkunft eher Kontakte nach Norderdithmarschen und Tönning.

Noch im Oktober dieses Brandjahres 1741 wird seine zweite Ehefrau, Agatha Maria, eine geborene Kaufmannstochter Woldsen aus Husum und vormalige Witwe des Tönninger Bürgermeisters Sibink versterben. Seine dritte Ehefrau wird im April 1743 Dorothea Elisabeth Ovens, eine 1711 in Heide geborene Enkelin des Tönninger Kunstmalers und Rembrandt-Schülers Jürgen Ovens (1623-1678) und junge Witwe des Meldorfer Propsten Christoph Voss (1692-1742). Ihr Vater Johann Adolf Ovens (1675-1733), der jüngste Sohn des Malers, wird Zollverwalter und schließlich als Justizrath Landschreiber im fürstlich gottorfschen Norderdithmarschen mit Sitz in Heide.

Dagegen ist eine persönliche Bindung der Nordhastedter Vogt-Familie Harders an die örtliche Katharinen-Kirche sehr wohl gegeben. Auch das Einzahlverhalten des Marx Harders, der die Summen in Raten von 700 und 300, später nochmals 50, 15 und 170 Reichstaler beibringt, lässt vermuten, dass diese, mindestens teilweise aus seiner oder anderen privaten Taschen und nur in Teilen aus der hierfür ohnehin völlig unzureichenden Kirchspielskasse kommen. Eine direkte Kirchensammlung in der geschockten Kirchengemeinde scheint nicht zu erfolgen.

Der Klingelbeutelertrag der folgenden Jahre bleibt auf dem üblichen Niveau, das gerade einmal dazu hinreicht, die Armenversorgung sicherzustellen. Im Gegenteil, in den Folgejahren scheint sogar die Solidarität innerhalb der fast obdachlosen Kirchengemeinde zu leiden. So muss im Jahre 1754 der Kirchspielvogt Claus Harders dafür Sorge tragen, dass die Bewohner der Ortschaften Osterwohld und Westerwohld wieder die von diesen ausgesetzte Zahlung an die gemeinsame Armenkasse der Kirchengemeinde aufnehmen[116].

Der Vogt soll anderenfalls im Auftrag der Kirchenvisitatoren, mit dem Meldorfer Propst an der Spitze, entsprechend monatliche Sammlungen durchführen, wenn die Beteiligung nicht wieder freiwillig geschähe. Im Klartext wird also mit zwangsweiser Eintreibung durch den Vogt gedroht.

Möglicherweise hat der allgegenwärtige und langjährig trostlose Anblick der Kirche dazu geführt, dass die Oster- und Westerwohlder ihre Kirchenbesuche in Nordhastedt auf ein Minimum beschränkt haben, zumal man in diesen Jahren mindestens gelegentlich damit rechnen muss, dass einem auch während des Gottesdienstes der Regen oder Schlimmeres auf den Kopf fällt und man sich in einem zunehmend muffigen und von Schimmel durchsetzten Gebäude aufhalten müsste.

Katharinen-Kirche in Nordhastedt

Auf den starken persönlichen Beitrag des Großvaters Marx Harders in den Jahren nach dem Brand ist dann auch eine spätere Nennung aus einem Vermögensübertrag des Jahres 1833 zurückzuführen über *„den im Nordosten in der hiesigen Kirche von unsern Vorfahren erbauten, für sich abgekleideten Familienstuhl"*[117]. Der Harders'sche Familienstuhl ist damit in diesem 18. Jahrhundert, vielleicht auch schon zuvor, auf der Nordseite des Kirchenbaus installiert, über die sich in gesamter Länge des Kirchenbaus bis zum Altarraum eine Empore, die „Hangelkammer", zieht, auf der die Bauern der eigentlich in Meldorf eingepfarrten Umlandbauerschaften Fiel, Odderade und Lehrsbüttel, gegen geringfügige Kirchenzahlungen an die Nordhastedter Gemeinde ihren „freien Stand" haben. Die heute auf diese Nordostseite auf die Lage des alten Kirchenstuhls der Harders versetzte Kanzel befindet sich dagegen noch mindestens bis zum Zweiten Weltkrieg auf der südöstlichen Ecke vor dem Altarraum.

In den Protokollen der Nordhastedter Kirchenvisitation vom 29. Juli 1751 wird noch zehn Jahre nach dem Brand, zunächst nur gröbster Behebung der Kirchenschäden sowie vorrangiger Errichtung von neuem Pastorat an der Kirche und einer neuen Schule an einem, einige hundert Meter östlich der Kirche an der Dorfstraße gelegenen neuen Standort (auf Höhe der heutigen Bushaltestelle vor den jetzigen Schulgebäuden) auf vermutlich ehemaligem Kirchengrund, für die die genannten knapp 5.300 Taler außerordentlicher Einnahmen ausreichen, festgehalten, *„daß der Zustand (gut sei) von Pastorat und Schulhaus, worin jedoch die Schulstube wegen der Menge der Kinder wohl einer Erweiterung bedürfte. …Die Kirche aber wäre, wie schon lange Zeit her, annoch in baufälligem Stande."*

Dann bringt das Jahr 1762, in dem Johann Harders gerade seine Schulzeit in Meldorf beginnt und sich im Osten des Herzogtums Holstein die stationierten Schutztruppen des Königs auf eine drohende Konfrontation mit den in Mecklenburg aufmarschierenden russischen Truppen des Zaren Peter III. vorbereiten, eine zunächst überraschende Entwicklung. Die Holsteinische Landeskirche führt mal wieder eine Generalvisitation in Süderdithmarschen durch. Dabei bleibt den hohen Herren um den zunächst in Altona wirkenden Generalsuperintendenten Adam Struensee (1708-1791), dem Vater des später berühmt-berüchtigten königlichen Günstlings und kurzzeitigen Weltveränderers Johann Friedrich Struensee, auch die seit nunmehr zwanzig Jahren marode Kirche in Nordhastedt nicht verborgen, die zu diesem Zeitpunkt einen äußerst besorgniserregenden Verfallsstand erreicht zu haben scheint[118]. Adam Struensee jedenfalls gewinnt vor Ort persönlich den Eindruck, dass hier sogar ein jederzeit zu einem großen Unglück führender Einsturz derselben nicht ausgeschlossen werde könne.

Auf diese Visitation muss sich ein leider undatierter Protokollauszug beziehen, dass der vorherige Superintendent – dann Jeremias Friedrich Reuß (1700-1777, im Amt 1749-1757) - *„bereits zu seiner Zeit das Urtheil davon gefället, daß sie die allerbaufälligste Kirche in beiden Herzogthümern sey. Diesem Zeugnis muss ich nach so vielen Jahren in der Wahrheit beypflichten. Der erste Anblick setzt einen in Furcht, daß die Kirche keinen Augenblick länger stehen könne und die genauere Besichtigung derselben von innen und außen erweckt einen Schauer, daß bey versammleter Gemeine durch den Einsturz* *derselben Lehrer und Zuhörer unter den Steinen und Schutt vergraben werden mögten".* Im Weiteren geht der Generalsuperintendent Struensee sogar ins bauliche Detail: *„Die Mauern der Kirche, welche aus unbehauenen Feldsteinen bestehen, sind nicht nur gantz versuncken, sondern auch an vielen Stellen geborsten und auf den Seiten sehr weit gebogen. Die Anker sind abgerostet und dadurch Balcken und Steine aus ihrer Lage gewichen, so daß auch der Anfang des Ausfallens der Steine an verschiedenen Orten bereits geschehen ist und man sich darüber wundern muß, daß der völlige Umsturz des gantzen Gebäudes an noch aufgehalten wird. Die Balcken sind zum Theil vermodert und das Spannwerk findet an einigen Orten gar keine Festigkeit mehr. Das Dach ist über alle Maßen schlecht. Der Wind wehet von allen Seiten durch. Wenn es regnet oder schneiet, so können Lehrer und Zuhörer sich darfür nicht verbergen, wodurch ihnen ... auch an ihrer Gesundheit großer Schaden zugefüget wird."*

In Folge setzt der Generalsuperintendent Struensee nicht nur den König in Kenntnis, sondern auch dem Dithmarscher Propsten eine Jahresfrist, mit der Kirchengemeinde in Nordhastedt eine Lösung zu finden. Doch guter Rat ist im wahrsten Sinne teuer. Die 15 Jahre alten Schott'schen Pläne von 1747 für einen Neubau liegen im Pastorat bereit, doch das dafür notwendige Kapital ist weit und breit nicht in Sicht. Zu gern würde man mit der *„Verfestigung der Becken vor der Thurm"* beginnen, wie es u.a. in dem Schriftverkehr heißt. Propst und Landvogt fordern gleichwohl zum Jahresbeginn 1763 den Nordhastedter Pastor Peter Hermann Karstens und den Vogt Claus Harders auf, nun endlich nicht weiter auf Zeit zu spielen und mit einem umfassenden Konzept vorstellig zu werden, das die Generalvisitation längst in Meldorf anmahnt.

Mit mehrwöchigem Verzug - der von den Nordhastedtern mit einem Gutachten beauftragte Hademarscher Zimmermann Marx Bornholdt (1715-1786) ist angeblich zwischenzeitlich von einem Baum gefallen – liefern Pastor Karstens und Vogt Harders unter dem 23. April 1763 einen entsprechend umfassenden Bericht ein, der die teils ausweglose Situation der Kirche und der Gemeinde in aller Deutlichkeit beschreibt. Da die Formulierungen der beiden an vielen Stellen, trotz aller zeitüblichen Höflichkeits- und Demutsfloskeln tiefere Einblicke in die Seelenverfassung erlauben, sollen sie an dieser Stelle in aller Ausführlichkeit zu Wort kommen[119]:

„Hochwolgebohrner Herr Etats-Raht und Landvoigt (Anm.: Christian Siegfried Eggers), Wolgebohrner Hochehrwürdiger und Hochgelahrter Herr Consistorial-Raht und Praeposite (Anm.: Johann von Ancken (1691-1771)), Hochgebietende Herrn Kirchen-Visitatores! Euer Hochwolgebohren und Euer Wolgebohren statten wir den verbindlichsten Danck

zuförderst hiemit ab für die den 23. m.p. gehorsamt gebetene und d. 28ten desselben darauf höchstgeneigt erstattete 3 a 4 wöchentliche Dilation (Anm.: Verzögerung) *zur Einbringung unseres bereits den 20ten Januarii anbefohlenen Berichts wegen der hiesigen baufälligen Kirche. Wenn wir nunmehro auch im Stande sind, demjenigen zu geleben, was dero Höchstgeneigter Befehl von uns erfordert. So wird zugleich, unserer obliegenden Pflicht gemäs, hiebey von uns in schuldigster Ergebenheit angezeiget und zwar was*

1, den Zustand unserer Kirchen betrifft

daß derselbe ein sehr schlechter und baufälliger erfunden worden, gleichwie der consultierte Zimmermann Marx Bornholdt aus Hademarschen in seinem mitgetheilten und in duplo hiebey gelegten Gutachten sich davon mit diesen Worten erkläret hat: „Ich habe befunden, daß nicht nur die alten Balken auf der Mauer, welches an einige auswendig zu sehen, verfaulet und abgebrochen, sondern auch die Mauer allenthalben versuncken und an einigen Stellen voneinander geborsten. Ob ich zwar nicht solte hoffen, daß das Einstürzen derselben noch im Jahr zu besorgen sey, so finde auch nicht, daß ich sie zur Reparation mit gutem Gewissen rathen könne." Wogegen wir auch nichts einzuwenden finden, dahero den neuen Bau auch nöthig mit erachten, doch so, daß derselbe, da in diesen Jahren nicht dazu zu rathen ist, bis aufs künftige auszusetzen sey, welches um desto eher geschehen mag, da aus itztangeführten zu ersehen, daß der Zimmermann nicht vermeint, daß ein Einsturz in solcher Zeit zu besorgen sey, gleichwie auch dieserhalben die von Euer Hochwohlgebohren und Euer Wohlgebohren d. 28ten m.p. erwehnte und allenfals nötige Unterstützung wol noch nicht unternommen werden darf und also mit derselben verschonnt zu werden, wir gehorsamst ersuchen. Was hienächst und also

2, belanget, woher die Mittel zu einem neuen Kirchen Bau allenfals zu nehmen

So ist dieses ein vor unsere Augen annoch verborgenes. Es hätte das hiesige Kirchspiel den quast. (Ergänzung: wohl „quästonierten", also angefragten) *Bau als einen höchstnötigen, schon vor mehreren Jahren gerne vorgenommen, da bereits in dem 1747sten Jahre, der weiland grosfürstliche Baumeister Schott in der Heide, in dem von ihm requirirten Gutachten solchen angerathen. Allein da demselben durch das Unvermögen die Hände hiezu gebunden gewesen, hat es solchen stets anstehen zu lassen, sich gedrungen gesehen, in der dabey sich gemachten Hofnung, das es sich mit der Zeit in gewünschte und bessere Umstände versetzet sehen mögte: Indessen haben diese seit der Zeit sich nicht hervor gethan, sondern sind gewisser maßen verringert worden. Dis itzterwehnte Unvermögen ist unsere Hochgebietenden Herren Kirchen-Visitatoribus ohne es weitläuftig darzuthun selbstern zur Genüge bekannt. Der gantze Kirchspiel bestehet ohngefehr aus 10*

Pflügen mageren Geestlandes, als wovon etwas der 2/3 Theil der hiesigen Königlichen, der übrige 1/3 Theil aber denen aus den beeden Dorfschaften Süderholm und Bennewohld Eingepfarrten als Grosfürstlichen und beeder Seiten mehrentheils schlecht begüterten, auch durch die öfters erlittenen Vieh-Seuche gar starck mit genommenen Unterthanen zukömt. Wie möchte es denn nun ohne einer gäntzl. Entkräftung möglich seyn, diesen Bau, der, wie bald näher darzuthun seyn wird, auf 9000 Reichsthaler sich erstrecken möchte, aufzuführen? Zumalen da es hiebey nicht aus Betracht zu lassen, daß bey einem vorzunehmenden Bau, die erforderlichen vielen Fuhren und Hand-Arbeiten, da der Bezirck so arge manchen schon starck genug drücken werde. Und ob wol die Kirche selbsten annoch einige Capitalia besitzet, so betragen sich doch dieselben nicht auf eine solche Summe, und sind nach Königl. Allergnädigster Anordnung sorgfältig zu conservieren und alhier desto mehr, da die jährlichen Revenüen derselben zu Entrichtung der Pastoris Salarii (Anm.: Pastorengehalt) *und anderer der Kirchen jährlich beykommenden Ausgaben bey dem schlechten Zustande der Gemeine unumgänglich angewendet werden müssen.*

Da inzwischen die Gemeine freylich verpflichtet ist, alles nur mögliche herbey zu schaffen, so möchte dieses ohne ihren mercklichen Schaden darin bestehen, daß sie etwa 2000 Reichsthaler welches a Pflug schon 200 Reichsthaler ausmachet, selbsten über sich zu nehmen sich entschlösse, welche Summe denn zuerst von ihr zinsbar aufgenommen und darauf mit der Zeit allgemählich abgetragen werden müßte. Es sey, daß dieses durch die Bezahlung der zu erhandelnden Kirchen-Stühle, oder auf eine andere Weise geschehe.

Wie aber nun zu dem übrigen und dem mehresten zu rathen, daß ist dasjenige, welches wir fürnemlich nicht einsehen. Es hegen so wol die königliche als grosfürstl. Eingepfarrte zwar das allerunterthänigste Zutrauen zu dero beederseitigen, Allerhöchst und Hohen Landes Herrschaft eine allgemeine Collecte vor den Kirch-Thüren in dero respective Fürstenthümern Schleswig und Holstein, und was die beeden Theile Dithmarschens betrifft darin besonders eine Haus-Samlung in Höchsten und Hohen Gnade zu erhalten; Es wird aber derselben Austrag zu diesen noch nicht hinlänglich seyn. Setzen wir, daß solcher von beeden Seiten auch sich aufs Höchste 1500-2000 Reichsthaler erstrecke, so mangelten demnach 5000 Reichsthaler. Daß eintzige, daß einige Hofnung geben könnte hinzu zu gelangen, möchte dieses seyn, daß eine außerordentliche Königliche Milde und unverdiente Gnade in allerhuldreichster Anweisung einiger ad pias causas (Anm.: zu frommen Zwecken) *zu bestimmender und zum Bau unserer Kirchen zu bezahlender Straf-Gelder, oder auf einer anderen Art und Weise, wo nicht allen, doch den Königlichen Eingepfarrten angedeyhen möchte. Wie denn zu dem Ende Ewer Hochwohlgebohren und Ew. Wolgebohren von uns hiedurch aufs gehorsamste ersuchet werden, bey unserem allergnädigsten Monarchen den hiesigen königlichen Unterthanen durch dero viel vermögende Fürsprache nicht allein dazu behülflich zu seyn, sondern auch sie Höchstgeneigt zu vertreten.*

Die von unseren hochgebietenden Herrn Visitatoribus wolmeinende vorgeschlagene Art durch jährliche Verhäurung der Kirchen-Stühle ein zum Bau aufzunehmendes Capital mit den Zinsen algemählich abzutragen, möchte dadurch unserem geringen Ermessen nach unter anderen deshalben wol nicht practicable seyn, da in diesem Kirchspiel viele Kätener vorhanden, welche nebst denen Interessenten der Dorfschaften Fiehl, Odderade und Lehrsbüttel als welche letzteren sämtlich ein gewisses jährlich erlegen, in der alten Kirchen einen freien Stand auf der Hangel-Kammer gehabt, und dahero insgesamt Sitze zu häuern sich nicht leicht bequemen werden, so daß bey Berechnung der Heuer nach Stülen und Sitzen ein großes Quantum ausgehen und an der Bezahlung des aufgenommenen Capitals eine große Hindernis verursachet werden würde. In Ansehung

des 3tens uns anbefohlenen nemlich des einzusendenden Projects von dem etwa vorzunehmenden Baues der Kirchen und des behufigen Kosten Anschlages

wird hiedurch gehorsam Folge geleistet, daß Ewer Hochwohlgebohren und Ewer Wohlgebohren ein zweifacher und unterschiedener Riß einer neuen Kirche, wovon der eine (nach dem ehemaligen Schott'ischen in etwas verändert) den vorhin genanten Zimmermann Marx Bornholt zum Urheber hat, der ander aber von der geneigten Hand des Herrn Actuarius Remmers verfertiget, in duplo copeilich angeschlossen übergegeben wird, gleich auch die Berechnung derer Kosten einer jeden ebenermaßen in duplo et copia welche respective auf 8758 Reichsthaler und 8522 Reichsthaler 8 Schilling hinläuft, worin aber noch nicht, wie zu ersehen, die Kosten des Fus-Bodens item des zur Conservation des obigen Bodens nötigen Anstreichens und wol noch andere erforderliche nicht mit angeschlagen sind; so daß, wenn man diese oder jene Art des Baues erwähle, die gantze Summe desselben doch wol auf 9000 Reichsthaler wenigstens anlaufen werde. Eine Wahl selbsten nach diesen beeden Abrissen hat man noch nicht vorgenommen, da man unserer Höchstgeneigten Herren Visitatorum Raht nach dero unseren und gründlichen Einsicht hierüber zuvor zu vernehmen wünscht, als welcher auch hiemit gantz gehorsamst erbeten wird.

Im übrigen wird diese Kirchen-Sache Ewer Hochwohlgebohren und Ewer Wolgebohrenen überhaupt und insbesondere zur letzten Beförderung von uns und nomine der Gemeine in aller Ergebenheit gar sehr empfohlen, die wir die Ehre haben mit der schuldigsten
Veneration (Anm.: Verehrung) *uns zu nennen*
Ewer Hochwolgebohren und Ew. Wolgebohren
Nordharstedt d 23ten April 1763   *gehorsamst ergebene Diener*
                                                 P H Karstens   Claus Harder

Pastor Karstens und Vogt Harders führen in aller Deutlichkeit die eigene Perspektivlosigkeit vor die Augen der hohen Herrn in Meldorf. Doch weder diese, noch im Folgenden der weiter informierte Generalsuperintendent Struensee können oder wollen die notwendigen Mittel auf absehbare Zeit zur Verfügung stellen. Die letzte finanzielle Kraft wird in diesen Tagen in allen Regionen Holsteins unausgesprochen durch die Einquartierungskosten aufgezehrt. So verbleibt die Kirche auch noch die nächsten Jahre in einem Besorgnis erregenden, bis dato sogar Einsturz gefährdeten Zustand.

Gleichwohl dürfte die angedachte Vermietung von Kirchenstühlen in den folgenden Monaten zur Umsetzung kommen und zumindest teilweise die weitere Konservierung des Baus im schlechten Allgemeinzustand ermöglichen. Doch die angedachte landesweite Sammlung für die Nordhastedter Kirche kommt angesichts den Meldorfer Würdenträgern unüberwindlich scheinender Hürden, nämlich gleichzeitig erforderlicher königlicher und großfürstlicher Erlaubnisse und der Frage, welche Eigentumsverhältnisse überhaupt entstünden, wenn in den beiden Teilen der Gemeinde unterschiedliche Beiträge zusammenkämen, letztendlich gar nicht zustande. Die kleine Nordhastedter Katharinen-Kirche und mit ihr das finanzielle Wohl der ganzen Gemeinde wird zu einem Politikum ersten Ranges in den letzten Jahren der „noch" bestehenden Zweiteilung in der Herrschaft über die beiden Dithmarschen.

Noch in der Visitation vom 16. Juli 1772 wird ein immer wiederkehrender Tenor der zurückliegenden Jahre deutlich[120]. *„Die Kirche ist baufällig, sonst geschehen die erforderlichen Reparaturen."* Aus dieser Sitzung resultiert aber mindestens mit Schreiben vom 10. August 1772 eine Aufforderung des seit dem Vorjahr neuen Meldorfer Kirchenpropsten Jacob Jochims (1719-1790) an den Nordhastedter Kirchspielvogt Claus Harders, dass man endlich über den Verkauf der nach dem Brand *„geschmolzenen Glockenmaterie",* die seit 1741 in der Kirche gelagert werde, oder alternativ *„davor eine neue Glocke zu gießen"* einen Beschluss fasse. Der für den großfürstlichen Teil der Kirchengemeinde (Süderholm) zuständige Kirchenbaumeister solle angewiesen werden, mit seiner Commune, dem in weltlichen Dingen zuständigen Kirchspiel Heide, sich hierüber abzustimmen.

Ein möglicher Verkaufserlös, so der Propst laut der in seinem Archiv erhaltenen Schriftkopie weiter, könne doch für den Kirchenbau verwandt werden. Ein Metallverkauf der geschmolzenen Glocken – der Vogt Marx Harders spricht in seinem Unterstützungsgesuch an den König vom Juli 1741 sogar von *„darinnen gehangenen 2 Glocken"* - kommt in der Folge zwar nicht zustande, doch durch dieses Schriftstück ist belegt, dass in Nordhastedt während all der Jahre seit dem Brand von 1741 keine Kirchenglocken mehr vernommen worden sein dürften. Sehr wahrscheinlich wird zu Lebzeiten Johann Harders auch weiterhin kein erbauliches Läuten in Nordhastedt erklingen. Belegt ist in dieser Hinsicht erst wieder für das Jahr 1828, nach dreijährigem und wohl noch durch Johann Harders selbst initiierten Vorlauf, eine Errichtung eines separaten Glockenhauses für 2.020 Reichstaler und ein Umgießen der alten geschmolzenen Glocken.

Es kann einfach kein Zufall sein, dass dann aber, nur wenige Jahre nach der Vereinigung Norder- und Süderdithmarschens unter einem gemeinsamen Herrscher, nach 1773 also, schließlich doch Bewegung in eine nachhaltige Instandsetzung auch der Kirche kommt. Auch wenn explizite Belege dafür in den Kirchenrechnungen Nordhastedts fehlen, ist es doch wahrscheinlich, dass nun auch die Finanzierung des durch den Norderdithmarscher Teil der Kirchengemeinde zu tragenden Anteils wegen endlich fehlender politischer Barrieren zweier zuvor landesherrlich getrennter Teilgemeinden und -kassen aufgebracht werden kann. Am 22. Juni 1775 wird berichtet[121]: *"...die Kirche ist etwas verbessert. Die Hauptverbesserung aber ist noch zu beschaffen."* Über weitere Fortschritte klärt das nächste Protokoll vom 9. Juli 1778 auf: *„Die hiesige alte verfallene Kirche ist zur Nothdurft repariert und mit einem kleinen Thurm versehen, so daß der Regen dem Gebäude keinen weiteren Schaden zufügt."* Nachdem man sich entschließt, auf einen großen Turm, wie vor 1741 wohl vorhanden, zu verzichten, ist die damit sicherlich deutlich kostengünstigere Fertigstellung gesichert. Die im Folgejahr 1779 vollendete Renovierung der Nordhastedter Katharinen-Kirche wäre ein wahrlich beglückendes äußeres Symbol einer endlich die Grenzen der beiden Dithmarschen überwindenden gemeinsamen Kirchengemeinde.

Johann Harders erste Trauung vom Oktober 1779, wiederum durchgeführt durch seinen in die Jahre gekommenen und in seiner Amtszeit längst an den maroden Zustand seiner Kirche gewöhnten Taufpastor Peter Hermann Karstens, dürfte eine der ersten Feierlichkeiten in der komplett renovierten Kirche sein. Die neben der finanziellen Zuwendung auch von Amts wegen mit den Kirchenangelegenheiten über die tristen Jahre des Baus eng verbundene Vogtfamilie Harders hat also eine besondere Beziehung zum Gemäuer und hält stets auch in den „Ruinenjahren" bei entsprechenden kirchlichen Familienanlässen der Kirche am Ort die Treue. Für den Vater Claus Harders ist der Umgang mit dem finanziellen und dadurch ausgelösten gemeindlichen Desaster nach dem Kirchenbrand von 1741 wohl „die" Kraft verzehrende Lebensaufgabe während seiner aktiven Amtszeit von 1746-1780, die mit dem Kirchenbrand des Jahres 1741 in seiner Adjunktenzeit beginnt.

Denn auch bereits der umfangreiche und vielfältigste Schriftverkehr der ersten Jahre 1742 und 1743 zum mühsamen Versuch einer frühen Finanzierung trägt stets seine Unterschrift, als Kirchspielvogt bezeichnet, an Stelle seines vermutlich nicht mehr tätigen und noch bis 1746 kränkelnden Vaters Marx Harders, der mit eigenem amtlichen Wirken zuletzt unmittelbar nach dem Brand im Sommer 1741 in Erscheinung tritt. Die enge Verbundenheit seiner Familie mit der wieder hergestellten Kirche wird der Bräutigam Johann Harders bei seiner ersten Trauung des Jahres 1779 erleben, wenngleich er noch nicht ahnen kann, dass die Beziehung einige Jahre später noch intensiver werden wird. Man mag sich die Erleichterung und Zufriedenheit des Vaters und Kirchspielvogts Claus Harders an diesem Tag vorstellen, die feierliche Trauung seines Sohnes nach all den Jahren des Kampfes in einer kleinen, aber nun intakten und würdigen Kirchenstätte erleben zu dürfen.

Ostseite der Katharinen-Kirche in Nordhastedt

Mit der vollendeten Renovierung der betagten Katharinen-Kirche, der an Stelle des alten größeren Glockenturmes stattdessen eine kleinere „Haube" verpasst wird, sind aber die zwei alternativen Bauentwürfe für eine gänzlich neue Kirche vom Tisch und verschwinden in den Archiven. Doch auch, wenn die beiden „Risse" als Zeichnungen verloren gegangen scheinen, so sind doch einige Aussagen zu den beiden Konzepten in den Unterlagen erhalten, die uns einen winzigen Blick werfen lassen auf eine andere Zukunft, wenn es in diesen Jahren zu einem Neubau gekommen wäre. Der Entwurf des Baumeisters Johann

Georg Schott wird nach den hierauf Bezug nehmenden Kostenrechnungen des Marx Bornholt vom April 1763 „als länglich mit einem Turm" beschrieben[122]. Der hingegen vom Aktuar Johann „Athen" Remmers aus dem Meldorfer Klosterviertel vorgelegte Entwurf soll nach diesen Anlagen ein „achteckigter" sein, ein dem Aachener Krönungsdom Karls des Großen nachempfundenes Oktogon? Von unbekannter Hand stammt zudem ein im landvögtlichen Archiv in Meldorf erhaltener Aktenvermerk, in dem der Schott'sche Riss als der *„wol simpelste und leichteste"* beschrieben wird, *„der Remmer'sche aber scheinte mir zierlicher, auch vielleicht zum Gehör bessere".*

Der unbekannte Schreiber, der hierbei dem Landvogt die beiden Risse nach Beurteilung wieder zurücksendet, scheint mindestens in Raumakustik und somit auch Kirchenbau leidlich erfahren, könnte also aus dem Umfeld der Süderdithmarscher Pastorenschaft kommen. Wahrscheinlich handelt es sich um den bis 1771 wirkenden Kirchenpropsten und Jochims-Vorgänger Johann von Ancken (1691-1771). Er fügt mit leicht bedauerndem Ton hinzu: *„... doch das werden Bauernständige beurteilen".* Auch dessen Bewertung der schon 1763 aufgeworfenen Idee, man könnte zu häuernde Kirchenstühle zur Finanzierung des Kirchenbaus einführen, sieht er gegenüber dem Landvogt mit Blick auf die Verhältnisse Nordhastedts kritisch, wenn er schließt: *„Aus den Kirchenstühlen kann wol etwas gemacht werden: allein daß es bey diesen Geestleuten so gehen solte, wie in Eddelak oder Brunsbüttel, darf man sich nicht versprechen."*

Revolution und Holsteiner Reaktion zwischen Claudius und Hennings

Doch kehren wir, nach diesem über die neue Braut des Bruders Marx Harders inspirierten Ausflug in die mit der Familiengeschichte der Harders eng verbundene Baugeschichte der Nordhastedter Katharinen-Kirche, zurück in das weltgeschichtlich große Schicksalsjahr 1789, in dem die intakte, wenngleich glockenlose Nordhastedter Kirche längst im Zentrum des kleinen Ortes wieder punkten kann, die beiden Harders-Brüder fast zeitgleich ein erneutes Familienglück suchen und auch die Ernten im ganzen Herzogtum Holstein nach mehreren dürftigen Jahren endlich wieder eine recht gute Qualität haben. Während in diesen Sommertagen des Jahres 1789 in Paris, nach Jahren einer dort immer größer gewordenen Hungersnot weiter Teile der Landbevölkerung, mit der Erstürmung der Bastille die französische Revolution ausbricht, von der auch hoch im Norden bald darauf die ersten Flüchtlingsberichte auftauchen, stirbt Johanns Mutter Wiebke Harders, geborene Behrens, im Alter von 67 Jahren nach fast 46 Ehejahren am Sonnabend des 29. August 1789 in Nordhastedt und wird am darauffolgenden 4. September zu Grabe getragen[123]. Der verwitwete und immer noch nicht so ganz aus dem Amt geschiedene alte

Kirchspielvogt Claus Harders lebt fortan noch weitere sechs Jahre im gemeinsamen Haushalt mit Sohn Johann, Schwiegertochter Christina und anfangs Johanns Töchtern aus erster Ehe auf dem Harders-Hof.

Auf diesen für die Harders familiär schwierigen, weltpolitisch bedeutsamen, im Norden aber allgemein erstaunlich ruhig unauffälligen und für die Landbevölkerung Dithmarschens ansonsten unaufregenden Sommer des Jahres 1789 folgt ein für die Nordhastedter Landmänner wiederum sorgenvoller, weil erneut völlig verregneter Sommer 1790. Vom 24. Juni bis zum 7. September fällt im gesamten Holstein fast ununterbrochen Regen. Die Wege sind vielerorts so durchweicht und unpassierbar, dass in einigen Ortschaften Dithmarschens die Zwischenräume und Wege zwischen den einzelnen Gehöften und Katen „mit Stroh ausgedämmt" werden müssen. Die Ernten dieses Jahres, v.a. beim Heu, Gerste, Hafer und Buchweizen, fallen entsprechend mäßig aus. Daran kann auch ein fast vollkommen frostfreier und milder Winter 1790/91, der permanent an ein Frühjahr erinnert, nichts mehr ändern.

Europas politisches und geistiges Leben wird in der Folge mehr und mehr durch die anfänglich von den Intellektuellen aufklärerisch idealisierte Revolution in Frankreich aufgewühlt. Doch die Utopie entwickelt sich innerhalb weniger Jahre, spätestens ab 1792, zum Schreckens- und Terrorregime und wird zum Nährboden einer brutalen Machtpolitik. In all dieser Zeit bleibt der dänische Gesamtstaat im hohen Norden des Kontinents ein absolutistischer Hort der Stabilität im Sinne eines „ancient regime". Während die Intellektuellen des deutschen Kulturkreises in ihrer über die in Holstein sehr freizügige Presse ausgelebten und in den Herzogtümern interessiert verfolgten Debatte zwischen Begeisterung und Entsetzen über die republikanischen Errungenschaften und Verwirrungen hin- und her changieren, wird die tradiert bodenständige Ordnung in Holstein und auch Dithmarschen nicht ernsthaft in Frage gestellt. Gleichwohl werden die Ereignisse in Frankreich natürlich auch hier von Anfang an aufmerksam verfolgt und diskutiert. Johann Peter Thiessen (1759-1834), seit 1785 ein in Schleswig geborener Diakon und späterer Hauptprediger in Lunden, schreibt 1793 in seiner bezüglich der revolutionären Entwicklungen kritischen Schrift „Ein Holsteiner an seine Landsleute in den dänischen Provinzen, um sie gegen den unsinnigen Freyheitsschwindel zu bewahren", die auch die von den meisten Kanzeln dieser Jahre propagierte ablehnende und staatstragend königstreue Haltung der Kirche offenbart[124], dass die *„Lieblingsmaterien der Freyheit und Gleichheit (sowie die) bisherigen Revolutionsbegebenheiten"* auch in Dithmarschen überall dort gängiges Gesprächsthema seien, wo *„einige Menschen einige Stunden zusammen sind, und im vertrauten Tone sich unterhalten..."*

Johann Harders wird sich in diesen Jahren, wie die Mehrzahl seiner Dithmarscher Amtskollegen, sicherlich mit voller Überzeugung als treuer Beamter seines Staates und seines Souveränes hinter die Verteidigung der bestehenden Ordnung stellen. In diesem Sinne wird er die Ablehnung der umstürzlerischen Gewalt in Frankreich eines „konservativen" Matthias Claudius, der als „Wandsbeker Bote" zu einem Sprachrohr der politischen und christlichen Bewahrer im Gesamtstaat wird, teilen, die dieser als Reaktion auf die Pariser Revolution in einer Huldigungsadresse auf seinen Kronprinzregenten und späteren König Friedrich VI. in einer Weise formuliert, die schon fast im Sinne eines Beamteneides zu verstehen ist:

„Wollen Deine Ruh' nicht trüben,
Nach der Zeiten Brauch;
Wollen ehren Dich und lieben,
Aber lieb' uns auch."

Als Dithmarscher werden die traditionsbewussten Vögte Wert auf gerade die vierte Zeile dieser Gedichtpassage legen und ihre Pflichterfüllung gegenüber dem Souverän unter die unausgesprochene Bedingung stellen, dass dieser die angestammten Rechte des Landes und seiner stolzen Vertreter achtet und respektiert. In diesem Sinne werden die Dithmarscher Vögte das Gedicht sicherlich in einem noch selbstbewussteren Geist interpretieren, als es der Dichter, der sich in strengster Opposition selbst zu den demokratischen, aber friedlichen holsteinischen Intellektuellen um den Kammerherrn August Hennings „mit ihrem Freiheitszauber" sieht, sich herauszunehmen wagt.

Dieser „oberste Aufklärer Holsteins" und als Gegenspieler von Claudius zwar gegenüber der Monarchie entspannte, aber äußerst adelskritische und kämpferische Plöner (1787) und später (1807) Pinneberger Amtmann August Adolph Friedrich Hennings (1746-1826) ist väterlicherseits ebenfalls Dithmarscher Abstammung, dem vermutlichen Quell seines früh nach 1789 geäußerten unduldsamen Adelsbildes: *„Ist der Adelsgeist entfernt, dann gibt es keine Tyrannen mehr."* Die noch in dieser Geschichte auftauchenden Eltern seines Vaters stammen beide ebenfalls aus Meldorf. Hennings schlägt allerdings im späteren Jahr 1815 als knapp 70-Jähriger eine ihm vom König angetragene Aufnahme in die Ritterschaft des Danebrogordens und Verleihung eines adligen Freiherrntitels, längst der jugendlichen Unduldsamkeit entwachsen, nicht aus.

Altvogt Claus Harders

Dem Nordhastedter Landmann und Kirchspielvogt Johann Harders fällt die Ausübung seines Amtes als Vertreter der Obrigkeit in diesen bewegten nachrevolutionären Jahren, in denen weite Teile der Bevölkerung im Großen und Ganzen mit den bestehenden Verhältnissen im Gesamtstaat zufrieden und ausgesöhnt sind und ohnehin die theoretischen Diskussionen von „Freiheit" eher an praktischen Dingen denn gelehrten Diskursen festzumachen gewohnt sind, trotzdem wohl nicht ganz leicht. Das liegt allerdings nicht, wie man zunächst vermuten könnte, an den politischen und gesellschaftlichen Rahmenbedingungen der Zeit. Die Ursache für seine schwierigen ersten Amtsjahre als „junger" Kirchspielvogt sind vielmehr im Familiären zu suchen. Es ist an der Zeit, in diesem Zusammenhang nochmals etwas ausführlicher über den Vater Claus Harders zu sprechen.

Auffällig in der vorangegangenen alleinigen Amtsführung des Vaters Claus vor 1780 sind verschiedene Kontroversen mit dem Nordhastedter Pastor Karstens[125]. Ein über die vielen Jahre eines gemeinsamen Wirkens spannungsträchtiges Verhältnis der beiden zueinander, das der übrigen Kirchspielgemeinschaft nicht verborgen bleiben kann, entsteht spätestens im Frühjahr 1758, in dem die ersten Fouragelieferungen für die in den Herzogtümern langsam in Aufstellung befindlichen königlich dänischen Schutztruppen anstehen.

Eine in die Tage der ersten zu erbringenden Nordhastedter Großlieferungen nach Rendsburg fallende schriftliche Beschwerde des Pastors beim zuständigen Meldorfer Kirchenconsistorium vom 31. Mai 1758 besagt, *„daß der Herr Kirchspielvogt Harders … das Kirchen-Collegium nebst den vernahmten Eingepfarrten ohne sein Vorwissen convocirte* (Anm.: zusammenrufe) *und mit ihnen in Kirchen- und Schulsachen deliberationes* (Anm.: Beratschlagungen) *anstellete, Schlüße* (Anm.: Entscheidungen) *fassete und selbige zur Vollziehung brächte"*. Noch auf einer Kirchenvisitationssitzung des von der starken Militärpräsenz im Dorf belasteten Sommers 1760 ist der Vorgang nicht geregelt. Der sich anscheinend in dieser Weise seit über zwei Jahren ausgebootet fühlende Pastor erhält zunächst in dieser Sitzung vom 12. August 1760 zwar das Zugeständnis, dass das örtliche Kirchencollegium sich künftig wieder in seinem Beisein im Pastorat zur Tagung zusammenfinden solle, doch auch der Vogt setzt sich zumindest in Teilen mit seiner bisherigen Sichtweise durch, *„daß dieser ratione der Schul-Sachen sich auf ein Decretum Visitatorum* (Anm.: einen vorherigen Visitationsbeschluss) *berufen, vermöge deßen H. Pastor zu den Anordnungen eines Schul-Schatzes* (Anm.: Schulgeld-Erhebung) *nicht zu ziehen sey, welches H. Pastor nicht in Abrede ziehen mögen."* Also muss der Pastor auch in Zukunft, in seinem eigenen Hause, zu bestimmten Themen rund ums liebe Geld den Raum verlassen.

Ein örtlicher Machtkampf zweier vermutlicher „Alpha-Tiere" - beide sind nebenher die größten Hausmänner am Ort – ist entbrannt, der mit diesem Vorgang, über den nichts Weiteres mehr bekannt wird, erst begonnen hat. Wie tief muss aber der Graben zwischen den beiden sein, wenn der Pastor auch angesichts folgender „Kleinigkeiten" erneut die Bühne der Visitation nutzen zu müssen glaubt, an Stelle einer doch sicherlich grundsätzlichen Möglichkeit zur Verständigung im inneren Kreis des Kirchenvorstandes. Denn gute zehn Jahre später wirft der Pastor auf der Visitationssitzung vom 16. Juli 1772 dem Vogt Harders und unausgesprochen dem Landesgevollmächtigten Marxen vor, *„als wenn man sein Recht, daselbiges Holz zu fällen, einschränken wolle."* Auch hier zeigt die Erwiderung des Claus Harders, dass man im Ergebnis allenfalls auf ein nachhaltiges Unentschieden in diesem über Jahre andauernden Spannungsverhältnis zusteuert.

„Der Herr Kirchspielvoigt Harders erwiderte in Ansehung H. Pastoren und Kirchenvisitatoren, daß man solches zu thun nicht gewillet sey. Die Sache werde also dahin delaminirt, daß dem H. Pastoren Karstens für seine Person der jährliche Gebrauch des Holzes freybleibe, daß solches aber künftighin nicht zur Baufrequenz gereichen solle." Hintergrund dieses erneuten Streites sind wohl die genannten umfangreichen Neubaumaßnahmen der Vorjahre an Pastorat und Schule, die aus Sicht des Kirchspiels den Gesamtbestand des Kirchenholzes allzu stark belastet haben könnten und in dieser Form dann nicht mehr lange reichen könnten, wenn mit gleicher Frequenz weiterhin auf diese zugegriffen werde, z.B. im Zusammenhang mit dem immer noch nicht abgeschlossenen Umbau der Kirche.

Dabei ist zu bedenken, dass das örtliche (Grund-)Vermögen der Nordhastedter Kirche auch im Vergleich zu anderen Süderdithmarscher Gemeinden durchaus beachtlich ist. Noch 1811 ist die Nordhastedter Kirche im Besitz von 10 Morgen Hölzungen (= ca. 13 Hektar), 16 Tonnen Kirchenroggen (ca. 9 Hektar), 70 Tonnen Pflugland (ca. 42 Hektar), die allerdings selbst noch 1811 nicht vollständig urbar gemacht sind, sowie 40 Tagwerk Moor- und Wiesenland. Außerdem besitzt die Nordhastedter Kirche noch im Jahre 1811 einen Kirchenschatz von 21.000 Reichstaler, der allerdings zu Zeiten des Kirchenumbaus vor 1779 in dieser Höhe noch nicht bestanden hat und aus späterem, teilweisen Landverkauf der Kirche resultieren dürfte, z. B. im Zusammenhang mit Meentregulierungen (s.u.). Zudem ist das Kirchenvermögen, wie vom Vogt Claus Harders im Jahre 1763 aufgezeigt, sorgsam zu hüten, da dessen Ertrag sowohl den Pastor als auch den Küster bezahlen muss.

Auch wenn solche Art von Auseinandersetzungen zwischen weltlicher und kirchlicher Autorität in vielen Dithmarscher Gemeinden dieser Zeit konstatiert werden kann, so deuten diese doch auch für den Nordhastedter Vogt Claus Harders auf einen starken, vielleicht sogar zur Dickköpfigkeit oder Sturheit neigenden Charakter hin. Mindestens in jüngeren Jahren kommt vielleicht auch eine Spur Ungeduld, eine gewisse „ganz oder gar nicht"-Haltung hinzu. Ein belegendes Beispiel hierfür mag eine seiner ersten außerplanmäßigen Amtshandlungen aus dem Herbst 1746 sein, dem Jahr, in dem Claus Harders endgültig das Amt des Kirchspielvogts durch den Tod seines Vaters Marx im Juni 1746 übernimmt. In Meldorf wird im November 1746 damit begonnen, einen Steindamm „vom Thor zum Halkenberg" zu errichten[126]. Gemeint ist hiermit der Weg zwischen dem östlichen Stadttor am Zingel und der Norderstraße auf Höhe des Anwesens der Familie Halkens, der später „Breiter Weg" genannt werden wird. Hierfür sind alle Süderdithmarscher Gemeinden aufgefordert, Steinlieferungen zu erbringen. Die Nordhastedter liefern gleich zu Beginn der Baumaßnahmen zwischen November 1746 und Mai 1747 mit 24 Fuder einen überdurchschnittlichen Anteil der Gesamtheit von 311 Fuder dieser Periode. Der Bedarf an Steinen ist deshalb so groß, da die innerstädtische Baumaßnahme außerhalb des Tores am Zingel mit einer Steinsetzung des Weges nach Nindorf fortgeführt wird. In diesem Zusammenhang wird in den Akten weiter ausgeführt *„daß die Steinbrüder Hanß Niß und Hinrich Bärger aus Nordhastedt angenommen und a Creutz Ruthe zu 1 Mk 14 Sch(illing) und haben dieselben negst zu Osten dem Thor 10 Ruthen lang verfertiget und wurden insgesamt bezahlt 15 Mark."* Getreu der Devise „Je eher daran, desto eher davon" sind für die weiteren Bauabschnitte, die sich noch in das Folgejahr 1748 ziehen, dann auch keine weiteren Anteile der Nordhastedter an den weiteren 99 Fuder benötigten Steinmaterials mehr dokumentiert.

Dem so gezeichneten Charakter des Claus Harders dürfte der altersbedingt ab 1780 notwendig gewordene Ruf nach Unterstützung nicht ganz leicht fallen. Die folgenden Jahre der Dualität, des Nebeneinanders von Vater und Sohn könnten für beide gelegentlich auch eine schwierige Zeit sein. Bei einzelnen Aktivitäten, wie beispielhaft den Kirchenvisitationen, wird sogar bis 1787 der Kirchspielvogt Harders d.Ä. genannt und erst ab 1790 Kirchspielvogt Harders der Jüngere. Vater Claus hält also relativ lang, trotz seiner alle Beteiligten fordernden Schwerhörigkeit, an diesen besonders aus dem Rahmen fallenden und durch den damit verbundenen hohen Besuch besonderen Glanz in die Nordhastedter Hütten bringenden Sitzungen fest. Auch bei den Schreibarbeiten der Beurkundungen von Grundstückstransaktionen tritt Sohn Johann Harders vergleichsweise spät in Erscheinung. Erst im Jahr 1788, im achten Jahr der Vogtarbeit des Sohnes, teilen sich Vater Claus und Sohn Johann die Führung des Schuld- und Pfandprotokolls. Johanns erster persönlicher Eintrag datiert vom 31. März 1788. Über den Sommer urkundet nochmals wieder Vater Claus, dessen allerletzte Transaktion, noch einige Monate nach dem Tod seiner Frau, auf den 13. November 1789 fällt. Hans Jacob Paulsen, ein Hausmann am Fieler Damm in Nordhastedt, verkauft hierbei eine kleine Kate auf seinem Land an einen zu diesem

Zeitpunkt wohl noch als 25-jähriger Tagelöhner in Nordhastedt wirkenden Hinrich Schröder, der später noch in einer deutlich prominenteren Nordhastedter Zentrallage auftauchen wird. Die nächste Beurkundung am Folgetag und dann alle weiteren werden dagegen stets von Johann Harders vorgenommen. Wir können schlussfolgern, dass sich der Vogt Claus Harders im Herbst 1789, nach dem Tod der Frau, wirklich zur Ruhe setzt, aus Sicht des Sohnes nach zehn Jahren engster Kooperation, endlich das Amt, auch bei den Schreiber-Tätigkeiten, ihm allein überlässt. Auf der anderen Seite könnte der Vater gerade auch noch nach dem Tod der ersten Schwiegertochter im Jahre 1788 nochmals mit seinem Anteil an der Amtsarbeit die Trauerzeit des Sohnes erheblich erleichtern.

Unterschrift des Nordhastedter Kirchspielvogt Claus Harder

Eine letzte Beobachtung zum nun, am Jahreswechsel 1789/1790, endgültig emeritierenden Alt-Vogt Claus Harders soll hier auch noch Erwähnung finden. Worin ist begründet, dass er zeitlebens immer mit Claus Harder unterzeichnet, sich selbst also konsequent „Harder" nennt, während er in anderen Dokumenten von Dritten mindestens genauso häufig als Harders bezeichnet wird und sowohl Vater Marx als auch Sohn Johann und Dritte, soweit Quellen verfügbar sind, fast immer mit „Harders" zeichnen? Will Vater Claus so seine Verbundenheit mit dem alten Harder-Geschlecht zeigen, also in besonderem Maße auf älteste Dithmarscher Traditionen und Werte Bezug nehmen? Das konsequente Bestehen auf der althergebrachten Namensform könnte ein Ausdruck von allgemein stark konservativer Ausrichtung sein. Ein stolzer Dithmarscher, der die älteste Geschichte der Republik, die Bedeutung der eigenen Familie in derselben und das grandiose „Spektakel von 1500" immer wieder vor den Kindern ausgebreitet haben wird. Das mag die eigentliche Botschaft des zupackend geradlinigen, aber auch zur Sturheit neigenden Altvogtes Claus Harders – Verzeihung Harder – sein.

Johann Harders und der Pflugschatz

Ähnliche berufliche Kontroversen oder Konflikte, die einen zumindest vagen Versuch einer Charakterisierung des Sohnes Johann ermöglichen würden, sind über dessen gesamte Schaffensperiode als Kirchspielvogt hingegen nicht dokumentiert. Streitigkeiten zwischen kirchlichem und weltlichem Teil der Macht, allerorten häufigster Anlass solcher Kontroversen, sind in Nordhastedt aufgrund der entstandenen Familienkonstellation nach 1788 schwierig. Johann und sein Schwiegervater Andreas Jessen werden ihre Meinungsverschiedenheiten oder gar Händel im familiären Zwiegespräch ausfechten und sich nicht die Blöße geben, diese vor einem interessiert und amüsiert zusehenden Kirchspiel auszutragen.

Auffallend ist demgegenüber, dass Johann Harders, anders als seine beiden Amtsvorgänger, in der Dorfgemeinschaft außerhalb der Familie keine Kindspatenschaften mehr übernimmt. Er bleibt auf Distanz, tritt nicht in den Vordergrund, anders als sein auch diesbezüglich sehr präsenter Vater und Großvater; und Johann verwendet, ebenfalls anders als Vater und in Teilen Großvater, in einer Zeit, in der Namensgebung noch keinesfalls „preußisch korrekt" vom Amt verwaltet wird, sondern häufig noch dem Geschmack und Gehör der aufnehmenden Pastoren und Beamten anheimgestellt ist, konsequent den Familiennamen Harders. Nicht nur ein Ausdruck einer Mode, allgemeine Zeiterscheinung, sondern auch dezente Rebellion, persönliches Statement, mindestens aber Standhaftigkeit und Abgrenzung gegenüber dem Vater.

Auch eine mögliche Reminiszenz an eine „träumerische" Jugendzeit, in der er, wie Werther, trotz seines in normierten Bahnen akzeptierten Lebens eine innere Einstellung deutlich machen könnte, dass er einer Generation angehört, die mehr zu bieten hat und mehr Veränderung erreichen will, als die ihrer Väter. Sie kann also irgendwo im Innersten, anders als die Generation davor, etwas anfangen mit den Dingen, die sich nun im fernen Paris und immer weiteren Kreisen Europas in den Köpfen der Menschen abspielen, in einem aufklärerisch geprägten Streben nach einer besseren Welt.

Gleichwohl, er ist Dithmarscher und längst aus einem hitzigen Alter heraus, in dem man überstürzt agieren würde. Er könnte zu den stilleren Zeitgenossen gehören, die stets zuhören können, Dinge bedenken und wissen, dass man die Verhältnisse auch in kleinen Schritten verändern kann. Geduld hat er gelernt in all den Jahren. Auch im Kreise der Kirchspielvögte wird er sich, seiner Stellung als Repräsentant des kleinsten der Süderdithmarscher Kirchspiele bewusst, ruhig verhalten und nicht das große Wort führen, zum Wohle auch der Kassen der Nordhastedter. Geht es doch in diesen Runden meist um Abgaben- und Steuerquoten.

Insbesondere die Leistung des „Pflugschatz" oder „monatliche Contribution" genannten Hauptsteuerbetrags wird in der Landschaft Süderdithmarschen nach alter Weise während all der Jahre des Dänischen Gesamtstaates, bis zur Einverleibung in Preußen vor 1867, als Ganzheit durch die Landschaft gegenüber der Krone verantwortet[127]. Der auf der alten Pflugmessung von 1559/1560 basierende königliche Steueransatz wird seitdem von der Landschaft Süderdithmarschen, als Teil eines bewahrten Selbstverwaltungsverständnisses, gegenüber der Krone durch die Landschaftskasse pauschal erbracht, während die kompensierende Belastung der einzelnen Kirchspiele durch die Landschaftsversammlungen als gelebter Interessenausgleich zwischen Marsch und Geest „intern" verhandelt und vereinbart wird. Der grundsätzlich unterschiedlichen Ertragskraft von Marsch und Geest versucht man seit Jahrhunderten in Süderdithmarschen dadurch gerecht zu werden, dass auf die zum Pflugschatz festgeschriebene Steuerlast von 712 ½ Pflügen für die gesamte Landschaft seit 1646 nahezu unverändert nur 106 ½ Pflüge durch die Geestkirchspiele beizubringen sind. Mit gleicher Pflugzahl von 712 ½ wird im Übrigen auch die Landschaft Norderdithmarschen seit der Landesmatrikel von 1652 durch die Gottorfer Herzöge besteuert.

Obwohl im Zeitablauf der Jahrhunderte durch Deichbrüche und Neudeichungen das tatsächlich verfügbare urbare Land in den Marschen starken Schwankungen unterworfen ist, wird an dieser allgemeinen Aufteilung zwischen Geest- und Marschkirchspielbelastung, als Teil eines „gelebten Solidarpaktes", nicht gerüttelt. Aber das Verhältnis der Zahlungen der Geestkirchspiele untereinander kann variieren. Die Amtsführung der Kirchspielvögte Harders kann über die Generationen sicherstellen, dass die Quote des Kirchspiels Nordhastedt letztmalig im Jahre 1664 von vormals 6 ½ Pflügen für die monatliche Contribution auf 7 1/3 Pflüge erhöht, seitdem aber stets im Verhältnis zu den anderen Geestkirchspielen konstant gehalten wird.

Die bescheidene Größe des kleinsten aller Süderdithmarscher Kirchspiele wird daran deutlich, dass im Vergleich zu den 7 1/3 Geestpflügen Nordhastedts die benachbarten Kirchspiele Albersdorf zu 24 ¼ und auch Hemmingstedt zu 21 1/6 Geestpflügen deutlich höher abgerechnet werden, nicht zu sprechen von den ebenfalls noch als Nachbarn zu benennenden großen Kirchspielen der Meldorfer Nordervogtei (Meldorfs Kloster-, Geer- und Rosenviertel sowie die nördlich umliegenden Ortschaften Epenwöhrden, Barsfleth, Thalingburen, Harmswöhrden und Ketelsbüttel) mit 80 ¼ Marschpflügen. Das gilt auch für die Meldorfer Südervogtei mit 66 ¼ Marsch- und 34 ¼ Geestpflügen, bestehend aus Meldorfer Norder- und Burgviertel, Elpersbüttel, Eesch, Ammerswurth, Windbergen, Nindorf, Bargenstedt, aber auch noch Sarzbüttel und Fiel und das Nordhastedt nahe Odderade mit Lehrsbüttel.

Da sollen die anderen „schwergewichtigen" Kirchspielvögte nicht durch allzu große Worte und Ideen erst darauf gebracht werden, dass in Nordhastedt mehr als üblich und gewohnt zu holen sei. Eine Haltung, die Johann Harders in ihrem Pragmatismus von seinem Vater anempfohlen und übernommen haben könnte. Schließlich müssen die, welche die Musik bestimmen, sie auch zahlen. So mag er sich in einer Rolle wohlfühlen, in der die anderen ihn mehr als Bauer denn als Politiker oder gar Intellektuellen sehen.
Er wird sich seinen Teil denken...

Doch nun ist es auch genug mit psychologischer Mutmaßung, zurück zu den Fakten des mittlerweile in der ersten Reihe agierenden, im besten Alter von 42 Jahren amtierenden Nordhastedter Kirchspielvogt Johann Harders (mit schließendem s). Über die ebenso spannende Frage, wie mit dem zum Teil verwirrenden und komplexen Steuersystem der Jahre des Dänischen Gesamtstaates in Süderdithmarschen innerhalb der Kirchspiele umgegangen wird, später mehr.

Abgang der Honoratioren – zwei Meldorfer Staatsbegräbnisse 1790

Auch Johanns Familienleben lässt sich nun, ab 1790, hinein in ein langsam meteorologisch und damit wirtschaftlich besseres Jahrzehnt, bald harmonischer an. Nach dem Tod der Frau lässt Vater Claus von den Amtsgeschäften los und entlässt den Sohn in eine weitgehende, wenngleich formal noch nicht vollständig erreichbare, berufliche Selbständigkeit. Beide werden gleichwohl im August 1790, mitten hinein in den nochmals extrem regenreichen Sommer dieses Jahres, gemeinsam an einem der großen („Staats-")Begräbnisse in Meldorf teilnehmen.

Der seit gut neun Jahren emeritierte, aber noch geadelte Landvogt Christian Siegfried von Eggers ist am 24. August 1790 im Alter von 84 Jahren gestorben. Der langjährige Vorgesetzte des Claus Harders, der auch noch in seinen letzten Amtsmonaten, zehn Jahre zuvor, die Bestallung des Kirchspielvogt-Adjunkten Johann Harders übernommen hat, wird in Meldorf zu Grabe getragen. Dessen enger Freund, der Konsistorialrath und Süderdithmarscher Propst Jacob Jochims, hält eine ergreifende Leichenrede. Johann Harders ist zu diesem Zeitpunkt erst seit wenigen Wochen stolzer Vater eines ersten Sohnes Johann Nicolaus, den seine zweite Frau nach der ersten Fehlgeburt des Vorjahres am 8. Juli zur Welt gebracht hat. Nur drei Monate nach dem großen „Staatsbegräbnis" des ehemaligen Landvogts stirbt auch dessen inniger Freund, der noch dessen Grabrede haltende Propst Jochims (1719-1790), den wir als den Pastor Jessen bei seinem Amtsantritt in Nordhastedt, vier Jahre zuvor, protegierenden Kirchenoberen erlebt haben, am 7. November 1790, an einem Sonntag, nachdem er noch zuvor im Gottesdienst seine Predigt gelesen hat.

Der in Fahrstedt bei Marne geborene Jochims war nach dem Theologiestudium zunächst Hauslehrer beim Pastor Messner in Albersdorf, dann ab 1743 für zwanzig Jahre Pastor in St. Michaelisdonn und weitere knapp acht Jahre in Burg, ehe er 1771 zum Propst Süderdithmarschens gewählt wurde. Die Garde der alten großen Männer der Generation des Altvogtes Claus Harders tritt ab. Für ihn mögen diese Monate, beginnend mit dem Tod seiner Frau im Vorjahr, sehr melancholisch und kräftezehrend sein. Erneut ist Meldorf in

diesem Herbst 1790 anlässlich dieser nächsten Beerdigung der Anlaufpunkt wohl auch für die beiden Nordhastedter Vögte und den dem verstorbenen Propst besonders „verpflichteten" Pastor und Schwiegervater Andreas Jessen.

Johanns Ehe mit dessen Tochter Christina Dorothea Jessen entspringen nach der ersten Fehlgeburt des Vorjahres und der Sohngeburt vom Juli 1790 in den Folgejahren bis 1804 sechs weitere Kinder, von denen fünf das Erwachsenenalter erreichen werden. Der gerade erst 1790 geborene erste Sohn stirbt allerdings ebenfalls noch früh. Ein besonderes Erlebnis dieser Jahre wird für den Kirchspielvogt Johann Harders und seine Frau dabei wohl die Geburt des nächsten Sohnes und (vermeintlichen) Stammhalters Johann Andreas, unmittelbar vor Weihnachten 1794, sein. Der Junge wird, wie kirchenrechtlich vorgegeben und unter Pastor Jessen in Nordhastedt üblich geworden, am dritten Tag nach der Geburt, am 2. Weihnachtstag in der Nordhastedter Katharinen-Kirche von seinem Großvater Andreas Jessen getauft[128].

Heinrich Christian Boie – in Meldorf amtiert ein neuer Landvogt

Eine berufliche Erwähnung dieser frühen Jahre als eigenständiger Kirchspielvogt findet Johann Harders auch in der 2006 erschienenen "Mühlengeschichte Dithmarschens". Hier ist zu lesen, dass Kirchspielvogt Harders im Auftrag des Landvogts Boie im Jahre 1791 zu untersuchen hat, ob der Westerwohlder Wassermüller Casper Lindemann für den Nebenbetrieb einer zusätzlichen Korn- und Walkmühle in Westerwohld eine gesonderte Abgabe zu leisten habe. Für diesen Müller Casper Lindemann, der gerade seine erste Amtszeit von 1787-1790 als einer von zwei Baumeistern (Rechnungsführer) der Nordhastedter Kirchengemeinde beendet hat, wird Johann Harders zwanzig Jahre später, im Juli 1811, auch dessen Übergabeverträge an einen Sohn beglaubigen. Für den Kirchspielvogt Johann Harders dürfte der Mühlenbetrieb aufgrund seiner eigenen familiären Behrens-Wurzeln dabei durchaus vertrautes Terrain bedeuten. Müller Lindemann wird zudem einige Jahre später zum Bauerngevollmächtigten und vor seinem Tod von der Süderdithmarscher Landesversammlung auch für allerdings nur wenige Jahre zum Landesgevollmächtigten des Kirchspiels auf Lebenszeit gewählt und demzufolge ein häufiger Gesprächs- und Reisepartner von Johann Harders in zahlreichen Kirchspiels- und Landschaftsangelegenheiten.

Bei dem bereits mehrfach und auch in diesem Zusammenhang genannten, unmittelbar vorgesetzten Landvogt Boie von 1791 handelt es sich natürlich um den einen der berühmten Söhne Meldorfs, über den bereits viel publiziert wurde und demzufolge hier nun wesentlich nur mit Bezug auf dessen konkrete Beziehung zur Nordhastedter Kirchspielvogt-Familie Harders etwas ausführlicher berichtet werden soll. Heinrich Christian Boie (1744-1806), vier Jahre vor Johann Harders in Meldorfs Rosenviertel als Sohn des damaligen Kompastors und späteren Propsten in Flensburg, Johann Friedrich Boie (1716-1776), geboren, gründet 1772, noch in seiner Göttinger Zeit, den sogenannten "Hainbund", eine dem "Sturm und Drang" nahestehende Gruppierung, die sich als Herausgeber junger deutscher Literatur einen Namen macht. Boie hat in diesem Zusammenhang auch Kontakt zu Schiller und Goethe, ist ein Freund Klopstocks und Matthias Claudius und macht Meldorf in den Jahren nach dem 1. Mai 1781, seinem Amtsantritt als Landvogt von Süderdithmarschen und Nachfolger des um seinen Ruhestand bittenden Christian Siegfried Eggers, als Herausgeber von "Deutschem Museum" und "Musenalmanach" nebenher zu einem zeitweiligen, wenngleich abgelegenen Zentrum des deutschen Literaturbetriebes.

Heinrich Christian Boie

Heinrich Christian Boie ist auch befreundet mit dem Mitbegründer des Hainbundes Gottfried August Bürger, der schon 1787 seine "Feldzüge und Abenteuer des Freiherrn von Münchhausen" veröffentlicht. Johann Harders und der nur vier Jahre ältere Heinrich Christian Boie werden nicht nur diesen "Bestseller" des meistgelesenen deutschsprachigen Autors dieser Jahre lesen, sondern vielleicht neben der verwaltungstechnischen Zusammenarbeit ab 1781 auch Gemeinsamkeiten in einer humanistischen Bildung und einer vom "Sturm und Drang" geprägten Jugendzeit finden.

Johanns Jugend- und Schulfreund sowie Amtskollege Hinrich Christian Piehl aus Brunsbüttel ist über seine Boie-Mutter ein Cousin dieses Landvogts. Dessen Schwager Johann Heinrich Voß, der mit der Familie ebenfalls häufig in Brunsbüttel bei Piehl, dem Vetter seiner Frau, zu Besuch ist, nennt diesen aufgrund seiner guten, auf der Meldorfer Gelehrtenschule gemeinsam mit Johann Harders erworbenen Lateinkenntnisse „einen Weisen in Baurentracht". Heinrich Christian Boies Großmutter ist zudem eine geborene Wilckens vom Fahrstedter Löwenhof. Über deren Wilckens-Harders-Vorfahren ist der vorgesetzte Landvogt somit ebenfalls auch mit Johann Harders entfernt verwandt.

Vielleicht gehört der inzwischen gereifte Johann Harders auch dem erweiterten Kreis - wenngleich nicht dem bekannten engeren Zirkel vornehmlich Meldorfer - Literatur-begeisterter an, die der kleine und mehr oder weniger übergewichtige, jenseits der Amtsgeschäfte meist freundlich verschmitzt und einnehmend daher kommende Landvogt Heinrich Christian Boie als von ihm inspirierte Lesegesellschaft, mindestens in den Jahren 1792 und 1793, beisammen hat[129]. Johann Harders ist als Kirchspielvogt mit seiner Frau wohl auch gelegentlich einer der rund 200 geladenen Gäste bei den berühmten Gartenfesten Boies in der Meldorfer Zingelstraße. Boie, selbst den kulinarischen Genüssen sehr zugetan, fährt bei solchen Gelegenheiten gern groß auf.

Die Meldorfer und Süderdithmarscher Gesellschaft erhält so Einblicke in zeitgenössisch moderne Küche, die vielen zuvor unbekannt ist und unverständlich bleibt. Bei einer dieser Gelegenheiten, der Einführung des nach dem Tod Jacob Jochims neuen Propsten Hinrich Johann Voss, wird zudem Johanns Schwiegervater Andreas Jessen zugegen sein, als Boie erstmals in Meldorf im Juli 1791 Speiseeis servieren lässt. Als Seniorprediger der Süderdithmarscher Pastorenschaft ist Jessen nicht nur Mitglied des regelmäßig in der Meldorfer Propstei, dem alten, zum Geerviertel gehörenden Hauptpastorat an der Papenstraße tagenden Consistoriums, sondern auch, bis zur Neubesetzung der Position, Vertreter des verstorbenen Kirchenpropsten Jacob Jochims an der Seite des Landvogts Boie bei einigen in diesem Sommer stattfindenden Kirchenvisitationen.

Schließlich ist auch noch ein weiteres respektables Barlter Ehepaar sowohl mit Boie verschwägert, als auch gut bekannt mit Andreas Jessen. Johann Harders älterer Amtskollege Kirchspielvogt Andreas Vollmar (1709-1782, seit 1738 seinem Vater Hieronymus adjungiert, seit 1740 im Amt) vom Barlter Hof „auf der Horst" und seine Frau scheinen enger befreundet mit Johanns Schwiegervater. Die zweite Frau Kirchspielvogt Vollmar, Margaretha Elisabeth, geb. Peters (1742-1796), ist sogar die Patentante von Johanns Frau Christina. Die Tochter Anna Cäcilie (1763-1847) dieser zweiten Ehe des Kirchspielvogts

Vollmar ist seit 1785 mit dem neun Jahre jüngeren Bruder Heinrich Christian Boies, Reinhold Jakob (1753-1794) verheiratet. Weitaus bedeutsamer als diese entfernt familiären Beziehungen zum Landvogt Boie, die für die überwiegende Mehrzahl der vielfältig untereinander verwandten und verbandelten Kirchspielvogt-Familien Dithmarschens in ähnlicher Weise aufzuzeigen wären, ist aber eine ebenso bemerkenswerte räumliche Verbindung.

Vorgeschichte der Boie'schen Landvogtei

Denn bei dem neuen Meldorfer Dienst- und Wohnsitz des Landvogts Heinrich Christian Boie in der Zingelstraße (heute der Vorplatz des Meldorfer Rathauses), der bei dessen Erwerb 1784 als "das alte Jessen'sche Haus" bezeichnet wird, handelt es sich um eines von mehreren Anwesen, das dem Vater von Johanns Schwiegervater Andreas Jessen, dem Meldorfer Kaufmann Jens Jessen (1700-1753), bis zu dessen Tod gehörte.

Später lebt hier bis zu seinem Tod der vermutlich entfernt mit diesen verwandte und aufgrund persönlicher Verdienste vom dänischen König geadelte Landschreiber Matthias Reinhold Jessen (1705-1783), bis zu seiner Amtsniederlegung 1777 als Landschreiber für Süderdithmarschen bezüglich der Steuerzahlungen ebenfalls häufige Kontaktperson der Nordhastedter Vögte. Der Landschreiber Matthias Jessen ist im Übrigen, über die Schwesternschaft der beiden Mütter, ein Vetter des ehemaligen Landvogts Christian Siegfried Eggers (s.u.), der deshalb bei der Vermittlung des Erwerbs seines Nachfolgers Boie im Jahre 1784 aus dem Vorbesitz des gerade verstorbenen Cousins behilflich ist.

Johann Harders wird im Ergebnis als Kirchspielvogt regelmäßig ab 1784 zu den im neuen Amtssitz des Landvogtes Heinrich Christian Boie stattfindenden "Landesversammlungen" im Kreise der versammelten Kirchspielvögte und Landesgevollmächtigten für die nächsten 20 Jahre im ehemaligen "Elternhaus" seines Schwiegervaters ab 1788 verkehren. Heinrich Christian Boie erwirbt das Anwesen wohl auch deshalb, weil es sowohl in unmittelbarer Nachbarschaft des Anwesens seines Amtsvorgängers Christian Siegfried Eggers (dieses drei Häuser weiter westlich), also im angemessenen „Regierungsviertel" liegt, als auch rückwärtig mit seinem großen Garten an sein Geburtshaus angrenzt.

Hier im „mittleren" Pastorat im Rosenviertel Meldorfs, auf das er, wenn er aus seinen neuen rückwärtigen Fenstern schaut, am Heisterberg gelegen, blicken kann, ist er in der Meldorfer Zeit als Kompastor seines Vaters Johann Friedrich Boie (1716-1776, Meldorfer Amtszeit von 1741-1757) im Juli 1744 als ältester Sohn wohl geboren und aufgewachsen, bevor sein Vater 1757 Propst in Flensburg werden kann und mit der Familie dorthin verzieht.

Das Kompastorat wird noch für das Jahr 1811 als geräumig beschrieben[130], hat einen Saal und sechs beheizbare Zimmer, einen Keller sowie einen sehr großen Garten, in dem ein weiterer Stall steht. Dieser bereits größere Pastoratsgarten seiner Kinderzeit dürfte den Landvogt Boie später für seine unmittelbar an diesen angrenzende neugestaltete parkähnliche Anlage inspirieren. An der Stelle des Mittleren Pastorats stand zu Zeiten der alten Republik um 1500 noch eine kleine Kapelle, so dass die Lage zur Mitte des 18. Jahrhunderts noch gelegentlich als „zur Kirche" oder „bei der Kirche" bezeichnet wird.

Rückansicht des Hauses von Landvogt Heinrich Christian Boie

Das von Boie 1784 aus dem bis 1753 Vorbesitz des Jens Jessen erworbene Grundstück an der Zingelstraße hat Letzterer allerdings erst 1750 von der Erbengemeinschaft der Frau Etatsrath von Ehrencron erworben[131]. Diese Catharina Beate geb. Boje (1675-1742) ist vor ihrer Ehe mit dem Glückstädter Kanzleirat Friedrich Adolph Hansen von Ehrencron (1652-1711) bereits zweifache Witwe. In erster Ehe heiratet sie 1698 in Meldorf den aus Rostock stammenden, verwitweten und zu dieser Zeit bereits emeritierten Süderdithmarscher Landschreiber Stephan Clotz(ius) (1636-1698, Amtszeit 1663-1696), der bereits vier Monate nach der Heirat im November 1698 stirbt und aus dessen Vorbesitz dieses große Anwesen stammen dürfte. Er wird schon 1694 in einer Bürgerliste in diesem Meldorfer Rosenviertel genannt[132]. Als Witwe Clotzius heiratet sie dann im August 1700 den bereits zweifach verwitweten Süderdithmarscher Landvogt Christian Gude (1644-1702, Amtszeit 1681-1701), der ebenfalls schon nach kurzer Ehezeit verstirbt. Dessen Lebens- und Arbeitsmittelpunkt lag dagegen am Nordermarkt auf den Flächen, auf denen später der Landschreiber Carsten Niebuhr seinen neuen Amtssitz errichten lässt. Als Canzley- und Regierungsrath Christian Gude wird er hier im Klosterviertel, zu diesem Zeitpunkt auch noch alternativ Lilienviertel genannt, in einer Hausliste des Jahres 1694 erwähnt.

Die Witwe Gude geb. Boje heiratet im Dezember 1704 den Glückstädter Kanzleirat von Ehrencron in für sie dritter Ehe, die dann mit sieben Ehejahren, bis zum Tod des Mannes, auch am längsten währt. Catharina Beata geb. Boje kann bei ihrem eigenen Tod im Jahre 1742 auf eine beeindruckend standesgemäße, aber Männer verschleißende Heiratsbilanz zurückblicken. Väterlicherseits ist sie eine Enkelin des einstigen Landvogtes Hinrich Wasmer (1588-1643), aber auch eine Nachfahrin des ersten Süderdithmarscher Landvogtes, des schon genannten Jacob Harder (1480-1563), mütterlichsseits u.a. eine Urenkelin des von 1650-1676 Meldorfer Kirchspielvogtes Nicolaus Johannsen und dessen Frau Heinke Nanne, die wiederum aus dem altehrwürdigen Lundener Nannen-Geschlecht stammt und ihre Ahnenreihe sogar auf „den" Dithmarscher Vorkämpfer von 1500, Wulf Isebrand, zurückführen kann. Während der knapp 44-jährigen Besitzzeit der Meldorfer Immobilie dürfte sich Catharina Beate allerdings selten dort aufhalten, sie stirbt 1742 in Hamburg.

Sehr wahrscheinlich nutzt der vor Eggers amtierende Landvogt Friedrich Christian von Helm (1670-1744, im Amt 1701-1744) nach dem Tod des Kanzleirats Ehrencron und Wegzug seiner Witwe als Mieter bis zu seinem Tod große Teile des Anwesens für seine Amtsgeschäfte. Privat lebt der Landvogt Helm aber vorwiegend auf einem über 100 Morgen großen Hof in Harmswöhrden aus dem Vorbesitz seines mütterlichen Großvaters Detlef Junge. Dieser Hof wird später den Namen „Kanzlei" nach seinem Nachbesitzer, des „Kanzleirats" Offenhusen, tragen.

Als es der Meldorfer Kaufmann Jens Jessen laut Brandversicherungsakten von den Ehrencron-Erben am 18. April 1750 erwirbt, besteht das imposante alte „Clotzius"- (und von Helm)Anwesen des späten 17. Jahrhunderts aus einem zur Zingelstraße gelegenen, beeindruckend großen Wohnhaus von 25 Fach (=nebeneinander liegende Fenster-Fächer oder entsprechendes „Fachwerk"; gemessen an einer Stirn- und einer Seitenlänge, also ein hinreichend bestimmendes Maß für die gesamte Grundfläche) mit einem Brandwert zu 6.000 Mark taxiert (1741), sowie einem zum Graben (heute rückwärtige Rosenstraße) gelegenen Küchen- und Brauhaus von nochmals 15 Fach zu 1.800 Mark, einem Reit- und Pferdestall von 6 Fach (320 Mark), einem weiteren sehr großen Stall von 15 Fach (1.300 Mark) sowie einem alten Gewächshaus.

Das durch den späteren Boie'schen Garten berühmt werdende Anwesen hat also bereits lange zuvor eine Landvogt Boie aus seinen Kindertagen in unmittelbarer Nachbarschaft zum Vaterhaus hoch vertraute und großzügige barocke Gartenkultur. Hier dürfte auch bereits der in Meldorf im Juli 1736 aus Billwerder eingebürgerte Kunstgärtner Claus von Hachten (ca. 1710-1757) bis zu seinem Tod und später auch sein Sohn Christopher (1744-1784) für Landvogt von Helm bzw. Landschreiber von Jessen tätig gewesen sein. Das gesamte Anwesen hat 1744 einen Gesamtbrandwert von knapp 10.000 Mark. Jens Jessen lässt bereits 1751 zunächst den großen Stall und das wohl bereits zu dieser Zeit ebenfalls sehr veraltete Gewächshaus im hinteren Teil des Grundstücks, in unmittelbarer Nähe des Kompastorats und noch unter den Augen des siebenjährigen Nachbarsjungen Heinrich Christian Boie, abreißen und den östlichen (linken) Teil des großen Vorderhauses „an der Zingel" durch einen nun separierten Neubau ersetzen.

Das Grundstück wird vier Jahre nach seinem Tod von seinen Erben - Johann Harders Schwiegervater Andreas Jessen und dessen älterer Bruder Peter - im Jahre 1757 geteilt, nachdem Andreas Jessen von seinem Theologiestudium in Jena wieder in seine Vaterstadt zurückgekehrt ist. Das zur Zingelstraße gelegene vordere linke (östliche) und erst 1751 neu errichtete kleinere Haus geht zunächst an den Brunsbüttler Landesgevollmächtigten Jacob Boje (1697-1764), der hier für seine zahlreichen Meldorfer Amtstermine möglicherweise einen günstig gelegenen Anlaufpunkt erwirbt, später u.a. auch einige Jahre vor 1779 als Armenschule genutzt, über den aus dem oberpfälzischen Altdorf stammenden Aktuarius Johann Ulrich Christoph Tresenreuter (1739-1783).

Der wurde ab 1778 Amtsnachfolger des schon genannten Johann Athen Remmers und dessen Adjunkt und direkten Amtsnachfolger Jacob Nicolaus Hoppe (1738-1778, Aktuar von 1768-1778). Schließlich erwarb das Haus 1784 der Landvogt Heinrich Christian Boie, der es wieder mit dem zweiten vorderen und größeren Grundstück und Haus im gemeinsamen Besitz zusammenlegen kann, das 1757 von den Jessen-Brüdern an den wahrscheinlich entfernt verwandten „Vetter" Landschreiber Matthias Jessen verkauft wurde.

Landvogt Boie baut 1784 als seine neue Landvogtei die beiden vorderen Gebäude „an der Zingel" nach von eigener Hand erstellten Bauplänen um, ohne allerdings, wie vor 1751 existierend und ihm aus Kindertagen bekannt, beide Häuser wirklich wieder zu verbinden.

Ein hinterer kleinerer, zum Graben gelegener Teil des großen Grundstücks geht 1757 von den Jessen-Brüdern an einen Claus Fack und bleibt zu Boies Zeiten vom vorderen Teil im Eigentum getrennt. In diesem kleinen und an seine Gartenanlage angrenzenden rückwärtigen Haus wird Landvogt Boie ab 1790 die bei ihm als Kunstgärtner beschäftigten Brüder Johann (1753-1810, in Meldorf ab 1784) und Johann Christopher Büttner (ca. 1754-1821, in Meldorf ab 1790) einziehen lassen, beides Söhne eines Baumeisters aus Stockhausen im Hessischen, zu denen Boie vermutlich über seine frühen niedersächsischen Verbindungen Kontakte aufnehmen konnte. Das lässt sich zumindest auch aus dem Umstand schließen, dass die erste Frau Henriette Dorothea Meier (ca. 1757-1792) des letztgenannten Johann Christoph Büttner bei ihrem Tod in Meldorf als aus Celle stammend bezeichnet wird, wohin Boie bekanntlich zeitlebens beste Verbindungen unterhält.

Die im hinteren Bereich des Grundstücks noch vor 1753 bestehenden weiteren Stall- und Nebengebäude lässt Boie ebenfalls abreißen, um seine Pläne für eine große Gartenanlage verwirklichen zu können. Die ab 1784 neue Süderdithmarscher Landvogtei des Heinrich Christian Boie ist also an dieser Stelle auf eine langjährige und bereits zuvor äußerst prominente Meldorfer Lage mit entsprechender älterer Gartenkultur gegründet, eine würdige „erste Adresse am Platz" mit einer zudem mindestens zeitweisen Verbindung zur Familiengeschichte des Nordhastedter Vogts Johann Harders und vor allem der seiner Frau Christina geb. Jessen.

Landvogt Boie und die Nordhastedter Kirchenvisitation

Möglicherweise kann aber auch der im Alltag sicherlich "plattdeutsch" sprechende und nicht unbedingt auf Integration in die Meldorfer Gesellschaft ausgerichtete Nordhastedter Kirchspielvogt Johann Harders als typischer Dithmarscher im gesellschaftlichen und privaten Umgang nicht allzu viel anfangen mit dem nur das Hochdeutsche sprechenden und seit 1781 neuen Landvogt, der, obwohl in Meldorf geboren, zeitlebens doch auch seinerseits auf Distanz zu dieser "Provinz" und den Dithmarschern im Allgemeinen bleibt.

So tituliert Boie die Meldorfer Gesellschaft in Briefen auch schon mal als steif und stumpf und bemängelt, dass bei der vorherrschenden Form von Geselligkeit Essen und Trinken höher im Kurs stünden als irgendein geistvolles Gespräch: "Es ist kein Sinn hier für das Edle, Gute und Schöne." Entsprechend schöngeistigen Tiefgang wird er da erst recht nicht im nahegelegenen, aber glücklich in seiner relativen Abgeschiedenheit dahin existierenden Nordhastedt suchen, geschweige denn finden.

Gleichwohl besucht Landvogt Boie in den Folgejahren nach seinem Amtsantritt zum 1. Mai 1781 regelmäßig auch Nordhastedt, vorrangig beruflich begründet. Mindestens bei Gelegenheit der alle drei Jahre stattfindenden, in der Zuständigkeit der Landschaft liegenden kleineren Kirchenvisitationen – im Gegensatz zu den großen durch die Landeskirche durchgeführten Generalvisitationen - reisen er und der Propst Süderdithmarschens in Begleitung des Protokoll führenden Gerichtsaktuars, mit Pferd und Wagen auf den Geestrücken. Da das Reisen aufgrund der schlechten Straßenverhältnisse häufig nur im trockenen Sommer halbwegs erträglich ist, ist es üblich, dass diese Revisionsbesuche in den Hochsommerwochen stattfinden.

Eine ordentliche Kirchenvisitation läuft immer nach dem gleichen Schema ab. Die obrigkeitliche Revision der örtlichen Kirchen- und Schulangelegenheiten beginnt mit einem in der Regel gut besuchten Gottesdienst, den der zu überprüfende örtliche Pastor leitet, der auch die Predigt hält. Anschließend werden die Konfirmanden vor der versammelten Kirchengemeinde durch den Propsten in einer mehr oder weniger lockeren Befragung bezüglich ihres erreichten Wissensstandes geprüft.

Nach Beendigung des Gottesdienstes zieht man sich für die weitere Revisionsarbeit in das Pastorat zurück. Hier sitzen Propst und Pastor, Landvogt, Kirchspielvogt und Landesgevollmächtigter des Kirchspiels sowie der Protokoll führende Aktuar mit den gewählten Vertretern der Kirchengemeinde beisammen und gehen durch die immer gleiche Tagesordnung, zu der nach guter alter Landessitte ausgedehnte Haupt- und Zwischenmahlzeiten gehören. Das jedenfalls ist aus erhaltenen Abrechnungen für Verköstigungen bei diesen Visitationen zu schließen[133].

In Nordhastedt erhält der Pastor für die Beköstigung einer achtköpfigen Gruppe über Jahre hinweg eine konstante Summe von 12 Reichstaler von der Gemeinde zugestanden. Erst im 19. Jahrhundert wird dieser Betrag erhöht werden. Für diesen Betrag könnte er 3.000 Eier auffahren lassen, vermutlich wird die Speisenfolge aber doch etwas abwechslungsreicher, dennoch üppig genug, ausfallen können.

Noch großzügiger dürften sich die Speisungen dagegen in anderen Dithmarscher Kirchspielen darbieten. Auch wenn die Runden dort gegenüber Nordhastedt geringfügig größer sein könnten, sind die z.B. in Brunsbüttel veranschlagten Beträge von 12-30 Reichstaler oder sogar 18-36 Reichstaler in Meldorf noch beeindruckender.

Die abgehenden Kirchenbaumeister, also Rechnungsführer der Kirchenkasse, als auch die für die letzten drei Jahre als Aufseher für das Armen- und Schulwesen bestimmten Diakone sowie der Pastor und der als Lehrer fungierende Küster legen die entsprechenden Bücher vor und erstatten Bericht über die Kassenlage, den Zustand von Kirchen- und Schulgebäuden sowie die sittlich-moralische Verfassung der Kirchengemeinde und die aktuelle Schulsituation.

Häufig werden die Visitationssitzungen genutzt, um inhaltliche Streitigkeiten zwischen den örtlichen Vertretern vorzutragen, die bislang gemeinde-intern nicht gütlich beigelegt werden konnten oder die in Zuständigkeit dieses Gremiums zu beschließen sind. Besonders auffällig sind dabei in vielen Dithmarscher Kirchengemeinden dieser Epoche die ausgetragenen Machtkämpfe zwischen weltlicher und kirchlicher Führungsebene, sprich Vogt und Landesgevollmächtigten auf der einen und Pastoren auf der anderen Seite, für deren Machtbalance zueinander es außer diesen Kirchenvisitationen, denen Landvogt und Propst gemeinsam vorsitzen, keine andere übergeordnete formale Instanz gibt.

Abschließend werden aus den vorgestellten neuen Kandidaten für die Nordhastedter Ämter der beiden Kirchenbaumeister und Diakone die neuen Amtsinhaber für die nächsten drei Jahre erwählt und in Funktion gesetzt. Erst ab 1811 wird die Neuwahl der Kirchenämter in Nordhastedt im Nachgang des Visitationsbesuchs durchgeführt[134].

Erstmals nimmt Heinrich Christian Boie, gemeinsam mit Propst Jochims und dem seit 1778 protokollführenden Meldorfer Gerichtsaktuar Johann Ulrich Christopher Tresenreuter, unmittelbar nach seiner Amtsübernahme anlässlich der Visitation am Donnerstag, den 26. Juli 1781, an einer solchen Sitzung in Nordhastedt teil. Tresenreuter ist der zwei Jahre später versterbende Vorbesitzer des einen seiner beiden später die Landvogtei bildenden Häuser in der Zingelstraße. Den nächsten Aufschlag nimmt Boie dann, noch mit dem alten Kirchspielvogt Claus Harders, am Donnerstag, den 8. Juli 1784. Hier nimmt als Protokollant Aktuar Friedrich Christian Krück, ein 1759 geborener Preetzer Pastorensohn, sowie erstmals auch der neue Nordhastedter Pastor Andreas Jessen, am Donnerstag, den 20. September 1787 teil, nachdem Landvogt Boie erst Anfang des Monates von einer längeren Reise nach Pyrmont, Celle, dem Harz und Hannover zurückgekehrt ist.

Wenige Wochen später wird Boie Anfang Dezember seiner zukünftigen zweiten Frau Sara von Hugo (1754-1842) einen schriftlichen Heiratsantrag machen, nachdem seine erste und tief geliebte Frau Luise geb. Mejer im Juli des Vorjahres in Meldorf, noch vor ihrem vierzigsten Geburtstag, verstorben ist.

Erstmals laut Protokoll auch offiziell, vermutlich zuvor seit 1780 aber schon inoffiziell zugegen und fortan regelmäßig, trifft Boie mit Johann Harders am Dienstag, den 10. August 1790, im Nordhastedter Pastorat zu einer solchen Sitzung zusammen. Wenige Monate später wird, wie bereits berichtet, der ebenfalls anwesende Propst Jochims versterben. Es ist diese August-Sitzung des Jahres 1790 die letzte, in der auch der alte Vertraute des Vaters Claus Harders, der Landesgevollmächtigte Marx Marxen aus Nordhastedt teilnimmt. Ab der kommenden Sitzung vom Dienstag, den 29. August 1793, nimmt, nach Marxens Tod, der neue Landesgevollmächtigte Marx Wittmaack aus Osterwohld teil. Wittmaack wird in den kommenden Jahren für den Kirchspielvogt Johann Harders ein ebenso vertrauter, langjähriger Weggefährte, wie zuvor Marx Marxen für seinen Vater. Marx Marxens Stiefvater ist im Übrigen ebenfalls ein Hans Wittmaack, wohl ein Großonkel seines Nachfolgers.

Ein neuer Propst und die alten Meldorfer Markthäuser

Auch der zu diesem Zeitpunkt schon 60-jährige Propst Hinrich Johann Voss (1733-1803), zu dessen Amtseinführungsessen zwei Jahre zuvor Landvogt Boie die Meldorfer Gästeschar mit Eis beglückt hat, ist als Nachfolger des verstorbenen Vorgängers Jochims in dieser Sitzung im Sommer 1793 neu in der Runde. Der Kirchenpropst und Meldorfer Hauptpastor Voss wird zehn Jahre später in Meldorf versterben. Vor Übernahme des Propstamtes in Meldorf war Hinrich Johann Voss seit 1760 Pastor in Süderhastedt.

Er stammt aus einer alten Dithmarscher Pastorenfamilie. Schon sein Vater Christoph Voss (1692-1742) war als damaliger (nur!) Kompastor kurzzeitig Meldorfer Propst und in dieser Funktion wohl ebenfalls, damals noch zusammen mit dem Nordhastedter Vogt Marx Harders, zu gemeinsamen Visitationssitzungen in Nordhastedt. Dessen Vater wiederum, Martin Voss (1643-1716), war zuvor für kurze Zeit (1669/1670) Rektor der Meldorfer Gelehrtenschule und später noch Pastor in Meldorf. Über diesen ist der „aufklärerische Publizist" Holsteins, August Adolph Friedrich von Hennings, ein Neffe 2. Grades des Propsten Voss.

Eine damit ebenfalls mit Wurzeln in der Meldorfer Familie Voss versehene Schwester des Aufklärers August Hennings, Sophie Christina Louise (1742-1817), ist zudem mit dem Hamburger Arzt Johann Albert Heinrich Reimarus (1729-1814) verheiratet, der nicht nur zum guten Freund des Landvogts Boie in Meldorf wird, sondern u.a. auch zum engsten Freundeskreis des seit 1768 als Nachfolger von Georg Philipp Telemann (1681-1767) als städtischer Musikdirektor und Kantor am Johanneum 20 Jahre in Hamburg tätigen und wie kaum ein anderer die (nord-)deutsche Musikszene dieser Jahrzehnte beeinflussenden Bachsohn Carl Philipp Emanuel Bach (1714-1788) gehörte. Der ist zu seinen Lebzeiten berühmter als sein Vater.

Der greise Reimarus wird 1814, aus Hamburg vor den Franzosen flüchtend, bei seinem Schwager Hennings, der zu dieser Zeit Administrator auf Rantzau ist, sterben. Die Visitationsrunde in Nordhastedt des Jahres 1793 zeigt sich also durchaus nah am kulturellen Puls der Zeit. Doch auch noch weitere mit der älteren Meldorfer Baugeschichte Verbundene sitzen in diesem Sommer am Tisch im Pastorat.

Adelheit Catharina, Mutter von Hinrich Johann Voss, wiederum ist eine Tochter des in Wersabe bei Cuxhaven wirkenden Pastors und Propsten des Stadischen und Vierländischen Kirchendistrikts Christian Adam Pavonarius (1644-1726) und eine Nichte des im Dezember 1719 in Meldorf eingebürgerten Amtschirurgus Johann Bernhard Pavonarius in der Meldorfer Süderstraße (südwestliche Burgviertel-Seite). Und damit ist sie Cousine dessen Sohnes Christian Hinrich Pavonarius, der im Mai 1749 die Witwe des Meldorfer „königlichen Freimeisters der Barbierskunst" Johann Harders (1685-1748) heiratet.

Seine Meldorfer Harders-Familie hat das schon genannte „Wasserhirsch-Siegel" verwendet und sie wird entfernt über die schon aufgezeigten altdithmarscher Verbindungen mit den Nordhastedter Harders verwandt sein. Der mit „zwei Rosen" siegelnde Christian Hinrich Pavonarius übt ebenfalls das Barbier- und Chirurgenamt fortan in dem alten Harders-Haus im Meldorfer Geerviertel „an der Mauer am Kirchhofe" aus[135].

Denn noch bis zum Jahr 1811 umringt die Kirche und den bis in dieses Jahr hinein noch als solchen genutzten, umliegenden Friedhof eine Friedhofsmauer, die mit Ausnahme eines kleinen Karrees am Südermarkt, auf dem die Märkte abgehalten werden und eines mit ungefähr doppelter Straßenbreite ausgestatteten Bandes am Nordermarkt, rings um die Kirche jeweils nur wenige Schritte Platz für den um die Kirche sich mühenden Verkehr lässt. Der ehemalige Bürgermeister und Chronist Meldorfs, Willy Schmedtje, gibt die Höhe dieser Mauer mit rund 1,25m an[136].

Die Platzierung des Barbier-Hauses direkt an der alten Friedhofsmauer lässt allerdings auf eine wenig beeindruckende Erfolgsquote der Herren Chirurgi schließen. Nach Einebnung des alten, um die Kirche gelegenen Friedhofs (1834), wird das Haus am 3. Januar 1839 als das nun „Fixensche Haus" nebst einem kleinen, zu Norden an der Mauer anschließenden Garten - zuletzt bewohnt vom verwitweten und aus Heide stammenden Klempner Johann Friedrich Fixen mit seinen Kindern - von einigen wenigen Meldorfer Bürgern, unter denen sich auch der künftige Schwiegersohn des Nordhastedter Vogts Johann Harders befindet, aufgekauft und der finanzschwachen Kommune zum Abriss überlassen, damit fortan eine freiere und bessere Nutzung des Südermarktes möglich wird[137].

Alten Marktplänen zufolge befindet sich heute an dieser Stelle die freie Fläche vor dem Bankgebäude an der Ecke Spreetstraße. Mit einem ebenfalls noch auf dem Nordermarkt an der dortigen Mauer befindlichen zweiten Haus wird man im Frühjahr 1846 ähnlich verfahren, nachdem bereits ein an der nordöstlichen Ecke der Friedhofsmauer die Umfahrung erschwerendes weiteres Fachwerkhaus bereits im Jahre 1789 abgetragen wird.

Ein ebenfalls noch bestehendes viertes und deutlich jüngeres Haus an der Mauer, das sogenannte „Schrang"- oder „Schrankenhaus", liegt dagegen gen Süden zum Südermarkt hin, gegenüber den Marktbuden. Hier wird vermutlich der Zugang zum Markt und Friedhof beschrankt und geregelt. Es wird erstmals im September 1764 „als der Kirche zugehörig" unter den Gebäuden des Geerviertels im Brandversicherungsregister aufgenommen[138], findet aber auch schon 1757 Erwähnung. Erst nach Abtragen dieser Markthäuser, zur Mitte des folgenden 19. Jahrhunderts, entwickelt sich der heute als solcher wahrnehmbare, großzügig anmutende freie Platz rund um die St. Johannis-Kirche.

Fortan kann sich auch der wöchentliche Freitagsmarkt über den bisher ausschließlich genutzten südlichsten Bereich um die Pumpen am Südermarkt herum ausbreiten, zu dem allein seit einer Verfügung aus dem Jahre 1717 auch „fremde(n) Handelsleute(n) während der Marktzeit... ihre Waaren feilzuhaben vergönn(t)" ist. Die genannten drei Buden auf dem Südermarkt können für diese Zwecke wohl erstmals ab 1762 für 14 Schilling im Schrankhaus angemietet werden.

Neben den genannten Verbindungen der Familie des Kirchenpropsten Voss zur Familie Harders ist an dieser Stelle der Vollständigkeit halber noch eine weitere zu ergänzen. Im Dezember des Jahres 1814 wird die Tochter Charlotta Amalia des Propstes Hinrich Johann Voss den Marner Jacob Wilckens (1775-1819) heiraten. Dieser sowohl in Marne als auch später Altona wirkende Kaufmann ist als Sohn des Marner Bierbrauers Boje Wilckens, dem schon erwähnten Vetter des Nordhastedter Kirchspielvogts, folglich über seine in Nordhastedt geborene Großmutter Trinke geb. Harders ein Neffe zweiten Grades.

Es wird häufig bereits Abend sein, wenn der Meldorfer Besuch nach den anstrengenden Mammutsitzungen der Kirchenvisitation müde, vermutlich bodenständig gut, aber mindestens reichlich genährt mit einem 12-Taler-Mahl, Nordhastedt wieder verlässt. Es ist kein Urteil überliefert, das der heimkehrende Boie über die Nordhastedter im Allgemeinen oder deren Gastlichkeit im Besonderen hinterlassen hätte. Allein die Fahrt am bewaldeten Geestrücken des Riesewohld entlang, über Odderade und Sarzbüttel, das Gasthaus nebst Mühle an der Dellbrücke, Bargenstedt und Nindorf, der untergehenden Sonne entgegen, könnte den des Abends ob der immer gleichen Routine solcher Termine erschöpften Boie etwas aufheitern und statt der ansonsten häufig baumlosen Eintönigkeit Dithmarschens den Kulturmenschen und Schöngeist doch zumindest etwas mehr an glücklichere und Inspiration verheißende Tage im Göttingen seiner Literatenzeit erinnern, oder anregende Besuche der befreundeten Adelsfamilien Reventlow und Stolberg auf Gut Emkendorf, aus deren Umarmungen er sich, „dem Zauberkreise entfliehend", erst mit Beginn dieser 1790er Jahre zurückzuziehen beginnt.

Die dort immer mehr zu Tage tretenden Tendenzen einer aufklärungskritischen Haltung in Verbindung mit einer starren, zur „Frömmigkeit" neigenden Religiosität, die teilweise schon ins Mystische und sogar „katholische" treibt, stößt den konfliktscheuen und eigentlich unpolitischen Boie unter dem immer stärker werdenden Einfluss seines Schwagers, des Literaten und Eutiner Rektors der dortigen Gelehrtenschule Johann Heinrich Voss (1751-1826), in den zunehmend polarisierenden, weil politisierten Jahren nach Ausbruch der Französischen Revolution immer mehr ab.

Boies Schwager Voss geißelt die Religiosität des Emkendorfer Kreises als „Scheinprotestantismus" und „papistisches Possenspiel" und tritt sogar noch um 1800 mit einer deutlichen Adelskritik, im Kleide eines alten Luther-Liedes, nach[139]: *„Erhalt uns, Herr, bei deinem Wort, und jage Päpst' und Junker fort!"* Einer Erwähnung in seinem umfangreich erhaltenen Briefverkehr dieser Jahre wert sind Heinrich Christian Boie die demgegenüber profan idyllischen Dorfbesuche in Nordhastedt offensichtlich nicht, also doch eher routinierte berufliche Pflicht in einer „kleinkariert" empfundenen Provinz denn menschlich, kulinarisch oder anderweitig sinnlich anregendes Vergnügen.

Jahre des Sturms, Jahre des Feuers

Für den Nordhastedter Kirchspielvogt Johann Harders und seine zweite Frau Christina beginnen in dieser Zeit zu Anfang der 1790er Jahre die ersten Ehejahre mit gemeinsamen Kindern. Ende November 1792 wird in Nordhastedt die Tochter Christina Maria geboren[140], nachdem der erstgeborene Sohn Johann Nicolaus nach einem knappen halben Jahr schon im Februar 1791 verstorben ist. Nicht nur das Leben auf dem Harders-Hof wird dadurch lebhafter, auch das Wetter schlägt unmittelbar Kapriolen.

Der Dezember 1792 ist wiederum sehr windig. Am Montag nach dem 2. Advent, dem 10. Dezember, und nochmals am Mittwoch vor Weihnachten, dem 19. Dezember, wird der Sturm so stark, dass es nach mehreren ruhigeren Jahren zu zahlreichen kleineren Deich brüchen in den Elbmarschen sowie Baumentwurzelungen und Dachabdeckungen in Dithmarschen kommt. An den Norderdithmarscher Stränden wird in der Adventszeit besonders viel Strandgut von in Seenot geratenen Schiffen geborgen, so "Leinwand, mehrere tausend Ellen Kammertuch, an die hundert Flaschen Wein sowie Tobak und Brantewein". Schwerste Verwüstungen entstehen auf der Insel Pellworm.

Auch noch der folgende Jahresbeginn 1793 bleibt für die Landmänner im Westen Holsteins unruhig. Bei einem erneuten sonntäglichen Orkan am 3. März 1793, zu Ende dieser stürmischen Wintersaison 1792/93, werden im benachbarten Norderdithmarscher Hennstedt nahezu alle Hausdächer abgedeckt. Da die Bewohner sich nicht gefahrlos ins Freie wagen können, müssen die an diesem Tag vorgesehenen Konfirmationsfeiern im Dorf ausfallen. Bis in den Juni hinein zieht sich eine unangenehme Frühjahrskälte, die im Juli und August fast auf Schlag von einer besonders starken Hitze und Trockenheit abgelöst wird.

Doch während die Jahre in Nordhastedt, wie im gesamten Dithmarschen, bei allen alltäglichen Sorgen der Landbevölkerung - mal wieder wüten die Blattern in der Landschaft und lassen nach Hansens Dithmarschen-Chronik allein 1794 mehr als 250 Kinder in Süderdithmarschen sterben - eher ruhig und wirtschaftlich gesehen sogar gut verlaufen, bieten die Gazetten neben aller politischen und zunehmend im Süden Europas auch kriegerischen Bewegung auch den einen oder anderen lokalen Gesprächsstoff.

So im Frühjahr 1794, als eine Nachricht aus Kopenhagen dazu angetan scheint, neue Sondersteuern vergegenwärtigen zu müssen. Am Nachmittag des 26. Februar 1794 brennt das königliche Schloss Christiansborg in Kopenhagen am helllichten Tage samt Schlosskirche und Bibliothek ab. Nur die Stallungen werden von den bis zum folgenden Morgen wütenden Flammen verschont. Knapp 160 Bedienstete und Höflinge kommen in den Flammen um. Es scheint, als sei die damit ausgelöste "Obdachlosigkeit" des dänischen Königs - tatsächlich zieht die Königsfamilie in das nur wenige hundert Meter entfernte Schloss Amalienborg um - ein Signal dafür, dass zunehmend auch der europäische Norden in den Strudel der den Rest Europas längst beherrschenden politischen Wirren gerissen werden könnte.

Wenige Wochen zuvor wird am 22. Dezember 1793 in Frankreich ein 24-jähriger Artillerie-Kommandant namens Napoleon Bonaparte aufgrund seiner Verdienste bei der erfolgreichen Belagerung der Stadt Toulon zum Brigadegeneral ernannt. Im revolutionären Frankreich nimmt man erstmals in weiteren Kreisen Notiz von diesem jungen Korsen, dem eine durchaus beachtliche militärische Karriere zugetraut wird.

Am zweiten Weihnachtstag 1794 wird in einer wohl für die Familie besonders eindrucksvollen Zeremonie vom Großvater Jessen der Sohn Johann Andreas des Nordhastedter Kirchspielvogts und seiner Frau Christina getauft[141]. Möglicherweise ist es ein dem Termin geschuldetes und somit jahreszeitlich bedingtes Kalkül des Vogts, bei dieser Taufe, im Unterschied zu den meisten anderen Kindstaufen, nicht auf Familienmitglieder aus dem ferneren Wöhrden zurückzugreifen, sondern um die Gevatternschaft dreier Nordhastedter zu bitten.

Schloss Christiansborg brennt im Jahr 1794

Neben dem Schneider Hans Offermann, dem Mann einer zu diesem Zeitpunkt bereits verstorbenen Cousine, werden die wohl befreundeten Nordhastedter Hausmänner Marx Thomsen und Claus Bracker als Paten des Jungen eingesetzt. Von dieser Patengemeinschaft werden wir im Fortgang der Geschichte noch Weiteres erfahren. Der junge Täufling wird der einzig erwachsen werdende Sohn des Kirchspielvogts bleiben und dereinst das Amt vom Vater übernehmen, eine Hoffnung, der sich der zu diesem Zeitpunkt bereits mit zu vielen Kindstoden konfrontierte 46-jährige Johann Harders wohl aber noch nicht ernsthaft hingeben mag.

Hungerwinter 1795/96 und Norderdithmarscher Landvögte

Das mit einem ganzen Vierteljahr großer Kälte beginnende Folgejahr 1795 bringt für viele der ärmeren Tagelöhnerfamilien in Dithmarschen, trotz guter Ernten, eine elementare Form von Not mit sich, die man hier schon lange nicht mehr erlebt hat. Eine im Vergleich zu den moderaten Vorjahren spürbare Teuerung hat das sich seit einigen Jahren im wirtschaftlichen Aufwind befindliche Land ergriffen, ausgehend von besonders stark steigenden Getreidepreisen im Gefolge der unruhiger gewordenen politischen Zeiten in Europa.

Die zunehmend in die Offensive übergehenden Truppen der französischen Republik besetzen auch das Rheinland und lehren das adlige Europa das Fürchten. Zugleich vernichten Stürme einen Großteil der britischen Westindienflotte. In Folge steigen die Getreidepreise sowohl in Holland als auch in England, den traditionellen Hauptabnehmern Dithmarscher Getreideüberschüsse. Unter dem Strich gut für die Großbauern wie Johann Harders, bringt die ausufernde und so bislang noch nicht erlebte Preisentwicklung doch zunehmend die ärmere Landbevölkerung unter Druck.

Alarmiert durch erste, noch vom Militär niedergehaltene Unruhen in Altona und Flensburg und die bereits im September des Vorjahres 1794 auch in Dithmarschen aufmerksam registrierten Unruhen der Insten in Kaltenkirchen, werden im Verlauf des Teuerungsjahres 1795 in zahlreichen Kirchspielen Holsteins erstmals Maßnahmen ergriffen, die erreichen sollen, dass im bevorstehenden Winter 1795/96 die Ärmsten der Bevölkerung an behördlich verordnet günstiges Getreide kommen können.

Man hat aus den Pariser Vorkommnissen vor einigen Jahren gelernt und will um jeden Preis weitere Hungerrevolten verhindern. Insbesondere findet hier neben dem Kirchspielvogt Scharffenberg in Kellinghusen[142] der Norderdithmarscher Landvogt Nicolaus Behrens (1734-1796) besondere Erwähnung. Der bis 1777 als Nachfolger von Johann Matthias Thiessen vormalige Kirchspielvogt in Marne ist seit seiner Heirat 1766 mit der Schwester Dorothea Amalia (1743-1805) des in Hennstedt als Jurist und auch Kirchspielvogt tätigen Hinrich Georg Hudemann (1739-1806) gut vernetzt mit der Norderdithmarscher Verwaltungsprominenz.

Nach der „Wiedervereinigung von 1773" ist der Rösthusener, dessen Großonkel u.a. der ehemalige Kirchspielvogt und Landespfennigmeister Claus Lienau (1682-1767) war, auch selbst gut einsetzbar im nun ebenfalls königlichen Norden. Hier tritt er die Nachfolge an des seit 1762 amtierenden und aus altem mecklenburgischen und früh in Holstein sowohl auf königlicher als auch herzöglicher Seite militärisch aktiven Adel stammenden Landvogtes Carl Friedrich von Lowtzow (1741-1789). Den großherzöglichen Etatsrat von Lowtzow zieht es bereits im Dezember 1777 ins nach wie vor gottorfsche Eutin als Regierungs- und Kammerpräsident. Ihm lastet der Norderdithmarscher Huldigungseid, den er 1773 dem König leisten musste, anscheinend doch zu schwer auf der Gottorfer Seele.

Behrens weist seine Kirchspielvögte noch 1795, nur wenige Monate vor seinem Tod, entsprechend an[143]. Allein das Kirchspiel Lunden bringt 150 Tonnen „verbilligten" Roggen zusammen, da sich auf Anregung des Landvogtes zahlreiche Großbauern verpflichten, Roggen für 10 Mark die Tonne zu liefern, die dann an die Hilfsbedürftigen zu eben diesem Preis an Stelle eines Marktpreises von 17-18 Mark abgegeben werden, teilweise sogar mit einem Zahlungsaufschub bis in den Sommer 1796 hinein.

Weizen erreicht in dieser Saison einen Spitzenpreis von 23 Mark je Tonne. Vergleichbare Maßnahmen, eine entsprechende Notwendigkeit hierfür vorausgesetzt, sind für Süderdithmarschen nicht ermittelt. Hier steuert Landvogt Boie vielmehr der zunehmenden Anzahl Armer und Bettler mit der allerdings kaum angenommenen Einrichtung eines Werk- und Arbeitshauses entgegen. Bereits 1791 wird es im Meldorfer Norderviertel[144] gegründet. Unter der Führung des Werkmeisters Johann Wilhelm Jahn sollen hier arbeitsfähige Bedürftige ihren Lebensunterhalt statt durch Betteln durch Handarbeit selbst verdienen. Das Meldorfer Werkhaus wird aber schon kurz nach 1800 wieder geschlossen. Da trotz allem die Bettelei, nun auch vermehrt durch Zugereiste, über die Maßen zunimmt, sieht sich Boie zum Jahreswechsel 1795/96 genötigt, ergänzend zu den drei ordentlichen Nachtwächtern, durch geeignete Bürger eine zusätzliche „stille Nachtwache" in Meldorf aufzustellen, um drohende Diebstähle und Belästigungen im Keim zu ersticken[145].

Zur Beerdigung des auf einer Dienstreise am Schlagfluss verstorbenen Norderdithmarscher Landvogtes und gebürtigen Süderdithmarschers Nicolaus Behrens Ende April des Folgejahres 1796 werden auch Johann Harders und sein Schwiegervater Andreas Jessen aus Nordhastedt nach Heide anreisen. Auch Behrens gehört mindestens in seiner Marner Kirchspielvogt-Zeit zum erweiterten Freundeskreis des Andreas Jessen. Bei einem der früh versterbenden Jessen-Kinder in Windbergen wird er im Oktober 1774 als Pate eines kleinen Asmus eingesetzt. Die Tochter Amalie „Male" (1773-1815) des Heider Landvogtes wird nur wenige Jahre nach der Beerdigung ihres Vaters, im Mai 1800, den Sohn Barthold Georg Niebuhr des Meldorfer Landschreibers Carsten Niebuhr heiraten. Eine ältere Schwester ist die später sich um den Nachlass Niebuhrs verdient machende Schwägerin „Dore" Hensler (1770-1860).

Deren einziger Bruder Johann Siegfried Georg Behrens (1768-1828) ist bei der Beerdigung des Vaters bereits Doktor der juristischen Fakultät in Kiel. Er wird zunächst Amtsschreiber in Bordesholm, ab 1799 Landvogt in Süderstapel und ab 1802 langjähriger Landvogt in

Husum. Dessen in Kiel geborener Schwager Georg Joachim Johann von Sievers (1774-1843) wird als Angehöriger einer seit Generationen in „Gottorfer Diensten" stehenden Familie in nun russischen Diensten einer der verdienstvollsten Artillerie-Generäle Zar Alexanders bei der Vertreibung Napoleons 1812 und den bis 1815 folgenden Befreiungskriegen.

Vater Behrens Nachfolger als Landvogt in Heide wird Christian Matthias Jacob Johannsen (1747-1813), ein Sohn der noch ausführlich zu behandelnden langjährigen Meldorfer Vogtfamilie. Mit ihm, an den in Heide noch heute die Landvogt-Johannsen-Straße erinnert, wird die lange Reihe der Heider Landvögte fortgesetzt, die aus Meldorf bzw. Süderdithmarschen stammen. Beginnend 1707, als der zunächst Meldorfer Landvogt Paul Paulsen (1667-1741) als Nachfolger des letzten der Norderdithmarscher „Vieth/en", damals noch zum maßlosen Ärger des Königs und von diesem „in Ungnaden entlassen", in den Gottorfer Norden wechselt, setzt sich die Reihe (Paulsens Sohn Christian Hinrich, Behrens, Johannsen, Griebel) mit Carl Nicolaus Dietrich Hansen (1801-1863, 1834-1853 zunächst Kirchspielvogt in Meldorf, ab 1853 für zehn Jahre Landvogt in Heide) fast lückenlos bis in preußische Zeiten fort. Neben von Lowtzow durchbricht diesen Süderdithmarscher Familienreigen des dänischen 18. und 19. Jahrhunderts in der Heider Landvogtei zu Norden des Marktes nur der gebürtige Heider Paul Johann Friedrich Boysen (1803-1886, ab 1838 Nachfolger des ebenfalls gebürtigen Meldorfers Anton Christian Friedrich Griebel (1782-1855)), der aber im Nachgang der gescheiterten Erhebung 1848/1851 vom König abgesetzt und durch Hansen ersetzt wird.

Königstreue ist eine Beamtentugend, die offensichtlich zu allen Zeiten des 18. und 19. Jahrhunderts v.a. in der südlichen Landschaft blüht, während der in der langen gottorfschen Tradition stehende Norden diesbezüglich offensichtliche Mängel aufweist bzw. nach 1707 gar nicht mehr in ausreichender Zahl in die Position kommt, sich entsprechend zu bewähren. Ein Beleg für die ausgefeilte Personalpolitik der dänischen Krone, trotz Dithmarscher Indigenat, separatistische Tendenzen auch im traditionell königskritischen Norderdithmarschen in Schach zu halten. Auf der anderen Seite fällt es offenbar im vor 1773 immer kleiner gewordenen Gottorfer Reststaat ohnehin zunehmend schwer, überhaupt noch befähigte Landeskinder zu finden, die sich für herausgehobene Verwaltungsämter jenseits der bäuerlichen Prägung in den Kirchspielen eignen und interessieren. Zu klein sind auch zuletzt die Gestaltungs- und Entwicklungsperspektiven im klein gewordenen herzöglichen Besitz der ersten Hälfte des 18. Jahrhunderts, auch wenn in wirtschaftlicher Hinsicht Heide längst dabei ist, Meldorf den Rang abzulaufen. In den familiär geprägten Verwaltungsstrukturen auf Landschaftsebene behält auch im Hintergrund noch für eine ganze Weile der Süden die Zügel in der Hand.

Zu dem Zeitpunkt, als der preisgetriebene Hungerwinter 1795/96 dann mit aller Härte einsetzt, ist Johann Harders bereits alleiniger Kirchspielvogt in Nordhastedt. Denn schon im Spätherbst 1795 entschläft sein längst ergreister Vater[146]. Am Sonntag, den 29. November 1795, am Ende eines bitterkalten, zunächst von Nord-, später von vorwiegend Westwind geprägten, stürmischen Novembers, in dem in Eiderstedt und Dithmarschen erstmals richtig gefeuert werden muss und die Winterkleider aus den Truhen geholt werden, stirbt der verwitwete und seit Jahren immer stärker an seinen Altersschwächen leidende Kirchspielvogt Claus Harders im 84. Lebensjahr zu Ende dieses für Viele schwierigen Jahres 1795 in Nordhastedt. Johann Harders unterrichtet den Meldorfer Landvogt Heinrich Christian Boie unmittelbar über das Ableben des formal bis zuletzt amtierenden Kirchspielvogts[147]:

„Ich erachte es für meine Schuldigkeit, Hochwohlgeboren das Absterben meines Vaters hiermit ganz gehorsamst zu melden. Am 29ten des Abens ... schlummerte er an völliger Entkräftung sanft und ruhig ein, in dem er das 85ste Jahr nicht völlig erreicht hat."

Da Johann Harders schon 1780 als „adjunctus cum spe succedendi" ordentlich gewählt und eingesetzt ist, erfolgt nach 15 Jahren als Adjunkt die formale Amtsübernahme unmittelbar mit dem Tod des Vaters. Landvogt Boie kommentiert entsprechend in seinem Bericht an das Gouvernement vom 10. Dezember, da Johann Harders *„seit der Zeit die Bedienung erst zum Theil und seit zehn Jahren wenigstens ganz verwaltet hat, so wird deshalb nichts weiter zu beobachten sein."*

Pünktlich zur Beerdigung des Vaters am Freitag, den 4. Dezember, die wiederum durch Johanns Schwiegervater Andreas Jessen vorgenommen wird, beginnt es nach Wochen trockener und stürmischer Kälte zu schneien. Zwei Tage zuvor werden viele an Holsteins Westküste noch durch heftige Donnerschläge eines zu dieser Jahreszeit ungewöhnlichen Gewitters aufgeschreckt. Bei bitterer Kälte und auf leicht verschneiten Wegen bringt die Familie des Kirchspielvogts Johann Harders kirchliche Trauerfeier, Beisetzung und das anschließende Leichenbier auf dem heimischen Hof an diesem beginnenden zweiten Adventswochenende hinter sich. Die Gespräche der zahlreich erschienenen Dorfgemeinschaft und des einen oder anderen alten Weggefährten des Vaters aus dem Kreise der möglicherweise auch umfangreich angereisten Dithmarscher Vogtkollegen werden dabei sicherlich auch noch in der Mehrzahl einen ganz anderen Todesfall betreffen, der die Menschen aktuell tief bewegt. In diesen Tagen versetzt eine am 12. November 1795, also nur wenige Tage zuvor, begangene Bluttat in Ketelsbüttel ganz Dithmarschen in Aufregung. Der Bauer Claus Hinrichs wurde auf brutale Weise erschlagen, seine Tochter

Wiebke als Zeugin der Bluttat schwer verletzt. Einen Tag nach Martini waren der oder die Täter auf, so die landläufige Meinung, auf dem Hof vermutetes Bargeld aus.

Hinrichtungen

Auch noch im Februar des Folgejahres 1796 dürfte die beginnende Untersuchung gegen den bereits verhafteten und schnell geständigen 35-jährigen Täter Johann Wiese, die durch Johann Harders Vorgesetzten, den Landvogt in Meldorf geführt wird, das Gesprächsthema Nummer 1 im Haushalt des Kirchspielvogts und ganz allgemein den Gaststätten Dithmarschens sein. Johann Wieses Raubmord kann vor dem schwieriger gewordenen wirtschaftlichen Hintergrund eben dieses drohenden Hungerwinters 1795/96 gesehen werden, hat doch die wirtschaftliche Not den zu dieser Zeit in Burg lebenden, 1761 in Ketelsbüttel geborenen und damit bei seiner Tat mit bester Ortskenntnis ausgestatteten Tagelöhner zu der Verzweiflungstat getrieben. Ende Juni 1796 beginnt in Meldorf der von Landvogt Boie geführte Prozess, der am 11. August 1796 mit einem durch das zuständige Obergericht in Glückstadt ausgesprochenen, der Empfehlung der Erstinstanz in Meldorf folgenden Schuldspruch endet. Der Kirchspielvogt Johann Harders ist, wie seine zehn Süderdithmarscher Amtskollegen, als ordentliches Gerichtsmitglied zuvor in den gesamten Prozess eingebunden.

Nur einen Tag nach der Glückstädter Urteilsbestätigung bringt Christina Harders an einem Freitag, den 12. August 1796, einen weiteren Jungen zur Welt, der am Sonntag dieser Woche in Nordhastedt, im Gedenken an den im Vorjahr verstorbenen Großvater Claus, auf den Namen Marx Nicolaus im vermutlich größeren Familienkreis getauft wird. Pate wird der inzwischen in Barkenholm lebende, 1752 in Nordhastedt geborene und ebenfalls Johann Harders getaufte Cousin des Vogts sowie die beiden im Kirchspiel Wöhrden lebenden Neffen des Vogts, Claus Rolfs auf Wennemannswisch (1775-1830) und Claus Romberg auf der Neuenwisch (1767-1821).

Kaum sind die Tauf-Feierlichkeiten dieses 14. August auf dem Nordhastedter Harders-Hof verdaut, ist am unmittelbar darauffolgenden nächsten Sonntag erneut großer Auflauf in Nordhastedt. Der Termin für die nach drei Jahren wieder anstehende Kirchenvisitation ist seit langem auf diesen 21. August 1796 festgelegt. Landvogt Boie und Propst Voss reisen wieder nach Nordhastedt, um nach altbewährtem Muster zunächst den Gottesdienst mit Pastor Jessen und der Gemeinde in der Katharinen-Kirche zu feiern[148].

Wahrscheinlich hat der Pastor im Vorfeld ordentlich getrommelt, damit die Kirche an diesem wichtigen Tag auf jeden Fall gut besucht ist. Angesichts des jüngsten Meldorfer Gerichtsspektakels, in das die anwesenden „hohen Herren" aus Meldorf eingebunden waren, wohl dieses Mal eine überflüssige Übung. Seinen Konfirmanden hat er zum wiederholten Mal kräftig die Leviten gelesen, damit diese nicht unangenehm auffallen und sich im Gegenteil von ihrer besten Seite zeigen. Den herausragendsten Lausbuben hat er als lebenskundiger

Hinrichtung Ludwig XVI. - Kupferstich aus dem Jahre 1793

und erfahrener Pastor sicherlich eindringlich anempfohlen, die Kirche an diesem Sonntag lieber nicht aufzusuchen. Schließlich wird der Propst wieder einigen von ihnen auf den Zahn fühlen, ehe man es sich mit Vogt Harders, Landesgevollmächtigtem Wittmaack und den abgehenden und neu zu wählenden Rechnungsführern und Diakonen im Pastorat bei sommerlichem Schmaus und anschließender Sitzung in größerer Runde gemütlich macht.

Vielleicht ist das Wetter dazu angetan, einen Teil der Verrichtungen im Garten des Pastorats unter den dort stehenden zahlreichen Obstbäumen vorzunehmen. Natürlich werden auch diese Tischgespräche vor dem alle bewegenden Mordprozess der letzten Wochen nicht halt machen. Noch steht die Beantwortung der Frage aus, ob der König von seinem Begnadigungsrecht Gebrauch machen wird.

Doch im Laufe des September landet die schriftliche Absage aus Kopenhagen auf dem Tisch der Meldorfer Landvogtei[149]. Das Todesurteil bleibt bestehen. Der Vogt Johann Harders gehört somit auch zu den von Boie dienstverpflichteten anwesenden Vertretern der Obrigkeit, als drei Monate später, am Sonnabend Mittag des 12. November 1796, dem Jahrestag der Tat, bei trübem Wetter und im Beisein tausender Schaulustiger, der verurteilte Tagelöhner Johann Wiese bei dieser letzten Hinrichtung auf Süderdithmarscher Boden auf dem Meldorfer Galgenberg durch das Beil zu Tode gebracht wird.

Johann Harders dürfte schon am Vortag angereist sein, es ist wieder Martini, um die Steuergelder beim Landschreiber Carsten Niebuhr am Meldorfer Nordermarkt abzuliefern. Eine Unterkunft für die Nacht dürfte im völlig überfüllten Meldorf allerdings nicht leicht zu organisieren sein. Möglicherweise übernachtet der Vogt bei seinem Schulfreund Christian Bütje, einem Nachbarn des zuvor besuchten Landschreibers am Nordermarkt, der über reichlich Platz verfügen dürfte. Dessen vom Vater ererbte große Hofanlage besteht noch zu Zeiten seines Großvaters Albert Bütje bis 1733 aus zwei Wohnhäusern, zwei großen Ställen und einem (Ross-)Mühlenhaus auf dem erweiterten Gelände des heutigen Dithmarscher Landesmuseums und zieht sich über den gesamten nordöstlichen Teil Meldorfs über die Flächen des späteren neuen Friedhofs und der angrenzenden Flächen des später auch „Bütje'scher Kamp" bezeichneten Areals um den heutigen Kreisverkehr.

Das bereits im Besitz des Großvaters Albert Bütje (1671-1733) befindliche Besitztum geht nach dessen Tod zunächst an Christian Bütjes Onkel Claus Bütje (1708-1744), der aber schon bald als Meldorfer Landesgevollmächtigter kinderlos verstirbt und das Familienerbe 1744 an seinen jüngeren Bruder, den Advokaten Christian Bütje d.Ä (1716-1772), vererbt. Von diesem übernimmt Johann Harders Schulfreund Christian dann nach 1772 das Anwesen und führt in den Folgejahren (1784 und 1785) einige wertsteigernde Erneuerungen in der Bausubstanz durch[150].

In Johann Harders Begleitung befindet sich am Hinrichtungstag des Herbstes 1796 auch sein Schwiegervater Andreas Jessen, den der Windberger Pastor unserer Tage – somit ein Amtsnachfolger des vormaligen Windberger Pastors Jessen - , Dr. Dietrich Stein, in seinem Roman über Johann Wiese als Senior der Süderdithmarscher Pastorenschaft als einen von zwei geistlichen Sterbewegbegleitern des Delinquenten herausstellt und diesen noch auf dem Galgenberg dem Johann Wiese den letzten irdischen Handgruß reichen lässt.

Eine Hinrichtung, zumal durch das Beil, hat in diesen Zeiten eine irritierende Doppeldeutigkeit. Bislang sollen Hinrichtungen aus Sicht der Obrigkeit sowohl abschreckende Strafe für besonders schwerwiegende Straftaten als auch Beruhigung für eine durch solche Taten verunsicherte Bevölkerung sein, alles in allem Stärke des Staates demonstrieren. Aber seit der Enthauptung Ludwig XVI. durch die französischen Revolutionäre am 21. Januar 1793 steht das Instrument auch für Umsturz, seit dem erstmaligen Einsatz der "Guillotine", die in diesen Tagen von den Parisern zynisch auch als „le rasoir national" (das nationale Rasiermesser) bezeichnet wird, sogar in einem "industriellen" und verstörenden Maßstab. Vor dem Hintergrund des Gedankenguts der fortgeschrittenen Aufklärung wachsen die Zweifel hinsichtlich der klassischen Wirksamkeit von Hinrichtungen bei den Vertretern des Staatsapparates und werden wohl auch im Kreis der Kirchspielvögte intensiv diskutiert, bei den Pastoren ohnehin. Unterschwellig werden bei ihnen Befürchtungen mitschwingen, ob die zunächst nur des blutigen Spektakels und des damit verbundenen Unterhaltungswertes und Nervenkitzels wegen angereisten Massen sich in diesen wirtschaftlich schwierigen Zeiten nicht auch allzu leicht bei solcher Gelegenheit in gegen die Obrigkeit gerichtete Kundgebungen hineintreiben lassen könnten.

Doch die von einsetzendem Regen schnell abgekühlte Hinrichtung verläuft aus Sicht der Staatsdiener planmäßig. Auf dem nach Vollzug zügig angetretenen gemeinsamen Rückweg vom Richtplatz am Galgenberg vor den östlichen Toren Meldorfs ins heimische Nordhastedt werden Johann Harders und sein Schwiegervater an diesem herbstlich kurzen Nachmittag vermutlich auch über diese Einordnung der Geschehnisse sprechen. Der Pastor wird dabei im Hinterkopf längst an einer Predigt für den morgigen Sonntag feilen, die in Nordhastedt aufgrund der aktuellen Ereignisse besonders gut besucht sein dürfte.

Während im königlich dänischen Süderdithmarschen hiernach nie wieder eine öffentliche Hinrichtung stattfindet, rollen im Umland auch weiterhin noch vereinzelt Köpfe. So wird am 12. Dezember 1815 auf dem Heider Galgenberg der mutmaßliche Kindermörder Claus Dau mit dem Richtbeil enthauptet und anschließend aufs Rad geflochten, nachdem er knapp zweieinhalb Jahre zuvor in Hennstedt den 12-jährigen Jungen Claus Hinrichs ermordet haben soll.

Auch im benachbarten Schenefeld wird noch am 20. April 1819 in gleicher Weise der geständige Mörder Franz Delfs hingerichtet. Er hat zuvor Vater und Bruder mit Gift ermordet. Der im August 1807 in Brunsbüttel zweifach mordende Giftmischer Karsten Münster wird laut Wilhelm Johnsen hingegen im Süderdithmarsischen tatsächlich nur noch zu lebenslanger Haft verurteilt. Er stirbt nur wenige Jahre später in der Festungshaft im dänischen Kronborg.

Ein Nachspiel der letzten Meldorfer Hinrichtung findet seinen Niederschlag in einer weiteren literarischen Bearbeitung. Theodor Storm, über dessen Schilderung der Markusflut aus Kindheitstagen des Johann Harders berichtet wurde, führt mit seiner Erzählung „Im Brauerhause" seine Leser einige Jahre vor dem „Schimmelreiter" auch in die Meldorfer Klosterbrauerei, in der Johann Harders als Schüler und Freund eines Sohnes der damaligen Brauerfamilie Berning/Bütje verkehrt haben könnte, mindestens aber als Erwachsener bei einem seiner zahllosen, beruflich bedingten Aufenthalte in Meldorf häufiger absteigen wird. Zu Zeiten der Hinrichtung des Johann Wiese im Jahre 1796 ist der erwähnte Johann Huesmann (1740-1815) als Branntweinbrenner, Bierbrauer und Schweinekoben-Aufsteller in der Klosterbrauerei tätig. Hier entsteht im Nachgang der Hinrichtung die Legende vom Finger des Johann Wiese, der in einem Bierfass gefunden wird. Die Geschichte beruht auf dem auch noch im „aufgeklärten" Jahr 1796 nicht völlig überwundenen mittelalterlichen Aberglauben, Körperteile und -flüssigkeiten von Hingerichteten wären in der Lage, Krankheiten und Übel aller Art zu heilen.

Die in Meldorf in späteren Jahren den Wirten der Brauerei sicherlich nicht immer förderliche, doch noch für lange Zeit kursierende Erzählung – es stellt sich bei einer offiziellen Untersuchung heraus, dass es sich bei dem vermuteten Finger tatsächlich um einen Hefeklumpen aus dem Gärprozess handelt - wird viele Jahre später von der in Husum mit dem dortigen zweiten Bürgermeister Bernd Wilhelm Feldberg verheirateten Tochter Juliane Johanna Dorothea Huesmann des späteren Wirts Franziskus August Huesmann (1779-1863), einem Sohn des früh verstorbenen Pastors Huesmann in Eddelak und Neffen des oben genannten Johann Huesmann, dem befreundeten Theodor Storm erzählt. Franz August Huesmann übernimmt im Jahre 1815 die Klosterbrauerei von seinem kinderlos versterbenden Onkel Johann und führt sie wohl bis zu seinem eigenen Tod im Jahre 1863, mindestens aber noch 1854[151].

Hedde's Tod - Johann Harders wird Interimsvogt in Albersdorf

Doch zurück in den Herbst des Jahres 1796, in dem die Büttel des Fleckens Meldorf dafür Sorge tragen müssen, dass die auf dem Galgenberg ausgestellte Leiche des hingerichteten Johann Wiese, dem man symbolträchtig nach dem Abschlagen des Kopfes auch noch die rechte Hand abgetrennt hat, nicht von abergläubischen Zeitgenossen gefleddert wird und der für den 48-jährigen Kirchspielvogt Harders auch noch in anderer Hinsicht arbeitsreich wird. Bereits knapp vier Wochen vor dem Meldorfer Hinrichtungstermin ist in Schafstedt am 19. Oktober der Albersdorfer Kirchspielvogt-Kollege Peter Bendix Hedde im Alter von 71

Jahren verstorben[152]. Hedde, dessen jüngerer Bruder Johann Jacob Friedrich Hedde (1743-1796) als Wesselburener Pastor am gleichen Tag das Zeitliche gesegnet hat, hinterlässt zwei Kinder und seine Witwe Agnesa (1745-1825), Tochter des bedeutenden Brauereibesitzers Boje Rohde aus der Meldorfer Süderstraße, der im Spätsommer 1762 zur Schulzeit Johanns durch ein Gewitter seinen Stall verloren hat. Die Witwe Agnesa wird von Wilhelm Johnsen, auf der Grundlage der Lebenserinnerungen ihres Enkels Peter Jakob Hedde (1791-1868, ab 1815 Kirchspielvogt in Brunsbüttel)[153], als lebenslustige Frau geschildert, der es anfangs schwerfällt, das gesellschaftliche Leben Meldorfs mit seinen zum Aufputz lohnenden Bällen im Kreise des Landvogtes Eggers gegen das deutlich tristere Dorfleben Schafstedts einzutauschen, wo es „nicht einmal Kaffee oder Tee gäbe und kaum ein Sherry aufzutreiben sei". Die Schilderung muss sich dabei auf die ersten Ehejahre ab 1765 beziehen, da schon wenige Jahre später sehr wohl auch auf dem Dithmarscher Land diese Form von Luxus und Kultur ihren Einzug hält. Wer weiß, vielleicht gehört die Frau des Albersdorfer Kirchspielvogts diesbezüglich zu den eifrigen Missionarinnen und Trendsettern.

Johann Harders in Nordhastedt übernimmt nach der Beerdigung des Kollegen am 24. Oktober für einige Monate interimistisch zusätzlich die dortigen Amtsgeschäfte, bis ein Nachfolger gefunden ist. Es ist über die Jahre dabei durchaus üblich, dass sich der Albersdorfer und der Nordhastedter Vogt im Falle von Abwesenheiten gegenseitig vertreten. Überliefert ist, dass schon der Vater Johann Hedde (1693-1776, seit 1750 Amtsnachfolger von Claus Jebens) des nun verstorbenen Vogts Peter Bendix Hedde viele Jahre zuvor für den vermutlich zu dieser Zeit erkrankten Nordhastedter Vogt Claus Harders einer Nordhastedter Kirchenvisitation vom 15. Juli 1754 als dessen Vertreter beiwohnt. Johann Harders ist zu diesem Zeitpunkt sechs Jahre alt, dürfte den älteren Peter Bendix Hedde, seit 1758 dem Vater Hedde adjungiert, damit sein ganzes Leben als gelegentlich auch in Nordhastedt präsenten Kollegen seines Vaters kennen.

Der am 7. Januar 1766 in Schafstedt geborene und nun studierte Sohn Johann des dahingeschiedenen Peter Bendix Hedde zögert zunächst, die ihm von interessierter Seite angetragene Funktion seines Vaters, eine erfolgreiche Wahl vorausgesetzt, zu übernehmen. Er ist seit August 1790 mit der Erbin des großen einstigen Wasmer-Hofes im Friedrichsgabekoog, Anna Christina geb. Japsen, verheiratet und lebt dort seit der Heirat im Kirchspiel Wöhrden mit seiner Frau und den inzwischen drei gemeinsamen Kindern. Schließlich willigt Johann Hedde im Laufe des Sommers 1797 ein, die Albersdorfer Kirchspielvogtei des Vaters zu übernehmen, auch wenn damit eine Rückkehr vom großen Marschhof auf den wesentlich kleineren väterlichen Geesthof in Schafstedt verbunden ist. Er wird innerhalb der normalen Bearbeitungszeiten aus den aufzustellenden Kandidaten erwartungsgemäß gewählt und kann das dortige Amt für die Familie Hedde für eine weitere und letzte Generation bewahren.

Johann Harders hätte sich wahrscheinlich für die mit dem Albersdorfer Gastspiel verbundenen Ausritte oder Fahrten dorthin eine andere Jahreszeit als ausgerechnet den ungemütlichen Herbst und Winter gewünscht. Zu besagtem, knapp 18 Jahre jüngeren Kollegen Johann Hedde hat der fast 50-jährige Johann Harders in den Folgejahren anscheinend nicht nur ein enges berufliches, sondern wohl auch freundschaftliches Verhältnis, das neben der beruflichen Nähe auch viele gemeinsame Bekanntschaften im Kirchspiel Wöhrden und später eine unmittelbare Nachbarschaft der im Kirchspiel Nordhastedt gelegenen Ländereien der beiden beinhaltet. Denn Johann Hedde wird sich in den kommenden Jahren noch in den ehemaligen Gutsbesitz Riese im Nordhastedter Kirchspiel einkaufen[154].

Ein enger Vertrauter - Kirchspielvogt Maas Peter Paulsen in Meldorf

Ein weiterer Amtskollege, zu dem Johann Harders neben beruflichen auch engere freundschaftliche Bande knüpft, ist der für die Meldorfer Südervogtei zuständige und fast 30 Jahre jüngere Maas Peter Paulsen (1776-1854). Dieser ist über deren Mann ein Neffe von Johann Harders zwei Jahre älterer Schwester Anna, verheiratete Rolfs, im Kirchspiel Wöhrden.

Maas Peter Paulsens Frau Dorothea Amalia (1778-1822), Tochter des Meldorfer Kirchspielvogts Nicolaus Hinrich Johannsen (1738-1809), der wiederum ein Schulfreund und befreundeter Pate von Johann Harders Schwiegervater Andreas Jessen ist, wird 1804 Patin bei der letzten Harders-Tochter Caroline Elisabeth, während Johann Harders selbst noch Ende Mai 1822 bei Maas Peter Paulsens Sohn Wilhelm August Nicolaus Paulsen Gevatter wird.

Die Mutter des Säuglings stirbt allerdings zwei Tage nach der Taufe an den Folgen dieser Geburt, ein bekanntes Schicksal bei den wenigen Patenschaften des Nordhastedter Vogts. Bei einer Tochter Paulsens ist zuvor im Jahr 1803 zudem Johanns oben bereits genannte zwei Jahre ältere Schwester Anna Magdalena als verheiratete Rolfs Patengroßtante, wie auch die Frau von Johanns Neffen Claus Romberg in Wöhrden, seines Zeichens selbst früh dort als Landesgevollmächtigter genannt, die ebenfalls eine geborene Paulsen ist.

Diese Schwester vom Kirchspielvogt Maas Peter Paulsen, Anna Beata, hat bereits 1793 Johann Harders Neffen Claus Romberg, Sohn seiner ältesten Schwester Margaretha, geheiratet. Da auch die Mutter von Maas Peter Paulsen eine geborene Rolfs aus Wöhrden ist, können wir davon ausgehen, dass die Familien Harders, Paulsen, Rolfs und Romberg mit ihren zahlreichen Bezügen zu Wöhrden mehrfach miteinander angeheiratete Beziehungen haben, sich im weitesten Sinne gar als Großfamilie fühlen könnten.

Damit scheint gesichert, dass auch die Vögte Johann Harders und Maas Peter Paulsen, der später einen großen Hof in Harmswöhrden führen wird, früh in engem beruflichen und privaten Kontakt stehen dürften. Dieser wird sich v.a. in den Jahren vor 1809, der endgültigen Amtsübernahme Maas Peter Paulsens als Kirchspielvogt der Meldorfer Südervogtei von seinem Schwiegervater „Nickels" Nicolaus Johannsen, dahingehend ausrichten, dass der zu dieser Zeit noch als "Adjunctus" tätige Paulsen von dem fast 30 Jahre älteren Johann Harders Ratschläge und Karrieretipps einholen dürfte. Die Empfehlungen vom „alten Hasen" Johann Harders zum Umgang mit beruflicher Ungeduld, die in einer langjährigen „Adjunkten"-Zeit entstehen kann, dürften hilfreich sein. In späteren Jahren ist dieser Kirchspielvogt Paulsen, inzwischen auch Verwalter des Sophienkoogs, in den häufigen Abwesenheiten der Landvögte als deren erster Stellvertreter tätig. Er wird zudem einer der Hauptgläubiger des einzigen Schwiegersohns von Johann Harders, als dieser 1825, nach dem Tode seines Vaters, in einen Teil dessen Schuldverschreibungen auf den Vogt Paulsen eintritt.

Im fortgeschrittenen Alter von 72 Jahren, der väterliche Freund Johann Harders ist längst verstorben und somit einer ähnlichen Gewissensentscheidung enthoben, lässt sich Maas Peter Paulsen im Zuge der Unruhen der Schleswig-Holsteinischen Erhebung von 1848, in der die Loslösung der Herzogtümer von Dänemark erzwungen werden soll, von der provisorischen Schleswig-Holsteinischen Regierung symbolträchtig von seinem Amt als königlicher Kirchspielvogt entbinden, wohl auch aus Respekt vor seinem geleisteten Eid auf den König[155]. Ein mindestens für Süderdithmarschen beispielloses Vorgehen. Die dänische Krone reagiert hierauf erst nach Niederschlagung der Erhebung mit offizieller Entlassung im Jahre 1852. Maas Peter Paulsen ist ein überzeugter Schleswig-Holsteiner, mindestens aber ein sehr konsequenter Beamter.

Kirchspielvogt Lempfert und die Viehseuche 1764/65

Mindestens in einem engeren beruflichen Kontakt muss der Kirchspielvogt Johann Harders auch zum zweiten Meldorfer Kirchspielvogt Jacob Hinrich Lempfert (1753-1828) stehen, der fünf Jahre nach Johann Harders ebenfalls die Gelehrtenschule besucht und seit 1784 als studierter Jurist für die Amtsgeschäfte der Meldorfer Nordervogtei zuständig ist, seit 1778 bereits als Adjunkt des Vaters. Lempfert lebt am nördlichen Ende, in einem dem Markt zugewandten Haus (heutige Nr. 2) der Westerstraße im Meldorfer Burgviertel, das sein Vater Peter Friedrich Lempfert (1713-1784), dem er bei dessen Tod als Kirchspielvogt nachgefolgt ist, 1757, ein Jahr nach seiner eigenen Amtsübernahme aus dem vormaligen Besitz eines seit 1735 in Meldorf ansässigen „Commerzsecretairs" Ulrich Martens erworben hat[156]. Die Lempferts leben bis dahin im Meldorfer Geerviertel, ziehen aber nach Amts- übernahme in die repräsentativere und weniger beengte Lage nahe des Marktes um. Daneben gehört den Lempferts neben bescheidenen 9 Morgen Land um Meldorf und 7 Morgen in Barlt auch noch ein großer Marschhof von 60 Morgen (80 Hektar) in Epenwöhrden. 1780 erwirbt man auch noch das alte Brauerei-Anwesen der Dührsens in der Zingelstraße/Ecke Gartenstraße (s.u.). Als Meldorfer Kirchspielvögte vertreten die Lempferts bzw. vor allem der oben genannte zweite Meldorfer Kirchspielvogt und Landespfennig- meister Nicolaus „Nickels" Hinrich Johannsen, sowie später dessen Schwiegersohn Maas Peter Paulsen, die Landvögte in deren häufigen Abwesenheiten. Auch die Lempferts gehören über Generationen, nachdem der Vater des ersten Vogtes Peter Friedrich Lempfert, Hinrich Lempfert (1675-1761), aus der Wilstermarsch als gelernter Goldschmied und Kaufmann um 1707 nach Meldorf übergesiedelt ist, zu den prägenden verwaltungs- technisch tätigen Familien Süderdithmarschens im 18. und 19. Jahrhundert. Ein Sohn des Jacob Hinrich Lempfert aus erster Ehe, Carl Georg Friedrich (1793-1871), wird 1830-1858 hoch geachteter Landvogt in Süderdithmarschen, der damit u.a. in den turbulenten Jahren der Schleswig-Holsteinischen Erhebung 1848-1851 amtiert.

Doch auch ein weniger rühmliches Kapitel der Familiengeschichte der Lempferts muss im Rahmen einer ganzheitlichen Darstellung des 18. Jahrhunderts in Dithmarschen erwähnt werden. Denn auch am hiesigen Wüten der Viehseuche von 1764/65 ist ein Familien- mitglied nicht ganz unbeteiligt. Am 6. Juni 1764 muss Landvogt Eggers an die Kanzlei in Glückstadt berichten – wir erinnern uns, Johann Harders weilt zu dieser Zeit als Gelehrten- schüler möglicherweise in seiner unmittelbaren häuslichen Umgebung -, dass die seit Wochen massiv im Amt Rendsburg und bei Itzehoe wütende Viehseuche im Monat Mai nun auch auf Süderdithmarschen übergegriffen habe[157].

Die ersten Fälle hätten sich gezeigt, nachdem am 3. Mai 1764 ein Johann Hartwig Lempfert aus Itzehoe, unter Umgehung eines notwendigen ärztlichen Attestes, trotz der dort bereits grassierenden Seuche 26 Ochsen und eine Kuh nebst Kalb auf eine Weide nahe Meldorf habe in vermeintliche Sicherheit verbringen lassen. Bei diesem Lempfert handelt es sich um den zwei Jahre älteren und in Meldorf geborenen Bruder des obigen Kirchspielvogts, der nach seiner Heirat 1737 zunächst zu seinen Schwiegereltern nach Itzehoe verzogen war.

Landvogt Eggers vermerkt, dass bis auf einen Ochsen alle anderen, da längst infiziert, hier kurzfristig verstorben seien. Der letzte Ochse sowie Kuh und Kalb seien daraufhin vorsichtshalber erschossen worden. Unmittelbar darauf lässt der Landvogt am Sonntag des 6. Mai

Meldorfer Westerstraße 2 / Ecke Marktstraße

nochmals von allen Kanzeln der Landschaft die gängigen Vorschriften zur Vermeidung von Ausbreitungen verlesen. Aber nur kurze Zeit später muss der Landvogt bereits weitere acht tote Tiere in Gudendorf melden sowie weitere 54 Stück in Fedderingen.

Die im Norderdithmarscher Gebiet bei Hennstedt liegende Enklave gehört ebenfalls zu Süderdithmarschen und wird vom Kirchspiel Hemmingstedt mitverwaltet. Die Seuche etabliert sich über den Sommer endgültig auch im übrigen Süderdithmarschen. Während es um Meldorf vergleichsweise ruhig bleibt, ist nun v.a. der Süden stark betroffen. In Marne werden im September wöchentlich bis zu 70 tote Tiere gemeldet. In Nordhastedt beginnt das Viehsterben in den ersten Novembertagen 1764. Im Wochenrhythmus steigen die Zahlen hier von 5 über 9 auf 15 und gar 27 Stück jede Woche. Kurz vor Weihnachten beginnt die Welle dann abzuebben, am Heiligabend werden von Claus Harders für die letzten Tage noch weitere 10 Stück gemeldet, im Februar nochmals 3. Im März muss Landvogt Eggers nach Glückstadt berichten, dass nun auch einzelne Pferde an der Seuche krepiert seien.

Obwohl der eigenmächtige und unerlaubte Entschluss des Bruders von Kirchspielvogt Lempfert, seinen in Itzehoe stark gefährdeten Bestand nach Meldorf schaffen zu lassen, als Süderdithmarscher Fall „0" bezeichnet werden kann, bleibt das Ansehen der Familie hier ungetrübt. Der Vogtbruder zieht sogar wieder nach Meldorf zurück. Mindestens 1765/66 lebt er anscheinend nur kurze Zeit nach diesen Ereignissen bei seinem Bruder in der Westerstraße. Ob er dort allerdings seinen in der Familientradition stehenden Beruf als Goldschmied ausübt, bleibt unklar.

Pastor Andreas Jessen und die Kirchspielvögte Dührsen

Ebenfalls erwähnt werden muss im Zusammenhang der mit Johann Harders im direkten beruflichen Kontakt stehenden Süderdithmarscher Kirchspielvögte auch noch der mindestens ab 1793, wohl aber schon ab 1789, bis zu seinem Tod im April 1814 in Eddelak als Kirchspielvogt amtierende Jacob Dührsen („der jüngere") (1765-1814). Der Sohn eines zuletzt in Ammerswurth niedergelassenen, aber in Meldorf gebürtigen gleichnamigen Hufners („der mittlere Jacob D.") und Nachfolger als Eddelaker Kirchspielvogt seines im August 1789 verstorbenen und „nur" vier Töchter hinterlassenden (auch Paten-)Onkels Nicolaus Dührsen (1728-1789), lässt sich am 13. August 1793 in Nordhastedt von Johanns Schwiegervater Andreas Jessen mit der Meldorfer Pastorentochter Christiana Amalia Wilckens trauen[158].

Die Familien Jessen und Dührsen sind seit Jahrzehnten freundschaftlich miteinander verbunden und auf der nördlichen Geerviertel-Straßenseite der Zingelstraße in den Kindertagen des Andreas Jessen direkt einander benachbart[159]. So ist Jacob Dührsens Großvater, der Meldorfer Brauer und seinerzeitige Landesgevollmächtigte Jacob Dührsen („der ältere") (1677-1741) mit seinem Anwesen an der Ecke Zingelstraße/Gartenstraße (heute hier ein Wollgeschäft) einer der Taufpaten von Andreas Jessen, dessen Sohn Jacob Dührsen („der mittlere") (1730-1815) ein guter und gleichaltriger Freund desselben.

Der Grund, warum die Trauung des jüngsten Jacob Dührsen im Jahre 1793 nicht vom Brautvater selbst, dem Meldorfer Kompastor Johann Matthias August Wilckens (1736-1810), im würdigeren Rahmen der Meldorfer Kirche vorgenommen wird, ist pikant. Die Pastorentochter ist in diesem August 1793 längst in anderen Umständen und wird bereits im Dezember des Jahres ihr erstes Kind zur Welt bringen. Kein Wunder, dass dem Brautvater eine Heirat „in aller Stille" im abseits gelegenen Nordhastedt und durchgeführt durch den Amtsbruder und spätestens durch die Meldorfer Consistoriumsarbeit im kleineren Kreis gut vertrauten Andreas Jessen, gelegen kommt. Eine Heirat im Meldorfer Dom könnte für den Kirchspielvogt Dührsen, seine Braut und den Meldorfer Kompastor aus dem Rosenviertel einem höhnischen Spießrutenlauf gleichkommen.

Abschließend sei zu diesem Eddelaker Kollegen Dührsen des Johann Harders noch erwähnt, dass dessen Braut ihre väterlichen Wilckens-Wurzeln ebenfalls auf den schon genannten Fahrstedter Löwenhof zurückführen kann. Ihre Ururgroßmutter ist eben jene Magdalene Boje Harders (1622-1693), die mit dem Marner Kirchspielvogt Jacob Wilckens verheiratet war und aus deren Familie der dortige Löwenhof stammt. Auch hier sind also neben der Verbindung zum Landvogt Boie auch entsprechende familiäre Beziehungen zu den Nordhastedter Harders wahrscheinlich, die auch diesbezüglich einen engeren Kontakt der beiden Vögte begründen werden.

Agendenstreit 1797

Die in Amtsangelegenheiten für den nun vaterlosen und endgültig selbstständigen Vogt Johann Harders vor allem durch die Albersdorfer Vertretungen arbeitsreiche Zeit des Herbstes 1796 und Frühjahrs 1797 wird für die Nordhastedter Gemeinde aber auch in kirchlicher Hinsicht anstrengend. Nur etwas mehr als zwei Wochen nach der die Gemüter bewegenden Meldorfer Hinrichtung des Johann Wiese – Johann Harders ist gerade sechs Tage zuvor am Samstag vor dem 1. Advent mit seiner Familie zur Hochzeit seiner ältesten Nichte Anna Rolfs mit dem Hufner Claus von Döhren (1764-1838) in Neuenwisch im Kirchspiel Wöhrden zugegen gewesen - wird mit königlichem Reskript vom 2. Dezember 1796 in den beiden Herzogtümern eine neue Kirchenagenda eingeführt[160], die Ablauf und Inhalt der Gottesdienste in veränderter Form bestimmen soll.

Bereits die Vorstellung des Inhalts durch den Propst Voss im Kreise der Süderdithmarscher Pastoren und später die ersten Beratungen hierüber durch Pastor Jessen im Nordhastedter Kirchenvorstand dürften auch hier, wie in fast allen Kirchengemeinden Dithmarschens, Kopfschütteln und in Teilen Ablehnung und sogar Entrüstung auslösen.

Die durch den für das Herzogtum Schleswig, später (1806) auch Holstein, zuständigen Generalsuperintendenten Jakob Georg Christian Adler (1756-1834) im Geiste der neuen, längst an der Kieler Universität gelehrten Strömung des von der Aufklärung durchdrungenen Rationalismus ausgearbeitete Kirchenagenda bricht in Form und vielen Inhalten radikal mit vertrauten und lieb gewonnenen Gepflogenheiten und führt in den nächsten Wochen und Monaten wohl auch in Nordhastedt, wie in vielen, demgegenüber noch konservativen Landgemeinden Holsteins, zu starker Ablehnung.

Aufgeputscht von Gerüchten, man dürfe danach das Vaterunser nicht mehr beten, bald würden auch Taufe, Abendmahl und Bibel abgeschafft und das Volk solle, nach französischem Revolutionsvorbild, im Laufe der Zeit zu Heiden gemacht werden, kommt es in einigen Städten Holsteins zu von traditionalistischen älteren Pastoren noch angeheizten Unruhen. Allzu gut hat man noch die diesbezüglich „unsäglichen" Ideen eines Struensee von vor 25 Jahren im Kopf. Mit der Veränderung des äußeren Kults solle die Religion auch inhaltlich verändert und an die Stelle des alten ein neuer Glaube gesetzt werden, so das erste Empfinden vieler Dithmarscher Gemeinden, wie in der „Chronik des Landes Dithmarschen" von 1833 zu lesen. Vielen der älteren, auf einen „Bibelglauben" eingeschworenen Dithmarscher Pastoren, denen die neuen rationalistischeren, einen „Vernunftglauben" propagierenden Ansichten der Neologen, die zunehmend in Christus nur einen „Tugendmenschen" sehen würden, ohnehin nicht liegen, tun wenig, dieser doch im Kern fehlgehenden Einschätzung in Bezug auf die neue Liturgie und Kirchenlieder entgegenzuarbeiten.

Die meisten Holsteiner und Dithmarscher aber bleiben in diesem „Streit" in einer von Preisauftrieb und Hunger geprägten Zeit gelassen. Allein das von Gewohnheit geprägte Mehrheitsempfinden geht dahin, dass die alte Weise herzlicher und erbauender wirke. Man lehnt wohl auch in Nordhastedt zunächst das Neue als neu, nicht als zwingend schlechter im theologischen Sinn ab, oder wie Lessing 1760 in einem auf Jahrzehnte populären Wort in seinen „Briefen, die neueste Literatur betreffend" anmerkt: *„Das neue daran ist nicht gut, und das Gute daran ist nicht neu"*. Der Schwager des Meldorfer Landvogts Boie, der in Eutin lebende Johann Heinrich Voss (1751-1826) spielt 1792 in seinem Vossischen Musenalmanach mit dieser Phrase, wenn er schreibt: *„Dein redseliges Buch lehrt mancherlei Neues und Wahres, wäre das Wahre nur neu, wäre das Neue nur wahr."*

Alles in allem wirkt diese „von oben verordnete" und einfach nur überfordernde Veränderung in Kirchendingen zunächst auf die Nordhastedter weit weniger gewaltig als die Reform 25 Jahre zuvor, bei der im Jahre 1771 gemäß einer neuen kirchlichen Feiertagsregelung – Struensee lässt grüßen - gleich neun bis dahin kirchliche Feiertage abgeschafft wurden. An Stelle der gestrichenen, bis dahin noch existierenden dritten Feiertage zu Weihnachten, Ostern und Pfingsten, dem Tag der Heiligen drei Könige, Mariä Reinigung und Heimsuchung, Johannes des Täufers, Michaelis und Allerheiligen wird seitdem im Gesamtstaat nur der Reformationstag neu eingeführt, der allerdings am ersten Sonntag im November gefeiert werden solle. Die entsprechenden Reaktionen der Nordhastedter Kirchengemeinde auf diese Veränderungen sind ebenfalls nicht erhalten, dürften aber die auf die neuen Reformen des Jahres 1796/97 an Intensität leicht aufwiegen.

Pastor Jessens persönliche Haltung zur Materie der neuen Liturgie ist nicht bekannt. Er dürfte, angesichts fehlender anderslautender Quellen, der vorherrschenden Richtung der Süderdithmarscher Pastoren des 18. Jahrhunderts zuzurechnen sein.

Diese bevorzugen, mindestens soweit sie den vorgerückten Altersgruppen angehören und im Einklang mit ihren Gemeinden, einen konservativ traditionellen Protestantismus, einer von König Christian VI. in seiner Regierungszeit 1730-1746 vorgelebten und erfolgreich eingepflanzten noch deutlich pietistischen Prägung, mit im Zeitablauf allenfalls mildem Rationalismus angereichert. Der noch bis zur Mitte des 18. Jahrhunderts am königlichen Hof in Kopenhagen stark geförderte Pietismus, eine auf Grundwerte der ursprünglichen lutherischen Reformationsbewegung zurückgreifende fundamentalistische Strömung, die in ihren extremen Exzessen aber auch mystisch und schwärmerisch verklärende Aspekte beinhalten konnte, ist, neben seines im Meldorf seiner Jugendjahre noch von den hiesigen Predigern vorgelebten „Staatsreligions"-Charakters, auch die in Jena vorherrschende Lehrmeinung, wo Andreas Jessen ab Ostern 1752 studiert.

Der noch unter Christian VI. bis 1746 den ganzen dänischen Gesamtstaat für wenige Jahrzehnte prägende Pietismus verleitet selbst den preußischen König Friedrich den Großen noch viele Jahre später zu seiner Spöttelei über die Verfassung des Gesamtstaates[161]: *„Unter Friedrich IV. hat Dänemark sich Schleswig angeeignet, unter Christian VI. wollte man das Himmelreich erobern."* Pastor Jessen, inzwischen 65 Jahre alt und bei Weitem nicht mehr so stürmisch und unerfahren wie in seinen deshalb auch schwierigen frühen Windberger Amtsjahren, wird vermutlich zunächst abwarten und mindestens die Adventszeit 1796 vorüber streichen lassen, ehe die Thematik der neuen Agenda angegangen wird. Zumal neben der reinen Verkündung von Regierungsseite relativ wenig konkreter Umsetzungsdruck gemacht wird.

Eine nachgeschobene und zu diesem Zeitpunkt bereits beschwichtigende königliche Verordnung vom 6. Mai 1797 besagt sogar[162], dass *„die Einführung ohne Aufsehen und ohne vorhergehende Bekanntmachung und Anpreisung von den Kanzeln, allenfalls nach und nach geschehen solle."* Den einzelnen Pastoren bleibt eine Menge Gestaltungsspielraum. Nachdem sich im Laufe des Jahres 1797 der Widerstand einer Vielzahl von Predigern und Gemeinden, vornehmlich auf dem Land, immer deutlicher abzeichnet und seit dem Tode Andreas Peter von Bernstorffs im Sommer 1797 mit dessen Schwiegersohn Cay Friedrich von Reventlow (1753-1834) ein Angehöriger der Schleswig-Holsteinischen Ritterschaft und des auch in Glaubenssachen erzkonservativen und reaktionären Emkendorfer Kreises an der Spitze der Deutschen Kanzlei seine deutliche Kritik äußert, sehen sich die Widerständler in allen Teilen der Herzogtümer immer mehr bestärkt. Im Jahresverlauf führen die intellektuellen Wortführer beider Lager einen im Vergleich zum tatsächlichen Geschehen in den Gemeinden viel erbitterteren und hitzigeren Streit über die einschlägigen Journale. So wird die neue, nach seinem Schöpfer auch „Adlersche Agenda" genannte Liturgie wohl auch in Nordhastedt von Pastor Jessen nach allenfalls halbherzigen Versuchen, im Zeitablauf zunehmend bestärkt durch seinen durch entsprechende Signale aus den Verwaltungsebenen der Kanzleien ermutigten Schwiegersohn Johann Harders, wie viele seiner Dithmarscher Amtskollegen, als Ganzes wohl zunächst beiseite geschoben bzw. nur in homöopathischen Dosen ausprobiert und nur nach und nach umgesetzt werden. Johann Harders, der in diesen Wochen und Monaten auch in Albersdorf als Verweser der vakanten Vogt-Stelle in die dortigen Diskussionen der Kirchengemeinde eingebunden ist, erlebt diese von viel Emotion und fundamentaler Religiosität geprägten Gespräche in den jeweiligen Gremien wohl gleich mehrfach, ist aber wahrscheinlich so klug, sich mindestens aus den möglichen Albersdorfer Verwerfungen weitgehend herauszuhalten und allenfalls moderierend zu wirken.

Allerdings ist beispielsweise für St. Michaelisdonn belegt, dass der dortige, erst seit drei Jahren amtierende junge Pastor Marx Nicolaus Huesmann (1769-1824), ein Sohn des schon genannten Barlter Diakons und späteren Eddelaker Pastors Hermann Peter Huesmann und Bruder des ab 1815 Meldorfer Klosterbrauerei-Besitzers Franz August Huesmann mit seiner Kirchengemeinde in erheblichen Streit gerät, als er versucht, die Agenda konsequenter umzusetzen. Der Streit eskaliert so sehr, dass Huesmann bereits im März 1798 aufgibt und eine freie Pastorenstelle an der „offener" eingestellten Flensburger St. Marien-Gemeinde annimmt.

In Meldorf ist man dagegen wohl deutlich entspannter. Im Juli 1797 werden in Meldorf in einigen, allerdings zugereisten, Familien Haustaufen ausdrücklich „nach der neuen Agenda" ausgeführt. Faktisch vom Tisch ist eine verordnete Zwangseinführung der neuen Agenda landesweit, als die Regierung mit einer königlichen Verordnung vom 8. Dezember 1797 nach nur zwölf Monaten weiter einknickt. Es wird bestimmt, *„daß, wo die Einführung der neuen Agende nicht mit ausdrücklicher oder stillschweigender Zufriedenheit der Gemeinden vor sich gehen könne, die Prediger diesen Zeitpunkt abwarten und bis dahin bei der* *bisherigen, althergebrachten gottesdienstlichen Form ganz oder zum Teil bis auf weitere nähere Verfügung verharren sollten."* Nur knapp zwei Monate später wird mit Reskript vom 26. Januar 1798 endgültig der „Sargnagel eingeschlagen": *„Die „Hausväter" in den Gemeinden hätten darüber abzustimmen, und deren Mehrheitsbeschluss sei entscheidend."*

Auch wenn mit dieser Bestimmung scheinbar einer selbstbestimmten Basisdemokratie der Kirchengemeinde das Wort geredet wird, dürfte klar sein, dass bei der tatsächlichen Positionierung der Gemeinden ein ganz wesentlicher Einfluss neben der persönlichen Einstellung des Pastors bei den Vorständen der Kirchengemeinden, im Wesentlichen bei Vogt, Landesgevollmächtigem, Baumeistern und Diakonen, liegt. In vielen Fällen beendet wird der ein Jahr andauernde und manch Kirchengemeinde vor eine größere Zerreißprobe stellende Agendenstreit damit durch eine einfache verwaltungstechnische, aber nur halbwegs gesichtswahrende Anweisung, die aus einem ursprünglich halbherzig vorgetragenen Muss-Entscheid eine Kann-Bestimmung macht. Behutsam wird in vielen Gemeinden allerdings von den sich den neuen Zeiten öffnenden, vornehmlich jüngeren Pastoren in den Folgejahren im Zuge des natürlichen Generationenwechsels das eine oder andere alte Kirchenlied durch neuere, zeitgemäßere ersetzt und fortan in der Liturgie experimentiert.

Die Nordhastedter Kirchengemeinde scheint sich in dieser Zeit nicht sonderlich zu erhitzen. In der nächstfolgenden Kirchenvisitation des Sommers 1799 ist nichts mehr zu spüren. Das Thema wird nicht einmal mehr erwähnt. Der Sturm im Wasserglas hat sich längst gelegt und wird durch die nach dem Tod Bernstorffs im Sommer 1797 entfachten politischen Richtungskämpfe in den Herzogtümern überlagert.

Der Weg ist im Frühjahr 1798 frei für ein in geordneteren Bahnen verlaufendes neues Jahr, in dem Pastor Jessen auch wieder turnusmäßig als Mitglied des Meldorfer Consistoriums, mindestens den Sitzungen am 14. Mai und 10. September, als Senior der Süderdithmarscher Pastorenschaft dem Kirchengericht beiwohnt[163]. Hier werden vor allem Ehestreitigkeiten behandelt, im heutigen Sinne in Abgrenzung zum vom weltlichen Landvogt verantworteten Zivil- und Kriminalrecht das in kirchlicher Zuständigkeit liegende Familienrecht gesprochen.

Viehseuche in Nordhastedt und Ruhr in Offenbüttel

1798 ist trotz eines warmen, trockenen und anhaltend angenehmen Holsteiner "Bilderbuchsommers", der im Juni auf der Geest allerdings fast zu trocken ausfällt, für die Nordhastedter Bauern und Viehhalter, die sich nach theologischer Reizüberflutung wieder auf das Materielle im „Hier und Jetzt" besinnen können, dann aber doch nach mehreren zumindest wirtschaftlich guten, ein trotz erfreulicher Ernten und stabil hoher Getreidepreise wieder sehr sorgenreiches Jahr.

In der "Sammlung hamburgischer Verordnungen, Band 5" ist zu lesen, *"daß, da in Nordhastedt in der Landschaft Süder-Dithmarschen sich bedenkliche Anzeigen einer gefährlichen Viehseuche geäußert, jedermann, und insbesondere die Wirthe, welche sich mit Stallung oder Weidung des Hornviehs befassen, alle mögliche Vorsicht anzuwenden haben, daß sich dieses Uebel nicht auch in die hiesigen Gegenden ausbreite, besonders aber darauf zu achten, daß aus dem Dithmarschen, kein irgend verdächtiges Vieh, an Ochsen, Kühe oder Kälber, ohne obrigkeitliche Attestate..."* in die Stadt gelange.

Der Vogt Johann Harders wird den betroffenen Nordhastedter Bauern zum wiederholten Mal die gängigen Anordnungen einzuschärfen haben, wie sie in den Herzogtümern Schleswig und Holstein seit dem Frühjahr 1745 durch entsprechende Verfügungen bei Hornvieh-Seuchen festgelegt sind[164].

So wird der Ort zunächst sowohl für Viehdurchtriebe Dritter als auch "fahrendes Volk" gesperrt. Alle Hofhunde und Katzen der betroffenen Höfe werden getötet, Jagdhunde sind eingesperrt zu halten. Verdächtige Schafe mit entsprechenden Symptomen sollen ebenfalls unmittelbar erschossen werden. Sind im Stall gehaltene Tiere innerhalb einzelner Hofgebäude befallen, ist das Gehöft unter Quarantäne zu stellen. Die Bewohner dürfen den Hofplatz nicht verlassen und müssen durch Nachbarn aus gewisser Entfernung versorgt werden. Sollte es an verschiedenen Stellen zu Ausbrüchen kommen, wird das gesamte Dorf abgeriegelt.

Wenn möglich, wird alles nicht befallene Vieh vom als Amtsarzt fungierenden Landphysicus – spezialisierte Tierärzte gibt es noch nicht - mit einem Gesundheitsattest versehen und außerhalb der betroffenen Region in Notunterkünfte ("Baraques") verbracht. Versorgt wird es dort von Knechten, die ihrerseits isoliert auf jeden Kontakt zur sonstigen Dorfgemeinschaft zu verzichten haben. Befallenes, aber auch anderweitig „crepiertes Hornvieh" soll unmittelbar erschlagen und ohne Zeitverzug abgelegen und in *"eyner zwey bis drey Ellen (also mindestens 1,50 m) tiefen Grube in ungelöschten Kalck verscharret werden".* Gewöhnliches Abdecken, also ordentliche Schlachtung ist für die Zeit des attestierten Befalls gänzlich untersagt. Da weitere Zeugnisse über die konkreten Vorkommnisse in Nordhastedt fehlen, können wir davon ausgehen, dass das routinierte Maßnahmenpaket nach kurzer Zeit fruchtet und der finanzielle Schaden sich für die allermeisten Nordhastedter in Grenzen hält.

Doch in diesem Jahr ist nicht nur das Vieh in Nordhastedt bedroht, auch die Menschen müssen sich sorgen, denn seit August geht im benachbarten Offenbüttel, im Kirchspiel Albersdorf, eine weitere äußerst ansteckende Krankheit um. Der erst seit dem Vorjahr neu amtierende Süderdithmarscher Landphysicus Peter Matthias Messner (1768-1832), der erst vor kurzer Zeit sein Medizinstudium in Kiel abgeschlossen hat, reist unmittelbar nach Offenbüttel und stellt vor Ort Untersuchungen an. In seinem Bericht vom 20. September 1798 identifiziert er die seit vier Wochen grassierende Krankheit als die „Ruhr"[165].

Den ersten Symptomen von heftigem Frost, dann Hitze, anhaltenden Kopfschmerzen sowie Ziehen und Schmerzen in allen Gliedern folge schnell große Müdigkeit und Niedergeschlagenheit. Später komme Wurmbefall und schlimmer Durchfall hinzu. In den August- und Septembertagen des Jahres 1798 sind mindestens acht Offenbüttler Familien mit teils mehreren Todesfällen betroffen. Ein weiteres Ausbreiten der Krankheit kann aber verhindert werden, wohl auch deshalb, da alle umliegenden Ortschaften nach kurzer Zeit argwöhnisch darauf achten, dass zu Ende dieses Spätsommers keine Offenbüttler und andere Durchreisende allzu lange in ihren Dörfern verweilen.

Kriebelkrankheit

Die Viehseuche von 1798 ist, wie gesehen, nicht die erste und insbesondere nicht die einzige Tierkrankheit bzw. landwirtschaftliche Bedrohung dieser Art in Dithmarschen. Auf der Geest ist immer wieder, insbesondere auf Äckern in Waldrandnähe, auch Honig- oder Mehltau-Befall zu verkraften, auch der Maikäfer schlägt hin und wieder mit seinem „Engerfraß" zu. Nach den schon genannten Vorkommnissen und Viehseuchen der späten 1750er Jahre und während der militärischen Stationierungsjahre sowie der Jahre 1764/65, grassiert ab 1771 auch die Kriebelkrankheit in Süderdithmarschen.

Der Pilzbefall der Roggensaat wird begünstigt durch eine überaus nasse Witterung im ganzen Lande, die vielerorts zum traurigen Anblick schwarz verdorbener Getreidegarben auf den Feldern führt. Das durch Mutterkorn verunreinigte Getreide, neben dem Buchweizen eines der wichtigen Grundnahrungsmittel auf der Geest, führt beim Verzehr zu einer auf eine Verengung der Blutgefäße zurückzuführende Erkaltung und Blässe der Gliedmaßen, Hautkribbeln und im schwersten Verlauf zu einem kaum noch messbaren Puls.

Die seit dem Mittelalter bekannte Krankheit wird in anderen Teilen Deutschlands „heiliges" oder „Antonius-Feuer" genannt, weil sie auch allgemeine Empfindungsstörungen und Wahnvorstellungen herbeiführen kann. Betroffen ist in Dithmarschen zunächst nur Süderhastedt, wo die Kriebelkrankheit im November 1770 ausbricht[166], aber nicht sogleich als solche erkannt wird. Erst als vier Personen aus einer Familie versterben, wird es dem dortigen Bauerschaftsgevollmächtigten Claus Maassen mulmig und er informiert, viel zu spät, erst am 13. Februar 1771 den Landvogt. Dieser beordert umgehend den Landphysicus Salchow am 19. Februar dorthin, um die inzwischen zwölf jungen und alten Kranken zu untersuchen. Salchow stellt schnell die Kriebelkrankheit als „Krampfsucht" fest und ist erbost, warum man nicht eher Alarm geschlagen hat.

Inzwischen scheint sich die Krankheit auf mindestens die umliegenden Ortschaften Burg, Großenrade und Eggstedt ausgeweitet zu haben, vermutlich durch Nutzung der gleichen Mühlenbetriebe. Der Landphysicus ordnet sofort eine entsprechend bekannte und gängige Behandlung an. Nachdem alle anderen Kirchspiele unverzüglich über den Ausbruch informiert werden, lässt man anderenorts die gebotene Sorgfalt im Umgang mit Roggen walten und eine weitere Ausbreitung ist verhindert.

Das Auftreten in Süderdithmarschen 1771 fällt in die Phase von 1770-1777, in der die Kriebelkrankheit letztmalig massiv in ganz Europa festgestellt wird. Da der Zusammenhang mit verunreinigtem Roggenkornmehl längst bekannt ist, sind entsprechende gesetzgeberische Maßnahmen dieser Jahre in ganz Europa letztendlich dafür verantwortlich, dass fortan nur noch sehr vereinzelt durch Unachtsamkeiten die Krankheit lokal auftreten kann.

Eine letzte europäische Massenvergiftung mit über 11.000 Toten wütet allerdings nochmals 1926/27 im nachrevolutionären Russland. Im Gesamtstaat wird unter dem 18. August 1771 ein vierseitiges Merkblatt des königlichen Collegio Medico in Kopenhagen zur breiten Sensibilisierung „des Landvolks wegen der Kriebelkrankheit" veröffentlicht und auch in Dithmarschen weitflächig verteilt.

Claus Harms, die Mäuseplage und die „Dithmarscher Krankheit"

Aber in die Lebenszeit des Johann Harders fällt daneben noch eine ganz besonders aus dem Rahmen fallende Geißel der Landwirtschaft. Schon seit dem Jahr 1740 werden in Dithmarschen zahlreiche Marschäcker in Zwei- bis Dreijahresabständen immer mal wieder durch Feldmäuse verwüstet. In den 1780er Jahren steigert sich dieses regional weitgehend auf Dithmarschen begrenzte Phänomen zu einer richtigen „Mäuseplage", die sich vor allem in der Marsch Norderdithmarschens zu einer Katastrophe ausweitet. Der Wesselburener Pastor Wolf schätzt im Jahre 1784, dass Hofbesitzer von 30 Morgen (ca. 40 ha) zwischen 1.000 und 2.000 Mark Schaden jährlich hätten, der holländische Export in seinem Kirchspiel sei zudem von ehemals vielen Schiffen auf nur noch zwei „in diesem Herbst" 1784 zurückgegangen[167]. In den auf diese Schätzung folgenden Hochzeiten der Mäuseplage (1786-1793) überleben viele der Ärmsten aus den besitzlosen Tagelöhnerfamilien der Marsch nur dadurch, dass sie nebenher auf den Kornfeldern die zahllosen Mäusebauten ausheben und neben den Mäusen die darin "eingelagerten" Getreidekörner" heraus sammeln.

Claus Harms

Der später für Holstein bedeutende, im Süderdithmarscher Fahrstedt bei Marne geborene und zeitweise von Johann Harders Lehrer/Rektor Jäger ebenfalls einige Zeit (1797-1799) an der Meldorfer Gelehrtenschule ausgebildete Pastor Claus Harms (1778-1855) nennt 1843 in seinem "Schleswig-Holsteinischen Gnomon" die Zeit seiner frühesten Kindheitserinnerungen um 1783 "die traurigen Mäusejahre" in Dithmarschen: *"Viererlei Thiere nennt der Prophet Joel, welche zu seiner Zeit eine Landplage gewesen, von welcher die Väter ihren Kindern und diese ihren Kindern erzählen sollten, während welcher Plage die Ackerleute traurig sahen um den Waizen und die Gerste, daß aus der Aernte nichts geworden sei, ihnen vom*

Munde weggenommen, er spricht so: Was die Raupen lassen, das fressen die Heuschrecken, und was die Heuschrecken lassen, das fressen die Käfer, und was die Käfer lassen, das frisset das Geschmeiß. In Dithmarschen ist es Eine Thierart, in Einer Gestalt und unter Einem Namen gewesen, die das Verderben angerichtet und den Kummer bereitet hat, die Maus."

Der Mäuseplage wird man zum Ende dieses 18. Jahrhunderts langsam Herr. Während in Heide und einigen Geestkirchspielen mehrere Dutzend Katzen eingefangen und in der Wesselburener Marsch ausgesetzt werden, erweist sich tatsächlich das Fangen und Totschlagen als das wirksamste Mittel. Wasser wird in entdeckte Bauten eingeleitet und die flüchtenden Mäuse sodann mit Knüppeln erschlagen. Zum Ende der 1780er Jahre werden von der Obrigkeit und den besonders betroffenen Bauern Kopfprämien für erschlagene Mäusekadaver heraus gelegt. Ein landschaftlicher Beschluss aus dem Jahre 1786 legt den Preis zunächst auf 1,5 Schilling je zehn Mäuse fest, später wird diese Prämie für die besonders gefräßige Art der langschwänzigen Hafermaus, die sich zunehmend in den Ställen, Katen und Häusern breit macht, sogar auf 3 Schilling je zehn Kadaver verdoppelt (etwa 50-60 heutige Cent je Maus). Zum Ende der Plage liegt der "Preis" noch bei 8 Schilling auf Hundert[168]. V.a. die Ärmsten, aber auch Kinder und Jugendliche gehen mit besonderem Ehrgeiz auf die Pirsch. In den Spitzenzeiten werden in den besonders betroffenen Kirchspielen Norderdithmarschens monatlich über 200.000 tote Tiere angeliefert. Mindestens für das Jahr 1786 ist aber auch ein Befall in Süderdithmarschen zu beklagen.

Das vornehmlich Norderdithmarschen in große wirtschaftliche Schwierigkeiten bringende letzte Quartal des 18. Jahrhunderts hat auch Johann Harders zwei Jahre jüngeren Bruder Marx zu dessen "Auswanderung" ins rund zehn Kilometer westlich von Nordhastedt gelegene und zwischen Norder- und Süderdithmarschen geteilte Kirchspiel Wöhrden verleitet. Ein geflügeltes Wort dieser Jahre im weitaus weniger gebeutelten Süderdithmarschen ist dann auch: "Nach dem Norden ziehen".

Ein Unterfangen, das nach der Vereinigung der beiden Landesteile unter einem gemeinsamen Souverän nach 1773 eine zunehmend unproblematische Alternative für so manchen ansonsten perspektivlosen Süderdithmarscher Junggesellen, insbesondere Nachgeborene bedeutet, die keinen Anspruch auf ihre väterlichen Höfe im Süden haben.

Marx Harders heiratet schon 1779, ein halbes Jahr vor der ersten Ehe seines Bruders Johann, eine Jacobea geb. Johannsen (1751-1788), Witwe des Boje Martens, und übernimmt deren Hof im zu Süderdithmarschen gehörenden Hochwöhrden (zu Marx Harders Zeiten auch Hohenwöhrden genannt), auf halber Strecke zwischen Wöhrden und Lieth bei

Hemmingstedt gelegen. Das Kirchspiel Wöhrden gehört neben Wesselburen, Lunden, Hemme und Büsum zu den besonders von der Mäuseplage betroffenen Regionen. Viele Höfe gehen wegen durch Mäusefraß nicht bedienter Rechnungen in den Konkurs, ganze Landstriche veröden wirtschaftlich. Marx Harders durchsteht diese schwierigen Zeiten auf seinem Hochwöhrdener ehemaligen Martens-Hof seit 1779 anscheinend wirtschaftlich weitgehend unbeschadet.

Doch das Kirchspiel Wöhrden ist in den Folgejahren auch noch von einer auffällig hohen Sterblichkeit betroffen, die auf ein verstärktes Auftreten der sogenannten "Dithmarscher Krankheit" zurückgeführt wird, einer wohl ursprünglich durch Landarbeiter eingeschleppten Krankheit, die heute als eine endemische Form der Syphilis identifiziert wird. Jahre zuvor war ein großes Arbeiterheer, das als eines der ersten größeren überregionalen Infrastrukturprojekte der nach 1773 unter einem gemeinsamen Herrscherhaus vereinigten Landesteile Schleswig und Holstein zunächst den ersten Eider-Canal von der Rendsburger Untereider in die Kieler Förde gegraben hatte (1777-1784), zu großflächigen Eindeichungen, zunächst in Süder-, dann auch in Norderdithmarschen eingesetzt. Ein erstes Auftreten der Krankheit ist bei der Eindeichung des Kronprinzenkoogs in den Jahren 1785-1787 festzustellen. Auf der Dithmarscher Geest wird die ominöse Krankheit nach einiger Zeit nur noch „Stoppelfieber" gerufen, da einige Tagelöhner, die sich zur Ernte in der Marsch verdingen, erkrankt in ihre Heimatdörfer auf der Geest zurückkehren, wenn auf den Feldern nur noch die Stoppeln stehen.

Der in Hochwöhrden lebende und zeitlebens in sehr engem Kontakt zu seinem zwei Jahre älteren Nordhastedter Bruder Johann stehende Marx Harders stirbt mit knapp 50 Jahren im Mai 1800 nach längerer, aber im Kirchenbuch nicht näher spezifizierter Krankheit. Nur knapp zwei Jahre später erleidet auch dessen inzwischen mit einem Hans Carstens wiederverheiratete Witwe, die als Schott geborene zweite Frau das gleiche Schicksal. Die teils noch sehr kleinen Hochwöhrdener Waisenkinder Harders werden fortan vornehmlich bei den am nächsten benachbarten Verwandten Rolfs in Wöhrden und Schott in Heide aufgezogen. Mindestens eines der Kinder, ebenfalls zu einer bemerkenswerten Kränklichkeit neigend, hat aber später auch einen engen Kontakt nach Nordhastedt und könnte eine Zeit lang hier leben. Wir kommen darauf zurück.

Optimistische Jahrhundertwende

Im Gegensatz zu den widrigen Verhältnissen in der Marsch geht es den Nordhastedter Bauern in den Jahren um die Jahrhundertwende weitgehend gut. Man wird auf der Geest nicht so stark von Mäusen drangsaliert wie in der Marsch. Die Folgen der erneuten Viehseuche des Jahres 1798 scheinen schnell verdaut.

Selbst ein Jahrhundertorkan im September 1799, der zu den fünf stärksten des gesamten 18. Jahrhunderts gezählt werden muss, richtet aufgrund günstiger Windrichtung und kurzer Dauer nur wenig Schaden in Dithmarschen an, obwohl Schilderungen deutlich Schlimmeres vermuten lassen[169]: *"Auf einmal drehete sich der Wind nach Südwest, die Luft bezog sich plötzlich, und es entstand ein heftiger Orkan aus eben dieser Richtung des Horizonts... Es regnete stark mit Hagel untermischt. Dabey waren die Windstöße so heftig, und folgten so geschwind aufeinander, daß kaum einzelne Augenblicke zwischen jedem zu zählen waren... Einzelne Windstöße hatten sehr viel Ähnliches mit den Schwingungen beym Erdbeben."*
Die Süderdithmarscher haben in der Erntezeit des Jahres 1799 wenig zu klagen, auch wenn das Frühjahr erneut nass ausfiel und der Sommer wechselhaft bleibt. Ein sich sehr um Dithmarscher Wetterberichte dieser Jahre verdient machender Burger Pastor hält das Jahr 1799 trotz allem für eines der regenreichsten seiner Beobachtungszeit: *„Ein Tag ohne Regen gehörte zu den Seltenheiten, z.B. der 25ste May. ... Betrübte Zeit!"*.

Man fühlt sich dennoch im Allgemeinen gut und wertgeschätzt, da auch der Kronprinzregent Friedrich im gerade zurückliegenden trüben und nassen Sommer 1799 Meldorf besucht hat, wie aus Briefen des Landvogts Boie hervorgeht. Neben der Besichtigung des nach ihm benannten neuen Kooges hat der nach wie vor an Stelle des Vaters bereits im 15. Jahr regierende Kronprinz sicherlich auch Zeit gefunden für einige wohlwollende Worte über die doch gute Verfassung der Landwirtschaft in der Landschaft.

Getreide- und in Folge auch die Landpreise steigen nach einem sich anschließenden, sehr strengen Winter 1799/1800 mit "bitterer Kälte und viel Schnee von Anfang Dezember bis Ende März" im Laufe des Jahres 1800 wieder deutlich an. Das neue Jahrhundert macht allgemein optimistisch. Selbst ein anfangs kalter, windiger Sommer, der anscheinend in ganz Norddeutschland mit vielen Erkältungserkrankungen einhergeht und erst Anfang August endlich eine spürbare sommerliche Wärme bringt, belastet weder Stimmung noch Reifung der Bodenfrüchte. Ähnlich streng wie der vorhergehende Winter ist auch der Folgewinter 1800/1801. Doch die ungewöhnlich kalte, im zweiten Jahr in Folge auftretende Witterung hat keine negativen Auswirkungen auf die günstige Konjunktur in der Landwirtschaft Holsteins.

Aufgehorcht wird nur, als in Hamburg in den Jahren 1799 und 1800 über 150 Handelsunternehmen über misslungene Getreidespekulationsgeschäfte – man hat angesichts des ungewöhnlich lang andauernden Preisauftriebs irrig auf endlich sinkende Preise gesetzt - in Schwierigkeiten geraten und sich gegenseitig in einer Abwärtsspirale aus ausfallenden

Forderungen in den Konkurs ziehen. Doch die Getreidekonjunktur, die größte Abhängigkeit Dithmarschens von der Welt da draußen, ist mehr als stabil, dem Land geht es gut. Viele Dithmarscher fühlen sich prächtig und behaglich in diesen „fetten Boom-Jahren". Man hat Zeit, sich trefflich über die Alltäglichkeiten des Lebens zu freuen und zu ärgern.

Stockende Verkopplung in Meldorf und Nordhastedt

In diesen Jahren ist auf der Süderdithmarscher Geest die "Verkoppelung" weit fortgeschritten und in vielen Gemeinden sogar schon abgeschlossen, neben den in den 1790ern wieder günstigeren klimatischen Bedingungen eine weitere wesentliche Ursache der landesweit guten Konjunktur. Um die grundlegende Bedeutung des damit verbundenen Kulturwandels zu verstehen, müssen wir an dieser Stelle nochmals einen Blick 30 Jahre zurück werfen. Haben bis 1770 viele Geestbauern, neben der Bewirtschaftung nur geringen Eigenlandes, noch wesentlich auf jeweils auf Zeit von der besitzenden Dorfgemeinschaft gepachtetem („gehäuertem") Gemeindeland gewirtschaftet, so wird mittels einer Verordnung vom 19. November 1771 "betreff die Aufhebung der Feldgemeinschaften und die Beförderung der Einkoppelung" zur Intensivierung der Bewirtschaftung von der Dänischen Krone die Privatisierung der noch nicht im bäuerlichen Eigentum befindlichen Flächen in Holstein vorangetrieben. Im Unterschied zu der in Norderdithmarschen bereits drei Jahre zuvor im zu dieser Zeit noch großfürstlichen Teil Holsteins durchgeführten Verkopplung, an der alle Hufner zwingend teilnehmen mussten, regelt die nunmehr im königlichen, zu dieser Zeit noch getrennten Teil Holsteins, erlassene Verordnung unter Zwang nur die Vorgehensweise einer Verkopplung, wenn denn die jeweiligen Bauerschaften freiwillig hierfür mit einfacher Mehrheit optieren würden.

Trotz der „Freiwilligkeit" wird aber auch im königlichen Süderdithmarschen in vielen Bauerschaften von der damit verbundenen Privatisierung Gebrauch gemacht, wenngleich in einigen wenigen Gemeinden in der Folge trotzdem ein erheblicher und den gesamten Prozess lähmender Streit entsteht. In ganz Holstein geht die Einkopplung einher mit der planmäßigen Anlage der "Knicks", als Gebietsabgrenzung genauso, wie zum Schutz vor Wind und Erosion, da v.a. die zahlreichen Kriege des frühen 18. Jahrhunderts, allen voran der Nordische Krieg (1700-1720), in weiten Teilen Holsteins zu einer übermäßigen Abholzung des Landes geführt haben. So sollen die Knicks nach einigen Jahren der Aufforstung einen Teil des Brennholzbedarfes im waldarmen Holstein decken.

Während die Dithmarscher Geest zu den wenigen Regionen Holsteins gehört, die sich mindestens teilweise aus dem eigenen Waldbestand mit Bau- oder Brennholz versorgen können, müssen in weiten Teilen des Herzogtums für gutes Geld große Teile des Bauholzbedarfs importiert werden, u.a. aus Schweden und dem Baltikum. Ein Umstand, den die merkantilistisch geprägte Wirtschaftspolitik des Gesamtstaates zumindest in Teilen zu beheben versucht.

Im Unterschied zu vielen anderen von abweichenden Besitzstrukturen geprägten Regionen Holsteins, wo die Bauern sich hierdurch freudig eine gerechtere Besteuerung erhoffen, wird

Titelblatt der „Struensee'schen" Verordnung zur Knickanlage 1771

die Verkopplung in Teilen Süderdithmarschens aber auch mit Skepsis und Ablehnung bedacht, gar als „Revolution" bezeichnet. Schließlich hängen in Dithmarschen vielerorts an den Meentverfassungen der im Gemeinbesitz gehaltenen und teils umfangreichen Flächen anteilige Besitz-, Wahl- und daraus abgeleitete kommunale Mitbestimmungsrechte.

Die vorgeschlagene Privatisierung sorgt mindestens in einigen Gemeinden wie Meldorf oder Windbergen für jahrzehntelange Streitigkeiten zwischen den bisher voll berechtigten „Meenthabern" als den eigentlichen Herren des Landes und den von Mitbestimmung weitgehend ausgeschlossenen sonstigen Tagelöhnern und kleineren Landbesitzern. Nach altem Dithmarscher Recht wurde zudem ein Wandel der bestehenden Verhältnisse stets dadurch erschwert, dass „meent-gebundene" Abstimmungen grundsätzlich mit 2/3-Mehrheit durchgeführt wurden. Jetzt wird bei entsprechenden Entscheidungen hoheitlich darauf gedrungen, dass schon einfache Mehrheiten ausreichend sein sollen. Für manch einen der Meenthaber und Großbauern riecht der Vorgang nicht nur nach Enteignung, sondern gar nach von oben verordnetem Umsturz. Mag sein, dass auch in Nordhastedt für einige Jahre die Ruhe im Dorf und das gute Miteinander durch langatmige Flächenmessung und -aufnahme, anschließende fiskalische Bewertung und schließlich durchzuführende Verkäufe und Erstellung eines neuen Erdbuches gestört sind.

Vielleicht nutzt man aber auch, wie anderenorts, die am Ende nicht vermeidbare Aufgabe dazu, mindestens einzelne Besitztümer, im Sinne späterer Flurbereinigungen, durch Zusammenlegungen zu arrondieren, häufig sogar für einige Bauern einen Hofanschluss an ihren Landbesitz zu erreichen, wie beispielsweise für die benachbarten Dörfer Tensbüttel, Krumstedt und Schafstedt belegt ist. Auf der anderen Seite zögert man im Kirchspiel Nordhastedt entsprechende Maßnahmen offensichtlich aber ebenfalls weiter hinaus als anderenorts.

Der Verordnung von 1771 gehen mindestens seit 1768 Aufforderungen an die lokalen Beamten im Herzogtum voraus, über Möglichkeiten und Stand einer Aufteilung zu berichten, die vielerorts in vorauseilendem Gange ist, nachdem entsprechende Maßnahmen im Herzogtum Schleswig mit einer Verordnung vom 10. Februar 1766 angelaufen sind. Der stetig wachsende Wunsch der Obrigkeit zur Verkopplung wird in Süderdithmarschen schon 1769 durch eine Kanzelverlesung an die Eingesessenen bekräftigt[170], „*allen Ernstes gemeinschaftlich in Überlegung (zu) nehmen, ob sie sich nicht zur Verkopplung entschließen könnten.*"

Kirchspielvogt Claus Harders gibt in einer hierauf reagierenden Bestandsaufnahme des gleichen Jahres zu Protokoll, dass mit Ausnahme einiger unbedeutend kleinerer Ackerländereien in Osterwohld im Kirchspiel noch keine substantiellen Umlegungen vorgenommen seien. Neben Hemmingstedt ist damit Nordhastedt gemäß dieser Stellungnahme das einzige der Süderdithmarscher Kirchspiele, in dem 1769 noch keinerlei vorgreifende Verfahren laufen, anders z.B. als in Albersdorf, wo schon in diesem Jahr fast aller Ackerbesitz „umgelegt" ist. Allerdings gibt Claus Harders, ebenso wie sein Burger Amtskollege

Hinrich Nicolaus Matthiessen (1718-1789), auch die unverfänglich ambivalente und differenzierende Einschätzung ab, *„dass die Aufteilung der Gemeinen Weide als sehr vorteilhaft und nützlich angesehen werde, die Aufteilung der Ackerländereien dagegen wohl eher schwierig werden könnte."* Die von Claus Harders hier attestierte tendenzielle Unbedenklichkeit bezüglich der Weideflächen könnte darauf hindeuten, dass diese zum Einen einen vergleichsweise unbedeutenden Posten des in Rede stehenden Gemeinschaftslandes in Nordhastedt ausmachen - siehe die vergleichsweise geringen Viehbestände - , zum Anderen aber auch die bisher möglicherweise nicht ausreichend am Gemeinschaftsbesitz unmittelbar beteiligten Kätner oder Insten durch Zahlung eines Grasgeldes hier in einen ausreichenden Weidegenuss gelangen konnten und also alle einen für die Kirchspielgemeinschaft akzeptablen Nutzungskompromiss längst gefunden haben.

Ein weiterer, dem Vogt Harders offensichtlich sehr bewusster, aber aus guten Gründen in seiner Stellungnahme nicht offengelegter problematischer Umstand bezüglich der Ackerflächen liegt dagegen im komplizierten Steuerrecht der Jahre begründet[171]. Ein neben der monatlichen Contribution zu leistender weiterer wesentlicher Steuerbetrag ist auf der Dithmarscher Geest seit 1560 auch das schon eingangs erwähnte „Herren- oder Pflichtkorn". Während das diese Zahlungen begründende mittelalterliche „Zehnt" von den tatsächlichen Ernteerlösen zu zahlen war, ist dieses Pflichtkorn seit Jahrhunderten in Holstein als Anteil von der Saat zu zahlen. Dabei wird zum Nikolaustag eines jeden Jahres noch einmal die Hälfte der ausgebrachten Saat fällig, anfänglich auch als Naturallieferung möglich, ab 1667 aber als Geldbetrag anzuschaffen.

Hintergrund dieser Formel ist die Überlegung, dass der durchschnittliche Ertrag auf ausgebrachte Aussaat das Fünffache betrage. Obwohl die Herleitung der Zahlung auf dem Zehnten beruht, hat sich das „Misswachsrisiko" von Ernteausfällen seit dem Mittelalter vom Steuerempfänger der hoheitlichen Kasse auf den steuerpflichtigen Landmann verschoben. Seit der Unterwerfung durch die Herzöge nach der Niederlage von 1559 müssen auch die Dithmarscher Geestbauern diese Abgabe neben dem Pflugschatz und einzeln verordneten Magazin- und Fourragelieferungen ans Militär und Handdiensten (in Dithmarschen im Wesentlichen Fuhrleistungen) erbringen.

Die Formulierungen aus dem Dithmarscher Unterwerfungsvertrag von 1559 besagen, dass die Geestleute dabei die „Hölzungen, Wiesen, Weiden und Grasungen" frei haben. Diese genannten, bezüglich des „Herrenkorns" steuerfreien Flächen entsprechen aber zu dieser Zeit weitgehend den Meentflächen. Soweit diese Weide und Grasflächen in späteren Zeiten (nach 1559) aufgebrochen, sprich zu „Gemein-Ackerland" umgewandelt wurden, blieben diese nach Süderdithmarscher Lesart hier meist abgabenfrei, da anfangs argumentativ bei wechselnder Nutzung nicht beständig unter dem Pflug. Das Pachten von Gemeinland lohnt sich für die Geestbauern Süderdithmarschens, die ansonsten bei vollständiger Privatisierung eine entstehende Steuerpflicht des Herrenkorns auf das darin beinhaltete Ackerland riskieren würden. Die Skepsis bezüglich der angedachten Privatisierungen dürfte also in den Süderdithmarscher Geestkirchspielen am größten sein, in denen seit 1560 ein vergleichsweise hoher Anteil ehemaliger zweifellos steuerfreier Wiesen- und Grasmeentländereien seitdem in Meent-Ackerland umgewandelt worden ist, aber, da weiterhin als Gemeineigentum gehalten, in höchst eigener Interpretation der Sachlage und wegen in vielen Fällen mangelnder nachforschender Intensität der königlichen Kasse, als Meent-Steuersparmodell bislang argumentativ als vom „Herrenkorn" frei gehalten werden konnte. Dass dieser nach 1560 erfolgte Umbruch innerhalb der Meente von Weide- in Ackerland auch in Nordhastedt umfangreich gewesen sein könnte, dürfte dadurch belegt sein, dass zur Mitte des 17. Jahrhundert, wie bereits berichtet, die sonstige innerhalb der Landschaft zu verteilende Steuerbelastung des Pflugschatzes für das Kirchspiel letztmalig signifikant erhöht wurde. Also dürfte in Nordhastedt wesentliches Meent-Ackerland im hundertjährigen Zeitraum zwischen 1560 und 1660 entstanden sein.

Während der Hemmingstedter Amtskollege Claus Groth Witt aus Lieth wohl auch deshalb die ganze Verkopplungsangelegenheit sogar als in Gänze „undienlich" betrachtet, scheint dagegen einer der beiden Meldorfer Kirchspielvögte, bei dem es sich nur um den erst seit kurzer Zeit für die Südervogtei amtierenden und deshalb noch jugendlich forsch vorpreschenden Nicolaus „Nickels" Hinrich Johannsen (1738-1809, Amtszeit 1768-1809) handeln kann, ein großer Verfechter der angedachten Maßnahmen zu sein.

Nickels Johannsen ist der älteste Sohn des ehemaligen, zu diesem Zeitpunkt 1769 seit vielen Jahren verstorbenen Kirchspielvogts der Meldorfer Nordervogtei, Johann Matthias Jakob Johannsen (1709-1756), der von 1738 bis zu seinem frühen Tod im Januar 1756 als Vorgänger der Lempferts amtierte und dem Sohn schmerzlich als erfahrener Ratgeber fehlen könnte. Der für die Südervogtei eingesetzte Sohn Nickels, in sechster ununterbrochener Generation seit Ende der Republik Süderdithmarscher Kirchspielvogt in der Familie Johannsen, gibt im Jahre 1769 eine Einschätzung zu Protokoll, dass bei einer Verkopplung *„den Communen ein sehr großer Vortheil in Verschiedener Hinsicht daraus entstehen könnte."* Dem für die Nordervogtei zuständigen und zu diesem Zeitpunkt weitaus erfahreneren Kirchspielvogt Peter Friedrich Lempfert, ist die politische Brisanz der Thematik wohl weitaus bewusster. Zudem ist er als für die nur aus Marschland bestehende Nordervogtei zuständiger Vogt ohnehin kaum bis gar nicht betroffen.

Den über Jahrzehnte folgenden Streitigkeiten gerade in Meldorf kann man entnehmen, dass Johannsen mit seiner Einschätzung tatsächlich auf ein mehr als gespaltenes Echo stößt und in Folge erheblichen Widerstand in seinem Kirchspiel heraufbeschwört. Allerdings schadet der Vorgang der weiteren Karriere von Nickels Johannsen kaum. Neben seinem Amt als Kirchspielvogt wird er auch noch auf Lebenszeit zum Süderdithmarscher Landespfennigmeister gewählt, eine selbst für Dithmarscher Verhältnisse nicht selbstverständliche Ämterhäufung. Schlussendlich wird erst über 100 Jahre später im Jahr 1885, auf höchst energisches Drängen der nun preußischen Oberbehörden, die Meldorfer Meentgemeinschaft der „109" zu einer Verteilung/Privatisierung der zu diesem Zeitpunkt immer noch über 350 Hektar ausmachenden Restflächen, längst genossenschaftlich organisierten Gemeinschaftsbesitzes, aufgefordert. Diesen Vorgang wird im Übrigen mit dem Landespfennigmeister Johann Maas Christian Albers (1823-1890) der Ehemann von Johann Harders erster Enkelin organisieren[172].

Dem zum Zeitpunkt der ersten Initiativen im Jahre 1769 wohl eher noch idealistisch denn realpolitisch pragmatisch agierenden Kirchspielvogt Johannsen kann man zu Gute halten, dass er gerade erst Amtsnachfolger seines Schwiegervaters Hargen Karstens aus Norderbusenwurth (1704-1775, Amtszeit 1736-1768) geworden ist und nun davon ausgeht, dass, nachdem bereits in einigen Orten seiner Vogtei eine vorauseilende Umlegung weitgehend störungsfrei und einvernehmlich erfolgt war (Bargenstedt, Nindorf, Farnewinkel, Krumstedt u.a.), dieses auch in den anderen, noch ausstehenden Bauerschaften und insbesondere im Meldorfer Ostteil relativ friedlich vor sich gehen könnte. Welch grandiose Fehleinschätzung.

Kirchspielvogt Nickels Johannsen zieht um

Der zunächst im Meldorfer Rosenviertel auf der östlichen Seite der Süderstraße unter der heutigen Nr. 13 im ehemaligen Hause seines Schwiegervaters Hargen Karstens, einem Schwager des bis 1780 amtierenden Landvogts Eggers, lebende und wirkende Vogt Johannsen[173], wie bereits erwähnt in diesen Jahren auch als Pate vom befreundeten Windberger Pastor Andreas Jessen eingesetzt, ist im Übrigen seinerseits ebenfalls der Schwiegervater seines Nachfolgers Maas Peter Paulsen, dem wir als Freund und Vertrautem von Johann Harders schon begegnet sind.

Das ab Dezember 1781 umfangreich von Kirchspielvogt Johannsen umgebaute und erweiterte Haus seines Schwiegervaters Karstens - Johannsen erwirbt und integriert das kleine südliche Nachbargrundstück - blickt zu dieser Zeit auf eine lange Meldorfer Tradition zurück. Es ist ein früheres Haus der altehrwürdigen und bis 1670 mehrmaligen Landvogt-

Familie Bruhn aus Meldorf, deren letzter Spross, Detlef Christian Bruhn das Anwesen 1743 gemeinsam mit seinem Schwager, dem Plöner Justizrath Nicolaus Ludwig Esmarch (1695-1774) aus dem Nachlass des Vaters Nicolaus Bruhn (1669-1719) übernommen hat. Bereits drei Jahre später verkaufen die beiden das Haus an den Kirchspielvogt Karstens, über dessen Frau man verschwägert ist. Im Haus des Schwagers, des Landvogtes Christian Siegfried Eggers stirbt Detlef Christian Bruhn, der letzte der großen Meldorfer Bruhns, der unter zahlreichen Anfällen und „einer Verrückung des Verstandes" leidet, am 24. April 1757 in Meldorf. Ab dem 1785 abgeschlossenen Um- und Ausbau in der Süderstraße ist Kirchspielvogt Johannsen unmittelbarer Nachbar des Landesgevollmächtigten Johann Hasse, der seit 1766 in dem Eckhaus zum Graben (heute Süderstraße 15) von 15 Fach nebst östlich angrenzendem Stall wohnt, das zuvor im Besitz des zugezogenen Kaufmanns Hinrich Lempfert war, dem Vater der später ebenfalls als Vögte tätigen Lempferts in Meldorf. Man ist damit direkt über die Straße auch unmittelbarer Nachbar des Brauers Boje Rohde, der auf der gegenüberliegenden Burgviertel-Seite der Süderstraße seine vom Feuer 1762 betroffene Brauerei betreibt und ebenfalls über seine Frau in den Kreisen der Süderdithmarscher Kirchspielvögte verkehrt.

Im September 1792 verzieht der gereifte Kirchspielvogt und Landespfennigmeister Nickels Johannsen, ein Bruder des ab 1796 Behrens-Nachfolgers in der Heider Landvogtei Christian Matthias Jacob Johannsen (1747-1813), von der Süderstraße und aus dem von ihm erst wenige Jahre zuvor umgebauten alten „Bruhn'schen Anwesen" ins Meldorfer Klosterviertel, in ein Haus auf den Flächen am nordöstlichen Nordermarkt, auf denen später sein Schwiegersohn Maas Peter Paulsen sein Amt und Haus übernimmt und an dessen Stelle später das Landratsamt und das heutige Amtsgericht stehen werden[174]. Das Anwesen des späteren Landschaftlichen Hauses von zu früherer Zeit (1741) ebenfalls schon 20 Fach und einem sich östlich anschließenden Stall von 14 Fach sowie sich hierzu nochmals östlich anschließendem kleineren Haus von 8 Fach mit darin zwei befindlichen Wohnungen war bis zu dessen Übernahme des Sophienkoogs als Erbpächter im Jahre 1743 im Besitz des „Canzlei-Assessors" Nicolai Jebens (1711-1753), Vogt Johannsens Onkel und Neffe des Albersdorfer Kirchspielvogts Claus Jebens sowie drei Jahre jüngerer Bruder seiner Mutter Anna Dorothea geb. Jebens, verheiratete Johannsen (1715-1783).

Ab dessen Tod 1753 lebt in dem Haus der erste, von 1751-1770 dieses Amt bekleidende Gerichtsaktuar Meldorfs, Johann Athen Remmers, dem wir als Schwiegervater von Gelehrtenschul-Direktor Jäger (ab 1767) und Planer einer achteckigen Nordhastedter Kirche (1762) begegnet sind. Nach dessen Tod 1770 übernimmt zunächst dessen Sohn, der in Meldorf als Kirchspielschreiber mit dem Vogt Johannsen zusammenarbeitende Carl Anton August Remmers (1741-1805) bis zum Jahre 1779 das Haus. Carl Remmers ist zudem mit einer Schwester des Kirchspielvogts Johannsen verheiratet und also auch der Schwager des Vogts. Käuferin des Objekts im Jahre 1779 ist „die Frau Obristleutnantin von Helm". Diese verwitwete Schwiegertochter des vormaligen Meldorfer Landvogts von Helm ist die Schwester Friederica Louise geb. Eggers (1713-1792) dessen Nachfolgers Landvogt Eggers, die in erster Ehe mit dem Marner Kirchspielvogt Johann Matthias Thiessen (ca. 1690-1772) verheiratet war und danach bis zu dessen frühem Tod noch für wenige Monate mit Gottfried Christian von Helm (1711-1775). Aus deren Besitz übernimmt schließlich „Nickels" Johannsen das Anwesen im Herbst des Jahres 1792 und verlegt nicht nur spätestens jetzt den Amtssitz, sondern auch seinen Wohnsitz an den Nordermarkt, in ein Anwesen, in dem schon zuvor für viele Jahre die zuarbeitende Amtsarbeit der Aktuare und Kirchspielschreiber erledigt wurde.

Warum Nickels Johannsen nach relativ kurzer Zeit, trotz aufwändigem Umbau des alten Hauses in der Süderstraße in die neue Lage am Nordermarkt verzieht, kann zwar kaum noch konkret nachvollzogen werden, doch sei es an an dieser Stelle noch einmal erlaubt ein wenig zu spekulieren. Ein möglicher Grund für seinen Umzug mag schlicht und einfach in so etwas Profanem wie häuslichem Luxus und Annehmlichkeiten liegen. Denn so prestige-trächtig und nach den Modernisierungsumbauten der frühen 1780er Jahre annehmlich und auskömmlich die Räumlichkeiten in der Süderstraße 13 sein mögen, für die Haushalts-führung hat die Lage neben aller verkehrstechnischen Beengung in der noch nicht gepflasterten Süderstraße einen weiteren, immer deutlicher hervortretenden Nachteil.

Man hat keinen unmittelbaren und kurzen Zugang zur Wasserversorgung. Die nächst-gelegene Wasserpumpe mit Zugangsmöglichkeit über die in Meldorf üblichen Pumpen-gemeinschaften befindet sich zum Ende dieses 18. Jahrhunderts etwa hundert Meter südlich an der Süderstraße[175]. In Zeiten, in denen jeder Liter Trink- und Brauchwasser in gebötcherten Wassereimern mühsam am Brunnen, dem "Sod" gepumpt und herbei-geschafft werden muss, ist die Erstklassigkeit einer Lage auch durch die nahe Verfügbarkeit eines Brunnens oder einer der mindestens zur Mitte des 18. Jahrhunderts, in Teilen auch schon im 17. Jahrhundert, in Meldorf belegten Wasserpumpen definiert.

Es mag nicht zuletzt die den Haushalt führende Frau Kirchspielvogt Luise Elsabe geb. Karstens den anstehenden Umzug an den Nordermarkt bereitwilligst von Anfang an unterstützt, wenn nicht sogar anfänglich eingefordert haben. An der neuen Wohnung am Nordermarkt liegen die Pumpen direkt vor der Haustür. Der Aufwand für die vornehmlich weiblichen Dienstboten, die diesen anstrengenden Dienst versehen müssen, sinkt gewaltig und genau umgekehrt dürfte sich die Stimmung im Haushalt schlagartig verbessern. Zumal sich die allgemeine Verkehrssituation am Nordermarkt auch gerade dadurch verbessert hat, dass die alte kleine, noch in Fachwerk ausgeführte Kate des „Büchsenhauses", in der früher sowohl die Waffen der Bürgerwehr als auch in den letzten Jahren noch die örtliche Wasserspritze untergebracht war, gerade erst zwei Jahre zuvor, im Jahre 1789, an der dem neuen Haus des Vogts gegenüberliegenden nordöstlichen Ecke der Friedhofsmauer abgerissen worden ist und ein an gleicher Stelle geplanter Bau eines neuen Spritzenhauses aufgrund eines Einspruches des für das Klosterviertel zuständigen Kollegen Lempfert verhindert werden konnte[176].

Einen ähnlich hohen Grad an Luxus einer „1A-Lage" in Form eines möglichst nahegelegenen freien Zugangs zu Pumpen haben sonst neben den unmittelbaren Anwohnern von Norder- und Südermarkt in Meldorf im 18. Jahrhundert nur der Landvogt Boie und Nachbarn am Zingel. Vor dessen Haus steht an der Gabelung von späterer Spreet- und Roggenstraße ebenfalls eine Pumpe. Auch die Klosterschule und die Anwohner der Norderstraße an der Kreuzung Breiter Weg/Halkensberg haben einen eigenen Sod.

Kirchspielvogt Johannsen legt mit seinem also möglicherweise auf den Zugang zum Wasser sehr praktisch begründeten Umzug im Jahre 1792 sozusagen den Grundstein für die wenige Jahre später einsetzende Verlagerung des Zentrums für die Verwaltung Süderdithmarschens aus dem noch im 18. Jahrhundert unter den Landvögten von Helm, der am Graben neben dem Kompastorat domiziliert gewesen zu sein scheint, Eggers und Boie dominierenden Rosenviertel (Zingelstraße/Heisterberg/Süderstraße) an den östlichen Nordermarkt im Klosterviertel, das im folgenden 19. Jahrhundert das Verwaltungsgeschehen prägt.

Sein altes „Bruhn'sches" Haus in der Süderstraße geht 1794 für wenige Monate an einen der zahlreichen Meldorfer Goldschmiede aus der über Generationen hier bekannten und ursprünglich aus Kiel zugewanderten Familie Schröder, Hinrich Friedrich Schröder (1735-1802), der es aber schon nach wenigen Monaten weiterverkauft, nach dem Tod seiner aus einer Wilsteraner und Glückstädter Goldschmiedefamilie von Holten stammenden Frau Margaretha (Vater Thomas von Holten (1699-1787)).

Erwerber im März 1795 ist ein Johann Haidt(eit)mann, der noch 1803 in Meldorf mit einer ca. 1749 geborenen Frau Margaretha Haß in für sie zweiter Ehe genannt ist. Über ihn ist bislang nichts Weiteres ermittelt. Seine Frau könnte aber in einer ebenfalls noch nicht genauer bestimmten Beziehung zum bereits genannten und noch in dieser Geschichte ein weiteres Mal auftauchenden Meldorfer Landesgevollmächtigen Johann Hasse stehen, der seit 1766 unmittelbar südlich angrenzender Nachbar in der Süderstraße 15 ist.

Aufteilung der Nordhastedter Meente

Doch nach diesem weiteren Ausflug in die mit der Beamtenschaft des 18. Jahrhunderts verbundene Gebäudegeschichte Meldorfs – es wird nicht der letzte gewesen sein – zunächst zurück zur Vorbereitungsphase der Verkoppelungen zum Ende der 1760er Jahre. Der Abgabe von ersten Stellungnahmen der Kirchspielvögte folgt vom 4. bis zum 6. November 1769 ein Besuch zweier Mitglieder der in den Herzogtümern eingesetzten königlichen Kommission in Süderdithmarschen, um sich ein eigenes Bild von den hiesigen Zuständen zu machen. Die hierbei genannten Justizräte Boye und Bruhn könnten im Laufe der drei Tage auch in Nordhastedt die Verhältnisse prüfen, ehe man sich zum Ende des Lokaltermins in Meldorf zur Abschlussbesprechung und gemeinsamen Bewertung beim Landvogt Eggers in dessen Amtssitz im Rosenviertel zusammensetzt. Hierbei wird klar, dass eine entsprechende Maßnahme in den Marschkirchspielen (kein Gemeinschaftsbesitz, Knickanlage aufgrund der Bodenform unmöglich), wie auch in den Elbmarschen, keinen Sinn machen würde. Die angedachten Aktionen sollen also tatsächlich auf die Geestregionen Süderdithmarschens beschränkt werden.

Während viele Dorfgemeinschaften in Folge ein starkes eigenes Interesse entwickeln, Streitigkeiten der Vergangenheit, die in Bezug auf die Bewirtschaftung der Gemeinschaftsflächen immer wieder anstanden, durch eine Aufteilung ein für alle Mal die Grundlage zu entziehen, bleibt der Vorgang vor allem in den Gemeinden problematisch, wo neben den unterschwelligen Steuerhürden entsprechende Beliebungen der Bauerschaften bisher dafür gesorgt haben, dass ein relativ großer Anteil der Bewohner von an Besitz gebundener Mitbestimmung ausgeschlossen sind.

Hier bedeutet die Meentaufteilung einen erheblichen „Machtverlust" der Großbauern. Den Unmut hierüber wird vor allem der junge Vogt Johannsen in seinem Kirchspiel der Meldorfer Südervogtei Geest in der Folge sehr deutlich zu spüren bekommen, obwohl es am Ende den jeweiligen Bauerschaften anheim gestellt bleiben wird, wie weit sie in der Aufteilung tatsächlich gehen werden. Am Ende obliegt es natürlich allen Vögten, in einem von oben erwartet förderlichen Geist die entsprechenden, von den Landmessern aufgestellten Verteilungspläne zu bestätigen und dabei ggf. aufkommende Streitigkeiten zu schlichten sowie die hieraus entstehenden neuen Eigentumsverhältnisse in den offiziellen Erdbüchern zu dokumentieren.

Die Vögte haben wesentlichen Anteil an dem damit zwangsläufig verbundenen unaufhaltsamen Wandel von einer Natur- zur Kulturlandschaft auf der Dithmarscher Geest. In Nordhastedt wird eine erste große Welle von Privatisierungen von Meentland allerdings erst, nach vermutlich mehrmaligem interessierten Nachfragen der oberen Verwaltungsstellen, durch ein „Reglement wegen Auftheilung des Rechts der Nordhastedter Gemeinheit vom 2. Juni 1800", also 30 Jahre nach Start der Maßnahmen, durchgeführt. Das lässt sich zumindest aus den umfangreichen Unterlagen eines mehrjährigen Schadenersatz-Verfahrens[177] ableiten, zu dem sich Pastor Jessen noch im März 1805 genötigt sieht. Er fühlt sich als Interessenvertreter des Kirchenschatzes, gemeinsam mit dem Kirchenbaumeister, von der Meentgemeinschaft übervorteilt, da ein auf die Kirche eingeschriebener Meentanteil an Hölzungen in seiner Meinung nach minderwertigeres Land getauscht werden soll. Das sehen die anderen Nordhastedter Meentinhaber, wie auch ein vom Landvogt eingeschalteter Sachverständiger ganz anders. Landvogt Boie ist zuletzt von dem sogar gerichtlich bis nach Glückstadt getragenen Vorgang zutiefst genervt, sieht sich, als von Pastor Jessen in seiner Funktion als Vorsitzender bei der Kirchenvisitation eingeschaltet, sowieso nicht zuständig.

Der Vorgang verläuft schließlich irgendwann im Geestsand. Mindestens aber noch 1833 werden in einzelnen Privatverträgen Meentgerechtigkeiten und -ländereien innerhalb Nordhastedts verkauft, eine vollständige Privatisierung kann hier, genauso wie in Meldorf, mindestens für das 18. und frühe 19. Jahrhundert ausgeschlossen werden. Somit werden weite Teile der vom Vogt Claus Harders früh als problematisch gekennzeichneten Ackerflächen ebenfalls erst in preußischer Zeit, nun endgültig auch ihrer steuerlichen Attraktivität beraubt, endgültig reguliert werden.

Dithmarscher Feldwirtschaft um 1800

In der Bewirtschaftung eigenen Landes wandelt sich auch die Form der Feldwirtschaft in diesen Jahrzehnten zum Ende des 18. Jahrhunderts. Während die gemeinen, nicht eingekoppelten Ackerflächen zuvor kaum noch eine ordentliche Grasung kennen und mit einem Saatzyklus von drei bis vier Saaten von Buchweizen, zuvor mit „Miethendünger" (Anm.: Stallmist aus der „Hofmiethe") vorbereiteter Roggensaat und folgender ungedüngter Roggensaat oder schwarzem Hafer häufig beständig „unter dem Pflug gehalten" wurden, gehen die Dithmarscher Geestbauern auf eigenem Land zunehmend wieder zu einer mehr auf Nachhaltigkeit ausgerichteten Bewirtschaftung über[178], die im Vergleich zu einer vielfältigeren Ausprägung in der Marsch ziemlich einheitlich durchgeführt zu werden scheint. Dem fast ausschließlich durch die Grützmüller der Region zu Grütze verarbeiteten Buchweizen, dessen einen halben Meter hohe, rot-weiße Ähren den Geestäckern ein charakteristisches Erscheinungsbild verleihen, kommt neben dem Roggen auch nach der Einkopplung eine gewisse Bedeutung zu.

Einer ersten Saat von weißem Hafer oder Buchweizen, der nach viermaligem Pflügen mit dem Pferdepflug eingesät wird, folgt auf Hafer ungedüngter Buchweizen und auf Buchweizen gedüngter Roggen. Da insbesondere der Roggen den Boden stark beansprucht, folgt in den nächsten Jahren eine magere Roggenart. Danach wird meist „die Stoppel" im kommenden Jahr, manchmal auch drei- bis vier Jahre als Grasung oder Viehweide liegengelassen. Weizen wird auf der Geest dagegen nicht angebaut. Diesen müssen die Geestbauern im Gegenzug für eigene Erzeugnisse in der Marsch erwerben. Der von den Marschbauern ganz allgemein den Geestbewohnern verächtlich zugerufene Schimpf „eines Buchweizenfressers" trifft dabei aber wohl mindestens die Süderdithmarscher Geestbauern nicht ganz zu Recht. Die Steuerquoten, mindestens des 17. Jahrhunderts, zeigen[179], dass auf der Süderdithmarscher Geest auf einen Anteil Buchweizenlast zwei Anteile Hafer und vier Anteile Roggen und ein halber Anteil Gerste entfallen. Diese Anbauverhältnisse werden aus erhaltenen Gegenrechnungen für brachliegendes Land im Kirchspiel Nordhastedt aus dem 17. Jahrhundert in Bezug auf für die „Pflicht- oder Herrenkorn"-Abgabe herangezogene Aussaatquoten auf Privatland bestätigt.

Die Dithmarscher Geestbauern holen sich um 1800 herum daneben Futterheu für das Vieh von noch zahlreichen Stau- und Moorwiesen, als „Auland" bezeichnet, die, anders als in weiten Teilen Holsteins, zur Wende des 18. auf das 19. Jahrhundert noch nicht intensiv bewirtschaftet werden. Seit den 1780er Jahren beginnt der Kartoffelanbau, stärker in der Marsch als auf der Geest, in Dithmarschen als Nebengewerbe Einzug zu halten. Erstmals im Hungerwinter 1740 haben sich viele der Ärmeren aus bitterer Not mit der bis dahin wohl ausschließlich als Viehfutter genutzten Frucht am Leben erhalten.

Besonderen Auftrieb erhielt der Kartoffelanbau in den Herzogtümern dann nochmals in den 1760ern durch süddeutsche Kolonisten, die v.a. im Herzogtum Schleswig angesiedelt wurden. In der Marsch ist die vor noch gar nicht so langer Zeit noch exotische „Kantüffel" wenige Jahre später schon so häufig anzutreffen, dass selbst Anfang April 1789, am Ende eines die Vorräte der Vorjahresernte aufzehrenden Winters, einem Bericht des Wesselburener Pastors Wolf zufolge[180], der Preis einer Tonne Kartoffeln bei 28 Schillingen liege und daher auch als günstiges Zufutter fürs Vieh zum Einsatz komme. Schweine gediehen bei dieser Mast laut den Ausführungen des Pastors so hervorragend, dass einzelne, noch nicht einmal zwei Jahre alte Exemplare 530 Pfund auf die Waage brächten, je 100 Pfund im Verkauf an die 20 Mark gerechnet. Die Geestbauern bevorzugen anfänglich im Gartenanbau die kleinen weißen, „Holländer" genannten Sorten und die weißen Speisekartoffeln, die als „Vieh- oder Schweinskartoffeln" bezeichnet werden, da sie noch hauptsächlich als Viehfutter zum Einsatz kommen.

Struensee

Die auch noch für das heutige Erscheinungsbild Holsteins maßgebende „Koppel- und Knick"-Verordnung von 1771 trägt ebenfalls die Unterschrift des mehrfach erwähnten, nur anderthalb Jahre mit Hilfe einer königlichen Generalvollmacht amtierenden, in dieser Zeit aber allmächtigen dänischen Ministers deutscher Herkunft, Johann Friedrich Struensee (1737-1772), zuvor Stadtphysikus und Armenarzt in Altona und Sohn des aus dem brandenburgischen Neuruppin stammenden Holsteiner Generalsuperintendenten Adam Struensee. Johann Friedrich Struensee wird nach kurzer Zeit bei Hofe als neuem Günstling des sich zunehmend als willenlos darstellenden jungen Königs Christian VII. eine Liaison mit der jungen dänischen Königin zum Verhängnis.

Die lange vor seiner Zeit angedachte und vorbereitete Landreform ist somit nicht dessen umfangreicher eigener Agenda zuzurechnen, aber bezüglich ihrer Terminierung auch vor dem Hintergrund einer weite Teile des Königreichs Dänemark - Holstein ist nicht betroffen - heimsuchenden Missernte und folgenden Hungersnot dieses Jahres 1771 zu sehen. Zu Beginn des gleichen Jahres hat Struensee, der als einer der ersten Zeitgenossen regelmäßig Zahnpasta verwendet, was die Zuneigung der jungen Königin erklären könnte, als eine von über 1.000 Verordnungen seiner kurzen „Herrschaft" zur Aufbesserung der immer noch durch die Rüstungsausgaben des Siebenjährigen Krieges belasteten Staatsfinanzen auch erstmals eine staatliche Zahlenlotterie im Königreich Dänemark eingeführt, sehr zum Ärger der Geistlichkeit.

Dem unsensiblen und wohl keineswegs menschenfreundlichen Rationalisten Struensee gelingt es indes kaum, neben der Gunst der Königin, die er aus Sicht seiner zahlreichen Gegner bei Hofe öffentlich und „schamlos" zur Schau stellt, auch die „seiner Untertanen" zu gewinnen. Neben dem Adel, den er kompromisslos aus den angestammten Ämtern und von der Macht drängt, macht er sich durch ausschließliche Verwendung der deutschen Sprache in allen öffentlichen Angelegenheiten schnell auch die gesamte und vom Adel aufgestachelte dänische Bevölkerung zum Feind und provoziert durch allzu rigorose Neuerungen selbst den bürgerlichen Widerstand in den von Kopenhagen entfernten deutschen Herzogtümern. Nachdem Struensee schließlich sogar Beerdigungen bei Tag verbieten lässt, argwöhnt man auch hier, demnächst werde er auch noch Särge verbieten und die menschlichen Kadaver einfach so in Gruben verscharren lassen.

Doch der zunehmend von seinen zahlreichen Gegnern als arrogant und eigensinnig verschrieene und anscheinend wie im Machtrausch agierende Struensee wird bereits im April des Folgejahres 1772 in Kopenhagen als Majestätsverbrecher angeklagt und hingerichtet. Das Ganze geschieht auf Betreiben des durch ihn von der Macht gedrängten dänischen Hof-Establishments unter Führung der Königinmutter Juliane Marie, u.a. über ihre Schwester auch Schwägerin des „Großen" Preußenkönigs Friedrich II., die an Stelle ihres „geisteskranken" Stiefsohns Christian VII., der das ganze Treiben nur als unbeteiligter Zaungast verfolgt, lieber ihren leiblichen Sohn auf dem Thron sähe, der fortan auch tatsächlich als eingesetzter Regent eine dänisch gesinnte reaktionäre Regierungsmannschaft gewähren lässt. Weithin bekannt ist die deutsche, allerdings sehr seicht ausgefallene und mehr romantisch und melodramatisch fiktionale als historisch korrekte Verfilmung des schillernden, aber kurzen Hoflebens Struensees aus dem Jahre 1957 mit dem Titel „Herrscher ohne Krone" mit O.W. Fischer als Struensee und Horst Buchholz als jungem Dänischen König Christian VII. Neuer und realistischer zeigt das 2012 entstandene dänische Filmdrama „Die Königin und der Leibarzt" mit Mats Mikkelsen in der Rolle des Struensee die Geschehnisse bei Hof in den Jahren 1771-72.

Johann Friedrich Struensee

Die gerade einmal 20-jährige Königin Caroline Mathilde, Schwester des englischen Königs Georg III., wird unverzüglich von der Stiefschwiegermutter, ohne Eingreifen ihres Gemahls, vom Hof in Kopenhagen entfernt, sogar unter äußerst schmerzhafter Rückzahlung an den englischen König der bei Heirat empfangenen Mitgiften von 40.000 Pfund Sterling (von

England) und weiteren 40.000 Ecus (Braunschweig-Lüneburg) geschieden und in dessen Hoheitsgebiet nach „Celle im Hannöverschen" ins Exil geschickt, wo sie nach wenigen Jahren 1775 am Fieber versterben wird. Die Historiker gehen heute mehrheitlich davon aus, dass Minister Struensee der wirkliche Vater der schon im Juli 1771 geborenen, vom debilen und wohl „gehörnten", vielleicht aber auch kurzzeitig von dieser merkwürdigen „menage à trois" angeregten König Christian VII. später gleichwohl einer opportunen Staatsräson folgend anerkannten dänischen Prinzessin Luise Auguste ist, über deren Nachkommenschaft nicht nur die Frau des letzten deutschen Kaisers, Auguste Victoria von Schleswig-Holstein-Sonderburg-Augustenburg (1858-1921), sondern u.a. auch die heutigen schwedischen und spanischen Königshäuser mit weiterem frühen bürgerlichen Erbgut versehen wären.

Struensees Großvater und das Medizinwesen in Süderdithmarschen

Der Großvater mütterlicherseits des glücklosen Ministers Struensee und Schwiegervater des Generalsuperintendenten Adam Struensee, ebenfalls Leibarzt des dänischen „Pietisten"-Königs Christian VI., des Großvaters des oben genannten Christian VII., und Verfasser zahlloser medizinischer und zeittypisch radikal-pietistischer Schriften, Johann Samuel Carl (1677-1757), ist übrigens im hohen Alter von über 80 Jahren, nur wenige Monate nach der großen Wasserflut im Juni des Jahres 1757, als „der Arzneikunst Licentiat" in Meldorf verstorben[181], ebenso wie dessen Sohn und Struensees Onkel Johann Christian Carl (1711-1762), der, 1753 waren kurzfristig durch einen ersten Schlagfluss beide Hände gelähmt, bis zu seinem Tod durch einen weiteren Schlagfluss im Jahr 1762 als verbeamteter Landphysicus in Meldorf wirkt und vielleicht auch in Nordhastedt das eine oder andere Leiden mehr oder weniger erfolgreich lindert oder gar kuriert. Bei diesem Dr. Carl wird u.a. im Herbst 1758 der die Truppen in ihre Winterquartiere in Süderdithmarschen führende Regimentskommandeur Baron Schenck von Winterstedt des Holsteinischen Kürassierregiments nebst einigen Bediensteten bis zu dessen Ablösung für einige Wochen einquartiert. Dr. Carls Haus in der Süderstraße 18, später in Meldorf als Wrig-Haus (Fleischerei) bekannt und noch heute restauriert erhalten, ist seit Oktober 1744 in dessen Besitz und seitdem in zwei größeren Schüben (1746 und 1756) erweitert und umgebaut worden[182].

Während ohnehin eine Zahnbehandlung meist bis zum nächsten großen Jahrmarktsbesuch geschoben werden muss, auf denen immer noch die wandernden „Zahnbrecher" anzutreffen sind, die dann auch zweckmäßiger Weise gern auf zwei bis drei Jahre im Voraus verdächtige Zähne zu ziehen beauftragt werden, ist auch statt des aufwändigen und häufig zu weiten Besuchs beim Physicus oder den von diesem beaufsichtigten weiteren studierten

Doctores in diesen Jahren auf der Dithmarscher Geest immer noch der Gang zu kostengünstigen, aber hemdsärmeligen Heilern beliebt, wenn denn nicht gleich vom „Amtschirurgus" - nicht verbeamtet, sondern in einer Zunft, dem „Amt" organisiert - operiert, sprich geschnitten, werden muss.

Neben dem in Meldorf noch 1803 Schröpfköpfe verabreichenden „Kopfsetzer" Maas Martens (1758-1809)[183], einem gelernten Zimmermann aus Harmswöhrden, ist v.a. "das medizinische Orakel" Carsten Boje (1743-1805) populär[184], ein in Thalingburen geborener und ebenfalls in Meldorf (Westerstraße) lebender Heiler, der als Autodidakt mit obskuren "Pferdekuren" anfängt und diese Methoden erfolgreich auf Menschen überträgt. Trotz durch die approbierte Ärzteschaft im Jahre 1790 angestrengter Verbote durch den Landvogt Boie praktiziert dieser, sich selbst „medicinae practicae" nennend, ursprünglich von dessen Vor-

Das Haus der Süderdithmarscher Landphysici im 17. und 18. Jahrhundert in Meldorfs Süderstraße 18.

gänger Landvogt Eggers sogar noch protegiert und zu einzelnen medizinischen Vorlesungen nach Kiel geschickt, doch bis zu seinem Tod 1805 auf dem Land sehr erfolgreich weiter. Selbst dem 1788 eingesetzten Heider Physicus Jacob Diedrich Jahn kommt „der Boje aus Meldorf" in seinem Norderdithmarscher Zuständigkeitsbereich hin und wieder in die Quere.

Dabei hat der Autodidakt Boje nicht nur im einfachen Volk in diesen Jahren zahlreichen Zulauf. Gleich mehrere Landesgevollmächtigte in Dithmarschen unterschreiben ihn unterstützende Petitionen an den Landvogt mit, begründet durch ein häufig inakzeptables Auftreten und einen allzu starken Hang zur an Quacksalber erinnernden, "Mittelchen" verabreichenden Vorgehensweise von dem aus Kasnevitz auf Rügen (Ortsteil von Putbus) stammenden Dr. Ulrich Christoph Salchow (1722-1786), einem Pastorensohn, der 1755-1760 einige Jahre an der Akademie in St. Petersburg gewirkt hat, dann aber von November 1763 bis zu seinem Tod als Nachfolger des oben erwähnten Carl im Amt eines Süderdithmarscher Landphysicus und seit 1773 auch Nachbesitzer des prominenten Hauses in der Meldorfer Süderstraße 18 wird. Der älteste von drei hier aufgewachsenen Söhnen Salchows, der 1772 hier geborene Christoph Friedrich Georg Joachim, wird später, laut den Forschungen Wilhelm Johnsens, für die nordfriesischen Inseln zuständiger Deichinspektor in Meldorf und später in Husum. Diesen hat Theodor Storm in seiner Novelle „Der Herr Etatsrat" porträtiert. Ein weiterer in Meldorf geborener Sohn Gustav Adolph Franz (1779-1829) wirkt in späteren Jahren als Leiter einer privaten Erziehungsanstalt in Altona und steht als Unitist, einer auf pietistischen Wurzeln gründenden Studentenvereinigung des späten 18. Jahrhunderts, über lange Jahre in engem freundschaftlichen Kontakt zum Ordensbruder Friedrich Ludwig Jahn (1778-1852), bevor dieser sich von solcher Sektiererei abwendet und als „Turnvater" in größeren nationalen Zusammenhängen zu denken und gestalten beginnt.

Salchows Nachbesitzer des mehrfachen „Physici"-Hauses in der Meldorfer Süderstraße 18 wird bis zur Wende zum 19. Jahrhundert der seit 1784 neue Gerichtsaktuar in Meldorf und Nachfolger des im späteren Boie-Haus lebenden Tresenreuters, der nun amtierende und schon bezüglich seiner Nordhastedt-Termine genannte gebürtige Preetzer Friedrich Christian Krück, dem der eng verbundene Landvogt Heinrich Christian Boie sogar im Dezember 1793 mit persönlicher Widmung eine Lessingausgabe zueignet. Krück wird auch in der Meldorfer Lesegesellschaft von 1792/93 genannt. Als Krücks Kinder im Jahre 1802 an Scharlach und Masern zugleich, der Sohn Fritz sogar noch an „Friesel", einer allgemein üblichen Beschreibung von Fiebern mit Ausschlag, erkrankt, muss die Tochter Luise des Landvogts Boie davon sogleich per Brief auch ihrem Cousin Hans Voss in Eutin berichten[185]. Auch diesem scheint der „Fritz" Krück damit gut vertraut. Das Hausmittel bei den Boies gegen einen zu erwehrenden Übergriff der Masern und des Scharlachs auf den eigenen Haushalt ist dem Brief zufolge essigbasiert. Luise Boie schreibt: *„Wir sind noch davon frey, und es riecht bey uns nach lauter Essig, den wir machen Veilchen und Muscat Essig u.s.w."*

Erst Salchows im Meldorfer Klosterviertel am Nordermarkt praktizierender Nachfolger Dr. Nicolaus Hintze (1742-1807), ein in Kopenhagen als Sohn eines Divisionschirurgus geborener und dort seit 1771 praktizierender Arzt und neben dem Landvogt Boie die zweite treibende Kraft hinter der 1792 in Meldorf gegründeten Lesegesellschaft, erreicht ab 1787, seinem Meldorfer Dienstantritt als Physicus, bis zu seinem Weggang nach Flensburg 1797, ein nachhaltiges Zutrauen der Landbevölkerung in eine wissenschaftlich ausgebildete Ärzteschaft auf der Süderdithmarscher Geest. Die Zeit ist reif für die Anfänge der medizinischen "Moderne". In Heide wird bereits 1803 im "Dithmarscher und Eiderstedter Boten" über die Einrichtung eines öffentlichen Krankenhauses debattiert. Im Juni 1812 existiert auch in Meldorf, wenn man den Kirchenbüchern Glauben schenken darf, schon ein Krankenhaus, dieses allerdings zunächst nur temporär im Rahmen einer wieder einmal militärischen Präsenz. Ein aus Westerdeichstrich stammender ehemaliger Schustergeselle Daniel Wilhelm Lahrsen wird als junger Soldat des zu dieser Zeit in Meldorf stationierten Leibregiments als „Krankenwärter im hiesigen Krankenhaus" beerdigt[186]. Die Zeiten, in denen man sich mit überlieferten Hausrezepten selbst kuriert, Bruchbänder vom Schuster oder Sattler anlegen oder Aderlässe vom Hufschmied ausführen lässt, gehen zur Wende aufs 19. Jahrhundert vorüber.

Als Nachfolger von Dr. Hintze ist ab 1797 Dr. Peter Mathias Messner (1768-1832) in Meldorf als für die Geestregion zuständiger Landphysicus, also vom Staat beauftragter „Überwacher" des Medizinwesens für Mensch und Tier im Sinne eines heutigen Gesundheitsamts/Amtsarzts tätig, nachdem er zuvor für einige wenige Monate in Heide als praktizierender Arzt tätig war. Dr. Messner sind wir als Untersuchendem der Offenbüttler Ruhr-Seuche vom Sommer 1798, einer seiner ersten großen Amtshandlungen, begegnet. Zu diesem mag schließlich auch Johann Harders aufgrund persönlicher Bekanntschaft Zutrauen fassen, da Dr. Messner ein Sohn des Kirchspielvogt-Kollegen Peter Bendix Messner in Burg (1744-1810) ist. Auch der benachbarte und befreundete Schafstedter Vogt Johann Hedde lässt sich eine Zeitlang von diesem Dr. Messner behandeln, bevor er allerdings auf einen Arzt aus Itzehoe zurückgreift[187]. Mindestens in den Jahren vor seiner Ehe (1816) lebt und wirkt Dr. Messner laut den Volkszählungsunterlagen anscheinend als Logiergast einige Jahre im Mönchshof am Meldorfer Südmarkt beim Wirt Claus Kramer, auf den wir gleich noch zurückkommen werden. Doktor Messner stirbt im Jahre 1832 in Meldorf kinderlos an einer „Nervenschwäche".

Der noch in weiten Teilen der Dithmarscher Bevölkerung tobende Glaubenskrieg für und wider die Schulmedizin des ausgehenden 18. Jahrhunderts mag auch in der Familie Harders in Nordhastedt ausgefochten werden. Johanns Frau Christina Dorothea erfährt diesbezüglich in Kindertagen viel Leid. Als zweitgeborene Tochter ihrer Eltern muss sie als Heranwachsende im Pastorat in Windbergen miterleben, wie all ihre zehn Geschwister nach und nach versterben. Die Ärzte sind machtlos. Ihr ältester Bruder Peter ist 13 Jahre alt, als er im Februar 1777 verstirbt. Nur zwei Monate später stirbt der zweitjüngste Bruder Ende März, vermutlich am Fleckfieber, das 1776 und 1777 in Meldorf und Umland grassiert. Es ist nicht das erste Mal, dass ihre Eltern innerhalb eines Jahres gleich zwei Kinder verlieren. Insgesamt geschieht das dreimal. Christina erlebt es als älteste Tochter mit. Die Ärzte in Dithmarschen haben auch gegen die schwarzen Blattern, wie die wiederholt auftretenden Pocken genannt werden, in diesen Tagen noch kein zuverlässiges Heilmittel, obwohl z.B. in Altona und Hamburg schon mit ersten Impfungen, mit anfänglich allerdings verheerenden Wirkungen, experimentiert wird. Auch Struensee soll bereits in seiner Altonaer Zeit in den 1760ern mit Pockenimpfungen diverse Versuche angestellt haben und auf eindringliche Bitte der jungen Königin Caroline ihren 1768 geborenen Sohn Friedrich, den späteren Kronprinzen und König, während einer 1770 in Kopenhagen grassierenden Pocken-Epidemie erfolgreich „vacciniert" und ihm so das Leben gerettet haben. Carolines verhängnisvolle Liebe zu Struensee könnte also auf mütterlicher Dankbarkeit gegründet sein. Es scheint eine weitere Ironie der Geschichte, dass später der von Struensee gerettete Kronprinz Friedrich, aufgewachsen und geprägt in der alles „Struensee'ische" so verachtenden „antideutschen" Guldberg-Ära von den für seine Erziehung abgestellten Höflingen seine „danisierte" Weltsicht anerzogen bekommt.

Auch der bereits erwähnte Prof. Dr. Salchow stellt in Süderdithmarschen als sowohl für Tier- als auch Humanmedizin zuständiger staatlicher Überwacher und Physicus der Landschaft diverse Versuche zur Bekämpfung der Blattern an. Allerdings muten seine 1779 veröffentlichten postnatalen Methoden heutzutage mindestens genauso so bizarr an, wie sein Rezept zur Verhinderung von Viehseuchen, wonach man neugeborene Kälber nur unmittelbar nach der Geburt mit Salz einzureiben habe. Salchow beschreibt einen außerordentlichen Erfolg im Kampf gegen die Blattern, demzufolge seit Beginn im Jahre 1771 keines von 260 Neugeborenen, bei deren Geburt von den Hebammen peinlichst auf ein Abdrücken und Ausstreichen der Nabelschnur geachtet worden sei, in den Folgejahren bei entsprechenden Epidemien angesteckt worden sei[188]. Den für einen flächendeckend sicheren Einsatz notwendigen internationalen Durchbruch erreicht erst 1796 der englische Arzt Edward Jenner mit einer Kuhpockenimpfung. Eine allgemeine Impfpflicht entsteht im Gesamtstaat Dänemark erst mit einer Verordnung vom 2. September 1811, die u.a. besagt, dass fortan nur Geimpfte an den Höheren Schulen zugelassen seien oder Lehrlinge werden können. Den wirksamsten Erfolg hat vermutlich der Passus, in dem es heißt, dass fortan nur Geimpfte zu Konfirmation und Trauung zugelassen werden. Ab diesem Zeitpunkt ist es Pflicht, vor einer Heirat beim Pastor ein entsprechendes „Vaccinations-Attest" vorzulegen. Im Zeitraum 1810-1814 werden in den Herzogtümern fast 90.000 Personen erfolgreich geimpft.

Als im Jahre 1784 mit dem jüngsten Sohn Andreas im Alter von sechs Jahren das neunte der zehn Kinder verstirbt, bricht Pastor Andreas Jessen nach 25 teils leidvollen privaten und beruflichen Jahren die Zelte der immer kleiner gewordenen Familie in Windbergen ab und hofft auf einen Neuanfang in Nordhastedt. Das Mittel gegen Krankheit und Tod ist im Hause des Pastors nach neun Kindstoden im Laufe der Zeit Gottvertrauen und Ergebenheit in das Schicksal, nicht Hoffnung auf die Kunst der Ärzte. All ihre Liebe und Zuneigung gilt daher ihrer einzig verbliebenen Tochter Christina. Sie erhält sicherlich von ihrem Vater über all die Jahre eine gute private Ausbildung und ist für ihren Mann Johann als Pastorentochter auch auf intellektueller Ebene eine gute Partie. Zweifel kommen allerdings angesichts ihrer Herkunft und einer im Hause Jessen fehlenden bäuerlichen Tradition auf, ob sie auf dem heimischen Harders-Hof in Nordhastedt alle traditionellen Pflichten einer Hufnersfrau erbringen kann oder will. Hier wird sie sich möglicherweise häufig eher als "Managerin eines Familienunternehmens" denn als zupackende Bauersfrau bewegen und die im Haushalt verdingten Dienstboten in gutem Trab halten.

Meldorfer Postgeschichte

Der jüngere Bruder Johann Nicolaus Messner (1770-1852) des Meldorfer Physicus Dr. Messner ist ab dem Jahr 1802 königlicher Postmeister in Meldorfs Norderstraße, später in der zum Burgviertel gehörenden Westerstraße, die in diesen Jahren noch neben der Süderstraße ein Hauptverkehrsweg für Reisende nach Süden ist, da der spätere „Jungfernstieg" seit Jahrhunderten nur als unausgebauter Bauernweg existiert, der sich zudem zu Süden des Fleckens noch in den Feldern verliert. Erst mit dem Ausbau zur anfangs Wegegeld pflichtigen Chaussee (1852-54) wird der Straßenzug seine heutige Bedeutung als Umgehungs- und spätere Durchgangsstraße erhalten. Die große neue Poststation Messners in der Westerstraße befindet sich an der Ecke Hemmtwiete, westlich benachbart vom Zweiten Meldorfer Kompastorat, also in verkehrsgünstigerer Lage, als das dem heutigen Erscheinungsbild der Westerstraße nach zu vermuten wäre[189]. Sie ist neben Heide und Lunden zunächst die einzige Dithmarscher Poststation des um 1800 aus 45 Destinationen bestehenden holsteinischen Postnetzes mit dem Knotenpunkt Altona.

Postmeister Messner ist dort vermutlich auch häufige Anlaufstelle für die überregionale Korrespondenz des Nordhastedter Kirchspielvogts, wenn hier zweimal in der Woche der offene Postwagen oder berittene Boten eintreffen. Neben dem amtlichen Schriftverkehr, vorwiegend mit der übergeordneten Glückstädter Kanzlei, könnte Johann Harders in diesen Jahren auch eine umfangreiche private Korrespondenz führen. Es ist das „klassische

Jahrhundert des Briefstils, in dem die Briefschreibesucht und Briefliebhaberei sich oft zum krankhaften Briefkultus verschraubt und man (in entsprechenden Kreisen) nach keinem höheren Lob trachtet als nach dem der Kunst, gute, d.h. sentimental-poetische überlange Briefe zu verfassen, die Arbeit einer oder mehrerer Wochen", wie Otto Brandt in „Geistesleben und Politik in Schleswig-Holstein um die Wende des 18. Jahrhunderts" 1925 schreibt. Der ältere Klopstock geißelt diese Manie allerdings als „Schwachheit und Pestilenz"und auch der junge Goethe hadert schon früh mit der Unsitte, wenn er 1765 an

Poststation Westerstraße in Meldorf (Foto von 1937)

seine Schwester Cornelia schreibt: „*Schreibe nur, wie du reden würdest, und so wirst du einen guten Brief schreiben.*" Der Hang zum Weitschweifigen, dem Ausführlichen und Umständlichen, der das ganze 18. Jahrhundert prägte, steigert sich zu seinem Ausgang hin noch einmal. Man wird detailverliebt, auch den kleinsten Dingen wird Aufmerksamkeit geschenkt, wie sich unschwer an den wissenschaftlichen Erfolgen der Zeit ablesen lässt. Selbst Kindern werden jetzt in vielen Familien mehrere, meist zwei, gelegentlich bis zu fünf

Vornamen gegeben, wo im bäuerlich-bürgerlichen Milieu zuvor selbstverständlich ein, bei Mädchen gelegentlich zwei Namen ausreichten und allenfalls der geborene oder der Geldadel seinen Reichtum auch in einer überbordenden Namensgebung auszudrücken pflegte. Auch Johann, einfach nur Johann, Harders macht da keine Ausnahme. Alle Kinder beider Ehen erhalten schon zwei Vornamen. So könnte auch der sich diesen Strömungen nicht verschließende Kirchspielvogt den einen oder anderen persönlichen Gedankenfluss dem Meldorfer Postmeister Messner anvertrauen.

Messner ist, mit einer Hinrichs verheiratet, der einzige Schwiegersohn seines Vorgängers, der bis zu seinem Tod im April 1802 als Postmeister Johann Hinrichs (1725-1802) noch auf der Nordseite der Zingelstraße direkt gegenüber der Landvogtei Boies seine Meldorfer Poststation unterhält. Diese frühe Poststation Meldorfs ist bis zu dessen Tod 1753 ebenfalls noch eines der Besitztümer des Kaufmanns Jens Jessen, das dieser wiederum von seinem Schwiegervater, dem aus Tönning stammenden Sohn eines Schiffszimmermanns und ebenfalls Kaufmann und früherem Kompagnon Peter Bruhn (1676-1738) nach dessen Tod übernommen hat und das sehr wahrscheinlich das Geburtshaus des Schwiegervaters Andreas Jessen des Nordhastedter Kirchspielvogts Johann Harders ist. Ab 1768 wird hier die Poststation des „Postbotenhalters Johann Hinrichs" betrieben[190], der selbst eigentlich Johannsen heißen müsste. In der Familie des in Oesterborstel im heutigen Ostteil Tellingstedts lebenden Vaters Hinrich Johannsen wird noch zu Zeiten seiner Geburt der nur noch seltenen Tradition der „patronymischen" Namensgebung angehangen.

Struensee lässt erst 1771 offiziell die v.a. im Landesteil Schleswig weit verbreitete patronymische Namensgebung endgültig verbieten und erleichtert so auch den Kirchspielvögten ihre Arbeit, da diese „in Erbschaftsfällen, in Ansehung der Legitimation, zu vieler Ungewißheit und weitläufigen Streitigkeiten, so wie bey Führung der Schuld- und Pfandprotokolle zu mancherlei Unordnungen" führe. Verheiratet ist Postmeister Hinrichs mit einer Tochter Catharina (1740-1784) des in der Meldorfer Schulzeit des Johann Harders erwähnten Küsters Hans Bornholt.

Ein Meldorfer Gildenbruder und Freund des zuvor das Gebäude der späteren Poststation Hinrichs besitzenden Kaufmanns Jens Jessen, der zudem im Jahre 1731 als Kindspate des Andreas Jessen eingesetzt wird[191], ist ein Diedrich Göttsche Moldenit (1697-1761). Dieser ist ein Sohn des noch in Lunden geborenen Claus Moldenit, der im Meldorfer Rosenviertel auf der zum letztgenannten und zum Geerviertel gehörenden Jessen-Haus gegenüberliegenden, südlichen Rosenviertel-Seite der Zingelstraße schon Ende des 17. Jahrhunderts als Hotel- und Fuhrunternehmer sowie Postbote genannt wird.

Claus Moldenit, ein Sohn des 1663 in Lunden mit einem Anker-Siegel bezeugten Diedrich Moldenit, betreibt also wohl zu seiner Zeit den Postkutschendienst inklusive der als Hotel fungierenden Meldorfer Station. Er heiratet am 30. Oktober 1681 in Meldorf die Witwe des „fahrenden Boten" Claus Schildt und tritt somit im Herbst dieses Jahres 1681 in Meldorf als dessen Nachfolger den königlich dänischen Postdienst an. Der Status eines Postmeisters ist in diesen Jahren ein nicht zu unterschätzender. So ist die 1706 geborene Ursula Margaretha Moldenit eine Tochter dieses Postmeisters Moldenit, die im Januar 1750 in Meldorf den

Meldorfs Zingelstraße Nr. 4

Sohn Gottfried Christian (1711-1775) des benachbarten und bis 1744 amtierenden Meldorfer Landvogtes Friedrich Christian von Helm heiratet. Sohn Gottfried Christian wird es im königlich dänischen Heer in späteren Jahren bis zum Obristleutnant bringen und vor seinem Tod noch die Witwe des 1772 verstorbenen Marner Kirchspielvogts Johann Matthias Thiessen heiraten. Diese Friederica Louise (1713-1791) ist in Meldorf als Tochter des Landschreibers Eggers geboren und bei dieser späten Hochzeit 1774 die Schwester des amtierenden Landvogts Christian Siegfried Eggers. Aus ihrem kurzzeitigen Besitz erwirbt schließlich, wie bereits gesehen, der Kirchspielvogt Johannsen die später als Landvogtei dienenden Gebäude am Nordermarkt. Es zeigt sich, dass mindestens bis zum Ende des 18. Jahrhunderts aber noch die Zingelstraße zwischen Grabenstraße und Vorplatz des heutigen Rathauses neben den Amtssitzen von Landvogt und Landschreiber auch das verkehrstechnische Postzentrum Meldorfs darstellt.

Hier in der Zingelstraße (die Nr. 4 und somit wohl das östlich gelegene Nachbargrundstück zur Landvogtei von H.C. Boie, also auch der Nachfolgebau des „Tresenreuter'schen Hauses") kommt ab 1844 auf dem Hof des Bäckers und Gastwirts Thomas Ludwig Schmidt (1800-1883), einem späteren Schwager der Tochter von Johann Harders, einmal die Woche auch noch der als Pferdekutschendienst eingerichtete „Wrister Omnibus" an[192], über den die Dithmarscher eine frühe Anbindung an die in diesem Jahr eröffnete Eisenbahnstrecke Altona-Kiel erhalten.

Der unverheiratete Kindspate Diedrich Moldenit des späteren Pastors Andreas Jessen ist ein Abkömmling des im Tönning des ersten Drittels des 17. Jahrhunderts als Sektenverfolger der David-Joriten zu einem zweifelhaften Ruhm gelangten Eiderstedtischen Propsten Johannes Moldenit (1593-1653), der hierbei von seinem Schwiegersohn, dem mit der Tochter Anna Moldenit verheirateten Diaconus Friedrich Jessen (mit wahrscheinlicher Verbindung zur Meldorfer Jessen-Familie) unterstützt wird. Patenonkel Diedrich Moldenit übernimmt im Übrigen im Jahre 1747 aus dem Erbe seines vor 1741 (wohl nicht in Meldorf) verstorbenen Vaters Claus das rechts neben dem ebenfalls Jessen'schen Rosenviertel-Anwesen (der späteren Landvogtei von Heinrich Christian Boie) wohl leicht rückwärtig versetzt liegende Haus unter der heutigen Anschrift Roggenstraße 14, auf den Flächen der heutigen Sparkasse, bei dem es sich eigentlich nur um die schon genannte und bisher nur grob lokalisierte vormalige Poststation des Vaters handeln kann[193].

Das Haus wird 1754 vom Weinhändler Peter Jessen, dem zwei Jahre älteren Bruder des Pastors Andreas Jessen, erworben, der es wiederum für gute 10 Jahre hält, bevor er mit seiner Familie Meldorf verlässt. Die Frau des Peter Jessen ist des Weiteren eine Tochter des zunächst in Heide tätigen Physicus Johann Adam Anton Weber, der allerdings bereits vor 1756 Norderdithmarschen verlässt und nach Amsterdam verzieht, wohin ihm möglicherweise später auch sein Schwiegersohn Peter Jessen mit Familie folgt. Mütterlicherseits ist diese Weber-Tochter und Jessen-Braut auch noch eine Enkelin des ehemaligen Meldorfer Vogts der Südervogtei Nicolaus Dührsen, der 1668-1707 in Meldorfs Westerstraße lebt und mit der Tochter Catharina Margaretha (1676-1710) des ebenfalls schon genannten Meldorfer Pastors Martin Voss (1643-1716) verheiratet ist. Doch behalten wir uns das 17. Jahrhundert für eine andere Geschichte vor.

Die enge Verbindung der Familie Jessen des Schwiegervaters von Johann Harders sowohl zur Familie Dührsen als auch zu der frühen Postgeschichte Meldorfs wird deutlich, für einen im Fernhandel tätigen und aus dem Flensburgischen stammenden Kaufmann, wie den vermutlich auch Wein- und Branntwein-Händler („Rum", was denn sonst als Flensburger) Jens Jessen nicht die unvorteilhafteste Beziehung. Obwohl es hierfür bisher keinen eindeutigen Beleg gibt, ist weiter zu vermuten, dass die zeitliche Lücke im Meldorfer Postmeister-Dienst zwischen dem anscheinend nicht in Meldorf versterbenden Postmeister Claus Moldenit und dem ab 1768 erstmals genannten Postmeister Johann Hinrichs durch den 1761 versterbenden Patenonkel des Nordhastedter Pastors Andreas Jessen, Diedrich Göttsche Moldenit als Nachfolger seines Vaters geschlossen werden könnte.

In seinen Diensten könnten dann nacheinander die beiden als Postboten genannten Paul Back, der im Alter von 50 Jahren 1748 verstirbt, und Hans Rasmus stehen, der 30-jährig im Jahre 1761 in Meldorf als solcher beerdigt wird. Nach Moldenit ist aber auch noch für einige wenige Jahre der Gastwirt Claus Hansen (mindestens 1764) als Posthalter in Meldorf tätig. Bei diesem dürfte es sich um den schon 1741 auf dem Mönchshof genannten gleichnamigen, aus Wolmersdorf stammenden Gastwirt (1701-1777) handeln, der die Gaststätte am Südermarkt im Jahre 1768, dem Antrittsjahr des Johann Hinrichs als Meldorfer Postmeister, an seinen Schwiegersohn Claus Kramer (1728-1809) überträgt, bei dem der Physicus-Bruder des nachfolgenden Postmeisters Messner Kost und Logis findet.

Einer der Gehilfen des Postmeisters Messner ist der 1789 in Meldorf als Sohn des seit 1782 Amtsdieners und Gehilfen des Landvogtes Boie Hartwig Kröger (1752 in Münsterdorf geboren, 1820 in Meldorf verstorben) geborene Hinrich Kröger, der früh (mindestens ab Heirat 1813) als Fuhrmann, Postfuhrmann und noch 1840 als Postillion in Meldorfs Zingelstraße (Nr. 15 oder 17) im ehemaligen Haus seines Vaters genannt ist. Auch dessen Söhne Hartwig und Peter sind als seine Fuhrknechte im Postwesen von Meldorf aus tätig.

Nach dem Tod Messners im Jahre 1852 wird als letzter Postmeister der vorpreußischen Zeit in Meldorf der im dänischen Fredericia als Sohn eines Tabakfabrikanten und Branddirektors (welch passende Kombination) geborene Capitain Henrik Brosböll (1820-1884) eingesetzt. Postmeister Brosböll ist ein jüngerer Bruder des in der Spät- und Endphase des Gesamtstaats sehr populären dänischen Schriftstellers Johann Carl Christian Brosböll (1816-1900). Er heiratet 1855 mit Bernhardine Christine Wilhelmine Schwarz (1837-1869) eine Tochter des Wöhrdener Pastors Nicolaus Diedrich Schwarz (1794-1866), Sohn des gleichnamigen und auch die Harders-Verwandten über Jahrzehnte seelsorgerisch versorgenden unmittelbaren und seit 1795 in Wöhrden wirkenden Amtsvorgängers (1765-1835). Mit Wirkung vom 8. Februar 1864 wird Brosböll aber im Zuge des Schleswig-Holsteinischen Krieges durch die interimistisch eingesetzten preußisch-österreichischen Bundescommissaire für die Herzogtümer aus der Funktion entlassen und verzieht notgedrungen mit seiner Familie nach Kopenhagen. Im August 1864, der kriegerischen Interimsphase vor 1866, zeichnet ein „Fr. (Johann Friedrich) Paulsen" für das für kurze Zeit existierende „Herzogliche" Postcomptoir in Meldorf, ein vormaliger, in Schleswig geborener Lehrer der Gelehrtenschule, der die Postmeisterstelle zunächst übernimmt und identisch sein dürfte mit dem Meldorfer Postmeister Paulsen, der hier noch 1871 zum preußischen Postdirektor befördert wird.

Postwagen der dänischen Post

Die „Dithmarscher Post" geht zu Johann Harders und Johann Nicolaus Messners Dänischer Zeit von dessen Meldorfer Station, als einer von nur drei ordentlichen Postrouten der Herzogtümer („Ordinari-Post"), einmal die Woche über Itzehoe, Elmshorn und Pinneberg nach Altona, oder in ihrer nördlichen Route weiter nach Heide, Lunden, Friedrichstadt, Husum und schließlich Schleswig. Der Postweg aus Meldorf nach Itzehoe verläuft dabei stadtauswärts über den Zingel östlich über Nindorf, Bargenstedt und Dellbrück weiter nach Schafstedt, wo spätestens 1833 eine weitere, nun vierte Dithmarscher Poststation genannt ist. Nach Norden, in Richtung Heide verlässt der Postwagen Meldorf wohl über den Markt und die Norderstraße, wo folgerichtig der neu amtierende Postmeister Messner in seinen ersten Wirkensjahren zunächst seine Poststation unterhält.

Das Postwesen im Dänischen Gesamtstaat hat in diesen Jahren um 1800, trotz einer legendär schlechten Verfassung der Landstraßen im Herzogtum Holstein, einen über die Landesgrenzen hinausreichenden, überraschend guten Ruf in Bezug auf ihre Organisation. Aufgrund einer begrenzten Platzanzahl müssen Reisewünsche vorbestellt werden, „man schreibt sich ein". Nach dem Vorbild der Schwedischen und Braunschweigischen Post sind seit dem 2. Dezember 1793 Stundenzettel üblich. Auf diesen sind die beförderten Fahrgäste nach Erreichen ihrer Zielstationen aufgefordert, ihre Zufriedenheit mit der Dienstleistung oder ggf. Kritik an Pünktlichkeit, Komfort oder Hilfsbereitschaft des Personals zu vermerken. Eine sehr modern anmutende frühe Form von Marketing und Qualitätsmanagement. Ist ein Reisender allerdings jenseits der Hauptrouten der Ordinari Post unterwegs, muss er eine häufig unzuverlässige und teils abenteuerliche Extrapost ordern, die ab 1762 das Hauptnetz in Holstein ergänzt. Das bedeutet, dass man den eigenen Wagen nutzt, an bestimmten Stationen aber Pferde und Kutscher für einen Wechsel vorbestellen kann. Im Übrigen diskutieren die holsteinischen Intellektuellen bereits 1795 darüber, ob man das Beförderungswesen nicht wieder, getreu dem Englischen Vorbild, privatisieren solle, nachdem erst ein Jahr zuvor der königlichen Post in Schleswig-Holstein auch das Monopol zur Personenbeförderung erteilt wurde[194].

Holstein kommt von Stein

Ein immer währendes Übel dieser Jahre bleibt neben allgemeiner Schläfrigkeit die Trunkenheit der Kutscher, die an fast jeder Poststation, meist Gaststätten, von Neuem der Versuchung ausgesetzt sind. Übermäßiger Alkoholgenuss der Postillione ist, nach den Straßenverhältnissen, die zweithäufigste Unfallursache in dieser Zeit, die für den Kutscher allerdings aufgrund der damit verbundenen höchsten Gefährdung der Passagiere mit einer Gefängnisstrafe enden kann. Für Reisende ist der Komfort um die Jahrhundertwende in Holstein häufig noch sehr eingeschränkt. Meist sind die um 1800 auf höchstens sechs Passagiere ausgelegten Kutschen, sogenannte Stuhlwagen oder auch holsteinische Kürwagen, noch ohne Dach und kaum gefedert. Die permanent gegeneinander geworfenen Reisenden tragen des Öfteren Rippenbrüche davon. Zudem sind sie allem Wetter, ob gleißender Sonnenschein, Sturm oder strömender Regen, fast schutzlos ausgeliefert. Die sich erst um 1830 durchsetzenden geschlossenen Postkutschen lindern zwar diese äußeren Einflüsse, da sich die Straßenverhältnisse aber in weiten Teilen zunächst noch unverändert schlecht darbieten, werden die geschlossenen Kutschen in zeitgenössischen Schilderungen als „Folterkästen" angeprangert.

Fast überall in Holstein stammen die Landstraßen im 18. Jahrhundert noch aus dem Mittelalter. Aufgrund der Agrarstruktur des Herzogtums und der bis weit ins Jahrhundert hineinreichenden in kleinste Teile zersplitterten Herrschaftsbereiche ist nie ernsthaft in eine überregionale Wegestruktur investiert worden. Die „Wege" in und zu den kleineren Ortschaften sind auf der Geest meist nur sandige, in der Marsch dagegen häufig matschige, scheinbar wahllos durch gelegentlichen Gebrauch gezeichnete Spuren. Eine feste Definition erfahren die Wege auf der Geest vielerorts erstmals als Folge der Verkoppelung in den 1770er Jahren. Zwischen den befestigten Knicks entstehen unveränderbare Hohlwege, die als „Redder" bezeichnet werden. Haben die Fuhrleute zuvor angesichts der Spurrinnen immer wieder eine neue Ideallinie durch den aufgewühlten Untergrund gesucht, auf der sie bestmöglich vorwärtskommen und immer breiter ausufernde Spurrinnen-Trassen in die Landschaft gefräst, die an den Rändern nach der nächsten Ernte wieder umgepflügt und im Zaum gehalten wurden, verhindern dieses nun die Knicks.

Den Bauern ist es im Lande seit Alters her zudem erlaubt, die auf den Feldern gesammelten Steine auf die Wege zu schmeißen. In den entstehenden Reddern können die Fuhrleute und Reiter aber kaum noch den gröbsten Brocken ausweichen. Pferdehufe und hölzerne Wagenräder müssen die Steine mühsam im Laufe der Zeit selbst in den Straßenuntergrund einarbeiten und verdichten. Das schont weder Pferde, noch Mensch und Material. Ein Reisebericht von 1790 vermerkt sarkastisch, dass die holsteinischen Wege *„zum Umwerfen und Beinbrechen sehr geschickt"* seien[195]. Es hat sich also wenig getan in Holstein in den letzten hundert Jahren. Denn schon 1702 mutmaßt der Franzose Lacombe de Vringhy, der an den dänischen Hof unterwegs ist, in seinem Reisetagebuch, das er anlässlich einer Fahrt durch die Herzogtümer als Begleiter des britischen Gesandten James Vernon führt[196]: *„da derart viele Steine auf den Wegen herumliegen; vielleicht ist dieser Umstand auch der Anlaß für die Namensgebung dieses Landes."*

Reisen in der Dämmerung oder des Nachts können noch um 1800 lebensgefährlich werden. Zumal es auch in Dithmarschen an jeglicher Beschilderung fehlt, so dass selbst Einheimische und eigentlich Ortskundige sich in der, wenn nicht vom Mond notdürftig beschienenen absoluten Dunkelheit häufiger verirren oder mindestens vom „rechten Weg abkommen". Sind Wagenfahrten in der Dunkelheit unumgänglich, werden meist erfahrene Knechte oder andere Bedienstete zu Fuß oder auf einem Pferd mit einer großen Laterne vorausgeschickt.

An den durch einsame Gegenden der Herzogtümer führenden größeren Heer- und Ochsenwegen wird im Jahr 1799 begonnen, des Nachts zumindest an den Posttagen in größeren Abständen Signalfeuer zu installieren, die, ähnlich den Leuchttürmen auf See, den

Reisenden den Weg über die weiten Heideflächen der Geestrücken weisen sollen. Reiten ist bei solchen Verhältnissen dabei häufig deutlich angenehmer und risikofreier als eine Wagenfahrt. Die meisten Zeitgenossen reisen allerdings im 18. Jahrhundert noch „auf Schusters Rappen". Wenn man ohne großes Gepäck unterwegs ist, ohnehin die schnellere Fortbewegungsmethode, da die Pferdewagen angesichts der Straßensituation selten mehr als langsamen Schritt fahren können. Dabei haben die „ordinairen Posten" gemäß Verordnung von 1762 im Sommer (Mai bis Michaelis) eine Meile (=7,5324 km) binnen ¼,

Redder – ein durch Knickanlage definierter Hohlweg (Foto von 1938)

im Winter binnen 1½ Stunden zu fahren. Mindestens im Winter ist also selbst der „ideale" Geschwindigkeitsanspruch der Kutschen mit ungefähr 5 Km/h nur knapp über einer zügigen Schrittgeschwindigkeit von 4 km/h eines rüstigen Wanderers. In den Sommermonaten hingegen liegt die Selbstverpflichtung der königlichen Post bei 30 km/h, die im Westen Holsteins aber selten eingehalten werden können. Umso wichtiger ist das Recht der Postillione auf einen stets freien Vorrang auf den häufig engen Wegen. Um dieses zu gewährleisten, dürfen die Kutscher sich der Posthörner bedienen, deren Missbrauch mit Strafe belegt wird. Der Reisende zahlt für jede Meile 10 Schillinge, dabei sind 50 Pfund Gepäck frei. Noch 1830 werden die typischen Straßenverhältnisse auf dem Holsteiner Land von Deutschen aus anderen Landesteilen mit denen Sibiriens oder der afrikanischen Sandwüsten verglichen. Die Dithmarscher Geest wird da keine Ausnahme bilden.

Erster holsteinischer Wegeconducteur, ein Meldorfer

Dabei fängt die Regierung in Kopenhagen, nicht zuletzt auf Drängen der Militärs, bereits im Jahre 1809 mit dem Aufbau eines „Wegecorps" an. Nach dem Vorbild der zuletzt beeindruckend erfolgreichen französischen Armee werden hier Offiziere zusammengefasst, die als „Wegeconducteure" mit Ingenieursausbildung und erfahren in „Terrainlehre" die Aufsicht über das (Neben-) Wegenetz und Brückenbau übernehmen sollen. Im Herzogtum Holstein werden zunächst einzig der in Plön wohnende Kammerjunker Carl Krag als Ober-Landwege-Inspektor sowie als diesem zuarbeitender und durchs Land reisender Wegeconducteur Martin Gottlieb Voss (1777-1847) im militärischen Rang eines „Premierlieutenants" installiert. In Friedenszeiten ist das Wegecorps allerdings der zivilen Rentekammer in Kopenhagen unterstellt. Im dänischen Staatskalender werden sie unter den zivilen „Beamten bey der Wegeaufsicht" geführt. Martin Gottlieb Voss ist ein in Meldorf geborener Sohn des Propsten Hinrich Voss, damit auch ein knapp zehn Jahre älterer Bruder der ab 1814 mit dem Marner Kaufmann Jacob Wilckens, einem Neffen zweiten Grades des Johann Harders, verheirateten Charlotta Amalia Voss.

Martin Gottlieb Voss macht zunächst eine Ausbildung zum Forstexpedanten bei den Feldjägern in Kiel und tritt nach Erlangung seines Offizierspatents unmittelbar nach Schaffung der Positionen 1809 diesen Dienst in Meldorf an. Er behält bis zu seiner Entlassung in Gnade zum 1. Mai 1842 seinen Wohnsitz in Meldorf (sehr wahrscheinlich in dem 1701 erbauten Haus in der Zingelstraße 16, später Textilhaus Denser), wenngleich er berufsbedingt viel im Lande umherreisen wird. Nach seiner Pensionierung verzieht Voss nach Altona, wo er fünf Jahre später verstirbt. Eine nachhaltige Verbesserung kann das in erster Linie mit Kartografierungs-, Planungs- und Genehmigungsverfahren betraute Corps aber angesichts der Mammutaufgabe und fehlender finanzieller Mittel oder gar Zugriff auf eigene Baukapazitäten erst in den Folgejahren mit dem nachhaltigen Ausbau des überregionalen Chausseenetzes erreichen.

Längere Reisen bleiben in der Lebenszeit des Johann Harders noch strapaziös und werden auf das Nötigste beschränkt. Wollen Nordhastedter oder Meldorfer in diesen Jahren beispielsweise nach Glückstadt, Altona oder Hamburg reisen, ist nach wie vor der bequemste Weg, zunächst mit Pferd und Wagen nach Brunsbüttel zu fahren, um sich von dort mit einem der Elb-Ewer auf dem Fluss dorthin bringen zu lassen. Ohnehin wird der Warenverkehr, wo immer es geht, auf dem Wasser vorgenommen. Die Kaufleute kalkulieren im 18. Jahrhundert die Transportkosten zu Wasser in Holstein rund 10-15mal günstiger als auf dem Landweg. Süderdithmarscher Vieh und Getreide, das nach Hamburg transportiert werden soll, wird vorzugsweise bei Burg auf Lastkähne verladen, die über den Kudensee und auf der Wilsterau zunächst nach Wilster gestakt werden, einer Hochburg für Viehhändler und Transporteure. Von dort geht die Fracht nach einer Umladung auf größere Kähne über Stör und Elbe nach Hamburg oder Altona.

Die Post innerhalb Dithmarschens wird aufgrund des hier besonders unzureichenden Zustands der Wege von Boten, die per Pferd oder auch zu Fuß zwischen den einzelnen Kirchspielen unterwegs sind, in Meldorf in diesen Jahren in einer Gastwirtschaft am östlichen Nordermarkt, neben dem Amtssitz des Landschreibers Niebuhr angeliefert und verteilt[197]. Bei diesem Lokalpost-Gebäude wird es sich wahrscheinlich um die heutige „Linde" handeln, bis 1790 im Besitz eines Paul Hermann Klinck (1756-1790), einem auch privilegierten Musikus in Meldorf, über den und dessen Vater auch noch im Zusammenhang ihrer musischen Profession gesprochen werden muss. Ab 1791 lebt hier zunächst die Witwe des jüngst verstorbenen Propstes Jochims, die allerdings im Sommer 1794 ebenfalls verstirbt.

Alternativ könnte aber auch das nördlich der Papenstraße zu dieser Zeit anschließende Nachbarhaus eines Johann Timmermann mit der alten Verteilstation gemeint sein. Sowohl Vater (1689-1770) als auch gleichnamiger Sohn (1724-1783) und mindestens noch bis 1803 Enkel Johann Friedrich werden hier als Gastwirte genannt. Die „Posttage" sind in diesen Jahren immer von ganz besonderer lokaler Bedeutung. Man trifft sich in den als Postzentrale fungierenden Gaststätten ohne Zeitverzug zum gemeinsamen Zeitunglesen oder vorlesen lassen. Die Neuigkeiten aus aller Welt werden unmittelbar im Kreise der Interessierten intensiv diskutiert und von hier von Mund zu Mund weitergereicht. Für die als Poststation ausgezeichneten Gaststätten bedeuten die Posttage immer einen besonders guten Umsatz.

Der Sohn Georg Messner (1807-1888) des Meldorfer Postmeisters und Enkel des Burger Vogts Messner wird später ebenfalls Kirchspielvogt. Er amtiert in Hemmingstedt. Nach seinem Tod vermacht dieser kinderlos versterbende Vogt Messner allerdings seinem Heimatflecken Meldorf 1.200 Mark „zur Verwendung für die städtischen Verschönerungsanpflanzungen"[198]. An ihn und seine familiäre Herkunft erinnert noch heute die von der Norderstraße zur Nordermühle führende Messnerstraße in Meldorf, im Gedenken an seine wohl noch in der Norderstraße liegende Geburtsstätte.

Zudem folgt ein weiterer der Brüder, Jacob Bendix Messner (1771-1835), dem Vater und Burger Kirchspielvogt, wohl ab 1795 zunächst als Adjunkt, als Burger Kirchspielvogt nach. Der Großvater dieser Messner-Brüder in Meldorf bzw. Burg und Vater des Burger Vogts Peter Bendix Messner ist der Albersdorfer Pastor Peter Bendix Messner (ca. 1695-1745), dessen Großvater Johann Messner (1635-1705), ursprünglich aus dem Vogtland stammend, als Albersdorfer Pastor die Wurzeln dieser einflussreichen Familie in Dithmarschen legt.

Weit stärker noch als bei den Familien Harders in Nordhastedt, Hedde in Albersdorf/ Schafstedt/Brunsbüttel, Piehl in Brunsbüttel oder Lempfert und Johannsen in Meldorf zeigt sich in dieser Familie Messner eine viele Generationen umspannende beispielhafte Vernetzung in fast allen der einflussreichen gesellschaftlichen Positionen Süderdithmarschens in den Zeiten des Gesamtstaats.

Kopenhagen wird bombardiert

Doch zurück zur chronologischen Erzählung und an den Beginn des 19. Jahrhunderts. Die Jahre um die Jahrhundertwende sind, bei aller mangelhaften Qualität der Infrastruktur, auch nochmals wirtschaftlich exzellente, das zurückliegende gute Jahrzehnt krönende Jahre für Dithmarschen. In Süd- und Mitteleuropa herrscht längst wieder Krieg. Da Preußen sich aber ebenfalls noch aus den von den nun auf Expansion ausgerichteten französischen Truppen entfachten Kriegszügen heraushält, ist der Nordwesten Deutschlands neben Skandinavien eine der wenigen ruhigen und demzufolge prosperierenden Regionen Europas. Kriegsbedingte Ernteausfälle in weiten Teilen des Kontinents halten die Getreidepreise hoch und die Dithmarscher Geldbeutel voll.

Der Weizenpreis pro Tonne erreicht 40 Mark und Roggen 26 Mark, während die Kartoffeln bei 24 Mark liegen. Dass durch diese Preissprünge allerdings keine erneute Hungersnot bei Unter- und unterer Mittelschicht entsteht, wie fünf Jahre zuvor, liegt daran, dass nun auch der Lohn der Dienstboten im Durchschnitt der letzten Jahre enorm gestiegen ist, also weite Teile der Bevölkerung vom Wirtschaftsaufschwung profitieren. Selbst auf der Geest kann ein gestandener Dienstknecht jährlich bei freier Kost und Logis 60-80 Reichstaler, in der Spitze der höheren Marschgehälter sogar 100 Reichstaler verdienen, während die Dienstmägde auf durchschnittlich 50 Reichstaler kommen.

Im gesamten Jahr 1801 gibt es in Norder- und Süderdithmarschen keinen einzigen Konkurs. Der Wohlstand der Bauern wird durch gute Ernten und steigende Getreidepreise ganz allgemein erhöht. Die große Politik Europas - im nicht zur Ruhe kommenden Frankreich hat sich inzwischen der junge General Napoleon Bonaparte an die Macht geputscht - ist fern und strahlt zunächst kaum in das ländliche Dorf- und Gemeindeleben hinein. Umso überraschter sind auch die Dithmarscher, als sie Ostern 1801 von einem Angriff auf die dänische Hauptstadt Kopenhagen erfahren.

Eine britische Flotte von 54 Schiffen, u.a. 18 Linienschiffe, vier Fregatten und einige Kanonenbriggs unter dem Kommando von Admiral Hyde Parker und des legendären, seit

1797 einarmigen und auf einem Auge erblindeten, bereits zu Lebzeiten berühmten britischen Seehelden Vizeadmiral Horatio Nelson, überfällt die „schutzlos" auf der Kopenhagener Reede liegende dänische Flotte am Gründonnerstag, dem 2. April 1801, ohne vorherige formale Kriegserklärung. Dänemark ist bis zu diesem Zeitpunkt, nachdem die Engländer unter Nelson der französischen Flotte bereits 1798 in der Seeschlacht bei Abukir an der Nilmündung schweren Schaden zugefügt haben, neben Großbritannien die einzige noch global operierende Seehandelsmacht und damit letzter annähernd ernsthafter Konkurrent im Handel auf den „sieben Weltmeeren". Diesen Weltrang hat Dänemark, aus Sicht der Briten aber auf ihrem Rücken, in den Jahren der nordamerikanischen Freiheitskriege der 1770er Jahre eingenommen. Auf der Grundlage der Bernstorff'schen Neutralitätspolitik ist Dänemark die einzige Seehandels-Nation dieser Jahre, die sich aus diesem Konflikt heraushalten kann und stattdessen in eine Ausweitung des anderenorts kriegsbedingt zurückgehenden West- und Ostindienhandels, auch wesentlich mit Waren amerikanischen Ursprungs, investiert.

In diesem Zusammenhang „explodiert" u.a. zeitweise der Schiffsbestand Altonaer Reeder. Im britischen und allgemein merkantilistisch geprägten Selbstverständnis der Zeit ist der Seekrieg aber ein legitimes und allemal erfolgreiches Mittel zur Durchsetzung wirtschaftlicher staatlicher Interessen, wie auch die britischen Auseinandersetzungen des 16. Jahrhunderts gegen die spanische Armada und des späten 17. Jahrhunderts gegen die Niederländer zeigen, mit denen man sich Dank der Stärke der Royal Navy überhaupt erst zur mächtigen und global operierenden Wirtschaftsmacht aufschwingen konnte. Für die Briten ist der Schlag gegen den größten wirtschaftlichen Konkurrenten Dänemark, gemeinsam mit dem späteren endgültigen Sieg über Napoleon, Grundlage und Beginn ihres unumstrittenen 100-jährigen „imperialen Jahrhunderts" (1815-1914).

Fortan erklingt ein uneingeschränktes „Britannia rule the waves". Die für die englische Krone erfolgreiche Seeschlacht vor Kopenhagen vom April 1801 ist dabei allerdings auch für die Briten teuer mit Blut erkauft, viele englische Seeleute sterben. Im Englischen beschreibt das Verb „to copenhagen" seit dieser Zeit in der Militärsprache ganz allgemein einen Flottenangriff auf eine feindliche, weitgehend wehrlose Flotte im Hafen. Völlig ahnungslos ist hingegen auch die Dänische Staatsführung im Frühjahr 1801 nicht, denn nachdem die Engländer in ihrem Vormachtstreben bereits 1800 begonnen haben, erste neutrale Schiffe (auch dänische) aufzubringen, hat sich der Dänische König zunächst der bewaffneten Neutralität Russlands angeschlossen. Man geht dazu über, die eigenen Handelsschiffe in bewaffneten Konvois auszusenden. Die Engländer glauben nun im Rahmen ihres (aggressiven) Gesamtvorhabens zum nächstgrößeren Schlag ausholen zu müssen.

Der dänischen Militärführung ist dabei durchaus schon im Frühjahr das Auslaufen einer großen britischen Flotte bekannt. Als Reaktion auf diese als reine Drohgebärde (miss-)verstandene Aktion der Briten besetzen daraufhin Mitte März 1801 dänische Truppen sogar kurzzeitig das neutrale Hamburg, um die dort in großem Umfang lagernden britischen Waren als Faustpfand für erwartete Verhandlungen mit den Engländern in die Hände zu bekommen. Die Hansestadt gilt in diesen Jahren aufgrund der Vielzahl der hier lebenden englischen Kaufleute Vielen als „eine Art englischer Kolonie auf deutschem Boden". Trotz allem bleibt der brutal durchgeführte Angriffsschlag der britischen Marine für das dänische Oberkommando in seiner konsequenten militärischen Durchführung überraschend und angesichts einer fehlenden vorherigen Kriegserklärung verwerflich und schockierend. In der Folge ist der Dänische Gesamtstaat durch diesen „Flottenraub" sowohl seiner Kriegsmarine, bestehend aus 23 Linienschiffen, 31 Fregatten und einer Vielzahl kleinerer Schiffe als auch weiter Teile seiner Handelsflotte beraubt, mit mittelfristig fatalen Folgen für Wirtschaft und Staatsfinanzen. Auch wenn das kriegerische Intermezzo fern der Dithmarscher Küsten erfolgt und von den Dithmarschern nur als Zaungäste über die Gazetten betrachtet werden kann, prägt es fortan doch die Stimmung auch in den Herzogtümern. Der „erste Feind" des trotzdem immer noch politisch dem doch gescheiterten Ideal einer Neutralität hinterherhinkenden Gesamtstaates hat fortan einen Namen. Spätestens seit dieser Zeit ist der Ausdruck „en Briet" ein selbstverständlicher Teil auch des plattdeutsch umgangssprachlichen Vokabulars für einen schlechten Kerl mit üblen Manieren. Ausgelöst durch die Kopenhagener Ereignisse erhält die seit Jahren so starke Dithmarscher Konjunktur im Folgejahr 1802 einen ersten Dämpfer. Auf dem englischen Markt, inzwischen Hauptabnehmer der hohen Dithmarscher Getreideüberschüsse, fallen die Preise über ein Drittel. Zudem steigen die Frachtkosten durch fehlende Schiffskapazitäten. Erst nach drei Ernten werden sich die Erlöse 1805 wieder auf das Niveau von 1801 erholen.

Familiäres und Aufruhr in Meldorf

Nach dem frühen Tod seiner jüngsten Schwester Wiebke Catharina im Sommer 1786 und dem Tod seines einzigen Bruders Marx im Mai 1800 ereilt den Kirchspielvogt Johann Harders am 1. Oktober des wirtschaftlich gesehen noch so erfreulichen Jahres 1801, der Tod seiner ältesten Schwester Margaretha Romberg, die kurz vor ihrem 57. Geburtstag im Kirchspiel Wöhrden „auf der Neuenwisch" als langjährige Witwe verstirbt. Sie hat ihren Mann, den Wöhrdener Hausmann Melchert Hinrich Romberg, Sohn der Marner Pastorentochter Catharina Pape und des dortigen Kirchspielschreibers Melchert Romberg, den der Brautvater Claus Harders sicherlich ebenfalls aus seinem Amt gut bis bestens gekannt hat, bereits während Johann Harders Schulzeit, 1764 geheiratet und ist seit April 1776 langjährige Witwe auf dem Romberg-Hof. Schwester Margaretha hinterlässt nur einen Sohn, Claus Romberg (1767-1821), der zu diesem Todeszeitpunkt seiner Mutter bereits im dritten Jahr als Landesgevollmächtigter seines Kirchspiels auf Lebenszeit gewählt ist. Er ist, wie sein Onkel Kirchspielvogt Harders, ein Patenkind des Schenefelder Müllers Johann Behrens, seinem Urgroßvater, und er wird es sein, der umgehend seinen Onkel, mit dem er nicht nur über die Landesversammlungen in regelmäßigem Kontakt steht, über das Ableben der Mutter unterrichtet.

Den Neffen Claus Romberg und Kirchspielvogt Johann Harders wird in den Folgejahren ein enges privates und berufliches Verhältnis verbinden. So wird Claus Romberg viele Jahre später beim Amtsübergang auf Johanns Sohn Johann Andreas auch die notwendige Kautionsbürgschaft für seinen Cousin stellen. Vielleicht gehört auch die Schwester Margaretha Romberg zu den abermals vielzähligen Blattern-Toten des Jahres 1801, von denen die Chronik berichtet. Wiederum sterben auch mehr als 130 Kinder in Süderdithmarschen, bevor die flächendeckend einsetzenden Schutzimpfungen dieser Plage für einige Jahrzehnte den Garaus machen. Johann Harders bleibt im Jahre 1801, in seinem 53. Lebensjahr, von seinen vier Geschwistern nur noch die zwei Jahre ältere Schwester Anna Magdalena, die in Nannemannshusen mit dem Großbauern Detlef Rolfs, Sohn des ebenfalls langjährigen Wöhrdener Landesgevollmächtigten Maas Rolfs (1723-1770) verheiratet ist.

Im Herbst des Folgejahres 1802, gut eineinhalb Jahre nach den kriegerischen Vorfällen in Kopenhagen, wird es zunächst auch in Meldorf für kurze Zeit martialisch. Ein Handwerksbursche, der vermutlich alkoholisiert und randalierend durch den Ort gezogen ist, muss in Gewahrsam genommen werden. Sofort werden 3 oder 4 seiner Zechkumpane beim Landvogt Boie in der Zingelstraße vorstellig und verlangen die sofortige Freigabe, anderenfalls solle man sie gleich dazu sperren. Nach einem kurzen Gespräch mit dem Landvogt, der ihnen wohl unmissverständlich zu verstehen gibt, dass dies schnell geschehen könne, ziehen die Gesellen ab, kommen aber nach kurzer Zeit, nun zu zehnt, wieder zur Landvogtei in der Zingelstraße und belagern die ganze Vorderdiele. Der im Gebäude (das ehemals Tresenreuter'sche, also linke) arbeitende neue Aktuar Cartheuser legt sich lautstark mit dem Pöbel an, *„ward bald roth bald blaß, und ärgerte auch die Gesellen, daß sie noch ärger schimpften"*, wie später des Landvogts Tochter Luise in einem Brief schildert[199]. Obwohl auch dieser Trupp, nachdem man sich Luft gemacht hat, laut schimpfend, aber unverrrichteter Dinge wieder abzieht, wird es Landvogt Boie doch mulmig. Noch des Abends schickt er einen Boten nach Itzehoe, der am folgenden Tag mit einer Handvoll Soldaten aus der dortigen Dragoner-Einheit zurückkehrt. Angesichts der einschüchternden Anwesenheit der Militärs beruhigt sich die Lage in Meldorf schnell wieder. Der den ganzen Rummel auslösende namenlose Handwerksgesell hat seinen Rausch wohl längst ausgeschlafen.

Volkszählung

Der Jahresbeginn 1803 bringt dem Kirchspielvogt Johann Harders und seinen Dithmarscher Amtskollegen eine weitere neue berufliche Herausforderung, nachdem in Nordhastedt der schwierige Prozess der Meentaufteilung gerade erst in erster Runde zu Ende gegangen ist und der Vogt Harders damit ohnehin genug Umschreibearbeit auf dem Tische haben dürfte. Erst im Laufe des Januar 1803 werden die genauen Modalitäten bekannt, unter denen eine im Herbst des Vorjahres angekündigte, erste allgemeine Volkszählung im Gesamtstaat durchgeführt werden soll.

Hat sein Vater Claus schon einmal am 15. August 1769 in einer ersten tabellarischen Erhebung im königlichen Anteil Holsteins eine reine Zählung und Aufnahme einer Berufsstruktur durchführen müssen (*„daß der König von der Anzahl seiner Untertanen und Geschlecht, Alter und Gewerbe unterrichtet sein wolle"*), will es die Krone nun, über 30 Jahre später, genauer wissen. Am Sonntag, den 13. Februar 1803, sollen erstmals alle Einwohner mit Namen, Alter, Geschlecht, Familienbeziehung zueinander und Gewerbe erfasst werden. Die Kirchspielvögte werden ausdrücklich beauftragt, diese Erhebung persönlich vorzunehmen, nur in Ausnahmefällen durch Schreiber unterstützt.

Sollte der angesetzte Sonntag hierfür nicht ausreichen, würde die Erhebung an den Folgetagen fortgesetzt werden müssen. Der Gang von Tür zu Tür ist an diesem ungemütlichen Februar-Sonntag für den Vogt Johann Harders und seine Kollegen im ganzen Land nicht nur meteorologisch kein ganz einfacher. Die Stimmung ist skeptisch bis gereizt im Herzogtum. Die am 15. Dezember 1802, also gerade einmal acht Wochen zuvor verkündete neue Grund- und Benutzungssteuer steht an, ebenso ist noch zum 31. Dezember 1802 eine neue Militärordnung verkündet, derzufolge u.a. künftig die Gestellung von Landausschuss-Männern nicht mehr, wie bisher nach Pflugzahl, sondern nach Kopfzahl der jeweiligen Bezirke zu erfolgen habe und das Dienstzeitverhältnis von sechs auf acht Jahre erhöht wird[200]. Für beide Maßnahmen, die nach dem Angriff der Engländer auf Kopenhagen vom April 1801 wegen notwendiger Erhöhung der Militärausgaben und daraus resultierendem zusätzlichen Kapitalbedarf der Krone längst erwartet werden, sind durch die Volkszählung die Grundlagen zu schaffen.

Auch die Dithmarscher argwöhnen, dass die prosperierenden und friedlichen Zeiten angesichts der neuen drohenden politischen Wolken endgültig vorbei sein könnten. Die Dithmarscher Landbesitzer wittern darüber hinaus in der stattfindenden Zählung die Grundlage für eine noch ausgefeiltere Form des Zur-Kasse-Bittens durch die dänische Staatskasse. Gehen heutzutage mit einem solchen Zensus in der Volksseele eher Datenschutzängste umher, sind es in den Tagen vor 200 Jahren diese finanziellen Sorgen der Bevölkerung, die durch das neue Instrument einer umfassenden Erhebung ausgelöst

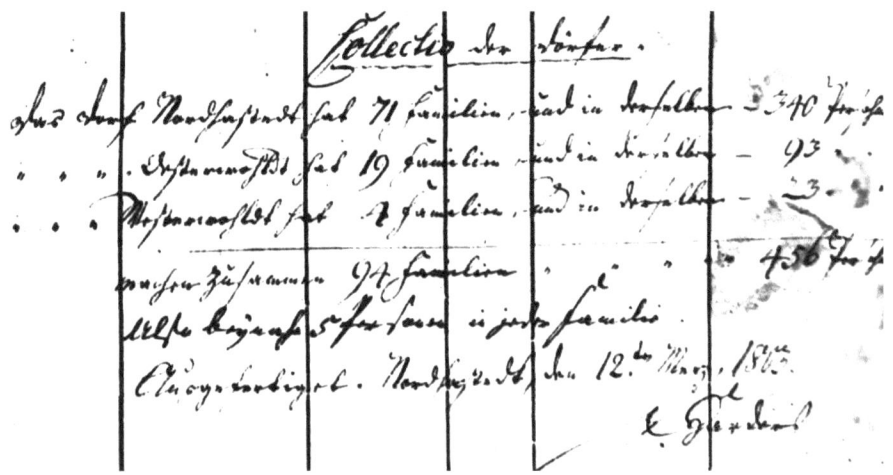

Schlussbemerkungen der Volkszählung in Nordhastedt mit der Unterschrift Johann Harders

werden. Man wittert auch in Dithmarschen das Bestreben der Krone, vom neugewonnenen Reichtum der letzten Jahre in erneut übermäßigem Maße „den Rahm abschöpfen zu wollen". Dem Vogt Johann Harders wird an diesem Februarsonntag nicht in allen Haushalten bereitwillig und wenn, dann unter Begleitung häufig bissiger Kommentare Auskunft gegeben werden und es bedarf bei dem einen oder anderen „Sturkopp" einer besonderen Dosis Überzeugungsarbeit, die gewünschten Daten zügig zusammenzutragen. Natürlich hilft ihm, im Gegensatz zu anderen Amtskollegen, dass das Kirchspiel Nordhastedt mehr als überschaubar ist und er ohnehin alle familiären Verhältnisse bis in teilweise kleinste Kleinigkeiten ausreichend kennen dürfte. Da, wo er selbst Kenntnislücken hat, hilft ihm sicher sein Schwiegervater auf die Sprünge, den er folglich auch gleich standesgemäß und respektvoll als Ersten aufsucht.

In den offiziellen Volkszählungsunterlagen vom 13. Februar 1803 wird der eigene Haushalt als Familie Nr. 2, gleich nach der seines Schwiegervaters, in Nordhastedt aufgeführt[201].

Johann Harders ist im amtlichen Sprachgebrauch der Jahre hierbei als Kirchspielvogt und Hufner bezeichnet. Im Haushalt leben seine zweite Frau Christina Dorothea Harders, geb. Jeßen, die unverheirateten Töchter aus erster Ehe Anna Margaretha (19 Jahre) und Dorothea Magdalena (18 Jahre) sowie die gemeinsamen Kinder Christina Maria (11 Jahre), Johann Andreas (9 Jahre), Sophia Catharina (5 Jahre) und Beate Amalia (2 Jahre) und die ledigen Dienstboten Hans Meyer (26 Jahre) und Trienke Nottelmann (24 Jahre).

Aus den Schlussbemerkungen der Volkszählung 1803 wird deutlich, dass der Kirchspielvogt tatsächlich selbst auch der handschriftliche Erfasser für die Dörfer Nordhastedt, Osterwohld und Westerwohld ist. Er schließt die Unterlagen mit seiner Unterschrift am 12. März 1803 am Ende eines dadurch sicherlich auch in der Nachbereitung arbeitsreichen Jahresbeginns. Es wird die einzige Erhebung bleiben, die er in seinem Berufsleben vorzunehmen hat. Erst am 1. Februar 1835 wird es die nächste allgemeine Volkszählung in den Herzogtümern geben, die dann allerdings in Nordhastedt bereits von seinem Sohn vorgenommen werden wird.

Nordhastedts Bevölkerung im Frühjahr 1803

Die Dorfschaft Nordhastedt zählt nach der Auflistung des Februarsonntages 340 Personen, die in 71 Familien leben. Von diesen haben knapp 190 Personen das 21. Lebensjahr erreicht, 110 sind wohl noch nicht konfirmiert und gelten demnach als Kinder. In die amtliche Zuständigkeit des Kirchspielvogts Johann Harders fallen zudem weitere 116 Bewohner Osterwohlds und Westerwohlds, die in weiteren 23 Familien leben. Der Schwiegervater Andreas Jessen betreut als Pastor darüber hinaus in der Zuständigkeit der weitergehenden Nordhastedter Kirchengemeinde auch noch die Einwohner Bennewohlds und Süderholms, die in weltlichen Angelegenheiten aber zu Norderdithmarschen zählen und von der Kirchspielvogtei Heide verwaltet und in diesem Sinne in der Volkszählung dort aufgenommen werden.

In der Lebenszeit des Johann Harders ist die Einwohnerschaft des Kirchspiels Nordhastedt damit ein gutes Stück gewachsen. Wenige Jahre vor seiner Geburt werden in einer ersten systematischen Gebäudeerhebung im Zusammenhang mit der Installation des fortan ebenfalls verbeamteten königlichen Branddirektors im Jahre 1740 nur 62 Wohngebäude (also nur wenig mehr Familien) mit 26 Nebengebäuden aufgenommen. In keinem anderen Kirchspiel Süderdithmarschens gibt es für diese goldenen Friedensjahre der zurückliegenden sechs Dekaden des 18. Jahrhunderts einen vergleichbar großen Zuwachs an Wohngebäuden und, wie wir noch sehen werden, auch prozentualen Bevölkerungszuwachs.

Da die Nordhastedter Kirchspielgemeinschaft insgesamt überschaubar ist und ein detaillierter Blick auf eine solche Landgemeinde auf der Geest interessante Einblicke in dörfliche Strukturen dieser Jahre ermöglicht, soll sie hier als komplette Familienauflistung in einer Momentaufnahme dieses Februars 1803 mit der entsprechenden Berufsstruktur dargestellt werden. Die Lebenssituation der Dithmarscher wird schon in den kommenden Tagen weit stärker als in den „geruhsameren" Jahrzehnten zuvor in den Strudel der großen Geschichte hineingezogen werden. Die Volkszählung von 1803 markiert in diesem Sinne eine Zäsur am Ende einer „guten alten" und zuletzt auch wirtschaftlich gesunden Zeit, in der sich die Dithmarscher wohl fühlen können in einer Zugehörigkeit zu einem alles in allem friedlichen, prosperierenden und nach innen gerichtet unpolitischen Gesamtstaat, in dem man in den Grenzen der Zeit ein weitgehend selbstbestimmtes Leben leben kann. Nur wenige Wochen später, im Mai 1803, wird Großbritannien Frankreich erneut den Krieg erklären und daraufhin Napoleon das mit dem englischen Thron verbundene Kurfürstentum Hannover besetzen und bis ans Südufer der Elbe vorrücken. In Sichtweite der Dithmarscher besetzen die Franzosen Cuxhaven und erheben fortan den Elbzoll in Stade. Die Engländer antworten mit einer ersten Elbblockade. Meldorf erhält daraufhin zur Sicherung der nach wie vor um Neutralität ringenden dänischen Souveränität der holsteinischen Gestade nach fast vierzig Jahren in den nächsten Wochen erneut eine Belegung mit einem königlich dänischen Schutzbataillon. Die Würfel sind gefallen. Die große Politik hat auch den Norden Deutschlands erreicht und bereitet den Dithmarschern unruhigere Zeiten als in den knapp hundert segensreichen Friedensjahren zuvor.

Die Bevölkerung Nordhastedts besteht in diesem Frühjahr 1803 neben dem Haushalt des in seinem Pastorat von 1741 direkt östlich der Kirche lebenden Pastors **Andreas Jessen** und dem des Hufners und Vogts **Johann Harders** aus weiteren 22 Hufner-Familien, auf die der wesentliche Grundbesitz in Nordhastedt entfällt. In der Abgrenzung zu den danach folgenden Kätnern, deren Landbesitz 5 Tonnen Aussaat nicht weit übersteigt (ca. 3 Hektar), zeichnet sich ein Hufner (Hausmann) auf der Dithmarscher Geest zu königlich dänischer Zeit durch einen Grundbesitz aus, der mindestens 6 Tonnen Aussaat entspricht, rund 3,5 Hektar, in vielen Fällen deutlich mehr. Die Hufner sind von jeher die Herren des Dorfes, in ihren Händen liegen weitgehend die Besitzungen (auch anteilig der Meente) und demzufolge auch die lokalen „Ämter" im Rahmen der weltlichen Selbstverwaltung durch die Wahl als Bevollmächtigte sowie die diversen ehrenamtlichen Kirchenämter.

Nur hin und wieder beginnt ein Sohn eines Hufners seine „Karriere" als Kätner, wenn der Vater noch auf der Familienhufe aktiv ist oder diese an ältere Brüder gegangen ist. Kätner steigen nur bei wenigen Gelegenheiten, dann meist als einheiratender Schwiegersohn bei fehlendem männlichen Erben des Hufners, in den Kreis derselben auf. Von diesen Hufnern werden mit dem 26-jährigen und aus Kaaks stammenden **Detlef Christopher Beutien** (an anderer Stelle auch fälschlich Bentien), der daneben noch als Müller auf der Nordhastedter Wassermühle genannt ist und von dem später noch in dramatischer Weise zu reden sein wird, allein drei Krugwirte mit ihren Familien im Dorf genannt:

Der erste Nordhastedter Wirt und Hufner ist der im Norderdithmarscher Bennewohld geborene **Jacob Peters** (49 Jahre). Seine zweite Frau Antje geb. Rohde aus Bargenstedt, über ihre Mutter, die eine geborene Schlüter aus Fiel ist, auch seine Cousine, wird vom Kirchspielvogt Johann Harders und Frau bei einer Kindstaufe der ersten Ehe als Patin eingesetzt. Peters übernimmt von 1790-1793 das Amt des Rechnungsführers der Nordhastedter Kirchengemeinde. Bereits 1778 hat er den großen Gasthof des zwei Jahre zuvor jung verstorbenen Gastgebers, Bäckers und Brauers Marten Hinrich Wohld (1743-1776) unter der heutigen Adresse der Nordhastedter Meiereistr. 2-4 auf den Flächen der späteren „Alten Meierei"[202] übernommen. Mindestens bis zum Ableben des Marten Hinrich Wohld, der nur wenige Monate vor seinem überraschenden Tod noch zum Kirchenbaumeister erwählt wurde, wird hier noch ein zuvor bereits angedeutetes „Nordhastedter Bier" gebraut. Wohld seinerseits hat das Anwesen von seinem Schwiegervater Hans Christopher (1709-1775) übernommen, der bereits zuvor mit Ehefrau Antje geb. Lindemann als in Nordhastedt wirkender Bäcker und Brauer genannt ist.

Jacob Peters, der 1803 bereits in dritter Ehe Erwähnung findet - Ehefrau Susanna ist eine Tochter des Albersdorfer Gastwirts Claus Thiessen und somit eine Cousine 2. Grades des Johann Harders - , hat in erster und nur drei Monate dauernder Ehe die Witwe Agnetha, geb. Christopher (verstorben im März 1778), des Marten Hinrich Wohld geheiratet. Gemäß der räumlichen Einordnung ist eine engere Beziehung zum Kirchspielvogt Harders auch durch die damit belegte nähere Nachbarschaft zu den Harders, über deren Anwesen an anderer Stelle ausführlicher gesprochen werden wird, zu begründen. Aufgrund des vergleichsweise hohen Wertes des Anwesens des 1825 versterbenden Jacob Peters (Brandwert 2.600 Mark) und der zentralen Lage in ebenfalls gegebener unmittelbarer Nachbarschaft zur südwestlich gelegenen Kirche ist davon auszugehen, dass diese Gastwirtschaft die größte ihrer Zeit im Ort ist und „den" zentralen Versammlungsort der Nordhastedter darstellt. Hier wird man sich bevorzugt vor und nach den Gottesdiensten zum sonntäglichen Gemeindeplausch in größerer Zahl zusammenfinden und auch entsprechende Versammlungen in Gemeinde und Kirchspiel abhalten, sofern man sich nicht, wie bereits erwähnt, im hierzu unmittelbar rückwärtig am Fuhlenweg gelegenen großen Hennings-Hof „auf der Diele" (?) (siehe auch weiter unten) trifft.

Der zweite Nordhastedter Gastwirt des Jahres 1803 ist **Peter Kühl d.J.** (33 Jahre). Dessen Hof und Gastwirtschaft liegen wenige hundert Meter nördlich an der Landstraße nach Albersdorf, heute ein Imbiss an der Heider Straße. Sein Betrieb dürfte dagegen auch vom umfangreichen Durchgangsverkehr auf der Landstraße profitieren. Praktischer Weise ist direkt gegenüber des Kühlschen Anwesens auf der Nordseite des Weges über viele Jahrzehnte eine Schmiede, später eine Stellmacherei, angesiedelt (s.u.), in der beschädigte Fuhrwerke und Pferdehufe zeitnah in Stand gesetzt werden können, während die wohl häufig auch von auswärts kommenden Fuhrleute und Gäste ihre Erholung in der Gastwirtschaft suchen. In seinem Haushalt leben auch der gleichnamige Vater und die Mutter

Hof und Gastwirtschaft Kühl in Nordhastedt

Wiebke Catharina geb. Meyer, die eine Enkelin des alten Nordhastedter Küsters Hartwig Kröger ist. Ihr Vater Hinrich Meyer war ein aus Thaden zugewanderter und bis zu seinem Tod im Jahre 1791 Vorbesitzer und Gastwirt dieses Anwesens, das er selbst sehr wahrscheinlich aus dem Vermögen des ersten Mannes seiner Frau, eines Claus Rohde erhalten hat, dessen Vorfahren hier bereits zuvor mit bedeutendem Familienvermögen gelebt haben

werden. Peter Kühls Sohn Peter wird später eine Tochter des direkt benachbarten Buschmeyer-Hofes (heute Karstens s.u.) heiraten. Peter Kühl d.J. wird im Jahre 1811 zum Armenvorsteher des Kirchspiels gewählt und übernimmt dann ab 1814 für weitere drei Jahre das Amt eines Kirchenbaumeisters. Laut Dorfchronik verkauft sein Enkel Peter-Jacob Kühl den Besitz an Karl Banderob. Die stark baufälligen Gebäude werden erst in den 1960ern abgerissen, sind aber in Fotografien, die einen typischen reetgedeckten Hof mit beiliegendem Stall zeigen, erhalten.

Schließlich wird als dritter Krugwirt zur Wende aufs 19. Jahrhundert ein **Hans Ruge** (55 Jahre) im Ort genannt, dessen Frau Telsche eine in Bennewohld geborene Schwester des schon genannten ersten Gastwirts Jacob Peters ist und ebenfalls von Johann Harders als frühe Kindspatin eingesetzt wird. Deren Sohn Johann Höft Ruge (1790-1854) heiratet später eine Elsche Schlüter und zieht nach Osterstedt bei Schenefeld. Mehrere seiner Kinder wandern nach Amerika aus. Die vier Jahre ältere Tochter Anna Christina (1786-1868) wird im Jahre 1813 in Heide mit Peter Hinrich Brahms (1793-1863) den Onkel des späteren Komponisten Johannes Brahms heiraten. Hans Ruges Mutter ist zudem auch die Stiefmutter des bereits in der „Meiereistraße" erwähnten Marten Hinrich Wohld, dessen Witwe der Schwager Jacob Peters geheiratet hat. Hans Ruge wird mindestens in den Jahren 1792-1795 in Nordhastedt als Bauerschaftsgevollmächtigter des Ortes und von 1793 bis Sommer 1796 als Nachfolger des bereits genannten Jacob Peters auch als einer von zwei Rechnungsführern der Nordhastedter Kirchenkasse (Kirchenbaumeister) genannt und wird demzufolge in diesen Jahren mit dem Kirchspielvogt Johann Harders im Zusammenhang zahlreicher Kirchspiel-, Kirchen- und Schulangelegenheiten ebenfalls im engeren Kontakt sein.

Somit dürften mit den Familien des Jacob Peters und des Hans Ruge mindestens zwei der drei Nordhastedter Krugwirtsfamilien zum engeren Freundes- und Bekanntenkreis der Harders im Ort zu zählen sein. Der Gasthof Hans Ruges, den dieser bereits um 1781 von seinem aus Lütjenwestedt stammenden Vater Jürgen Ruge (1721-1789) übernommen hat, liegt an der östlichen Seite der Heider Straße ebenfalls im Oberdorf, schräg gegenüber vom heutigen Gasthof Karstens, wohl südlich des heutigen Tiessen-Hofes. Hans Ruge wird den Hof knapp zehn Jahre nach der Volkszählung an einen Jürgen Christopher Peters übergeben, bei dem es sich um einen zwei Jahre jüngeren Bruder des oben genannten Jacob Peters handelt. Dieser lebt zur Zeit der Volkszählung 1803 noch mit seiner Familie als Hufner in Albersdorf bei seinen Schwiegereltern Claussen. Jürgen Christopher Peters werden wir einige Jahre später im Zusammenhang anderer Gemeindeereignisse ebenfalls noch eindringlich erleben.

Zwei weitere der Hufner werden als Rademacher des Dorfes bezeichnet, sorgen also über Rad- und Wagenbau für die örtliche Mobilität. Zu nennen sind der 56-jährige **Caspar Jerxen**, dessen Tochter Gretje am Ende dieses Jahres 1803 den 27-jährigen, aus Westpreußen zugewanderten Rademacher **Johann Christian Bosso(h)** heiraten wird, der bei dieser Volkszählung als Geselle im Haushalt seines zukünftigen Schwiegervaters lebt und später den ehemaligen Hof des Landesgevollmächtigten Marx Marxen (s.u.) erwerben wird, sowie der 64-jährige **Hans Hinrich Mummelthey**. Rademacher Jerxen lebt 1803 in einem Haus unter der heutigen Adresse Hauptstr. 37 in unmittelbarer Nähe der Kirche, das er vor 1773 von einem inzwischen nach Lehrsbüttel verzogenen Hans Böthern (einem Stiefvater?) erworben und umgebaut hat, sehr wahrscheinlich aus dem Vorbesitz seines 1766 verstorbenen Vaters Hans Wilhelm Jerxen, der ebenfalls schon dieses Gewerbe in Nordhastedt ausgeübt hat. Caspar Jerxen errichtet hier für seine Rademacherei einen neuen Stall und wird das Anwesen im Jahre 1804 auf seinen Schwiegersohn Bosso übertragen, der hier noch einige Jahre bis 1817 leben wird, bevor er die alte und an der Landstraße deutlich verkehrsgünstiger gelegene Hufe des langjährigen Landesgevollmächtigten Marx Marxen oder Teile davon erwirbt, dessen Enkelin seine Braut ist. Schwiegervater Jerxen lebt zum Jahresbeginn 1803 in einem Haushalt mit Frau Höbke, geb. Marxen und insgesamt vier Töchtern.

Der zweite Rademacher Mummelthey wird bei der Hornviehzählung des Jahres 1774 noch vom Kirchspielvogt Claus Harders als Hans Hinrich „Mummenteich" bezeichnet, der im Besitz nur einer Kuh ist. Im Haushalt des Rademachermeisters Mummelthey in der Meiereistraße – wir kommen hierauf gleich zurück - verstirbt am 23. Dezember 1799, einen Tag vor Heiligabend, ein aus Bischofswerder (ebenfalls Westpreußen) stammender 27-jähriger Geselle Carl Gottlieb Bock, der in einer noch unbestimmten Beziehung zu dem bereits genannten Rademachergesellen Bosso(h) stehen könnte. Wahrscheinlich haben sich die beiden Gesellen Jahre zuvor gemeinsam „auf die Walz" begeben. Beide im Ort ansässigen Rademachermeister haben nicht nur Gesellen mit ähnlichem landsmännischen Hintergrund, sondern auch eine auffällige gemeinsame Abneigung gegen Ämter in der Gemeinde aufzuweisen. Sie werden trotz ihres Status als Hufner weder als Gevollmächtigte noch in Kirchenämtern der vorgehenden Jahrzehnte genannt.

Zwei Hufner betreiben nebenher Landhökereien in Nordhastedt, versorgen den Ort also als Einzelhändler. Zunächst ist der 34-jährige **Johann Friedrich Meyer,** der bereits mit seinem Taufpaten Capitain Johann Friedrich von Langen genannte Sohn des bereits 1786 verstorbenen August Hinrich Meyer zu nennen. Vater August Meyer ist 1766-1769 als Armenvorsteher Nordhastedts genannt und führt zunächst ab 1753 die Nordhastedter

Wassermühle – zwischenzeitlich (1769-1776) verpachtet an einen Boljen-Schwiegersohn Boje Boje - als Vorgänger von Detlef Beutien.

Später lebt Meyer als Schwiegersohn des damaligen Gutsherrn Johann von der Wisch eine Zeit lang auf dem Gut Riese (1769-1773), bevor er 1786, nun wieder als Müller, stirbt. Auf Riese lebt stattdessen seit 1773 und auch noch 1786 ein Diedrich Breiholz, später Johann Söth (s.u.). Sohn Johann Friedrich Meyer wird 1795 vom Vogt Harders in den Besitz eines Hauses auf der nördlichen Seite der Hauptstraße unter der heutigen Adresse Nr. 28 aus dem Vorbesitz seines Schwiegervaters Peter Tödter, der mit einer Tochter des Westerwohlder und vormaligen Nordhastedter Wassermüllers Conrad Hinrich Lindemann verheiratet war, eingeschrieben, in dem sich in unseren Tagen eine Tierarztpraxis befindet, und betreibt hierin fortan seine Hökerei. Das Haus geht 1831 zunächst an einen gleichnamigen Sohn, aber schon im Folgejahr an den aus Weddelbrook zugewanderten, früh verwaisten Sohn eines Lohmüllers Otto Soltau (1787-1854), der im gleichen Jahr aus dem Abriss dieses Hauptstraßen-Hauses die vierte Gaststätte im Kirchspiel in Hohenhain aufbaut. Sohn Meyer erwirbt 1832 stattdessen das Grundstück „Meierei-Straße 1", auf dem zunächst die Hökerei fortgeführt wird und in der nächsten Generation eine Bäckerei und Krugwirtschaft entsteht (s.u.)

Zweiter Nordhastedter Höker des Jahres 1803 ist der 71-jährige verwitwete **Claus Bracker.** Der aus Osterrade im Kirchspiel Albersdorf stammende, dann aber wohl zunächst in Glückstadt – als Soldat ? - lebende Claus Bracker kauft fast genau gegenüber vom späteren Meyer-Gebäude bereits im Juni 1784 in Nordhastedt ein größeres Haus mit Hofstelle, an das sich östlich die Schule auf Höhe des heutigen ZOB anschließt. Er deckt im Bereich der heutigen südlichen Hauptstraße ZOB/Parkplatz ebenfalls den örtlichen Konsumbedarf. Eine infrastrukturelle Funktion, die noch bei den militärischen Einquartierungen der späten 1750er Jahre in weiten Teilen Süderdithmarschens schmerzlich vermisst wurde. Der Hof wird von Bracker und seinem einzigen Sohn Jochim Christian Bracker in den Folgejahren umfangreich erweitert und noch 1872 von seinen Nachfahren bewirtschaftet, bevor er kurz vor 1876 in den Besitz der Familie Mummelthey und später noch Dörscher gelangt.

Der große reetgedeckte Hof wird erst Mitte der 1970er Jahre abgerissen, um den heutigen Parkplatz anzulegen, nachdem er nach 1900 noch für viele Jahrzehnte als Lehrerunterkunft diente. Bereits im Jahr 1784 wird Claus Bracker von Johann Harders bei einer Kindstaufe als Pate eingesetzt und dürfte deshalb ebenfalls zum engeren Freundeskreis des Vogts im Ort zu zählen sein. Möglicherweise besteht bei ihm auch eine familiäre Verbindung zu Hartwig Bracker in Heide, dem seit 1775 Schwager des Kirchspielvogts. Dessen Vater

Hartwig wirkt zwar ebenfalls bis zu seinem Tod 1776 als Fuhrmann in Heide, ist dort aber nicht geboren, so dass zu dem aus Osterrade stammenden Nordhastedter Claus Bracker eine entferntere Verwandtschaft bestehen könnte, möglicherweise sind die beiden Cousins.

Claus Bracker stirbt im Juni 1820 im 89. Lebensjahr in Nordhastedt. Er hinterlässt bei seinem Tod einen im Jahre 1803 mit seiner Frau Antje geb. Feil bei ihm lebenden, um 1770 noch in Glückstadt geborenen Sohn Jochim Christian mit sieben Kindern. Dieser Sohn Jochim wird noch in einer Ämterverweigerung einige Jahre später in dieser Geschichte eine weitere Erwähnung finden. In der Volkszählung von 1840 wird Jochim bereits als verwitweter „Verlehnsmann" (also Altenteiler) auf dem Brackerhof an der Hauptstraße eines seiner Söhne, Marx Hinrich Bracker, genannt. Er stirbt, über neunzigjährig, als einer der ältesten Nordhastedter überhaupt, am 28. Mai 1862. Gemäß den Nordhastedter Schuld- und Pfandprotokollen dieser Jahre ist der von Claus Bracker an der Hauptstraße vor 1800 errichtete/umgebaute Hof noch mindestens bis 1872 im Besitz einer geborenen Elsabe Bracker, nun verheirateter Diener, die wiederum eine Enkelin des Jochim Christian sein muss. Alle anderen Brackers haben zu diesem Zeitpunkt Nordhastedt in Richtung Amerika verlassen.

Als reine Hufnerfamilien mit Landwirtschaft ohne ergänzende gewerbliche Nebentätigkeit werden im Nordhastedt des Jahres 1803 - hier in absteigender Altersreihenfolge – weiterhin bezeichnet die des **Detlef Lindemann** (63 J.), der einzige bei der ersten Pastorenabstimmung in der Kirchenversammlung des März 1786 gegen den Kandidaten Claussen stimmende Teilnehmer aus dem Kirchspiel, der wohl auf einem Hof am Fieler Damm in Höhe der heutigen Bahnanlagen wirtschaftet; **Claus Hennings** (57 J.), der seit 1778 einen großen Hof südlich des Mühlenbachs am Fuhlenweg – die Stätte der Adjunktenwahl 1780 - aus dem Vorbesitz seines Vaters Hans führt, der, hinter der Adresse der heutigen Hauptstr. 28/30 gelegen, im Jahre 1811 auf seine Tochter und Schwiegersohn Thede Schladetsch gehen wird; Claus Hennings heiratet im Herbst 1779, nur vierzehn Tage nach Johann Harders und als dessen unmittelbarer Nachbar, ebenfalls in erster Ehe in der frisch renovierten Nordhastedter Katharinen-Kirche eine Martens aus Gaushorn. Genau wie bei Johann Harders stirbt seine erste Frau allerdings früh und er ist 1803 ebenfalls bereits in zweiter Ehe verheiratet.

Weiterhin als Hufner ohne weitere Nebentätigkeit wird der 56-jährige **Paul Lindemann** genannt. Sein zu diesem Zeitpunkt 25-jähriger, lediger und bei ihm lebender Sohn Marten (1777-1849) wird im Juli 1814 zum Armenvorsteher gewählt und erhält für diese Tätigkeit in schwierigster Zeit bei seiner anschließenden turnusmäßigen Wahl zum Kirchenbaumeister im Jahre 1817 eine besondere Belobigung. Paul Lindemann lebt bis zu seinem Tod 1818 in der Meiereistraße/Ecke Fuhlenweg, seit 1780 Hofnachfolger seines Vaters Marten

Lindemann auf einem kleineren Hof, der später von den Nachbesitzern der südlich benachbarten Gastwirtschaft (Meierei) aufgekauft und als eigenständige Hofstelle abgetragen wird.

Hans Jacob Paulsen (1775-1778 Armenvorsteher und nochmals 1796-1799 Baumeister der Kirchenkasse) am Fieler Damm sowie **Johann Fehrs,** möglicherweise ein Nachfahre des im Juli 1778 zum Kirchenbaumeister gewählten Hans Veers aus Nordhastedt, der aber schon nach einigen Wochen im Amt verstirbt und im August 1778 in der Funktion durch einen 1803 ebenfalls verstorbenen Christopher Thiessen (1739-1799) ersetzt wird, der bereits auch schon 1769-1772 Armen- und Schulvorsteher in Nordhastedt war. Johann Fehrs wirtschaftet 1803 wohl auf einem größeren Hof, der auf Höhe der heutigen Adressen Hauptstraße 53 gelegen sein dürfte und aus dem Vorbesitz eines Hans Timm stammt (dessen Sohn Marx s.u.). Weiterhin wird der 47-jährige **Teede Karstens** genannt, Vorfahr der heutigen Betreiber von Karstens Gasthof, der allerdings in diesen Jahren noch auf der anderen Straßenseite der Heider Straße, genau gegenüber, auf einem größeren Hof aus dem Vorbesitz eines Claus Göttsche, dem ersten Mann seiner Frau, lebt. Thede Karstens Vater Thede stammt aus Odderade und ist ursprünglich ebenfalls mit der dortigen, mit dem Nordhastedter Kirchspielvogt Johann Harders verwandten Thedens-Familie verbunden (patronymische Namensgebung bei seinem ebenfalls Thede gerufenen Groß- oder Urgroßvater); der 41-jährige **Johann Jürgens,** der seit dem Vorjahr einen kleinen Hof seines Vaters Jürgen Jürgens an der nordwestlichen Seite der Meiereistraße in unmittelbarer Nachbarschaft der Kühls bewirtschaftet sowie den 38-jährigen **Johann Peters**, der auf einem Hof aus dem Vorbesitz seines Vaters Marx Peters d.Ä. (s.u.) am östlichen Ende der Hauptstraße, direkt westlich an der Landstraße gelegen (heute Hauptstr. 6) wirkt. Er wird bald darauf in wirtschaftliche Schwierigkeiten geraten und den Hof verlieren.

Andreas Banderob, ein in Jevenstedt geborener und wohl nach 1786 zugezogener Schustersohn, der mit einer Nichte des zuvor genannten Teede Karstens verheiratet ist und seit 1794 auf einer Hufe nördlich der Kirche auf den Flächen der heutigen Adressen „Hinter der Kirche" als westlicher Nachbar der folgenden Krögers sitzt. Der Hof stammt aus dem Vorbesitz seines Schwiegervaters Claus Karstens, der wiederum ein Sohn des noch in Odderade geborenen Teede Karstens ist, der – siehe weiter unten – bis 1787 auf dem Grundstück neben der Kirche auf der gegenüberliegenden Seite des Bauernweges lebt.

Es folgen der 37-jährige **Claus Kröger**, der seit 1795 auf einer Hufe nördlich der Kirche (wohl heutige Adressen Hinter der Kirche 2 und/oder 3) aus dem Vorbesitz seines aus Hademarschen stammenden und auch als Zimmermann tätigen Großvaters Thies Stammerjohann tätig und damit unmittelbarer östlicher Nachbar der zuvor genannten

Banderobs ist, sowie **Johann Detlef Ehlers** (36 Jahre), in dessen Haushalt auch der zweifach verwitwete 75-jährige Vater Marx Ehlers lebt, der von 1781-1784 als Baumeister der Nordhastedter Kirchengemeinde Erwähnung findet; Johann Detlef Ehlers erste Ehefrau und Mutter seiner Kinder, eine Tochter des noch folgenden Hufschmieds Bielenberg, ist im Mai 1801 verstorben und er nun in zweiter Ehe mit einer Boljen verheiratet. Der Hof des Johann Detlef Ehlers, ist der einzige der größeren Höfe des Jahres 1803, der noch nicht eindeutig lokalisiert werden konnte. Er liegt aber mit einer gewissen Wahrscheinlichkeit auf den Flächen des nachgewiesenen und einzig nicht gesichert zugeordneten größeren Hofes unter der heutigen Adresse Hauptstr. 26 (schräg gegenüber der Zahnarztpraxis).

Christian Schladetsch (33 J.), seine bei ihm lebende Mutter ist eine ältere Schwester des schon mehrfach genannten Teede Karstens, sein ebenfalls bei ihm lebender 66-jähriger Vater Paul Hinrich Schladetsch, Enkel eines vor 1715 in Heide hängen gebliebenen Söldners des Nordischen Krieges, ist von 1790-1793 Armenvorsteher des Kirchspiels; die Familie lebt direkt neben der Kirche in dem Bauernstraßendreieck Hauptstraße/Hinter der Kirche auf einem größeren Hof, der in diesen Jahren in dem durch die Wegeführung und Kirchhof entstehenden Dreieck noch in Alleinlage steht und der aus dem Vorbesitz des Vaters der Frau, dem aus Odderade zugezogenen Teede Karstens d.Ä. (1711-1787) stammt.

Dieser wiederum könnte den Hof von seinem Schwager Claus Peters übernommen haben, bei dem in den Stationierungsjahren 1758-1763 die kommandierenden Offiziere in damit sehr zentraler Lage einquartiert waren. Dieser Claus Peters wäre dann wohl, wie Teede Karstens Frau Malehn Elsabea (1715-1781), ein Kind des Westerwohlder Claus Peters, der zwischenzeitlich, nachdem Johann Harders Urgroßvater Claus Harders früh verstorben und sein Großvater Marx Harders noch viel zu jung für die Amtsführung war, die Position eines Nordhastedter Kirchspielvogts, möglicherweise mit den Harders verwandtschaftlich verbunden, von 1693-1717 innehatte.

Ein relativ junger Hufner ist **Christian Hansen** (29 J.). Er verzieht vor 1825, nachdem er einige Jahre als Verwalter des Hofes Riese eingesetzt ist[203], mit seiner „blödsinnigen" Ehefrau ins Tellingstedter Kirchspiel, bei der es sich mit der ca. 1782 geborenen Wiebke Boljen um eine Enkelin des vormaligen Landesgevollmächtigten Marx Marxen handeln könnte, auf dessen ehemaligem Anwesen an der östlichen Heider Straße, direkt südlich des Bennewohlder Weges er 1803 lebt (heute hier der Tiessen-Hof).

Als jüngster der Hufner des Jahres 1803 ist schließlich der 23-jährige **Henning Schlüter** zu nennen. Im Haushalt dieses Cousins zweiten Grades zum Kirchspielvogt Johann Harders, dessen Vater Reimer Schlüter bereits 1784 verstorben ist, leben auch dessen Mutter

Magdalena „Malehn", eine 1748 in Gaushorn geborene Marxen, und sein aus Welmbüttel stammender Stiefvater **Marx Thomsen**, die beide als Taufpaten in der Familie des Johann Harders eingesetzt und also zu engsten Freunden der Familie zu zählen sind. Malehn wird bei der Tochter Dorothea Harders der ersten Ehe im August 1785 Gevatterin, ihr zweiter Mann Marx Thomsen zu Weihnachten 1794 beim Sohn Johann Andreas, dem späteren Nachfolger als Kirchspielvogt. Marx Thomsens im Jahre 1803 bereits den Hof führender Stiefsohn Henning Schlüter wird 1808 zum Armenvorsteher und 1811 für drei Jahre zum Kirchenbaumeister Nordhastedts gewählt.

Der alte Stammsitz der Nordhastedter Schlüter, auf dem zuvor auch der Großvater und Landesgevollmächtigte Henning Schlüter lebte und der vom Stiefvater Marx Thomsen im März 1801 auf den jungen Henning Schlüter rückübertragen wird, liegt mit größerer Ausdehnung zwischen Fuhlenweg und Hauptstraße auf den Flächen, auf denen heute u.a. der Edeka-Markt angesiedelt ist und zum Zeitpunkt der Volkszählung noch fast am Rand des Dorfes liegt, da auf den östlicheren Teilen der heutigen Hauptstraße, jenseits des Fuhlenweges, zu dieser Zeit erst zwei kleinere Tagelöhner-Katen und der Peters-Hof liegen.

Wie bereits erwähnt, lebt zum Zeitpunkt der Volkszählung 1803 kein Mitglied einer Hufnerfamilie Thiessen in Nordhastedt. Der 1799 im 60sten Jahr verstorbene Nordhastedter Hufner **Christopher Thiessen**, in zweiter Ehe verheiratet mit einer Enkelin Telsche Groth aus Fiel (1749-1793) des ehemaligen Landesgevollmächtigten Henning Schlüter d.Ä., dessen gleichnamiger Vater Christopher Thiessen auch schon von 1693-1766 hier als Hufner gelebt hat, scheint nur eine Tochter Trien Margareth (1785-1861) zu hinterlassen, die 1803 bei der Familie Groth ihrer bereits 1793 verstorbenen Mutter Telsche in Fiel lebt. Hier wird sie im November dieses Jahres 1803 den dortigen Hufner Hans Groth (1784-1847) heiraten und bis zu ihrem Lebensende verbleiben. Thiessens dritte Frau Antje, eine geborene Marxen aus Gaushorn und Schwester der Mutter Malehn des Henning Schlüter, lebt 1803 als Witwe bereits wieder in Gaushorn bei ihrem Bruder Claus. Auf der langjährigen Familienhufe des Christopher Thiessen wirkt seit dessen Tod vor vier Jahren der Hufner und Rademacher Hans Hinrich Mummelthey (s.o.) auf den Flächen an der östlichen Meiereistraße, auf denen heute der Rohde-Hof liegt und dem gegenüber die heutige Schmiedestraße einmündet, die 1803 noch nicht einmal als definierter Bauernweg existiert. Der Enkel Peter Hinrich Mummelthey, dessen Mutter Margaretha Elisabeth wohl eine geborene Kühl vom benachbarten Gasthof ist, wird gegen Ende des 19. Jahrhunderts den alten Bracker-Hof an der Hauptstraße neben der Schule erwerben.

Als Kirchen- und Schulbedienter des Frühjahrs 1803 wird in der Volkszählung der im Schulgebäude von 1741 an der Hauptstraße lebende 32-jährige **Paul Christian Kröger** aus der über die verschiedenen Kindspatenschaften der Harders-Vögte erwähnten langjährigen Nordhastedter Küsterfamilie Kröger genannt, von dem ebenfalls später noch etwas ausführlicher im Zusammenhang mit der Nordhastedter Schulgeschichte zu reden sein wird. Sein 1741 neu errichtetes Schulgebäude liegt 1803 noch auf Höhe der heutigen Schulstraße/Bushaltestelle (rechts vorn versetzt zur heutigen Schule).

In Nordhastedt leben im Frühjahr 1803 auch noch weitere Handwerkerfamilien, die daneben aber nur als etwas Land besitzende Kätner oder Insten ohne Land bezeichnet sind. Das Dorf hat allein drei Kätner, die als Leinweber arbeiten: den 66-jährigen **Jochim Trede,** ebenfalls mit einer älteren Schwester des o.g. Thede Karstens verheiratet, die aber 1803 schon verstorben ist. In seinem Haushalt leben seine ebenfalls verwitwete Tochter und mehrere Enkelkinder Boe in einer kleinen Kate am Fieler Damm (wahrscheinlich die heutige Nr. 13); den 36-jährigen **Peter Behrens,** dessen Tochter Wiebke den Enkel **Caspar Boe** (später Kätner und Schneider in Nordhastedt) des eben genannten, ebenfalls als Weber tätigen Jochim Trede heiraten und mit ihrer Familie in der elterlichen Kate am Fieler Damm bis mindestens 1852 leben wird, sowie den ein Jahr jüngeren **Claus Schütt**, dessen Eltern aus Gokels stammen. Claus Schütt lebt in einer Kate auf der westlichen Seite der Meiereistraße südlich des Mühlenbachs (wohl etwas nördlicher als die heutige Meiereistraße 1, die 1803 noch nicht bebaut scheint) schräg gegenüber dem Harders-Anwesen.

Als Huf- und Grobschmied ist der 58-jährige Kätner **Hans Bielenberg** tätig, der am 8. Februar des Folgejahres 1804 sterben wird. Dessen Frau Trienmargreth dürfte als geborene Jerxen eine jüngere Schwester des bereits genannten Rademachers Caspar Jerxen sein. 1803 wirkt der Schmied Bielenberg bereits über dreißig Jahre in einer Schmiede auf den verkehrsgünstigen und somit das Geschäft fördernden Flächen nördlich der Landstraße nach Albersdorf, gegenüber dem Kühlschen Gasthof, auf deren Fundamenten in der zweiten Hälfte des 19. Jahrhunderts Paul Heinrich Claßen den noch heute existierenden Claßen-Hof errichtet. Dessen aus Bennewohld zugewanderter Vater Johann Claßen kauft 1852 das Anwesen und überträgt dieses 1857 auf seinen Sohn Paul.

Hier dürfte bereits zur Mitte des 18. Jahrhunderts auch Hans Bielenbergs Vater Peter gewirkt haben, der ebenfalls als Grobschmied in Nordhastedt genannt ist. Der bereits 1803 bei Bielenberg tätige 25-jährige Schmiedegeselle **Christian Peter Möller** wird 1805, bald nach dem Tod des Hans Bielenberg, eine alte zugehörige Kate westlich neben der Bielenberg-Schmiede auf der nordöstlichen Seite der Heider Straße erwerben und dort eine neue Schmiede errichten, die dann von den Schwiegersöhnen und Nachfahren Sievers und Nachtigall mindestens bis zu einem Brand 1890 betrieben wird. Da Schmied Bielenberg

1804 ohne männliche Nachkommen verstirbt, wird an dessen alter Wirkungsstätte ab 1808 dessen zweiter Geselle Johann Carl Friedrich Brandt ebenfalls als Huf- und Waffenschmied den Hammer schwingen. Bei diesem ist noch 1835 als Geselle ein Enkel Hans Ehlers des alten Schmieds Bielenberg tätig, der später eine Tochter des Marten Lindemann heiraten wird.

Daneben gibt es noch im Nordhastedt des Jahres 1803 die zwei Schuster **Karsten Adolf** (51 Jahre) am Fieler Damm (evtl. die spätere Nr. 11) und den gleichaltrigen und wohl aus Hademarschen stammenden **Peter Friedrich Lienau**, dessen Sohn Marx Hinrich, bei der Volkszählung 14 Jahre alt, im Jahre 1831 als Nordhastedter Amts- und Polizeidiener einer der Gehilfen des Kirchspielvogts Johann Andreas Harders wird und auch noch 1855 als verwitweter Amtsdiener in Nordhastedt genannt wird. Der Schuster Lienau des Jahres 1803 lebt im Bereich der südlichen Seite der Hauptstraße wohl auf dem Grundstück der heutigen Raiffeisenbank. Hier werden zur Mitte des folgenden 19. Jahrhunderts im Sinne eines örtlichen Armenhauses, mehrere Witwen unter dem Dach eines größeren, aber nun bereits alten und zunehmend heruntergekommenen Hofgebäudes leben. Die Lage wird in den Schuld- und Pfandprotokollen nur durch den süd(west-)lichen Nachbarn, den Hufner Johann Vehrs sowie „den Weg zu Norden und Osten" zu unscharf für eine eindeutige Festlegung eingegrenzt. Mit dem Weg zu Osten wäre dann ein Feldweg gemeint, der ein Vorläufer der heutigen und 1803 noch nicht bebauten Bahnhofstraße sein müsste.

Als Tischler (und damit auch traditionell als Sargbauer und Bestatter des Ortes) sind genannt der 42-jährige **Hans Rönnfeldt**, der sich erst wenige Jahre zuvor, mindestens aber vor 1799 in einer kleinen Kate auf der westlichen Seite der heutigen Schmiedestraße, nur wenige Meter nördlich der Einmündung in die Meiereistraße, am Ortsrand angesiedelt hat, sowie der zwei Jahre jüngere und am Fieler Damm (wohl die Nr. 16), zu Beginn des 19. Jahrhunderts noch meist als „Fieler Berg" bezeichnet, lebende Inste und Tischler **Johann Rasmus (auch Cosmus?) Horn**, dessen Frau Elsabe geb. Thomsen als examinierte Hebamme (unter der staatlichen Oberaufsicht des Landphysicus) des Dorfes tätig ist.

Eine kleine, nicht einmal 2 Jahre alte Tochter Elsabe der beiden ist eines von zwei Opfern der Blattern, die im Juli 1801 erneut in Nordhastedt umgingen. Ein erstes Opfer war am 1. Juli eine kleine Tochter des noch folgenden Kätners Michel Ruge und Frau. Die Horns leben auch noch 1845 in Nordhastedt. Die Tochter Anna Magdalena Horn wird später **Marx Timm** heiraten, der bei dieser Volkszählung 1803 noch als lediger Dienstbote im Haushalt des Pastors Andreas Jessen aufgeführt ist und früh als solcher in engen Kontakt mit den Bestattern des Dorfes gekommen sein dürfte.

Als dritter Schuster fungiert der 25-jährige Inste ohne Land **Eggert Horn**, ein wahrscheinlicher Verwandter der eben genannten Tischlerfamilie. Der junge Schuster wird im Dezember dieses Jahres 1803 in eine größere Kate an der Hauptstraße/Ecke späterer Kirchhofweg eingeschrieben, der zu dieser Zeit noch als Feldweg bezeichnet wird. Noch hundert Jahre später lebt die Familie Horn in einer kleinen Kate im hinteren Teil des Grundstücks (an der heutigen Spinnerstraße), wo noch zu Beginn des 19. Jahrhunderts Kornkoppeln genannt sind, während sich in den 1870ern im vorderen Teil des 1803 noch ungeteilten Grundstücks ein Hans Ohlen ansiedelt, der eine erste Bäckerei an dieser Stelle errichten wird. Heute wird hier die Landbäckerei Scharbau betrieben. Ohlen wird in Lütjenbornholt geboren und entstammt einer Familie, die auch zahlreiche Schmiede, u.a. in Odderade und Schafstedt, hervorbringt. Dieses Grundstück, direkt gegenüber der Kirche und Pastorat gelegen, beherbergt in den Jahrzehnten vor 1803 zeitweise auch Teile der Familie des Kirchspielvogts Harders. Johanns bei seiner Taufe als Pate übergangener Onkel Marx Harders (1714-1771), der sich 1748 mit einer Schneiderstochter verheiratete, lebt hier viele Jahre auf einem zu dieser Zeit noch mit doppelt so hohem Brandwert vermerkten Hof, wohl damit der seines als Schneider fungierenden und vor 1748 verstorbenen Schwiegervaters Johann Thiessen.

Beim Tod des Onkels Marx des Kirchspielvogts Johann Harders verkauft der gleichnamige Cousin Johann das väterliche Anwesen. Käufer im Jahre 1771 ist dessen Neffe Detlef Thiessen d.J., der wie sein Großvater Johann Thiessen, ebenfalls als Schneider in Nordhastedt genannt ist. Dieser stirbt allerdings, wie sein Vater Detlef Thiessen d.Ä., kurz darauf im Jahre 1774. Das in den folgenden Jahren stark verkleinerte und/oder verfallene Haus (Brandwert halbiert sich von ursprünglich 1.000 auf unter 500 Mark) geht nun zunächst an den Osterwohlder Hufner Johann Strufe (1778) und wenige Jahre später an den bereits genannten, aus Jevenstedt zugezogenen Hufner Andreas Banderob, von dem es der junge Schuster Eggert Horn schließlich erst mit Jahresbeginn 1803 erwirbt.

Es folgen die reinen Kätnerfamilien, meist mit etwas Land, die nebenher als Tagelöhner auf Dienstbasis bei den Hufnern tätig sind. Ihre Katen sind demzufolge meist in unmittelbarer Nähe der Hufen entstanden, für die die früheren ersten Bewohner einst überwiegend tätig waren oder auch Altenteiler-Katen der großen Höfe.

Marx Peters d.Ä. (76 Jahre), der noch 1773 als einer der größten Viehbesitzer des Kirchspiels auf dem im Vorbesitz des Vaters Hans Peters (1697-1751) befindlichen großen Hof an der östlichen Landstraße (heute Hauptstr. 6) lebt, den später sein Sohn Johann, der bereits unter den Hufnern genannt wurde, verlieren wird, lebt 1803 bereits in einer solchen

Altenteiler-Kate unter der heutigen Adresse der Meiereistr. 3 gegenüber dem Gasthof („alte Meierei") des Jacob Peters.

Ties Stamerjohann (58 J.), der Sohn eines aus dem Kellinghusener Kirchspiel zugewanderten Zimmermanns, der später nach Ostrohe verzieht und dessen Kate wohl auch deshalb, wegen unklarer Besitzerhistorie, nicht genau lokalisiert werden kann und die 56-jährige Witwe **Wiebke Offermann,** geborene Lindemann, sind weitere Kätner mit etwas Landbesitz. Die Witwe Offermann ist eine Schwester des Westerwohlder Wassermüllers Caspar Lindemann und die dritte Ehefrau des wenige Wochen zuvor im Januar 1803 im 52. Lebensjahr verstorbenen Schneiders **Hans Offermann**, dessen erste Ehefrau Margaretha Harders (1754-1784) wiederum eine Cousine des Kirchspielvogt Johann Harders war. In diesem Frühjahr 1803 lebt die Witwe Offermann immer noch in einer der größten Katen des Dorfes, die ihr nun verstorbener Mann 1776 aus dem Vorbesitz des Kirchspielvogt-Vetters Johann Harders, seinem Schwager, erworben hat. Dieser hat das Gebäude gerade erst ein Jahr zuvor (1775) aus dem Besitz seines Onkels Detlef Thiessen d.Ä., eines Schneiders, erhalten, quasi im Tausch für seinen zuvor genannten Verkauf seines väterlichen Besitzes schräg gegenüber (heutige Bäckerei Scharbau).

Johann Harders verzieht daraufhin aus Nordhastedt und wird später als Hufner in Barkenholm, möglicherweise dann noch als Gastwirt in Kleve bei Hennstedt leben. Besagter Schwager und Schneider Hans Offermann, ebenfalls als Pate in der Familie des Kirchspielvogts Johann Harders eingesetzt, lebt nun in prominentester Lage Nordhastedts „zu Westen und Süden die Bauerstraße", direkt an der Kirche und Pastorat auf den Flächen, auf denen heute die „Ole Schriewerie" gelegen ist. Offermann stammt aus Odderade und ist ein jüngerer Bruder des Peter Offermann (1743-1795), der in Meldorf in den Jahren zuvor als Landmesser und seit 1775 als Küster und Lehrer der Gelehrtenschule bekannt ist. In seinen frühen Jahren als Landmesser könnte dieser Peter Offermann gemeinsam mit den Vögten Harders auch in Nordhastedt die wenigen früh umgesetzten Flächenpläne der Verkoppelung nach 1771 aufgestellt haben, wie das über ihn beispielsweise in Windbergen berichtet wird.

Offermann ist möglicherweise einer der offiziellen 14, in der Spitze 20, Landmesser, die im Zeitraum 1769-1797 unter dem Oberlandmesser und späteren (1781) Oberlandinspektor Major Johann von Bruyn (1739-1799) im Auftrag der königlichen Landkommission die Verkoppelung im Herzogtum durchführen, könnte aber auch einer der wenigen privaten und einheimischen Landmesser sein, die einzelne Gemeinden zu beauftragen sich entschließen. Ein auch diesbezüglicher Sonderweg würde in das Selbstverständnis der Dithmarscher nur allzu gut passen. Eine von Peter Offermann als Lehrer veröffentlichte

Fibel erscheint erstmals 1789 und danach noch in weiteren Auflagen und macht ihn auch überregional bekannt. Ein 1792 von ihm angekündigtes Rechenbuch kann der als Rechenkünstler beschriebene Peter Offermann vor seinem frühen Tod dagegen nicht mehr vollenden.

Rechenmeister Offermann rechnet ab

Im Januar des gleichen Jahres 1792 veröffentlicht Offermann aber eine überaus bemerkenswerte statistische Arbeit[204], in der er die langfristigen Sterbe- und Geburtenraten aller Kirchspiele der Landschaft Süderdithmarschen miteinander vergleicht. Dieser Erhebung zufolge ist das „kleine" Nordhastedt für den fünfzigjährigen Zeitraum 1742-1792 sogar das Kirchspiel mit dem mit Abstand höchsten absoluten Geburtenüberschuss in Süderdithmarschen, mit 305 mehr geborenen als verstorbenen Einwohnern. Leider übersieht Offermann bei seiner Datenermittlung aus den Kirchenbüchern, dass gerade im Nordhastedter Kirchenbuch traditionell auch viele Taufen der eigentlich in Meldorf eingepfarrten Dörfer Odderade, Lehrsbüttel und auch Fiel vorgenommen werden, während diese Bauerschaften ihre Beerdigungen fast ausnahmslos in Meldorf stattfinden lassen. Doch das für die relative Lebensqualität und Prosperität Nordhastedts dieser Jahre, trotz aller handwerklichen Unsauberkeiten, nicht gänzlich zu versagende erfreuliche Ergebnis ist umso bemerkenswerter, da Süderdithmarschen insgesamt in diesem Zeitraum mit einem deutlichen Sterblichkeitsüberschuss von 1705 mehr gestorbenen als geborenen Einwohnern in einer ansonsten prosperierenden Zeit Holsteins überaus kritisch bewertet wird.

Offermann macht in seiner anschließenden Analyse hierfür insbesondere für die Marschkirchspiele einige strukturelle Faktoren aus, die ein bemerkenswertes Licht sowohl auf die Lebensumstände, als auch auf die Lebenseinstellung der Dithmarscher werfen. Die schrumpfenden Kirchspiele Meldorf (-1331), Marne (-367) und Wöhrden (-414) mit ihrem vergleichsweise hohen bis ausschließlichen Marschanteil schneiden am schlechtesten ab. Offermann sieht einen wesentlichen Grund für dieses Missverhältnis in der v.a. in den Marschkirchspielen vorhandenen Großbauernstruktur. Diese könnten zum Einen vermehrt Pferde einsetzen und saisonal Tagelöhner beschäftigen. Den Tagelöhnerfamilien fehle aber ohne eigenen Grundbesitz auf Dauer eine auskömmliche Lebensgrundlage in Süderdithmarschen. Deshalb würden auch viele Wanderarbeiter aus anderen Teilen Holsteins beschäftigt, die aber, weil einige aufgrund der schwierigen Arbeitsbedingungen stürben, ohne hier auch geboren zu sein, die Statistik ebenfalls negativ beeinflussen.

Die vermögenden eingesessenen (Groß-)Bauernfamilien würden sich aber auf der anderen Seite auch noch durch unterdurchschnittliche Geburtenraten auszeichnen, die Offermann auf einen zu großen Wohlstand zurückführt, der wiederum zu allzu großer Behäbigkeit und Müßiggang führe. Weil die Arbeitsstrukturen aber so seien, würden auch die einzelnen Kommunen und die „äußerst schlechte Einrichtung des Kreditwesens" kaum Anreize für weiteren Zuzug setzen. Im Gegenteil, die eigentlich durch diese Zustände fast zwangsläufig in Not geratenen Tagelöhnerfamilien wären zu zurückhaltender Familienplanung oder früher oder später sogar in viel zu hoher Zahl zum Wegzug gezwungen. Die Folge seien der beschriebene, von den Dithmarschern, trotz bester Wachstumsvoraussetzungen, stillschweigend akzeptierte Bevölkerungsrückgang, der in Wahrheit aber kaschiere, dass auch die vermeintlich so ihren Wohlstand wahrenden Dithmarscher eigentlich über Gebühr von der Substanz lebten. Offermann, ganz dem aufklärerischen Ideal des Fortschritts und der Verbesserung aller Dinge verschrieben, nennt das einen „trüglichen Scheinwohlstande".

Alles in allem liefert der Meldorfer „Rechenmeister" also eine Bewertung, die sich nicht nur drei bis vier Generationen später in den großen überseeischen Auswanderungswellen der 1850-1880er Jahre erneut bewahrheiten wird, sondern auch heutzutage in Teilen bekannt klingt. Möglicherweise führen diese im Kreise der Kirchspielvögte bekannten Aus- und Einwertungen auch zu der einen oder anderen, offensichtlich aber fruchtlosen Strukturdebatte in den ohnehin von Großbauern dominierten Landesversammlungen.

Die „Konservativen" aus diesem Kreis könnten diesen „Rechenkünstler" Offermann auch insgeheim oder sogar lautstark ob dieser Einschätzungen verfluchen oder dessen Statistik als Augenwischerei und brotloses Intellektuellengewäsch abtun, zugehörig dem „Natterngeschmeiß der Reformer", wie es der reaktionäre Junker General York zehn Jahre später mit Bezug auf die Stein'schen Reformen in Preußen formuliert, ihn gar „revolutionärer Umtriebe" bezichtigen, schließlich liegt der Sturm auf die Bastille gerade erst zweieinhalb Jahre zurück und Offermanns Schlussfolgerungen kritisieren doch recht deutlich eine „selbstgefällige" Einstellung der besitzenden Klasse, die mindestens einmal den Fortschritt hemme. Das ihm verliehene Attribut „Rechenkünstler" könnte da durchaus im Ursprung einen zynisch-sarkastischen Unterton beinhalten.

Doch zurück zu der Bevölkerungsstruktur des demgegenüber prosperierenden „felix Nordhastedt" auf der von etwas anderen Strukturen geprägten Süderdithmarscher Geest. Im Haushalt der Witwe Offermann lebt 1803 auch ihr neunjähriger Stiefsohn Peter Johann Offermann (aus der dritten Ehe des jüngst verstorbenen Schneiders Hans Offermann mit der aus Norderheistedt stammenden Trien Margreth Rolfs), der es in späteren Jahren seinem Onkel nachtun und Lehrer werden wird. Er lebt 1845 als lediger Rektor der dortigen Schule in Brunsbüttel. Ein weiterer Bruder des Meldorfer Peter Offermann, Timm (1752-1844) wird ebenfalls Lehrer. Er ist mit seiner Familie als Landmann und Schulhalter in Kuden, zuvor kurz auch in Buchholz genannt. Die Witwe Offermann, bei der zur Volkszählung auch noch ihre verwitwete Schwiegermutter Antje lebt, die Mutter des Küsters, wird das Grundstück „der Olen Schriewerie" an der Kirche noch im Juni des Jahres 1803, nachdem ihre Schwiegermutter im März verstorben ist, auf den Kätner Hinrich Schröder überschreiben, der mit der jüngsten Schwester Trienke der verstorbenen Brüder Offermann verheiratet ist, und dessen vorheriger Kauf der Kate am Fieler Damm im Jahre 1789 die letzte Eintragung des alten Kirchspielvogts Claus Harders war.

Deren Tochter wird hier noch mindestens 1857 leben, bevor ein Peter Popp aus der Meiereistraße , der der ca. 1808 geborene Sohn des direkten Nachbarn zu den Harders, Claus Johann Popp (s.u.), sein wird, noch für einige Jahre eine Gastwirtschaft einrichten wird. Popp verkauft aber wohl bald nach 1876 an den aus Lunden stammenden Johann Jacob Jüling (1837-1919), in dessen Besitzzeit das alte reetgedeckte Gebäude am 20. April 1914 abbrennen wird.

Nordhastedter Kätner und Insten 1803

In der Aufzählung der weiteren Nordhastedter Kätner des Jahres 1803 folgen: **Hans Schlüter** (53 J.), dessen Kate – vermutlich auf den Flächen des heutigen Fieler Damms 17 - in diesen Jahren das westlichste Gebäude des Ortes darstellt. **Hans Peters** (50 J.), lebt in einer kleinen, gegenüber der heutigen Gebäudesituation aber weiter von der Straße zurückliegenden Kate unter der heutigen Adresse Meiereistraße 1, die noch im Dezember dieses Jahres 1803 auf einen 24-jährigen Ties Peters übergeht, der bei der Volkszählung vom Januar des Jahres noch als Stiefsohn im Haushalt des Leinewebers Claus Schütt (s.o.) genannt ist.

Ein größeres Gebäude scheint hier erst errichtet zu werden, als das Grundstück im Jahre 1832 auf Johann Friedrich Christian Meyer, den Höker-Sohn und Müller-Enkel aus der Hauptstraße, umgeschrieben wird, der hier bereits 1835 als Krugwirt genannt wird. Auch dessen Nachfolger Jürgen Heinrich Höhrmann (zweiter Mann der Meier-Witwe) wird als Bäcker und Krugwirt an dieser Stelle bezeichnet, nachdem auf dem gegenüberliegenden Grundstück der einst bedeutenden Wirtschaft des Jacob Peters in bester Lage, im Ortskern unter den späteren Besitzern Thedens kein Gastbetrieb mehr stattfindet.

Hans Hinrich Hennings (47 J.), der wohl in einer erst um 1782 errichteten und sehr kleinen Kate lebt, die nicht genau ermittelbar ist, aber aufgrund des jüngeren Entstehungszeitpunktes irgendwo am Ortsrand oder alternativ an der Nordostseite der Meiereistraße, südlich des Thiessen/Mummelthey-Hofes, zu suchen ist; **Peter Jenssen** (47 J.), dessen kleine Kate erst wenige Jahre zuvor, leicht rückwärtig zur Straße, südlich der noch folgenden Kate des Claus Schlüter auf der Westseite der Landstraße nach Heide, entstanden ist; **Jacob Kastor** (44 J.), ein in Nordhastedt als Sohn eines Kuhhirten Marx Kastor geborener Tagelöhner, dessen Mutter am selben Tag wie die Frau des Kirchspielvogts Harders verstorben ist, hat 1799 von seinem 1795 verstorbenen Schwiegervater Jürgen Neve dessen Kate an der Ostseite der Meiereistraße übernommen und ist somit, wie dieser, unmittelbarer nördlicher Nachbar des Harders-Hofes, auf dem er auch häufig als Tagelöhner sein Auskommen finden dürfte; ab 1825 lebt hier sein aus Neuenkirchen stammender Schwiegersohn Claus Johann Popp (1788-1862), der damit ebenfalls häufig mit den Harders in gleichartigen nachbarschaftlichen und dienstbaren Kontakt kommen dürfte und dessen Sohn später den Vorgängerbau der „Olen Schriewerie" erwerben wird; **Marx Peters d.J.** (43 J.), wohl ein Sohn des Älteren.

Hans Siel (40 J.) lebt an der nördlichen Meiereistraße, als nördlicher Nachbar des alten Christopher Thiessen-, später Mummelthey-Hofes; **Hinrich Schröder** (39 J.), der bereits erwähnte Mann der Trienke Offermann; er wird im Juni 1803 das schon erwähnte Haus auf den Flächen der heutigen „Olen Schriewerie" erwerben, lebt bei dieser Volkszählung aber noch in einer nicht eindeutig lokalisierten Kate, die aber am Fieler Damm gelegen sein dürfte (s.o.); **Michael Ruge** (39 J.) könnte in Verbindung zu der Gastwirtsfamilie im Oberdorf stehen und ist verheiratet mit einer Nichte des o.g. Thede Karstens und in der zu diesem benachbarten Kate an der Heider Straße wohnend, die zwei Jahre später von Christian Hansen zur Schmiede umgebaut wird (s.o.).

Timm Christian Peters (36 J.), ein weiterer Sohn des Marx Peters d.Ä. lebt in einer Kate am Fieler Damm, wohl auf Höhe der heutigen Nr. 15 ; **Matthies Widdrich** (36 J.), dessen gleichnamiger Sohn später als Dachdecker in Nordhastedt leben wird. Der in der Adjunktenwahl von 1780 als abwesend genannte Matthies Widdrich, der Vater dieses Kätners von 1803, wird ebenfalls als „Decker" bezeichnet, so dass auch der „mittlere" Matthies von 1803, am Fieler Damm lebend, nebenher dieses Handwerk, wenngleich in der Volkszählung vom Vogt unerwähnt, als Reetdachdecker ausüben dürfte.

Marx Grefe (33 J.) lebt westlich des Banderob-Hofes in einer Kate (heute: „Hinter der Kirche"), westlich und nördlich erstrecken sich noch „Feldkoppeln". Erst 1830 werden hier die Nachbesitzer Stange einen größeren Hof errichten, der um 1900 in die Familie Thiessen kommt, die hier unter der heutigen Adresse Hauptstraße 38 den späteren Thiessen-

Vehling-Hof führen. Der aus Schenefeld stammende Tagelöhner Grefe lebt fortan von Almosen und Unterstützung aus der Armenkasse in Osterwohld. **Claus Schlüter** (29 J.), der gerade erst im Vorjahr das nördlichste Haus des Ortes, eine kleine Kate, auf der Westseite der Landstraße nach Heide errichtet hat. Hier wird in späteren Jahren unter der heutigen Adresse der Heider Str. 15 von nachfolgenden Schlüter-Generationen ein größerer Hof ausgebaut.

Diedrich Münster (28 J.), dieser in einer seit 1800 von ihm bewohnten kleinen Kate unter der heutigen Adresse der Hauptstraße 30, gegenüber der Bushaltestelle, sowie der 42-jährige **Jochim Hinrich Stoffers**, der sowohl als Kätner, als auch als National Dragoner bezeichnet wird und der Schwiegervater des bereits genannten Dachdeckers Matthies Widdrich ist. Er wird der seit 1785 in Itzehoe stationierten Garnison des Leibregiments leichter Dragoner zuzurechnen sein. Da die Landausschuss-Männer im Militärdienst seit 1800 auf acht Jahre (davor sechs Jahre) verpflichtet und in ihrer Dienstzeit nur gelegentlich zu Übungen kaserniert sind, dürfte er kurz vor seinem Dienstende stehen, da das maximale Eintrittsalter bei 36 Jahren liegt. Der Dragoner Stoffers erfüllt allerdings nicht „im Alleingang" die quotale Landausschuss-Verpflichtung des Kirchspiels dieses Jahres 1803. Ebenfalls als Nationalsoldat dient in diesem Frühjahr noch der 22-jährige Jürgen Ruge, der im Haushalt seines Vaters, des Hufners und Gastwirts Hans Ruge genannt ist. Auch die Lage der Kate des Nationaldragoners Stoffers ist bislang nicht ermittelt.

Als Insten, also ohne über einen Garten („Kruthoff") hinausgehenden Landbesitz, und Tagelöhner werden genannt die Familien von **Jacob Loose** (51 J.), **Hinrich Stiel** (40 J.), **Johann Ploog** (38 J.), **Ties Claussen** (32 J.) auf der nordöstlichen Seite der Landstraße nach Heide, **Claus Peters** (29 J.) am Fieler Damm sowie **Daniel Heuck** (24 J.). Zum Zeitpunkt der Volkszählung des Frühjahrs 1803 leben im Ort zudem noch die fünf Almosen erhaltenden Witwen: **Wiebke Schramm, geb. Bornholdt** (73 J., Witwe des Johann Hinrich Schramm aus Osterwohld); **Gretje Hansen** (71 J., geborene Behrens, Witwe des aus Trennewurth stammenden Johann Hansen (1728-1781), der bis zu seinem Tod als Arbeitsmann in Hochwöhrden und dort wohl beim Vogtbruder Marx Harders gedient hat; sie lebt wieder ab 1781 und mindestens bis ca. 1800 in einer kleinen Kate aus dem Vorbesitz ihres Vaters Claus Behrens bzw. Stiefvaters Hinrich Harmsdorf, die an der Hauptstraße gelegen ist – 1803 hier auch Diedrich Münster s.o., möglicherweise noch auf beengtem Raum unter einem gemeinsamen Dach); **Greta Christensen, geb. Sievers** (61 J.); die aus Gaushorn stammende **Wiebke Stoffers, geb. Siel** (51 J.), deren Mann Hinrich Stoffers – in anderen Ausarbeitungen auch als Steffens - starb Anfang August 1801. Aus dessen erster Ehe stammt auch der oben genannte National-Dragoner.

Weitere gestützte Insten sind **Catharina Goos, geb. Kruse** (48 J.), Witwe des Kätners Friedrich Christian Goos, sowie der ebenfalls Almosen erhaltende **Marx Christian Kastor** (71 J.), der wohl an der nordwestlichen Seite der Landstraße nach Heide eine kleine Kate unterhält und der vormalige Kuhhirte sein dürfte, dessen Sohn Jacob als Tagelöhner neben dem Harders-Hof in der Meiereistraße lebt. Marx Kastors erste Frau Margaretha, eine geborene Johannsen aus Albersdorf, ist am gleichen Tag, Freitag den 13. April 1787, wie Johann Harders erste Frau Dorothea geb. Mügge, in Nordhastedt verstorben, wie diese ein mögliches Fleckfieber-Opfer.

Die weiteren vier Witwen **Anelsabe Hamann, geb. Bostel** (71 J.), wohl die Schwiegermutter des Deckers Matthies Widderich, **Trienmargareth Schramm** (67 J.), die Witwe des Carsten Schramm und eine Tochter des Schusters Claus Diener an der Heider Straße in einer Kate aus dem Vorbesitz ihres Vaters, an deren Stelle ab 1825 (Jürgen Jacobs aus Lehrsbüttel, ein Schwager der Banderobs) bis in 1950er Jahre hinein die Stellmacherei Jacobs neben dem späteren Claßen-Hof steht, **Trienke Timm, geb. Horn** (54 J.) sowie **Beeke Jürgens, geb. Rüter** (41 J.), die ebenfalls in der Meiereistraße lebende Schwägerin des Kleinhufners Johann Jürgens, scheinen sich dagegen aus ihrer kleinen Landwirtschaft, familiärer Zusatzversorgung und/oder ergänzender Tagelöhnerei ausreichend selbst ernähren zu können. Bei einer weiteren genannten 56-jährigen Witwe namens **Ann-Malehn**, die sich von Stricken und Nähen selbst ernähren kann, und bei der nur ihr Geburtsname Peters angegeben ist, handelt es sich um die Witwe des bereits im Sommer 1782 verstorbenen Zimmermanns und Kätners Hinrich **Stammerjohann** (1735-1782), deren Sohn Thies Hans zu dieser Zeit mit eigener Familie als Inste und Tagelöhner im benachbarten Odderade lebt. Sie ist eine Schwägerin des ebenfalls 1803 noch in Nordhastedt genannten Kätners Ties Stammerjohann.

Leider sind nicht alle der oben genannten Personen eindeutig entsprechenden Gebäudesituationen, die sich aus den knappen Lagebeschreibungen und Eigentümerhistorien der Schuld- und Pfandprotokolle dieser Jahre ergeben, zuzuordnen. Insbesondere die noch „offenen" größeren Katen aus der Gruppe der Kätner dürften im Bereich der östlichen Hauptstraße anzusiedeln sein, wo für mehrere Katen noch keine Zuordnung erfolgen kann. Ebenso gibt es noch weiße Flecken im Bereich der erst entstehenden Schmiedestraße sowie dem nördlicheren Verlauf der Landstraße nach Heide. Die letztgenannten Insten dürften dagegen zum Teil auch in kleinsten „Altenteiler"-Hütten auf dem Gelände einzelner der größeren Höfe stehen und mangels nennenswertem Brandwertes gar nicht erst gesondert aufgeführt werden. Bei einigen der größeren Höfe werden dann auch noch Nebenhäuser mitgeführt, deren Belegung unklar bleiben muss, sich aber weitgehend auf den Kreis dieser Insten beziehen dürfte.

Westerwohld und Osterwohld

Die ebenfalls noch zum Kirchspiel Nordhastedt gehörende Ortschaft Westerwohld ist 1803 eine reine Hufnerbauerschaft mit vier Familien. Neben der Müllerfamilie des inzwischen in zweiter Ehe lebenden 53-jährigen **Caspar Lindemann**, von dem schon Etwas berichtet wurde und Weiteres folgen wird, lebt auch noch der 65-jährige Hufner **Johann Hennings** mit seinem Haushalt in Westerwohld. Hennings ist ein Sohn des Nordhastedter Hufners Hans Hennings vom Fuhlenweg. Er hat zunächst den väterlichen Hof 1774 übernommen, aber bereits 1778 an seinen jüngeren Bruder Claus weitergereicht. Johann Hennings heiratet 1784 die Hofwitwe Telsche (geb. Johannsen) des Johann Schult in Westerwohld, auf dessen Hof er nun lebt.

Er wird von 1784-1787 als einer von zwei Diakonen, also Schul- und Armenvorsteher im Kirchspiel genannt und ist auch derjenige Johann Hennings, der im Jahre 1794 mit dem Nordhastedter Pastor Andreas Jessen im Zuge eines noch nicht weiter erforschten „Injurien"-(Verleumdungs-)Prozesses aneinander gerät und eine behördlich zu erzwingende Zeugenaussage der Frau des Pastors gegen ihren Mann über den Landvogt Boie betreibt. Möglicherweise liegt der Grund dieser Vorkommnisse in der „zu engen" kirchlichen Zusammenarbeit vorangegangener Jahre begründet.

Komplettiert wird Westerwohld im Jahre 1803 durch die Haushalte zweier verwitweter Hufnerinnen. **Anna Margaretha Boljen, geb. Newe** (31 J.), ist die junge Witwe des bereits von 1781-1784 als Armen- und Schulvorsteher des Kirchspiels und von 1784-1787 als Kirchenbaumeister amtierenden älteren Michel Boljen, die noch im gleichen Jahr 1803 in zweiter Ehe den aus Bennewohld stammenden Boje Franssen heiraten wird, der wiederum ein Sohn des dortigen Claus Franssen sein dürfte, der von 1769-1772 als Armenvorsteher „aus dem großfürstlichen (Norderdithmarscher) Teil" und von 1775-1778 als Baumeister der Nordhastedter Kirchengemeinde im Zuge des stets betriebenen „paritätischen Gleichgewichts" der Kirchenämter in der die Landesgrenzen überspannenden Kirchengemeinde genannt ist.

In ihrem Haushalt nördlich des Querweges zur Wassermühle, lebt 1803 auch schon ihr 14-jähriger Sohn erster Ehe Peter Boljen, der später eine Tochter des unten folgenden Landesgevollmächtigten Wittmaack aus Osterwohld heiraten wird und u.a. 1820-23 Schulvorsteher, 1824-1830 und nochmals 1847-50 auch Bauerngevollmächtigter in Westerwohld wird und auch als Lagemann für die Rekrutenauswahl im Kirchspiel zuständig ist. Aus der Familie des 1803 bereits verstorbenen ersten Ehemanns Michel Boljen stammt die Westerwohlder Wassermühle, die 1730 von Conrad Hinrich Lindemann, dem Vater des o.g. Caspar erworben wird. Conrad Hinrich Lindemann hat bereits zuvor (1725) auch die

Nordhastedter Wassermühle übernommen, diese aber 1748 an Ernst Christian Wiese, den Schwiegervater des späteren Besitzers August Hinrich Meyer (s.o.), weiterverkauft.

Die zweite Witwe in Westerwohld ist **Wiebke Karstens, geb. Peters** (53 J.) mit ihren vier teils erwachsenen Kindern. Sie ist die hinterlassene Frau des dortigen Hausmanns Thede Karstens (nicht zu verwechseln mit dem oben genannten späteren Gastwirt in Nordhastedt), dessen Vater der Westerwohlder Hausmann Claus Karstens ist.

Auch die Bauerschaft Osterwohld ist 1803 überschaubar. An erster Stelle ist der 53-jährige Landesgevollmächtigte und Hufner **Marx Wittmaack** zu nennen, dessen gleichnamiger Vater aus Todenbüttel im Kirchspiel Schenefeld stammt und noch zunächst in Odderade ansässig war, dort die Witwe des 1745 verstorbenen Thede Feil (Pfeil) heiratete und später mit dieser und Kindern nach Osterwohld verzog, wo er 1768 als Hausmann starb. Ein sechs Jahre jüngerer Bruder Claus Wittmaack wird bei gleicher Volkszählung als Hufner und auch Bauerngevollmächtigter in Sarzbüttel genannt. Bereits 1791 hat Marx Wittmaack beim Tod seines Amtsvorgängers, dessen Stiefvater im Übrigen wohl ein Großonkel Wittmaacks war, die Nachfolge des dieses Amt über vierzig Jahre innehabenden Nordhastedters Marx Marxen angetreten, bzw. ist von der Süderdithmarscher Landesversammlung zu diesem lebenslangen Amt im Alter von 41 Jahren erwählt worden. Nachdem er von 1787-1790 als einer von zwei Diakonen des Kirchspiels erste Erfahrungen im kommunalen Geschäft gemacht hat, wird er hinreichend Vertrauen in seine Person aufgebaut haben. Marx Wittmaack, erstmals bei der Kirchenvisitation vom 29. August 1793 als Landesgevollmächtigter in Erscheinung tretend, wird, wie sein Vorgänger für den Vogt Claus Harders, über Jahre zum engsten Vertrauten des nur knapp zwei Jahre älteren Kirchspielvogts Johann Harders.

In zahllosen Sitzungen von Landesversammlung, Kirchenvisitation, Bauerschaftsversammlung usw. werden die beiden gemeinsam sitzen und im kleineren Kreis die wesentlichen Angelegenheiten des Kirchspiels in die Hand nehmen. Häufige gemeinsame Reisen zu den Landesversammlungen nach Meldorf sind dabei selbstverständlich. In den Jahren seiner eigenen alleinigen Amtsführung seit 1790 wird es, neben seinem Schwiegervater Andreas Jessen, keinen häufigeren beruflichen Kontakt für den Vogt Johann Harders geben, als den zum Landesgevollmächtigten in Osterwohld. Wittmaacks dortiger Besitz macht 1809 mit über 22 Tonnen Ackerland und 16 Tonnen Weideland Einiges her. Er übergibt diesen Hof 1811 an seinen Schwiegersohn Peter Boljen aus Westerwohld als den zu dieser Zeit zweitgrößten Hof in Osterwohld. Hier wird er 1816 auch versterben.

Neben den Wittmaacks leben in Osterwohld 1803 noch neun weitere Hufnerfamilien, nämlich **Johann Strufe** (57 J.), **Timm Tödt** (54 J., Nachfahren nennen sich später auch

Teut), **Johann Söht** (53 J.), auf dessen aus dem Vorbesitz des August Hinrich Meyer bzw. Diedrich Breiholz erworbenen Hof Riese, den er im Folgejahr 1804 an den Albersdorfer Kirchspielvogt Johann Hedde weiterverkaufen wird, 1803 auch ein 70-jähriger verwitweter Hauslehrer Niclas Pieper lebt, der die acht Kinder des Hufners auf dem eigenen Hof unterrichtet.

Peter Grandt (ca. 47 J.), Sohn des Wassermüllers in Dellbrück (1808 abgebrannt und dann als Windmühle wiederaufgebaut). Grandt wird bereits von 1793-1796 als Schul- und Armenvorsteher im Kirchspiel benannt. Diese Funktion hat auch sein Schwiegervater Jochim Lütjens aus Osterwohld von 1772-1775 ausgeübt, dessen Witwe Antje 1803 noch im Haushalt des Peter Grandt lebt. Über ihre Lütjens-Frauen ist Peter Grandt ein Schwager des zuvor genannten Landesgevollmächtigten Marx Wittmaack; **Caspar Kock** (46 J.), **Jürgen Hinrich Barkmann** (45 J.), einer der wenigen abwesenden Kirchspielseingesessenen bei Johann Harders Adjunktenwahl des Jahres 1780.

Hinrich Schlüter (37 J.), **Hans Dreessen** (35 J.) sowie als jüngster Hufner **Johann Hanssen** (28 J.). In seinem Haus leben neben Frau und Tochter auch seine Schwiegereltern Detlef und Gretje Kühl, aus deren Vorbesitz – davor der Großvater seiner Frau, Ehlert Kühl – die Osterwohlder Hufe stammt. Hanssen wird im Jahre 1814, gemeinsam mit dem ab 1806 zugewanderten Johann Wischmann als Schulvorsteher der Schule in Nordhastedt gewählt, ab 1823 als Armenvorsteher und ab 1826 als Kirchenbaumeister genannt. Von ihm wird ebenfalls noch als langjährigem Bauerngevollmächtigten Osterwohlds zu reden sein. Hanssen lebt noch 1845 als verwitweter Schwiegervater auf der Osterwohlder Hufe, die zu dieser Zeit bereits von seinem Schwiegersohn Jürgen Hermann Böttcher bewirtschaftet wird. Eine weitere Tochter Heinke wird ab 1831 die vierte Ehefrau des von 1828-1854 in Nordhastedt (zuvor seit 1812 in Fiel) wirkenden Schullehrers Kuhlmann.

Daneben wird in Osterwohld als Kätner noch der 59-jährige Schneider **Hargen Harders** genannt, der nicht mit der Vogtfamilie verwandt ist. Er ist ein Sohn eines in Nordhastedt „hängen gebliebenen" abgedankten „königlichen Reuters" Peter Harders, der bereits 1755 in Westerwohld verstorben und somit kein Relikt der großen Stationierung von 1758-1763 ist. Hargen Harders stirbt im April 1819 als Witwer auf dem Osterwohlder Harmshof (s.u.) und hinterlässt vier Töchter. Die 1779 geborene Tochter Antje hat eine Woche vor dieser Volkszählung in Nordhastedt einen Johann Paulsen aus Offenbüttel geheiratet. Beide leben ebenfalls als Tagelöhnerehepaar auf dem Harmshof.

Weiter werden genannt der 63-jährige Tagelöhner **Johann Christian Voß**, der 50-jährige **Johann Landmann**, der 49-jährige **Eggert Horn** und die 43-jährige Witwe (des Hinrich Harms vom Harmshof) **Gretje Harms, geb. Hoeft**. Als von Tagelöhnerei lebende Insten werden noch genannt der 39-jährige **Detlef Hansen** und der 26-jährige **Matthies Voß**, der ein Sohn des bereits genannten Johann Christian Voß sein dürfte.

Daneben erhalten noch zwei Frauen in Osterwohld Almosen, zum einen die 48-jährige Witwe **Gretje Hansen, geb. Jepsen** sowie eine 44-jährige verheiratete ebenfalls **Gretje Hansen**, deren Mann aber aus nicht genannten Gründen abwesend ist. Nur die vorstehend bezeichneten Haushaltsvorstände, also Hausbesitzer, sind wohl auch in Nordhastedt, wie anderenorts in Süderdithmarschen üblich, soweit sie ihre nach Hufnern, Kätnern und Insten abgestufte Bauernschuld gezahlt haben, im 18. und frühen 19. Jahrhundert Mitglieder der jeweiligen dörflichen Bauerschaften und somit stimmberechtigt bei z.B. der Wahl der jeweiligen Bauerschaftsgevollmächtigten und Kirchspielvögte. Knechte, so lange sie dienen, oder ehemalige Hufner und Kätner, die als Abschiedsleute noch auf den Höfen der jeweiligen (Schwieger-) Kinder leben, sind dagegen keine Mitglieder der Bauerschaften mehr und können nur noch indirekt über ihre persönliche Stellung Einfluss in Bauerschaftsangelegenheiten geltend machen, sind bei Wahlen aber nicht mehr stimmberechtigt. 1822 werden die Bauerschaftsangelegenheiten in Nordhastedt durch eine neue (und erhaltene) Beliebung reformiert.

Schlechte Stimmung und ein Brand in Tellingstedt

Im weiteren Jahresverlauf 1803 werden die Franzosen mit ihren Heeren bis an die Elbe vorrücken und den Holsteinern wird immer deutlicher, dass dem dänischen Gesamtstaat perspektivisch entweder ein Konflikt mit dem die Weltmeere beherrschenden England oder der kontinentalen Supermacht Frankreich bevorsteht. Bei beiden Optionen fühlen sie sich wie auf einem Präsentierteller. Auch werden die Konsequenzen der kurz vor Weihnachten 1802 verkündeten und, auf der Grundlage der Volkszählungsdaten verfeinerten, neuen Steuern erkennbar.

Die politisch Eingeweihten, und dazu gehören die Kirchspielvögte in Dithmarschen, ahnen längst, dass die seit dem Tode Bernstorffs im Sommer 1797 neue Innenpolitik des Kronprinzen mehr und mehr auf eine Tilgung aller deutschen Sonderrechte in den Herzogtümern hinausläuft. Wem die Zusammenhänge noch nicht klar waren, wird spätestens im Dezember 1802 darüber gestolpert sein, dass Bernstorffs Nachfolger Cay von Reventlow als Leiter der Deutschen Kanzlei und überzeugter Holsteiner nach einer Staatsrats-Sitzung vom 10. Dezember 1802 um seine Entlassung gebeten hat. Die weniger Informierten sehen zum Jahreswechsel darin zunächst nur einen persönlichen Reflex auf die Niederlage des holsteinischen Adels, der sich bei der beabsichtigten neuen Grundsteuer mit seinem

Beharren auf alten Standesrechten und einem daraus abgeleiteten Mitspracherecht bei neuen Steuern nicht ausreichend berücksichtigt fühlt. Die tiefer Blickenden ahnen, dass, wenn die selbst durch deutsches Reichsrecht geschützten Privilegien des holsteinischen Adels vor dem Uniformitätsbestreben des Kronprinzen auf dem Weg zu einem Einheitsstaat nicht mehr sicher sind, auch die Holsteinischen und damit auch die Dithmarscher Sonderrechte schnell fallen könnten.

Unglaube und Ärger wachsen aber in der gesamten holsteinischen Bevölkerung im Laufe des Jahres 1803 endgültig, als die Auswirkungen und Details der als „gleichberechtigte" Steuer in allen Teilen des Gesamtstaats propagierten Maßnahme deutlich werden[205]. Die Holsteiner fühlen sich zum wiederholten Mal ungerecht behandelt und als Zahlmeister des zunehmend an Geldnot leidenden Gesamtstaats. Denn während im dänischen Kernland die Besteuerung nach dem schwer ermittelbaren Ertrag vorgenommen wird, wird in den Herzogtümern nach dem genauer erfassbaren Landbesitz besteuert. Hinzu kommt, dass der Wert des Holsteiner Landes im Durchschnitt 20% über dem im Kernland Dänemark veranschlagt wird, in der Spitze beim Doppelten. Im Ergebnis der Steuerzahlungen des Jahres 1803 wird deutlich werden, dass die Holsteiner pro Kopf rund 20% mehr Steuern zahlen als ihre dänischen Mitbürger. Gleichzeitig herrscht die Wahrnehmung in den Herzogtümern vor, dass die Mittelverwendung des Staates im Gegensatz dazu überwiegend Kopenhagen zugute komme und nicht ausreichend in die Herzogtümer zurückfließe. Doch schlussendlich überwiegt noch eine „Wagenburg-Mentalität". Umringt von potenziellen Feinden und bedroht von Krieg, nimmt man eine höhere finanzielle Belastung Zähne knirschend in Kauf, so lange der König nur mit diesen Mitteln die fast einhundertjährige „Ruhe des Nordens", einen andauernden Frieden für den „noch" neutralen Gesamtstaat erhalten kann. Und danach, so kann man sich trösten, sieht es noch Jahr um Jahr, eine ganze Weile aus. Während die große Politik in Europa immer unübersichtlicher wird, flüchten sich die Dithmarscher in die Geschäftigkeit ihres Alltags, allerdings mit einem Bauchgrummeln, das man bislang noch nicht verspürte.

Kurz vor Weihnachten 1803 verstirbt in Meldorf der Propst Hinrich Johann Voss, etwas über 70 Jahre alt. Mit Schreiben vom 7. Januar 1804 informiert der zwischenzeitlich zum Interimsvertreter bestimmte Meldorfer Pastor Christian Nicolaus von Ancken (1735-1810), erst wenige Monate zuvor als vorheriger Kompastor in die Funktion des Hauptpastors nachgerückt, seine Süderdithmarscher Kollegen[206]. Aufgrund seines fortgeschrittenen Alters delegiert von Ancken im gleichen Atemzug eine Vielzahl seiner alten und neuen Aufgabenbereiche an die übrige Pastorenschaft der Landschaft. Für den ersten Durchlauf von Gnadenjahres-Predigten werden allen Süderdithmarscher Pastoren Termine für das erste Quartal zugewiesen, an denen sie reihum den Sonntags-Gottesdienst in Meldorf leiten sollen. Pastor Jessen aus Nordhastedt darf am Sonntag, den 19. Februar 1804, seine Predigt auf Matthäus 4, 1-2 über Jesu Versuchung abstellen: „Da wurde Jesus vom Geist in die Wüste geführt, damit er von dem Teufel versucht würde. Und da er vierzig Tage und vierzig Nächte gefastet hatte, hungerte ihn." Weitere Auftritte dürften im Jahresverlauf folgen, da von Ancken zunächst nur die Termine des ersten Circuli bis Ende März verteilt.

Als der Kronprinzregent Friedrich am 5. und 6. Juni 1804 erneut Dithmarschen besucht, bekommt er von einem derweil durch die neuen Steuern verursachten Grollen und Grummeln oder artikulierten Unmutsäußerungen kaum etwas mit, die im Vorjahr hochgekochte Stimmung scheint landesweit etwas beruhigt. Allein der immer mehr unter Gichtanfällen leidende und zunehmend amtsmüder werdende Landvogt Heinrich Christian Boie verdrießt ihm ein wenig die Laune, als dieser den Kronprinzregenten bei einem Treffen in Heide und anderen Morgens gemeinsam eingenommenen Frühstück in Meldorf um Zustimmung zu seiner Entlassung bittet[207].

Kronprinz Friedrich lehnt ab, vielleicht auch deshalb, weil er doch eine Ahnung von der Stimmung im Lande hat und befürchtet, dass ein solcher Abgang des geschätzten Landvogts die Lage in dieser Situation nicht besser machen würde. Mit mangelnder persönlicher Wertschätzung gegenüber dem erkennbar nicht mehr im Vollbesitz seiner Kräfte befindlichen Landvogt kann die kategorische Ablehnung nicht begründet werden. So verbleibt der kränkelnde Boie weiterhin im Amt, während der Kronprinz nach Besichtigung der beiden Landschaften Dithmarschens wieder nach Kopenhagen abreist, wohin er den Landvogt zum baldigen Gegenbesuch wärmstens einlädt.

Allerdings wird es zunächst im benachbarten, zu Norderdithmarschen gehörenden Tellingstedt heiß. Denn hier brennt in einer Feuersbrunst nur wenige Wochen später, am Montag des 23. Juli 1804, fast der gesamte Ortskern. Das Haus von Johann Harders rund fünf Jahre jüngerem und unverheirateten Kirchspielvogt-Kollegen und Brauer Johann Wohlt am Kirchhofplatz – seine Mutter Margaretha Dorothea (1731-1819) ist eine Hedde aus der Schafstedter Vogtfamilie, sein Vater Daniel war Landesgevollmächtigter in Tellingstedt und könnte auch zu der in Nordhastedt im 18. Jahrhundert lebenden Wohld-Familie Verbindungen haben - wird ebenso ein Opfer der Flammen, wie das der Pastorenwitwe Margaretha Hedwig Friccius, Tochter des Marner Pastors Friedrich Christian Heilmann (1698-1787) und Witwe dessen Tellingstedter Kollegen Friedrich Christian Friccius (1733-1788), das des Müllers Claus Wieck (1719-1806) sowie dessen Schwiegersohns, des Wassermüllers Peter Peters (1762-1837). Insgesamt sind zwei Dutzend Häuser betroffen.

Das Feuer wird zu diesem Zeitpunkt an Größe in der Erinnerung der meisten lebenden Dithmarscher nur übertroffen von der großen Feuersbrunst vom 25. April 1769, bei der über hundert Häuser nördlich des Heider Marktes, v.a. in der Norderstraße und dem Schuhmacherort, in Schutt und Asche gelegt wurden. Auch damals kamen die Nordhastedter zu Hilfe. Der letzte große Brand in Nordhastedt, bei dem auch die Kirche zu Pfingsten 1741 stark in Mitleidenschaft gezogen war, liegt zu diesem Zeitpunkt mehr als sechzig Jahre zurück. Das Gespräch in den Nordhastedter Krugwirtschaften wird sich in den auf den Brand folgenden Tagen zum wiederholten Male auch um die Kosten drehen, die ein Eindecken der Höfe mit den mehr Sicherheit versprechenden „Pfannendächern", wie es in den enger gebauten Städten wie Heide und Meldorf längst üblich geworden ist, hier gegenüber dem günstigen Reet- oder Strohdach bedeuten würde.

Ohnehin ist das nach wie vor von Reet und traditionellem Fachwerk geprägte Erscheinungsbild des dörflichen Nordhastedt kaum noch zu vergleichen mit den überwiegend weiß gekälkten und mit Ziegeln gedeckten, sich eng aneinander schmiegenden kleineren und größeren Bürgerhäusern der größeren Städte und Flecken, wie beispielsweise Meldorf, in denen in dieser Zeit, Jahr um Jahr, immer mehr der 1799 noch rund 450 genannten Wohnhäuser im neuen, klassizistischen Baustil entstehen. Hinsichtlich der tagtäglich lauernden Feuergefahren ergibt sich so im Sommer dieses Jahres 1804 auch für Johann Harders und seine erneut hochschwangere Frau am heimischen Herd viel Gesprächsstoff.

Nur wenige Wochen später, am 14. Oktober 1804 wird Caroline Elisabeth, genannt "Lina" Harders als jüngste und letzte Tochter des nun 56-jährigen Kirchspielvogt Johann Harders als Sonntagskind geboren[208]. Als Paten werden bei der erst am darauffolgenden Freitag in Nordhastedt stattfindenden Taufe neben der bereits erwähnten Ehefrau des Meldorfer Kirchspielvogt Paulsen wiederum weitere Verwandte aus Wöhrden, zwei Ehefrauen von Rolfs-Neffen, eingesetzt. Die Familie ist komplett. Johann Harders lebt mit seiner zweiten Ehefrau, den vier gemeinsamen Töchtern und einem Sohn sowie den beiden Töchtern erster Ehe und Bediensteten in einem Haushalt mit eindeutiger Frauenmehrheit. Die schulische Erziehung der Kinder obliegt vermutlich in erster Linie dem Großvater Andreas Jessen. Soweit die Kinder überhaupt in die örtliche Schule geschickt werden, übernimmt dieser die notwendigen ergänzenden Unterweisungen im nahegelegenen Pastorat, um eine frühzeitige anspruchsvollere Ausbildung, mindestens des einzigen Enkelsohnes Johann Andreas, sicherzustellen.

Zankapfel Riesewohld

Intensiver als ihm lieb sein wird, muss sich der Kirchspielvogt Johann Harders in den Jahren zwischen 1800 und 1813 auch um einen der größten, seit 1765 gärenden Zankäpfel

Dithmarschens kümmern. Das ehemals große Waldgebiet des sowohl im Grenzbereich der Kirchspiele Albersdorf und Nordhastedt liegenden, als auch die Grenze zwischen Norder- und Süderdithmarschen markierenden "Riesewohlds" gerät dabei zunehmend ins Visier unterschiedlichster Interessen. Nachdem über Jahrhunderte sowohl benachbarte Norder- als auch Süderdithmarscher den "Meentwald" Riesewohld als freie Verfügungsmasse zum Beschaffen von Brenn- und Bauholz und als Viehweide nutzen durften, ist zur Mitte des 18. Jahrhunderts, verschärft durch die Anlage des Gutshofs Riese, eine weitere übermäßige Rodung vorgenommen worden, die aus Sicht der Obrigkeit gestoppt und umgekehrt werden muss.

Nach zeitgenössischen Schilderungen besteht der einstmals stark bewaldete Riesewohld um 1800 fast nur noch aus Eichenkratt und Heide. Johann Harders Amtskollege Hedde bezeichnet die Gegend in seinen Lebenserinnerungen in diesen Jahren als einzige Ödnis, schon zu dieser Zeit also nichts mehr zu sehen vom einst vollständig bewaldeten Dithmarscher Geestrücken, "wo ein Eichhorn von Meldorf bis zur Landesgrenze von Eiche zu Buche habe springen können, ohne den Boden zu berühren", wie die alten Chroniken sagen und wo sich "in der Osterdöfft ein einziger Wald darbot, in dem sich die Dörfer, meist an Niederungen und Wiesen belegen, gleichsam versteckten".

Die angrenzenden Osterwohlder, dem Harder´schen Nordhastedter Kirchspiel zugehörig, sind die ersten, die die Aufforderung zur Knickanlage zur Vereinnahmung vermeintlicher Freiflächen nutzen und Fakten schaffen. Besagter Johann Hedde, der 1804 von Johann Söth den zum Nordhastedter Kirchspiel gehörenden Hof Riese erwirbt, den ehemaligen Gutshof der „von der Wischs", über den zu dieser Zeit noch ein Weg von Nordhastedt nach Albersdorf führt, ist anfänglich ebenso "not amused" wie die sich in ihren Rechten verletzt fühlenden, angrenzenden Norderdithmarscher. Jahrelange Rechtsstreite beginnen, die erst im Jahre 1810 inhaltlich beigelegt und schließlich 1813 durch Verträge befriedet werden können[209].

Die schlitzohrige Nordhastedter/Osterwohlder Taktik des Faktenschaffens auf der Grundlage einer schließlich königlichen Verordnung zur Knickanlage wird dabei letzten Endes belohnt. Gegen Zahlung einer vergleichsweise geringen Entschädigung wird die Nutzung des Riesewohlds fortan ausschließlich Süderdithmarschen zugesprochen. Johann Harders und sein Amtskollege Johann Hedde, dieser als Besitzer des Hofes Riese nun ebenfalls Nutznießer der Regelung, werden sicherlich in diesen Jahren diverse Lokaltermine vor Ort wahrnehmen, wahrscheinlich häufig gemeinsam mit Heddes anfänglichem Verwalter und Pächter vor Ort, Bender, später auch noch für einige Zeit mit dem schon 1803 genannten Christian Hansen. Verwalter Christian Hansen auf Riese wird im Übrigen im Jahre 1807 ein außereheliches Verhältnis mit einer Tochter von Heinrich Christian Boies Gärtner Büttner aus Meldorf beginnen. Im Juli 1808 erblickt in Meldorf mit dem unehelich geborenen Sohn Hans Hansen das Resultat dieser Beziehung das Licht der Welt. Während dieser Sohn noch 1835, ebenfalls als verheirateter Gärtner im Meldorfer Klosterviertel lebend, genannt ist, ist Christian Hansen mittlerweile mit seiner „blödsinnigen" Frau aus Osterwohld verzogen und vor 1832 im Tellingstedter Kirchspiel verstorben.

Große Fragen der Zeit: Leibeigenschaft, Sklaverei und Pressefreiheit

Schließlich wird zum 1. Januar 1805, rund fünf Jahre vor einer Umsetzung in Preußen und sogar fast 17 Jahre, bevor auch in Mecklenburg entsprechende Gesetze greifen, auch offiziell, nach Jahren der öffentlichen Diskussion des Wie, endgültig auch gesetzlich die "Leibeigenschaft" in den Herzogtümern Schleswig und

Holstein abgeschafft, nachdem diese auf den dänischen Inseln schon 1702, allerdings unter Beibehaltung einer Militärpflicht, die die Männer trotzdem bis 1788 an der Scholle hält, im Königreich Dänemark gänzlich zum 20. Juni 1788 beendet und auch von vielen Grundbesitzern in den Herzogtümern in den letzten 10 Jahren schon einseitig aufgehoben wurde, da der König hier aus staatsrechtlichen Erwägungen nicht in angestammte Rechte des schleswig-holsteinischen Adels eingreifen wollte oder konnte, den freiwilligen und einseitigen Verzicht einzelner Grundbesitzer aber schon früh unterstützte. Bereits im März 1797 bestätigt die eingesetzte Kommission, mit einer einzigen Gegenstimme, die Bereitschaft aller adeligen Gutsbesitzer in den Herzogtümern, die Abschaffung und Loslösung vom Schollenband binnen acht Jahren in Angriff zu nehmen. Der Abschluss dieses Vorgangs zum Jahreswechsel 1804/1805 ist allerdings für Dithmarscher, die nie in Leibeigenschaft lebten, in erster Linie etwas, über das man nur von den über Jahre auch aus diesem Grunde vereinzelt zuwandernden Holsteinern hört und in den sich immer stärker verbreitenden Journalen und Gazetten liest.

Seit Einführung der „Druckfreiheit" im Jahre 1790, einer vom jungen Kronprinzen anfangs stark geförderten und im aristokratisch-europäischen Vergleich fast beispiellosen Form von Pressefreiheit, die unmittelbar nach 1789 auch ein tadellos funktionierendes Überdruckventil für allzu starke Umsturzgelüste intellektueller Kreise darstellt, hat sich die Auflage dieser einstmals elitären Blätter im Zuge der durch die französische Revolution entfachten Politik-Interessiertheit bereits von einigen Hundert auf teilweise das 50- bis 100-fache erhöht. Auf jeden Abonnenten kommen daneben geschätzte 3 bis 5 regelmäßige Mitleser oder -hörer.

In Dithmarschen sind zu dieser Zeit neben der bereits seit 1775 in Heide erscheinenden, sich aber stark auf allgemeinste Themen mit Magazin-Charakter spezialisierenden "Dithmarscher Wochenschrift" auch der überregionale, schon seit 1694 erstmals, ab 1756 als regelmäßiges Tagesblatt erscheinende "Altonaische Mercurius" als auch der seit 1731 erscheinende „Hamburgische Correspondent", der um 1800 herum zu den europaweit meistgelesenen Zeitungen gehört, bei den politisch Interessierten besonders verbreitet.

Mit Bezug auf das große Weltgeschehen wird in diesem Zusammenhang sowohl von den "Intellektuellen", zu denen Johann Harders auch über die Kreise um Heinrich Christian Boie mindestens indirekt Zugang haben könnte, als auch in den aufblühenden Gazetten zunehmend der weltweite afrikanische Sklavenhandel angeprangert. Bereits im Jahr 1768 hat die Anzahl der nach Amerika verkauften Sklaven die Zwei-Millionen-Marke überschritten. Obwohl Dänemark als erster Staat der Welt mit einer Verordnung vom 16. März 1792 den „Negerhandel nach den westindischen Kolonien" verbietet (die Verordnung tritt allerdings erst nach einer zehnjährigen Übergangsfrist in Kraft), ist er noch zuvor im 18. Jahrhunderts im sogenannten "atlantischen Dreieckshandel" auch für die beiden Herzogtümer Schleswig und Holstein im dänischen Gesamtstaat, wenngleich nicht immer offensichtlich, doch ein bestimmender Wirtschaftsfaktor, z.B. für den in diesem Zusammenhang entstehenden Export von Ziegelsteinen und Waffen nach und Zucker-, Tropenholz- sowie Reis- und Rumimport von Amerika für den Hafen Flensburg.

Mit Wein und Rum-Verkauf hat wohl auch schon der aus Flensburg stammende Vater seines Schwiegervaters, Jens Jessen, sein Geld gemacht. Auch der Vater des in diesen Jahren hochangesehenen dänischen Finanzministers deutscher Herkunft, Ernst Heinrich von Schimmelmann (1747-1831), der im pommerschen Demmin geborene Heinrich Carl von Schimmelmann (1724-1782), war noch durch Sklavenhandel reich und in Dänemark zu Einfluss gekommen, schließlich sogar in den dänischen Grafenstand erhoben worden. Schon 1773 hat der in Holstein lebende und von Schimmelmann protegierte Matthias Claudius mit seinem Gedicht „Der Schwarze in der Zuckerplantage" in Deutschland erstmals ein breiteres Unrechtsbewusstsein geschaffen. Die USA werden noch weitere knapp siebzig Jahre und einen blutigen Bürgerkrieg benötigen, um die gewaltige wirtschaftliche und damit politische Kraft der Plantagenbesitzer zu überwinden. In Brasilien wird die Sklaverei als letztem Land der westlichen Hemisphäre erst im Jahre 1888 gesetzlich verboten werden.

Als Teil des in dieser Hinsicht fortschrittlichen dänischen Gesamtstaats wird Schleswig-Holstein 1798 in der in Jena und Weimar erscheinenden „Allgemeinen Literatur-Zeitung" als eine „Provinz, die unstreitig zu den aufgeklärtesten von Deutschland gehört", gewürdigt. Ob allerdings auch viele Dithmarscher in diesen Jahren zu begeisterten Aufklärern gehören, mag durchaus bezweifelt werden. Hier überwiegt, v.a. im Kreise der tradierten Eliten, ein „Werte-Konservatismus". Auch der schon erwähnte und noch mehrmals zu Wort kommende Pastor Claus Harms als eines der bekanntesten Dithmarscher Landeskinder bezieht später, mindestens in seinem Glaubensbekenntnis, eine deutlich gegen Aufklärung und Rationalismus gerichtete konservative Position.

Offen muss bleiben, ob auch diese Zusammenhänge Bestandteil der sicherlich häufigen privaten Gespräche von Johann und seinem Schwiegervater Andreas Jessen sind. Eine "aufgeklärte" Diskussion zum Konfliktfeld von Obrigkeit, Wirtschaft und christlicher Ethik liegt auch im Hause Harders/Jessen bei den vorhandenen Familienkonstellationen aus Kaufmanns-, Beamten- und Pastorentraditionen auf der Hand. Es scheint ohnehin sehr wahrscheinlich, dass der Vogt Johann Harders und sein Schwiegervater Andreas Jessen - schließlich repräsentiert dieses Duo in diesen Jahren fast allein die Obrigkeit im Kirchspiel -

ihre familiäre Verbundenheit zu einem intensiven und arbeitserleichternden regelmäßigen Dialog und, trotz aller Unterschiedlichkeit der Charaktere, sehr vertrauten Umgang miteinander nutzen werden.

Beide sind ehemalige Gelehrtenschüler. Andreas Jessen wird im Oktober 1749 anlässlich der Jubelfeiern zum 300sten Jubiläum der Oldenburgischen Linie auf dem Dänischen Thron als Primaner der Gelehrtenschule und Redner bei einem Festakt im Meldorfer Dom genannt[210]. Sie trennen zudem altersmäßig "nur" 17 Jahre. Es mag zum vertrauten Anblick im Dorfe gehören, wenn Pastor und Vogt des Abends im Pastoratsgarten einen feierabendlichen Plausch über Wichtiges und Nebensächliches halten.

Das Nordhastedter Pastorat, direkt an der Kirche gelegen, muss nach dem großen Brand von 1741 neu aus dem Material eines Heider Stalles aus der Norderstraße errichtet werden und wird in diesen Jahren vor der Wende zum 19. Jahrhundert wie folgt beschrieben[211]: „*Das Pastorathaus ist nur klein, aber in gutem Stande, hat einen Saal, fünf heizbare Zimmer und einen Keller; dabei ist eine gute Scheune, ein Stall, ein Backhaus, ein Brunnen und ein geräumiger Garten mit schönen Obstbäumen.*" Zudem erhält der Nordhastedter Kirchspielvogt Johann Harders über das exzellente Netzwerk seines Schwiegervaters nach 1788 einen vielschichtigen Zugang zu den führenden Süderdithmarscher Kreisen in einer Ausprägung, wie dieser für die deutlich zurückgenommener lebenden vorherigen Harders im etwas abseits liegenden, aber glücklich prosperierenden Nordhastedt so nicht erkennbar ist.

Paradigmenwechsel in der Landvogtei – auf Boie folgt Heinzelmann

Die beiden werden sich vermutlich auch gemeinsam am Sonnabend des 1. März 1806 (in der Literatur wird häufig auch der im Kirchenbuch nicht genannte 3. März angegeben) auf den Weg nach Meldorf machen, um der Beerdigung des Landvogtes Heinrich Christian Boie beizuwohnen. Der zuletzt stark an seiner Podagra (Gicht) und zunehmendem Hörverlust leidende Vorgesetzte von Johann Harders hat bereits im April des Vorjahres, gerade zurückgekehrt von einer Reise mit seiner Familie nach Hamburg und Celle, einen Schlaganfall erlitten, war „*mit der Spitze seiner Stiebeln hinter die Thürschwelle gehackt*", und lag seitdem gelähmt darnieder. Boie war in der Vorwoche, am 25. Februar, im Alter von 62 Jahren verstorben.

Seine Nachfolge als Landvogt wird einige Zeit später Johann Christian Friedrich Heinzelmann antreten. Dieser ist 1762 in Meldorf als Sohn des Konrektors Rudolf Friedrich

Otto Heinzelmann zur Welt gekommen, der von 1760-1764 an der Meldorfer Gelehrtenschule tätig war und als erster Sekunda-Lehrer des Johann Harders mit diesem ersten Sohn im Rahmen dieser Erzählung bereits in Erscheinung getreten ist. Die Mutter des neuen Landvogts, Auguste Charlotte geb. Remmers (ca. 1742-1769), ist eine jüngere Schwester des erst kurz zuvor ebenfalls verstorbenen Meldorfer Kirchspielschreibers Carl Remmers (1741-1805) und Tochter des ehemaligen Aktuars Johann Athen Remmers.

Johann Christian Friedrich Heinzelmann kehrt nun als verheirateter Etatsrath mit Frau und Kindern in seine Geburtsstadt zurück, nachdem er als studierter Theologe und Jurist viele Jahre in der Deutschen Kanzlei in Kopenhagen tätig war und somit exzellente Einblicke und Kontakte in Verwaltung und Innenpolitik im Gesamtstaat hat. Noch im Oktober 1805 wird er als einer von drei Chefs des für die Logistik zuständigen Feldkommissariats des vom Kronprinzen neu in den Herzogtümern aufgestellten Heeres berufen. Ihm wird bereits aus dieser Zeit ein sehr gutes persönliches Verhältnis zum Kronprinzregenten und späteren König Friedrich VI. nachgesagt. Aus einem alten Salzwedler Pastorengeschlecht stammend, ist Heinzelmann aufgrund seiner eher zufälligen Geburt in Meldorf als Landvogt in Süderdithmarschen formal, ohne Bruch des Dithmarscher Indigenatrechts, einsetzbar geworden. Heinzelmann wird seinen neuen Amts- und Wohnsitz im Meldorfer Klosterviertel am nordöstlichen Ende des Marktes als westlicher Nachbar zur von Kirchspielvogt Nickels Johannsen und dessen späterem Schwiegersohn Maas Peter Paulsen bezogenen Meldorfer Kirchspielvogtei errichten, die fortan auch als Landschaftliches Haus für die Sitzungen der Kirchspielvögte genutzt wird (heute Amtsgericht). Hier hatte schon zuvor sein verstorbener Großvater Remmers sein Domizil.

Johann Harders erhält mit Heinzelmann nach 1806 einen neuen vorgesetzten Landvogt, der weit mehr als sein Vorgänger Boie mit den verwaltungstechnischen Vorgängen im Gesamtstaat vertraut und in den übergeordneten Behörden bestens vernetzt, sowohl in der Lage als auch gewillt ist, für Süderdithmarschen auch im Hintergrund politisch tätig zu werden. Heinzelmann behindern bei seiner Amtsführung, im Unterschied zu seinem Vorgänger, keine allzu großen, über Generationen gewachsenen bäuerlich-familiären Verschwägerungen mit dem Kreise der Vögte und Landesgevollmächtigten bei seinen Entscheidungen. Für den dänischen König im traditionell schwierigen bis widerspenstigen Dithmarschen mit seiner Vielzahl von tradierten und stets hartnäckig verteidigten Sonderrechten, eine ideale Besetzung, die dagegen bei Kirchspielvögten und Landesgevollmächtigten sicherlich auch Skepsis, Argwohn und Distanz hervorrufen dürfte, scheint sie doch nur allzu gut in die seit rund zehn Jahren, nach dem Tode Bernstorffs eingeschlagene Richtung der Kopenhagener

Politik zu passen, holsteinische Sonderwege, wo immer es geht, zu beschneiden und im Königreich eine einheitliche und zumeist dänische Linie zu fahren.

Heinzelmanns „neuer Stil", heute würde man ihn möglicherweise als technokratischen Apparatschik stigmatisieren, wird in den kommenden Jahren Süderdithmarschen tatsächlich deutlich näher an die dänische Realpolitik heranführen, als dieses in dieser Hinsicht unter seinem tief in die urdithmarscher Familienstrukturen und deren Vetternwirtschaft verstrickten „Schöngeist"-Vorgänger Boie der Fall war. Die Kirchspielvögte, unter dem konfliktscheuen, undogmatischen, selten lauten und im Alter umso unpolitischeren Boie längst dazu getrieben, werden sich in ihren internen Zirkeln in diesen Monaten des Jahres 1806 in den verschiedensten Konstellationen in den Hinterzimmern zusammensetzen und die neue Lage diskutieren und bewerten.

Noch in einem Brief vom Mai 1804, wenige Wochen, bevor er den Kronprinzen um seine Entlassung bittet, zeigt sich der kränkelnde Landvogt Boie ermüdet, resignierend und eben unpolitisch, wenn er schreibt[212]: *„Über politische Dinge mag ich weder denken noch schreiben, weil in dem Streit der Macht mit der Übermacht Vernunft und Recht von keiner Seite gehört werden und was unglücklicher Weise dazwischen kommt, erdrückt wird."* In einer der wenigen persönlichen politischen Aussagen Boies, der es ansonsten stets mit Goethes Faust-Zitat von 1790 hält „Politisch Lied, ein garstig Lied", trifft dieser, Jahre zuvor, mit seiner zwar gegen den Adel gerichteten, aber für die Monarchie eintretenden Haltung auch den Geist der meisten Dithmarscher Vögte[213]: *„... daß, da wir armseligen Geschöpfe doch einmal beherrscht werden müssen, es doch wohl besser ist, von einem abzuhangen als von vielen."*

An anderer Stelle ergänzt Boie, ebenfalls noch im völligen Einklang mit der politischen Grundhaltung der meisten Dithmarscher Bauern, *„er lache über beide Narren, über Demokraten sowohl wie über Aristokraten"*. In diesem Sinne werden auch die meisten Kirchspielvögte Dithmarschens, trotz aller Bestrebungen der Krone, das Dänische als gemeinsame Basis eines zunehmend auf das Ideal eines Einheitsstaats zusteuernden Gesamtstaats voranzutreiben, sich als „konservative Beamte" wohlfühlen in ihrem Staatswesen einer absolutistischen Monarchie, allein deshalb, weil man sich als Dithmarscher alternativ in diesen Jahren weder die chaotisch-gewalttätige „Volksherrschaft" nach französischem Muster noch eine aristokratisch bestimmte Ständegesellschaft mit einem mächtigen Adel vorstellen mag, so lang der König nur sicherstelle, dass man vor Ort beständig und ruhig weiterleben kann wie bisher.

Auch Johann Harders wird sich in diesem Sinne, aufgewachsen in einer gefestigten Beamtentradition, nicht auf ein allzu leicht gefährlich werdendes „Politisieren" im Sinne der großen Politik einlassen. Man hat als Beamter die Dinge, die aus dem Verwaltungsapparat ins Kommunale hineingegeben werden, abzuarbeiten, allenfalls in Bezug auf lokales, ggf. auch einmal persönliches Interesse auf eine im regionalen Sinne bestmögliche Umsetzung zu achten. Dabei hilft natürlich immer ein gewisser Gestaltungsspielraum, den ein Landvogt wie Boie auch stets gewährt hat.

Mit Heinzelmann tritt nun aber ein anderes Kaliber auf, bei dem es ungleich schwieriger werden dürfte, auf der Basis dieser Grundüberzeugung vorrangig tradierte und bewahrende Dithmarscher Werte aus dem Gedankengut der Land und Macht besitzenden Großbauern in den Grundsätzen der weiteren Zusammenarbeit zu verankern. Auch Heinzelmann ist kein Politiker, aber ein Umsetzer, ein Macher, dem es, im Unterschied zu Boie, nicht schwerfällt, sich zu positionieren, einen Standpunkt zu besetzen und zu verteidigen. Und dieser Standpunkt ist stärker als bei Boie in erster Linie definiert durch eine „unbedingte" Königstreue bzw. kompromisslose Einhaltung der von oberer Stelle vorgegebenen Verwaltungsprozesse. Das dürfte in den kommenden Monaten den stärker denn je geführten Kirchspielvögten schnell klarwerden.

Auch wenn das tradierte Verhältnis zwischen Landvogt und Kirchspielvögten nicht einem unbedingt weisungsgebundenen Vorgesetztenverhältnis heutiger Prägung gleichzusetzen ist und keiner streng festgelegten hierarchischen Subordination entspricht, so ist offener Widerstand einzelner Kirchspielvögte gegenüber den „Anordnungen" und Arbeitsanweisungen der Landvögte doch äußerst selten. Differenzen, die natürlich zu allen Zeiten auftreten, wurden unter Boie häufig im Gespräch und einem doch allen bewussten Verständnis eines abwägenden Gebens und Nehmens weitgehend einvernehmlich herbeigeführt, zumal Boie kein Freund offener Auseinandersetzung ist. Heinzelmann scheint hier anders, bestimmender vorzugehen.

Spätestens dieser Wechsel von Boie auf Heinzelmann, der auch durch die bereits erwähnte räumliche Verlagerung des verwaltungspolitischen Machtzentrums im Stadtbild Meldorfs nach Jahrhunderten eine einschneidende Veränderung herbeiführt, spiegelt auch auf persönlich beruflicher Ebene eine Zeitenwende für den auf seine 60 Jahre zugehenden Kirchspielvogt Johann Harders wider, die hier zum Anlass genommen werden soll, in der chronologischen Erzählung nochmals innezuhalten und zunächst noch etwas ausführlicher allgemein auf die persönliche Lebenssituation des Johann Harders in Nordhastedt und seiner Dithmarscher Landsleute an der Wende zum 19. Jahrhundert zu schauen.

„Steuer optimierter" Harders-Hof in Nordhastedt

Dabei fällt insbesondere die exakte Lokalisierung des einstmals großen, aber längst nicht mehr vorhandenen Harders-Hofes in Nordhastedt nicht ganz leicht. Erste Anhaltspunkte ergeben die schon im Zusammenhang der Volkszählung von 1803 ausgewerteten und von den Vögten Harders ab 1773 geführten Schuld- und Pfandprotokolle Nordhastedts, in denen der Hof Nr. 56 (die letzte vergebene laufende Nummer dieser Jahre) des Claus Harders, den dieser mit Contract vom 20. September 1779 auf seinen Sohn Johann überträgt, als *„benachbart zu Norden mit Nr. 55, zu Osten und Süden der Bach"* bezeichnet wird. Ein unmittelbarer oder alleinig als solcher eindeutig benennbarer westlicher Nachbar scheint zu dieser Zeit noch zu fehlen. In einem späteren Vertrag über eine Erbauseinandersetzung vom Februar 1832 wird das Gewese noch ausführlicher beschrieben mit *„dem Wohnhause Num 56, dem Stall, Backhaus, Garten und der Hofstelle, woran zu Norden und Westen der Wischhof, zu Osten und Süden der Mühlenbach benachbaret"*. Weiter werden zwischen den Kindern auch noch andere zum Hofgrund gehörende Besitzungen contrahiert: *„... an der Meente und den Meentgerechtigkeiten* (Anm.: ein weiterer Beleg, dass die Nordhastedter Meente mindestens auch noch 1832 in Teilen erhalten und nicht vollständig privatisiert ist), *den Kirchensitzen und Begräbnissen, an sämmtlichen Wiesen-, Pflug-, Moor- und Meentländereien, sämmtlichen Hölzungen mit den Gründungen, den Fischteichen und dem Zubehör..."*.

Die Angaben grenzen den aus mindestens vier Gebäuden bestehenden Hof zunächst grob auf eine Lage direkt nordwestlich zum den Ort durchfließenden Mühlenbach ein. Doch nur an zwei Stellen macht dieser ansonsten fast gerade von Nordost nach Südwest fließende Mühlenbach innerhalb der Gemeindegrenzen Nordhastedts einen solchen stärkeren Bogen, dass er, keine allzu großen Änderungen seines Laufs innerhalb der seitdem fast zweihundert vergangenen Jahre unterstellt, sowohl zu Osten als auch zu Süden eines Hofes liegen könnte. Das wäre zum Einen gegeben für einen Hofplatz, der heute durch die am nordöstlichen Gemeinderand verlaufende kleine Kreuzung an der Gaushorner Straße in unmittelbarer Nachbarschaft zur Wassermühle gegeben wäre. Diese Lagen sind aber im 18. Jahrhundert noch gar nicht bebaut.

Später (1876) wird der Harders-Hof zudem eindeutig „im Dorfe" genannt; eine Formulierung, die nicht für diese nördlichen Randlagen des Ortes verwendet wird. Die andere, durch die späteren, teilweise belegten Eigentümerwechsel und Logik der verwendeten fortlaufenden Nummerierung passendere Alternative ergibt sich für die demgegenüber deutlich zentralere Lage im Bereich der heutigen östlichen Seite der Meiereistraße auf dem Grundstück der Tennisplatzanlage und hierzu umliegender Wohnhäuser nördlich des Mühlenbaches und weiter hinein auf die dahinter liegende Wiese bis hin an oder sogar auf den Straßenverlauf der heutigen Bundestraße, der bereits zu Zeiten Johann Harders nach Osterwohld und Westerwohld führenden Landstraße. Die ursprüngliche große Hoffläche dürfte dabei im Osten sogar noch südöstlich über den Bach hinweg am gesamten östlichen Verlauf des heutigen Fuhlenweges entlang bis an dessen Einbiegung auf die Hauptstraße und im Norden bis an die heutige Bundesstraße, wahrscheinlich sogar darüber hinaus, reichen.

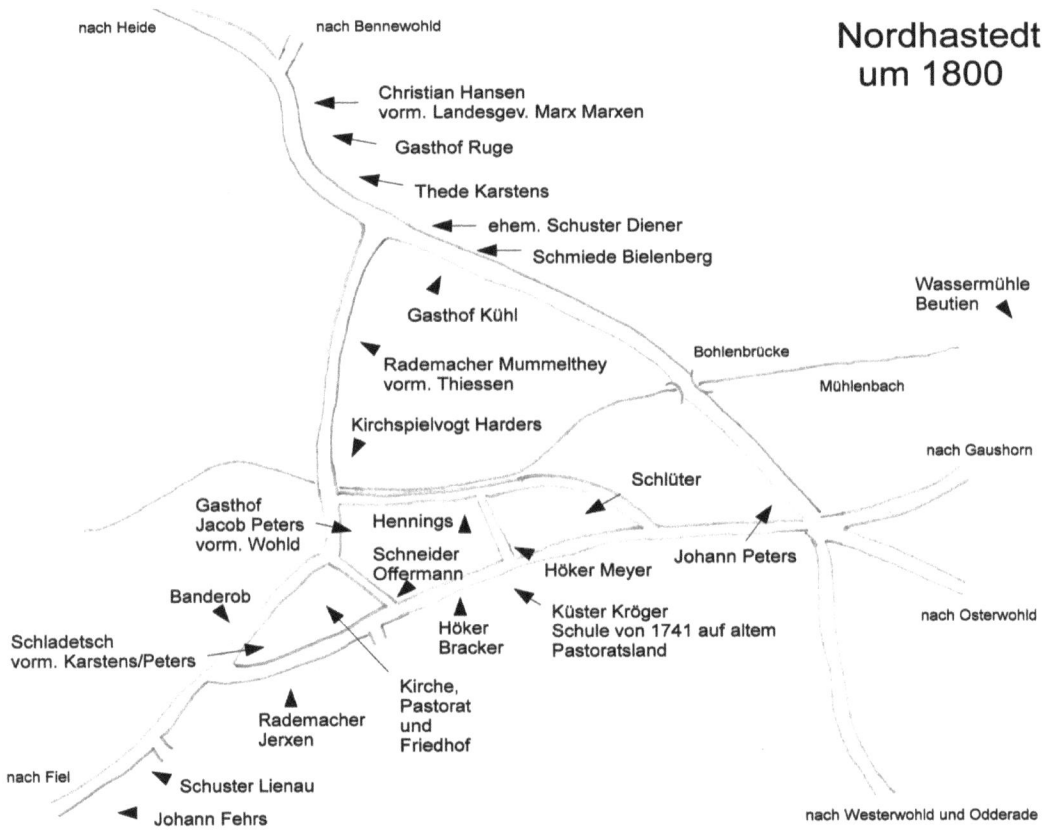

Wie bereits im Zusammenhang mit der Übertragung von 1779 erwähnt, gehört zum damit im Ortskern in Nähe zur Kirche zu bestimmenden Harders-Anwesen mit den umfangreichen Ländereien im Bereich des Haupthofes neben einem größeren Stall dann auch noch ein Backhaus sowie die heute noch tiefer am Bach gelegenen Wiesenflächen, die sich für eine Bebauung auch schon zu Zeiten des Johann Harders nicht eignen dürften. Zu den weiteren Landflächen in seinem Besitz geben die amtlichen Protokolle wie folgt Auskunft: eine alte

Pfluglandkoppel zu Süden des Mühlenbachs - auf dieser wird später der Sohn Johann Andreas ein zweites neues Wohnhaus am östlichen Ende des Fuhlenweges errichten - , eine kleine zu Osten vom Wege nach Westerwohld gelegene „Klangblockkoppel, bis an das Holz und die äußerste Ecke des Pastoratschlagbaums, wovon zu Osten ...unsere Hölzung...", eine Wiese „Dammkrug" zu Norden der Bohlenbrücke (im Verlauf der Landstraße über den Mühlenbach?), einen durch den Bach in zwei Teile geteilten Moorkrug „Trinthoop" zu Westen des Pastoratslands und zu Süden der Schulkoppel sowie eine „Holzkoppelwiese" zu Osten der eigenen Hölzung (wohl in Richtung Osterwohld), eine Moorbute „im rothen Hemm" und den am Wege nach Osterwohld und Westerwohld außerhalb des Dorfes gelegenen sogenannten „Prappenbusch". Die Lage der beiden Fischteich-Flächen wird in den Verträgen dann noch beschrieben als „in der hiesigen Pastoratkoppel (No. 60) hinterm Wermhoop, 2 Scheffel groß", also knapp 5.500 qm.

Tatsächlich fehlt zu Lebzeiten des Johann Harders im 18. Jahrhundert und auch noch in den ersten Jahrzehnten des 19. Jahrhunderts ein westlicher Grundstücksnachbar. Die Harders blicken unverbaut über die Bachniederung dem zu Westen liegenden Meer entgegen, wenn sie auf den am Hof entlang führenden und auf seiner westlichen Seite nördlich des Mühlenbaches noch nicht bebauten Bauernweg (später Meiereistraße) treten. Direkt gegenüber dem Hof mündet allenfalls ein kleiner, dem Lauf des Mühlenbaches nach Westen folgender, aber noch unbebauter Weg in die dahinterliegenden Koppeln. Hier werden erst zur Mitte/ Ende des 19. Jahrhunderts erste kleinere Instenkaten an der späteren „Kleinen Straße" entstehen, von denen noch heute zwei reetgedeckte Exemplare existieren. Es ist eine schöne Vorstellung, dass bereits die Buche als Schössling auf der anderen, der westlichen Seite des Bauernweges gepflanzt ist, auf die die Harders an Stelle der noch fehlenden Bebauung nordwestlich des Mühlenbachs blicken können, die in unseren Tagen mit ihrer ausladenden Pracht das gesamte gegenüberliegende Eckgrundstück beschattet.

Insgesamt macht der familiäre Hofbesitz in der Lebenszeit des Kirchspielvogts Johann Harders rund 75 Hektar aus. Doch Lage und Flächenangabe allein reichen zur Beurteilung der tatsächlichen wirtschaftlichen Güte des Hofes nicht aus. Im Vergleich von Geestflächen mit Marschländereien kann der alleinige Blick auf die Flächenmaße schnell in die Irre führen. Denn die fiskalische Last einer Landfläche kann auf der Geest deutlich abweichen von der tatsächlichen landwirtschaftlichen Ertragsqualität der Lage. Insbesondere auf der Geest ist das fiskalische Steuersystem im Hinblick auf die alten Umbruchflächen zu beachten. Das aufgrund der unterschiedlichen Ertragsqualitäten bei gleichem Flächenmaß pauschal zu unterstellende Wohlstandsgefälle zwischen Geest und Marsch ist nämlich für diejenigen Geestbauern keines, die v.a. die fiskalischen Qualitäten der einzelnen Flächen kennen und für sich zu nutzen wissen. Es ist im Steuersystem des dänischen Gesamtstaates möglich, dass Dithmarscher Geesthöfe, je nachdem, auf welchen Flächen welche Herrenkorn-Abgaben oder in dem Kirchspiel festgelegten Steuerquoten liegen, signifikant von Steuerlasten befreit sind.

Schließlich wird für die Hauptsteuer der „Monatlichen Contribution" ausschließlich innerhalb des Kirchspiels festgelegt, wie die für das Kirchspiel festgelegte Quote von 1 ½ RT je Pflug - bei 7 1/3 Pflügen insgesamt 132 Reichstaler - von welchen Flächen welcher Güte mit welchem genauen Steuerbetrag gezahlt werden müssen[214]. Das historisch gewachsene Geflecht aus ältesten Flächenqualitäten und Bemessungsmaßen ist so komplex und intransparent, dass das ohnehin nicht auf tatsächlichem Ertrag, sondern theoretischen Landbesitzqualitäten basierende Steuersystem auf Ebene der persönlichen Steuerlast einzelner Steuerpflichtiger intransparent und häufig, nach heutigen Maßstäben beurteilt, ungerecht wirkt und innerhalb der Kirchspiele nur dann von der Gemeinschaft akzeptiert wird, wenn bei den einzelnen Lagen und Flächen und deren Steuerlast auf den entscheidenden Umstand verwiesen werden kann, dass die bestehende Steuer so schon immer für die jeweilige Fläche gegolten habe.

Der Steuerfriede innerhalb der Bauerschaften wird, trotz aller aus heutiger Sicht inhärenten Ungerechtigkeiten, durch ein allgemein akzeptiertes Traditionsverständnis weitgehend gewahrt. Neben den Kirchspielvögten und Gevollmächtigten gibt es im Laufe der Jahrzehnte wohl nur wenige erfahrene Hufner, die bei den im Zeitablauf doch immer auch entstehenden Teilflächen-Neuzuschnitten, nicht zum persönlichen Nachteil, den Überblick behalten. Im Kern gilt im Dithmarschen des 18. Jahrhunderts: Stets beim Tradierten bleiben und keine Experimente machen. Veränderungen an dem bestehenden, an einigen Stellen ungerechten, aber dafür stabilen System sind nicht gewollt.

Auf Ebene eines gesamten Geestkirchspiels betrachtet, ist zudem die Gesamtsteuerlast durch den höheren Anteil steuerfreier Flächen (Wald, Moor und ein nicht unerheblicher Teil ältester Umbruchflächen von Meenten, die 1560 noch kein Ackerland waren), bezogen auf die tatsächlich bewirtschaftete Gesamtfläche, deutlicher niedriger als für die Marschkirchspiele. Diese Ungleichbehandlung kann über alles betrachtet von den Marschkirchspielen über die Jahrhunderte durchaus akzeptiert werden. Es ist dieser wesentliche Baustein eines Interessen- und Strukturausgleiches zwischen ertragreicherer Marsch und schwächerer Geest auch im Sinn der Landschaft, da die Solidarität der Geest u.a. für den Deichbau in der Marsch gebraucht wird.

Insbesondere auch der Transfer von eigentlich von jeglicher Besteuerung freiem „Feuerungsmaterial", Holz und Torf, von der Geest in die Marsch, kommt gerade auch dem fragmentierte Prozessakten[221] erhalten, in denen seine Frau gegenüber Landvogt Heinrich Christian Boie von ihrem Zeugnisverweigerungsrecht gegen ihren Mann in Bezug auf eine Verleumdungsklage zwischen Pastor Andreas Jessen und dem Westerwohlder Hufner Johann Hennings Gebrauch macht.

Doch zurück zum wenigstens in dieser Zeit kaum kontroversen Thema Wäsche und Mode. Vorherrschende Farben werden neben den weißen Stoffen dann auf den Wäscheleinen des Harders-Hofes die um die Jahrhundertwende in Dithmarschen beliebten Modefarben Blau und Rot sein[222]. Schwarz wird dagegen um 1800 fast nur als Trauerkleidung getragen. Auch das Bleichen und Färben der Kleidung erledigen die Hausfrauen der Zeit nach entsprechenden Hausrezepten meist noch selbst. So wird etwa gelbe Stofffarbe aus getrockneten Buchweizenblättern und aus Ellernrinde hergestellt, aus derselben und anderen Zutaten auch Schwarz und Braun.

Die Röcke der Frauen, alltags in bis zu sechs, zu Feiertagen auch in ein Dutzend Schichten getragen, sind häufig noch aus Leinen oder Wolle, hin und wieder aber auch bereits in Kattun (Baumwolle) anzutreffen. Hinzu kommen farbenfreudige Tücher, Mieder sowie Spitze besetzte Schürzen und Hauben. Die Kleidung ist noch in vielen Familien einer der bedeutendsten mobilen Vermögenswerte. Allein die Röcke einer Frau, von denen häufig mindestens zwei bis drei Dutzend vorrätig sein müssen, kosten um 1800 herum in einfacher Qualität mit halbechten Farben rund drei Reichstaler, mit echten Farben zehn bis zwölf. Bei einem Jahresverdienst einer einfachen Magd von rund 50 Reichstaler wird die Bedeutung einer frühzeitigen Aussteuer für junge Frauen deutlich.

Meldorfer Perückenmacher

Bei offiziellen Anlässen wird auch der jüngere Johann Harders neben dem präsenten Dreispitz, der aber spätestens seit den 1790er Jahren mit dem Übergang vom Spätrokoko in den Frühklassizismus auch in Dithmarschen zunehmend bei den jungen und modebewussten Männern durch runde Hüte in flacher zylindrischer Form abgelöst wird, zur meist mit Kartoffel- oder Weizenmehl weiß gepuderten Perücke greifen (müssen), wie sie die zeitgenössischen Porträts einiger Amtskollegen zeigen, z.B. das des Norderdithmarscher Landvogts Johannsen in Heide oder das des Heinrich Christian Boie in Meldorf, das des Landesgevollmächtigten Jakob Jochims 1796 in Marne oder das eines frühen, namenlosen vermuteten Vogtkollegen aus Tellingstedt um 1700 herum.

In Meldorf sind zur Mitte des 18. Jahrhunderts sogar noch mehrere hauptberufliche Perückenmacher tätig, die allein durch ihre Anzahl deutlich machen, wie verbreitet die Perückenmode, bei Männern wie Frauen, noch ist. 1742 stirbt hier der 52-jährige, erst neun Jahre zuvor von außerhalb zugewanderte Carl Stein im Meldorfer Geerviertel. Der anscheinend als Geselle weitgereiste „bunte Hund" nennt sich, auch der sprachlichen Mode der Zeit bewusst, in einer abenteuerlich extravaganten französisch-plattdeutschen Mixtur Carl „la Mothe" Steen und residiert in guter Geschäftslage in der Nähe des Südermarktes in der Spreetstraße. Ebenfalls in Meldorf lebt zeitgleich ein 1734 aus dem Raum Lüneburg/Hamburg eingebürgerter Perückenmacher namens Conrad Christian August Dallrich (1690-1753), der Anfang Dezember 1753 in Meldorf verstirbt.

Dallrich, der sich selbst in den ersten Jahren noch modisch „Dallery" nennt, ist dabei ebenfalls eine sehr extravagante und noch im feinsten Sinne „barocke" Erscheinung. In seinen ersten Meldorfer Jahren (bis 1743) wird er auch zusätzlich als „Dantzmeister" bezeichnet, bringt der am neuesten Trend interessierten Meldorfer Gesellschaft somit wohl auch die aktuellsten Formen des Gesellschaftstanzes bei und leitet diese als eine Art Zeremonienmeister auf den häufiger stattfindenden Bällen der sich um die lokalen Verwaltungsbeamten scharenden ersten Meldorfer Kreise. Man mag ihn sich als mit langmähniger, zu dieser Zeit schon etwas veralteter Allongeperücke, aufgeklebten Schönheitsflecken und Taktstock bewehrten Pfau vorstellen, der durch die zum Tanz Aufstellung nehmenden Damen und Galane stolziert.

Später konzentriert sich Dallery auf die Perückenmacherei. Vielleicht fehlt es in Meldorf im Laufe der Jahre an ausreichend tanzverrücktem Publikum oder nachhaltigem Verständnis für eher an höfischen Ritualen orientierter Lustbarkeit. Man wird es etwas derber und bodenständiger bevorzugen. Eine Tochter Dallrichs, der auch noch einen anscheinend gleichfalls das Gewerbe ausübenden Bruder bei sich zu wohnen haben scheint, heiratet 1755 einen noch diesen Beruf ausübenden Nicolaus Hinrich Christian Behrens aus Marne, der zuvor bei diesem Geselle gewesen sein wird.

In den folgenden Jahrzehnten reicht die Nachfrage als Existenzgrundlage allein für mehrere Perückenmacher aber nicht mehr aus. In der Folge einer sich allmählich ändernden Mode und eines sich gerade auch in Meldorf nach der Flut von 1756 verschlechternden Konsumklimas werden solche Arbeiten vermutlich nun von einigen hierauf spezialisiert bleibenden Schneidermeistern bis zum beginnenden 19. Jahrhundert für die zunehmend nur noch älteren Semester des Meldorfer Bürger- und Beamtentums mit erledigt. Insbesondere Advokaten und sonstige Amtspersonen bleiben aber bis nach der Jahrhundertwende verpflichtet, die kleineren, häufig nun mit einem bebänderten Zopf versehenen Perücken als Ausdruck einer Würde ihres Amtes zu tragen. In der privaten Nutzung kommen sie jedoch um 1780 zunehmend aus der Mode.

Zu den letzten in Meldorf das Handwerk eines Perückenmachers ausübenden Meistern ihres Faches gehören der aus Hamburg stammende und im Juni 1747 eingebürgerte „Perruquier" Johann Christopher Büssel (1716-1786) und dessen bereits in Meldorf geborener Sohn Peter Hinrich (1748-1819), der hier 1819 als letzter solcher verstirbt. Bei diesen wird auch Landvogt Boie ordern, der ob seines spärlichen Haarwuchses auch noch im Alter häufig und gern zur aus der Mode kommenden Perücke greift, da die Büssels seine unmittelbaren westlichen Nachbarn sind. Der Sohn Peter Hinrich Büssel wird beim Verkauf des Boie-Hauses im Jahre 1806 als solcher bezeichnet. Die Büssels wohnen und arbeiten hier, auf den Flächen der heutigen Sparkasse, wohl spätestens ab den späten 1760ern in der alten Postmeisterei Moldenit, die zunächst vom Weinhändler Peter Jessen, dem Bruder von Johann Harders Schwiegervater genutzt wurde (s.o.). Auch Büssel Senior ist, wie Peter Jessen, mit einer Weber verheiratet und demzufolge ein möglicher Schwager desselben (!). Zu Büssels Kunden gehört die örtliche „Crème de la Crème". Sein Netzwerk, das er u.a. bei Kindspatenschaften einsetzt, ist bemerkenswert. Hier tauchen neben dem Landesgevollmächtigten und späteren Kirchspielvogt Peter Friedrich Lempfert oder dem Brauer Boje Rohde aus der Süderstraße auch der Vater des späteren Stifters Regierungsrath Christian Bütje oder der Brauer in der Klosterbrauerei, Georg Bendix Berning, aber auch die Frau Dr. Carl aus der Süderstraße und die Gattin Hedwig des Gerichtsaktuars Remmers auf.

Modische Inspiration aus der Ferne

Dafür kommt die Taschenuhr, einstmals nur den Begüterten zugänglich, als Statussymbol im Range des heutigen Smartphone zur Lebenszeit des Johann Harders in weiteren Kreisen in Mode. Diese erhält man in Meldorf ab 1802 beim Uhrmacher Christopher Cord(e)s (1771-1846), einem gebürtigen Mecklenburger aus Lübz, der fortan mit seiner Familie in der Norderstraße lebt. Zuvor ist in Meldorf auch schon Jacob Junker als Uhrmacher tätig. Dieser heiratet 1782 in Meldorf als Junggeselle aus Kopenhagen und Sohn eines Perlenflickers, ist aber vor dem Revolutionsjahr 1789 bereits verstorben. Noch weiter die Zeit zurückstellen muss man für dessen im Stift Minden geborenen Kollegen Johann Frederking (1704-1753), der zuvor im Meldorfer Rosenviertel wirkt.

Eine im Barock entstandene Bedeutung in der Mode der Zeit erhält sich dagegen auch noch im 19. Jahrhundert das Accessoire des Knopfes. Neben den vielzähligen Gold- und Silberschmieden, die sich im Laufe der Zeit in Meldorf niederlassen und mit ihrer Kunst in Form von Schmuck oder den häufig von betuchteren Kreisen getragenen Silberknöpfen ihren Beitrag zur aktuellen Mode leisten, wird auch das Handwerk des „stoffenen" und aufwändig verzierten Knopfmachens ausgeübt. Noch 1816 lebt im Meldorfer Geerviertel der ca. 1752 in Hadersleben geborene und vor 1778 nach Meldorf gekommene Knopfmacher Reinhard Diedrich Witzel, dessen erste, in Heide geborene Ehefrau Anna Elsabe Lacroix, verstorben im Januar 1786 in Meldorf, dem Namen nach ebenfalls aus einer „modebewussten" Familie stammen dürfte, vielleicht vormalige Lehrmeister ihres Ehemanns.

Die um die Jahrhundertwende langsam Einzug haltenden flachen, zylindrischen Hüte einfacher Güte produzieren in Meldorf in diesen Jahren u.a. der junge Inste und Hutmacher

Kirchspielvogt in Tellingstedt um ca. 1700   *Landesgevollmächtigter Jochims (1750-1812)*

Peter Friedrich Albers (1778-1855), der mit diesem Gewerbe und einem Lehrburschen 1803 im Meldorfer Rosenviertel genannt ist. Später lebt er im Zuge der wirtschaftlichen Depression des ersten Drittels des 19. Jahrhunderts mehr schlecht als recht in der Norderstraße, wo er dann im Alter zusätzlich von der Armenkasse unterhalten werden muss, da er sich und seine Familie vom Hutmachen allein längst nicht mehr ernähren kann.

Im Jahr 1800 wird in Meldorf der Onkel Hans Hinrich des späteren Dichters Friedrich Hebbel geboren, der auf der südlichen Rosenviertel-Seite des Zingel[223], in einfachen

Verhältnissen lebend, ebenfalls das Hutmacher-Handwerk ausüben wird. Als deutlich besser gestellte Hutmacherfamilie im Meldorf der Jahrhundertwende ist der im Klosterviertel wohnende, ca. 1755 in Elmshorn geborene Hans Peter Rohde mit seinem Sohn Johann Peter tätig. Letzterer wirkt auch noch mindestens 1840 in diesem Gewerbe in einem größeren Anwesen in Meldorfs Süderstraße. 1840 ist in dritter Generation der Familie im Klosterviertel auch noch dessen Sohn Peter Jacob als Hutmacher genannt. Eine dritte langjährige Hutmacherfamilie im Meldorf des 18. Jahrhunderts begründet der aus Harburg stammende Leopold Schulz (1717-1797), dessen Söhne und Enkel Johann Friedrich Schulz noch mindestens bis zur Mitte des 19. Jahrhunderts mit dem gleichen Gewerbe in Meldorf tätig sind.

Da es noch allgemein üblich ist, Hut zu tragen, und es zudem für alle Mode schaffenden durchaus attraktiv scheint, von auswärts nach Dithmarschen zuzuwandern, ist es dann auch nicht mehr erstaunlich, dass sich auch noch ein Auskommen für einen vierten, 1803 genannten Hutmacher in Meldorf mit auswärtigen Wurzeln findet. Jacob Peter Bornstrom (1742-1809) ist ein Sohn des ebenfalls schon vor 1741 hier als Hutmacher tätigen Neels Peter Bornstrom (1706-1777), der im schwedischen Schonen, das vormals ebenfalls zum dänischen Gesamtstaat gehörte, geboren wird und früh internationales modisches Flair in Meldorf verbreitet. Insbesondere diese Bornstroms gehören zu den angesagtesten Vertretern ihres Fachs. Liegt ihr Haus von 10 Fach doch in bester Lage an der Süderstraße nördlich des Heisterbergs in unmittelbarer Nachbarschaft zum ehemaligen Anwesen des Landvogtes Eggers, vermutlich unter der heutigen Adresse Süderstraße 3. Dagegen soll an dieser Stelle auf eine Aufzählung aller Schuster oder der allein zwanzig im Jahre 1794 im Meldorfer Schneideramt zunftmäßig organisierten Meister verzichtet werden. Stellvertretend für diese sei hier aber mindestens einer der beiden turnusmäßigen Ältermänner dieses Jahres genannt: der aus einer alten Meldorfer Schneider-Dynastie stammende Maas Schmidt d.Ä. (1720-1810), der bis ins hohe Alter, wie später auch sein gleichnamiger Sohn, in der Meldorfer Norderstraße 28, zu Füßen der Nordermühle, seinem Handwerk in einem noch heute existierenden und restaurierten Haus nachgeht. Im Jahr 1771 bekleidet bereits zuvor dessen älterer Bruder Jochim Schmidt (1703-1774) das Amt eines Ältermannes des Meldorfer Schneideramts, bis zum Jahr 1814 auch der bis zu seinem Lebensende ebenfalls in der Norderstraße 28 lebende Sohn Maas Schmidt d.J. (1767-1848).

Obwohl bis zu seinem Tod im Januar 1803 mit dem Mann von Johann Harders Cousine Margaretha, Hans Offermann (1751-1803), auch in Nordhastedt in bester Lage („Ole Schriewerie") ein Schneider lebt und wirkt, dürfte man sich auch hier bei Wunsch nach einem etwas aufwändigeren Putz an die Kollegen in den etwas größeren umliegenden Ortschaften wenden. Während sich die meisten Nordhastedter, der kürzeren und bequemeren Wege wegen, in Bezug auf modische Kleidung allerdings um die Jahrhundertwende wohl längst im durch die herrschaftlichen Veränderungen nach 1773 nochmals näher gerückten Heide versorgen werden, dürften die häufigen beruflichen Termine den Kirchspielvogt Johann Harders und seine Familie aber überwiegend dazu bewegen, die Dienste der genannten Meldorfer „Modeschaffenden" in Anspruch zu nehmen, wenn man denn nicht gleich, noch ausgefalleneren Ansprüchen erliegend, auf gänzlich auswärtige Koryphäen zurückgreift.

Meldorfs Norderstraße Nr. 32

Von Heinrich Christian Boie ist bekannt, dass dieser ab 1802 - seit 1801 ist der Status eines Landvogtes auf den eines Oberbeamten festgelegt - zudem als landesherrlicher Beamter von der dänischen Krone angehalten ist, regelmäßig Uniform zu tragen. Seine Tochter Luise berichtet in einem Brief an ihren Cousin von dessen Erscheinung[224]: *„Du wirst Dich über die Pracht der Statdsuniform wundern. Die altägliche scheint im Bilde, nicht prächtig, aber der*

Degen und Hut, den das andere ist noch in Heide, sind sehr prächtig. Der Hut ist groß hat goldne Klunkern, eine weiße Feder, und einen goldnen Stern. Der Degen ist sehr hübsch, und oben ist ein Löwenkopf. Das Port-epée ist roht und gold und ganz allerliebst. Das Degengehenck, das über der Weste getragen wird, ist von schönem schwarz lakirten Leder und hat vorne ein Schloß worauf das Königliche Wappen von Silber in erhobener Arbeit steht, die Schildhalter sind aber sehr heßlich. Vater ist nach Heide gewesen und hat auch die Stickerey zum Kragen und zu den Aufschlägen und die Epaulets gesehen und sagt es sey alles sehr schön."

Die Haute Couture zum Ende der „Franzosentid" im Gesamtstaat - Mands- og Kvinde-Dragt fra 1812-1814

Ob sich diese Anordnung auch auf die Kirchspielvögte erstreckt, ist nicht bekannt, aber mindestens in dieser prachtvollen Ausstattung mehr als unwahrscheinlich. Der Autorität in den dörflich geprägten Kirchspielen wäre eine solche Verpflichtung auch nicht sonderlich förderlich. Johann Harders wird als Kirchspielvogt und Hufner den Respekt einer dörflich geprägten Kirchspielgemeinschaft nicht durch eine Uniform erreichen und diese nur, wenn denn eine entsprechende "Anordnung" auch für ihn existiert, zu offiziellen, sprich hoheitlichen Anlässen, allenfalls zu den regelmäßigen Landschaftsversammlungen tragen.

Wahrscheinlich wird er, wie viele Männer seiner Zeit in Dithmarschen, zum typischen blauen, tuchenen oder leinwollenen Überrock und weißen ledernen Beinkleidern lange schwarze lederne Stiefel tragen, wenn der Anlass eine feinere als die landmännisch derbe Alltagskleidung es gebietet. Dazu werden weiße Hemden und Weste, ggf. auch gebundene Halstücher getragen. Als Alternative zum Überrock steht auch das ältere „Kamisol" noch in der Gunst vieler Männer, ein meist ärmelloses, an eine überlange Weste erinnerndes Oberteil mit niedrigem Stehkragen und zahlreichen verzierten Knöpfen an der Vorderseite, das in den jüngeren, vom Rokoko beeinflussten Jahren des Johann Harders (bis ca. 1780) noch bis auf das Knie herab reichen kann, mit Übergang in den Klassizismus um 1800 herum aber immer kürzer bis zur Oberschenkelmitte getragen wird.

Festlichkeiten und Meldorfer Musikanten II

Man putzt sich sicher auch schon zu dieser Zeit zu den diversen Festlichkeiten besonders heraus. Neben dem schon erwähnten Frunsbeerfest in Nordhastedt oder dem an den August-Sonntagen erfolgenden Umzug durch die diversen Gaststätten des Kirchspiels gleichenden Fest des „Nordhastedter Nöth", das an den Sieg der Dithmarscher über die einfallenden Holsten im Jahr 1404 erinnern soll, werden über das Jahr in Dithmarschen, abgesehen von weiteren ortsspezifischen Festivitäten verschiedene große Feste gefeiert. Den Jahresauftakt bildet in vielen größeren Ortschaften Dithmarschens in der zweiten Hälfte des 18. Jahrhunderts dabei der anlässlich des Königsgeburtstages zum 29. Januar (Christian, später unter Friedrich der 28. Januar) gefeierte Winterball, so auch in Meldorf oder Marne. Um 1800 herum wird auch schon in Holstein an vielen Orten „gewalzt". Entstanden um 1770 in Süddeutschland, erobert der Walzer neben den traditionellen Tänzen auch in Dithmarschen vor allem bei den jüngeren Leuten zügig die Gunst.

Ein Artikel aus den „Gemeinnützigen Blättern für Dithmarschen" aus dem Jahre 1813 wirft ein Blitzlicht auf die Festlichkeiten dieser Jahre[225]. Mit Bezug auf eine alte Meldorfer Musicantenordnung vom März 1649, in der die von der Stadt unterhaltenen zwei Musikanten/"Kunstpfeifer" David Sonnlad und Maas Reimers - letzterer ist im Übrigen ein Vorfahr der genannten Schneidermeister Maas Schmidt, von dem diese auch ihren Vornamen Maas ererbt haben - noch angehalten werden, an allen Festtagen, und wenn begehrt auch sonntags in der Kirche oder auf privaten Hochzeiten, auf Zinken (zeitgenössische, meist gebogene Mischform zwischen Blockflöte und Trompete aus Holz, Horn oder Messing), „Alt- und Zernebaß-Posaune" sowie „Dissonant-, Tenor- und Baßgeige" zu spielen, sind dem Artikel des Jahres 1813 folgend indes die genannten barocken Blasinstrumente bei Feierlichkeiten längst ein wenig aus der Mode gekommen. Allerdings wird hierin bestätigt, dass ein schon in der Musicantenordnung von 1649 erwähnter „Teller" nach wie vor im Gebrauch ist. Auf diesem werden im Laufe des z.B. Hochzeitsfestes, nach altem Brauch von den Tanzenden sowie Braut und Bräutigam Gelder gelegt, die, neben den je nach gebuchter Instrumentenbreite festgelegten Taxen, uneingeschränkt den Musikanten zustehen.

Zu Wandlungen der Tanzmode zwischen alter (1649) und neuer (1813) Zeit berichtet der Text: *„Auch die alten polnischen Tänze, z.B. fünf graue, sechs blaue, sind zum Theil durch Hopsa und Heissa verdrängt, und werden nur noch von alten Landeskindern getanzt."* Mit polnischen Tänzen sind die im 3/4-Takt geschrittenen „Polonaisen" (von frz. danse polonaise = polnischer Tanz) gemeint, die sich, ursprünglich ein ständischer Tanz des polnischen Adels, ab 1700 in ganz Deutschland verbreiten. Die später auch beliebte beschwingtere Polka im 2/4-Takt entsteht dagegen erst in den 1830er Jahren in Böhmen.

Von 1760 an bis zu seinem Tod lebt in Meldorfs Burgstraße der „Musicus" Hinrich Christian Reimers (1724-1789), ein Sohn des Jacob Reimers (1689-1752) aus dem Geerviertel und wohl auch Nachfahre des bereits genannten Kunstpfeifers Maas Reimers. Die Familie Reimers, zu der in Meldorf auch noch ein vor 1710 verstorbener Musiker und ursprünglicher „Schiffstrompeter" Reinhold Reimers, vermutlich der Vater des Jacob, gehört, weist über das späte 17. und gesamte 18. Jahrhundert eine vieljährige musikalische Familientradition in Meldorf auf. Aus ihrem Kreis (Jacob ?) könnte auch der Stadt-Musikant stammen, den der Waldhorn-begeisterte spätere Gouverneur Holsteins, Hinrich Blome, 1716 als Sohn des damaligen Amtsvorgängers Christoph Blome, um Unterstützung bittet. Eine der Töchter des Hinrich Christian Reimers ist im Übrigen die Ehefrau des ebenfalls schon genannten Heilers Carsten Boje. Sage also nochmals jemand etwas wider die heilende Kraft der Musik.

Als Musikant mit „Concession zur Aufwartung mit Musik" ist von 1791-1799 u.a. der schon recht betagte Meldorfer Johann Carl David Türk, der als südlicher Nachbar zu den Brauern Rohde im Burgviertel genannt ist (dann die spätere Harmonie), in den meisten Süderdithmarscher Kirchspielen, auch Nordhastedt unterwegs. Nach seinem Tod bemüht sich auch sein bisheriger Geselle Braasch, allerdings vergebens, um die Übertragung der behördlichen Konzession, um neben privaten Festlichkeiten auch in den Gaststätten der Landschaft aufspielen zu dürfen[226]. Er scheint Meldorf daraufhin zu verlassen.

1803 werden in Meldorf dagegen der seit 1798 hier verheiratete Musikus und Sohn eines Amtsschusters Peter Nicolaus Finkenbring (1775-1824), der nebenher auch noch als Maler tätig ist und der schon 79-jährige, verwitwete Paul Rasmus genannt. Der Musikanten-Gesell Paul Rasmus, der 79-jährig im April 1803 in Meldorf verstirbt, ist in zweiter Ehe verheiratet gewesen mit der Witwe des ehemaligen und schon genannten Landphysicus Dr. Carl aus der Süderstraße 18. Hier lebt auch Rasmus nach der Heirat mit Ingeborg, geb. Bilden (1717-1798), die zuvor auch noch kurze Zeit (1765-69) mit dem Nachbesitzer des Hauses in der Süderstraße, dem jüngsten Sohn Christian Ferdinand Boje (ca. 1725-1769) des ehemaligen Eddelaker Kirchspielvogts Boje Boje (1699-1748, Amtszeit 1739-1748 als Nachfolger seines Neffen!) verheiratet war. Der zweite Mann Christian Ferdinand Boje ist damit auch ein Schwager des benachbarten Brauers Boje Rohde. In dessen Haus lebt der Musiker Rasmus nach seiner Heirat mindestens von Mai 1770 bis August 1773, bevor das Haus an den nächsten Landphysicus Dr. Salchow geht. Allein diese Ehe des Paul Rasmus macht deutlich, dass auch die Musikanten in diesen Jahren in einem beachtlichen gesellschaftlichen Ansehen stehen.

1803 wird weiterhin in Meldorf der für das Umland zuständige „Landmusicus" Johann Klink (1751-1823) genannt, der mit dem zu diesem Zeitpunkt schon verstorbenen „privilegierten und bestallten Musicus" Paul Klinck (1707-1762), der in Bergenhusen in Stapelholm geboren ist, und dessen Sohn, dem ebenfalls in Meldorf genannten Musikanten Paul Hermann Klink (1756-1790) verwandt sein dürfte. Um 1803 und noch mindestens 1810 ist in Meldorf aber auch dessen Schwiegersohn und Fleckensmusikus Claus Kock - sehr wahrscheinlich ein Cousin des „Musicus" Finkenbring, dessen Großvater mütterlicherseits ebenfalls ein Claus Kock war - mit einem Lehrburschen Nicolaus Hinrich Mundt genannt. „Nickels" Mundt wird dessen Witwe heiraten und noch 1840 im Meldorfer Geerviertel als „Musicus" vermerkt. Im Jahre 1835 lebt in seinem Haushalt u.a. als Kostgänger der junge Advokat Jacob Diedrich Harders, Sohn des Hochwöhrdener Hufners Marx Harders. Dieser Neffe des Nordhastedter Kirchspielvogts Johann Harders wird wenige Jahre später zum Kirchspielvogt in Albersdorf berufen.

Wer weiß, vielleicht ist darüber hinaus einer der Vorgenannten das Mitglied der ehrwürdigen alten Meldorfer Stadtpfeifergilde, von dem es heißt, der 1806 in Heide geborene Johann Jacob Brahms, der Vater des späteren Komponisten, sei zunächst einmal die Woche heimlich statt des geschwänzten Schulunterrichts nach Meldorf gewandert, um sich von diesem in verschiedensten Instrumenten unterrichten zu lassen, bevor er seine ordentliche musikalische Ausbildung bei den Stadtmusikanten in Wesselburen (Theodor Müller) und Heide abschließt. Im Februar 1826 ist belegt, dass in den Kirchspielen Albersdorf und Nordhastedt die drei Musikanten Detlef Claussen aus Meldorf, Hans Thiessen aus

Schafstedt und Hans Harders (ein aus dem Kirchspiel Schenefeld stammender Landmann in Bunsoh)[227] die Erlaubnis genießen, auf privaten Festlichkeiten aufzuspielen.

Auch im Anschluss an das bereits eingeführte und anscheinend nur in Dithmarschen so praktizierte Ringreiten, mindestens in Windbergen und Meldorf zu dieser Zeit auch als „Rolandreiten" belegt, oder die überwiegend im Winter als Eisbosseln durchgeführten Nachbarschaftswettkämpfe wird ebenfalls gern und ausgiebig gefeiert. In Bezug auf das Ringreiten, dort auch als „Ringrennen" benannt, wird 1796 in den Schleswig-Holsteinischen Provinzialberichten als dithmarsische Besonderheit geschildert, wie mit einem Stecher auf eine metallene Scheibe geritten wird, in die fünf Löcher gebohrt sind. *„Erst nach dem obern linker, dann rechter Hand, dann nach dem untern linken und endlich nach dem mittlern, und zwar nach diesem zweimal. Wer folglich in der bestimten Folge der Löcher, und in den wenigsten Läufen seine sechs Stiche zu Stande bringt, jedesmal dabei die Scheibe aus der Kapsel zieht, und auf dem Stecher fortbringt, ist Sieger. Nach dem untern Loche rechter Hand, wird nie gestochen; es ist mit Schimpfe, ja wohl auch mit Strafe verbunden, dadurch die Scheibe herab zu bringen."* Das Ringreiten erfreut sich um die Wende zum 19. Jahrhundert einer immer größer werdenden Beliebtheit in Dithmarschen. So gründet sich u.a. noch im Juni 1815 in Lunden eine neue Gilde.

Getrunken wird bei diesen Gelegenheiten neben Wein und dem allgegenwärtigen Bier auch Branntwein in verschiedenster Ausprägung, gern auch in der von England nach Deutschland gekommenen, ursprünglich aber aus Indien stammenden, im 18. Jahrhundert in Norddeutschland früh sowohl kalt als auch heiß getrunkenen Form des „Punsch". Das Modegetränk seiner Zeit, von dem selbst Mozart begeistert als dem „englischen Element" berichtet, wird von Friedrich Schiller in einem „Punschlied" besungen, das er 1803 für Goethes Mittwochskränzchen dichtet. Erhaltene Amtsbücher der Meldorfer Schneiderzunft belegen[228], dass auch die Herren Amtsschneidermeister bereits Mitte der 1740er Jahre bei ihren Zunftsitzungen regelmäßig neben dem französischen Branntwein (Franzbranntwein), der als Punsch mit reichlich Muskat und Zitrone gewürzt wird, gern zu „Bitter Branntwein" (wohl auf Kräuterbasis) oder zu Wacholder-Bränden greifen, die zum Bier sowie Pfeife und Tabak gereicht werden. Ab ca. 1770 kommt dabei aber die seit Jahrzehnten genossene, noch aus barocker Zeit stammende und zunehmend als überladen empfundene Würzung mit Muskat nach und nach aus der Mode.

Aus den Beständen der Meldorfer Zünfte sowie Bürgergilden sind neben den „zeremoniellen" zinnernen „Willkomm" oder auch fantasievollen Trinkgefäßen (legendär sind hierbei u.a. die in Meldorf von der Lust- und Schützengilde im 18. Jahrhundert verwendeten „Backelmeier") eben auch die entsprechend wichtigen Muskatreiben dieser

Zeit erhalten. Man „prostet" sich in der zweiten Hälfte des 18. Jahrhunderts auch bereits zu. Der Trinkspruch „Prosit" - aus dem Lateinischen: „Es möge zuträglich sein!" -, ist im studentischen Umfeld zu Anfang dieses Jahrhunderts entstanden und hat zu dieser Zeit längst Eingang in die deutsche Umgangssprache gefunden.

Speciestaler – eine Währung erobert Herzen

Spiegelbild der allgemeinen Prosperität ist auch eine eigene Währung der Herzogtümer Schleswig und Holstein innerhalb des Dänischen Gesamtstaats. Erstmals 1787/88 wird der „Speciestaler Schleswig-Holsteinisch Courant" zur ausschließlichen Nutzung in den Herzogtümern ausgegeben. Er ersetzt fortan in allen amtlichen Registern und Steuerlisten die bis dato in Holstein meist genutzte Währung der Mark bzw. die alten Reichstaler, die rund 3 Mark ausmachen. Die alte schleswig-holsteinische Courantmark entspricht in ihrem Wert der alten Lübecker Münze, der „Lübschen Mark".

Der Wert des neuen Speciestaler wird durch eine garantierte Silbermenge festgelegt und ist bei Ausgabe an dem exakt gleichen Silbergegenwert des Hamburger Bankotalers ausgerichtet. Die wirtschaftliche Bedeutung der benachbarten Hansestadt als wichtigstem Handelspartner der Holsteiner wird deutlich. Gleichzeitig wird die zu diesem Zeitpunkt (bis 1806) noch bestehende Bindung Holsteins an das „Heilige Römische Reich Deutscher Nation" sichtbar, an deren alter Reichsmünzordnung von 1566 der Silbergehalt von Talermünzen (zuvor als Gulden bezeichnet) ausgerichtet ist.

Im Unterschied zum Hamburger Bankotaler, der ausschließlich als kaufmännische Verrechnungseinheit besteht, wird der Speciestaler als Umlaufmünze (Courant), mit kleineren Teilmünzen (1 Speciestaler = 60 Schilling Schleswig-Holsteinische Courant, 1 Schilling = 12 Pfennig), tatsächlich geprägt und ab 1788 in den Wirtschaftskreislauf eingeführt. Hierzu bedarf es einer Beimischung von Kupfer, um das ansonsten anfällige Silber vor allzu großem Verschleiß zu schützen. Der Speciestaler Schleswig-Holstein Courant gilt ab 1788 für 3,75 alte Mark Courant bzw. 1,25 der bis dahin koexistierenden alten Reichstaler Courant minderen Silbergehalts.

Die Emission eigenständiger Holsteinischer Münzen entspringt Plänen des dänischen Finanzministers deutscher Abstammung, Ernst Heinrich von Schimmelmann (1747-1831), die dieser seit 1783 vorantreibt, um der seit dem Aufheben der Einlöseverpflichtung für Papiergeld in Silber (1757) im Dänischen Gesamtstaat einsetzenden schleichenden Geldentwertung wenigstens in den Herzogtümern entgegenzuwirken. Die Einführung des

„harten" Speciestalers, auch als Banknote „mit Einlöseverpflichtung in Silber", ist für die Zeitgenossen eine ähnlich einschneidende Erfahrung, wie in unseren Zeiten die Euro-Einführung, wenngleich mit umgekehrten Vorzeichen. Man wechselt freudvoll in den Herzogtümern in eine eigene und als deutlich härter und stabiler eingeschätzte Währung. Nur sind die komplizierten Umrechnungswerte mit ihren für uns ohnehin ungewohnten Sechzehntel- bzw. Sechzigsteleinteilungen auf die „Mark" (lübsch und schleswig-holsteinisch Courant) schwierig.

Altonaer 1/3 Spezies-Taler   *Altonaer 1/12 Spezies-Taler*

Der nur in den Herzogtümern als Akzeptanzwährung (Anspruch auf und Verpflichtung zur Lieferung von) eingeführte Speciestaler, mit der zu diesem Zweck als Notenbank für die Herzogtümer am 28. Februar 1788 in Altona gegründeten Schleswig-Holsteinischen Speciesbank, steht in seiner Existenzphase von 1787-1813 wie kaum ein anderes Symbol für das Selbstbewusstsein der Holsteiner innerhalb des Dänischen Gesamtstaates.

Bei Auflösung der Schleswig-Holsteinischen Speciesbank im Zusammenhang des Dänischen Staatsbankrotts 1813 und Einverleibung in die neue dänische Reichsbank (Rigsbank) werden die ausgegebenen Speciestaler nur zur Hälfte in Silber und zur anderen Hälfte in dänischen Staatsanleihen zurückgezahlt. Damit erfolgt ein unmittelbares wirtschaftliches

Hineinziehen der Herzogtümer in die gesamtstaatlich dänische Staats- und Finanzmisere. Eine mit diesem Schritt von der Krone verzweifelt erhoffte Gesundung des Ganzen überfordert aber auch die beträchtliche wirtschaftliche Substanz der Herzogtümer.

Die meisten Holsteiner behalten auch nach 1813 einfach die alten Münzen, zumal die neuen Reichsbanktaler ab 1813 nur als Papiergeld ausgegeben werden. Nach 1813 werden sie zwar aufgefordert, im Binnenwirtschaftsverkehr nur noch nach dem neuen Reichsbanktaler abzurechnen. Im Kopf komplizierteste Bruchrechnungen durchführen zu müssen, überfordert aber die Meisten. Die Schleswig-Holsteiner zeigen sich in der Folge also pragmatisch und ungehorsam und rechnen und verkehren im tagtäglichen Binnenverkehr weiterhin, wo immer möglich, überwiegend in ihrem als „stabil empfundenen" Courant und nicht den neuen Reichstalern. Dieser wird nur im öffentlichen Verkehr mit Behörden, sprich Steuerzahlungen, unter Zwang herangezogen. Das allein wird sich als problematisch genug erweisen. Das beharrende Verhalten der Schleswig-Holsteiner wird erst nachträglich durch einen entsprechenden Erlass im Jahr 1841 legalisiert.

Häusliche Kultur

Die gute Stube des Haushaltes von Johann Harders dürfte in den Jahren um die Jahrhundertwende auch durch erste klassizistische Elemente geschmückt sein, wie die aufkommenden Standuhren, Kronleuchter und Porzellan. Man beginnt in Dithmarschen neben dem sehr präsenten Kaffee zunehmend auch Tee aus feinstem Service zu trinken. Für diejenigen Dithmarscher, die dabei etwas mehr aufs Geld achten, sind die dem Porzellan äußerlich ähnlichen, aber aus Ton verfertigten „Fayencen" eine hierzu angemessene Alternative. In Dithmarschen werden in diesen Jahren auch die Produkte der im Sommer 1764 gegründeten Manufaktur im nahegelegenen Kellinghusen, aber auch Rendsburger Ware gekauft.

Die Wände werden geziert sein mit Familienporträts, ausgeführt als zeitgenössische und gegenüber teuer gemalten Porträts auch für weitere Kreise bezahlbare Scherenschnitte. Die nach dem diese Form der Darstellung stark fördernden französischen Finanzminister Etiènne de Silhouette (1709-1767) benannten Schattenrisse werden in Deutschland ab ca. 1770 populär und bleiben dieses, bis die Mode in der „Franzosentid" Zopffrisuren und Rüschenkrawatten durch Kurzhaarschnitte und Stehkragenmode ersetzt und so die Profile langweilig, weil ausdruckslos werden lässt. Die Schattenrisse erleben allerdings nach den Befreiungskriegen im vorwiegend studentischen Milieu noch eine gewisse Renaissance.

Um 1800 herum kommen für den, der es sich leisten kann und will auch Möbel aus teurem Tropenholz in Mode. In Dithmarschen ist Mahagoni stark im Kommen. Ein Stuhl aus diesem Edelholz kostet um die 8 Reichstaler. Möglicherweise ersetzt auch der Kirchspielvogt Johann Harders in diesen Jahren einen altehrwürdigen, schweren Schreibtisch durch einen der eleganteren, spätestens sich in den 1820er Jahren stark verbreitenden Sekretär-Schränke, wenngleich diese für den Gebrauch der schweren Folianten der Amtsbücher kaum zweckdienlich sein und dann wohl nur dem privaten „Papierkram" vorbehalten bleiben dürften.

Vollmacht Hansen (1758-1829) mit seiner Familie, Gemälde von Nicolaus Peters, 1796

Der bereits mehrfach zitierte Professor Tetens schreibt 1788 über Dithmarschens Wohnkultur[229]: *„Wenn Sie in das Haus eines Landmanns kommen, der einen Hof besizt, und dessen Umstände nur einigermassen gut sind; so finden Sie nicht nur eine gewisse Reinlichkeit, sondern auch einen Wohlstand in der Auszierung der Zimmer, und in den Meublen. Bei vielen Pracht, Tapeten, vergoldete Leisten, und eine Menge von Porcellain* *und Silberzeug. Der Name Bauer fällt dann auf, wenn man dabei an den armen Hofbauer auf der Geest denkt. Doch ist das meiste noch so, wie ichs in meiner Jugend* (Anm.: der Professor stammt aus der nordfriesischen Marsch bei Tetenbüll, ist 1788 aber 30 Jahre nicht mehr an der Westküste gewesen), *schon vor mehr als dreissig Jahren gekant habe. Noch die messingenen Knöpfe und die messingenen Stolpen auf den Oefen, wie vorher* (Anm.: an diesen Knaufen der Bilegger (Beilegeöfen) kann man sich im Winter so herrlich die klammen Hände wärmen). *Die Kleidung, das Tuch und der Schnitt, - den vornehmen Theil ausgenommen – auch noch eben so."* Papiertapeten beziehen die Dithmarscher in diesen Jahren vorwiegend von den beiden, 1785 in Altona genannten Papiertapetenmanufakturen Bargmann und Bon.

Aus Altona stammt dann meist auch das in Dithmarschen für die Beleuchtung nach wie vor unentbehrliche Lampenöl, häufig noch gewonnen aus Waltran. Die Grönlandfahrt auf Wal und Robbenschlag, deren Höhepunkt im westlichen Europa mit Ende des 17. Jahrhunderts beendet war, wird in Holstein im Verlauf der zweiten Hälfte des 18. Jahrhunderts aufgrund einer stetig steigenden Nachfrage im Zuge des langjährigen Wirtschaftsbooms und des Bevölkerungswachstums nochmals intensiviert. Konnten die ersten Grönlandfahrer vor Jahrhunderten noch bequem in Landnähe Spitzbergens bei jeder Fahrt regelmäßig bis zu sieben große Grönlandwale erlegen, ist das blutige Geschäft in späteren Jahren als Hochseejagd im Eismeer eine gefährliche und risikoreiche, gleichwohl bei Erfolg sehr lohnende Betätigung. Entsprechende, durch die Regierung in Kopenhagen 1784 und 1785 durch Prämienauslobungen beförderte Flottenzuwächse sind an der holsteinischen Niederelbe in Altona und Glückstadt zu verzeichnen. Auch in Brunsbüttel wird noch ab 1817 für einige Jahre ein „Grönlandfahrer", die „Einigkeit von Brunsbüttel", als Konsortium einiger Kaufleute unter der Führung des Landesgevollmächtigten Piehl betrieben.

Während teure Wachskerzen nur gelegentlich und zu besonders festlichen Anlässen zum Einsatz kommen, werden auch im ländlichen Dithmarschen in Haus und Stall Öllampen und aushäusig Laternen genutzt. Die Nächte sind noch wirklich „stockdunkel" und insbesondere „die dunkle Jahreszeit" trägt ihren Namen, viele Jahrzehnte vor Installation erster Straßenbeleuchtungen, zu Recht. Für Johann Harders dürften sowohl abendliche Stallarbeiten als auch der noch mit Gänsekiel und Tinte durchgeführte Schriftverkehr häufig im Halbdunkel stattfinden. Mit dem 1803 entdeckten Iridium beginnt erst in den Jahrzehnten danach der Siegeszug von Stahlfedern und später Füllfederhaltern, der allerdings schon um 1850 erfolgreich abgeschlossen sein wird. Noch um 1800 herum beträgt der geschätzte jährliche Verbrauch in Deutschland rund 50 Millionen Federkiele. Daneben dürfte der Vogt Johann

Harders für kleinere Notizen aber auch den als „Reißblei" oder auch „Schreibblei" bezeichneten Bleistift verwenden, zumal, wie bereits erwähnt, das hierfür ungemein nützliche Radiergummi längst erfunden ist.

Wenngleich die Lichtverhältnisse zu Lebzeiten des Johann Harders auch bei ihm bei diesen schreibenden Amtstätigkeiten einer möglicherweise früh einsetzenden Notwendigkeit zum Tragen einer Lesebrille Vorschub leisten könnten, wird dagegen bei anderer Gelegenheit häufig genug „gefeuert", vorzugsweise, um den beliebten Tabak genießen zu können. Auch die Damen der Zeit rauchen in Dithmarschen, bevorzugt lange holländische Kalkpfeifen. Die Männer greifen neben diesen auch zu schwereren, aber dekorativen Meerschaumpfeifen mit zum Teil fantasievollen figürlichen Darstellungen, meist mit Deckel versehen, wie es die Brandschutzvorgaben der Zeit gebieten. Des Nachts umherstreunende und alkoholisierte Zecher, die sich den Tabak auch im Freien gönnen, werden von den Behörden regelmäßig als die größten Gefahrenherde für die noch überwiegend mit Reet gedeckten Häuser und Stallungen ausgemacht.

Zur Mitte des 18. Jahrhunderts, als allgemein unter dem pietistisch verklärten König Christian VI. der barocken Lebensfreude ganz umfassend Fesseln angelegt werden sollen, wollen die Meldorfer Kirchspielvögte und Pastoren aus Angst vor diesen rauchenden Zechern am liebsten gleich die ganze Kneipenwirtschaft lahmlegen. Die „Sperrstunde" in Holstein wird bereits 1736 geboren, um zumindest durch frühzeitiges Abdrehen des Bierhahns auch die nächtliche Feuergefahr einzudämmen.

Zur Illustration einer mehrheitlich rauchenden Gesellschaft sei hier nochmals auf das bekannte Gemälde aus dem Jahre 1796 verwiesen, das den begüterten Süderdithmarscher Großbauern Vollmacht Hans Hansen (1758-1829) aus dem Kirchspiel Marne mit seiner Familie und auch seine rauchende Mutter Anna Christina (1740-1810) zeigt, als geborene Piehl eine Cousine des Schulfreundes von Johann Harders. Mit Vollmacht Hansen, dem über viele Jahre reichsten Süderdithmarscher seiner Zeit, dürfte Johann Harders über gemeinsame Landschaftssitzungen ebenfalls gut bekannt sein.

Man (Frau) raucht besonders gern in Gesellschaft, dann auch vertieft in Diskussionen zur kleinen oder größeren Politik, die in Dithmarschen immer interessiert beobachtet und kommentiert wird. Prof. Tetens schreibt nochmals 1788[230]: *„Was Sie* (Tetens richtet sich hierbei an seinen intellektuellen Holsteiner Leserkreis im Umfeld der Kieler Universität) *mit dem grössten Vergnügen bemerken würden, ist der public spirit, den man hier antrifft, der Sinn fürs gemeine Wesen. Wenn Sie in eine Gesellschaft von Landleuten kommen, ich* *meine von Hofbesizern, da brauchen Sie nur von den öffentlichen Angelegenheiten anfangen zu sprechen, und Sie werden hören, mit welcher Kentnis und Lebhaftigkeit man Theil daran nimt. Das ist noch ein Rest ihrer alten freien Verfassung. Die Deichsangelegenheiten sind ihnen beinahe das, was den Britten seine Parlementsdebatten sind."*

Weiter schreibt Tetens: *„Was mich am meisten hier gefreuet hat, ist die in ganz Dithmarschen sich ausbreitende Lektüre... Man liest die besten Schriftsteller. Die politischen Zeitungen hält ohnedies jeder anständig lebende Hausmann und studirt die Chronik seines Landes."* Er schreibt aber auch weiter. *„Nur, worauf ich aufmerksam ward, keine Poeten, keine neue Romanzen und nichts von unsern neuen empfindsamen Sachen. Ich frug unter andern nach dem Messias* (Anm.: gemeint ist das Epos „Messias", das Klopstock 1772 erstmals als vollständige Gesamtausgabe veröffentlicht), *fand aber, ob man ihn gleich kante, daß er doch nicht verstanden, oder doch nicht recht genossen war. Wiederum ein Beweis, daß man an Sachen, die für die Empfindung und Phantasie gehören, noch weniger Geschmak habe, als an solchen welche die Ueberlegung des Verstanden beschäftigen. Der jezige Landvogt, Hr. Justizrath Boie, der die Lektüre dorten zu befördern gesucht hatte, versichert mich das nemliche. Er veranlasste, daß ein Buchladen nach Meldorf hinkam, aber der hat sich doch nicht halten können."*

In Tetens „Kritik" an der in der Dithmarscher Gesellschaft beobachteten Klopstock-Verweigerung darf man aber nicht zu viel hineininterpretieren. Dessen teils schwere Kost taugt deutschlandweit nicht fürs breite Publikum, wird häufig genug nur gern in seinen bekanntesten Stellen zum Beweis einer eigenen Bildung im Munde geführt und ansonsten effekthaschend in die Buchschränke gestellt, wie schon Lessing 1753 in seinen Sinngedichten feststellt:

> *Wer wird nicht einen Klopstock loben?*
> *Doch wird ihn jeder lesen? - Nein.*
> *Wir wollen weniger erhoben*
> *Und fleißiger gelesen sein*

Auch der humanistisch gebildete Johann Harders dürfte eine kleine Bibliothek sein Eigen nennen, wenn sie auch nicht annähernd so umfangreich sein wird, wie die anderer bekannter Dithmarscher Zeitgenossen, z.B. die seines Schulabschlusskameraden an der Meldorfer Gelehrtenschule, des späteren Landesgevollmächtigten Christian Bütje.

Der oben bereits erwähnten Lesegesellschaft seines Vorgesetzten Heinrich Christian Boie von 1792, nach dem erfolglosen Buchladen-Start - wahrscheinlich ist hier der 1787 Meldorf verlassende Vogt-Bruder Reinhold Jacob Boie (1753-1794) gemeint, der später in Schleswig und Flensburg als Buchhändler tätig ist - ein erneuter Versuch Boies zur kulturellen Hebung der Region, gehört Johann Harders, wie bereits erwähnt, nicht an. Die ohnehin nur kurzlebige Veranstaltung bleibt mangels ausreichender schneller Postversandmöglichkeiten weitgehend dem engeren Meldorfer Umfeld vorbehalten und scheint ohnehin nach kurzer Lebenszeit wieder einzuschlafen. Die Meldorfer Gründungsmitglieder haben vermutlich mehr auf einen Geselligkeitskreis gehofft denn auf rigide, oberlehrerhaft erscheinende Lesevorgaben. Ein regelmäßiger, intellektuell anregender Diskurs über die Literatur scheint ebenfalls nicht etabliert zu sein.

Johann Harders ist im noch "provinzielleren" Nordhastedt trotz aller humanistischen Bildung vermutlich handfester veranlagt und kümmert sich vor allem um Hof- und Amtsarbeit. Wenn er oder seine Frau gelegentlich zur Entspannung zur aktuellen Belletristik greifen, könnten es auch die Werke Wielands oder doch eines Klopstocks sein, über den und dessen Werk Dank seiner Freundschaft zum Landvogt Boie in der Dithmarscher Gesellschaft viel gesprochen (wenngleich wenig gelesen) wird und der, wie bereits berichtet, zu den geistigen Wegbereitern Johanns in seiner Jugend gehören dürfte.

In den Subskribentenverzeichnissen jener Jahre, den in einigen Fachbüchern abgedruckten Listen der Vorbesteller, durch die häufig der Druck entsprechend kleiner Auflagen der Spezialliteratur erst möglich wird, taucht Johann Harders in Nordhastedt nur in vergleichsweise wenigen Fällen auf, u.a. erst ab 1813 im Kreis der Vorbesteller der in Kiel gedruckten "Neuen Schleswig-Holstein-Lauenburgischen Provinzialberichte" (seit 1787 zunächst als „Schleswig-Holsteinische Provinzialberichte" regelmäßig erscheinend), dem bedeutendsten Organ der Aufklärung in den Herzogtümern. Dort wird er als Kirchspielvogt Harders fälschlich unter „Nordhattstedt" angegeben. Mindestens in seinen späten Jahren kann Johann Harders als an aufklärerischem, wenngleich wenig politischem Gedankengut interessiert identifiziert werden.

Möglicherweise ist seine Abstinenz in den frühen Jahren der Blätter auf eine zumindest in der Frühphase immer wieder durchscheinende, zu reformfreudige und zu wenig königstreue Linie der Herausgeber zurückzuführen, die nicht den politischen Grundüberzeugungen der Dithmarscher Traditionalisten entspricht. In diesem Sinne scheint erklärt, warum, im Gegensatz zu vielen anderen holsteinischen Regionen, auch kaum andere Süderdithmarscher Kollegen unter den Abonnenten zu finden sind. Nur einzelne Norderdithmarscher, traditionell aufgrund ihrer „gottorfschen Herkunft" königskritischer eingestellt als ihre Kollegen im Süden, tauchen als Vorbesteller auf.

Die Grundhaltung des späteren Johann Harders mit einer skeptischeren Einstellung zu den bestehenden politischen Strukturen könnte im Jahr 1813 durch die inzwischen offensichtlich wirtschaftlich verheerenden Auswirkungen der dänischen Kronpolitik entstanden sein, auf die noch ausführlich eingegangen werden wird. Möglicherweise steht der Vogt Johann Harders aber auch zu diesem Zeitpunkt, nach dem Tod seines Schwiegervaters, unter einem den persönlichen Horizont erweiternden Einfluss des jungen und reformfreudigeren Pastors am Ort, der ebenfalls zu den Abonnenten zählt. Die von den sich immer offener zeigenden, jetzt auch deutsch-nationaler auftretenden „Schleswig-Holsteinern" des Emkendorfer Kreises als zu lasch empfundenen „Provinzialberichte" sind in den Jahren nach 1815 in der Tat deutlich gemäßigter als die vom Emkendorfer Kreis der Schleswig-Holsteinischen Ritterschaft geförderten kritischeren „Kieler Blätter", herausgegeben von einem Kreis Kieler Professoren. Die Lektürewahl zeigt damit auch in dieser Hinsicht den weitgehend unpolitischen Charakter des Beamten Johann Harders.

Auch im Subskribentenverzeichnis eines der in Dithmarschen verbreitetsten theologischen Bücher, der „Hauspostille" des Meldorfer Propsten Jacob Jochims (1719-1790), einer „Sammlung von Predigten zur Erbauung der Christen und insbesondere der Landleute" aus dem Heiratsjahr 1788, wird der Nordhastedter Kirchspielvogt, im Gegensatz zu seinem Bruder Marx - dieser als M. Harders, Hausmann in Hochwöhrden - und seinem Neu-Schwiegervater Pastor Jessen in Nordhastedt, nicht genannt[231]. Eine ausgeprägte religiöse Neigung lässt sich für den wieder frisch verheirateten Kirchspielvogt hieraus dann auch nicht ableiten, trotz Hochzeit mit einer Pastorentochter. Das aus der Nennung seines Bruders Marx dieses Jahres 1788 abzuleitende Interesse mag dagegen durch dessen gerade eingetretene Witwerschaft verstärkt sein. Trotzdem ist zu vermuten, dass Johann und Christina Harders in den folgenden Jahren auch dieses Buch, vom wohlmeinenden Schwiegervater dem jungen Brautpaar zur christlichen Erbauung und sittlich-moralischen Festigung überreicht, gelegentlich in die Hand nehmen werden dürfen.

Kapitel 3

Franzosentid (1807-1814)

„Er ist von seinem Glücke geblendet, und er meint, alles zu vermögen. Dabei ist er ohne alle Mäßigung, und wer nicht Maß halten kann, verliert das Gleichgewicht"

(die preußische Königin Luise 1808 über Napoleon Bonaparte)

„Der Krieg ist darin schlimm, daß er mehr böse Menschen macht, als er deren wegnimmt"

(Immanuel Kant (1724-1804), deutscher Philosoph)

Als gesetzter Mann in seinen 50ern verfolgt Johann Harders über die Gazetten, wie ganz Europa, zu Beginn des 19. Jahrhunderts den unaufhörlichen und atemberaubenden Aufstieg Napoleons im stets bezüglich neuester Trends und politischer Entwicklungen im Fokus stehenden Frankreich, 1803 die französische Besetzung weiter Teile Norddeutschlands bis zum südlichen Elbufer, dem französischen Staatsgebiet später sogar als "Departement bouches de l'Elbe" vollständig eingegliedert, und die wirtschaftliche Blüte Dithmarschens, die durch die im November 1806 verfügte napoleonische Kontinentalsperre („le système continental") zunächst sogar noch verstärkt wird.

Während Napoleons Besatzung in Hamburg und dem Südelbischen sowie an der gesamten, von ihm inzwischen beherrschten kontinentaleuropäischen Nordsee- bzw. Atlantikküste fortan zur Schaffung eines autarken kontinentalen Wirtschaftsraums unter französischer Hegemonie die Blockade des Handels mit England durchzusetzen sucht, wird insbesondere der See-Schmuggel vom 1807 von den Briten annektierten Helgoland über das dänische

Holstein attraktiv. Für das lukrative Geschäft der Blockadebrecher rückt seit dem 8. April 1806 wieder, wie bereits vom 28. Juni 1803 bis 23. September 1805 bei der ersten Elbblockade durch die Engländer, der unter neutraler dänischer Herrschaft stehende und somit durch die Franzosen zunächst nicht unmittelbar zu kontrollierende und zudem einzig in den Herzogtümern auch bei Ebbe erreichbare nahe Hafen Tönning ins Visier, nachdem die Engländer in einer erneuten Gegenblockade die Elbmündung dichtgemacht haben und somit die am Strom liegenden holsteinischen Häfen für entsprechende Landemanöver ausfallen.

Andreas Peter Graf von Bernstorff (1735-1797)

Vor allem im Kreise der Kirchspielvogt-Kollegen, nach dem Tod Heinrich Christian Boies im Februar 1806 nun unter dem Vorsitz des neuen Landvogtes Heinzelmann, aber auch in den heimischen Gastwirtschaften Nordhastedts und Meldorfs, wird man in den Jahren nach 1807 immer häufiger über das Für und Wider der Dänischen "Partnerschaft" mit dem kleinen Korsen, dem inzwischen mächtigsten Manne Europas streiten. Anfänglich unbestritten in diesen Jahren ist in weiten Teilen Dithmarschens die Anerkennung für die Dänische Krondiplomatie, die Holstein nach dem 1720 beendeten Nordischen Krieg eine fast hundertjährige segensreiche Friedenszeit, die viel gerühmte „Ruhe des Nordens" beschert und stets gesichert hat. Doch nach dem Tod des Chefs der Deutschen Kanzlei in Kopenhagen und Dänischen Außenministers Andreas Peter Graf von Bernstorff im Juni 1797, dessen Name, wie der seines Onkels, des älteren Bernstorff, bei dem er noch seit 1758 einige Jahre in die Staatsführungs-Lehre gehen konnte, eng verbunden ist mit einer konsequenten Neutralitätspolitik, geht die dänische Krone in den letzten zehn Jahren zunehmend auf Expansions- und damit Konfrontationskurs.

Geforderter und geförderter Gesamtstaatspatriotismus

Auch in Dithmarschen regiert nun in erster Linie die Wut auf die Engländer, die, um die eigene See- und daraus resultierende Wirtschaftsmacht zu festigen, bereits im April 1801 ohne vorherige Kriegserklärung und nun erneut im August/September 1807 durch eine zweite Bombardierung die gesamte konkurrierende dänische Flotte konfiszieren sowie weite Teile der Stadt Kopenhagen unter Inkaufnahme tausender Toter zerstören und damit die bis dahin auf Neutralität gesinnte Dänische Krone, und in deren Gefolge notgedrungen die Holsteiner, endgültig an die Seite des französischen Kaisers treiben. Noch während der Frühphase der laufenden zweiten Belagerung Kopenhagens, wenige Tage vor der beginnenden Beschießung der Stadt, lässt der dänische König von allen Kanzeln des Landes im Sonntagsgottesdienst des 23. August 1807 einen Aufruf verlesen, in dem vor einer möglichen Invasion der Herzogtümer durch britische Truppen gewarnt und erstmalig die Aufstellung einer Küstenmiliz befohlen wird. Johann Harders wird an diesem Sonntag ebenfalls in der Nordhastedter Katharinen-Kirche anwesend sein, als sein Schwiegervater Andreas Jessen den Proklamationstext verliest[232]:

„Brave Bewohner von Süderdithmarschen. Raubgierige Feinde fallen in das Vaterland ein. Dänemark wollte ruhig und neutral zwischen den Krieg führenden Mächten stehen, keinem helfen, keinem schaden. Alle Fürsten, alle Staaten Europas ehrten diese große, edle Gesinnung Dänemarks und respectirten die unerschütterliche Standhaftigkeit, mit der es die Neutralität behauptet hat; nur Großbritannien nicht... Aber mit Trug, Plünderung und Mord lohnt uns das Verräthervolk. Die ränkevollen Minister Englands haben den Krieg erklärt, ihre Flotten, ihre Landtruppen, ... umlagern die Küsten unseres Vaterlandes, sie wollen den dänischen Boden zu einem Schauplatz aller Schrecknisse des Krieges machen... Aber Dänemark hat Kraft und Muth zum Widerstand. Gott und die gerechte Sache und des Volkes Muth wird die Frevler bestrafen, da sie uns anzugreifen drohen. Seiner Majestät Truppen stehen in allen Theilen der Herzogtümer in hinreichender Anzahl bereit, den Feind, der sich nähern würde, mit nordischer Tapferkeit zu bekämpfen und zu verjagen; aber

diese braven Truppen können nicht in jedem Augenblick an jedem Ort seyn. Es ist möglich, daß der Feind an unbewachten Plätzen der Küste landet, schnell einige Meilen ins Land dringt und raubt und plündert. Ihr werdet daher aufgefordert, Eure Küsten gegen den ersten Anlauf zu vertheidigen. Seine königl. Hoheit ruft Euch zu den Waffen!... Verdient die Liebe Eures Fürsten, greift zu den Waffen, nehmt Flinten, Pistolen, Säbel, Degen, Pieken, Heugabeln, Sicheln und Sensen an Stangen, scharfe Schaufeln, was ihr habt und zuerst erhalten könnt. Ihr werdet, wenn feindliche Streitparteyen an Orten landen, wo in dem Augenblick keine königlichen Truppen sind, Euch sogleich auf das erste Lärmzeichen versammeln, Ihr werdet Euch dem Feind entgegenwerfen und ihn so lange aufhalten von weiteren Fortschritten und Plünderungen, bis die nächsten königlichen Truppen zu Eurer Hülfe heranrücken. Eilt zu Euren Kirchspielvögten, meldet Euch zur Küstenmiliz..."

Es ist seit Generationen das erste Mal, dass die Dithmarscher wieder in größerer Zahl zu den Waffen greifen sollen. Allerdings kommt die Mobilisierung der Miliz vorerst nur zu einer halbherzigen Ausführung. Nach dem keine vierzehn Tage später erfolgenden zweiten Angriff auf Kopenhagen vom 2. - 5. September 1807 und der sich anschließenden erzwungenen Auslieferung der Dänischen Rest-Flotte an die Briten ist ein ernsthafter „Angriff zu Lande" der Engländer in Holstein schnell wieder vom Tisch der politischen Wahrscheinlichkeiten. Die einberufenen ersten Küstenmilizionäre werden noch im Laufe des Jahres zunächst wieder aufgelöst und auf der Grundlage einer neuen Verordnung vom 26. Februar 1808 mit verschärftem Auftrag im Rang einer Eingreifreserve der regulären Truppen sukzessive, aber zunächst mit gebremstem Schaum neu aufgestellt. Die Küsten werden fortan mit der ausgerufenen, aber nicht flächendeckend erhobenen, sondern noch „freiwilligen" Küstenmiliz besetzt, die in Wahrheit nicht nur schützen, sondern, zum immer größer werdenden Verdruss der „Freiwilligen", im weiteren Verlauf in erster Linie die Einhaltung der nun auch in Holstein von den frisch verbündeten Franzosen anbefohlenen Handelsblockade durch einheimische Holsteiner Bürger überwachen soll.

Die Briten haben die Dänen mit dem erneuten Handstreich vom September 1807 endgültig als Konkurrenten auf den Weltmeeren ausgeschaltet und ihr eigentliches Ziel erreicht. In London ist man überzeugt, auf diese Weise ohnehin nur einer kurz bevorstehenden Übernahme der Schiffe durch Napoleon glorreich zuvorgekommen zu sein, nachdem durch den Frieden von Tilsit vom 9. Juli 1807 auch der deutschstämmige russische Zar Alexander seinen Frieden mit den Franzosen gemacht hat und die Briten sich nun ohne kontinentale Verbündete in ihrem Kampf gegen den europäischen Usurpator sehen. Die Zeit scheint aus ihrer Sicht gekommen, da jedes Mittel recht ist, mindestens die eigene unumschränkte Herrschaft zur See zu festigen.

Der Zusammenhang der russischen Entscheidung mit einer nun völlig unmöglich scheinenden Fortsetzung einer dänischen Neutralitätspolitik zwischen den konkurrierenden Supermächten England und Frankreich wird auch in der dänischen Königsfamilie gesehen. Kronprinzessin Marie Sophie Friederike notiert in ihrem Tagebuch: *„Der Friede von Tilsit zerstörte das Glück von Dänemark."* Die ohnmächtige und zutiefst gedemütigte Dänische

Napoleons Kontinentaleuropa von 1806-1813

Regierung ist nach dem Fakten schaffenden, erneuten Angriff der Engländer fast zwangsläufig zur Kooperation mit dem seit Längerem teils werbenden, teils drohenden Napoleon gezwungen. In einem privaten Begleitbrief zum nun schließlich doch vereinbarten dänisch-französischen Allianzvertrag fordert der dänische Kronprinzregent Friedrich Napoleon sogar persönlich zur Rache an den Engländern auf. Eine nahezu hundertjährige Friedenszeit ist damit faktisch für Holstein beendet.

Auch das Herzogtum wird sich in den nächsten Monaten und Jahren in völlig ungewohnter Weise zum Heerlager wandeln und sechs Jahre später den Krieg selbst erleben. Johann Harders mag sich in diesen Zeiten nur allzu häufig an seine frühesten Kindheitstage erinnern, als über Jahre die königliche Kavallerie als Schutztruppe auch in Nordhastedt einquartiert war. Seit diesen Tagen des letzten globalen Konfliktes des „Siebenjährigen Krieges" vor nunmehr knapp fünfzig Jahren sind die Dithmarscher des Anblicks vieler Uniformierter in ihrer Heimat längst wieder entwöhnt.

Die bei der Beschießung Kopenhagens im Spätsommer 1807 eingesetzten, seit 1804 getesteten und von den Briten erstmals 1806 genutzten Brandraketen, die nun, zwei Jahre später, auch bereits von den Schiffen abgefeuert werden können, führen in Kopenhagen zu besonders schweren Verwüstungen. 30% der Stadtfläche werden durch Brände zerstört, um die 2.000 Zivilisten sterben in den Flammen. Die nach ihrem Erfinder William Congreve (1772-1828) fortan „Congreveschen Raketen" genannten Waffen prägen, trotz einer hohen Trefferungenauigkeit und deshalb eingeschränkter militärischer Relevanz, wegen ihrer verheerenden psychologischen Wirkung in der Folge das globale Kriegsgeschehen.

Eine zeitgenössische frühe Schilderung der neuen, Angst verbreitenden Waffen, die später auch bei der britischen Belagerung Glückstadts von der Elbe her 1813/14 zum Einsatz kommen werden, lautet[233]: *„Die Raketen bestehen aus einer eisernen hohlen Kugel, an welcher eine blecherne Büchse mit vielen Löchern befestigt ist, ein langer Stock dient zur Erhaltung der Richtung.... Das Gestell zum Werfen ist eine große ... von Pferden gezogene Maschine mit zwei ... nach allen Richtungen beweglichen Rinnen. ...Sobald die Kugel in die Rinne gelegt und entzündet worden, geht sie mit furchtbaren Getöse etwa 1000 Schritte fort, während aus den Löchern der Büchse ein beständiger Feuerstrom ausströmt. Diese ausströmende Masse ist pechartig, hängt sich an jedem Gegenstande fest, ist fast nicht zu löschen und brennt bis auf den Knochen durch. Nach etwa zehn Minuten zerspringt die Kugel selbst, wie eine Granate."*

Von den Engländern im September 1814 bei Baltimore gegen die Amerikaner eingesetzt, machen die Geschosse auch auf diese den nachhaltigsten Eindruck. An sie erinnert noch heute bei jedem Singen der amerikanischen Nationalhymne „The Star-Spangled Banner" die Textzeile „... and the rockets red glare...".

Doch obwohl es nach 1807 auch aus Sicht der meisten Dithmarscher für die dänische Krone kaum eine Alternative zum Bündnis mit dem französischen Kaiser gibt, war es doch auch der Druck Napoleons, der im August des Vorjahres 1806 zur Auflösung des Heiligen Römischen Reiches Deutscher Nation führte, als dessen Teil man sich als Holsteiner bis dahin immer noch ansehen konnte, da der dänische König als Herzog von Holstein Sitz und

Stimme im Deutschen Reichstag hatte und „Holsteiner Recht und Eigenheiten" durch das geltende Reichsrecht letztendlich vor einer totalen Vereinnahmung durch einen dänischen Einheitsstaat schützte.

Nun ist das Herzogtum Holstein, während weite Teile des restlichen Deutschlands entweder von den Franzosen besetzt oder in politischer Abhängigkeit leben, mit Patent vom 9. September 1806 unverzüglich zum „ungetrennten Teil des dänischen Königreichs" erklärt worden, die oberste Verwaltungsbehörde der Herzogtümer konsequent von „Deutsche Kanzlei" in „Schleswig-Holsteinische Kanzlei" umbenannt[234].

Eine drohende vollständige Vereinnahmung Holsteins durch Dänemark und ein damit verbundener Verlust einer zuvor stets aufs Energischste verteidigten Unabhängigkeit und Bewahrung einer deutschen Identität im Gesamtstaat beginnt die politische Elite im Herzogtum, allen voran die in der Ritterschaft Front machenden Angehörigen des Adels, aber auch die Dithmarscher Beamtenschaft umzutreiben. Was verbindet einen jetzt noch, neben einer kulturellen Wurzel, mit den restlichen Deutschen? Worin besteht für einen Holsteiner eine politische deutsche Identität? Was ist dieses, in weiten Teilen französisch besetzte, in unzählige Kleinstaaten, Herzogtümer, Königreiche und neugeschaffene künstliche Staatengebilde von Napoleons Gnaden zersplitterte Deutschland jenseits der längst überholten, mittelalterlichen Reichsidee überhaupt noch?

Der Kirchspielvogt Johann Harders wird als Vertreter der Obrigkeit in diesen Jahren, soweit er sich zu einer entsprechenden Positionsnahme genötigt sehen wird, zwangsläufig eine profranzösische, faktisch aber pragmatisch wirtschaftliche und damit typisch Dithmarsische Sicht vertreten, eine wahrscheinlich plattdeutsch formulierte Variante eines heutzutage nur noch in seiner bayrischen Ausprägung bekannten "mia san mia". Johann Harders ist es als Dithmarscher Beamten längst in Fleisch und Blut übergegangen, in Bezug auf die eigene schwierige politische Identität im dänisch-deutschen Gesamtstaat ambivalent zu denken. Die eidgebundene Treue dem jeweils regierenden Souverän in Kopenhagen gegenüber gilt zuallererst, die Radikalen werden sagen ausschließlich, dem dänischen König in seiner Funktion als Herzog von Holstein. König mag er im Rest des Staates sein, hier ist er Herzog, als solchem hat man ihm Treue und Gefolgschaft geschworen. Gesamtstaatspatriotismus wird man diese über Jahrzehnte, wenn nicht Jahrhunderte, erfolgreich praktizierte Haltung in den Herzogtümern später nennen.

Doch in den Jahren nach 1806 nimmt die Innenpolitik des Gesamtstaats unter der Führung des bereits über zwanzig Jahre als solcher agierenden und somit erfahrenen Kronprinzen Friedrich endgültig Kurs auf eine „danisierte" Vereinheitlichung in den einzelnen Teilen des Staates, die auch die Dithmarscher Kirchspielvögte mit zunehmender Sorge betrachten werden. Die deutsche Militärschule in Rendsburg wird aufgehoben. Fortan werden die Kadetten nur noch in Kopenhagen an der Academie für Infanterie und Reiterei, natürlich in dänischer Sprache, ausgebildet. Mit Verordnung vom 3. Dezember 1807 werden alle Gesetze für die Herzogtümer zusätzlich in dänischer Sprache veröffentlicht[235], der Kronprinz unterschreibt auch die deutschen Versionen nur noch mit „Frederic". Ab dem 2. Dezember 1809 werden alle Ernennungen im Staatsdienst nur noch in dänischer Sprache abgefasst. Auch bei der Neubesetzung von Kirchspielvogteien wird die zumindest grundlegende Beherrschung des Dänischen zur Voraussetzung erklärt. Doch noch auf Jahre fühlen die Holsteiner sich als Gesamtstaatler nicht in erster Linie von der dänischen Sprache oder Innenpolitik bedroht, sondern von einer wirtschaftlich katastrophalen französischen Hegemonie und englisch opponierender Kaltblütigkeit.

Blühender Schmuggel

Es sind in diesen Jahren, nach Ausrufung des Kontinentalsystems im November 1806, auch gerade amerikanische oder englische Segler unter neutraler amerikanischer Flagge, die an Holsteins Küsten das gefährliche, aber bei Erfolg einträgliche Schmuggelgewerbe betreiben. Anfänglich werden die Schleichfahrten maßgeblich initiiert von einem der ehemals in Hamburg zu Reichtum gekommenen britischen Kaufleute, dem geborenen Schotten John Parish (1742-1829), der nur wenige Tage nach der französischen Besetzung Hamburgs die Stadt verlassen hat und nun von England aus, als ehemaliger US-Konsul in Hamburg, seine amerikanischen Handelskontakte – u.a. ist ein Sohn David seit 1805 mit einer Dependance in Philadelphia tätig - ins Spiel bringt. Sein teils eingefrorener oder von den Franzosen eingezogener Reichtum in Hamburg ist längst legendär. Spricht man in Hamburg vor 1806 von luxuriösem Leben, gilt der Spruch: „Hüt wüllt wi mol parish leben."

Der heimliche Güterverkehr auf dem Landweg von und durch Dithmarschen nach Hamburg blüht. Gelegentlich streift er von Norden kommend auch Nordhastedt. Manch Holsteiner Bauer verdient in diesen ersten Jahren der Kontinentalsperre als "Fuhrunternehmer" mehr als mit seiner Landwirtschaft. Die zum Teil deutlich überhöhten Frachtlohnforderungen müssen die Kaufleute zähneknirschend bezahlen. Ein „unbeschreibliches Treiben" entsteht auf den Landstraßen zwischen Tönning, Wilster und Itzehoe, wo vor allem der für Altona und später Hamburg vorgesehene Teil der Waren meist wieder auf Ewer elbwärts umgeladen wird. Die Gaststätten entlang der Schmugglerrouten haben Hochkonjunktur, so auch in Nordhastedt entlang der dunklen, noch von hohen Bäumen umstandenen Allee, vorbei am leicht rückwärtig gelegenen Harders-Hof, entlang der am Ortskern vorbeiführenden und mittels einer Bohlenbrücke den Mühlenbach überspannenden Landstraße von Heide nach Albersdorf, die dann über die Zollstationen bei Hanerau weiter ins Holsteinische führt. Zahlreiche neue Einkehren entstehen an den übervollen Handelswegen.

Ein Trend - Von der Kirche in die Kneipe

Der damit einhergehende, vermeintlich lasterhafte Glaube an das "schnelle Geld" über wenig Arbeit und das stetig wachsende Angebot an Wirtshäusern treibt in diesen Jahren die Geistlichkeit angesichts dieses „Gipfels der Sittenlosigkeit" zu einer Vielzahl von scharfen Predigten wider die sinkende Moral. Auch Johann Harders Schwiegervater Andreas Jessen dürfte regelmäßig entsprechend scharfe Worte auf der Kanzel der Nordhastedter Kirche finden, möglicherweise aber vor häufig wenig gefüllten Bänken. „*In unsern Zeiten, wo das Kirchengehen fast aller Orten abnimmt... und der Mann seine Predigten vorträgt, ohne Zuhörer zu haben...*" seufzt denn schon ein Holsteiner Pastorenkollege Hansen im Juli 1796[236].

Auch dessen in Rendsburg residierender Vorgesetzter, der Theologe und Generalsuperintendent von Holstein Johann Leonhard Callisen (1738-1806), seit 1792 Nachfolger des Adam Struensee und selbst der in die Jahre gekommenen orthodox-protestantischen Frömmigkeit anhängend, resigniert zunehmend gegenüber den neuen Strömungen eines zutiefst rationalistischen Protestantismus und bestätigt eine unaufhaltsame Kirchenverdrossenheit. In seiner mit dem programmatischen Titel versehen, 1791 erstmals in Schleswig erschienenen und dem Zeitgeist als auch den Vorstellungen seines Schleswiger Pendants Adler in weiten Teilen zuwiderlaufenden reaktionären Schrift „Warum wird im gemeinen Leben so wenig von Gott geredet, da es doch der nützlichste Gegenstand der Unterhaltung ist?" äußert er: „*Es wird uns auffallend sein, daß man in der Christenheit, besonders in protestantischen Gegenden, und am wenigsten unter feinen gebildeten Menschen von Gott sprechen hört.*" Auch die noch mehrheitlich von solcher tradiert fundamentalistischen Religiosität geprägten Dithmarscher Kirchspielvögte beklagen den sittlichen Verfall. Kamphausen fasst deren Sicht zusammen[237]: "*Aber es ist nicht nur die Sorge, daß die durstigen Seelen den Sonntagsgottesdienst versäumen, oder, wie von anderen hervorgehoben wird, die Kirchgänger das Amen nicht mehr abwarten können und schon vor Ende des Gottesdienstes die Kirche mit dem Gasthaus wechseln...*".

Allerdings sind diese Beobachtungen in Dithmarschen in der „Franzosentid" am Beginn des 19. Jahrhunderts keinesfalls neu und somit ein in die Jahre gekommenes Erbe der durch die Aufklärung zunehmend verweltlichten und längst auf praktische Ergründung des Seins ausgerichteten Zeiten. Bereits im Jahr 1784 war dem erst wenige Jahre amtierenden Landvogt Heinrich Christian Boie die Vielzahl der Meldorfer Wirtshäuser aufgefallen, die in seinen Augen zwangsläufig zu einer Verrohung der Sitten führen musste. Auf der anderen Seite spornt die Trinklust seiner Landsleute den selbst dichtenden Literaten und Landvogt auch zu eigenen Werken an. Passend sei hier das fünf Jahre später von Boie veröffentlichte Gedicht „Der Säufer an den Vollmond" zitiert[238]:

> *Warum mein lieber Mond, sieht Er*
> *So hoch und kalt auf mich daher?*
> *Doch wol nicht seiner Völle wegen?*
> *O da bin ich ihm überlegen:*
> *Denn Er, mein lieber, weiß er wol?*
> *Ist Einmal nur im Monat voll!*

Bereits weitere rund fünfzig Jahre zuvor wettert der damalige Propst Christoph Voss (1692-1742) von der Meldorfer Kanzel mit noch radikalerer pietistischer Strenge eifrig gegen die Völlerei in den bereits zu dieser Zeit über 40 (!) Gaststätten des Fleckens und die immer mehr einreißende Unmoral. Der in Windbergen geborene Pastor Johann Petersen in Brunsbüttel (1705-1752), an seiner Wirkungsstätte 1746 bei 90 Familien mit ebenfalls bemerkenswerten 12 Branntwein- und Bierschenken gesegnet, spricht von einer Landplage mit schädlichen Folgen für alle Kirchspiele des Landes und dem Ruin ganzer Familien als sichtbarem Zeichen. Er wirft sogar den Gastwirten vor[239], ihre Gäste durch *„allerlei ersinnliche Schmeicheleien, Liebkosungen und Gefälligkeiten in ihr Haus (zu) reizen, und zum langen Sitzen (zu) nötigen"*. Was der Pastor hierunter versteht, ist zu erahnen, wenn er in Bezug auf die Wirtsfrauen und Töchter hinzusetzt, dass diese alles Mögliche unternähmen, um die *„heidnischen Bacchanalen zur Lust werden zu lassen."*

Der damalige Süderdithmarscher Landvogt Friedrich Christian von Helm (1670-1744) stellt 1727 fest[240], *"daß die Durstigen nicht nur ganze Tage und sogar Nächte, sondern mehrere Tage und Nächte hintereinander in den Gaststätten sitzen, daß sie darüber ihre ehelichen Pflichten versäumen, einmal nach Hause gekommen ihre Frauen sogar schlagen, daß Kinder gegen ihre Eltern aufstehen und die Zeichen christlicher Erziehung vermissen lassen, das Gesinde gegen die Herrschaft aufsässig wird, ja daß dieses Gesinde selbst ganze Wochen hindurch durch die Gaststätten zieht, und Arbeit Arbeit sein läßt."* Er fährt fort: *„...wodurch dann der Sabbath nicht allein entheiligt, besonders auch vielmahls die Beicht-Kinder, die am Sonnabend gebeichtet, den Sonntag darauf den Rausch ausschlafen, und nicht allein die heilige Communion, sondern den ganzen Gottesdienst darüber verabsäumen, welches ja wohl eine himmelschreyende Sünde ist."*

Die dänische Krone reagiert unter dem selbst stark religiös schwärmerisch veranlagten und von seinen deutschen Hofpredigern hallensisch-pietistisch geprägten König Christian VI. (1699-1746), dem Urgroßvater des zur „Franzosentid" regierenden Kronprinzen Friedrich, in dessen Regierungszeit ab 1730 auf die noch barock ausschweifende Lebenslust mit einer Vielzahl von strengsten Verordnungen gegen alle Arten von Luxus und Laster in einem geistesverwandt „puritanisch" anmutenden und weiten Teilen der Bevölkerung unverständlichen und damit auch häufig missachteten Maße. Verordnungen gegen Unzucht, Bettelei oder ungebührliches Verhalten des Gesindes entstehen, Kleidertrachten bis hin zur Trauerkleidung werden streng nach den Rangklassen des Staatskalenders, dem Verwandtschaftsverhältnis und dem Zeitablauf während der Trauerzeit minutiös abgestuft vorgeschrieben.

Eine entsprechend strenge „Sabbatordnung" wird per 16. April 1736 veröffentlicht, mit der das ganze Volk unter Androhung von Strafe zur Morgen- und Nachmittagspredigt befohlen wird und sonntags sowohl jedwede Form von Arbeit als auch der Besuch der Gasthäuser und sogar das Spazierenfahren oder -gehen vor den Toren gänzlich verboten wird, damit die Untertanen nicht *„ihre teuer erkaufte Seele mit Fressen und Saufen beschweren".*

Die Grundhaltung des Pietismus wird deutlich, die den Menschen als dem natürlichen Verderben preisgegeben ansieht. Nur durch die Begnadigung Christi könne der originär sündhafte Mensch aus seiner Erlösungsbedürftigkeit errettet werden. Bis zu einem im europäischen Vergleich für die Herzogtümer frühzeitig ausgesprochenen Verbot vom 4. Februar 1743 ist es demzufolge vielfach üblich, bei der frühen, spätestens zum dritten Tage nach der Geburt befohlenen Kindstaufe, einen Exorzismus durchzuführen (*„Fahre aus, du unsauberer Geist"*)[241].

Nach dem Tode Christians VI. im August 1746 werden zwar viele der vom Pietismus geprägten Regelungen, noch vor der Geburt unseres Protagonisten, unter seinem Sohn Friedrich V. schnell wieder aufgehoben, entkräftet oder schlichtweg vergessen, aber als Rest der alten Sabbatordnung bleibt es auch in der Lebenszeit des Johann Harders weiterhin verboten, während der Gottesdienste in den Gaststätten Getränke oder Speisen anzubieten. Gleichwohl nutzen viele Dorfbewohner immer häufiger an Stelle des Kirchenbesuchs, die besten Plätze schon einmal sichernd, den nicht verbotenen Aufenthalt in den Krügen, neben der Verköstigung der einen oder anderen heimlich dargebotenen Stärkung, um sich über die neuesten Meldungen und Gerüchte aus nah und fern zu unterrichten. Nach dem Gottesdienst wird der Nachrichtencocktail dann neben dem nun rechtmäßig fließenden Alkohol und reichlich genossenem Tabak um die von der Kanzel verlesenen neuesten offiziellen Verkündungen angereichert.

Auch eine der in Nordhastedt erfolgenden Generalvisitationen stellt 1753 zum wiederholten Mal fest[242], dass die Nordhastedter *„zu Hauf unter dem Gottesdienst spielen, sauffen und allerlei Üppigkeiten genießen"*. Die dieses Phänomen bekräftigende Gesamtsituation Süderdithmarschens zeigt ein anderer Protokollausschnitt dieser Jahre, in dem es heißt, dass *„die Sabbatordnung in manchen Stücken muthwillig und unverantwortlich übertreten wird ... aller Orten."* Das selten streng überwachte oder gar exekutierte Alkoholausschenkverbot während Gottesdiensten bleibt im dänischen Gesamtstaat bis zur Eingliederung Holsteins in Preußen nach 1866 bestehen.

Die Dithmarscher des beginnenden 19. Jahrhunderts werden mit den ewig gleichen Ermahnungen umgehen, wie ihre Vorfahren. Sie werden dem "Herrn Paster un Herrn Kaspelvaagt" in aller Ruhe zuhören, das Gesagte im Herzen bewegen und sich anschließend mit mehr oder weniger verschmitztem Grinsen oder der berühmt-berüchtigten nordisch-stoischen Minimalmimik zuprosten. In den Dorfkrügen werden weiter, wie bisher Karten gedroschen und auch schon an verschiedenen Orten Dithmarschens die Kegel geschoben, während in Hamburg und Altona seit längerem in vielen Gaststätten und Kaffeehäusern auch das "Billard" "en vogue" ist, nicht der einzige französische Import dieser Tage. Allerdings lieben die Hamburger eher die englische Pool-Variante anstelle des klassischen "Carambolage", das in Paris favorisiert wird.

Es sind Jahre, in denen die vielerorts zu beobachtende Kirchenabstinenz auch die Hüllen der Ehrfurcht vor der Verballhornung von Kirchenliedern fallen lässt. Wird eine Geldnot, die wenig später ein keinesfalls mehr zum Lachen reizendes Niveau annehmen wird, in diesen Tagen beim Stammtisch festgestellt, dann wird das mit dem Zitat gewürzt: „Wo Du nicht bist, Herr Organist, da schweigen alle Flöten." Die humoristische Phrase spielt an auf ein in diesen Tagen in Norddeutschlands Kirchen noch sehr populäres Kirchenlied des zu St. Jakobi in Hamburg wirkenden Hauptpastors Erdmann Neumeister (1671-1756): „Herr Jesu Christ!, wo Du nicht bist / ist nichts, was mir erfreulich ist." Neumeister versucht im Übrigen erfolglos, eine Anstellung des Johann Sebastian Bach als Organist an seiner Kirche durchzusetzen, von dem er, im Unterschied zu seinem Kirchenvorstand, große Stücke hält.

Die beleseneren unter den Zechern werden ergänzend Lessings Liede von 1753 im Munde führen: „Zuviel kann man wohl trinken, doch nie trinkt man genug." Und wer es etwas moderner mag, der wird „Die Gesänge" eines Johann Gottfried Seume (1763-1810) anstimmen, der gerade 1804 ein noch heute populäres Kneipenwort kreiert: „Wo man singt, da laß dich ruhig nieder, böse Menschen haben keine Lieder."

Es wird noch drei Jahrzehnte und also bis in die „Biedermeier-Zeit" hinein dauern, bis sich auch in Nordhastedt ein „spießbürgerlicher" Sinn für diesbezügliche Zurückhaltung bildet. „Um Sittlichkeit und Wohlfahrt zu befördern" etabliert sich unter dem Vorsitz des seinen Vater bereits längst abgelösten Junggesellen und nachfolgenden Kirchspielvogt Johann Andreas Harders auch im zuvor mehrmals für seine Trinkfreudigkeit gerügten Dorf ein „Enthaltsamkeitsverein gegen das Branntweintrinken", der fortan allen Konfirmierten offensteht[243].

Zu den Gründungsmitgliedern gehören auch die Westerwohlder Casper „Ohm" Lindemann und Claus Franzen sowie der spätere Osterwohlder Bauerngevollmächtigte Peter Boljen, aber auch der amtierende Landesgevollmächtigte Hinrich Thedens. Weiter werden auch der seit 1831 als Polizeidiener dem Vogt zuarbeitende Marx Hinrich Lienau, der im Folgejahr auch einer der drei Vorstände des Vereins wird, als auch die beiden Lehrer Johann Matthias Kuhlmann und Timm Bodenstein (stammt aus Meezen und lebt als Unterlehrer im Haushalt des ersten Lehrers Kuhlmann) sowie der inzwischen 73jährige Nordhastedter Hufner Thede Schladetsch, der 1803 noch im Haushalt seines früh verstorbenen älteren Bruders Christian geführt wurde und jetzt als Verlehntsgeniesser bei seinem Sohn Hans lebt, unter den Gründern genannt.

In der Präambel der Gründungsstatuten vom 25. Februar 1845 heißt es: *„Nachdem man von der allgemeinen Schädlichkeit des Branntweins, Rums und aller daraus bereiteten Getränke belehrt und überzeugt worden, auch die verderblichen Folgen dieser Getränke an Leib und Seele, in Familie und öffentlichem Leben, berücksichtigt und sich vergegenwärtigt hat, daß selbst die Mäßigkeit hierin zur Unmäßigkeit führt, die allermeisten, welche unmäßige Trinker geworden sind, vorher mäßige Trinker waren, Betrunkenheit nichts anderes ist, als auf kurze Zeit wahnsinnig sein, daß wer einen Menschen zum Branntwein- oder Rumtrinken auffordert, etwas Bedenkliches, wer aber einen Menschen erreizt, sich zu betrinken, immer etwas Böses thut, so erklären hierdurch die vereinigten Einwohner des Kirchspiels Nordhastedt, daß sie durch ihre eigenständige Namensunterschrift einen Verein gegen das Branntwein- und Rumtrinken geschlossen, und nachfolgende Punkte dabei als Richtschnur annehmen und für sich verbindlich halten wollen."*

Allerdings scheint die auf einen Dienstag terminierte Gründungssitzung, zu der der eigentlich erwartbare Pastor im Übrigen wohl nicht erschienen ist, nicht spannungsfrei abzulaufen. Bereits am Folgetag erklärt der zu den neun Gründern zählende Küster und Lehrer Kuhlmann, von dem noch umfänglich auch in beruflichem Zusammenhang zu berichten sein wird, schriftlich seinen Austritt, aus formalen und *„anderen von ihm nicht anzugebenden Gründen."*

Zu den verbliebenen acht Gründungsmitgliedern, die sich zu ihren Sitzungen fortan monatlich sonntags in der 1831 in Hohenhain unter dem Wirt Otto Soltau entstandenen neuen Wirtschaft zusammenfinden, stoßen in den nächsten Monaten nach und nach weitere 24 Bekehrte hinzu, um den Kampf gegen *„Punsch, Schnaps, Rum und Grog"* aufzunehmen, sofern ein Arzt diese zuvor nicht als Arzneimittel ausdrücklich verordnet habe. Aus nachvollziehbaren Gründen bleiben die anderen Gastwirte des Dorfes dem Verein fern.

Zum ersten März des Folgejahres 1847 erhält Vogt Harders auch eine Einladung zur Teilnahme am Jahrestag der Gründung des Hennstedter Enthaltsamkeitsvereins, der nach dem Gottesdienst im dortigen Diakonatshaus stattfinden solle. An mehreren Orten Dithmarschens bilden sich also zeitgleich solche Vereine, wahrscheinlich auf intensives Betreiben der Obrigkeit und also verordneter Überwachung durch die Kirchspielvögte. Doch die ausufernde Askese und ein endloses Verlesen der „Mäßigkeits-Schriften und Blätter" ernüchtert und ermüdet mindestens die Nordhastedter, wie eigentlich zu erwarten, nach vergleichsweise kurzer Zeit. Mehrere Mitglieder werden in den kommenden Monaten des Rumtrinkens überführt und aus dem Verein geworfen, weil *„sie dem Trunke stets ergeben geblieben"*.

Bereits im Laufe des Jahres 1847 treten so viele Mitglieder aus, dass auf einer Sitzung schließlich nur noch der Landesgevollmächtigte Thedens, von dem noch zu sprechen sein wird, mit einem Protokollführer übrig bleibt. Am 7. Februar 1848 wird vom kläglichen Rest von vier namentlich nicht genannten Unverdrossenen das erkennbar ursprünglich für weitaus mehr ausgelegte Protokollbuch nach nicht einmal drei Jahren für immer mit den Worten geschlossen: *„Da der Sinn für die Enthaltsamkeitssache in der letzten Zeit zu erkalten schien, sich vielmehr in den früheren Versammlungen dieses Vereins eine große Theilnahmlosigkeit und Gleichgültigkeit gezeigt, selbige auch wenig oder gar nicht besucht worden, so wurden diese Versammlungen bis weiter ausgesetzt."* Es wird das Frühjahr 1848 im Vorfeld der großen Schleswig-Holsteinischen Erhebung längst von erheblicher politischer Unruhe geprägt, die in zahllosen hitzigen Debatten auch den Alkoholgenuss wieder auf altbekannte Höhen geführt hat. Die Wirte des Dorfes dürfte es freuen.

Zunehmend unter französischer Beobachtung stehend und der gesamtstaatlich dänischen Obrigkeit verpflichtet, wird der „verbeamtete" Kirchspielvogtvater Johann Harders in den vorgehenden Franzosenjahren am Beginn des Jahrhunderts, trotz aller moralischen Bedenken, zu denen ihn sein Schwiegervater auffordern wird, dagegen noch nicht alles sehen wollen, was seine Landsleute zum eigenen Wohl so treiben. Dabei übernehmen die noch trinkfesten und "fuhrwerkenden" Holsteiner Landmänner den ungefährlichsten Part der Schmugglerstrecke. Sind die im französisch besetzten und bezüglich nicht kontinentaler Waren abgeriegelten Hamburg stark entbehrten überseeischen Importgüter erst einmal in Tönning angelandet, ist der Landtransport durch das bäuerliche Holstein bis nach Altona in diesen ersten Jahren der „Franzosentid" noch relativ einfach. Bestechungsgelder fliessen reichlich. Die lokalen Aufpasser schauen folglich nicht so genau hin, die Kontrollstellen sind bekannt und dank der Ortskenntnis ist auch der "nächtliche Verkehr" im Laufe der Zeit Routine.

Hamburger Hafen zu Beginn des 19. Jahrhunderts

Hamburg leidet

Währenddessen liegt der Hamburger Hafen brach, einst der größte Umschlagplatz englischer Waren auf dem gesamten europäischen Kontinent und in den Augen Vieler eine große englische Kaufmannskolonie. Wo vor 1806 die Masten der über alle Weltmeere nach Hamburg gesegelten Kauffahrer den Blick auf das südliche Elbufer fast unmöglich machen, gähnt nun Leere. Die wenigen verbliebenen Schiffe liegen abgetakelt an den Kais des sich noch an der Alstermündung befindlichen alten Hafens. Die Atmosphäre wirkt zunehmend gespenstisch. Aus der Stadt sind all diejenigen, meist adligen und immer noch stolz das Ludwigskreuz tragenden, aber wirtschaftlich tief gefallenen, vornehmlich französischen Emigranten längst wieder geflüchtet, die sich hier in den ersten Jahren nach der französischen Revolution und den durch sie auch in anderen Teilen Europas ausgelösten Wirren hin verirrt haben. Gemeinsam mit der traditional starken anglophilen Kaufmannsfraktion machen sie Hamburg zu einer Weltstadt mit internationalem Flair.

Kaum noch vorstellbar sind nun diese Jahre vor der französischen Besetzung, in denen es häufig unmöglich für Reisende ist, in der völlig überfüllten Handelsmetropole ein Zimmer in einem Hotel oder einer Pension zu erhalten und man demzufolge immer häufiger in das weniger überlaufene holsteinische Altona vor den Toren der Stadt ausweichen muss. In der Spitze leben in Hamburg und Altona vor 1806 von den zusammen rund 120.000 Bewohnern dieser beiden Städte bis zu 10.000 Revolutionsflüchtlinge, Adlige der ersten und bürgerlich jakobinische Revolutionsanhänger der zweiten Welle, die dann ebenfalls vor Robespierres Terrorregime flüchten müssen. Die Reisenden sind allerdings häufig dankbar, statt in dieser „schlecht und eng in einander gebauten, aber sehr volkreichen" Stadt Hamburg „voll Lärm und Schmuz" im mit seinen ca. 20.000 Einwohnern etwas idyllischeren dänischen Altona untergekommen zu sein, nachdem man die zwischen Wohlstand und Armut stets kontrastierende Hafenstadt Hamburg erst einmal erlebt hat.

„Der Weg von Hamburg bis Altona ist kurz und angenehm; er führt durch eine lange Allee von verschiedenen Bäumen, und behagt um so mehr, je abscheulicher das Steinpflaster ist, das man so eben verlassen hat", so eine Reisebeschreibung einer Engländerin, die die beiden Städte 1796 bereist und mit diesen Worten die am Heiliggeistfeld vorbeiführende Reeperbahn zu Westen Hamburgs beschreibt[244] und in ihrem wenig schmeichelhaften Urteil über einen Teil der Bewohner dieser Stadt mit ihren zwei Gesichtern fortfährt: *„Sie hat den Karakter aller freien Reichsstädte. Ihre Konstitution ist drükkend für den Armen; und bei den Reichen ist der Mensch in dem Hamburger verloren gegangen. Immer in Sorgen wegen der Eingriffe ihrer Dänischen Nachbaren, das heisst, voll ängstlicher Furcht, daß jene die goldne Aernte des Handels mit ihnen theilen, und einen kleinen Zweig desselben aus ihren Händen an sich reissen mögten, ob sie gleich dessen so viel haben, daß sie kaum wissen, wohin damit, liegen sie immer auf der Lauer. Diese Gewinsucht engt alle ihre Seelenkräfte so ein, daß man nichts flacheres sehen kan, als ihre Physiognomie, die in der Welt nichts weiter sagt als, wir sind Kaufleute."*

Diese Welt existiert seit der französischen Besetzung Hamburgs vom 19. November 1806 nicht mehr. Die Stadt wird in den nächsten Jahren zum größten Opfer der von Napoleon beabsichtigten Wirtschaftsblockade der britischen Inseln. Zum 1. Januar 1811 wird die einstmals freie Reichsstadt aufgrund ihrer strategisch und wirtschaftlich so bedeutenden Lage als Hauptstadt des begründeten Departements der Elbmündungen zum Arrondissement umgewandelt und unmittelbar dem französischen Kaiserreich einverleibt.

Das Hamburger Millerntor am Hamburger Berg (heute St. Pauli) um 1790

Von den etwas mehr als 107.000 Einwohnern Hamburgs leben bereits um 1810 rund 80.000 in Armut oder an der Armutsgrenze. Hunger und Krankheit sind allgegenwärtig. Läuse, Kopfgrind und Krätze gehören zum täglichen Erscheinungsbild. Die Kindersterblichkeit ist enorm angestiegen. Mehr als jedes zweite Neugeborene stirbt im ersten Lebensjahr. Auch weil zahllose der arbeitslosen Dienstmädchen zur Prostitution gezwungen sind, kommen in diesen Jahren in Hamburg auf ein ehelich geborenes Kind sieben uneheliche

Kinder. Der Hafen ist wirtschaftlich trockengelegt, die einstige Hafenmetropole ein Ort der Schmuggler und Bettler. Neben rund 25.000 arbeitslosen ehemaligen Hafenarbeitern sind weitere 15.000 Rohstoff abhängige Arbeiter in den Zuckersiedereien und Braustätten sowie Schnapsbrenner und Kattundrucker weitgehend ohne Verdienst.

Während die Mehrheit der vom Außenhandel lebenden Kaufmannschaft mit Weitblick rechtzeitig Bargeld, Kapital und teilweise auch Produktion auslagern konnte, zum Beispiel in das holsteinische Altona, und auch bei den drastisch gestiegenen Knappheitspreisen nicht hungern muss, wird ein Großteil der Hamburger Bevölkerung im Laufe der Jahre immer verzweifelter und nutzt, wenn denn ein Wegzug nicht möglich ist, jede, auch verbotene Gelegenheit, sich mit dem Nötigsten zu versorgen oder durch Weiterverkauf zu Geld zu kommen.

Die schwierige "letzte Meile" der über Helgoland, Tönning und Dithmarschen nach Hamburg führenden Schmugglerroute ist neben dem immer gefährlicher werdenden Elbschmuggel auf kleinen Kähnen durch die nächtlichen Fleete zuletzt das in hellen Stein eingefasste, kaum die Breite einer Kutsche einnehmende Hamburger Millerntor am Hamburger Berg, ab 1833 als St. Pauli bezeichnet, einer sich in diesen Jahren entwickelnden Vorstadt Hamburgs.
Die "nördlichste Pforte des napoleonischen Weltreichs"[245] ist als eines der sechs Hamburger Stadttore der einzige Zugang zum holsteinischen Altona, das sich währenddessen zum Warenlager mausert, in dem es alles gibt, wonach die hungernden Hamburger verlangen, wenn es nur durch dieses Tor in die Stadt gelangen könnte.

300 französische Zöllner ("douaniers"), nach ihren Uniformen von den Hamburgern als "Grünröcke"

Hamburger Lastträger um 1800

geschimpft, kontrollieren an den Stadttoren Hamburgs bei Tag und Nacht jeden Fußgänger, Handkarren und Pferdefuhrwerk. Überwiegend Frauen und Kinder übernehmen das im Volksmund "schuckeln" genannte Hineinschmuggeln tausender Kleinstmengen von verbotenen importierten Waren, deren Preis in Hamburg inzwischen rund 40% über dem Altonaer Einstand liegt. Wenn die verbotenen Importwaren nicht den landwirtschaftlichen heimischen Waren aus dem die Stadt mit Fleisch und Getreide beliefernden Umland „untergejubelt" werden können, stopfen sich um einen Zuverdienst bemühte Frauensleute zum Höhepunkt der Versorgungskrise einzelne Kaffeebohnen in die Strümpfe oder ganze Säckchen in die Falten ihrer Kleider, sogar falsche Schwangerschaftsbäuche kommen zum Einsatz. Zucker wird in Hüten "geschuckelt", Jungens kippen sich Pfeffer in die Hosen oder Sirup in die Stiefel. Kutschen und Karren mit doppeltem Boden kommen für größere Mengen zum Einsatz, sogar von Leichenwagen mit Zusatzfracht wird berichtet.

An manchen Tagen erwischen die Grünröcke bis zu 30 Schmuggler, denen im schlimmsten Fall die Todesstrafe droht. Doch auch die zum Schutz ihres Immobilienvermögens gebliebenen Kaufleute lassen schmuggeln, an der permanent mitlesenden französischen Geheimpolizei vorbei private und geschäftliche Korrespondenz, in einzelnen Fällen auch Bargeld, das in die oder aus der Stadt geschafft werden muss.

Itzehoer Zichorienkaffee – eine Notgeburt

Doch während die Not in der Metropole Hamburg immer größer wird, lebt es sich in Dithmarschen in diesen ersten Jahren der noch löchrigen Kontinentalsperre ganz gut. Mangel oder Hunger herrschen kaum, mit gewissen Einschränkungen kann man sich noch arrangieren. Die Selbstversorgung auf dem Land funktioniert und der als Fuhrlohn vereinnahmte Schmuggelgewinn versüßt das Ganze noch. Wenngleich kontinentale Importwaren wie Tabak, Kaffee, Tee oder Rum knapper werden, sind sie doch immer noch zu haben. Allmählich erlebt aber auch der Kaffee-Ersatz der allerdings koffeinfreien Zichorie eine erste Blüte. Zichorienwurzeln, die zuvor nur als Beimischung zu Bohnenkaffee Verwendung finden, um diesem mehr Farbe und Bitterkeit zu verleihen, werden zwangsweise auch immer häufiger „pur" genossen.

In Itzehoe gründet hierfür ab 1811 der Kaufmann Johann Matthias Ottens eine eigene Fabrik, die zuvor seit 1806 als Tabakfabrik Peter Friedrich Kroymann errichtet worden war, in der die Wurzeln getrocknet, gedörrt, gemahlen und in Papiertüten verpackt werden. Die auf dem Gelände des späteren Holstein-Centers belegene „Zichorien- und Kaffeesurrogatfabrik" wird schnell der größte Arbeitgeber Itzehoes. Auch in Dithmarschen werden die mit den heutzutage bekannteren Salatpflanzen Chicorée und Radicchio verwandten Zichorien, die anfangs nur an den Wegesrändern gesammelt werden, im Laufe der Zeit systematisch angepflanzt und zur Weiterverarbeitung nach Itzehoe gebracht. Belegt sind u.a. Felder in Lohe bei Heide. Noch 1835 wird in Itzehoe die „Cichorienfabrication" von der Witwe Johanna Margaretha Ottens und dem Mitinhaber Johann Ludwig Wulff geführt, ab 1837 dann wieder als Kaffee-Rösterei.

Die Familie Kroymann hat sich zu dieser Zeit auf die ebenfalls boomende Spielkarten-produktion verlegt. Das zwischen 1810 und 1817 im thüringischen Altenburg erfundene Skatspiel erobert neben dem übrigen Deutschland auch die holsteinischen Lande und Gast-stätten. Zichorien als Grundstoff für kaffeeähnliche Getränke bleiben auch nach wieder uneingeschränkter Verfügbarkeit des Kaffees eine Errungenschaft dieser Zeit, in späteren Jahrzehnten auch als Muckefuck bezeichnet. Der seit 1954 in Deutschland reüssierende und auf Getreidegrundstoffen basierende „Caro-Kaffee" hat noch die in der Franzosenzeit „geborenen" Zichorien-Bestandteile.

Franzosen in Dithmarschen

Ab März 1808 regiert an Stelle des in Rendsburg nach vielen Jahrzehnten des zurück-gezogenen und von den Regierungsgeschäften ferngehaltenen, verstorbenen Vaters Christian VII. der bisher als langjähriger Kronprinzregent hocherfahrene Friedrich VI. als König von Dänemark und Norwegen sowie Herzog von Schleswig und Holstein. Auf diesen Thronwechsel folgend entbrennt durch eine unmittelbare Kriegserklärung Schwedens ein kurzes kriegerisches Intermezzo des Gesamtstaats mit dem benachbarten und traditionell um die Vormachtstellung in Skandinavien konkurrierenden Königreich, von dem in Dithmarschen allerdings zunächst nur wenig zu bemerken ist.

Frühjahr und Sommer 1808 dieser „Franzosentid" bringen aber als Folge dieser Entwicklung in Dithmarschen zum ersten Mal ein konkret erlebbares französisches Element, denn Mitte Juli 1808 überschreiten erstmals nun mit dem Gesamtstaat verbündete französische Truppen die holsteinischen Grenzen und ziehen durch die Landschaft Süderdithmarschens. Die in Grün bzw. Blau und Weiß gehaltenen Reiteruniformen der napoleonischen Truppen bilden einen harten Kontrast zu dem bekannten roten Rock der königlich dänischen Ein-heiten. Die von Glückstadt über Brunsbüttel und Marne nach Meldorf ziehenden Franzosen halten sich allerdings zur Beruhigung der Bevölkerung nicht lange auf und reiten über Wöhrden weiter nach Tönning.

Die Kontingente sollen ins nördlichere Dänemark beorderten spanischen Hilfstruppen nacheilen, die Napoleon dem frisch verbündeten dänischen König für seinen kurz aufgeflammten Krieg gegen Schweden zur Verfügung gestellt hat. Die gepressten Spanier aber, des Kampfes fern der Heimat für Dritte überdrüssig und der Obhut der französischen Bewacher entrückt, verbünden sich im hohen Norden angekommen unter ihrem kommandierenden General Pedro Caro Marquis de la Romana (1761-1811), einem gebürtigen Mallorquiner aus Palma de Mallorca, über im Verborgenen operierende Vermittler und Agenten umgehend mit den Engländern und lassen sich von diesen übers Meer in ihre spanische Heimat verschiffen, wo man gemeinsam den französischen Besatzern unter dem Briten Wellington Paroli bieten will.

Es sind mit diesem „französischen Flair" versehene Sommerwochen in Süderdithmarschen, in denen der noch kaum im Amt angekommene neue Landvogt Heinzelmann, im Vorjahr 1807 zusätzlich zum Verwalter des Kronprinzenkoogs ernannt, noch längere Zeit abwesend scheint. Vermutlich ist er noch gebunden mit letzten Überleitungsaufgaben seines bisher bekleideten und in diesen Wochen so wichtig werdenden Amts eines der drei Leiter des holsteinischen Feldkommissariats. Ihn vertritt auf der wieder einmal im Drei-Jahres-Rhythmus stattfindenden Kirchenvisitation in Nordhastedt[246], die erneut auf einen Sonntag, den 14. August 1808, anberaumt ist, Johanns Vertrauter, der Kirchspielvogt Maas Peter Paulsen „als derzeitiger Verweser der Landvogtei".

Angesichts einer nur von Routinethemen geprägten Tagesordnung ist es nicht schwer, sich vorzustellen, dass diese ersten „Franzosensichtungen" das eigentlich beherrschende Tischgespräch der illustren Sonntagsrunde und wohl auch noch eines sich anschließenden Zwiegesprächs der beiden Vögte sind. Möglicherweise nutzt die Frau Kirchspielvögtin Paulsen an diesem Sonntag den geschäftlichen Termin ihres Mannes und begleitet ihn nach Nordhastedt. Während die Männer ihre Sitzungsarbeit verrichten, könnte sie nach dem morgendlichen Gottesdienst bei den Harders zuhause mit Christina Harders zum „Zichorien-"Kaffee oder Tee verabredet sein. Die inzwischen knapp vier Jahre alte Line Harders könnte es sich dabei auf dem Schoß der Patentante Paulsen bequem machen, bis die beiden Vögte, nach Verrichtung ihrer Amtsarbeit, zu den Damen stoßen, um den Sonntagnachmittag mit einem gemeinsamen Essen ausklingen zu lassen.

Die vorherige alleinige Rückfahrt nach Meldorf mit dem Propst muss der amtierende Meldorfer Gerichtsaktuar Carl Wilhem Cartheuser antreten. Der in diesem Jahr rund 35-jährige wahrscheinliche Sohn des gleichnamigen Hamburger und später Glückstädter Arztes (1735-1806) und Verfassers früher Diätratgeber (1756, 1762) wird bereits vor 1803 Nachfolger des nach Bordesholm verzogenen Friedrich Christian Krück.

Cartheuser soll hier eine zumindest kurze Erwähnung im Kreise der Süderdithmarscher Beamtenschaft der Gesamtstaatszeiten finden, da dessen Sohn Georg Wilhelm August Cartheuser (1816-1860) ab dem Dezember 1851 für einige wenige Jahre Pastor in Nordhastedt werden wird. Dieser Sohn entspringt der zweiten Ehe von 1804 des Gerichtsaktuars Carl Wilhelm Cartheuser mit der jüngsten Tochter Friederica Luisa des Heider Landvogtes Nicolaus Behrens, der damit auch zum Schwager eines Barthold Georg Niebuhr wird. 1835 wird Cartheuser dann als Kanzleirath aus dem Gerichtsaktuariat in die höhergestellte zusammengelegte Kirchspielschreiberfunktion sowohl für die Meldorfer Norder- als auch Südervogtei befördert.

In den ersten vierzehn Septembertagen 1808 kommen die französischen Verfolgungstruppen auf ihrem Rückweg wieder durch Dithmarschen. Während knapp 9.000 Mann nach Spanien ausgeschifft werden konnten, haben es eine Kavallerieeinheit und zwei Infanterieregimenter Romanas nicht mehr rechtzeitig geschafft und sind den Franzosen in die Hände gefallen. Einige der entwaffneten Spanier werden auch in Meldorf gesammelt. In mehreren Gruppen und über Tage hinweg werden auch die von den fahnenflüchtigen Spaniern zurückgelassenen Pferde durch Dithmarschen ins französisch beherrschte Südelbische getrieben, vermutlich zahlreiche bei Brunsbüttel über die Elbe gesetzt.

Kaum sind diese Pferdedurchzüge am 12. September beendet und der Vogt Johann Harders hat zwei Tage später am 14. September mit einem möglicherweise größeren Fest seinen 60sten Geburtstag feiern können, kommt Ende September der nächste Trupp Franzosen, dieses Mal Artillerie unter Oberst Jacques Bardenet (1754-1833), und nun hat es, zum Entsetzen der Dithmarscher, sogar den Anschein, als dass diese Vorkehrungen treffen würden, länger zu verweilen. Die Truppen lassen östlich Meldorfs, vermutlich in Nindorf, neben einem Biwak eine Feldschmiede und Rademacherei errichten. Doch bereits nach wenigen Tagen eines aufregenden und erneut kostspieligen Aufenthalts ziehen auch diese Franzosen am 4. Oktober 1808 wieder in Richtung Tönning weiter.

Dort soll man dem nach wie vor wenig versteckten Schmugglertreiben mindestens durch zeitweise Präsenz ein wenig Einhalt gebieten. Allein vergeblich, denn die französischen Truppen müssen bald darauf nach Spanien verlegt werden, wo sich der Widerstand gegen Napoleon mit Unterstützung von General la Romanas ausgeschifften Truppen zum ernstzunehmenden Aufstand entwickelt. Wohl auch deshalb kann die Tönninger Chronik für die zweite Jahreshälfte 1809, beginnend ab Juli, gut 200 ankommende, meist unter neutraler amerikanischer Flagge laufende Handelsschiffe mit „Colonialwaren" verzeichnen[247].

Vogtei in Albersdorf ruft erneut

Für Johann Harders ist diese frühe, von florierendem Schleichhandel geprägte "Franzosentid" wieder besonders arbeitsreich. Erneut muss er für längere Zeit auch im benachbarten Kirchspiel Albersdorf einspringen. Der dortige Vogt Johann Hedde, vor dessen Amtseinführung Johann Harders bereits zum Jahreswechsel 1796/97, zehn Jahre zuvor, übernehmen musste, erkrankt in diesem denkwürdigen „französischen" Sommer 1808 schwer, so dass Johann Harders ihn häufiger im Tagesgeschäft vertreten muss. Im Oktober 1808, der kurze Schrecken der durchmarschierenden französischen Truppen ist gerade abgeklungen, lässt der befreundete Hedde ihn erneut nach Schafstedt ans Krankenlager bitten[248]. Johann Harders wird instituiert und übernimmt fortan bis auf Weiteres offiziell und vollumfänglich die Amtsgeschäfte im Albersdorfer Kirchspiel.

Dieses Mal wird der dortige beschwerliche zusätzliche Winterdienst allerdings deutlich länger als gute zehn Jahre zuvor andauern. Johann Hedde stirbt am 21. März 1809, "kurz nach Mitternacht", in Schafstedt an der Wassersucht, genau einen Tag nach der Beerdigung von Maria Jessen, der Schwiegermutter von Johann Harders, die eine Woche zuvor, am 14. März in Nordhastedt in ihrem 75. Lebensjahr ebenfalls verstorben ist. Es müssen wahrlich trübe Wochen in diesem Februar und März des Jahres 1809 für die Nordhastedter Harders-Familie sein. Schon vor der Beerdigung von Johann Hedde am 28. März, zu der auch Johann Harders erneut seine Trauerkleidung anzieht und nach Albersdorf anreist, werden diesem von Bediensteten der Heddes aus dem Trauerhaus in Schafstedt auch die Archive des Kirchspiels Albersdorf nach Nordhastedt in das Trauerhaus Harders/Jessen gebracht.

Johann Harders wird daraufhin, wohl bis in den Sommer 1809 hinein, in Abstimmung mit dem Landvogt weiterhin als ordentlicher Verweser des dortigen Kirchspiels eingesetzt. Er wird nach bewährtem Muster vom Landvogt zudem beauftragt, gemeinsam mit einem Kollegen, die Wahl des neuen Albersdorfer Kirchspielvogts ordnungsgemäß durchzuführen. Nachdem endlich ein Nachfolger für Johann Hedde gefunden ist, wird dieser von Johann Harders in den folgenden Sommerwochen, in denen Nordhastedt auch noch von einem weite Kreise erfassenden "hitzig Fieber" heimgesucht wird, in die laufenden Fälle des Kirchspiels Albersdorf eingearbeitet.

Hasse, Jäger und Schröder – das kommunale Netzwerk wird dichter

Mit dem neuen Albersdorfer Kirchspielvogt ist Johann Harders ebenfalls längst bekannt. Es ist der zwanzig Jahre jüngere Jacob Friedrich Hasse (1769-1816), ebenfalls ein ehemaliger

Gelehrtenschüler, studierter Jurist und zum Zeitpunkt der Albersdorfer Vogteivakanz Gerichtsadvokat in Meldorf. Hasse ist ein Sohn des weithin bekannten und bereits mit seinem Haus in der Süderstraße 15/Ecke Rosenstraße genannten Kaufmanns, Tuch- und Gewürzhändlers Johann Hasse, dem zudem seit 1758 ein weiteres prominentes Haus im Burgviertel gehört, nämlich das Eckhaus Südermarkt/Süderstraße unter der heutigen Adresse Süderstraße 2, in dem er vermutlich seine Geschäfte tätigt, während er in dem Rosenviertel-Anwesen auf der östlichen Süderstraßenseite lebt.

Johann Hasse ist 1728 als Sohn eines Predigers in Uetersen geboren, ab 1766 bis zu seinem Tod im Jahre 1796 fast 30 Jahre als Landesgevollmächtigter der Nordervogtei in Meldorf und damit regelmäßig zusammen mit den Nordhastedter Kirchspielvögten in den Landesversammlungen tätig. Zudem ist Johann Hasse, der Vater des neuen Albersdorfer Kirchspielvogts, auch ein enger Freund des Pastors Andreas Jessen und bei einer dessen früher Kindstaufen aus Windberger Zeit Kindspate.

Die Freundschaft des Pastors Andreas Jessen zu diesem Johann Hasse wird vermutlich über dessen Frau Johanna Henriette Radieken (1744-1802) begründet, die in erster Ehe mit dem Meldorfer Kompastor Henning Friedrich Schröder (1731-1766) verheiratet ist, der nicht nur ein früher gleichaltriger Kollege zu Jessen ist, sondern über dessen Jena-Studium auch der angehende Student Jessen einst seinen Weg dorthin gefunden hat, als er 21-jährig dort zu Ostern 1752 seine Studien aufnimmt. Über Henning Schröders Kontakte könnte der junge Neuankömmling sowohl eine Studentenbude in Jena finden als auch zügig in die nach regionaler Herkunft ausgerichtete dortige norddeutsche Burschenschaft einsteigen.

Nach dem Studium an der „Renommisten"-Universität, zu deren weit über die Landes-grenzen getragenen Ruf als „Raufbold-Uni" gerade auch die protestantischen Theologie-studenten dieser Jahre mit ihren Alkohol- und Duellexzessen in vorderster Linie unrühmlich beitragen, treffen sich die beiden in den späten 1750ern in Meldorf wieder, als Andreas Jessen sich bei mehreren Gelegenheiten ab 1757 beim Meldorfer Kirchenconsistorium bemüht, nach den wilden Jugend- und Studienjahren eine Anstellung als Pastor in Dithmarschen zu finden[249].

Zu Michaelis 1760 wird ihm das schließlich nach einigen in Meldorf im Elternhaus in der Zingelstraße bei seiner verwitweten Mutter verbrachten Jahren in Windbergen gelingen. Der befreundete Kompastor Schröder in Meldorf verfällt allerdings bald nach Heirat (1761) und Tochtergeburt (1762) in „hypochondrische Zustände" und stirbt bereits 1767. Dieses einzige Kind der ersten Ehe von Henriette Radieken mit dem früh versterbenden Pastor Schröder, die 1762 geborene spätere Stieftochter Elisabeth Dorothea Henrietta des Kaufmanns Johann Hasse und ältere Halbschwester des nun gewählten neuen Albersdorfer

Kirchspielvogts, deren Taufpatin mit der „Frau Pastorin Boye in Flensburg" die Frau des Amtsvorgängers des Vaters und damit die Mutter vom späteren Landvogt Heinrich Christian Boie ist, ist im Sommer 1809, zur Zeit des Albersdorfer Amtsantritts ihres Halbbruders, bereits fast 30 Jahre mit dem zuvor verwitweten Rektor der Meldorfer Gelehrtenschule, Johann Gottlob Jäger, dem ehemaligen Lehrer von Johann Harders, verheiratet.

Sie wird noch viele Jahre nach dessen Tod als „Frau Doktorin Jäger" in dem alten, direkt an der Friedhofsmauer gelegenen Haus auf dem Nordermarkt wohnen[250], in das das alte Ehepaar nach der Emeritierung des Mannes im Jahr 1813 verzieht. Das bisher bewohnte Rektorenhaus an der Gelehrtenschule im Klosterhof muss zu diesem Zeitpunkt für den neuen Rektor Henning Dohrn (1783-1855) geräumt werden. In dem Nordermarkthaus lebt vor 1813 für viele Jahrzehnte die Schuster-Familie Reinke am Rande des Friedhofs.

In der ersten Hälfte des 18. Jahrhunderts wird das Haus noch von dem in Itzehoe geborenen Blechenschläger Hans Hinrich Rabe (ca. 1670-1747) und Nachkommen bewohnt. Rabe ist als Klempner bestens geeignet, auch als Pumpenaufseher für den neben seinem Haus stehenden Nordermarkt-Sod zu fungieren. Er hat das einstmals prominente Haus bei Heirat 1697 aus dem Vorbesitz der Familie seines verstorbenen Schwiegervaters Johann Klostermann (1634-1684), einem Amtsschneider, übernommen. Laut einem Zeitungsartikel von Dr. Walter Rietz aus dem Jahre 1965 ist dieses alte Haus auf dem Nordermarkt - eines der vier Markthäuser Meldorfs - in grauen Vorzeiten, zu Republikzeiten also, auch zeitweise das Meldorfer Rathaus gewesen.

Der gemeinsame älteste Sohn Johann Friedrich Jäger (1782-1825), einziges überlebendes von insgesamt acht Kindern des Rektors Jäger in zwei Ehen und Neffe des neuen Albersdorfer Vogts Hasse, wird 1814 zum Kirchspielvogt in Barlt als Nachfolger des im Vorjahr verstorbenen Conrad Wulfsdorf (1734-1813) gewählt werden und damit ebenfalls als Kollege noch in engeren Kontakt mit Johann Harders kommen. Die jüngste Schwester des neuen Albersdorfer Kirchspielvogts Jacob Hasse, Sophia Elsabe heiratet zudem 1795 den späteren Lundener Kirchspielvogt Johann Reinhold von Somm-Helmcke.

In noch fernerer Zukunft (1837) wird auch noch Johann Harders Neffe Jacob Diedrich Harders (1799-1860) eine Enkelin des Kaufmanns Johann Hasse aus der Ehe der Tochter Sara Agathe (1771-1809) mit dem ab 1811 Meldorfer Kompastor Andreas Friedrich Dührsen (1769-1848) heiraten und als Kirchspielvogt in Albersdorf somit sowohl in die Funktion des Onkels seiner Frau als auch die interimistische seines eigenen Onkels eintreten. Er tritt zu diesem Zeitpunkt die Nachfolge von Claus Thiessen (1792-1836) an, der nach dem frühen Tod des o.g. Jacob Hasse, wie wir noch ausführlich miterleben werden, ab 1818 bis zu seinem eigenen Tod dortiger Kirchspielvogt ist. Mit diesem Albersdorfer Vogt Claus Thiessen, einem der zahlreichen Nachfahren des Sarzbüttler Landesgevollmächtigten Hans Thiessen, ist der Nordhastedter Vogt Johann Harders, wohl kaum noch überraschend, über drei bzw. vier Generationen und gemeinsame Thedens-Vorfahren in Odderade ebenfalls verwandt.

Eine Posse in der Holländerei

Noch bis zum Jahresende 1809 hält die wirtschaftliche Sonderkonjunktur an der holsteinischen Westküste an, die der unerlaubte, aber in Teilen stillschweigend von der dänischen Regierung tolerierte und allenfalls halbherzig bekämpfte Schleichhandel erzeugt. Dann verschärfen französische und, zunehmend gezwungen, auch dänische Obrigkeit zum wachsenden Ärger ihrer Dithmarscher Untertanen die Kontrollen zur Einhaltung der Handelssperren. Treibende Kraft hierbei ist der nun in Hamburg residierende französische Sondergesandte Louis Antoine Fauvelet de Bourrienne (1769-1834), früherer Mitschüler und später Privatsekretär Napoleons.

Gefasste Schmuggler werden auch in Holstein mit drakonischen Zuchthausstrafen belegt, zu unaufmerksame lokale Beamte in den Herzogtümern abgesetzt, wie beispielsweise der gesamte Magistrat in Husum und Tönning. Vor diesem Hintergrund scheinen einige Dithmarscher, deren Namen nicht überliefert sind, große Politik betreiben und die unübersichtliche Großwetterlage nutzen zu wollen, um sich und ihr Dithmarschen endlich wieder aus dem dänischen Staatsverband zu lösen. Unklar muss allerdings bleiben, ob die folgend kurz skizzierte Anekdote im Kern wahr oder doch nur herrlicher Ausbund der Fantasie eines Autoren ist - nachzulesen in dem 1948 erschienenen Buch "Die große Stunde der Stadt Tönning" von Edmund Hoehne[251].

Im Zuge der von Napoleon geforderten Verschärfung der Kontinentalsperre im Jahre 1809 sehen diese namenlosen Dithmarscher Verschwörer das große Interesse der Franzosen, auch den als eine Schmuggler-Hochburg längst identifizierten Hafen Tönning unter ihre unmittelbare Kontrolle bringen zu können. Gleichzeitig leiden die Dithmarscher zunehmend unter den wirtschaftlichen Konsequenzen der Abhängigkeit von Dänemark. Vergessen scheinen die segensreichen Jahrzehnte zuvor, in denen es sich unter dem Deckmantel der schützenden dänischen Neutralität so herrlich Geschäfte machen ließ. Ein nie ganz zur Ruhe gekommenes Dithmarschen-Bewusstsein als Allheilmittel gegen die Unbill der Zeit ist erwacht. Kurzerhand wird der Plan für ein unabhängiges Herzogtum Dithmarschen ausgearbeitet, dem man als "Appetithappen" den Hafen Tönning einverleiben will. Die Herzogswürde soll, mit Billigung Napoleons, einem französischen General angedient werden.

Blaupause für diese fiktionalen (?) Überlegungen scheint der französische Marschall Bernadotte zu sein, den man Jahre zuvor in ähnlicher Weise zum Kronprinzen Schwedens gemacht hat und von dem ebenfalls noch Einiges zu berichten sein wird. Erste Dithmarscher Sondierungen mit dem Sondergesandten Bourrienne in Hamburg scheinen erfolgversprechend zu verlaufen. Auch der bis dahin unauffällig gebliebene und für die Herzogswürde nach Hoehne ausersehene General Lorsignac, ein ob seiner zweifelhaften historischen Authentizität und allenfalls Zweit- oder gar Drittklassigkeit wahrscheinlich nur vorgeschobener Vorschlag Bourriennes, zeigt schwaches Interesse und willigt in ein erstes Kennenlernen mit seinen zukünftigen Untertanen ein, wenngleich etwas angesäuert hinsichtlich der begrenzten Perspektiven seines potentiellen Machtbereichs. Vermutlich an einem Wintertag des noch jungen Jahres 1810 treffen sich der zukünftige Herzog Lorsignac und die namenlosen Dithmarscher Verschwörer erstmals vor Ort. Lorsignac will die Kultur des Landes kennenlernen.

Die Dithmarscher wählen laut Hoehne als angemessenen Treffpunkt eine der ersten Adressen aus, die "Holländerei" in Meldorf. Erst vor wenigen Jahren hat der umtriebige Hufner Jürgen Tiedemann (1755-1838), der in Meldorf zuvor bereits im östlichen Geerviertel in Zingelnähe als Kornmakler und Viehhändler einen guten Ruf hat, im Westen des Fleckens an Stelle des alten Anwesens, das schon 1694 in einer Meldorfer Häuserliste als „die Hollanderey" genannt wird, jetzt auch in erweiterten Räumlichkeiten die Gastronomie für sich entdeckt. Erstmals wird Tiedemann explizit im Dezember 1799 in der Holländerei genannt.

Die in den Jahrzehnten davor von Christian Wichmann (1696-1762, auf der Holländerei wohl ab 1727) und später dem zweiten Mann dessen Witwe, Peter Thiessen (1728-1787) bzw. ab 1788 deren 1767 geborenem Sohn Matthias Thiessen betriebene Gastwirtschaft steht auch in diesem Frühjahr 1810 an dem heute als Jungfernstieg bezeichneten Bauernweg noch weitgehend in Alleinlage inmitten von Feldern[252], die bis an die nahegelegene Meldorfer Deichlinie am nur wenige hundert Meter entfernten, nun aber angesichts der Kontinentalsperre immer nutzloser erscheinenden kleinen Hafen reichen.

Aus dieser unmittelbaren Hafennähe und dem hier abgewickelten Holland-Getreidehandel dürfte das Anwesen in Meldorf auch seinen frühen Namen erhalten haben. Ein über vorwiegend holländische Viehpächter anderenorts in Holstein und Mecklenburg im Laufe des 18. Jahrhunderts entstandenes Großmeiereitreiben in deshalb ebenfalls „Holländereien" genannten Räumlichkeiten ist nur in Gutsbesitzungen üblich und angesichts gänzlich anderer Besitz- und Bewirtschaftungsverhältnisse im Dithmarschen des 17. Jahrhunderts wohl auszuschliessen.

Der Holländereiwirt Tiedemann des Jahres 1810 ist knapp 55 Jahre alt, geboren im Kirchspiel Herzhorn, aber in diesem Frühjahr 1810 bereits 30 Jahre in Meldorf. Der vor einem halben Jahr Witwer gewordene Tiedemann ist über längst siechenden Korn- und Viehhandel besonders hart von den Auswirkungen der Handelssperren betroffen und beruflich zwangsläufig bestens vernetzt. 1821 wird er, obwohl von Geburt kein Dithmarscher, zum Landesgevollmächtigten für die Meldorfer Südervogtei gewählt werden. Tiedemann könnte dem Kreis der Verschwörer angehören oder mindestens von diesen ins Vertrauen gezogen sein. Diese ordern bei ihm für die wichtigen Gespräche Landestypisches und Tiedemann fährt zur Begleitung des geheimen Treffens reichlich auf, wie sich das gehört im Lande.

Holländerei am Jungfernstieg in Meldorf (Postkarte um 1910)

Hoehne schildert das Folgende als Kulturschock der besonderen Art: *"Lorsignac vergaß den Abend in der Meldorfer ‚Holländerei' nicht so rasch. Es gab fahloliv gekochten Grünkohl in Schmalzbrühe mit Räucherspeck und rotpanierten, überzuckerten Röstkartoffeln. Nie hatte er solch unmenschliches Gericht vorgesetzt bekommen. Dazu gehörte der Magen eines Mastodons. Es war viehisch - ... und er löffelte die sibirische Tatarenkost. Nichts weiter - Kohl, Speck, Schweinebacke, Kartoffeln. Ein wüster Fraß. Keine pikanten Vorspeisen, keine Suppe, kein Dessert, kein wechselndes Vielerei. Kein bunter Strauß der Getränke. Nur die Hundsblume von Starkbier und Kümmel. Alles lag ihm wie Blei und schwärendes Gift im Magen... Lorsignac war entsetzt. Keine Ansprache, keine Ehrfurcht, nichts als Grünkohl und barbarisches Kauderwelsch, eines so unverdaulich als das andere. Hemdsärmelig saß man vor ihm und feixte ihn an….Ihm war als sei er selbst eine in Schmalz und Zucker kandierte Riesenkartoffel und sein Gehirn eine Schüssel voll diesem grässlichen Unkraut, schwitzend und singend vor Backofenhitze. Er konnte nichts mehr denken. Sein Verstand ersoff in der Brühe aus Kohlsaft, Bier und Bauernschnaps. Er sank unter den Tisch und wurde in den Alkoven geworfen."*

Der Autor macht im Weiteren andere Gründe als dieses Essen aus, warum die Intrige schlussendlich nicht zum erwünschten Ziel führt. Es ist von einem unrühmlichen Bordellbesuch Lorsignacs in Tönning die Rede. Obwohl der Kern einer solchen Geschichte nie die Bühne der großen Politik oder die Pulte einer ernsthaften geschichtswissenschaftlichen Untersuchung erreicht, mag sie, wenn sie denn im Kern wahr ist, mit Sicherheit für Tage und Wochen ausreichenden Gesprächsstoff, mindestens in Meldorf, bieten.

Ende der Schmuggel-Sonderkonjunktur

Johann Harders wird mit seinen auf den König vereidigten Vogt-Kollegen, von denen wohl kaum einer eingebunden oder mindestens informiert gewesen sein kann, anlässlich einer der folgenden Meldorfer Versammlungen in schwierigster Zeit vielleicht tatsächlich über diese zugetragene „Narretei" schmunzeln können, oder sich, ob der durchscheinenden politischen Naivität einiger seiner Landsleute, die angesichts der Dimension des umstürzlerischen Plans allenfalls aus dem Kreis der Landesgevollmächtigten stammen dürften, auch ärgern.

Der Zwiespalt gerade der Dithmarscher Beamten zwischen stolzer eigener Landesgeschichte und Identität auf der einen, persönlich beeideter Treue zum dänischen Königshaus auf der anderen Seite und der neuen dritten Facette, dass man seit 1806 als Holsteiner, bar jeder deutschen politischen Identität, ohne eigenes Verschulden wirtschaftlich zwischen die Mühlsteine dänischer Außenpolitik geraten könnte, wird immer offensichtlicher und dürfte auch im Kreise der Kirchspielvögte zu zahllosen Diskussionen führen, mindestens in den Hinterzimmer-Runden, in denen der unbedingt königstreue Landvogt Heinzelmann nicht dabei ist.

Der tägliche Druck auf den Kirchspielvogt Johann Harders nimmt mit dem Jahresbeginn 1810 jedenfalls beständig zu. Die bis dahin häufig praktizierte lokale Politik des "laissez faire" ist kaum noch möglich. Weitere Schritte der Regierung folgen, die Sperren immer undurchdringlicher zu machen und dieses zunehmend ohne Rücksicht auf die Folgen für die heimische Wirtschaft. Ein Kanzleipatent vom 15. Juni 1810 unterbindet die bis dahin noch mögliche Einfahrt amerikanischer Schiffe mit überseeisch deklarierter Ware wegen des „Mißbrauchs der amerikanischen Flagge und wegen des Schleichhandels mit der vom Feind besetzten Insel Helgoland".

Mit Erlass vom 8. September 1810 wird in den Häfen der Herzogtümer, nochmals verschärfend, jeglicher Schiffsverkehr, auch für Schiffe neutraler oder befreundeter Nationalität, untersagt. Der wechselseitige Wirtschaftskrieg zwischen Napoleon und den Briten tritt in seine nächste Phase. Die auch für Dithmarschen hilfreiche Schmuggel-Sonderkonjunktur bricht im Sommer 1810 endgültig zusammen. Hinzu kommt, dass die traditionell in größerem Maßstab Vieh und Getreide exportierenden Dithmarscher durch die Handelsblockaden inzwischen fast aller ihrer lukrativen, nicht nur britischen, sondern auch sonstigen kontinentalen und hier vor allem holländischen Absatzmärkte beraubt sind.

Nun funktioniert auch der heimliche Weizenverkauf in das nach wie vor über Prämienzahlungen für Getreideeinfuhr lockende England über Tricks nicht mehr. Ungeachtet aller politischen Differenzen ging es hier schließlich auch für viele Dithmarscher ums Geschäft, da stört Moral. Man wird dem Wort eines einstmaligen hochgestellten Amsterdamer Kaufmanns beipflichten[253]: *„Ja, ich habe allerdings dem Feinde Waffen (nun „nur" Waren) zugeführet, und ich würde, um den Handel im Gange zu halten, durch die Hölle fahren, wenn mir auch die Flammen meine Segel versengeten."* Zuletzt klarierte man häufig noch solchen Schmuggeltransfer bei Ausschiffung in Brunsbüttel, Meldorf oder Tönning als für Norwegen bestimmt, das als Teil des dänischen Gesamtstaates zunächst nicht von den napoleonischen Sanktionen zu treffen war. Auch „englische Papiere" waren auf Wunsch über die entsprechenden Kanäle zu haben, dass solche Fracht, natürlich eigentlich für Norwegen bestimmt, von der englischen Krone aufgebracht und beschlagnahmt worden sei. Welcher Geschäftsmann ließ sich dabei nicht hin und wieder durch die britische Marine (gegen gute Bezahlung) aufbringen? Doch auch dieses Schlupfloch ist nun gestopft.

Marner Küstenmiliz im Meldorfer Bürgergehorsam

Kein Wunder also, dass die Stimmung in weiten Teilen der Bevölkerung in diesem Sommer 1810 zu gären beginnt, insbesondere bei denen, die ihren Dienst in der die Blockade tragenden und nun wieder deutlich aufgerüsteten Küstenmiliz tun müssen und mit ihrem Einsatz im ohnehin in Dithmarschen ungeliebten „Soldatenkleid" ein wirtschaftlich immer ruinöser werdendes Tun sich selbst gegenüber kaum noch als Landesverteidigung rechtfertigen können.

Im Kirchspiel Marne eskaliert die Situation ausgerechnet an einem eigentlich geruhsamen Sonntag[254]. Der Oberstleutnant von Niemann möchte als militärischer Oberbefehlshaber des 6ten Küstenmiliz-Distrikts im Herzogtum Holstein die 2. Hauptabteilung der Küstenmiliz im Kirchspiel unter dem Kommando des Landesgevollmächtigten Albrecht am Sonntag, den 1. Juli 1810, auf dem Exerzierplatz in Marne inspizieren. Dabei entsteht laut späteren Kriegsgerichtsakten ein Tumult und ein „boshaftes und subordinationswidriges Verhalten wider den Oberstleutnant". Wenn auch die konkreten Vorgänge aus dem vorliegenden Glückstädter Kriegsgerichtsurteil vom 19. November des Jahres nicht genauer hervorgehen, muss sich doch die angestaute Wut der Männer in erheblichem Maße in befehlsverweigernder Weise Luft machen. Eine wie auch immer geartete Auseinandersetzung mit dem angereisten königlichen Offizier wird anscheinend nach ersten, noch auf dem Exerzierplatz erfolgenden Schlichtungsbemühungen, im Hause des Landesgevollmächtigten Albrecht in Marne im kleineren Kreise handgreiflich fortgesetzt.

Unverzüglich nach dem Vorfall werden die ersten „Aufständischen" in den nächsten Tagen in der „Bütteley", dem Kriminalgefängnis in der Meldorfer Klosterstraße, zwei Häuser östlich der Klosterbrauerei, aber aus Platzmangel in derselben auch in der in diesen Jahren ebenfalls in Nutzung befindlichen zivilen Arreststätte, dem „Bürgergehorsam" im Meldorfer Norderviertel gegenüber der Holländerei, in Haft genommen und einer scharfen Befragung unterzogen. Hier wird seit oberlicher Anordnung vom Dezember 1738 ein „Civilarresthaus" geführt, *„worin diejenigen gesetzt werden könnten, die Mutwillen und Excesse begingen"*, also keiner Straftaten bezichtigt werden, wohl aber, meist im Rausch, diversen bürgerlichen Unfug anrichteten und sich zuvor stets energisch verwahrten, mit den echten Verbrechern im Criminalgefängnis zusammengesperrt zu werden[255].

Was man allerdings noch um 1840 als kriminell versteht, macht eine Gefangenenliste aus diesem Jahr deutlich[256]. Neben drei wegen Diebstahls Inhaftierter sitzt eine 35-jährige ledige Krumstedterin in Meldorfer Kriminalhaft als „Unverheiratete, wegen dritter Schwängerung zum Zuchthaus Verurteilte". 1835 werden neben Dieben und Vagabunden auch eine 27-jährige Brunsbüttlerin und eine 28-jährige Meldorfer Witwe in Meldorfer Kriminalhaft genannt, beide „wegen heimlicher Geburt".

Von dem rückwärtig zum Garten seines Vormunds und älteren Vetters, des Grützmüllers Jürgen Vagt d.J. (1753-1817), der in der Norderstraße 5 seine Rossmühle betreibt, gelegenen und bereits 1741 in den Umschreibeprotokollen genannten „Bürgergehorsam" im Norderviertel berichtet Claus Harms aus seinen Meldorfer Schuljahren 1797-1799, wenn er von Streifzügen durch den Garten seines „Oheims" zum „fidelen Gefängnis" in Meldorf spricht.

Nicht, wie Johnsen noch meint, dem im Klosterviertel, das in den Originalquellen im 18. und frühen 19. Jahrhundert stets als „Bütteley" oder „Frohnerey" bezeichnet wird und erst nach dem Umbau von 1817 die Funktion des Bürgergehorsams übernimmt, nachdem ein neues Kriminalgefangenenhaus 1818 in der Bütje-Straße errichtet wird. Denn die hier im Norderviertel gegenüber der Holländerei lebende und das erste Meldorfer Bürgergehorsam führende Familie hat eine Schanklizenz. Welch passende Kombination zu einer Verwahrungsstätte, in die zumeist notorische Säufer zur Ausnüchterung verbracht werden, ein in der Tat „fideles Gefängnis".

Im aufständischen Süderdithmarscher Sommer 1810 lebt hier, in einem laut Umschreibeprotokollen Haus von „9 Fach und einem Creutzhause", also einem insgesamt in T-Form ausgeführten Gesamtbaukörper, wohl schon der auch später (1819) als Bürgerschaftsdiener bezeichnete vormalige Tagelöhner Peter Schmidt (1768-1824), dessen knapp zwanzig Jahre jüngere, erst im September 1812 angetraute zweite Frau Anna Elsabea Dorothea geb. Engel, Tochter des Meldorfer Mauermanns Peter Engel, an gleicher Stelle unter der Adresse „An der Holländerey 9" im Jahre 1840 als Witwe des Peter Schmidt noch die Schenke betreibt.

Als Arresthaus wird das Gebäude spätestens ab 1818 nicht mehr genutzt. Hier stirbt noch im Juni 1861 der Schmied und Wagenbauer Christian Witt, der mit einer Tochter des Peter Schmidt verheiratet ist. Ein weiterer Sohn Johann Hinrich Schmidt lebt noch 1840 als Bürgerschaftsdiener (= Bürgergehorsamswärter wie sein Vater ?), mit seiner Familie im Meldorfer Geerviertel, vermutlich auf der südlichen Seite der Klosterstraße, gegenüber dem zum Klosterviertel gehörenden neuen Bürgergehorsam neben der Klosterbrauerei.

Hier ist gerade kurz zuvor der Gefängniswärter Jacob Friedrich Bütje aus einer ursprünglich Elpersbüttler Familienlinie, die nicht unmittelbar mit den Brauern in Verbindung steht, verstorben. Bütje hat nach dem Tod des langjährigen Vorgängers Thies Albers (1762-1833, interessanterweise ebenfalls in Elpersbüttel geboren, seit mindestens 1788 zunächst Wärter in der Frohnerei, ab 1818 Gehorsam) das Bürgergehorsam übernommen hat. In seiner Wirkenszeit sind die dort Inhaftierten, in Abgrenzung zu den Kriminellen, neben Trunkenbolden fast ausnahmslos Bettler oder Vagabundierende, die wegen „Paßlosen Umherstreifens" bei Wasser und Brot einsitzen. Das neue Bürgergehorsam in der Klosterstraße wird in den Jahren vor 1818, unter Albers, noch als Frohnerey/Bütteley, also Kriminalgefängnis genutzt und beherbergt davor bis ins frühe 18. Jahrhundert die Meldorfer Scharfrichter, die hier ihre „hochnotpeinlichen" Verhöre mittels entsprechender Befragungstechniken durchführten. Von solchen Methoden bleiben die Aufständischen des Sommers 1810 aber verschont.

Schließlich werden im Juli 1810 insgesamt 28 Männer, vorwiegend aus der besagten 2., aber auch aus der 3. und der 1. Hauptabteilung der Küstenmiliz in den auf den verhängnisvollen Sonntag folgenden Tagen in Meldorf arrestiert und später wegen Befehlsverweigerung nach Glückstadt ins Zuchthaus verfrachtet und vor ein Kriegsgericht gestellt. Die kompromisslose Behandlung der Männer und die zum Teil drakonischen Strafen für das ungebührliche Verhalten gegenüber den ortsfremden kommandierenden Offizieren, dürften überall in Dithmarschen in den ersten Julitagen 1810 für Aufregung sorgen.

Das erste Meldorfer Bürgergehorsam im Norderviertel gegenüber der Holländerei am späteren Pferdemarkt

Als mutmaßliche Rädelsführer des Aufstandes oder sich mindestens bei den folgenden Handgreiflichkeiten besonders auszeichnende Aufsässige werden im November schließlich der Krumwehler Arbeitsmann Johann Dieckmann zu zehn Jahren „Arbeit in Eisen unter den ehrlichen Sclaven" und der Hofbesitzer Johann Heinsohn vom Westerdeich, Unterbefehlshaber der 1. Hauptabteilung, zu fünf Jahren Strafarbeit in Eisen verurteilt. Die anderen

26 Beklagten werden mit abgestuften Strafmaßen von fünfjährigem Zuchthaus bis vierwöchigem „Gefängnis bey Wasser und Brodt in Terminen von fünf zu fünf Tagen" ausnahmslos zu ebenfalls harten Strafen verurteilt. Zudem müssen die Verurteilten alle Verpflegungs-, Verfahrens- und sonstigen Verwaltungskosten des gesamten Prozesses aus ihren Vermögen zahlen. Die mehrjährigen Zuchthausstrafen, mit Ausnahme der beiden Erstgenannten, werden zwar nach einem Jahr im November 1811 bzw. Januar 1812 für den Rest ihrer Strafen um ein Jahr verkürzt bzw. ganz erlassen, aber die kompromisslose Härte, mit der der Staat hier im Herbst gegen den „Aufstand" vorgeht, macht auch dem Letzten klar, dass auch Dithmarschen keine Landschaft mehr ist, wo man sich die Regeln selbst geben kann, und dass der eingeforderte Bürgerwehr- und Küstenmilizdienst kein operettenhaftes Spiel mehr ist. Der Schreck fährt allen Dithmarschern gehörig in die Glieder, weil es, angesichts der allgemein herrschenden Stimmung und der vielerorts durch die kommandierenden örtlichen Truppführer aus dem Umfeld der Gevollmächtigten und Vögte und sonstiger Honoratioren geübten, teils sehr laxen Handhabung der Übungen, wohl fast jeden von ihnen hätte treffen können.

Es ist in diesem Zusammenhang zu sehen, dass im folgenden Herbst 1810 zur Unterbindung des „Schleichhandels" ein Detachement des königlich dänischen Leibregiments nach Heide und Meldorf verlegt wird. Das Zutrauen in die Zuverlässigkeit und Ernsthaftigkeit der Dithmarscher Küstenmiliz scheint in der dänischen Militärverwaltung nicht mehr gegeben. Während Kopenhagen auf Distanz zu seiner Dithmarscher Küstenmiliz geht, hat der Vorfall für den Landvogt Heinzelmann keine negativen Konsequenzen, im Gegenteil. Noch im Laufe dieses aufständischen Jahres 1810 wird ihm die große Ehre zuteil, vom König zum Ritter des Danebrogordens geschlagen zu werden. 1828 wird er dann auch noch zum Danebrogmann „befördert".

In Meldorf wird noch mindestens im Oktober 1811 eine Jäger-Kompanie des 4. Bataillons des Königin Leibregiment stationiert sein[257]. Im Juni 1812 unterhält das 3. Bataillon des Leibregiments in Meldorf, wie bereits erwähnt, auch noch ein (Militär-)Krankenhaus, in dem Soldaten den Aufwärterdienst übernehmen. Weitere Befehle und Verordnungen machen das Blockadenetz nun zudem noch feinmaschiger. Die bis dahin mit relativ wenig Einschränkungen versehene Krabben- und Küstenfischerei auf Nordsee und Elbe wird deutlich beschränkt, zudem wird ein Befehl ausgegeben, dass zwischen sieben Uhr abends und sieben Uhr morgens auf eine Meile von der Küste (ca. 7,5 km) keine Waren mehr getragen oder gefahren werden dürfen.

Zuckermangel und Tode in schwerer Zeit

Das ganze Maßnahmenpaket ist nun so eng geschnürt, dass die Folgen des endgültig zusammenbrechenden Schmuggels zunehmend sichtbar werden. Vor allem die Zuckerknappheit wird ein ernsthaftes Problem, da im Gesamtstaat ein Großteil des Bedarfes bislang durch Importe von den Dänischen Antillen (heute U.S. Virgin Islands) gedeckt wird, im Volksmund der Jahre folgerichtig „Zuckerinseln" genannt. Ein Erbe des einstigen Schimmelmann'schen Wirtschaftsimperiums, denn der Vater des dänischen Finanzministers war als Sklavenhändler und karibischer Zuckerrohr-Plantagenbesitzer „in konsequenter Verlängerung der Wertschöpfungskette" auch noch ein Zuckerfabrikant geworden, der als dänischer Schatzmeister seinen Staat zudem mit seiner Ware monopolartig „überzuckern" konnte. Die englische Gegenblockade zeigt nun ernsthafte Wirkung. Melasse, die bis zuletzt in hoher Zahl in großen Holzfässern über den Atlantik nach Hamburg und/oder Altona verfrachtet und dort zu Zucker gesiedet wurde, kommt nicht mehr auf dem Kontinent an.

Zunehmend sucht die Bevölkerung nach Alternativen zum immer teurer werdenden und allzu lieb gewonnenen Rohstoff. Zuckerrübenfabriken werden in Dithmarschen erst gut 80 Jahre später errichtet werden, obwohl in Preußen bereits 1802 eine erste, allerdings noch nicht ausgereifte Rübenzuckerfabrik auf der Grundlage eines Verfahrens von Franz Carl Achard (1753-1821), einem Abkömmling hugenottischer Glaubensflüchtlinge, errichtet wird. Auf dem Holsteiner Land erhält stattdessen zunächst vor allem die Imkerei und Bienenzucht einen extrem starken Zulauf, auch wenn nicht alle Rezeptabwandlungen von Zucker auf Honig funktionieren. Gerade unter den Hausfrauen werden erfolgversprechende Ersatzrezepturen bezüglich Mangelwaren zum beliebten Gesprächsthema.

Doch auch das dänische Militär muss im Zuge einer ebenfalls zunehmenden Metallverknappung immer erfinderischer werden. Auf den Schießständen der Truppenübungsplätze werden erstmalig Auffangtrichter installiert, um die hier verschossenen Bleikugeln wiederverwenden zu können. Königlich dänische Offiziere müssen im weiteren Verlauf der sich zuspitzenden Wirtschaftskrise ertragen, dass ihre bislang aus Edelmetall gearbeiteten Epauletten und Ärmelaufschläge durch Stoffapplikationen ersetzt und Gold- und Silber durchtränkte Zierdrahtgeflechte und Troddeln am Handgriff ihrer Säbel entfernt und zugunsten der Staatskasse eingezogen und geschmolzen werden.

In dieser von Fritz Reuter zwar folkloristisch unsterblich gemachten, für Holstein aber im fortschreitenden Verlauf wirtschaftlich katastrophalen und zunehmend von Mangel beherrschten zweiten Phase der "Franzosentid" stirbt, nach Johann Harders Schwiegermutter Martha Maria Jessen im März 1809, auch sein Schwiegervater und langjähriger Vertrauter in Nordhastedt, der alte, inzwischen 79-jährige Pastor Andreas Jessen im Sommer 1810 nach nur einem Witwerjahr im Nordhastedter Pastorat. Der rüstige Geistliche versieht seinen fast fünfzig Jahre währenden Dienst als Prediger bis in seine letzten Tage. Eine letzte Taufe nimmt er neun Tage vor seinem, am 3. Juli 1810 eintretenden Tod vor.

Zu seiner aufgrund der Sommerhitze am Donnerstag, den 5. Juli, zügig stattfindenden Beerdigung werden zahlreiche Trauergäste aus ganz Dithmarschen nach Nordhastedt anreisen[258]. Durchgeführt wird der Trauergottesdienst vermutlich durch seinen Albersdorfer Amtskollegen Johann Jacob Rink (1745-1826), der nun auch für einige Monate, nach 1786, zum zweiten Male die Nordhastedter Vakanz ausfüllt, vielleicht aber auch durch den Meldorfer Propst selbst, schließlich ist Andreas Jessen seit vielen Jahren der „Senior" der Süderdithmarscher Pastorenschaft und hat es fast bis zum „Jubelprediger" geschafft. Als Propst fungiert in Meldorf seit der Demission von Anckens im Jahr 1808 inzwischen Hinrich Christoph Clasen (1774-1853), dessen Amtsführung, wie wir noch sehen werden, gerade auch noch für Nordhastedt interessante und amüsante Konsequenzen haben wird. Die Trauergemeinde des vermutlich sehr warmen Sommertages 1810 wird allerdings zunächst kaum die Besetzung der Süderdithmarscher Kirchenämter im Blick haben, sondern in diesen Stunden neben dem persönlichen Abschied auch die erst seit zwei, drei Tagen ruchbar gewordenen Ereignisse um den Aufstand der Küstenmiliz im Kirchspiel Marne vom vergangenen Sonntag durcharbeiten.

Die kommenden Herbst- und Wintermonate 1810/1811 werden erstmals von einer ernsthaft depressiven Stimmung in Dithmarschen geprägt sein. Im darauffolgenden April, am Samstag nach Ostern 1811, stirbt in dieser immer trister werdenden Zeit im Alter von nur 26 Jahren Dorothea Magdalena, die unverheiratete jüngere der beiden Töchter aus erster Ehe des Johann Harders. Der folgende trockene und heiße Sommer 1811 - die Menschen im Norden erinnern einen solchen mit Hitze bis zum 24. September seit über 120 Jahren nicht mehr - könnte für den 63-jährigen Johann Harders mit seiner um ihre Eltern trauernden Frau trotz der prächtig heranwachsenden Kinder zweiter Ehe eine sorgenreiche und zunehmend melancholische Zeit werden.

Im September und Oktober des Jahres wird für viele Wochen auch in Dithmarschen ein Komet mit größerem Schweif sichtbar, den Viele in diesen schweren Zeiten als Omen für Böses oder Besseres deuten wollen. Napoleon sieht in ihm ein bestärkendes Zeichen für seine militärischen Pläne im Osten – und irrt gewaltig[259].

Die warmen Sommermonate sind bereits vor den überraschenden ersten größeren militärischen Niederlagen Napoleons durch die immensen Kosten der dänischen Aufrüstung, die Stationierung der verbündeten napoleonischen Truppen aus holländischen, spanischen und französischen Einheiten und einer durch die Handelssperren letztendlich zermürbten Wirtschaft auch finanziell schwierig. Die außerordentlichen Pflugsteuern, die sich zwischen 1805-1810 je Pflug auf 38 Reichstaler summiert haben, werden im Jahre 1811 nochmals auf 10 Reichstaler je Pflug erhöht. Zum Vergleich: die ordentliche Pflugsteuer beträgt 1,5 Reichstaler monatlich. Waren die zusätzlichen Zahlungen in Dithmarschen in den ersten Blockadejahren noch halbwegs zu leisten gewesen, sind die Reserven vielerorts längst verbraucht.

Neben den drängenden finanziellen Sorgen wird die Stimmung der Dithmarscher Bevölkerung in dieser Zeit immer mehr durch die seit 1807 in zunehmender Intensität zur Aufstellung befohlene, militärisch aber fragwürdige Bürgerwehr und Küstenmiliz belastet. Insbesondere nach den Marner Vorkommnissen des Sommers 1810 wird der Dienst für Viele zur Qual. Landsturm ähnlich organisiert werden im Zeitablauf nach der ersten Freiwilligen-Erhebung 1807 schließlich alle wehrfähigen Männer zwischen 17 und 50 Jahren zu feierabendlichem und sonntäglichem Exerzieren gefordert. Wahrscheinlich, da auch in anderen Kirchspielen so praktiziert, übernimmt an Stelle des hierfür bereits zu alten Kirchspielvogts Johann Harders der Landesgevollmächtigte des Kirchspiels das Kommando über die Nordhastedter "Freizeitkrieger".

Der Dienst fällt den Dithmarschern schwerer als anderen Holsteiner Landsleuten, denn ihnen ist seit den Zeiten der letzten Fehde 1559 bezüglich Truppenstationierung und Wehrpflicht von der dänischen Krone stets ein Sonderstatus eingeräumt. Gemäß der Landausschuss-Verordnung vom 29. Mai 1739 waren die Süderdithmarscher, so weit sie sich wie ab 1755 nicht sogar gänzlich freigekauft haben, je 3 ¾ Pflug nur zur Stellung eines Mannes zwischen 18 und 36 Jahren verpflichtet. Diese wenigen Landausschuss-Männer dienten 6 Jahre, in denen sie zudem nur gelegentlich zu Übungen zusammengezogen wurden. Erst die Reform vom 1. August 1800, die zum Jahresende 1802 nochmals nachgeschärft wurde, war statt Pflugzahl auf Einwohnerzahl umgestellt worden, um vornehmlich die bis dahin nicht unter der dinglichen Pflugzahl erfassbaren Bauern auf den adligen Gütern Ostholsteins erfassen zu können.

Das Mindestalter ist seitdem zwar auf 20 Jahre erhöht, aber zugleich das Dienstverhältnis auf 8 Jahre erweitert worden. So sind die Süderdithmarscher bis zur Aushebung der Milizen lediglich zur Stellung eines 60-70 Mann starken Landausschusses verpflichtet, der sich über die Jahrzehnte zuvor stets problemlos aus den ärmeren Bevölkerungsschichten, für die der geringe finanzielle Anreiz ausreichte, darstellen ließ. Für Nordhastedt bedeutete das in der Regel auf seine Pflug-/Einwohnerzahl die Stellung von ein oder zwei Mann, wie die Nennung zweier Nationalsoldaten für das Jahr 1803 deutlich macht. Nun ist erstmalig seit vielen Generationen nahezu die gesamte männliche Bevölkerung in zudem wirtschaftlich schwierigsten Zeiten zu einem „militärähnlichen Dienst" und einem unbequemen Drill gezwungen, dessen Sinn sich vielen nicht erschließt und dessen Ursachen in Vorgängen begründet liegen, die den meisten Dithmarschern fremd bleiben.

Ämterverweigerung in Nordhastedt

Kein Wunder, dass die Nerven der Bevölkerung vielerorts blankliegen. Auch der Nordhastedter Gemeinsinn gerät gehörig ins Wanken. Am 9. Juni 1811 ist noch alles leidlich friedlich, als Kirchspielvogt Johann Harders, während eines Sonntagsgottesdienstes zu Beginn des heißen Sommers, in der üblichen Weise die Ankündigung der anstehenden Wahl der neu zu besetzenden Kirchenämter im Vorfeld der für den 13. Juni anstehenden nächsten Kirchenvisitation macht[260]: *„Von Gerichtswegen und bei Brüche* (Anm.: Strafe) *30 Mark gebiete ich, Johann Christian Friedrich Heinzelmann, königlicher Etatsrath und Landvogt, Ritter pp.: Euch, Peter Kühl in Nordhastedt und Johann Braaker allda, sowie Jürgen Lucht in Süderholm und Claus Lösch allda, daß Ihr am 13ten Juny d.J. zu Nordhastedt bey der im Pastorathause zu haltenden Kirchenvisitation erscheint und gewärtigt, wie zwey von Euch zu Schulen- und Armenvorstehern an der abgehenden Schul- und Armenvorsteher Henning Schlüter in Nordhastedt und Boje Nicolaus Rode in Süderholm Stelle ernannt und bestellet werde. Wornach Ihr Euch zu richten."*

Mit gleichem formal vorgeschriebenen Text werden auch die vorausgewählten Boje Franzen aus Westerwohld, dessen Sohn Claus 1845 zu den Gründern des Enthaltsamkeitsvereins zählen wird, und Henning Schlüter aus Nordhastedt sowie Boje Rohde aus Süderholm und Jürgen Ruge aus Bennewohld im Anschluss zur Wahl als Nachfolger der abgehenden Kirchenbaumeister Jürgen Christopher Peters aus Nordhastedt, der inzwischen die Gastwirtschaft von Hans Ruge an der nordöstlichen Seite der Landstraße nach Heide übernommen hat, und Hans Hinrich Rabe aus Süderholm berufen.

Doch bereits einen knappen Monat später treten am Morgen des 10. Juli, es ist ein Mittwoch, gleich vier Nordhastedter in die Amtsstube des immer noch um seine drei Monate zuvor verstorbene Tochter trauernden Vogts Harders und verweigern die turnusmäßige Übernahme des ebenfalls neu zu besetzenden Amtes als Wege- und Straßenmeister, einem der angesichts der chaotischen Wegeverfassungen beschwerlichsten Ämter, die im dörflichen Gemeinwesen zu vergeben sind[261]. Dem hierbei bemerkenswert unambitioniert und „müde" auftretenden Kirchspielvogt Johann Harders bleibt nichts anderes übrig, als ein Protokoll über die Verweigerungsgründe aufzunehmen und an den Landvogt weiterzuleiten.

Mit dem schwächsten Weigerungsargument wartet zunächst Jochim Christian Bracker auf. Der knapp 41-jährige Sohn des bei der Volkszählung acht Jahre zuvor genannten Landhökers und als Paten eingesetzten Freundes des Kirchspielvogts, Claus Bracker, der zwei Jahre zuvor den Hof seines Vaters an der Dorfstraße übernommen hat, will das Amt nur unter der Bedingung antreten, *„daß Jürgen Christoffer Peters sein Gehülfe seyn möge, denn da er wichtigere Aemter als Kirchenbaumeister u.s.w., die ihm etwas einbrächten, verwaltet hat, so könne er auch die minderwichtigen, die ihm mehr Schäden als Vortheil zu Wege bringen, einmal übernehmen, und dürfe eben so wenig davon ausgeschlossen bleiben, wie andere."*

Man gewinnt angesichts des vorgebrachten Arguments den Eindruck, dass es vor dem Hintergrund der schwierigen Jahre bei diesem Vorgang in erster Linie um das Bemühen geht, Lasten, Pflichten und Erträge aus den Ämtern, die in einem vergleichsweise kleinen Kirchspiel wie Nordhastedt zu einer stärkeren Belastung des Einzelnen führen als in größeren Gemeinwesen, wo sich die Last auf eine größere Anzahl Schultern verteilen kann, in ein ausgewogeneres Verhältnis zu bringen.

Doch auch der zweite „Verweigerer", der bereits 1803 genannte Hufner Claus Kröger (Hinter der Kirche 2 oder 3), jetzt 45 Jahre alt, hat seine eigenen Gründe. Nicht nur sei er bereits durch das bekleidete Amt eines Lagemanns belastet – als Lagemann ist er u.a. für die Musterung und Auswahl der Nationalsoldaten zuständig, die als Landausschuss aufzustellen sind und angesichts der Milizjahre hier ebenfalls wohl stärker gebunden -, auch lasse sein „schwächlicher Körper" ein weiteres Amt nicht zu. Als dritter Appellant tritt der eingangs als Gehilfe geforderte Jürgen Christoffer Peters, ein Mittfünfziger, der im Vorjahr den Gasthof des Schwagers Hans Ruge an der Heider Straße übernommen hat, selbst auf den Plan.

Jürgen Christopher Peters ist zudem ein Bruder des Gastwirts Jacob Peters, des Kindspaten des Vogtes. Er *„gibt vor, daß er, da er nur erst des Baumeisteramts entlediget, und schon ein ziemlich bejahrter Mann sey, davon befreyt seyn müsse; dahingegen Johann Wischmann, der ungefähr 16 Jahre jünger ist als er, dies Amt besser versehen könne; er (Wischmann) entschuldige sich zwar damit, daß er Soldat sey, und jeden Augenblick zum Regiment gerufen werden könne, er sey aber doch jetzt alhier, und falls er dahin gefordert würde, wäre er (Peters) bereit, sogleich das Amt zu übernehmen."*

Man scheint hier einfach die „Schwarze Peter-Karte" immer weiter zu reichen, da der vierte Vorstellige der gerade ins Spiel gebrachte Johann Wischmann ist. Der knapp 38-jährige, in Steenfeld bei Hademarschen geborene Wischmann ist erst seit seiner Heirat 1806 mit einer Tochter des Hufners Johann Fehrs in Nordhastedt an der Hauptstraße im Übergang zum

Fieler Damm (vermutlich heutige Adresse Hauptstr. 53) ansässig und gibt sogleich retour „daß dem Jürgen Christoffer Peters, da er schon das vorige Mal zum Wege- und Straßenmeister citiret gewesen sey, und schon länger (hier) gewohnt habe, wie er, das Amt gehöre. Wenn denn die Reihe aber an ihn käme, so weigere er sich nicht solches zu übernehmen. Ueberdieß wäre er Soldat, und müsse alle Augenblick besorgen, daß er zum Regimente gefordert würde."

Johann Harders versieht die Aktennotiz, die einer kleinen Posse gleicht, bei der jeder Aufgerufene einfach auf den nächsten in der Reihe zeigt, mit keinem persönlichen Kommentar. Der Ausgang der Angelegenheit, die symptomatisch für die Zeiten scheint, bleibt unklar. Es ist zu vermuten, dass schlussendlich, nach freundlich bestimmtem Zwischenruf des Meldorfer Landvogts, gewürzt mit reichlich angedrohter Brüche, der Frieden im Ort gewahrt bleibt und einer der Kandidaten die turnusmäßige Funktion, wenn auch zähneknirschend, übernimmt. Letztgenannter Neubürger Johann Wischmann jedenfalls wird zudem im folgenden Jahr 1812, wohl als Nachrücker, als neu ernannter Schulaufseher im Ort eingesetzt und demzufolge wohl nicht das Wegemeisteramt des Vorjahres 1811 übernommen haben. Jürgen Christopher Peters, für wenige Jahre also neben seinem Bruder Jacob der zweite Nordhastedter Wirt dieser Familie, stirbt im Mai 1816 in Nordhastedt und könnte das Amt zähneknirschend und widerwillig angetreten haben.

Nordhastedter Schule soll modernisiert werden

Die schwierige wirtschaftliche Lage dieser Jahre bringt auch den Zustand der Schulen im Kirchspiel immer mehr in Bedrängnis. Die Nordhastedter Schule, zu Lebzeiten von Johanns Schwiegervater Andreas Jessen bis in den Sommer 1810 hinein zuletzt als völlig überfüllte einklassige Schule geführt, soll unter dem neuen Pastor Hans Petersen (1777-1851), einem gebürtigen Marner, der zuvor Diakon in Tellingstedt war, endlich "modernisiert" werden, doch es fehlt das Geld. Seit 1793 (bis zum Tod im September 1828) ist Paul Christian Kröger (1770-1828) in dritter Generation der Familie Kröger Schulhalter und Küster in Nordhastedt, bei seinen Schülern berüchtigt für seine straffe Disziplin und eine beißende Ironie. Dessen Vater Paul Lindemann Kröger (1718-1792), ein Patenkind von Johann Harders Großvater, des damaligen Kirchspielvogts Marx Harders, war zuvor 45 Jahre lang in diesem Amt. Als dieser Heiligabend 1792 im Alter von 74 Jahren starb, war ihm unmittelbar sein Sohn, Autodidakt wie sein Vater, im örtlichen Lehramt nachgefolgt.

Im Zuge der Kirchen- und Schulvisitation des Jahres 1811, die mitten hinein in den heißen Sommer fällt, ist eine Stellungnahme des Nordhastedter Kirchspielvogt Harders erhalten, in der dieser für die ebenfalls noch existierende Winter- oder auch Klippschule Osterwohlds die Einrichtung als solche zunächst weiter verteidigt. Hierin befürchtet er, dass die Armut noch größer würde, wenn die Kinder der Tagelöhner und Kätner im Sommer nicht die Möglichkeit hätten, bei den Bauern Kost, Logis und Kleidung zu verdienen. Die Kosten dieser Schule seien zudem überschaubar, da die Lehrer nur monatsweise gemietet und nicht fest angestellt seien. 1803 wird beispielsweise der 20-jährige Johann Hinrich Mohr als „gemieteter Schulmeister des Dorfes" genannt, der im Haushalt des Osterwohlder Landesgevollmächtigten Marx Wittmaack wohnt. Doch Ankündigungen einer sich am Horizont abzeichnenden Schulreform im Gesamtstaat erzeugen Handlungsdruck.

Erst als 1813 endlich auch in Nordhastedt die Mittel für einen Ausbau der örtlichen Schule und Einrichtung einer zweiten Klasse zusammengetragen sind, wird die Osterwohlder Winterschule aufgegeben. Das umgebaute Schulgebäude in Nordhastedt, das nun im Jahr 1813 an der Hauptstraße auf der Fläche der heutigen Bushaltestelle vor dem heutigen Schulgebäude entsteht, gefällt Pastor und Vogt ganz gut. Die beiden kommentieren per 15. Mai 1813 eine zum Beschluss vorliegende Bauzeichnung wie folgt[262]: *„Der Riß hat unseren Beifall, besonders da beyde Schulstuben bloß durch eine Zwischenwand und eine Thür getrennt sind. Wohnzimmer nebst Küche, Kammer und Viehstall werden im Westen des Hauses neu angebaut."* Der Schulbau von 1813 ist also als Umbau der nach 1741 entstandenen neuen Schule zu deuten, bei dem der Altbau von 1741 nun die zwei Klassenräume bildet, während ein westlicher Anbau die neue Wohnstätte des Küsters wird.

Als Lehrer der neuen zweiten Klasse in Nordhastedt wird kurzerhand in guter alter Dorftradition der 17-jährige Sohn Paul Lindemann Kröger des bisher allein agierenden Paul Christian Kröger hinzugenommen. Mit Auswärtigen hat man ausreichend schlechte Erfahrungen gesammelt. Leider wird man einige Jahre später (1819) trotzdem aneinander geraten. Kirchspielvogt Johann Harders scheint richtig in Rage und persönlich verletzt, als er eine vom Pastor unterstützte Gehaltserhöhungsforderung (für den Vater Kröger) wortreich kommentiert und damit in diesem Schriftstück[263] ein klein wenig persönliche Einstellungen preisgibt: *„Es befremdet mich in der That, daß der hiesige Schullehrer Kröger so unbillig und undankbar gegen eine Commune erscheinen kann und mag, die ihm doch weit mehr geleistet hat, als sie nach der allgemeinen Schulordnung zu leisten schuldig ist. Ohne gegründete Uhrsache eine Sache, wobei er lediglich von Habsucht und zu großem Eigennutz geleitet und angetrieben zu sein scheint, in einem falschen Lichte und in einer falschen Gestalt vortragen und darlegen und bei den Hochgeborenen Herren Kirchen-Visitatoren um obere Genehmigung und Bewilligung ansuchen zu lassen. Drückend und belästigend genug sind Vielen ihre Beyträge zur bisherigen Verbesserung der hiesigen*

Schule geworden, und es wäre zu wünschen, daß solchen Personen endlich einmal einige Erleichterung in dieser Hinsicht verschafft würde."

Der Vogt fügt im Weiteren eine detaillierte Herleitung aller dem Lehrer zustehenden und nicht zustehenden Landflächen und Einkünfte bei (unter anderem Grundgehalt 60 Reichstaler für den Vater, 40 für den Sohn), die wir uns an dieser Stelle aber ersparen wollen. Die im Eingang scharfe Verurteilung des Kirchspielvogts Harders muss vor dem Hintergrund der zum Zeitpunkt des Streits längst eingetretenen wirtschaftlichen Depression gesehen werden, deren Entstehen sich zu Zeiten des Schulneubaus 1813 längst abzeichnet.

Der junge Paul Lindemann Kröger kehrt der Gemeinde vermutlich bald nach dem Streit den Rücken. Er geht zunächst nach Wöhrden, heiratet dort eine Kohlsaat aus Wellinghusen und lässt sich bald darauf mit seiner Familie am Trennewurther Deich als Lehrer nieder. Spätestens nach dem Tod des Vaters 1828 in Nordhastedt folgen auch die verwitwete Mutter und seine Geschwister ins Marner Kirchspiel. Der im Dezember 1802 geborene jüngere Bruder Detlef Kröger wird fortan im benachbarten Helse ebenfalls als Lehrer tätig sein und die Familientradition fortsetzen.

Im Sommer 1854 wird das modernisierte Nordhastedter Schulhaus von 1813 ergänzt und ein weiteres (das heute noch existierende) wird in unmittelbarer Nähe (rückwärtig) errichtet, um der weiter wachsenden Kinderzahl gerecht zu werden[264].

Die zum 24. August 1814 unter dem nun sowohl für Schleswig als auch Holstein zuständigen Generalsuperintendenten Adler erlassene „Allgemeine Schulordnung für die Herzogtümer Schleswig und Holstein", die die Schulerweiterung von 1813 begründete, führt auch erstmals die bis heute geltende neunjährige Schulpflicht für alle Kinder ein. Doch die bereits im Sommer 1811 getätigte, skeptische Einschätzung von Johann Harders bestätigt sich noch viele Jahre später. In einem Schulbericht des ab dem 1. November 1828 auf die Krögers folgenden Nordhastedter Lehrers Johann Matthias Kuhlmann (1791-1872), der ab 1812 als Seminarist (wohl in Tondern), also erster ausgebildeter Lehrer, zunächst in Fiel als Dorflehrer unter der Obhut des Nordhastedter Pastors Petersen eingesetzt wird, da die dortigen Kinder den beschwerlichen Weg über die moorigen Wiesen nach Meldorf oder Nordhastedt nicht mehr auf sich nehmen können, zeigt dieser noch um das Jahr 1840 herum an, dass der Besuch der Nordhastedter Schule im Winter zwar gut sei, im Sommer aber so schlecht, dass er die Geldstrafen für die Eltern erhöht wissen wolle, da die bisherigen bei manchen Familien nicht genügend wirken[265].

Kuhlmann ist in Marne zwar als Sohn eines Weißgerbers und späteren Amtsdieners geboren, setzt beruflich mit seiner Lehrtätigkeit aber auch eine Familientradition fort. Sein

Großvater Diedrich Kuhlmann war 1739 in Meldorf als „guter Schulhalter" verstorben. Der insgesamt mit vier Ehen in Fiel und Nordhastedt belegte Kuhlmann ist das Gründungsmitglied des Enthaltsamkeitsvereins von 1845, das bereits nach einem Tag das Handtuch wirft. Seine letzte Ehefrau Heinke Hansen ist eine Tochter des bereits 1803 genannten, langjährigen Osterwohlder Bauerngevollmächtigten Johann Hansen (1776-1856), dem vom Vogt Harders als einzigem eine ausreichende Bildung attestiert wurde.

Eine Ursache des auch in Nordhastedt zu bemerkenden hartnäckig schlechten Schulbesuchs ist in einem Umstand zu suchen, den ein Prediger der Wilstermarsch bereits 1787 in einem Beitrag in den Schleswig-Holsteinischen Provinzialberichten als verbreitetes Phänomen im Westen des Herzogtums festhält: *„In der Marsch werden die Kinder fleissiger zur Schule geschickt, weil die Aeltern sie vor der Konfirmation wenig in ihrer Haushaltung brauchen ... Auf der Geest aber werden die Kinder von Früh auf, den Aeltern unentbehrlich, weil ihr Vieh gehütet werden mus, welches in der Marsch die Graben unnöthig machen."*

Die Haltung vieler Eltern, ihre Kinder, trotz bestehender Schulpflicht, im Sommer nicht oder nur selten zur Schule zu schicken ist ebenso ein Ausdruck von wirtschaftlicher Notwendigkeit, wie auch traditionellem Verhalten. Viele in der Dithmarscher Landbevölkerung halten sich noch bis weit in das 19. Jahrhundert hinein aus Prinzip an tradierte Verhaltensmuster. Sie beziehen sich hierbei bewusst oder unbewusst, in erweiterter Auslegung, auf die alte „Sommerfreiheit" aus der früheren Schulordnung von 1745, die u.a. noch formulierte[266]: *„Die Kinder, die das 13. Jahr erreicht haben, sollen bis zum Konfirmationsjahr von Martini (11.11.) bis zur beginnenden Pflugzeit zur Schule gehen."*

Den eigenen Sohn Johann Andreas hat der Kirchspielvogt Johann Harders zum Zeitpunkt der Nordhastedter Schulerweiterung längst auf die Meldorfer Gelehrtenschule geschickt, die Süderdithmarscher Beamten-"Kaderschmiede", die er selbst viele Jahre zuvor besucht hat[267]. Wohl spätestens nach dessen Konfirmation zu Palmarum 1812, am 22. März, begibt sich der Vogt mit seinem Sohn, wie einst sein Vater mit ihm, nach Meldorf zu seinem alten Lehrer Jäger, der erst im Folgejahr das dortige Rektorat niederlegen wird, um die Aufnahme in der Schule und eine entsprechende Unterkunft für denselben zu organisieren.

Die Schulkosten sind in der finanziell prekären Zeit gegenüber seiner eigenen Schulzeit bislang nur moderat angestiegen. Als einsteigender Tertianer beträgt das Schulgeld zunächst 14 Mark. Ab dem Folgejahr 1813 werden allerdings die Schulbeiträge auch in Meldorf deutlich angehoben, Sekundaner müssen nun 20 Mark jährlich geben, Primaner 25 Mark. Der einzige Sohn wird ab Ostern 1812 den heimischen Hof in Nordhastedt verlassen und die nächsten vier Jahre mehr oder weniger in Meldorf verbringen, untergebracht wohl wiederum in einer der mit dem Vater befreundeten Familien aus seinem beruflichen

Netzwerk. Der Harders-Hof in Nordhastedt hat demzufolge in den nächsten Jahren einen eindeutigen Frauenüberschuss.

Vollmacht Hansen und sein Knecht

Erhalten geblieben und hier auszugsweise als Zeitdokument dieser Monate, in denen sich Johann Harders ohne männliche Familienunterstützung einer fortan das restliche Jahrhundert prägenden „Weiberwirtschaft" auf dem eigenen Harders-Hof erwehren muss und der Nordhastedter Schulbau erst in den Köpfen der Gemeindemitglieder zaghaft als vage

Abschließendes Testat des Vogts Johann Harders aus einem Grundstückskaufvertrag des Jahres 1812

Planung Gestalt annimmt, ist ein gesiegelter Kaufvertrag vom 24. Juli 1812 beigefügt, mit dem ein Grundstück von dem bereits im Vorjahr als Amtsverweigerer genannten Jürgen Christopher Peters, von 1808-1811 in Nordhastedt als Kirchenbaumeister genannt, in der Volkszählung von 1803 allerdings noch in Albersdorf vermerkt und Bruder des Gastwirts Jacob Peters, auf einen Jacob Christian Buschmeyer übertragen wird[268], der vor 1806 eine in Nordhastedt geborene Anna Christina Peters geheiratet hat. Das 1812 seinen Besitzer wechselnde Grundstück gehört zuvor zum Ruge-Hof auf der anderen, der östlichen Seite der Landstraße. Hier steht vor 1812 wohl nur eine kleinere Kate, wahrscheinlich ein Altenteilerhaus der vorbesitzenden Ruges.

Der aus Windbergen stammende neue Eigentümer Buschmeyer des Jahres 1812 hat unmittelbar vor seiner Heirat und Zuzug nach Nordhastedt als Dienstknecht beim bereits erwähnten „steinreichen" Gevollmächtigten Hans Hansen im Kronprinzenkoog gearbeitet[269]. „Vullmacht" Hansen hat in diesem Jahr 1812 durch Fehlspekulationen im Zusammenhang mit Getreidelieferungen für die napoleonischen Truppen erhebliche wirtschaftliche Schwierigkeiten. Bereits im Vorjahr 1811 musste er seinen 80 Morgen großen Besitz im Kronprinzenkoog für 129.000 Taler verkaufen.

Doch auch der mit erheblichem Verlust durchgeführte Notverkauf des erst 1806 für 400.000 Reichtstaler gekauften adligen Guts Aschberg bei Plön für 200.000 Taler rettet Hansen in diesem schlimmen Jahr 1812 nicht vor dem Konkurs. Hansen bleibt zunächst nur ein Hof in Westerdeich bei Marne, den er aus der ersten Ehe seiner Frau erhalten hat, die zunächst mit einem Enkel Jacob Friedrich Hedde (1747-1781) des Schafstedter Kirchspielvogts Peter Hedde (1646-1719), also einem Cousin zu Harders bis 1796 amtierenden Amtskollegen, verheiratet war.

Hansens ehemaliger Knecht Buschmeyer, ob solcher Summen sicher schwindelig, will zeitgleich, nur wenige Monate, bevor der Staatsbankrott die wirtschaftliche Lage nochmals verschärfen wird, mit demgegenüber geradezu bescheidenen Mitteln in Nordhastedt groß durchstarten. Buschmeyer baut auf der Grundlage dieses Kaufvertrages über knapp 3.000 Mark oder rund 1.000 Taler noch im gleichen Jahr einen großen Hof inklusive Gastwirtschaft, für die er im Folgejahr eine Konzession beantragt, allerdings unmittelbar darauf verstirbt. Die Gaststätte wird dann in der Folge von seiner Witwe Anna Christina geb. Peters (1780-1867) und ihrem zweiten Mann Johann Anthony betrieben, nachdem der Gastbetrieb auf dem gegenüberliegenden alten Ruge-Hof in dieser Zeit vom Nachbesitzer Jürgen Christopher Peters eingestellt worden ist.

Der neue Gastwirt an der Landstraße Johann Anthony ist 1803 noch in erster Ehe in Krumstedt mit einer privilegierten Schenke tätig und kommt nach dem Tod seiner ersten Frau erst nach 1813 nach Nordhastedt. Er wird hier im Juni 1820 erstmals zum Armenvorsteher und im Juni 1823 für drei weitere Jahre zu einem der beiden Kirchenbaumeister der Nordhastedter Kirchengemeinde gewählt. Anthony stirbt 30 Jahre vor seiner damit zum zweiten Mal in den Witwenstand tretenden Frau im Jahre 1837. Das noch heute an der Ecke Heider Straße/Meiereistraße als reetgedeckter Karstens-Hof in Nordhastedt erhaltene Gebäude trägt als Zeitzeuge dieser Jahre über der südlichen Durchfahrt weithin sichtbar die Jahreszahl 1812 und in kleinerer Ausführung zu Osten das unscheinbare „B" des Bauherren Buschmeyer.

Der 1812 von Jacob Christian Buschmeyer erbaute Hof an der Ecke Heider Straße/Meiereistraße

Staatsbankrott

Die über Jahre durch die napoleonische Blockadepolitik und den durch die Briten verursachten Flottenverlust ihres gesamten Exportpotenzials beraubte und zermürbte Wirtschaft des Gesamtstaates geht zum Ende dieses Jahres 1812 endgültig in die Knie. Die Staatsfinanzen sind zutiefst zerrüttet durch die zuletzt notwendig gewordenen „kostspieligen Rüstungs- und Defensionsmaßnahmen", wie es im Staatsjargon der Zeit heißt. Die Entwicklung mündet in einen am 5. Januar 1813 erklärten dänischen Staatsbankrott, der viele Bürger und Bauern endgültig in existenzielle wirtschaftliche Not treibt.

Kopenhagen lässt bereits im August 1812 alle Silberbestände im staatlichen Zugriff in den Herzogtümern beschlagnahmen und in der Festung Rendsburg sicherstellen. An Stelle des eingezogenen holsteinischen Silbergeldes, das sich durch die garantierte Silberdeckung der ausgebenden Altonaischen Bank bis dahin noch dem zunehmenden Wertverfall des dänischen Papiergeldes entziehen konnte, wird ungedecktes Papiergeld der gesamtstaatlichen „Neuen Reichsbank" in Kopenhagen ausgegeben. Dieses verliert in der Folge jedoch rapide an Wert und besitzt schon bald darauf nur noch 10% seiner ursprünglichen Kaufkraft.

Die Währungsumstellung entfaltet bereits Ende Januar 1813 seine volle Wirkung in den Herzogtümern. Denn traditionell werden wesentliche großvolumige Waren- und Finanztransaktionen auf den Termin des in der zweiten Januarhälfte stattfindenden „Kieler Umschlags" kontrahiert. Holstein wird bereits innerhalb der ersten Wochen des Jahres in dem verzweifelten, aber vergeblichen Versuch des dänischen Finanzministeriums, sich über dessen Teilstärke im Ganzen zu gesunden, in voller Breite mit in den wirtschaftlichen Abwärtssog gerissen. Zusätzlich wird von der dänischen Krone eine "sechs prozentige Bankhaft" als Zwangsabgabe auf alle Immobilien erhoben, die entweder unmittelbar zu entrichten ist oder über 30 Jahre gestreckt mit 6,5% verzinst abgetragen werden soll.

Die Grund besitzende Landbevölkerung wird nach auslaugenden Vorjahren nochmals langfristig stark belastet. Dort, wo der Grundbesitz mit Privatkrediten belegt ist, können die Landwirte in vielen Fällen den Schuldendienst in den kommenden Jahren nicht bedienen. Viele Landbesitzer sind in der Folge gezwungen, ihr Grundvermögen weit unter Wert zu verkaufen. "För'n Piep Toback" ist ein gängiger gesprochener Marktkurs dieser Zeit, der sarkastisch sowohl auf verfallende Grundstückswerte als auch auf den enorm gestiegenen Preis für den kaum noch verfügbaren Importtabak abstellt. Im Gegensatz zu den dänischen Bauern, denen später 5/6 dieser Bankhaft erlassen wird, werden die Holsteiner diese Zahlungen bis zur vollständigen Bedienung bis in das Jahr 1843 leisten müssen, nachzulesen in den Schuld- und Pfandprotokollen.

Zudem dient als Besteuerungsgrundlage erneut die erstmals 1802/1803 herangezogene und in Holstein als stark benachteiligend empfundene gesplittete Ertragswertbasis (dänisches Kernland) gegenüber der Grundwertbasis in den Herzogtümern. Umstände, die die Einstellung vieler Holsteiner zum Dänischen Gesamtstaat in der Folge, neben der anhaltenden „Danisierung und Zentralisierung" schwer belasten und als Keimzelle maßgeblichen Anteil an der Motivation der späteren 1848er-Erhebung haben werden[270].

Briefe von Fritz Graf von Reventlow (1755-1828), einem adligen Mitglied des Emkendorfer Kreises und gemeinsam mit seinem Bruder Cay Sprecher der Ritterschaft, in dem sich in diesen Tagen endgültig die Opposition des schleswig-holsteinischen Adels zur dänischen Staatsführung manifestiert, drücken den Schmerz und die Wut vieler Holsteiner in den Tagen des wirtschaftlich verheerenden Jahres 1813 aus, in dem es sogar unter den nun mit wertlosem Papiergeld versorgten Witwen und Pensionären zu einigen aus Angst vor einem Hungertod verübten Selbstmorden kommt[271]: *"Sind wir nicht ... wirklich bloß der ebenso gehässigen als übelverstandenen Eifersucht der Dänen aufgeopfert worden? Geopfert das Huhn mit den goldenen Eiern, aber nicht bloß aus thörichter Habsucht, sondern aus bitterem und schändlichem Neide!"*

Allerdings ist bei aller Polemik auch dem Briefschreiber Reventlow sehr bewusst, dass die im Frühjahr 1813 gefassten Währungs-(Not-)pläne auf seinen Schwager Ernst Heinrich Schimmelmann selbst als geistigen Urheber zurückgehen, also einen der an der Regierung beteiligten Holsteiner Finanzexperten, dem ursprünglichen spiritus rector und Begründer der eigenen, nun geopferten Schleswig-Holsteinischen Hartwährung.

Nordhastedts Pastor in Geldnöten

Da kommt es denkbar ungelegen, dass der neue Pastor Petersen nach zu vielen Jahren des Zuwartens und Zögerns unter seinem Vorgänger Jessen schließlich auch im Verlauf dieses Nordhastedter Schulbaujahres 1813 feststellen muss, dass nach den nun wiederum vergangenen über 30 Jahren auch ein neuerlicher erheblicher Reparaturstau an der Kirche und am ebenfalls in die Jahre gekommenen Pastorat, dessen Bau nach 1741 notwendig geworden war, nicht mehr weiter geschoben werden können. Das vorhandene knappe Kapitalpolster ist aber für den Erweiterungsbau der Schule draufgegangen. Auch wenn die einzelnen, zusätzlich notwendigen Baumaßnahmen nicht eklatant sind, so summiert sich der Handlungsbedarf doch auf weitere 1.000 Mark Courant.

Nach Beratung im örtlichen „Kirchencollegium" kommt man schließlich überein, da die finanziellen Sorgen der meisten Dörfler in diesem Jahr immer größer geworden sind, zunächst eine verzinsliche Kirchenschuld in gleicher Höhe aufzunehmen, die dann in der Folge, in Hoffnung auf wieder bessere Zeiten, durch eine später im Kirchspiel einzusammelnde Kirchenanlage abgelöst werden soll[272]. Ein außerordentlicher Vorgang für das kleine, zuvor, nach Abtrag der drückenden Kirchenbaukosten vor 1779, in den zurückliegenden 30 Jahren stets auf Vermeidung jeglicher neuen Schuldenaufnahme bedachte Kirchspiel, den man aber den schlimmen Zeiten geschuldet sieht. So kann neben den anstehenden Schulerweiterungen in diesem außergewöhnlichen Jahr auch die Kirche und das Pastorat saniert werden. Wer kann ahnen, dass nur wenige Monate später auch die direkte Konfrontation mit dem Krieg bevorsteht und das Jahr 1813 tatsächlich zu einem ganz besonderen Schicksalsjahr werden und jegliche vorherige Disposition und Überlegung über den Haufen geworfen werden wird.

Napoleon strauchelt, Bernadotte taktiert

Diesen dramatischen Höhepunkt, der zugleich auch das Ende der „Franzosentid" markiert, erlebt der Kirchspielvogt Harders in Nordhastedt im Alter von 65 Jahren zum später als „Kosakenwinter" bezeichneten, sich anschließenden Jahreswechsel 1813/14. Nach dem gescheiterten Russland-Feldzug Napoleons im Herbst/Winter 1812 schließen seine Gegner - Preußen, Russland und England, im Jahresverlauf 1813 auch Österreich - ein erneutes Bündnis gegen den zuvor ganz Kontinentaleuropa in sein Staatensystem zwingenden

Battle of Copenhagen – die erste Seeschlacht vom 2. April 1801

französischen Kaiser. Der Dänische König bleibt jedoch, wenngleich zaudernd, an der Seite des Korsen. Zu groß ist nach wie vor die Wut auf die Engländer, die 1801 und erneut 1807 die dänische Flotte vor Kopenhagen zerstört und dabei neben 30% der Stadtfläche Kopenhagens auch über 2.000 zivile Tote in der Hauptstadt des dänischen Gesamtstaates hinterlassen haben, und zu dreist und unerfüllbar scheinen die erneut gestellten wirtschaftlichen und politischen Forderungen der Alliierten. Nach der für Napoleon verheerenden Völkerschlacht bei Leipzig (16.-19. Oktober 1813) rückt schließlich eine schwedisch-russisch-preußische Koalitionsarmee mit über 50.000 Mann in das der dänischen Krone unterstehende und somit feindliche Schleswig-Holstein ein und zwingt die zahlenmäßig weit unterlegenen dänischen Truppen in die Defensive, die sich aber zunächst nach kleineren und durchaus erfolgreichen Scharmützeln in die schützenden Festungen Rendsburg, Glückstadt und Friedrichsort zurückziehen können.

Auch nach dem schon nach sechs, mittels eines schnellen Waffenstillstandes weitgehend kampflosen Feldzugwochen erfolgenden Kieler Friedensschluss vom 15. Januar 1814 bleiben die fremden Truppen als Besatzung noch nahezu ein ganzes Jahr in Holstein. Obwohl von den insgesamt bis 1814 einrückenden 57.000 Soldaten nur rund 2.000 Mann "echte" Kosaken sind, hinterlassen diese doch den größten Eindruck bei den Holsteinern. Das mag sowohl an ihrem fremdländischen Aussehen liegen als auch an der Tatsache, dass die Reiter mit bis dahin unvorstellbarer Geschwindigkeit partisanenhaft und meist als Vorhut durch das Land jagen, unerwartet auftauchen und ebenso schnell wieder abziehen.

In dieser kurzen Form werden meist die Monate des Kosakenwinters in dieser Phase der Befreiungskriege in den relevanten Geschichtsbüchern, die sich allgemein mit der Schleswig-Holsteinischen Geschichte beschäftigen, abgehandelt. Die teilweise auch in Dithmarschen dramatischen, mindestens aber verwirrenden und vor allem in ihren Konsequenzen verheerenden Wochen lohnen aber noch einen viel genaueren Blick.

Bereits im Herbst 1812 und damit nur kurze Zeit nach dem Aufsehen erregenden und als vollständiges Scheitern verstandenen schmählichen Rückzug Napoleons aus Russland und noch rund ein Jahr vor der Völkerschlacht bei Leipzig im Oktober 1813 wollen die erneut mutig gewordenen Verbündeten um Russland und Preußen schnellstmöglich dem sich zunächst nach Frankreich zur neuerlichen Truppenaushebung zurückziehenden Napoleon nacheilen und zur schnellen und endgültigen Entscheidungsschlacht zwingen.

Doch in den Reihen der Alliierten kämpft mittlerweile auch der ehemalige französische Revolutionsgeneral Marschall Jean Baptiste Bernadotte (1763-1844), dem man bereits im Jahre 1810, noch mit Napoleons Zustimmung, die schwedische Krone angetragen hat, und der nun als adoptierter schwedischer Kronprinz neue Ziele verfolgt. Bernadotte wird ab 1818 als Karl XIV. Johann von Schweden der, noch bürgerlich geborene, Begründer des noch heute blühenden Schwedischen Königshauses.

Während sich die Hauptarmeen der frisch Verbündeten zu Jahresbeginn 1813 in der Mitte Deutschlands sammeln, um schnellstmöglich den aus dem französischen Kernland aufmarschierenden neuen Truppen und den letzten verbliebenen süddeutschen Verbündeten Napoleons entgegenzutreten, überredet Bernadotte seine neuen Partner mit viel Geschick, ihm eine Armee zu bewilligen, um mit dieser zunächst gen Norden zu ziehen. Sein Argument, damit die dort u.a. im stark befestigten Hamburg stationierten Franzosen, deren napoleonischer Kommandeur er selbst vor noch gar nicht so langer Zeit gewesen ist, und das nach wie vor zu Frankreich haltende Dänemark zu binden, damit diese den alliierten Armeen nicht in den Rücken fallen können, wird allerdings schon im Frühjahr des Jahres 1813 als vorgeschoben entlarvt. Das eigentliche Motiv des zukünftigen schwedischen Königs ist ein zutiefst eigennütziges.

Graf Bernadotte will das Dank seines Wohlstandes für den dänischen Gesamtstaat wichtige Holstein so schnell als möglich unter seine Kontrolle bringen, um es als Faustpfand gegen den dänischen König zu nutzen. Von diesem will er auf diesem Weg das seit über 400 Jahren in Personalunion mit dem dänischen Königreich verbundene Norwegen für sein zukünftiges Königreich Schweden abpressen. Mit einem solchen Schachzug hätte er eine reelle Chance, das wirtschaftlich stark angeschlagene Königreich Schweden mit einem Schlag zu sanieren, das erst wenige Jahre zuvor durch den Verlust Finnlands an Russland in strukturelle Schwierigkeiten geraten war. Dem nun verbündeten russischen Zar ist dieses Motiv nur recht, würde Bernadotte doch damit für Schweden nachhaltig den Verlust Finnlands an Russland aus dem Krieg 1787/88 akzeptieren und Kompensation zu anderen Lasten suchen.

Die Engländer, immer noch besorgt wegen eines möglichen Wiedererstarkens des Wirtschaftskonkurrenten Dänemark, sind zwar nicht hundertprozentig überzeugt, sehen aber den Nutzen eines auf den Norden beschränkten schnellen Erfolges und stellen Bernadotte die fehlenden finanziellen Mittel für den Feldzug zur Verfügung, auch um die Franzosen wieder aus dem ihrer eigenen Interessensphäre zugerechneten Hamburg zu werfen und britischen Kaufleuten den Zugang zu ihrem Besitz zu ermöglichen. So werden die Holsteiner ohne eigenes Zutun nach dem Nordischen Krieg von 1700-1720 annähernd genau einhundert Jahre später erneut zum Spielball der großen nordeuropäischen Politik von Dänen und Schweden.

Bernadotte verliert keine Zeit und lässt noch im Frühjahr 1813 erste Kosakeneinheiten, die ihm der russische Zar hierfür zur Verfügung stellt, mit dem Ziel in den Norden stürmen, zunächst Hamburg und danach die holsteinischen Festungen zu besetzen. Bereits am Mittwoch, den 17. März 1813, zieht der seit 1812 in russischen Diensten stehende, badischstämmige General Friedrich Karl Freiherr von Tettenborn (1778-1845), von seinen französischen Widersachern anfänglich als "tete bornée", also borniter Kopf verspottet, erstmals mit seinen russischen Truppen unter dem Jubel der sich endlich befreit fühlenden und von der jahrelangen französischen Besetzung ausgelaugten Bevölkerung in Hamburg und Lübeck ein.

Am gleichen Tag erfolgt die offizielle Kriegserklärung Preußens an Frankreich und König Friedrich Wilhelm III. von Preußen lässt in Breslau seine Proklamation „An mein Volk" veröffentlichen. Die deutschen Befreiungskriege haben begonnen, während die Holsteiner,

Jean-Baptiste Bernadotte (1763-1844)

die sich doch eigentlich gar nicht befreien müssen, nun aufgrund der Bündnispolitik des dänischen Königs auf der falschen Seite stehen.

Die wegen des Russland-Feldzuges stark dezimierte französische Restgarnison in Hamburg hat sich auf keinen Kampf eingelassen und sich bereits am 12. März zunächst nach

Mecklenburg zurückgezogen, nachdem schon Ende Februar erste französische Zöllner dem entfachten Volkszorn, der zuvor durch die Nachrichten über die Niederlage der Grande Armee in Russland angefacht war, zum Opfer gefallen waren. Die Franzosen denken aber gar nicht an Aufgabe, sondern warten, grob „aus dem Land lebend", in Mecklenburg auf Verstärkung, die der Kaiser schicken will, um schnellstmöglich die strategisch wichtige Hafenstadt im Norden zurückzuerobern.

General Friedrich Karl Freiherr von Tettenborn (1778-1845)

Die dänischen Truppen halten sich in einem jahrhundertealten und nun wiederentdeckten „Neutralitätsreflex", trotz Bündnis mit den Franzosen, auf Anweisung der dänischen Militärführung zunächst zurück und beschränken sich auf eine Bewachung der holsteinischen Grenze, die zunächst auch von der kleinen Kosakentruppe respektiert wird.

Angst vor Tettenborns Kosaken

Gerüchte über die nach Norden eilenden Kosaken machen in diesem Frühjahr auch in Dithmarschen die Runde, nachdem bereits zu Weihnachten 1812 die ersten Botschaften von Napoleons großer Niederlage in Russland auch nach Norddeutschland gedrungen sind und damit verbundene Hoffnungen auf einen Frontenwechsel des dänischen Königs sich schnell zerschlagen. Die heranstürmenden Kosaken lösen archaische Ängste aus. Seit dem Siebenjährigen Krieg werden diese ziemlich stereotyp als mordende und brennende Barbaren in den deutschen Gazetten beschrieben.

Die Stimmung ist im gesamten deutschen Sprach- und Kulturraum wesentlich durch das von Johann Wilhelm von Archenholtz 1788 veröffentlichte Werk „Geschichte des Siebenjährigen Krieges in Deutschland 1756-1763" geprägt, in dem dieser die Gräueltaten der auf österreichischer Seite gegen die Preußen kämpfenden Kosaken, Kalmücken und Tataren beschreibt: *"(Sie) verheerten indessen das Land mit Feuer und Schwerdt, und zwar auf eine Art, die seit den Zeiten der Hunnen nicht in Europa erlebt worden war. Diese Unmenschen mordeten oder verstümmelten unbewaffnete Leute aus satanischer Lust. Man hängte sie an Bäume auf, oder schnitt ihnen Nasen und Ohren ab; Andern wurden die Beine abgehauen, der Bauch aufgeschnitten, und das Herz herausgerissen. Sie zündeten aus rasendem Muthwillen Dörfer und Flecken an, und um die Menschen mit lebendig zu verbrennen, schlossen sie manchmal einen Kreis um den zur Verheerung geweiheten Ort, ehe sie ihn in Brand setzten. Die Gräber wurden zerstört, und die Gebeine umhergestreut, Edelleute und Prediger mit Kantschuhen (Anm.: kurze kosakische Reitpeitsche) zerfleischt, nackend auf glühende Kohlen gelegt und auf allerhand Art gemartert. Man nahm den Aeltern ihre Kinder weg, oder ermordete sie vor ihren Augen..."*.

Die an die äußerst verrohten Zeiten des Dreißigjährigen Krieges erinnernden Schilderungen werden von Archenholtz, der selbst auf preußischer Seite in diesem Krieg dient, sicher im preußischen Sinne „parteilich" überzeichnet sein, aber sie prägen doch die anti-russischen Ressentiments seiner sich gemäß dem Zeitgeist der Aufklärung solcher Bedrohungen längst entwachsen glaubenden Zeitgenossen vor diesen „barbarischen Horden" in entsprechend beabsichtigter Weise. Es ist eine Ironie der Geschichte, dass diese „Barbaren" nun, gut 25 Jahre nach Erscheinen des Buches, Verbündete eben dieser Preußen sind.

Doch bereits Ende Mai 1813 muss der ohne ausreichenden Nachschub vorgepreschte Tettenborn, wegen seines „großen Sieges" frisch zum kaiserlich russischen Generalmajor befördert, schon wieder seinen Rückzug aus Hamburg antreten. Ihm fehlt es von Anfang an mit seiner kleinen, nur leicht bewaffneten Kosakentruppe von rund 1.500 Mann an schwerer Artillerie und ausreichender Mannschaft, um die Stadt dauerhaft halten zu können. Den Aliierten, allen voran den Engländern, sind inzwischen die Alleingänge Bernadottes, zumal in der oben beschriebenen Weise militärisch fragwürdig durchgeführt, ein Dorn im Auge. Sie drängen nun zunächst, nachdem monatelange Waffenstillstände und Friedensverhandlungen zwischen den Aliierten und Napoleon unter Leitung des österreichischen Außenministers Metternich gescheitert sind, auf eine Entscheidungsschlacht gegen Napoleon und drohen mit nachhaltigem Entzug dessen substanzieller finanzieller Unterstützung, wenn Bernadotte sich nicht zunächst mit diesen „Geplänkeln" im Norden zurückhält und stattdessen mit seinen Truppen auf die Hauptlinie einschwenkt.

Die Franzosen können mit frisch herangeführten Truppen am 31. Mai erneut die für sie strategisch wichtige Hansestadt mit ihrem fortan besonders wegen seines Jähzorns und seiner Wutausbrüche gefürchteten Stadtkommandanten Marschall Louis-Nicolas Davout (1770-1823) besetzen. Die verzweifelten Hamburger werden dabei wieder den vermutlich auf Rache gesinnten Franzosen schutzlos ausgeliefert. Erneut stehen die dänischen Truppen dabei zur Verzweiflung der Hamburger an den Holsteinischen Grenzen nur Spalier.

Der von den Hamburgern fortan "DeWut", von seinen eigenen Truppen dagegen "le prince" gerufene Kommandant Davout - er war nach seinem Sieg bei Eggmühl 1809 von Napoleon zum Prinzen Eckmühl ernannt worden - verliert keine Zeit und lässt in den folgenden Monaten die Befestigungen der Stadt nach allen Regeln der Kriegskunst verstärken. Sogar eine erste Kilometer lange hölzerne Elbbrücke zur auf der Südseite des Flusses vorgelagerten Bastion bei Harburg, ein früher Prototyp der späteren Bundesautobahn 7, wird in einem auch die Hamburger Bürger körperlich fordernden Kraftakt, aber als logistische Meisterleistung, innerhalb weniger Wochen über die großen Sumpfgebiete zwischen Norder- und Süderelbe hinweg errichtet.

Hamburg erscheint spätestens jetzt mehr als Festung denn als besetzte Metropole. Wer kann, verlässt die Stadt oder wird später von Davout selbst aus der Stadt vertrieben. Traurige Berühmheit erlangt hierbei die Zwangsausweisung zahlreicher Familien, die den verordneten französischen Vorgaben zur Verproviantierung nicht ausreichend nachkommen können, am eisigen Heiligabend 1813 nach Altona. Der "Aasvogel", wie die Hamburger das kaiserlich napoleonische Adler-Hoheitszeichen nennen, prangt ab Sommer 1813 wieder auf allen erneut von den Franzosen beschlagnahmten offiziellen Gebäuden. Die Hauptkontingente der Aliierten werden derweil zunächst um Leipzig zur später berühmten nächsten Entscheidungsschlacht gegen den wieder mit neuen Truppen aus Frankreich vorgerückten Napoleon in Stellung gebracht.

Brief des Kirchspielvogts Johann Harders an den Meldorfer Landvogt Heinzelmann

Doch noch während die Kosaken im Frühjahr des Jahres 1813 in Hamburg weilen und Dänen und Holsteiner einen weiteren Vormarsch auf Holsteiner Gebiet fürchten müssen, versucht die Familie Harders in Nordhastedt den wachsenden Kriegsängsten tapfer zu trotzen. Die zweitälteste Tochter Sophia Catharina wird zu Palmarum, am Sonntag, den 11. April 1813 in Nordhastedt konfirmiert. Den Kirchspielvogt Harders plagen um die Osterzeit dieses Jahres viel eher alltägliche amtliche Sorgen[273]. In Osterwohld endet die dreijährige Amtszeit des dortigen Bauerschaftsgevollmächtigten Johann Hansen (1776-1856), der 1810 die Nachfolge des langjährigen Bauern- und auch Landesgevollmächtigten Marx Wittmaack angetreten hat. Hansen bittet den Landvogt entsprechend um Entbindung von dieser für ihn ungewohnten und arbeitsreichen Aufgabe. Johann Harders meldet darauf schriftlich am 20. April 1813 dahingehend Bedenken an, dass es in der kleinen Bauerschaft Osterwohld an qualifizierten personellen Alternativen mangele. Von den fünf Interessenten zur Nachfolge könnten vier kaum schreiben, geschweige denn Geschriebenes lesen und der Fünfte sei militärdienstpflichtig. Heinzelmann ordnet daraufhin an, dass besagter Johann Hansen im Amt eines örtlichen Bauerschaftsgevollmächtigten zu verbleiben habe. Erst 1824, elf Jahre später, kann Hansen diesen Dienst abgeben, nachdem er im Jahr zuvor auch noch als einer von zwei Armenvorstehern im Kirchspiel gewählt wird. Es übernimmt der 1791 geborene Peter Boljen, der 1803 noch im Haushalt seiner verwitweten Mutter in Westerwohld gelebt hat, die Position. Boljen wird später, als Gevollmächtigter wohl fast schon gezwungenermaßen, auch einer der führenden, wenngleich zeitlich stark befristeten „Enthaltsamen" des Kirchspiels. Johann Harders ist für die erwartbare und wahrscheinlich provozierte Entscheidung des Landvogts, möglicherweise in Abstimmung mit dem genannten Johann Hansen, dankbar.

Die kommenden Regentage - es schüttet von Anfang bis nach Mitte Mai 1813 im ganzen Norden unaufhörlich - verbringt der Vogt Harders, nachdem er sich vom 3. Mai bei strömendem Regen bis Mittwoch, den 5. Mai, zu den Gerichtstagen nach Meldorf quälen musste, dann vermutlich vorwiegend mit Amtsarbeiten an seinem Schreibtisch auf dem heimischen Hof. Nach mehr als vierzehn Tagen ununterbrochenen Regens sorgen sich die Nordhastedter allerdings Mitte Mai ernstlich bezüglich ihrer Feldarbeit. Längst noch nicht alle Aussaat ist ausgebracht. Vor allem der um Urbanus, also dem 25. Mai auf der Geest auszubringende Buchweizen treibt Sorgenfalten auf die Gesichter der abgesoffenen Landmänner. Es ist möglicherweise die sich im Kirchenraum sammelnde Nässe dieser tristen Regentage, die dem Nordhastedter Pastor den nicht mehr aufschiebbaren Reparaturbedarf an Kirche und Pastorat vor Augen führt und schließlich den Kirchenvorstand veranlasst, das nötige Kapital durch die für das Kirchspiel erstmalige Eintragung einer Kirchenschuld von 1000 Courantmark aufzubringen.

Während in Nordhastedt in diesen Maitagen 1813 nur der vor die Tür geht, der unbedingt muss, stehen in Hamburg die russischen Truppen Tettenborns und die von ihm angeworbenen und formierten unerfahrenen und meist sehr jungen Männer der freiwilligen Hanseatischen Legion im Dauerregen Wache an den notdürftig wiedererrichteten Schanzen und erwarten das Eintreffen der angekündigten französischen Entsatztruppen, machen sich aber insgeheim, aufgrund der zu erwartenden Übermacht, für einen zügigen Abmarsch

Tettenborns Kosaken am Hamburger Jungfernstieg im Frühjahr 1813

bereit. Hamburger Familienväter, die es sich leisten können, bringen spätestens jetzt Frauen und Kinder bei Verwandten oder Freunden in Holstein unter, aus Angst vor der Revanche der wieder anrückenden Franzosen und in der Hoffnung, dass der „lädierte" Arm des Kaisers dann doch nicht mehr bis in die letzte Ecke seines keineswegs übereifrigen und derzeit wie gelähmt wirkenden dänischen Verbündeten reichen wird. Einige Flüchtlinge kommen in diesen Tagen sicher auch in aller Stille nach Dithmarschen. An dieser Stelle sei beispielhaft nochmals erinnert an den Hamburger Arzt und Naturforscher Reimarus, ehemals befreundet mit dem Landvogt Boie in Meldorf, der in diesen Tagen mit seiner Frau im hohen Alter von über 84 Jahren zu seinem Schwager August Adolph Hennings ins Rantzauische flieht.

Britannia ante portas

Doch obwohl die Nordhastedter, wie alle Dithmarscher, im Unterschied zu den zunächst befreiten und nun doch wieder französisch besetzten Hamburgern, über den Sommer 1813 die erneute Ruhepause nach dem überraschenden Rückzug der Kosaken genießen und den Bau der neuen Schule sowie Renovierung des Pastorats in Angriff nehmen, geraten die durch den verregneten Frühling und Landwehrdienst belasteten Wochen des weiterhin zu kalten und regnerischen Sommers nicht nur arbeitsreich, sondern auch bedrückend. Über den gesamten Sommer bleiben die englischen Patrouillenboote vor der Elbmündung eine ständige Bedrohung.

Am 11. Juli 1813 laufen englische Briggs zum wiederholten Mal tief in die Elbmündung hinein. Am Dithmarscher Süderstrand bei Brunsbüttel und in der Wilstermarsch wird auch die Landwehr des Hinterlandes durch das Geläute der Kirchenglocken auf die Deiche gerufen, um ein vermeintliches Landemanöver mit Lanzen und Jagdwaffen abzuwehren. Die Engländer begnügen sich mit einer leichten Kanonade, die die Freizeitkrieger schnell zum Abtauchen hinter die Deichkrone veranlasst. Verletzt wird niemand. Bei Wewelsfleth gelingt es der dort stationierten dänischen Artillerie, eine feindliche Schaluppe manövrierunfähig zu schießen, die daraufhin auf eine Sandbank läuft. Das leichte Scharmützel endet genauso schnell, wie es begonnen hat, doch den Holsteinern ist die Präsenz der englischen Blockadeflotte vor der Küste erneut eindringlich deutlich geworden.

Am Freitagmorgen des 3. September wagen zehn englische segelnde Kanonenboote, begleitet von vier rudernden Barkassen, einen erneuten, dieses Mal aber ernsthaften Angriff auf die im Büsumer Hafen sowohl zur Landesverteidigung als auch zur Unterbindung von Schmuggelfahrt durch Landsleute stationierten sieben dänischen, aufgrund ihres niedrigen Tiefgangs für den Einsatz im küstennahen Wattenmeer besonders geeigneten Kanonenschaluppen. Die Engländer haben zuvor einige Büsumer Fischerboote im küstennahen Bereich aufgebracht und die Schiffer gezwungen, die sichere Route durch die Fahrrinnen des Watts in die Meldorfer Bucht zu verraten. Gegen 11 Uhr vormittags beginnen die Engländer den Angriff.

Es kommt zu einem Seegefecht im äußeren Mielestrom, das erst gegen 15.30 Uhr durch die einsetzende Ebbe beendet wird. Trotz zahlenmäßiger Unterlegenheit schlagen sich die Verteidiger recht gut. Nur zwei der sieben Schaluppen sind versenkt. Auf dänischer Seite sind sieben Tote und sechzehn Verwundete zu beklagen, doch auch die Engländer erleiden Verluste. Den Büsumern und den übrigen Dithmarschern fährt in diesen Stunden nicht nur der Schreck mächtig in die Glieder. Da die "Seeschlacht" in unmittelbarer Küstennähe stattfindet, sind einige verirrte Gewehr- und sogar eine Kanonenkugel in Büsumer Häuser eingeschlagen. Einige von ihnen sind noch heute u.a. im Pesel der Alten Post oder in der seeseitigen Hafenmole erhalten.

Die Nachricht vom „Krieg vor der Haustür" macht in Windeseile in ganz Dithmarschen die Runde und ist der Auftakt für eine erhöhte Alarmbereitschaft der Küsten- und Landwehreinheiten. Das Läuten der Kirchenglocken wird fortan allerdings im gesamten Herzogtum untersagt, da es den englischen Kanonenbooten, nach genauerer Überlegung, die Ortung der küstennahen Städte, die ansonsten an der Westküste hinter den Deichkronen meist verborgen sind, verraten und den feindlichen Booten auch bei schlechter Sicht die küstennahe Navigation erleichtern könnte. Stattdessen werden auf den Deichen nun Teerfässer als Signale für den Landungsfall aufgestellt. Aber auch diese Maßnahme erweist sich als problematisch. Die nervösen Küstenmilizionäre verwechseln mehrmals im Dämmerlicht Wolken- und Nebelschwaden mit britischen Seglern und entfachen einige Fehlalarme, die eine um die andere Nacht die Bevölkerung zahlreicher küstennaher Gemeinden ohne echte Not um den Schlaf bringen.

In den folgenden Septembertagen bleibt die Stimmung getrübt und angespannt. Der drohende Krieg wird begleitet von einem auch zu seinem Ende hin total verregneten Sommer, der die Ernten nachhaltig in Gefahr bringt und für den kommenden Winter in vielerlei Hinsicht Böses ahnen lässt. Die Nervosität in der Bevölkerung nimmt in diesem Herbst mit jeder neuen Nachricht aus den Gazetten oder Sichtung der an den Deichen zu Nordsee und Elbe verstärkten Landwehreinheiten zu. Der englische Angriff auf Büsum ist tatsächlich nur eine von vielen weiteren militärischen Aktionen zur See. Am 5. Oktober 1813 segeln erneut, als Teil der britischen, vor allem auf die psychologische Zermürbungswirkung abzielenden Nadelstichtaktik, mehrere englische Boote die Elbe hinauf, beschießen dieses Mal die Festung Glückstadt, kapern diverse ankernde Boote und verlassen den Strom mit den Gezeiten nahezu unbehelligt.

Am gleichen Tag, einem Dienstag, lässt der König in allen Kirchen seines Gesamtstaates erneut eine Bekanntmachung verlesen, in der er seine Bündnispolitik rechtfertigt und die Bevölkerung, angesichts einer zu beobachtenden Verstärkung der britischen Marineeinheiten an den Küsten, auf einen bevorstehenden Angriff vorbereitet. In der Bekanntmachung macht er auch keinen Hehl daraus, worin die primären Feldzugsziele des schwedischen Kronprinzen bezüglich der angestrebten Geiselnahme Holsteins zur Erlangung Norwegens liegen. Diese Aussagen allerdings machen die holsteinischen Untertanen umso wütender. Es offenbart sich auch dem Letzten, dass man am Vorabend eines Krieges steht, in dem man nur noch Betroffener, aber nicht mehr Partei sein wird. Man ist zum reinen Objekt und Mittel zum Zweck geworden. Man kann sich vorstellen, wie hitzig und nervös die Gesprächsrunden auch in den Nordhastedter Gastwirtschaften nach diesem Gottesdienst verlaufen.

Der alte Ochsenweg in Holstein

Am Freitag, den 22. Oktober 1813, gerade sind die Nachrichten der für Napoleon katastrophalen Schlacht bei Leipzig von vor drei Tagen eingetroffen, wird in ganz Holstein, nach Beendigung der meisten Erntearbeiten, der Landsturm, der monatelang gedrillt wurde, mobilisiert und, soweit noch nicht geschehen, bewaffnet. Mangels tauglicher

Gewehre ist die Mehrzahl der Männer allerdings nur mit den selbst beigebrachten Piken, Lanzen oder bäuerlichem Gerät, allenfalls vereinzelt vorhandenen Jagdflinten ausgestattet.

Am darauffolgenden Montag flattert den Kirchspielvögten eine königliche Verordnung zur Verproviantierung der Festungen auf den Tisch. Dass auch die Nordhastedter nach Glückstadt oder Rendsburg liefern müssen, ist nicht belegt, aber wahrscheinlich. Nach Beendigung der Ernte und nun ganztägigem, aber eigentlich von Nichtstun geprägtem Vollzeit-Dienst als mobilisierter Landsturm ist wahrscheinlich selbst diese, die eigenen Vorräte belastende Tätigkeit, besser als das zermürbende Warten und nichts tun können.

Anfang Dezember erreicht eine erneut unter dem Oberbefehl des schwedischen Kronprinzen Bernadotte unmittelbar nach der erfolgreichen Völkerschlacht bei Leipzig formierte, 50.000 Mann starke Koalitionsarmee der Alliierten, die „Nordarmee", die Herzogtümer, nachdem zunächst, militärisch sinnvoll, auch der südelbische Raum einschließlich Bremen von Franzosen geräumt und gesichert ist. In Dithmarschen geht die Ruhe vor dem Sturm nach Einbringung der mäßigen Ernten in den ersten Wintertagen des Jahres zu Ende.

Invasion – die Kosaken schlagen auf

Auch der frühe Winter zeigt sich Ende November/Anfang Dezember 1813 in ganz Holstein von einer üblen Seite. Starke Regen- und Schneeregenfälle verwandeln die bereits durch den nassen Sommer angezählten Wege in tiefsten Morast. Schon an trockenen Tagen sind die holsteinischen Straßen in einem bereits beschrieben legendär schlechten Zustand. Gerade auch im westlichen Holstein laufen die Spurrinnen an manchen Orten drei- und vierfach über- und untereinander und machen das Vorankommen schon bei trockenem Untergrund zur Strapaze, bei Nässe aber häufig zur Unmöglichkeit. Die sich vorwärts wälzenden großen Truppenkontingente machen die Verfassung der Wege vielerorts katastrophal, in der jetzigen Lage eigentlich ein strategischer Vorteil für die ortskundigen und in Verteidigungsstellung befindlichen regulären dänischen Truppen und die holsteinischen Landwehren. Anders als im Frühjahr will der schwedische Kronprinz Bernadotte nun allerdings gleich Holstein besetzen und begnügt sich zunächst, von Osten über Mecklenburg kommend, mit einer Umfassung der verstärkten französischen Garnison in Hamburg. Die nach Holstein hinein vorauseilenden beweglichen leichten Kosakeneinheiten zeigen sich dabei von den Wetterkapriolen und Straßenverhältnissen völlig unbeeindruckt und stürmen querfeldein in das Land hinein.

Auch in Nordhastedt ist Anfang Dezember 1813 zu erahnen, dass es ernst wird. Anders als in früheren Zeiten fehlt allerdings jegliche Möglichkeit, Hab und Gut in irgendeiner Richtung in Sicherheit zu bringen. Die traditionellen Dithmarscher Rückzugspositionen für Familie, Geld und Gut vorheriger Jahrhunderte, Hamburg oder die Niederlande, sind untauglich. Wenigstens das zunehmend wertloser werdene Geld und Schmuck sowie wichtige Papiere werden vielerorts vergraben oder auf abseits gelegenen und vermeintlich sichereren Gehöften in Verwahrung gegeben.

Die Nordhastedter haben sich hierzu in der Vergangenheit gelegentlich ihrer häufig auch verschwägerten Nachbarn im unzugänglichen Fiel bedient, wie beispielsweise für den vormaligen Nordhastedter Bäcker und Brauer in der Meiereistraße und Vater des gleichnamigen zur Zeit des Nordhastedter Kirchenbrandes von 1738-1741 amtierenden Kirchenbaumeister Hans Christoffer (1709-1775) belegt, der im Februar 1713 vor den heranrückenden schwedischen Truppen seine Wertsachen in einem Koffer bei dem Fieler Hausmann Claus Schröder, zugleich seinem Gläubiger, hinterlegt.

Es bleibt darüber hinaus fast genau einhundert Jahre später für die Nordhastedter des frühen 19. Jahrhunderts nur die notdürftige, aber eigentlich aussichtslose Vorbereitung auf Selbstverteidigung und die verzweifelte Frage, wie man überhaupt als Geisel dänischer Kronpolitik in eine Situation kommen konnte, als Deutsche nun auch von deutschen Truppen bekämpft zu werden. Etwas beruhigen kann allein die Aussicht, dass die anstürmenden Truppen keinen Krieg gegen die Bevölkerung führen werden und die politische Motivation der Offensive ein schnelles Ende der Belastung bringen könnte. Angst hat man so in erster Linie nur vor der Unkalkulierbarkeit der „barbarischen" Kosaken und allzu großem Hunger der anstürmenden Horden auf den eigenen Besitz.

Dessen Verteidigung vor Augen entflammt bei dem Einen oder Anderen dann auch ein urdithmarscher Mut, von dem die Ältesten dann doch immer reden. Nicht wenige Durchhalteparolen dieser Tage werden die Stimmung der alten und freien Dithmarscher Republikverteidiger von 1500 bemühen. Doch nicht wenige der bewaffneten Dithmarscher werden in diesen Stunden auch fluchen, warum denn der König nicht einfach Norwegen an die Schweden abtrete, um so die Grundlage für die kriegerischen Handlungen in Holstein zu entziehen.

Am Mittwoch, den 1. Dezember, bleibt erstmals in Dithmarschen die Post aus Altona aus. Die feindlichen Truppen scheinen also bereits mindestens dorthin, möglicherweise sogar bis in die Elbmarschen vorgedrungen zu sein. Am darauffolgenden Montag, es ist Nikolaustag, erreichen auch Nordhastedt die Nachrichten, dass erste Kosakenverbände Itzehoe überfallen haben. Die dort stationierten 400 dänischen Dragoner seien von dem plötzlichen Zuschlagen eines angeblich nur 50 Mann starken Stoßtrupps kosakischer Reiter völlig überrumpelt worden. Die Kosaken hätten in Windeseile zunächst über hundert Pferde der

Itzehoer Dragoner-Garnison entführt und seien nach kurzem Handgemenge fast unbehelligt wieder verschwunden. Während Tettenborns Hauptkontingente, der gerade einmal 35-jährige Kommandant selbst und sein Stab, von dort über Bramstedt weiter nach Norden vordringen, um schnellstmöglich die Eider zu überqueren, damit man die starke Festung Rendsburg, in die sich die ordentlichen dänischen Truppen zurückgezogen haben, auch von Norden umschließen kann, erreichen vereinzelte Stoßtrupps der den schwereren Einheiten vorauseilenden Kosaken am Mittwoch, den 8. Dezember, auf ihrem Weg nach Friedrichstadt und Tönning schließlich auch Dithmarschen.

Obwohl Nordhastedt hierbei nur kurz durchzogen wird, soll es aber auch hier sogleich Opfer in der Bevölkerung geben. Ein Trupp Kosaken scheint, von Albersdorf kommend, zunächst zum Hof Hollenborn bei Röst zu ziehen, dem vormaligen Besitz des ehemaligen

Darstellung kosakischer Uniformen

Dithmarscher Hegereuters Jacob Möller. Der Hof hat schon zu dieser Zeit einige Teiche. Die marodierenden Truppen versenken dort aus nicht mehr nachvollziehbaren Gründen einige Pferde in denselben, um dann nach Nordhastedt weiterzuziehen. Ihr Gemüt scheint nach der damit wohl auch einhergehenden Plünderung trotz winterlicher Temperaturen noch nicht ausreichend abgekühlt. Kaum in Nordhastedt, von Südosten über Osterwohld kommend eingetroffen, wird, einer unbelegten Familienerinnerung zufolge, der Müller der hiesigen Wassermühle mit seinen Leuten von den Kosaken sogleich an einer großen Eiche vor der Mühle aufgeknüpft, da er sich vermutlich allzu hartnäckig des Zugriffs auf das bei ihm eingelagerte Mahlgut zu erwehren sucht.

Allerdings scheint hier trotz der rüden Behandlung niemand zu Tode zu kommen. Gemäß der in der von Rolf Hollander mit Schwerpunkt des späten 19. und 20. Jahrhunderts zusammengetragenen vielbändigen Nordhastedter Dorfchronik so wiedergegebenen Darstellung ist es anzunehmen, dass der Kirchspielvogt Harders als "erster Mann im Ort" die Verhandlungen mit den Truppenführern führt und Schlimmeres verhindert. Jedenfalls gibt es im akkurat geführten Nordhastedter Kirchenbuch zwischen 19. November 1813 und 22. Januar 1814 keinen einzigen verzeichneten Sterbefall während dieser Kriegstage.

Der 1777 in Kaaksburg bei Hohenaspe geborene, 1798 in Nordhastedt heiratende und seit 1799 als Nachfolger seines seit 1792 die Mühle bewirtschaftenden Stiefvaters Eggert Hamann – ein Nachfolger des bereits genannten und 1786 verstorbenen Vorgängers August Hinrich Meyer - die Mühle führende Wassermüller Detlef Christopher Beutien dieses Jahres 1813 ist jedenfalls auch später noch quicklebendig und wird im Februar 1818 noch als Nachfolger des Westerwohlder Wassermüllers Lindemann, bis zu seinem eigenen Tod im März 1825, auch noch nach diesem Kosakenwinter zum Nordhastedter Landes- und Kirchspielsgevollmächtigten erkoren. Bei seiner Wahl zum Landesgevollmächtigten im Jahr 1818 setzt sich Beutien im Übrigen mit 14 Stimmen nur denkbar knapp gegen Henning Schlüter auf dem großen Schlüter-Hof am Fuhlenweg (1780-1840, Thedens-Wurzeln), einen „Neffen 2. Grades" zu Johann Harders (10 Stimmen) und den Osterwohlder Bauerngevollmächtigten Johann Hansen (9 Stimmen) durch.

Sein Nachfolger als Landesgevollmächtigter für das Kirchspiel Nordhastedt wird 1825 dann mit Hinrich Thedens ein inzwischen nach Nordhastedt übersiedelter, 1795 aber noch in Odderade geborener weiterer "Neffe 2. Grades " des Johann Harders aus der dortigen Großfamilie Thedens. Dieser übernimmt 1818 den Hof und Krug seines Nordhastedter Schwiegervaters Jacob Peters (1754-1825) und sitzt somit auf einem zum Harders-Hof südlich benachbarten Hof an der heutigen Meiereistraße an der Stelle, an der in unseren Tagen die den Straßennamen begründende "Alte Meierei" steht. Die bis dahin „erste" Gastronomie am Ort gibt der neue Landesgevollmächtigte Thedens dann allerdings auf und betreibt hier „nur" noch Landwirtschaft. So ist der Honoratior 1845 als „verhinderter Wirt" auch ein idealer, wenngleich häufig genug allein gelassener „Enthaltsamer" im Kirchspiel. Ein kinderlos versterbender Sohn dieses Hinrich Thedens wird den Hof 1889 an einen Neffen Reimer Schlüter weitergeben, der zu der ebenfalls mit den Harders verwandten Landesgevollmächtigten-Familie Schlüter in Nordhastedt gehört und der auch für die Zukunft mindestens eines Teils des benachbarten Harders-Hofes noch eine Bedeutung haben wird. Doch zurück zu den dramatischen ersten Stunden des Einfalls der Kosaken in Nordhastedt.

Gemäß den in dem von Dieter Kienitz veröffentlichten Buch "Kosakenwinter in Schleswig-Holstein" zitierten Tagebuchaufzeichnungen des Friedrichsgabekooger Bauern vom Westhof, Johann Johannsen aus dem Kirchspiel Wöhrden (1749-1820), spielt sich in Nordhastedt eine ganz andere Geschichte ab[274]. Nach den authentischen, aber vermutlich auf Hörensagen beruhenden Aufzeichnungen des Johann Johannsen sprengt an diesem Mittwoch, den 8. Dezember 1813, ein Voraustrupp Kosaken beim Kirchspielvogt Harders in Nordhastedt vor und verlangt von diesem einen Führer, der ihnen den Weg nach Heide, neben Meldorf das eigentliche Ziel dieser ersten Attacke auf Dithmarschen, weisen soll.

Da der Hof der Harders am nordöstlichen Rand des Ortes von der Landstraße über die Wiesen am Mühlenbach blickend als größter Hof, wenn auch in rückwärtiger Lage, dennoch schnell ins Auge fällt, ist es kein Wunder, dass die meist in bewusster Nutzung des Überraschungsmoments in die Orte hinein preschenden Kosaken bei diesem von Osten auf der Landstraße kommend ersten und erkennbar großen Hof haltmachen. Sie werden sich nicht damit aufhalten, erst allgemein herum zu fragen, wo denn eine Amtsperson zu finden wäre. So ist es nur der verkehrsgünstigen Lage des Hofes in rückwärtiger Sichtweite zur Landstraße zu verdanken, dass der Kosakentrupp ausgerechnet auf dem Hof des Vogtes und der damit weit und breit einzig verfügbaren Amtsperson aufschlägt. Dann mag es aber auch ebenfalls nur diesem Zufall zu verdanken sein, dass sie dort auf eine vorbereitete Schar bewaffneter Männer stoßen.

Denn nach den Tagebuchaufzeichnungen hat sich um den Kirchspielvogt herum ein ganzer Haufen mit Lanzen, Heugabeln und Jagdwaffen bewehrter Nordhastedter versammelt, der, anscheinend zu allem bereit, Hab und Gut verteidigen will. Hierbei wird es sich um Teile der längst in Alarm versetzten örtlichen Landwehr handeln, da bereits seit zwei Tagen auch in Dithmarschen Gerüchte umlaufen, die von der unmittelbaren Ankunft der gefürchteten Kosaken künden. Es kommt gemäß den Tagebuchaufzeichnungen des Johann Johannsen zu einem Handgemenge und einer Schießerei, bei der laut Tagebuch drei Russen erschossen werden, ehe der Pastor Petersen eingreifen und die Sache beruhigen kann.

Im Kontext dieser Ereignisse wäre dann auch zu erklären, warum dann vielleicht der unmittelbar nördlich des Harders-Anwesens benachbarte Wassermüller Beutien mit einigen seiner Gesellen von den Kosaken an einen Baum gefesselt wird, wie es sich in den mündlichen Überlieferungen in einzelnen Familien erhalten hat. Dem Trupp Kosaken werden schließlich Angebote unterbreitet und so sollen diese, unglaublicherweise den Tod dreier Kameraden ungesühnt lassend, schließlich abziehen. Es ist wohl zu vermuten, dass die laut Tagebuchaufzeichnung erschossenen Russen tatsächlich allenfalls angeschossen oder anderweitig leicht verletzt werden, anderenfalls hätten die kampferprobten Kosaken hier vermutlich ein Blutbad angerichtet und sich nicht nur mit der vorübergehenden Fesselung (der mutmaßlichen Schützen?) zufrieden gegeben .

„Wie die Rußen den 8. Dec. durchs Kirchspiel Tellingstede, Albersdorf und Nordhastede nach der Heide zogen, kehren sie bei dem Kirchspielvoigt in Nordhastede vor und verlangen von ihm ein Pferd und ein Wegweiser, darauf der ihnen den Weg nach der Heide weisen soll. Die Einwohner aber sind da selbst mit Forcken, Pieken und gelahdene Gewehren versamlet, widersetzen sich, schießen drey Rußen todt, daher komt es in vollem Lerm, der Priester aber daselbst komt dazwischen, bittet den Rußen soviel, daß doch nachher Alles in der Güte beigelegt wird."

(Wortlaut des Tagebucheintrages des Johann Johannsen gemäß „Der Kosakenwinter" von Dieter Kienitz)

Dass sich diese Nordhastedter Ereignisse gerade in den Tagebuchaufzeichnungen eines Wöhrdener Landmannes wiederfinden, könnte dadurch erklärt sein, dass, wie bereits beschrieben, fast die gesamte Familie des betroffenen Kirchspielvogts Harders im Kirchspiel Wöhrden lebt. Wir können vermuten, dass durch diese auch der Wöhrdener Landmann Johannsen, wenn nicht mit eigenen Augen, so doch mindestens aus erster Hand Kenntnis erlangen und sie der Nachwelt erhalten kann. Möglicherweise hat der Kirchspielvogt Harders auch Frau und Kinder während dieser ersten "Kriegstage" in das weiter von der heranrückenden Front entfernte Wöhrden zur Verwandtschaft evakuiert. Zudem ist es wahrscheinlich, dass der Tagebuchschreiber Johann Johannsen ein Bruder der ersten Frau von Johanns verstorbenem Bruder Marx Harders ist, also mit dem fast gleichaltrigen Vogt Johann Harders in Nordhastedt "verschwägert" ist. Er wird der Hausmann Johann Johannsen "bei Büsum" sein, der 1786 bei der Geburt eines Sohnes besagten Bruders Marx Harders in Wöhrden als Pate eingesetzt wird.

Bei dem im Tagebuch beschriebenen ersten Kosakentrupp auf Dithmarscher Boden handelt es sich sehr wahrscheinlich um einen Teil des kosakischen Detachements von rund hundert Mann unter der Führung des kaiserlich russischen Rittmeisters von Behrens, das am folgenden Donnerstag, den 9. Dezember, tatsächlich in Heide beim gebürtigen Meldorfer und Landvogt Norderdithmarschens, Anton Christian Friedrich Griebel (1782-1855) vorstellig wird und die Herausgabe des Teils der Kassen erzwingt, die noch nicht nach Norden in Sicherheit gebracht worden sind[275]. Der Trupp könnte demzufolge die Nacht vom 8. auf den 9. Dezember tatsächlich in Nordhastedt verbracht und dem Dorf eine unliebsam aufregende und "teure" Adventsnacht beschert haben. Am nächsten Morgen dieses 9. Dezember ist es vermutlich ein Nordhastedter, der, notgedrungen, das Überfallkommando, quasi als Pfadfinder, nach Heide führt.

Landvogt Heinzelmann wird aktiv

Obwohl in Dithmarschen in diesen Tagen keine königlich dänischen Truppen stationiert sind und sich die Region nicht als Ziel irgendeiner militärisch sinnvollen Aktion anbietet, bleiben die Dithmarscher auch in den folgenden Tagen, nach Abzug des ersten feindlichen Trupps, nicht von weiteren "unliebsamen Besuchen" der auf Verpflegung und Beute fixierten Invasoren verschont. Denn mindestens der östliche Teil der Dithmarscher Geest ist geeignetes Durchzugsterrain für die weiter in den Landesteil Schleswig vorrückende Nordarmee auf ihrer Suche nach geeigneten Überquerungsmöglichkeiten der Eider.

Johann Harders muss sich, wohl widerstrebend und in Sorge um die Familie, am folgenden Montag, den 13. Dezember 1813, erneut mit Pferd und Wagen auf den Weg nach Meldorf machen. Die Vögte nutzen die als Gerichtswoche geplante Zusammenkunft in der unter Landvogt Heinzelmann am Nordermarkt errichteten Landvogtei, die man der Synergien wegen mit der Kirchspielschreiberei der Meldorfer Südervogtei als konsequente Weiterentwicklung des Johannsen-Umzugs von 1792 unter Heinzelmann nach 1806 sogleich räumlich zusammengelegt hat (heute an dieser Stelle das Amtsgericht), zur Abstimmung über das weitere Verhalten in dieser Krise. Doch der Vogt Harders wird schon nach kurzer Zeit nach Nordhastedt zurückkehren, im Gepäck nur wenige eigene Schilderungen der anderen Kollegen und dafür umso mehr Gerüchte der letzten Tage. Konkrete Verabredungen scheint es aber angesichts der chaotischen Verhältnisse und einer desolaten Informationslage wenig zu geben. Der Landvogt und „Etatsrath" Heinzelmann rät zur Kooperation und will sich schnellstmöglich, von Tatendrang beseelt, auf den nicht ungefährlichen Weg nach Kiel zum zwischenzeitlich bezogenen Hauptquartier des schwedischen Kronprinzen und Generalissimus Bernadotte im dortigen Buchwaldschen Hof in der Dänischen Straße machen.

Am 9. Dezember hat dieser den Holsteinern in einer Proklamation verkündet, die den Vögten und Pastoren im westlichsten Landesteil in den kommenden Tagen allerdings nur in wenigen Fällen übermittelt werden kann, dass sein Kriegszweck tatsächlich ausschließlich in Forderungen bzgl. Norwegen an die dänische Krone bestehe. Er fordert hierin die Holsteiner Bürger zur Ruhe auf und kündigt an, dass eine interimistische Regierung aus Holsteinern kurzfristig aufgestellt werde, die sich um die innere Verwaltung des besetzten Herzogtums kümmern solle.

Bereits ab dem 15. Dezember gilt dann in Holstein, mit Ausnahme der belagerten Festungen, ein bis in den Januar reichender Waffenstillstand. Bereits am darauffolgenden Montag, den 17. Dezember, wird der schnell aktiv gewordene Etatsrath Heinzelmann aus Meldorf als einer von nur acht Aufgestellten - die anderen kommen ausnahmslos aus Kiel und der näheren Umgebung - in die von Bernadotte angekündigte provisorische Verwaltungskommission berufen. Als Entgegenkommen für den kooperativen Landvogt erhält Meldorf eine Schutzwache der alliierten Truppen, die allzu aggressive Plünderungen anderer Truppenteile verhindern soll.

Diese "Sauvegardes" (Schutzwachen), deren Akquisition vielleicht das Hauptmotiv Heinzelmanns war, werden von den Meldorfern, wie anderenorts auch, schnell als "Saufgarden" identifiziert und verhöhnt, da auch deren Forderungen in erster Linie in Branntwein bestehen. Fortan gilt aber unbedingte Kooperation und Vermeidung jedweder Provokation als Parole für die Süderdithmarscher Kirchspielvögte, die sich nun immer kurzfristiger in Meldorf versammeln bzw. in fast täglichem Abstand über Boten neue Instruktionen und Informationen erhalten werden. Bei jedem dieser in diesen Tagen nicht ungefährlichen Ausritte bangt in Nordhastedt die Familie um den Vogt und auch er sicherlich um die zurückgelassene Familie.

Denn in den folgenden Dezembertagen 1813 kommen, trotz offiziellem Waffenstillstand, auch weiterhin immer wieder kleine Trupps der Nordarmee an den Dithmarscher Geestrand und in die Marsch, um abseits der großen Truppenverbände, die sich in der Mitte und dem Osten Holsteins um die dortigen Festungen in Rendsburg und bei Kiel scharen, durch wilde Requirierungen das Leben der Truppe aus dem Land in der zeitüblichen Form sicherzustellen. Auch wenn von Morden an der Zivilbevölkerung durch die plündernden Kosaken und andere Truppen in ganz Holstein so gut wie nicht die Rede sein kann, ist ihr Auftreten doch überall rau und fordernd.

Selbst in die Häuser preschen sie auf dem Rücken ihrer kleinen Pferde hinein und überschütten die Bewohner unter wilden Drohgebärden mit allerlei Forderungen; nach Branntwein meist zuerst, dann nach Nahrung für sich und ihre Pferde sowie Kleidung. Dabei schrecken die Soldaten vor körperlicher Einschüchterung nicht zurück und machen auch keine Unterschiede, ob Mann oder Frau. Der "Kantschu" ist schnell auch bei den Dithmarschern gefürchtet, eine kurze, aus Lederriemen geflochtene Reitpeitsche an einem kurzen Griff, die, stets am Gürtel oder Sattelknauf getragen, regelmäßig zur Verdeutlichung der eigenen Argumente mangelnde Sprachkenntnisse ausgleicht und neben den Fellmützen der meist bärtigen Männer und den kleinen Pferden, auf denen die Kosaken enorm wendig umher stürmen, zum Erkennungszeichen der Kosaken wird.

Den selbst durchaus Pferde vernarrten Dithmarschern kommen insbesondere die Rösser der Kosaken suspekt vor, diese *"kleinen mag'ren Dämonen in Pferdegestalt, die ihre Herren dahin tragen, wohin sie wollen, ohne Rücksicht auf Natur, Wetter oder andere Hindernisse"*, wie der Schleswiger Lehrer Georg Friedrich Schumacher in seinem Tagebuch formuliert[276].

Romantisierende Darstellung der gefürchteten Kosakischen Reiter im winterlichen Einsatz 1813

Die Kosaken scheinen sich von ihren Helfern zu keiner Zeit trennen zu wollen, sogar in die zur Nachtruhe requirierten Stuben der Häuser werden die Tiere von ihren Herren, sofern es sich um einfache Soldaten handelt, mitgenommen. Eines der ersten Worte, deren Gebrauch auch zwischen Dithmarschern und Kosaken "geflügelt" wird, ist die Forderung nach "Hafer" für die Tiere, von den Russen als "Chaver" ausgesprochen. Bei einzelnen Kosakentrupps stehen zudem anscheinend Hundewürste auf der Speisekarte. Aus einigen Dörfern nördlich Hamburg ist belegt, dass die Kosaken Jagd auf frei herumlaufende Hunde machen. Ganze Dörfer sind innerhalb von Tagen frei von ihnen. Die ob dieses Kulturschocks entsetzten Dörfler schaffen ihre Hofhunde, wenn noch möglich, in die Häuser, nachdem sie die Vorlieben der Soldaten durchschauen.

Dithmarschen als besetztes Land

Doch bei den ersten Raubüberfällen dieser Dezember- und Januartage scheinen im Vergleich mit den kosakischen Verbänden auch in Dithmarschen die mehrmals aus Richtung Bramstedt einfallenden mecklenburgischen Einheiten fast noch aggressiver aufzutreten.

Die Mecklenburger nehmen es den Holsteinern immer noch übel, dass sie die verhassten französischen Besatzer Hamburgs unterstützt haben, als diese vor dem erstmaligen Heranstürmen der Kosaken im Frühjahr, nach Mecklenburg geflohen und dort zahlreiche Verwüstungen herbeigeführt haben. Ähnlich undiszipliniert verhalten sich vielfach auch die Hamburger Freiwilligen der Hanseatischen Legion, die es den Holsteinern nicht vergessen können, dass sie im Frühjahr 1813 die Stadt nicht gegen die wieder anrückenden Franzosen geholfen haben. Die Holsteiner werden von den Hamburgern aufgrund der taktierend zögerlichen dänischen Kronpolitik, der andauernden Paktiererei mit den verhassten Franzosen und ihres aus der misslichen Lage Hamburgs während der Blockadejahre resultierenden Schmuggelgewinns fortan auch als "Schuckelmeyer" verhöhnt. Das Verhältnis wird auf Jahre belastet bleiben. Im Gegensatz zu den Holsteinern sind in diesen Tagen fast alle Deutschen zu glühenden Vaterlandsverteidigern geworden, die sich endlich vom vermeintlichen napoleonischen Joch befreien wollen. Die Holsteiner werden gerade auch von den deutschen alliierten Truppen in diesen ersten Wochen des Feldzuges als Verräter an der deutschen Sache betrachtet und behandelt.

Dabei werden neben der "normalen" Verproviantierung und der rigorosen Beschlagnahme von Pferden und Wagen auch systematisch überall dort, wo noch etwas vorhanden und noch nicht ins Dänische verbracht ist, öffentliche Gelder beschlagnahmt. In Tellingstedt, Albersdorf und Heide werden die Gemeindekassen requiriert, in Meldorf zudem beim Landschreiber Niebuhr im Amtssitz am Nordermarkt 9 die erst kurz zuvor wieder gut gefüllte königliche Kasse eingezogen. Auch bei diesem Beutezug, ausgeführt nach einer Quelle von einem Grafen von Bothmer, nach einer anderen von einem Graf Hahn, einem mecklenburgischen Offizier in Tettenborns Heer, der sich selbst vor Ort als Intendant Graf Hahn vorstellt und in den kommenden Jahren tatsächlich als ein auch in der Region Dithmarschen mit seiner Truppe bekannter Schauspieldirektor (!) auftritt, werden die Kosaken zunächst von aufgebrachten Meldorfer Bürgern attackiert, bis Landvogt Heinzelmann beruhigen und ein Massaker verhindern kann. Die Kasse wird ausgeliefert, im Austausch für 700 russische Soldaten, die später in Meldorf und näherer Umgebung einquartiert werden und von der Region ausgehalten werden müssen.

Besagter Karl Graf von Hahn (1782-1857), ein im mecklenburgischen Remplin geborener Adeliger, der im Laufe seines Lebens sein gesamtes Familienvermögen seiner Theaterleidenschaft opfern wird, wird im Laufe dieser ersten Feldzugwochen, wahrscheinlich unter Nutzung eines beachtlichen Repertoires "theatralischer Gesten", noch dreister. In Eiderstedt verlangt er bei der dortigen Beschlagnahme von den Beamten neben der Herausgabe der Barschaften auch die Auszahlung noch ausstehender Zahlungen steuersäumiger Bürger. Die Vögte könnten sich das Geld von den Bürgern zurückholen. Doch die einschüchternde

Aggressivität der fremden Truppen machen sich auch einheimische Kriminelle zunutze. In den folgenden Winterwochen werden zahlreiche Diebstähle (z.B. auch größerer Holzbestände) bekannt, bei denen sich später herausstellt, dass diese von Holsteinern verübt wurden, die sich als "Kosaken" verkleidet haben, so u.a. auch in Hanerau. Im Laufe des Dezembers schlafen auch die meisten Nordhastedter so wohl stets in voller Kleidung, allzeit in Alarmbereitschaft, Familie, Hof und Gut vor Übergriffen jedweder Art zu schützen.

Für die Nordhastedter Familie des Kirchspielvogts Johann Harders wird auch das Weihnachtsfest dieses Jahres 1813 ein überaus merkwürdiges. Man hat zwar schnell erkannt, dass durch die Invasoren keine unmittelbare Gefahr für Leib und Leben besteht, doch sorgt man sich nach wie vor um das materielle Vermögen eines ohnehin wirtschaftlich schwer gebeutelten Landes. Wie begeht man in einer solchen Zeit das Weihnachtsfest? Für die 48-jährige Hausmutter Christina steht als Pastorentochter von Kindheit an der Kirchenbesuch im Mittelpunkt der Feierlichkeiten. Dieses prägende Element wird sie auch ihrer Familie anerziehen. Mindestens noch zu Lebzeiten des Großvaters Andreas Jessen dürfte dieser auch die Form des Festes im Haushalt der Harders beeinflusst haben. Doch nach dessen Tod vor drei Jahren ist die Familie längst auf der Suche nach "ihrem" Weg.

Die teils erwachsenen Kinder könnten seit einiger Zeit den Brauch eines geschmückten Tannenbaums oder mindestens einiger Zweige einfordern, der seit ca. 50 Jahren in deutschen Landen mehr und mehr Verbreitung findet. Vielleicht liegt für die jüngsten Töchter das zu Weihnachten des Vorjahres 1812 erstmals veröffentlichte Buch "Kinder- und Hausmärchen" der Brüder Grimm als Geschenk unter dem Baum. Zum Weihnachtsfest wird der inzwischen in Meldorf an der Gelehrtenschule lernende und am 22. Dezember gerade erst 19 Jahre alt gewordene Sohn Johann Andreas zur Familie nach Nordhastedt zurückkehren. Die ältere Schwester Christina ist 21 Jahre alt, lebt aber wohl ebenfalls im elterlichen Haushalt. Die jüngeren Schwestern Sophia, mit 15 Jahren bereits konfirmiert, und v.a. die jüngsten beiden Beata, nun 12 Jahre, und Caroline "Line" mit ihren 9 Jahren können die Aufregung im Dorf sicherlich für einige Stunden zugunsten einer wohl kleiner als üblich ausfallenden Bescherung verdrängen. Dem Vogt Johann Harders dürfte das allerdings auch nur für wenige Stunden schwer fallen. In diesen Tagen ist selbst eine Stunde in der gewärmten guten Stube, den Punsch auf dem "Bilegger", dem zeittypischen, meist durch die Küchenwand aus derselben heraus beheizbaren Beilegeofen in der Wohnstube, und eine Pfeife im Mund vielleicht ein nur schwer erfüllbarer Wunsch, mangelt es doch überall an Rum, Tabak und zuletzt wohl auch Heizmaterial.

Am Donnerstag vor dem Jahreswechsel, am 30. Dezember 1813, muss sich Johann Harders bereits wieder mit Amtsdingen zu jedem Hof im Kirchspiel begeben oder die Kirchspielbewohner bei sich einfinden lassen. Der Landvogt will eine lückenlose Aufstellung aller

Schwester Anna Magdalena bleibt als Witwe mit drei erwachsenen Kindern zurück, nachdem eine weitere Tochter, Elsabe verheiratet mit Paul Paulsen, erst ein gutes halbes Jahr zuvor im Norderdithmarscher Hedwigenkoog ebenfalls verstorben war. Es bleibt angesichts der allgemeinen Umstände fraglich, ob der Kirchspielvogt Johann Harders unter den extremen Bedingungen und Belastungen dieses Januars den Weg nach Wöhrden am darauffolgenden Freitag zur Beerdigung seines Schwagers auf sich nehmen kann.

Claus Harms und der Krieg nach dem Kriege

Für die Bewohner Holsteins fühlt sich auch die Zeit nach dem Friedensschluss ab Mitte Januar 1814 kaum anders an als die Wochen zuvor. Die Bevölkerung leidet weiter unter der alles verzehrenden Anwesenheit der fremden Truppen, extremer Winterkälte und den nachhaltig zerrütteten Finanzen. Der Kirchenmann Claus Harms, dessen väterliche Wurzeln, trotz Geburt in Fahrstedt, im Meldorfer Umland zu suchen sind, wo sein gleichnamiger Großvater (1685-1747) bereits 1717 als Rademacher aus Hütten bei Hohenwestedt in Nindorf zugewandert ist und ab 1740 in Epenwöhrden lebt, veröffentlicht als Diakon in Lunden im Januar 1814 eine vielbeachtete Predigt/Streitschrift über "den Krieg nach dem Kriege (oder die Bekämpfung einheimischer Landesfeinde)".

Hierin prangert er neben den von außen auferlegten Belastungen auch eine mangelnde Gleichverteilung der Lasten und "Kriegsgewinnlerei" an. Seine interne Kritik bezieht sich hierbei auf die häufig als ungerecht und selbstherrlich empfundene Amtsführung lokaler Beamter in einigen Kirchspielen Norderdithmarschens.

Er spricht: *„Norderdithmarschen sollte wol zwey Exempel kennen, eines Harders aus neuer Zeit und eines Fehrings aus alter Zeit: die waren mächtige Landesfeinde, und mußten doch fallen, als man mit den rechten Waffen wider sie auszog. Denn Wer seine Höh auf Ach und Weh gebauet hat, muß fallen!"* Wahrscheinlich brandmarkt Harms hiermit den ihm zwangsläufig aufgrund der räumlichen Nähe bekannten Hemmer Kirchspielschreiber Johann Friedrich Harders, der u.a. 1764 genannt ist, und über den er an anderer Stelle schreibt: *„... das Unglück des Kirchspiels Hemme durch seinen Kirchspielschreiber Harders".* Der Hemmer Kirchspielschreiber steht wohl nicht in einer bestimmbaren näheren Beziehung zur Nordhastedter Kirchspielvogtfamilie.

Bei dem ebenfalls genannten Fehring aus alter Zeit muss es sich dagegen um eine von Harms „frei interpretierte Mixtur" gleich zweier historischer Persönlichkeiten handeln. Harms vermischt hier wohl bewusst den zum Landesfeind erklärten „alten" Hans Fehring aus Lunden, der zu Zeiten der Dithmarscher Republik die Westseite des Heider Marktes einäscherte und darauf mit zwei Mannen hingerichtet wurde, mit dem Johann Fehring aus Wesselburen von 1631, dessen Vorschlag zur Einrichtung von weitgehend unkontrollierten Landesvollmachten und eigennützige Auslebung derselben Funktion in späteren Jahr-

Dänische Infanterie-Uniformen 1813

hunderten häufig als Grundlage einer vor allem im herzoglichen Norderdithmarschen beobachteten Form von Amtsmissbrauch Vorschub geleistet haben soll.

In Süderdithmarschen sind die königlich dänischen Ämter wesentlich regulierter und unterliegen den bereits beschriebenen jährlichen Kontrollen, so dass diese Form von deutlichem Amtsmissbrauch hier nicht festgestellt werden kann. Die Süderdithmarscher

Kirchspielvögte müssen, anders als ihre durch „freiere" gottorfsche Traditionen geprägten Kollegen in Norderdithmarschen, als Erbe ihrer längeren königlich dänischen Vergangenheit, seit einer Verordnung vom 15. Mai 1741 ihre Rechnungen jährlich Ende Januar für 14 Tage öffentlich auslegen und anschließend einer Revisions-Kommission übergeben, während die Norderdithmarscher „Verfassung" auch im Vertrag von 1773 wesentliche strukturelle Unterschiede „en detail" bewahren konnte. So muss der Nordhastedter Kirchspielvogt die von ihm geführten Schuld- und Pfandprotokolle jährlich dem Meldorfer Landvogt zur Einsicht vorlegen. Regelmäßig im September zeichnet dieser mit seinem „vidi Heinzelmann" gegen[282]. Doch die Not der Bevölkerung braucht ein Ventil. Auch die Nordhastedter, die der Vogt Harders in diesen Wochen zu Leistungen auffordern oder im schlimmsten Fall auch zur Ausübung von Vollzugshandlungen besuchen muss, dürften ihrem Zorn und ihrer Wut immer häufiger wortreich, vielleicht sogar handgreiflich Ausdruck verleihen.

Vor allem die erneuten umfangreichen Einquartierungen werden nochmals zur schweren Last. Insgesamt werden allein in Süderdithmarschen von August bis Dezember 1814 rund 5.000 Mann vornehmlich russischer Infanterie und Artillerie einquartiert. Wenngleich in Nordhastedt keine starken Verwüstungen oder Plünderungen stattfinden und, im Unterschied zu vielen Marschhöfen, keine nennenswerten Belegungen vorgenommen zu werden scheinen, so sind die vorangegangenen Kriegs- und Gewalterfahrungen vor dem Hintergrund des zuvor erfolgten Zusammenbruchs der staatlichen Ökonomie mit der in Folge v.a. auch durch Holsteiner Bürger zu bezahlenden dänischen Staatslasten doch auf Jahre hinaus genauso prägend für Nordhastedt wie das gesamte Holstein. Der alternde, nun 65-jährige Kirchspielvogt Johann Harders wird diese Zeiten ebenfalls als sehr hart empfinden, sie könnten ihn an den Rand des körperlich und seelisch Erträglichen bringen.

Die Wochen des Feldzuges, der anschließenden, fast einjährigen Einquartierungen und der folgenden, quälend langsamen "Normalisierung" bringen, in den letzten Dezembertagen 1813 beginnend, eine wahre Verordnungsflut von provisorischen und ordentlichen Regierungskomitees. Die lokalen Beamten müssen, anfangs immer auf dem schmalen Grat zwischen Kollaboration und Deeskalation, den jeweils Fordernden die immer erdrückender werdenden Lieferungen organisieren und gleichzeitig die immer verzweifelter werdenden Bewohner ihrer Region ruhig halten. Steuersäumige Bürger, deren Zahl in diesen Zeiten täglich zu steigen scheint, werden nach den Quellen von der Obrigkeit gnadenlos in den Konkurs getrieben. Der Vogt vor Ort muss ausführen. Gleichzeitig entsteht ein bis dahin nicht gekanntes Ausmaß an Bürokratie. Die Vögte werden zu Buchhaltern des Krieges und einer folgenden jahrelangen wirtschaftlichen Depression.

Davouts Starrsinn

Noch bis Mitte 1815 wird es dauern, bis die letzten fremden Soldaten aus Holstein und Hamburg abgezogen sind. Die Holsteiner müssen auch deshalb unter einer verlängerten Truppenstationierung leiden, weil der französische Marschall Davout selbst dann noch nicht Hamburg preisgeben will, als Napoleon längst auf dem Weg nach Elba in die Verbannung ist. Davout fehlen zuletzt eindeutige Befehle seiner neuen Regierung, deren Legitimität von ihm ohnehin angezweifelt wird. Selbst die katastrophale Verfassung seiner Soldaten in der eingeschlossenen Festung kann seine Maxime nicht ändern. Als Festungskommandant will

Louis-Nicolas Davout (1770-1823)

er die Stadt gemäß der gültigen französischen Militärdoktrin um jeden Preis halten, "coûte que coûte", koste was es wolle. An Spitzentagen zu Beginn der Frostperiode, im Januar/Februar 1814, beläuft sich der tägliche Krankenstand seiner französischen Truppen auf ca. 17.000 Mann, das ist jeder dritte Soldat. In der Stadt hält sich daneben nur noch die Hälfte der ursprünglichen Zivilbevölkerung auf.

Das Amt des Landschreibers ist für viele Dithmarscher, zumal in diesen Zeiten, in ihrem lokalen Selbstverständnis dagegen durchaus problematisch. Der Landschreiber ist vor Ort „oberster Steuereinnehmer der königlichen Kasse". Das Amt, das den König in wesentlicher und häufig drückender Weise repräsentiert, ist im Unterschied zum Amt des Landvogtes und noch mehr dem des Landespfennigmeisters, der in Abgrenzung zum Landschreiber das Vermögen und den Haushalt der Landschaft und die Einnahme der „monatlichen Contribution" verwaltet, als einziges der hohen Verwaltungsämter vor Ort nicht mit einem gebürtigen Dithmarscher zu besetzen („Indigenat"), anderenfalls hätte der in Lüdingworth südlich der Elbe geborene Niebuhr das Amt auch nicht antreten können. So ist gerade der Landschreiber bei den „orthodoxen" Dithmarschern über die Jahrhunderte in seinem Amt mit der damit verbundenen Einnahme des „Herrenkorns" und der Oberhoheit über die fiskalische Gesamtbelastung Süderdithmarschens immer auch eine personifizierte Erinnerung an den Verlust der Dithmarscher Souveränität nach 1559. Für die vor allem nach dem Staatsbankrott und der sich anschließenden Besatzungszeit finanziell leidenden Dithmarscher muss auch zuletzt Carsten Niebuhr und nun im Folgenden noch mehr sein Nachfolger Gloyer häufig auch „von Amtswegen" den mehr oder weniger versteckten Unmut vieler Bürger spüren.

An der Beerdigung kann der Sohn Barthold Georg Niebuhr (1776-1831), der seinen Vater zuletzt im Herbst des Vorjahres in Meldorf besuchte, nicht teilnehmen. Den in Meldorf aufgewachsenen Sprössling hat es längst aus der Stätte seiner Jugend getrieben, *„der kleinstädtischsten aller kleinen Städte"*. *„Ganz heruntergekommen und verödet"* ist sie ihm später aus der Jugendzeit in Erinnerung. An einem solchen Zustand, den Niebuhr Junior im Nachhinein längst an seinen weltstädtischen Kopenhagener und Berliner Erfahrungen misst, hat sich in den wirtschaftlich guten letzten Jahren bis zur „Franzosentid" aber bereits ein wenig getan. Barthold Georg Niebuhr hat nach dem ersten Weggang aus Meldorf im Jahre 1793 und später zum Studium, wie sein Vater, zunächst ab 1801 in dänischen Staatsdiensten gewirkt, aber bereits 1806 und dieses wahrscheinlich in Opposition zu der nach der Auflösung des Deutschen Reiches vom Kronprinzen Friedrich immer konsequenter betriebenen danisierenden „Vereinheitlichungspolitik", um seine Entlassung aus dänischem Staatsdienst gebeten und ist bis 1810 in preußische Dienste in Berlin eingetreten.

Ein bemerkenswerter Schritt, den nur wenige Monate nach dieser Mai-Beerdigung auch der zunehmend frustrierte und desillusionierte Sprecher der Schleswig-Holsteinischen Ritterschaft und vormalige dänische Diplomat Fritz von Reventlow auf Emkendorf nach dem Tod seiner Frau im Folgejahr noch gehen wird. Seit 1810 ist Niebuhr Junior nun Geschichtsprofessor an der neu gegründeten Berliner Universität. Er gilt bereits zu dieser Zeit der Beerdigung seines Vaters im Gesamtstaat als lautstarker Kritiker der Politik des dänischen

Königs Friedrich VI., die, wie von ihm befürchtet, Holstein in ein wirtschaftliches und politisches Chaos gestürzt habe. Niebuhr unterstützt öffentlich, aus Berlin heraus, auch die Bestrebungen der Schleswig-Holsteinischen Ritterschaft, die nach der „Franzosentid", im Gefolge der deutschlandweit entstehenden Nationalgefühle, der Gefahr einer endgültig drohenden Entbindung der Herzogtümer von Deutschland das Wort reden.

Der in solch strenger, aber begründeter Kritik stehende König weilt in diesen Maitagen des Jahres 1815 immer noch in Wien am Rande des dortigen, zur Neuordnung Europas einberufenen Kongresses, zu dem er als „Verlierer" zwar nicht offiziell geladen ist, an dem er aber auf Wunsch der gastgebenden Österreicher, die eine drohende Zerschlagung des Gesamtstaats zugunsten Preußens verhindern möchten, dennoch im Hintergrund der offiziellen Kabinettgespräche und auf dem Tanzparkett der diversen begleitenden gesellschaftlichen Großveranstaltungen wirken kann - „schließlich tanzt der Kongress".

Der bereits Ende September 1814 nach Wien aufgebrochene Monarch wird dort fast genau acht Monate ununterbrochen um eine akzeptable Zukunft seines komplizierten Staatsgebildes ringen. Da über Monate hinweg allerdings die Neuordnung des Nordens nicht zu den politischen Prioritäten des ohnehin dahindümpelnden Kongresses gehört, vertreibt der König sich die Zeit, wie viele der angereisten und in Urlaubslaune befindlichen gekrönten Häupter Europas, vornehmlich ringend mit einer Mätresse, während seine im Gesamtstaat zurückgebliebene Gattin die heimischen Regierungsgeschäfte überwacht.

Die Meldorfer Trauergemeinde vom 2. Mai kann also noch nicht wissen, dass die Wiener Beschlüsse, die erst wenige Wochen später bekannt werden, nach 1806 eine erneute Bindung Holsteins an den neugeschaffenen Deutschen Bund vorsehen und auch in Zukunft staatsrechtlich vor einer vollständigen Einverleibung in einen dänisch dominierten Einheitsstaat beschützen werden.

Der seit 1807 verwitwete Carsten Niebuhr hinterlässt bei seinem Tod nur seinen Sohn Barthold Georg und die Tochter Christina Dorothea, die fortan als Jungfer mit diversen wechselnden Gesellschafterinnen in einem Teil der alten, im Jahre 1806 vom Kaufmann und Landesgevollmächtigten Johann Hinrich Krey für 7675 Courantmark erworbenen Landvogtei des mit der Familie einst befreundeten Heinrich Christian Boie in der Meldorfer Zingelstraße leben und hier 1849 sterben wird[291] (nicht, wie Johnsen schreibt, in ihrem Vaterhaus am Markt). So bleibt die Trauerfeier in Meldorf ein weitgehend lokales und auf die Landschaft beschränktes gesellschaftliches Ereignis, das allerdings intensiv genutzt wird, über die zukünftige Struktur des Gesamtstaates und die Zukunft Deutschlands genauso zu diskutieren, wie über die besorgniserregenden jüngsten Ereignisse in Frankreich. Napoleon Bonaparte ist seit gut zwei Monaten aus seiner Verbannung von Elba nach Paris zurückgekehrt und soll angeblich wieder neue Armeen aufstellen lassen. Auch im Gesamtstaat laufen längst die Vorbereitungen für weitere königliche Truppenverlegungen in den Süden, nachdem Ende März, unter Einbindung Dänemarks, ein neuer Koalitionsvertrag der alten Verbündeten geschlossen und Napoleon auf dem Kongress zum Geächteten erklärt wurde.

Durch die Abwesenheit des Sohnes bei der Beerdigung von Carsten Niebuhr kommt es für die Dithmarscher Kirchspielvögte nun aber auch nicht zu einer Situation, in der ihnen der große Kritiker ihres Souveräns, den mindestens die Älteren aus dessen Kindertagen noch kennen dürften, Aug in Auge gegenüber stehen könnte. Hätte das vor einigen Monaten noch für viele der Vögte, einschließlich des Landvogts Heinzelmann, mit ihrer nach wie vor königstreu staatstragenden Linie noch kompromittierend oder peinlich werden können, haben sich auch hier die Zeiten aufgrund der katastrophalen wirtschaftlichen Verfassung deutlich geändert.

Die Landschaft Süderdithmarschen gebärdet sich zwar nach wie vor noch nicht als Brutstätte eines glühenden „Schleswig-Holsteinismus", aber immerhin hat man im Januar 1815 Kontakt mit der in heftiger Opposition zum König stehenden „Schleswig-Holsteinischen Ritterschaft" aufgenommen, um über diese als anscheinend einzig funktionierender Institution, trotz aller Unterschiede in Bezug auf konstitutionelle Holstein-Fragen, eine „besondere Bittschrift" zur Verminderung der Abgaben an den in Wien weilenden König überreichen zu lassen. Kirchspielvögte und Landesgevollmächtigte gehen in diesen schweren Zeiten, wahrscheinlich ohne Zutun des Landvogtes Heinzelmann, anstelle des eigentlich zwingend einzuhaltenden Verwaltungsweges über die „Kanzleien" und „Gouvernement", einen in den gesamten Herzogtümern vielbeachteten „politischen" Schritt, aus dem die Ritterschaft ihrerseits selbstbewusst und sogar ein bisschen stolz den Schluss zieht, dass man nun wirklich die Stimme ganz Schleswig-Holsteins sei, wenn selbst die traditionell eigensinnigen und adels-kritischen Dithmarscher sich an sie wenden[292].

Der ungewöhnliche Schritt der Landschaft Süderdithmarschen, die sich hier in einem der ganz wenigen Momente dieser Jahre aus einer politischen Deckung wagt und tatsächlich, vor Bekanntwerden der später diesbezüglich enttäuschenden Beschlüsse in Wien, ebenfalls eine gewisse Hoffnung auf ein erstarktes Deutschland einschließlich der Herzogtümer hegen könnte, zeigt mindestens die herrschende Verzweiflung in wirtschaftlich schwerer Zeit. Denn es ist mehr als fraglich, dass die mit ihren Forderungen nach „deutschen" Herzogtümern Schleswig und Holstein und insbesondere einer entsprechenden ständischen Verfassung, die ihre adligen Privilegien schützen bzw. zurückerobern soll, rufenden und den König damit stets in Rage treibenden Vertreter des hiesigen Adels wirklich eine geeignete Adresse sein könnten, das angestrebte Ziel der Vögte einer in Zeiten eines Staatsbankrotts eigentlich utopischen Abgabenreduktion inhaltlich zu erreichen.

Auch die Dithmarscher Vögte könnten in diesen Tagen zu einer eigenen Meinung finden auf die von der Ritterschaft öffentlich in den politischen Raum gestellte Frage: *„Wollen Sie fernerhin Deutsche bleiben oder Dänen werden?"* Der abwesende Barthold Georg Niebuhr, der mindestens diese letzten Schritte seiner Süderdithmarscher Ziehväter (?) gutheißen

Barthold Georg Niebuhr (1776-1831)

könnte, wird im kommenden Jahr 1816, nach endgültiger Klärung der politischen Großwetterlage durch den entscheidenden Sieg über die napoleonischen Truppen bei Waterloo und nun bewachte erneute Verbannung Napoleons sowie der vollzogenen Neuordnung Europas, bei der durch den beendeten Wiener Kongress auch der Gesamtstaat Dänemark inklusive der beiden Herzogtümer Schleswig und Holstein im erweiterten „status quo" festgeschrieben wird, von Berlin für einige Jahre an den Heiligen Stuhl als Gesandter Preußens entsandt werden und ab 1825 noch eine Professur in Bonn antreten.

Nordhastedter Kirchenholz II

Landvogt Heinzelmann wird dagegen die Gelegenheit der Niebuhr-Beerdigung vom Mai 1815 nutzen, den Kirchspielvogt Johann Harders auch in der noch offenen Sache der Nordhastedter Kirchenhölzung auf den neuesten Stand zu bringen. Man hat sich nämlich in Meldorf entschlossen, zur eigenen Absicherung, eine Entscheidung über den Baumverkauf an allerhöchster Stelle einzuholen. Der Landvogt ist zu der Überzeugung gelangt, ein Baumschlag im Kirchenholz dürfe nur unter Hinzuziehung eines königlichen Forstbeamten erfolgen.

Johann Harders graust es sofort vor den finanziellen Konsequenzen, auf Kosten der Nordhastedter Kirchengemeinde extra einen Oberverwaltungsbeamten aus Glückstadt, Schleswig oder gar Kopenhagen anreisen zu lassen, nur um 100 Bäume zu begutachten. Da wird von dem in vollem Umfang benötigten Erlös von geschätzten 1000 Mark ein erheblicher Kostenblock abzuschlagen sein. Er bittet folgerichtig den Landvogt, bei seiner Weiterleitung des Antrags mindestens auf eine anzustrebende Verhältnismäßigkeit hinzuweisen. Wenige Tage später, Landvogt und Propst versenden das Gesuch in der Vorpfingstwoche am 11. Mai an das „Königlich Holsteinische Oberconsistorium", wird sich herausstellen, dass dieses Schreiben[293] den Auftakt bildet zu einem skurrilen und mehrjährigen Verwaltungsakt, in dessen Verlauf die Nordhastedter, denen der Schuh eigentlich gar nicht so sehr drückt, sich nur noch verwundert die Augen reiben werden. Wären die Zeiten nicht so hart, manch Heiterkeitsträne würde über die eine oder andere bartstoppelige Landmannswange rollen.

Denn bereits am 16. Mai, dem Dienstag nach Pfingsten, reagiert die längst auf „nachhaltige" Forstwirtschaft erpichte Oberbehörde nicht nur, wie befürchtet, sondern legt gleich noch eins drauf: *„daß man noch zur Zeit Bedenken tragen müsse auf diesen Antrag einzugehen, und es haben die Kirchenvisitatoren daher zuvörderst durch einen dazu aufzufordernden königlichen Forstbeamten aus den nächsten Districten* (die Süderdithmarscher Position scheint nach dem Tod Jacob Möllers unbesetzt geblieben zu sein) *näher untersuchen zu lassen, ob die Niederlegung der gedachten Bute* (Anm.: hier wird der Begriff offensichtlich für ein eingefriedetes Waldstück benutzt) *der Nordhastedter Kirchenhölzung mit den Grundsätzen der Forstoeconomie übereinstimme, und wie hoch etwa die Kosten einer neuen Besamung oder Anpflanzung sich belaufen möchten."*

Die Nordhastedter müssen sich nach Erhalt dieser Aufforderung vermutlich erst einmal sammeln. Das hat man nun davon, wenn man Schulden macht. Schließlich einigt man sich in Nordhastedt auf die altbewährte Taktik des auf Zeit Spielens und stellt sich tot. Hinter den Kulissen aber könnte Johann Harders mit dem Landvogt Heinzelmann bereits nach konstruktiven Lösungen Ausschau halten.

Spannungen in den Landesversammlungen

Auf der nächsten, am Montag des 12. Juni 1815 und damit nur sechs Wochen nach Niebuhrs Beerdigung stattfindenden Süderdithmarscher Landesversammlung geht es dann erst einmal in viel größerem Kontext hoch her in Meldorf[294]. Hat man zunächst gehofft, nach dem Abmarsch der fremden Truppen zumindest etwas finanzielle Entlastung zu bekommen, gehen die nächsten, nun vom eigenen, königlich dänischen Militär aufgestellten Anforderungen bei der Landschaft ein und lassen die Hälse der Kirchspielvögte und Landesgevollmächtigten anschwellen.

Eine äußerst kontroverse Diskussion entbrennt angesichts der oberlichen Weisung, zügig 77 Pferde für die Kavallerie anzuschaffen und in Bereitschaft zu halten. Die königliche Militärführung rechnet, wir stehen sechs Tage vor der Schlacht bei Waterloo, mit einer noch lange andauernden militärischen Auseinandersetzung mit dem zurückgekehrten Napoleon. Während sich die Mehrheit der südlichen Kirchspiele (Brunsbüttel, Marne, Eddelak, Burg) für einen gemeinschaftlichen Erwerb durch die Landschaft ausspricht, springt der Nordhastedter Vogt Johann Harders in einer für ihn untypisch deutlichen Form sogleich als Erster dem opponierenden Landvogt Heinzelmann bei, der für einen quotalen Einzelerwerb durch die Kirchspiele eintritt.

Mag sein, dass hier bereits erste Anzeichen einer durch die schwierige Haushaltslage ausgelösten Misstrauenskrise untereinander deutlich werden, oder einfach nur pragmatische Gründe eine Rolle spielen, z.B. bezüglich einer auf unbestimmte Zeit zu organisierenden Unterbringung und Verpflegung der Pferde. Der Nordhastedter Vogt scheint angesichts der allgemeinen Pferdeknappheit einen deutlich überteuerten Großeinkauf der Landschaft zu befürchten, der dazu führen könnte, dass der Haushalt auch des Nordhastedter Kirchspiels in einer Umlage übermäßig belastet würde. Dem Risiko will er sich anscheinend, v.a. auch nach den jüngst gemachten Erfahrungen in Bezug auf die Kirchenkassen, nicht aussetzen und die Dinge lieber selbst in der Hand behalten.

Denn nach wie vor ist das Kirchspiel Nordhastedt, im Unterschied zur örtlichen Kirchenkasse und den meisten anderen, vor allem den Marschkirchspielen, schuldenfrei. Über all die Jahre attestiert der Vogt Johann Harders seit seinem Amtsantritt 1779/80 regelmäßig bei den jährlich erfolgenden Kassenprüfungen[295] das Fehlen jedweder Kapitalaufnahmen oder sonstigen finanziellen Verpflichtungen seines Kirchspiels - die alten Kirchenbrandkredite von 1741 scheinen noch zu Lebzeiten seines Vaters abgetragen -, während sich der Schuldenstand anderer Kirchspiele auf höherem, wenngleich mindestens bis 1803 konstantem Niveau hält (u.a. Marne 9.900 Reichstaler, Wöhrden 1.000 RT, Brunsbüttel 9.500 RT, Eddelak 1.800 RT, Burg 1.100 RT).

Doch während die Finanzhaushalte der Norderdithmarscher Kirchspiele durch die Entwicklungen des dänischen Staatsbankrotts, wie in der Brandrede eines Claus Harms vom Frühjahr 1814 gesehen, in diesen Jahren einem erneuten Lackmus- und Härtetest unterzogen werden und erst jetzt – teilweise zu spät - in ein echtes Schuldenbewusstsein und damit in einen unausweichlichen Schuldennotstand geraten, sind die Süderdithmarscher bereits seit einer Erkenntniskrise von 1740/41 durch dieses tiefe Tal hindurch und in den jetzt kommenden schweren Jahren bereits ein gutes Stück dem Dilemma eines strukturellen Haushaltsdilettantismus entwachsen.

Die aber auch in Süderdithmarschen noch zum Teil erheblichen kommunalen Schuldenstände einzelner Kirchspiele sowie der Landschaft haben dabei mehrere Gründe. Zunächst bringen die Deichlasten, die mindestens vor einer Neuregelung von 1789 nicht vollständig auf die Solidargemeinschaft Süderdithmarschens, also auch zumindest in Teilen auf die Geestkirchspiele umgelegt werden können, eine übermäßige Belastung der Marschkirchspiele. Die finanziellen Folgen der großen Überflutungen aus den 1750er Jahren hinterlassen hier immer noch ihre langfristigen Spuren.

Die Hauptursache der Schuldenstände des Jahres 1815 ist aber vorrangig immer noch ein Erbe des historisch langfristig gewachsenen, vormals weitgehend intransparenten, durch bäuerliche Selbstverwaltung geprägten und deshalb nicht immer professionell entwickelten Steuererhebungssystem Dithmarschens, das auch die Landschaft an sich und hier im Wesentlichen die Zeiten vor 1740 betrifft. Das die Kehrseite eines politisch bedingten Kalküls einer weitgehenden Autonomie von der Krone bildende Konstrukt eines durch Kirchspielvögte und Landespfennigmeister getragenen eigenen fiskalischen Landschaftssystems führt früh in eine strukturelle Krise.

Es sorgt dafür, dass 1740 der damalige Meldorfer Landschreiber, der 1701 als vormaliger Oberkammersekretär mit den Eindeichungsrechten für den Friedrichsgabekoog im Kirchspiel Wöhrden belegte Ernst Ulrich Dose, als unmittelbarer Vorgänger von Matthias von Jessen, auf eine Besorgnis erregende schleichende Verschuldung aufmerksam machen muss[296]. Dose macht den aus seiner Sicht konsequenten Vorschlag, auch die Landesrechnung auf ihn zu übertragen. Allein der Schuldenstand der Landschaft Süderdithmarschen hat zu diesem Zeitpunkt die unglaubliche Summe von 500.000 Reichstaler überschritten. Begründet wird dieses aus der unabhängigen Draufsicht des hierfür nicht verantwortlich zu machenden Landschreibers als königlichem Hebungsbeamten mit der bis dato vorherrschenden Praxis, dass Kirchspielvögte und Landespfennigmeister weitgehend ohne echte Revision nur daran gemessen werden, ob sie die festgelegten Steuerzahlungen gegenüber der Krone leisten, nicht aber, wie ordentlich diese tatsächlich erhoben werden.

Teilweise durch mehrjährige Aufschübe oder verdeckte Konkurse in den Jahrzehnten nach dem Nordischen Krieg und den großen Flutkatastrophen von 1717 und 1718 gar nicht von den Steuerpflichtigen erbrachte Steuerleistungen innerhalb der Kirchspiele oder auf Ebene der Landschaft wurden über viele Jahre einfach durch kreditäre Aufnahme von Geldern (gutgläubig) verschleiert und durch ein Schneeballsystem immer höherer Neuverschuldungen zur Tilgung alter Verschuldung verdeckt. Zudem ist auf Ebene der Vögte und des Landespfennigmeisters eine Vermischung von privater und öffentlicher Kasse entstanden, die bereits 1740 in Süderdithmarschen zum Fall des ganzen Systems führen kann.

In Süderdithmarschen will man zwar nicht dem konsequenten Vorschlag des Landschreibers Dose folgen und die Erhebungsautonomie, die man als Spiegelbild einer politischen Selbstverwaltung sieht, aufgeben, aber man muss durch Entflechtung und stärkere Selbstkontrolle, auf die auch die königliche Rentekammer zunehmend drängt, gegensteuern. Noch vor Geburt des Johann Harders werden per Verordnung vom 15. Mai 1741 im königlich dänischen Süderteil der Landschaft verstärkte Kontrollen der öffentlichen Kassen der Vögte und des Amtes des Landespfennigmeisters eingeführt, um weiterer schleichender Verschuldung und Bonitätsverschlechterung Einhalt zu gebieten und auf eine stärkere, wenngleich nicht vollständige Entflechtung privater und öffentlicher Rechnungsführung der Vögte und des Landespfennigmeisters geachtet.

1786 werden weitere Revisionsverfahren in Süderdithmarschen installiert. Johann Harders schreibt in seinem geforderten jährlichen Bericht beispielsweise in Bezug auf das Revisionsverfahren[297]: „*Die Kirchspiels-Rechnung wird järlig ... auf 4 Wochen in dem angesehensten Wirthshause* (Anm.: leider gibt er nicht kund, welches das zu dieser Zeit ist) *in Nordhastedt zur Einsicht aller Kirchspiels Eingesessenen eingeleget, und solches öffentlich vorher von der Kanzel angezeiget. Die Kirchspiels-Rechnung wird, wenn sie öffentlig die vorgeschriebene Zeit zur Schau gelegen hat, von den Vorstehern des Kirchspiels nachgesehen und aufgenommen, ..., und dann zur schlieslichen Revision und Entscheidung ... an die Revisions-Commission in Meldorf eingesandt.*"

Durch die alte Praxis sind aber in einigen Kirchspielen in der ersten Hälfte des 18. Jahrhunderts die genannten erheblichen Schuldenstände aufgelaufen, die nun mühsam von den nachfolgenden Generationen abgearbeitet werden müssen. Die Nordhastedter Harders können sich zu Gute halten, dass es eine zu laxe und vermischte Finanzhaushaltung im kleinen Nordhastedt dagegen zu keinem Zeitpunkt gegeben hat. Hier werden auch keine verdeckten Verschuldungen durch mangelnde Steuereintreibung oder Konkursverdeckung toleriert. Das Kirchspiel hat stets geordnete, weil auch kleine und überschaubare Haushalte. Man ist also in den schwierigen Zeiten der Nach-Napoleon-Ära zumindest nicht durch Altlasten zusätzlich bedrückt.

Verständlich wird durch diese Vergangenheit die Grundhaltung eines Johann Harders im Jahre 1815, als Vertreter eines schuldenfreien Kirchspiels, möglichst viel finanzielle Selbstbestimmung in eigenen Händen zu behalten und der nur bedingt transparenten Solidargemeinschaft der Landschaft ohne echte Not keine weitere Verantwortung zu geben. Man hat in diesen Tagen in Süderdithmarschen das Schreckgespenst der Norderdithmarscher Kirchspiele vor Augen, wo über die Gemeinschaft und durch das Fehlverhalten Einzelner, ganze Kirchspiele in den finanziellen Abgrund gerissen wurden. Seit den 1780er Jahren sind hier im Vergleich zu den frühen Süderdithmarscher Verschuldungen geradezu gigantische Schuldenstände entstanden, die dann durch die schlimmen Mäusejahre zu Beginn der 1790er und die folgenden Rezessionsjahre noch mehr unter Druck geraten.

Bereits in den 1760er Jahren liegt der Schuldenstand des Kirchspiels Büsum bsw. bei 168.000 Reichstaler, auf die zum Kieler Umschlag (im Januar des Jahres) keine einzige Zinszahlung mehr erfolgen kann[298]. Auch hieran zeigt sich, dass der kleine Gottorfer Reststaat in den letzten Jahrzehnten seines Bestehens keine ausreichenden professionellen Revisionsinstanzen vorhalten kann, wie zum Vergleich eine königliche Rentekammer. Das Kirchspiel Wesselburen liegt im Jahre 1785 bei einem langfristig gewachsenen Schuldenniveau von 428.000 Reichstaler, davon allein 120.000 Reichstaler im Jahr zuvor durch Mäuseschäden verursachte Steuerausfälle und Konkurse. Von einem solchen Schreckensszenario sind die Süderdithmarscher in den Rezessionsjahren der Nach-Napoleon-Ära ein gutes Stück entfernt, so dass man sich trefflich über ein paar Pferde streiten kann.

Vielleicht hofft Johann Harders allerdings auch darauf, dass durch eine quotale Bereitstellung von Pferden durch die einzelnen Kirchspiele das kleine Kirchspiel Nordhastedt, wenn nicht sogar ganz durch das Raster fallen, so doch wenigstens mit nur ein oder zwei zu verpflegenden Pferden auskommen könnte. Dass man auch in Nordhastedt Erfahrung im keinesfalls übereifrig zu nennenden Umgang mit Militärpferden hat, zeigt ein Vorgang der Jahre 1679-1682, aus Zeiten von Johann Harders Urgroßvater Claus.

Anno 1679 müssen die Süderdithmarscher ernstlich Rechenschaft ablegen über den abgeforderten Be- und Zustand königlicher Artilleriepferde[299], die eigentlich ordentlich verpflegt werden sollen. Bei einer Untersuchung durch das Oberkommando wird aber festgestellt *„und weil selbige wohl mehr schlecht conditioniret befunden worden sondern auch sonst nach der Überlieferung viele davon gestorben".* Insgesamt werden allein aus dem Süderdithmarscher Kontingent 566 gelieferte Pferde als unzureichend ernährt bzw. tot ermittelt, davon auch neun aus Nordhastedt. In Folge müssen im Jahre 1681 von den Dithmarschern

44 Pferde an den königlichen Stallmeister und weitere sechs allein von den Nordhastedtern an den Herrn Selmer in Rendsburg nachgeliefert werden, im Folgejahr 1682 nochmals vier Pferde an die Garnison in Friedrichsort. Vielleicht schwebt dem Vogt Johann Harders in diesem Frühjahr 1815 bei seiner Abstimmung erneut eine solch verzweifelte Aktion „Klepper" vor.

Die Zeiten sind halt rau und fordernd. Die in den Landesversammlungen dieser Wochen immer hitziger diskutierenden Vögte und Landesgevollmächtigten stehen auch unter teils erheblichem persönlichen Druck. In der öffentlichen Wahrnehmung hat Pastor Harms Würdenträger-Schelte vom Frühjahr längst ihre Wirkung in weiten Teilen der Bevölkerung entfaltet. Viele der immer ärger um ihre Existenz bangenden Dithmarscher sehen auch die Landesgevollmächtigten als eine in erster Linie nur um ihre Pfründe ringende und mit einem Amtserbanspruch ausgestattete Kaste, denn als in diesen Zeiten notwendige beherzte Volksvertreter. In bemerkenswerter Weise Luft macht sich zum Ende dieses Jahres 1815 z.B. der sicherlich ebenfalls zum Kreise der Großbauern zu zählende und vielleicht selbst (erfolglos) um einen solches Amt buhlende Landbesitzer „Lieutenant von Kohbrock" aus Elpersbüttel in einem von ihm in den in Heide erscheinenden „Gemeinnützigen Blättern" veröffentlichten Artikel, wenn er von den Süderdithmarscher Landesgevollmächtigten fordert[300]: *„...Möchte endlich, bey Besetzung einer jedesmaligen vacanten, der Landschaft so wichtigen Landesgevollmächtigten-Stelle, die so kostbare Frage beherzigt werden: Schickt sich der Mann für die Stelle, oder ist blos die Stelle für den Mann? - Wer sich in letzter Qualität getroffen fühlet, der trete ab. So will es das Wohl der Landschaft, so wünschen es die Subalternen."*

Von solch externer Kritik in Druck genommen, wird auch das Miteinander in der Landesversammlung immer komplizierter. Im August 1815 kommt ein Vorgang einem formalen Misstrauensantrag gegen Landespfennigmeister und Landvogt gleich[301]. Am 12. August stellen mehrere „Commitierte der Nordervogtei Meldorf" in Glückstadt den Antrag, dass zur Untersuchung vermeintlich bei der Administration der Landschaft Süderdithmarschen obwaltender Unregelmäßigkeiten eine Kommission eingesetzt werden möge, wie in der Landschaft Norderdithmarschen bestallt worden sei. Hierbei nehmen die Antragsteller aber vermutlich Bezug auf ein seit 1807 in Norderdithmarschen endlich installiertes Revisionsverfahren, das bis dato allerdings den seit 1786 längst in Süderdithmarschen geltenden Bestimmungen entspricht. Noch im Januar 1816 wird Landvogt Heinzelmann allerdings hierzu einen 50-seitigen Bericht in Glückstadt vorzulegen haben, dem wir uns, angesichts eines Mangels an echter Erkenntnis, an dieser Stelle aber nicht weiter annehmen wollen. Nehmen wir den Vorgang als weiteres beredtes Zeichen der Zeit.

Nordhastedter Kirchenholz III

Gegen Ende des Jahres 1815, dessen Sommer und Herbst ungewöhnlich nass und ungemütlich ausgefallen sind und die Dithmarscher schon zu Vergleichen mit dem ähnlich schlechten Jahr 1771, das zu einer Hungersnot und einem mit der Witterung nach allgemeinem Vermuten in Verbindung stehenden Auftreten der Kriebelkrankheit geführt hatte, entschliesst man sich derweil in Nordhastedt endlich in Sachen Holzverkauf für einen neuen Anlauf, nachdem die Oberbehörden, die seit Mai aus Meldorf in dieser Sache nichts mehr gehört haben, bereits beim Landvogt nachfassen. Pastor Petersen und Vogt Harders verfassen einen insgesamt sechsseitigen Brief[302], den sie dieses Mal direkt an den „Allerdurchlauchtigsten, Großmächtigsten König, den Allergnädigsten Erbkönig und Herren" adressieren und in dem sie, der Not gehorchend, tatsächlich erstmals so etwas wie zivilen Widerstand gegen die oberliche Anordnung aufbieten.

In dem Brief bitten die beiden den König, „um Allerhuldreichste Abänderung" der Resolution vom Mai, dahingehend, diese „ohne vorhergegangene kostspielige Untersuchung durch einen königlichen Forstbeamten" zu bewilligen, weil hierdurch „die Ausgaben der Kirche noch vermehrt würden". Des Weiteren legen die beiden in ihrem Bittgesuch zur Begründung dem König sehr detailliert dar, wie in Nordhastedt seit Alters her die Holzwirtschaft, in Abgrenzung zur „modernen" und längst durch Besamung und Zuchtwald geprägten „Forstoeconomie", verstanden und seit Jahrhunderten in ihren Augen erfolgreich betrieben wird: „... und wir dürfen Ehrwürdigste Königliche Majestät aufs Heiligste versichern, daß die Männer unseres Kirchen-Collegii, als eigenthümliche Besitzer von ansehnlichen Holzgründen, größtentheils alte erfahren und verständige Holzkenner sind, die sich um keinen Preiß einen Verhau zum Nachtheil der Hölzung erlauben würden. Was nun die Kosten der Besamung oder neue Anpflanzung der niedergelegten Bute betrifft, so bestätigt eine vieljährige Erfahrung, daß unsere längst eingefriedigten Hölzungen durchaus ohne menschliche Hände in kurzer Zeit sich von selbst wieder besetzen, wenn sie auch auf den letzten Strauch abgehauen würden. Zur Bestätigung der Wahrheit dieser Behauptung berufen wir uns ganz besonders auf das Zeugniß unserer Allerhöchsten ... Kirchenvisitatoren."

Wie nicht anders zu erwarten, die Oberbehörden schalten wiederum vor Reaktion den Landvogt in Meldorf ein und bitten um Kommentierung. Heinzelmann ist aber offensichtlich eng abgestimmt mit Pastor Petersen und Johann Harders in Nordhastedt und bestätigt in seiner Stellungnahme vom 29. Januar 1816 in prägnanten Worten die traditionelle holzwirtschaftliche Sicht der Nordhastedter[303]: „... und weil überhaupt bei Benutzung der hiesigen Hölzungen die Regeln einer künstlichen Forstwirtschaft keine Anwendung finden.

Diese sogenannten Hölzungen sind meistens nur Buschkoppeln, und wenn sich darin auch einzelne hohe Stämme finden, so sind doch auch diese nicht aus Saamen aufgezogen sondern aus den Wurzeln abgehauener Bäume aufgeschoßen und gelangen daher nie zu einer bestmöglichen Größe; daß dieses auch mit den Bäumen in der Holzbute, welche das vorliegende Gesuch betrifft, der Fall sey, anweist schon das Taxatum, in dem 96 Eichen- und Buchenstämme neu zu 1.168 Mark sind taxiert worden."

Jahr ohne Sommer

Während der Vorgang nun wiederum – unglaublich – für fast ein weiteres ganzes Jahr ruhen wird und der geneigte Leser sich diesbezüglich noch in etwas Geduld üben muss, lohnt derweil nochmals ein Blick nur wenige Monate zurück. Mitten hinein in die anhaltende wirtschaftliche Depression und die hitzigen Diskussionen in den verstärkt in den Sommermonaten im nun fast vierwöchigen Rhythmus stattfindenden Landesversammlungen, ist wenige Monate zuvor am anderen Ende der Welt, am 10. April 1815, auf der indonesischen Insel Sumbawa zu allem Unglück auch noch der Vulkan Tambora ausgebrochen. Erst Monate später werden die katastrophalen Folgen dieses Ereignisses global spürbar.

Einen Zusammenhang stellen die Zeitgenossen nicht her, aber heute scheint erwiesen, dass dieser Vulkanausbruch, wie ein „Deja vu" des Jahres 1783, nicht nur den nassen Sommer und Herbst 1815 herbeiführt, sondern selbst noch im folgenden Jahr 1816 durch die ungeheuren Mengen vulkanischer Asche in der Atmosphäre das "Jahr ohne Sommer" verursacht, in Folge weltweit, auch in Dithmarschen, starke Ernteausfälle, dramatisch steigende Getreidepreise und die große Hungersnot von 1817.

Der mehrfach zitierte Lundener Pastor Claus Harms schreibt in einer Predigt in diesem vor allem von Nässe und Dunkelheit geprägten norddeutschen "Sommer" 1816: *"Das ist eine traurige Zeit! Viele tausend Fuder Heu, viele tausend Tonnen Hafer, viele hundert Tonnen des edlern Korns gehen verloren. Das Vieh muß da und da in den Stall gebunden werden und hungern; anderes watet noch im Wasser und schreyt zu Gott, daß es keine trockne Lagerstatt finden kann. Der Acker, welcher künftiges Jahr die beste Frucht tragen soll, kann nicht gehörig bestellt werden, so nimmt der Regen uns auch die Hoffnung."* Die Abkühlung des Weltklimas mit ihren verheerenden Auswirkungen auf die Landwirtschaft hält noch bis 1819 an. Diese globalen Ereignisse verstärken den allgemein anhaltenden wirtschaftlichen Niedergang der Nach-Napoleon-Ära und haben wesentlichen Einfluss auf die gesellschaftliche Grundstimmung dieser Jahre im Gesamtstaat.

Zu Ostern 1816, mitten hinein in diese ungemütlichen Zeitumstände - das königliche Bittgesuch in Sachen Kirchenhölzung ist abgesandt, die 100 Nordhastedter Bäume sind sozusagen dem König vor die Füße gelegt und der (Wald-)See ruhet still - beendet der Sohn Johann Andreas Harders die Meldorfer Gelehrtenschule[304], die mit der großen Schulreform des Jahres 1814, ebenso wie die strittige Kirchenagenda-Reform von 1796/97 unter der Aufsicht des Generalsuperintendenten Adler enstanden, ihren Status als eine der nur neun

Der Ausbruch des Tambora 1815 in Indonesien

zur Vorbereitung auf ein Studium berechtigenden "höheren Schulen" in den Herzogtümern behalten konnte. Bereits drei Wochen später, am 4. Mai 1816, wird Johann Andreas als Student der Rechte an der Universität in Kiel immatrikuliert. Während die Nordhastedter Bauern in den kommenden Wochen wegen des katastrophalen Wetters mehr und mehr verzweifeln, hat wenigstens der Student Harders in Kiel kaum Ablenkung vom Lernen.

Die folgenden dunklen Monate zeitigen daneben aber auch noch ganz andere Ergebnisse. Drei Jahre später veröffentlicht die Engländerin Mary Shelley, vorsichtshalber anonym, ihren heute zur Weltliteratur zählenden düsteren Roman "Frankenstein", geschrieben während eines Schweizer Urlaubsaufenthalts am Genfer See inmitten des Sommers 1816, der kein Sommer ist und in dem sie sich einfach nicht vor die Tür begeben mag und inspiriert durch seit der Jahrhundertwende die Menschen stark beeindruckende und teils auch verstörende Galvanismus-Experimente an toten Tieren und Leichen Hingerichteter. Eine Vorahnung von der kommenden Macht der Elektrizität beschleicht die Zeitgenossen in allerdings noch makabrer Weise.

Die düstere Stimmung des ausfallenden Sommers 1816 veranlasst den in die Schweiz mitgereisten Arzt und Schriftstellerfreund John William Polidori zu der ebenfalls in diesen Wochen entstehenden Kurzgeschichte "Der Vampyr", ein zu seiner Zeit vielbeachteter Vorläufer zum erst 80 Jahre später erscheinenden Dracula-Roman von Bram Stoker. Seit den 1770ern sorgt auch der literarische Umgang mit in Österreich-Ungarn durch den Leibarzt Maria Theresias erforschte angebliche Vampirismus-Vorkommen bereits für wohligen Schauder auch in den deutschen Kulturlanden. Dem depressiv-düsteren Zeitgeist entsprechend erlebt das Genre des englischen Schauerromans ("gothic novel"), auch wegen des „Sommers" 1816, weltweit eine zweite Blüte.

Die auf den Studienbeginn des Sohnes Johann Andreas unmittelbar folgende Landesversammlung vom 30. Mai 1816 ist eine der wenigen Sitzungen dieses Gremiums, an der der nun seit über 35 Jahren im Amt wirkende und damit zu den Dienstältesten zählende Nordhastedter Kirchspielvogt Johann Harders nicht teilnimmt[305]. Vielleicht begleitet er in diesem Mai seinen Sohn zu dessen Einschreibung und Budensuche nach Kiel und verbringt im Anschluss dort, oder auf anderen Reisestationen noch einige Zeit. Möglicherweise ist er angesichts der nasskalten Witterung dieses Jahres aber auch abermals ernsthaft erkrankt. Die Nordhastedter sind auf dieser Sitzung nur durch den Westerwohlder Landesgevollmächtigten Casper Lindemann vertreten, der bereits die Nachfolge des Osterwohlders Marx Wittmaack angetreten hat.

Dithmarschen brennt

Eine stetig wachsende Zahl von Dithmarschern greift angesichts drückender Schulden- und Steuerlasten in den Nachwehen von Kosakenwinter und „Franzosentid" auch zu unlauteren Mitteln, um das persönliche, jetzt auch noch durch das unsägliche Wetter vergrößerte Leiden zu lindern. Wechselbetrügereien nehmen deutlich zu. Zahlreiche der wirtschaftlich bedrohten Höfe werden ein Opfer von Flammen. Im Kirchspiel Lunden brennt es im Frühjahr 1816 fast jede Woche. Der Brandbote vermerkt zynisch in einem internen Protokoll, dass es wohl „schon geübte Praxis sei, dass immer des Freitag nachts gebrannt werde", damit man gleich am Sonnabend, der günstigen Postgelegenheit wegen, dem Branddirektor in Heide Meldung machen könne.

Amtierender Norderdithmarscher Branddirektor ist zu dieser Zeit der Justizrat Johann Dethleffs (1766-1838), der Vater der späteren Dichterin Sophie Auguste (1809-1864), der noch kurz vor seinem Tod wegen eines „Kassendefekts über 1.100 Reichstaler" von seinem Amt entbunden wird, im Brandjahr 1816 aber noch im alten, vom Baumeister Schott errichteten Pastorat an der Südseite des Heider Marktes lebt. Sein unmittelbarer Nachbar wird im Übrigen einige Jahre später noch der in Meldorf geborene Heinrich Postel (1800-1875), der in Heide als Wundarzt und Chirurg tätig ist. Seine Tochter Wilhelmine (1844-1933) wird das neben dem alten Pastorat errichtete „Postelheim" der Stadt Heide vermachen. Heinrich Postel zieht nach Norderdithmarschen, nachdem sein älterer und ebenfalls noch in Meldorf geborener Halbbruder Andreas (1778-1814), beide Söhne des aus Bülkau bei Cuxhaven stammenden und 1776 in der Meldorfer Norderstraße zugezogenen Leinen- und Flachshändlers Andreas Postel d.Ä. (1743-1811), bereits seit 1804 in Heide als Advokat tätig ist. Dessen ca. 1805 in Heide geborener Sohn Johann Detlef Andreas Postel wird ab Dezember 1837 als Nachfolger der Messners Kirchspielvogt in Burg und also wieder nach Süderdithmarschen ziehen.

Das Brand-Unwesen treibt auch den Lundener Pastor Harms im April 1816, wenige Monate, bevor er im Dezember zum Pastor an St. Nikolai in Kiel berufen wird, zu einer weiteren seiner inzwischen landesweit berüchtigten, im Nachgang gedruckten streitbaren Predigten "Wider den Frevel des Brandstiftens und der desfälligen Meineide". Dithmarschen ist in den Jahren 1816-1821 mit einem Drittel der gesamten Schadensumme die unangefochtene Brand-Hochburg der beiden Herzogtümer Schleswig und Holstein[306]. Brände sind auch in Nordhastedt in diesen Jahren nicht gänzlich auszuschließen.

Nordhastedter Papagojengilde

Ihre Feuerversicherung besorgen sich die Nordhastedter Landmänner in diesem beginnenden 19. Jahrhundert im Umland. Schon Johann Harders Ururgroßvater wird 1639 als Kirchspielvogt Claus Harders aus Nordhastedt als eines der wenigen auswärtigen Mitglieder in der Albersdorfer Brandgilde von 1569 genannt[307]. Spätestens zu Beginn des 18. Jahrhunderts scheint sich aber auch eine eigene „Nordhastedter Special-Brandgilde" zu bilden, die eine Zeitlang sowohl von den Nordhastedtern als auch den zu dieser Zeit noch fürstlichen Norderdithmarschern in Süderholm und Bennewohld gemeinsam dotiert wird. Die mit zwei Unterabteilungen genannte Gilde[308] wird im ersten Teil der Bücher als Papagojen-Gilderegister bezeichnet. Ebenso nach einem Papagei benannte Gilden existieren zu dieser Zeit mindestens auch in Meldorf und Süderhastedt. Die Nordhastedter Papagojengilde wird neben zuletzt 39 Beitrag zahlenden Nordhastedtern, zu denen auch separat Pastor und Pastorat zählen, auch von zahlreichen Auswärtigen aus dem näheren Umland dotiert, so u.a. von vier Odderadern, unter denen sich auch der Harders-Schwager Thede Thedens (1675-1745) befindet, dem Sarzbüttler Verwandten und Landesgevollmächtigten Hans Thiessen, zwei Lehrsbüttlern, neun Fielern, zwei Albersdorfern, einem Hemmingstedter, einem Meldorfer als auch zwei Rüsdorfern und sogar 19 Heidern.

Obwohl der Name der Papagojen-Gilde den Charakter einer auf einen Vogel schießenden Lustgilde nahelegt, ist dieses, wenn es denn im Ursprung tatsächlich ein solches (Mit-) Gründungsmotiv gegeben haben sollte, der dann wohl noch im 17. Jahrhundert zu suchen sein dürfte, in der ersten Hälfte des nun betrachteten 18. Jahrhunderts sicher nicht mehr gegeben, ansonsten wären sowohl Pastor als auch separat aufgeführtes Pastorat als zahlende Mitglieder auszuschliessen.

In der als zweiter Unterabteilung in den Registerbüchern geführten Nordhastedter „Brandbede" findet sich ein leicht differierendes, aber doch ähnliches Mitgliederbild. Hier taucht neben vielen Beitragszahlern aus diversen Norder- und Süderdithmarscher Umlandgemeinden u.a. auch der Albersdorfer Kirchspielvogt Claus Jebens auf. Leider bleibt aus den bisher gefundenen Unterlagen ein eindeutiges Unterscheidungsmerkmal der beiden Brandkassen zunächst noch etwas unklar. Möglicherweise ist die eine zur Versicherung von Wohngebäuden, die andere für reine Stallbauten vorgesehen, oder am wahrscheinlichsten: die Papagojen-Gilde ist ein Vorläufer der Brand-Casse. Die Höchstbeitragssätze, für die das Pastorat, der Pastor, der Kirchspielvogt Marx Harders oder auch ein Landesgevollmächtigter Henning Schlüter in der Papagojengilde vor 1741 zeichnen, liegen bei vier Mark. In der Brandkasse werden dieselben mit dem Höchstbeitrag von drei Mark verzeichnet.

Doch das Unglück ist im Jahr 1741 in gleich mehrfacher Hinsicht mit den Nordhastedtern. Wahrscheinlich gehört die Papagojengilde zu den Gilden, die leider zu kurz vor dem Kirchenbrand von einem 1740 erfolgenden königlichen Gebot zur Auflösung/Umwandlung betroffen sind oder im Nachgang des Brandes als solche von interessierter Seite deklariert werden. Denn um die Solidarität der vor 1773 noch durch unterschiedliche Herrschaften und damit auch Kassen getrennten Teile der gemeinsamen Kirchen- und Feuerversicherungsgemeinde Nordhastedt ist es im eingetretenen Ernstfall vom zweiten Pfingsttag 1741 nicht gut bestellt. So vermerkt Johanns Großvater Marx Harders als Kirchspielvogt nach dem Brand von 1741 in seinem schon mehrfach zitierten Beihilfegesuch an den König[309]: *„Und ob zwar dieses Schulhauß in der Nordhastedter Special-Brandgilde mit eingezeichnet bestanden, dennoch die fürstlichen Unterthanen, welche sonsten die Helfte von der Gilde ausmachen, sich zu einigen Beytrag, da die Special-Gilde cessieren sollen, nicht vorstehen wollen...".*

Auch Pastor Karstens erwähnt noch in einem Bericht aus dem Oktober 1754 die für die Kassen des Kirchspiels schlimmen Folgen des Vorganges: *„... und der zwischen den königlichen und grosfürstlichen Eingepfarrten der beeden Dorfschaften Süderholm und Bennewohld ratione des von denen letztern verweigerten Beytrages zur Aus-Haltung der auch abgebrandten und wieder erbaueten Pastorat- und Schul-Gebäude entstandenen 11 Jährigen Disputs, der ihr über 1000 Reichstaler Zinsen und Kosten verursachet, in großen Schaden gerathen...".* Den Pfingstbrand von 1741 überlebt also weder das alte Schulhaus noch die Nordhastedter Special-Brandgilde.

Im Januar 1743 hinterlegt Kirchspielvogt(-Adjunkt) Claus Harders in Glückstadt den folgenden Bericht[310]: *„Den 28ten May Ao 1741 habe ich und der seelige Landesgevollmächtigte Henning Schlüter die fürstlichen Eingepfarrten convociret und befraget, ob sie nach deren Gilde-Articuln die abgebrandten Häuser bezahlen wollen. Worauf sie geantwortet haben, daß Ihro königl. Mayst. die Gilde durch die General-Brand-Casse aufgehoben und sie auch künftig nichts wieder zu genießen hätten und also nicht bezahlen wollen. Solches attestiert Claus Harder, Nordhastedt den 9.1.1743".*

In einer einige Jahre später in Glückstadt vorgelegten Darlegung der Nordhastedter Gildenstrukturen vom 21. November 1747, wahrscheinlich im Zuge des o.g. mehrjährigen „Disputs", vermerkt Harders *„derjenigen Nahmen so in der Nordhastedtischen Papagojen-Gilde vorhanden und zu das abgebrandte Pastorat-Haus und Schul in Nordhastedt hätten bezahlen müssen wenn die Brand-Gilde nicht gehoben worden".*

Es scheint also tatsächlich so zu sein, dass allein der zeitliche Zusammenfall von königlicher Gildenaufhebung, Ausrufung einer neuen „Königlichen Generale Brand-Gilde und Assecuranz-Casse Verordnung für die Landschaft Süderdithmarschen" zum 20. Oktober 1740 unter der Administration eines neugeschaffenen und verbeamteten Branddirektors und Feuersbrunst vom zu kurz darauf folgenden Pfingstmontag des 22. Mai 1741 die Nordhastedter in der zweiten Hälfte des 18. Jahrhunderts, in Verbindung mit der noch bestehenden und entsolidarisierenden Zweiteilung Dithmarschens, in die alles andere dominierenden wirtschaftlichen Nöte treibt und in Folge auch maßgeblichen Einfluss auf das weitere Leben und Umgang miteinander in der gezeichneten Gemeinde hat.

Die Großfürstlichen Süderholmer und Bennewohlder scheinen eine Zahlung auch deshalb zu verweigern, da sie von der neuen „Generale Brandkasse" nicht mehr profitieren würden, da diese nur für Süderdithmarschen zuständig sein wird. Nur unter Beibringung einer schriftlichen Garantie, dass auch sie zukünftig Nutzniesser einer gemeinsamen Versicherung sein würden, zeigen sie Zahlungsbereitschaft. Doch diese kann statuten-gemäß von den Königlichen Nordhastedtern nicht gegeben werden. Da ist es in der Folge für die zur Unzeit getroffenen Nordhastedter ein geringer Trost, dass seit 1740 auf königliche Anordnung der Brandschutz und Versicherung auf professionellere Beamtenbeine durch Installation von Branddirektor und genauere Brandkassenvorgaben gestellt wird.

Eine eigene Gilde für die knapp 70 Haushalte des Nordhastedter Kirchspiels lohnt sich in der Folge nicht mehr. Das Konzept einer privat organisierten Gilde ist zudem in diesem Kirchspiel im wahrsten Sinne verbrannt. Vertrauen zueinander als bedingende Grundlage einer Versicherung auf Gegenseitigkeit ist in Nordhastedt nicht mehr gegeben. Im Jahr 1802 tritt z.B. der Krugwirt Peter Kühl aus Nordhastedt bereits auch in der 1760 ge-gründeten "Windberger Wohllöblichen Brand- und Mobiliengilde" auf. Nach 1773 sind auch Beteiligungen Nordhastedter Versicherungsnehmer in entsprechenden Heider Assekuranzen und Gilden denkbar, allerdings wohl angesichts der schlechten Erfahrungen des Sommers 1741 mit durchaus noch gemischten Gefühlen.

Süderdithmarscher Branddirektoren

Zuständiger Branddirektor für Süderdithmarschen, den der Kirchspielvogt Harders in Nordhastedt mindestens einmal jährlich zur Generalvisitation von Meldorf abholen lassen muss, damit dieser vor Ort gemeinsam mit den örtlich auf jeweils zwei Jahre aus der Bauerschaft bestimmten Brandaufsehern gemäß der nun geltenden Brandordnung vom Oktober 1740 Haus für Haus eine Begehung aller Liegenschaften vornehmen kann, ist bis zur Jahrhundertwende der spätere Obergerichtsadvokat Peter Matthias Boeckmann (1764-1831). Der in Meldorf geborene Boeckmann folgt seinem aus Plön zugezogenen Vater Friedrich Carl Boeckmann (1734-1787) und dessen in der Westerstraße lebendem Vor-gänger Johann Christian Teichmann (1709-1771, ab 1741 bis zu seinem Tod erster Brand-direktor in Süderdithmarschen), in dieser Position nach. Nach 1795 errichtet Branddirektor Boeckmann am Eingang der Meldorfer Norderstraße, direkt am nordwestlichen Ende des Marktes, einen neuen Wohn- und Dienstsitz, der noch heute als "Nanny-Peters-Stift" zu den erhaltenen Baudenkmälern erster Güte in Meldorf gehört. Die Namen gebende Nanny Peters (1853-1874) ist seine Urenkelin aus der Ehe seiner Tochter Catharina Paulina (1790-1878) mit Hartwig Peters (1784-1848), Pastor in Koldenbüttel und wiederum Urenkel des alten Hegereuters Jacob Möller in Hollenborn. So klein ist die Dithmarscher Beamtenwelt. Der Advokat Boeckmann begleitet gemeinsam mit dem zu diesem Zeitpunkt bereits bankrotten, ehemals aber steinreichen Landesgevollmächtigten Hansen (siehe auch Abb. S. 291) den Landvogt Heinzelmann beim Eilbesuch des schwedischen Kronprinzen in dessen Feldlager in Kiel im Dezember 1813.

Das als „Nanny-Peters-Stift" bekannte Gebäude, erbaut im Zeitraum 1796/97

Als sein Nachfolger wird im Jahr 1799 in Meldorf der Branddirektor Hinrich Dultz (1771-1834) bestellt, der auch noch im Dithmarscher Brandjahr 1816 und bis zu seinem Tod im November 1834 in Meldorf als solcher wirkt. Auch diesen Hinrich Dultz, der zunächst seit Heirat 1794 als Kaufmann in Meldorf tätig ist - wohl als Gehilfe und Kontorist bei seinem mit dem Vater Dultz in geschäftlicher Verbindung stehenden Schwiegervater Johann Diedrich Jacob Kirsten (1734-1805) in der Süderstr. 12[311] als Nachbar der Brauerei Rohde - kann man trotz seines vergleichsweise späten Todes gleichwohl als ein prominentes Opfer der „Franzosentid" ansehen.

Dultz ist der älteste Sohn des gleichnamigen, selbst noch in armen Verhältnissen als Sohn eines Segelmachers geborenen Altonaer Großreeders und Handelsmannes Hinrich Dultz Senior (1735-1825), der zu Lebzeiten einer der größten Wohltäter seiner Heimatstadt Altona ist[312]. In Folge der Kontinentalsperre geht das Handels- und Schiffsimperium des zwischen 1781 und 1793 größten Reeders in Altona, das in seiner Spitzenzeit aus 17 Schiffen inkl. einer eigenen Walfangflotte, zwei Werften und der größten (ja genau, der ...) Reeperbahn (Seilerei) Altonas besteht, ab 1807 in den Niedergang und schließlich 1811 in den Konkurs.

Dultz Senior ist in den Jahren vor 1807 einer der engsten Freunde des schon genannten Hamburger Großkaufmanns John Parish, der ab der Flucht aus Hamburg über seine amerikanischen Kontakte maßgeblichen Anteil am blühenden Schmuggel der ersten Jahre der „Franzosentid" hat. Der Vater Hinrich Dultz sen. stirbt 1825 völlig verarmt in Altona. An ihn erinnern noch heute zahlreiche prachtvolle Bauten an der elbnahen Palmaille in Hamburg, die im Übrigen von dem klassizistischen Stararchitekten des Gesamtstaats, Christian Friedrich Hansen (1756-1845) entworfen werden, auf den auch das zuvor genannte Boeckmann-Haus des Dultz-Vorgängers in Meldorfs Norderstraße zurückgeführt wird.

Kontakte des mit Husumer Wurzeln versehenen Architekten Christian Friedrich Hansen nach Meldorf ergeben sich zwangsläufig über seine Frau Anna Margaretha geb. Rahbek (1773-1811), Tochter eines Kopenhagener Zollinspektors. Diese, seit 1792 angetraute Frau des „produktivsten" Architekten des Gesamtstaates und von 1784-1802 Landesbaumeisters in Holstein, dem „wohl einflussreichsten Architekten des klassizistischen Stils im nördlichen Europa", ist eine ältere Schwester der Jacobine Rahbek (1777-1855), die seit Januar 1796 mit dem Meldorfer Landvogt Heinzelmann verheiratet ist. Architekt Hansen und Landvogt Heinzelmann sind also über ihre Frauen Schwager. Eine weitere Rahbek-Schwester, Agnetha Sophie (1770-1837) ist zudem mit dem Heider Landvogt Christian Matthias Jacob Johannsen (1747-1813) verheiratet, einem in Meldorf geborenen Sohn des vormaligen Kirchspielvogt Johann Matthias Jakob Johannsen (1709-1756), der nun ebenfalls mit dem Architekten Hansen und seinem Meldorfer Amtskollegen Heinzelmann verschwägert ist.

Agnetha Sophie Johannsen, geborene Rahbek, ist im Februar 1809 auch eine der Taufpatinnen der bereits erwähnten Heider Branddirektoren-Tochter Sophie Dethleffs. Eine Nichte Annina Amalia Claudine (1813-1889) dieser Rahbek-Schwestern, eine Tochter deren

Halbbruders Claus Olrog Rahbek und dessen Frau Elisabeth Knölck, die wiederum eine Tochter des Heider Landespfennigmeisters Michael Knölck (ca. 1744-1825) und einer Lempfert-Tochter aus Meldorf ist, wird im Übrigen 1832 den späteren „Revolutionär und Auswanderer" und gebürtigen Fedderinger Hans Reimer Claussen (1804-1894) heiraten[313].

Der aus seinem Vaterhaus in diesen Jahren mit Konkurs und persönlichem harten Schicksal sehr vertraute Meldorfer Branddirektor Hinrich Dultz jun. dürfte somit in den Jahren der großen Dithmarscher Nachkriegsbrände wenig Verständnis für vermeintlich brandstiftende Hofsanierer in seinem Süderdithmarscher Zuständigkeitsbereich aufbringen und mit den entsprechenden „Opfern" in ein hartes Gericht gehen, zumal er selbst im privaten Umgang mit der Schuldenmaterie honorig und mit höchster Integrität vorzugehen scheint. Als Hinrich Dultz jun. am 2. November 1834 in Meldorf als zweifacher Witwer und kinderlos verstirbt, ist er längst in einen Teil der geschäftlichen Schulden seines Vaters, der zeitlebens aus moralischen Gründen auf „halblegale Schmuggelgeschäfte" verzichtet haben soll, eingetreten und hinterlässt selbst noch knapp zehn Jahre nach dessen Tod einen nicht unerheblichen „Cassendefekt" aus vom Vater übernommenen Geschäften, den er aus seinem überschaubaren Beamtengehalt oder dem ererbten Vermögen seines ersten Schwiegervaters Kirsten nicht mehr hat ausgleichen können.

Dultz erste Frau Sophia Amalia geb. Kirsten (1776-1833) ist die einzige Tochter des Kaufmanns Kirsten gewesen, der selbst ein Sohn des aus dem Mansfeldischen stammenden Andreas Diedrich Kirsten (ca. 1700-1754) war, der bis zu seinem Tod über dreißig Jahre als Kantor an der Meldorfer Gelehrtenschule gewirkt hat. Die zweite Ehe des verwitweten Branddirektors Dultz mit einer aus Busenwurth stammenden Anna Elisabeth Bendix, die zudem eine uneheliche Tochter in die Ehe mit einbringt, dauert nur vier Wochen, bis auch diese zweite Frau verstirbt. Sie könnte zuvor im Haushalt des Branddirektors als Haushälterin tätig gewesen sein. Die uneheliche Tochter wird als Adoptivtochter des Branddirektors im Jahr 1836 den in Meldorf ansässigen Advokaten Johann Kaspar Kragge (1803-1853) heiraten, noch einige Zeit im Meldorfer Geerviertel leben und dann mit ihrem Mann nach Wilster verziehen.

Dultz Beerdigung am Freitag, den 7. November 1834, entwickelt sich zu einem großen Auflauf in Meldorf. Unter Vortritt aller drei in vollem Ornat erschienenen Pastoren wird der Branddirektor „mit einem ansehnlichen Leichengefolge", wie das Kirchenbuch spricht, zu seiner letzten Ruhestätte auf dem neuen Friedhof geleitet. Als Nachfolger und letzter königlich dänischer Branddirektor wird später der aus Schleswig stammende, aber bereits 1832 als Landmesser in der Landschaft Süderdithmarschen aktive Arztsohn Hans Carl Theodor Henrici berufen und dieses Amt bis in preußische Zeiten am Meldorfer Nordermarkt ausfüllen. Dessen am 8. März 1840 in Meldorf geborener Sohn Oleaus Magnus Friedrich Henrici wird später ein international anerkannter Mathematikprofessor in Kiel, London und den USA, wo er 1918 verstirbt.

Armut wird zum strukturellen Problem

Die vielbändig von Rolf Hollander zusammengetragene, sich aber stark auf das späte 19. und 20. Jahrhundert konzentrierende, in der „Olen Schriewerie" lagernde Nordhastedter Dorfchronik benennt als mündlich überlieferte Familienerinnerung diese Jahre auch als Zeitenwende für Nordhastedt: *"Vor der Kosakenzeit soll es in Nordhastedt viele reiche Leute gegeben haben. Das waren besonders die Großbauern. Albersdorfer Quellen berichten darüber: Wenn die Nordhastedter Bauern nach Albersdorf zur Vitusgilde fuhren, wurde für die reichen Nordhastedter extra ein Tisch reserviert. Ja, es soll damals soviel Geld gegeben haben. Bei Familienbesuchen am Abend, wenn die Männer Karten spielten, sollen die Frauen mit einem Spezies-Taler in der Stube, in der früher weißer Sand gestreut war, nach dem Strich geworfen haben, so reichlich war das Geld. Nach der Kosakenzeit wurden alle wieder arm und das Geld war knapp."*

Bei dieser Schilderung muss man sich vergegenwärtigen, dass in den „goldenen" Jahren vor der „Franzosentid" Nordhastedt im Vergleich mit Albersdorf wohl nicht eine, in Marsch-Maßstäben "reichere", aber hinsichtlich Fläche, Einwohner- und Häuserzahl nahezu noch gleich große Gemeinde ist, wenngleich das Kirchspiel Albersdorf als Ganzes um ein Vielfaches größer als das Kirchspiel Nordhastedt ist. Der Ort Albersdorf wird erst in den preußischen Folgejahrzehnten überproportional wachsen. Die Jahre nach 1813 bringen im Gefolge des wirtschaftlichen Niedergangs tatsächlich erstmals so etwas wie ein flächendeckendes Armutsproblem in Holstein. Von existenzieller Not kann in den Depressionsjahren nach 1813 in Nordhastedt sowohl in Bezug auf die Finanzlage des Kirchspiels als auch der privaten Haushalte aber nicht die Rede sein, bei aller allgemeinen Bedrückung, die immer wieder gern bei passender Gelegenheit von Vogt und Pastor zum Ausdruck gebracht wird. Klappern gehört schließlich auch in der Kommunalpolitik dieser Jahre zum Handwerk.

Nach einem "Gutachten für das Armenwesen in den Herzogtümern Schleswig und Holstein", erschienen 1818 in Altona[314], gehört Nordhastedt neben Windbergen (in dem Gutachten einzeln aufgeführt, obwohl kein selbständiges weltliches Kirchspiel, aber mit einer eigenen Kirche und somit Kirchengemeinde versehen, die für die Armenversorgung zuständig sind) und Barlt jedenfalls zu den drei der dreizehn Süderdithmarscher Kirchspiele/"Gemeinen", die nicht einmal eine Armenkasse unterhalten müssen. Für Nordhastedt wird angemerkt, *"daß hier selten außerordentliche Zuschüße erforderlich sind, indem die gewöhnliche Einnahme von etwa 200 Mark* (Anm.: Ertrag aus dem Klingelbeutel und Zinsen kleiner belegter Kapitalien) *mehrenteils hinreicht, die wenigen Armen mit dem Erforderlichen zu versehn. In allen übrigen Gemeinen wird jährlich eine Schatzung ausgeschrieben...".*

Dem Bericht zufolge werden um das Jahr 1818 in ganz Süderdithmarschen zusammen 540-550 Hilfsbedürftige mit einem jährlichen kommunalen Finanzierungsvolumen (aus Schatzungen) von 12-14.000 Reichsbanktalern gestützt, woraus ein amtlich ermittelter jährlicher Kapitalbedarf von 20 Reichsbanktaler pro Kopf errechnet werden kann. Diese Summen dürften monatlich einer heutigen Kaufkraft von ca. 200 Euro entsprechen. Bei zu dieser Zeit geschätzter Gesamtbevölkerung um 30.000 Einwohner (Volkszählung 1840 benennt 33.400 Einwohner in Süderdithmarschen) werden also 1818 knapp 2% als arm bezeichnet. 1821 werden für das gesamte Herzogtum Holstein 11.320 Arme mit einem Stützungsbedarf von 216.000 Talern ermittelt.

Dabei entfallen 1818 in Dithmarschen erhebliche Kosten auf die Stützung Kranker, die von der bereits genannten Dithmarscher Krankheit befallen sind, aber auch von Sozialbetrug *"ortsfremden Gesindels"* wird in einzelnen Kirchspielen berichtet. In Meldorf, das knapp 100 Arme nennt, ist das kurz vor dem Jahr 1800 gegründete Arbeitshaus 1818 bereits wieder geschlossen, *"weil die Leute keine Lust hatten, sich zu beschäftigen"*. Gelindert wird dort die Not nun durch eine erst vor kurzem getätigte Stiftung des Harderschen Schulfreundes und Landesgevollmächtigten Christian Bütje. Auf dessen Kosten leben in einem Waisenhaus zur Zeit unter der Aufsicht von zwei verarmten Witwen 16 Kinder, die nicht nur versorgt, sondern neben einer normalen schulischen Ausbildung auch *"Spinnen, Stricken, Nähen und andere Handarbeiten lernen sollen"*, eben jene Tätigkeiten, die die zuvor im Arbeitshaus untergebrachten Armen zur Aufbringung eines eigenen Lebensunterhalts noch nicht verrichten wollten. Insbesondere Männer lehnten die weiblichen Tätigkeiten für sich mit teils großer Empörung ab.

Den größten Unterstützungsbedarf Süderdithmarschens hat nach dem Gutachten das Kirchspiel Marne mit rund 180 Armen, begründet durch eine komplett anders geartete Tagelöhnerstruktur der Marsch gegenüber der der Geest. Während beispielsweise fast alle in der Volkszählung von 1803 in Nordhastedt genannten Tagelöhner, wie auf der Geest üblich, in einer eigenen Kate mit zur Grundversorgung einer Familie meist hinreichenden kleinen Landwirtschaft leben und demzufolge die Tagelöhnerei häufig als Zuverdienstmöglichkeit betreiben, sind die zahlenmäßig stark vertretenen Tagelöhner in der Marsch überwiegend grundbesitzlos und nur in der Hauptsaison mit gutem Verdienst. Ein Umstand, den bereits der Landmesser Offermann in seiner Sterblichkeitserhebung von 1792 als strukturelles Problem der Marschkirchspiele gegenüber der Geest herausgearbeitet hat.

Der höhere Verdienst in der Marsch – um 1800 zur Ernte meist pro Tag 1 Mark 8 Schilling bis zwei Mark, beim Dreschen 6-7 Mark Wochenlohn im Vergleich zum Geest-Sommertageslohn von 8-12 Schilling oder nur 6 Schilling im Winter – ist zu relativieren durch einen entsprechenden Verpflegungsbedarf für eine ganze Familie und zudem durch eine unverhältnismäßig härtere Arbeitsbedingung in der Marsch. Insbesondere das „Kleien", also das bevorzugt im Winterhalbjahr stattfindende Gräben ausheben, ist mit seinen hohen körperlichen Belastungen ein hartes, häufig Leben verkürzendes Los, das auf der Geest nur von einigen wenigen Torfstechern in annähernd gleich drückender Weise geteilt werden muss.

Ein vergleichbares Bild für Norderdithmarschen enthält das Gutachten nicht, da sich die dortigen Kirchspiele mit wenigen Ausnahmen der durch die Pröpste angeregten Begutachtung durch Nichtbeteiligung zunächst entziehen. Insgesamt scheint Dithmarschen aber auch in diesen Jahren deutlich weniger von bedürftiger Armut gebeutelt zu sein als andere Regionen Holsteins, wohl auch, weil die familiären Netzwerke und das lokale Sozialgefüge im Unterschied zu den größeren Städten und Gemeinden auf dem Land noch funktionieren.

Nordhastedter Kirchenholz IV - Finale

Am 26. November 1816, zu Ende dieses Dithmarscher Brand- und Regenjahres, verstirbt der erst seit sieben Jahren amtierende Albersdorfer Kirchspielvogt Jacob Hasse, keine 50 Jahre alt. Bereits zum dritten Mal in seiner langen Amtszeit muss Johann Harders erneut auch im benachbarten Kirchspiel einspringen. Nur zwei Tage später, am Donnerstag, den 28. November 1816, wird er vom Landvogt Heinzelmann eingesetzt[315]. Heinzelmann ist in diesen Tagen wieder nur gelegentlich in Meldorf anzutreffen. Er ist vom König in eine unter dem 19. August 1816 eingesetzte Kommission zur Erarbeitung einer „ständischen Verfassung" für das Herzogtum Holstein berufen, die in der Folge mehrmals in Kopenhagen tagt[316]. Diese durch den 13. Artikel der Bundesakte für alle Mitgliedstaaten des im Vorjahr neugeschaffenen Deutschen Bundes verbindlich gemachte Errungenschaft sorgt in diesen Tagen noch für eine sich später deutlichst legende Euphorie.

In Heinzelmanns Berufung zeigt sich erneut sowohl seine gute Beziehung zum König als auch ein entsprechender Ehrgeiz und über die Grenzen Dithmarschens hinausreichender Gestaltungswille. In seinem Auftrag unterrichtet demzufolge Johann Harders Vertrauter

Maas Peter Paulsen auch die Hohe Statthalterschaft und die Rentekammer in Kopenhagen sowohl über den Albersdorfer Todesfall als auch die abermalige Interimsübertragung der dortigen Amtsgeschäfte auf den Nordhastedter Vogt: *„...und wird derselbe die dahin gehörigen Papiere und Gelder zu sich nehmen."* Spätestens jetzt kommt dem Nordhastedter Vogt wohl in den Sinn, dass es angesichts einer Vielzahl neuer drohender Themen aus dem Nachbarkirchspiel höchste Zeit sein könnte, auch einmal alte Restanten vom Schreibtisch zu bekommen.

Unter Einschaltung der Landvogtei ist man übereingekommen, den nach wie vor unter dem befürchtet kostenintensiven Begutachtungsvorbehalt stehenden Nordhastedter Holzverkauf zur Deckung der Kirchenschuld endlich doch anzugehen, schließlich kommt mit den Wintermonaten erneut die fürs Holzeinschlagen richtige Zeit. An Stelle eines teuer einreisenden Oberbeamten beauftragen die Nordhastedter den in Barlohe lebenden Hegereuter Ohrt aus dem benachbarten Amt Rendsburg mit der Sache. Den Kontakt zu diesem dürfte Johann Harders sicherlich herstellen können, ist dieser doch der Amtsnachfolger seines eigenen Onkels, des verstorbenen Schwagers seiner Mutter, dem seinerzeit in Haale lebenden Mathias Westphalen.

Hegereuter Ohrt erscheint sogar noch unmittelbar vor dem Weihnachtsfest 1816 und erstellt ein allerdings selbst für die Nordhastedter überraschendes Gutachten unter dem Datum des 23. Dezember, das dann auch gleich im mittlerweile dritten Gesuch von Pastor und Vogt in Sachen Holzverkauf Verwendung findet, dieses Mal wieder zur weiteren Bearbeitung an die Herren Kirchenaufseher in Meldorf gerichtet, die den ganzen Schlamassel ausgelöst haben. Unter dem 14. Januar 1817 ist dort zu lesen[317]: *„Sein (Anm.: Orth's) mündliches Resultat lautete dahin, daß die Niederlegung einer ganzen Bute zwar ohne Schaden geschehen könne, allein, sagt er, ich habe gefunden, daß auf den verschiedenen Buten besagter Hölzung so viel abgängiges Holz vorhanden ist, daß sie dieses nur einsammeln dürfen, um die verhältnismäßig geringe Summe von 1000-1200 Mark daraus zu lösen."* Das Ganze scheint sich endgültig als absurde Posse herauszustellen, aber den Nordhastedtern, und besonders dem Kirchspielvogt, der angesichts einer interimistischen Doppelfunktion einen freien Rücken braucht, ist kaum zum Spaßen. Aber es fügt sich gut, dass gerade in diesen Wochen Johanns Vertrauter Maas Peter Paulsen wieder einmal den Meldorfer Landvogt vertreten muss. Also nimmt Paulsen, formal im Auftrag Heinzelmanns, die Sache in die Hand und stellt das Gesuch erneut unter dem 20. Januar 1817 als Vertreter der die ganze Angelegenheit im Sommer 1814 erst ins Rollen bringenden Meldorfer Kirchenvisitatoren bei der königlichen Oberbehörde vor.

Und siehe da: unter dem 17. Februar wird in Glückstadt die Genehmigung zur „Abholzung" von Bäumen im Werte von 1000 Mark erteilt, sofern der Hegereuter Ohrt vor

Ort die Fällung beaufsichtigt. Erleichtert nimmt man sicher die absurde Botschaft in Nordhastedt zur Kenntnis, da angesichts der herumliegenden Bäume niemand zur Begleichung der Kirchenschuld tatsächlich eine Axt in die Hand nehmen muss. Beruhigt auch deshalb, da von einer forstökonomischen Neubesamung nicht mehr die Rede ist. Auch der trotzdem erneut nach Nordhastedt anreisende Hegereuter – sicher ist sicher – wird sich schmunzelnd über diesen verwaltungstechnischen Schildbürgerstreich bei einer dargebotenen Stärkung vergnügen können und vielleicht auch gnädiger Weise dafür seine offizielle Kostenrechnung in für die Kirchengemeinde akzeptablen Grenzen halten.

Dritte Albersdorfer Vertretung

Für Johann Harders besteht im Februar 1817 zwar diese eine Sorge weniger, aber für noch fast ein ganzes Jahr wird die zusätzliche Last der Bedienung zweier Kirchspiele auf seinen alt gewordenen Schultern ruhen, denn auch die Neubesetzung der Vogtei in Albersdorf entwickelt sich über mehrere Monate zu einem weiteren Politikum. Auch dieses ein symptomatisches Zeichen einer Zeit, in der wenig rund läuft.

Ende Januar stellen nämlich einige Albersdorfer Kirchspielseingesessene den Antrag auf Aussetzung einer Neubesetzung der Position[318]. Mit Hilfe eines Anwalts aus Schleswig stellen sie dann per 11. Februar 1817 den geradezu „revolutionären" Folgeantrag, bei der anstehenden Vogtwahl, wie ansonsten nur bei kirchlichen Pastorenwahlen üblich, vom Verfahren der bisher in Dithmarschen stets offenen Wahl auf eine geheime und schriftliche Wahl „mit Zetteln" umzustellen. Auch hier scheint man angesichts der drückenden Zeiten mehr Hoffnung auf neues, in geheimer Wahl eher erreichbares, denn durch befürchtetes Vorgeklüngel sich ergebendes althergebrachtes Fahrwasser zu setzen. Ein mehrmonatiger juristischer Gang durch die Instanzen beginnt, der für Johann Harders erhebliche Zusatzarbeit und Belastung bedeutet.

Christian Bütje

Wenige Wochen später, zu Ende des März 1817, die letzten Tage haben nach einem wind- und regenreichen, aber insgesamt milden Winter nochmals strengen Frost gebracht, stirbt in Meldorf auch Johanns Jugend- und Schulfreund, der Wohltäter Meldorfs, Christian Bütje, seit vielen Jahren auch Landesgevollmächtigter in Meldorf und damit erneut in stetigem Kontakt mit seinen Schulkameraden Harders aus Nordhastedt und Piehl in Brunsbüttel.

Hinrich Christian Piehl ist bereits im Oktober 1814, noch während der Kosakenzeit, in Brunsbüttel nach zehn Wochen Bettlägerigkeit und 44 kinderlosen Ehejahren verstorben.

Der ebenfalls kinderlose Junggeselle Bütje vermacht noch zu Lebzeiten, mittels einer Stiftung, dem Flecken Meldorf und zahlreichen seiner Institutionen ein umfangreiches Vermögen. Der Brauerfamilie Bütje gehört seit Generationen ein Landbesitz von rund 35 Morgen mit dem Stammland im Klosterviertel Meldorfs, zu Nordosten des Marktes. Auch der 69-jährige Kirchspielvogt Johann Harders aus dem benachbarten Nordhastedt wird sich erneut zum Begräbnis auf den Weg nach Meldorf machen, um dem Freund die letzte Ehre zu erweisen.

Ein fester Weg durch das Moor zwischen Fiel und Hesel existiert zu dieser Zeit immer noch nicht. Johann Harders muss also, wenn er im hohen Alter nicht über das unbefestigte Epenwöhrdener Feld reiten will, mit Pferd und Wagen den üblichen Weg von Nordhastedt über Odderade, Sarzbüttel und über die Dellbrücke auf dem Geestrücken über Bargenstedt und Nindorf nach Meldorf nehmen, eine Fahrt „*von zwei starken Meilen*", wie sein Sohn später in einer amtlichen Wagenfuhrabrechnung[319] hervorhebt, die er im Laufe seines Lebens wohl tausende Male unternommen hat, die im März allerdings aufgrund ungünstiger Witterung aber ebenfalls noch beschwerlich sein kann.

Christian Bütje wird auf dem neuen, von ihm selbst gestifteten und seit dem 20. Mai 1811 genutzten Friedhof am nordöstlichen Ortsrand auf altem Familiengrund am heutigen Weiderbaum beigesetzt. Seinen Grabstein ziert der Spruch: „Wohl dem Manne, dem die Nachwelt dankend den Kranz auf das Grab legt. Er ruht in Gott." Der alte, um die Kirche gelegene und von einer Mauer umgebene Meldorfer Friedhof, der zu dieser Zeit noch weite Teile des späteren Marktplatzes einnimmt, wird erst 1834 eingeebnet werden.

Anlässlich dieses Ganges wird sich Johann Harders sicherlich auch einiger Schrullen des Meldorfer Originals Christian Bütje erinnern, zeitlebens als in persönlichen Dingen ein Geizhals verschrien, der sich selbst kaum einen Luxus gönnend, nur mit einer alten Haushälterin, auf dem alten Familienhof im Klosterviertel lebt. So soll Bütje einmal eine zu üppig empfundene Arztrechnung, einen wunden Zeh betreffend - er war über Wochen vom Arzt und dessen Frau gepflegt worden - mit einer Schubkarre voller Schillinge (die Chroniken sprechen minutiös von 10 Säcken a 479 Schilling, also zusammen ca. 10 Taler) bezahlen lassen, die er als Kleingeld immer aufgespart habe. Der Arzt – Dr. Messner ? - habe sich von dieser unter lautstarkem Beifall und Gelächter, in Begleitung von Bütjes Haushälterin öffentlich beglichenen Rechnung einen Stall errichten lassen, den die Meldorfer fortan nur noch "Bütje sin groten Ton" nennen[320].

Doch im Alter erweist sich der kinderlose Bütje mittels der genannten Stiftung als großer Förderer des Meldorfer Gemeinwesens und insbesondere der Gelehrtenschule. Auf den Flächen des einstigen Bütje´schen Hofes werden die Meldorfer im Jahre 1859 auch die Gebäude der neuen Gelehrtenschule errichten, in deren Räumlichkeiten heute das Dithmarscher Landesmuseum untergebracht ist. Man fühlt sich ein wenig an die romanhaft übersteigerte Figur des geizigen, später geläuterten und menschenfreundlichen Ebenezer Scrooge erinnert, den Charles Dickens rund 25 Jahre später in seiner 1843 erscheinenden "A Christmas Carol" als zeittypischen (?) Charakter überzeichnet. Von Bütje fehlen leider ebenso Bildnisse, wie vom Nordhastedter Kirchspielvogt Johann Harders.

Neues Verfahren – alte Ergebnisse

Nur wenige Tage nach dem Bütje-Begräbnis ist Johann Harders wieder in Sachen „Albersdorfer Wahl" gefordert. In der Nachosterwoche muss er in den Tagen nach dem 12. April 1817 alle Bauerschaften des Kirchspiels auffordern[321], jeweils örtliche Abstimmungen über das gewünschte Wahlverfahren durchzuführen, da man in den übergeordneten Kanzleien den Eindruck hat, dass das schriftlich eingereichte Votum für eine Umstellung auf einen schriftlichen Wahlmodus nicht breit genug basiert ist, zumal sich die Gevollmächtigten des Kirchspiels als potenzielle Zielscheiben des Vorganges bislang nicht aus der Deckung gewagt haben.

Im November 1817 ist es dann so weit und das Ende des nun bereits ein Jahr andauernden Vertretungsgeschäftes in Albersdorf naht. Johann Harders darf sich während seiner langen Dienstzeit zum dritten Mal auch um die Neubesetzung der benachbarten Albersdorfer Kirchspielvogtei kümmern. Nachdem er bereits 1796/97 und 1809 für die jeweils verscheidenden Heddes (Vater und Sohn) einspringen musste, wird nach monatelangem Ringen um den Wahlmodus die Neubesetzung der seit dem Vorjahr vakanten Bedienung in Albersdorf angeschoben. Johann Harders und sein Burger Amtskollege Jacob Bendix Messner werden vom Gouverneur, dem Landgrafen und Prinzen Carl zu Hessen, aufgefordert, die anstehende Präsentationswahl zur Neubesetzung zu organisieren. Die beiden geben eine entsprechende Eingangsbestätigung am 10. November 1817 an den Landgrafen auf und kündigen hierin eine ordentliche Kirchspielswahl für Montag, den 24. November, um 10.00 Uhr „*in der Witwe Thiessen zu Albersdorf Behausung*" an[322].

Besagte Witwe Antje Thiessen (1752-1833) war bis zu dessen Tod mit dem in Sarzbüttel geborenen Cousin zweiten Grades von Johann Harders, Claus Thiessen (1744-1802), Sohn des dortigen Landesgevollmächtigten Hans Thiessen (1714-1765), verheiratet und ist als gebürtige Jebens wohl zudem eine Enkelin des vormaligen Albersdorfer Kirchspielvogts Claus Jebens (1674-ca. 1749). Ihr verstorbener Mann Claus Thiessen besaß zuletzt eine große Gastwirtschaft mit angeschlossener Brauerei nahe der Albersdorfer Kirche. Die Räumlichkeiten scheinen für die anstehende Versammlung aller stimmberechtigten Kirchspielseingessenen in dieser Woche vor dem ersten Advent ideal und nicht zum ersten Mal in dieser Weise genutzt zu werden.

Gemäß der geltenden Landesverfassung vom 6. März 1786 machen die beiden mit der Durchführung der Wahl beauftragten Kirchspielvögte Harders und Messner in der Bekanntmachung auch ausdrücklich darauf aufmerksam, dass auf entsprechendem Grundbesitz sitzende und damit wahlberechtigte Witwen aufgefordert seien, entsprechend von ihren benannten „Curatoren" unterschriebene Zettel als Voraussetzung zur tatsächlich erstmals schriftlich durchgeführten Stimmabgabe mitzubringen, da Frauen zu dieser Zeit nach wie vor nicht „rechtsfähig" sind und sich entsprechend grundsätzlich durch männliche „Curatoren" in allen rechtlichen Dingen vertreten lassen müssen.

Die Wahl der Örtlichkeit bei der Witwe von Johann Harders Cousin 2. Grades hat für die gastgebende Familie Thiessen fast prophetischen Charakter und belegt eindrucksvoll, dass die Ämter-Wahlen in Süderdithmarschen in der Gesamtstaats-Zeit selten Überraschungen bieten. Auch die nun erstmals geheime Wahl zeitigt ein durchaus vertrautes Ergebnis. Denn tatsächlich wird bei der Wahl an diesem Freitagvormittag der Wirtswitwe Thiessen Sohn Claus Thiessen (1792-1836) als Neffe dritten Grades des Johann Harders und Urenkel des vormaligen Albersdorfer Kirchspielvogts Claus Jebens zum nächsten Amtsträger gewählt. Knapp vier Jahre später wird der Albersdorfer Kirchspielvogt und Gastwirtssohn Thiessen dann im Juli 1821 heiraten. Seine 1804 in Meldorf geborene Braut Anna Margarethe Elsabe ist ebenfalls eine Thiessen. Ihr Vater ist der schon genannte ehemalige Wirt der Holländerei in Meldorf, Matthias Thiessen. Der Enkel Otto Thiessen (1858-1916) wird später als Gastwirt mit sowohl mütter- als auch väterlicherseits vorhandener Wirtstradition das „Stadt Hamburg" am Meldorfer Nordermarkt führen.

Entlassung in Ehren

Fast genau ein Jahr später stirbt in Meldorf im hohen Alter von annähernd 88 Jahren und zuletzt stark schwerhörig und gebrechlich am 21. November 1818 auch der erst seit fünf Jahren emeritierte Rektor Johann Gottlob Jäger, zu dessen ersten Schülern als frisch in Meldorf angekommener Konrektor sowohl der gerade erst ein Jahr zuvor verstorbene Christian Bütje als auch Johann Harders gehören. Letzterer wird auch dieser großen Trauerfeier in Meldorf für seinen geschätzten Lehrer beiwohnen und hierbei seinem Amtskollegen Johann Friedrich Jäger (1782-1852) in Barlt, dem einzigen Sohn des Verstorbenen, kondolieren.

Es ist in diesem Jahr bereits die zweite große Trauerfreier für den Kirchspielvogt Harders, der Anfang Februar 1818 bereits seine letzte noch lebende Schwester Anna Magdalena, die seit Januar 1814 noch knapp vier Jahre als Witwe des Detlef Rolfs in Nannemannshusen gelebt hat, zu Grabe tragen musste. In diesen wirtschaftlich schweren Jahren wird es zunehmend einsam um den kaum noch von Altersgenossen umgebenen Johann Harders.

Als Vogt, Ehemann und Vater sehnt er wohl längst das Ende des Studiums seines Sohnes Johann Andreas herbei, damit dieser das Amt in Nordhastedt übernehmen kann. Entsprechende Weichenstellungen für eine in der Familie gut erprobte dynastische Planung hat der erfahrene Kirchspielvogt hierfür durch frühzeitige Einbindung des Landvogts Heinzelmann und dessen Stellvertreter und Freund Paulsen sowie entsprechende finanzielle Vorsorge wohl schon seit Langem getroffen.

Einen Monat vor dem Osterfest des Jahres 1820 wird Johann Harders dann auch an einem vorfrühlingshaften Mittwoch, den 1. März, in den Räumen der Meldorfer Amtsschreiberei am Nordermarkt vorstellig, um als einer der inzwischen dienstältesten Süderdithmarscher Kirchspielvögte ein offizielles Entlassungsgesuch an den Gouverneur und Statthalter für Holstein, den Landgrafen Carl von Hessen aufsetzen zu lassen[323]. Sein Sohn Johann Andreas Harders beendet zum Ende des Wintersemesters 1819/1820 seine Studien in Kiel und ist zu diesem Zeitpunkt wohl bereits zurück im heimischen Nordhastedt, nachdem er zuletzt die Vorlesungen zum „Holsteinischen Privatrecht" gehört hat. Der Vogt Johann Harders diktiert an diesem Mittwochmorgen dem Kanzleischreiber sein „Supplicantum": *„Es sind ohngefähr 40 Jahr, daß ich das mir allerhöchst anbetrauete Amt eines Kirchspielvoigts in dem Kirchspiel Nordhastedt verwaltet habe. Bey meinem zunehmenden Alter – ich bin über 71 Jahr alt – nehmen meine Kräfte ab – die Amtsgeschäfte werden mir zu beschwerlich, auch möchte ich dahero gerne die wenigen, mir noch etwa übrigen Jahre meines Lebens in Ruhe zubringen. Ew. Königliche Majestät bitte ich dahero alleruntertänigst, allerhöchstdieselben mal, den mir als vieljährigen gestanden Diener, von meinem Amte als Kirchspielvoigt im Kirchspiel Nordhastedt allergnädigst Erlassung angedeihen lassen."*

Ein wiederum mehrmonatiger Verwaltungsakt beginnt, in dessen Verlauf der Gouverneur vom Meldorfer Landvogt Heinzelmann unter dem 19. Juni 1820 eine angeforderte Einschätzung erhält: *„Die in dem Gesuch angeführten Umstände haben ihre Richtigkeit, und es dürfte dem bejahrten Mann, dessen Kräfte nicht mehr hinreichen, seinem Amte mit Nutzen vorzustehen, die gebetene Erlassung wohl nicht zu versagen, und demnächst ein*

Termin zur Präsentationswahl eines neuen Kirchspielvogts anzusetzen seyn, bis zu dessen Ernennung der Kirchspielvogt Harders seinem Amte auch würde vorstehen müssen." Nachdem sich der Gouverneur dem Vorschlag Heinzelmanns anschließt, dem Entlassungsgesuch mit dieser Aufschubklausel zuzustimmen, erhält der Nordhastedter Vogt unter dem Datum des 1. August 1820 die entsprechende Königliche Resolution[324]: *„Wir wollen den Kirchspielvogt Johann Harders zu Nordhastedt der Landschaft Süderdithmarschen auf sein Ansuchen von seiner Bedienung in Gnade, jedoch unter der Verpflichtung entlassen haben, selbige bis sein Nachfolger von Uns allerhöchst ernannt worden, wie bisher zu verwalten."*

Ein Jude will sich niederlassen

Wenige Tage bevor Johann Harders dieses offizielle und sehnlichst erwartete Schreiben zugestellt werden kann, ist dieser allerdings in einer nochmals ungewöhnlichen Amtsangelegenheit gefordert, über die das Buch "Juden in Süderdithmarschen - Fremde im eigenen Land; Herzogtum Holstein 1799-1858" berichtet. Der aus Hamburg stammende, in Friedrichstadt lebende und seit vielen Jahren v.a. in Norderdithmarschen, aber auch in Nordhastedt Hausierhandel treibende Jude Wulf Cohen wird am 13. August 1824 in Kopenhagen den Antrag stellen, sich in Brunsbüttel niederlassen zu dürfen, ein für Juden zu dieser Zeit grundsätzlich auch in den Herzogtümern Schleswig und Holstein noch schwieriges bis unmögliches Unterfangen. Hinter dem Antrag auf Niederlassung steht das eigentliche Motiv eines Erwerbs an Grund und Boden, welcher den Juden in weiten Teilen der Herzogtümer grundsätzlich noch untersagt ist.

Dem Antrag liegen frühere Stellungnahmen aller Kirchspiele Dithmarschens bei. Kirchspielvogt Johann Harders und Pastor Petersen in Nordhastedt erstellen Ende Juli 1820 - wie alle befragten Dithmarscher Kirchspiele - ein positives "Führungszeugnis": *"Vorzeiger dieses, Wulf Cohen, jüdischer Handelsmann, hat seit mehreren Jahren in unserer Gegend den Hausirhandel betrieben, und ein halbes Jahr lang die Tochter in der letzten Zeit hier in Nordhastedt zur Miethe gewohnt. In welchen Verhältnissen wir nun diese Familie auch gefunden haben mögen, so haben wir bey derselben überall das Bestreben bemerkt, sich auf eine ehrliche und rechtliche Weise ihr Fortkommen zu erwerben, also daß ... keine Commüne Bedenken tragen darf, dieselbe in ihre Mitte aufzunehmen. Solches haben wir auf Verlangen gerne bezeugen und Vorstehendes zu Bestätigung mit unseres Namen-Unterschriften versehen wollen. So geschehen, Nordhastedt, den 25. Juli 1820. Petersen, Pastor; Harders, Kirchspielvogt."*

Nutzen werden diese wohlwollenden Stellungnahmen dem Wulf Cohen schlussendlich nicht, da sich der Süderdithmarscher Landvogt Heinzelmann in seiner abschließenden Stellungnahme 1824 mit Blick auf Wettbewerbs- und sonstige Ängste christlicher Kaufleute ("*...daß die hiesigen Einwohner es hart empfinden möchten, wenn den Söhnen Israels vergönnt würde, sich hier einzunisten*") gegen eine Aufweichung der bestehenden Gesetzgebung ausspricht, nachdem er Jahre zuvor im September 1813 von den oberen Stellen noch für einen viel zu laxen Umgang mit der Materie in Süderdithmarschen kritisiert wurde und auf Betreiben einiger Meldorfer Kaufleute an vorgesetzter Stelle im Jahre 1816/17 widerwillig sogar den Wegzug zahlreicher (mit Ausnahme der Familie eines Michel Marcus Cohen, der 1817 das Recht gegen erhebliche Geldzahlungen zugesprochen bekommt und erst Ende der 1830er Jahre wegziehen wird) Handelsjuden-Familien aus Meldorf auf oberlichen Räumungsbefehl umsetzen musste: "*Die Königl. Allerhöchste Fürsorge für Ihre christlichen Unterthanen hat den Bekennern des Mosaischen Glaubens nur ausschließlich gewisse Orte* (Anm.: gegen Zahlung eines königlichen Schutzgeldes als sog. „Schutzjuden" z.B. in den allgemein Religionsfreien Städten Altona, Elmshorn, Rendsburg oder auch Friedrichstadt) *in Allerhöchst Ihren Staaten zum Aufenthalt* (Anm.: gemeint ist Wohnsitz) *angewiesen.*"

Während die Juden 1814 in Dänemark vom König als gleichberechtigte Bürger eingestuft werden, scheitern solche Maßnahmen in den Herzogtümern aufgrund der komplizierten staatsrechtlichen Struktur, aber v.a. auch aufgrund des erheblichen Widerstandes auf allen Ebenen der Kanzlei und hier v.a. der persönlich stark ablehnenden Einstellung des Gouverneurs Landgraf Carl von Hessen, dessen Freigeist ihn früh und stark stattdessen zur Freimaurerei hinzieht. Des Landgrafs Einflussnahme ist wohl auch Heinzelmanns vorgehender Konflikt und schließliche Niederlage, trotz wieder einmal gleicher Grundhaltung mit der des Königs selbst, zu danken.

Wulf Cohen scheint es verwehrt zu bleiben, Grundbesitz in Dithmarschen zu erwerben, gleichwohl wird er durch den aus o.g. Gründen v.a. von Juden betriebenen Hausierhandel, "also das Umherziehen von Haustür zu Haustür", auf dem Dithmarscher Land im Gegensatz zu vielen "immobilen" christlichen Kaufleuten insbesondere im Ellentuchhandel, aber auch mit Victualien (Anm.: Lebensmittel) stark nachgefragt und zeitweise durchaus wohlhabend. Zur Spitzenzeit sind in seinem Auftrag zahlreiche jüdische Familienangehörige in Süderdithmarschen unterwegs. Viele von ihnen haben trotz aller Niederlassungsverbote hier auch ihren Lebensmittelpunkt. Sie leben halt zur Miete. Zahlreiche Meldorfer Bürger vermieten um die Jahrhundertwende langjährig an zahlungskräftige handelnde Juden, wie an den sehr erfolgreichen, hier auch aufgewachsenen Meldorfer Handelsjuden Michel Marcus Cohen. Er lebt in einem Haus in der westlichen Meldorfer Burgstraße, einer der Brandstätten von 1762[325], das zu dieser Zeit im Besitz des sehr erfolgreichen Meldorfer Maurermeisters Johann Albers (1764-1835) ist, dem Großvater des späteren Ehemanns von Johann Harders erster Enkelin.

Anders als in weiten Teilen Holsteins ist in der weitläufigen und strukturschwachen Landschaft Süderdithmarschen bereits seit 1738 der Hausierhandel auf dem Land außerhalb Meldorfs bei vorliegender Genehmigung des Landvogts erlaubt, aber eben nicht mit einem Niederlassungsrecht verbunden. Ein weiterer Grund für die endgültige Gesuchsablehnung des Jahres 1824 dürfte darin zu suchen sein, dass zu diesem Zeitpunkt das einstmals große Vermögen des Wulf Cohen im Zuge der verheerenden Wirtschaftskrise dramatisch geschmolzen ist. So kann die aufnehmende Gemeinde nicht mehr auf üppige Steuereinnahmen hoffen, dem einzigen Umstand vorheriger Jahrzehnte, in denen ausnahmslos vermögenden Juden vereinzelt ein Niederlassungsrecht zugesprochen worden war.

Amtsnachfolge

Während Johann Harders spätestens Anfang August 1820 damit beginnen kann, seinen Sohn Johann Andreas, der seinem Vater bereits seit Ostern in seinen Amtsgeschäften „inoffiziell" assistiert, für die demnächst anstehende Nachfolgerwahl in Position zu bringen, werden die benachbarten Kirchspielvögte Maas Peter Paulsen aus Meldorf, der Vertraute Johanns, und dessen Albersdorfer Amtskollege Claus Thiessen, der Cousin, mit der Durchführung der auf Montag, den 23. Oktober 1820, angesetzten Nordhastedter Kirchspielvogt-Wahl beauftragt[326]. Während der noch amtierende Johann Harders an diesem Tag, wie es die Regeln bestimmen, nicht anwesend ist, erklärt Kirchspielvogt Paulsen aus Meldorf der Versammlung aus 59 erschienenen von insgesamt 70 wahlberechtigten Eingesessenen des Kirchspiels an diesem Montagvormittag nochmals ausführlich die Spielregeln, schließlich hat man in Nordhastedt zuletzt vor fast genau 40 Jahren eine solche Wahl vornehmen müssen. Dabei wird deutlich, dass die Nordhastedter, anders als die Albersdorfer drei Jahre zuvor, beim althergebrachten offenen Wahlverfahren bleiben.

„Zuvörderst wurde den versammelten Interessenten des Kirchspiels Nordhastedt der Zweck des heutigen Tages angezeigt, denselben unser gnädigstes Commissorium (Anm.: Auftrag und Funktion der beiden Kirchspielvögte), *so wie auch die Sublicata* (Anm.: Kandidaten), *ingleichen die von Ihro hochfürstlichen Durchlaucht, dem Herrn Statthalter unterm 6 März 1786 abgegebenen Verfügung in Betreff der bey dergleichen Wahlen zu vermeidenden Mißbräuche vorgelesen.*

Die Eingesessenen des Kirchspiels Nordhastedt welche nach dem uns übergebenen Register das Recht zu wählen halten, wurden hierauf einzeln nach und nach aufgerufen, und diejenigen, welche ihre Stimme abgeben wollten und zur Abgebung ihrer Stimmen erschienen wurde vor Abgebung ihrer Stimmen einzeln nach dem Inhalt der höchsten Verfügung vom 6ten März 1786 durch einen Handschlag bey Ehr und Gewissen verpflichtet und gaben darauf einzeln ihre Stimmen folgendermaßen auf drei Subjecta

Die in dieser Bedienung sich angegebenen Competanten sind folgende:

1) Herr Advocat Nicolaus Matthiessen in Heide
2) Herr Stud. juris, Johann Andreas Harders in Nordhastedt
3) Herr stud. juris Peter Bendix Wohldt aus Tellingstedt
4) Herr Landesgevollmächtigter Casper Lindemann in Westerwohld
5) Herr Jacob Diederich Harders aus Hochwöhrden
6) Schreiber, Herr Claus Jebens aus Schalkholt."

Johann Andreas Harders erhält bei der Wahl alle 59 Erststimmen der erschienenen Wähler. Ein eindeutiges Votum nicht nur für ihn, sondern auch eine eindrucksvolle Bestätigung der Zufriedenheit des Kirchspiels mit der langjährigen Amtsführung des Vaters. Über den präferierten Sohn Johann Andreas und die anderen aus dem Feld geschlagenen Kandidaten dieser Wahl vom 23. Oktober, unter diesen auch dessen jüngerer Cousin Jacob Diedrich Harders, der zu dieser Zeit noch die Gelehrtenschule als Primaner besucht (!), sowie weitere interessante Hintergründe gibt auch der um seine Einschätzung gebetene Landvogt Heinzelmann noch einige Einwertungen und Empfehlungen, die nicht vorenthalten werden sollen. Unter dem 6. November 1820 schreibt Heinzelmann knapp zwei Wochen nach Abschluss des Votums an den Gouverneur:

„Durchlauchtigster Landgraf, Gnädigster Fürst und Herr!

Bei Remittierung des mir von Ew. Hochfürstlicher Durchlaucht gnädigst mitgetheilten Praesentations-Protocolls habe ich die Ehre, über die Tüchigkeit der drei praesentierten Subjecte befohlenermaßen mein unterthäniges Bedenken zu erstatten.

Die Kirchspielvogt- und Kirchspielschreiber-Bedienung in Nordhastedt ist die kleinste in der ganzen Landschaft. Die ganze Vogtei besteht aus dem Kirchdorf Nordhastedt, den zwei kleinen Bauerschaften Oester- und Westerwohld und dem Hohen Ries, und steht zusammen nur zu 7 1/3 Pflügen. Die Zahl der Competenten ist daher nur geringe gewesen, und es fand dabei keine sonderliche Auswahl statt. Daher ist es denn auch zukommen, daß unter den dreien Praesentaten, der mit 38 Stimmen praesentierte Jacob Diedrich Harders aufgenommen worden, der seine Schulstudien noch nicht einmal vollendet hat, und erst vorigen Ostern auf der hiesigen gelehrten Schule Secunda verließ. Dieser scheint mir daher völlig unqualificirt, und es wird überflüßig seyn, seiner weiter zu erwähnen.

Die andern beiden: der stud. juris Johann Andreas Harders, ein Sohn des abgehenden Kirchspielvogts Harders, und der stud. juris Peter Bendix Wohldt, ein Sohn des verstorbenen Kirchspielvogts Wohldt in Tellingstedt, haben freilich ihr juristisches Examen nicht genommen. Sie dürften indeß beide hinlängliche Kenntniße besitzen, um dieser kleinen Bedienung vorstehen zu können, zu welcher es an sonstigen Competenten fehlt. Der studiosus Wohldt ist mir weniger bekandt. Auch bezweifle ich, daß er sein 25stes Jahr bereits zurück gelegt hat (Anm.: hier irrt der Landvogt un- oder absichtlich), *wie solches bei dem Studiosus Harders der Fall ist, der auch länger die Rechtswissenschaft studiert und jetzt absolviert hat. Wenn nun überdies der letztere nicht nur bei der Praesentation einstimmig von allen Einwohnern gewählt worden, derselbe auch bereits seinen alten Vater in der letzten Zeit in seinen Amtsgeschäften assestiert hat, auch künftig den bedeutenden Landbesitz seines Vaters nebst Wohnung zum Eigenthum erhalten wird, wodurch es nur ihm möglich wird, von dem dürftigen Ertrag dieser kleinen Bedienung zu leben, so dürfte derselbe aus diesen Gründen wohl den Vorzug verdienen, und würde dem alten Vater die Freude, seinem Sohn die Bedienung wieder übertragen zu können, um so mehr zu gönnen seyn, da er sich in seiner langen Amtsführung stets durch Treue und Rechtlichkeit ausgezeichnet hat.*

Die academischen Zeugniße desselben, die für ihn vortheilhaft lauten, lege ich hiebei sub 1.-10. an. Von dem studiosus Wohldt, der seine Studien, wie ich höre, noch nicht absolviert hat, und der bereits wieder nach Kiel abgereist ist, habe ich keine testimoia erhalten.

Unter diesen Umständen darf ich daher den Wunsch des alten Kirchspielvogts Harders, der auch aus den angeführten Gründen zugleich der meinige ist, daß Sn. Majestät der König geruhen mögen, seinen Sohn, den stud. juris Johann Andreas Harders wiederum an seine Stelle zum Kirchspielvogt und Kirchspielschreiber in Nordhastedt allergnädigst zu ernennen Ew. Hochfürstlichen Durchlaucht zu Hoch Dera gnädigsten Verwendung ehrerbietigst empfehlen.

In tiefster Ehrfurcht ersterbe ich Ew. Horchfürstlichen Durchlaucht

unterthänigster pflichtschuldigster

Heinzelmann"

Claus Johann Jebens (ca. 1788-1846) ist ein Sohn zweiter Ehe des Landesgevollmächtigten Johann Detlev Jebens in Schalkholz. Seine Mutter Agneta ist eine Tochter des Schalkholzer Großbauern Havemann Suhl, der von 1769-1788 als Amtsvorgänger der Wohldts zudem Kirchspielvogt in Tellingstedt war. Die erste Frau des Landesgevollmächtigen Jebens war Trienke Thiessen (1747-1780), eine Tochter des Landesgevollmächtigen Hans Thiessen aus Sarzbüttel und damit eine ebenfalls zu den Nordhastedter Harders nähere Verwandte. Claus Johann Jebens wird wenige Jahre nach der für ihn erfolglosen Präsentation in Nordhastedt – er ist ohne Stimme aus dem Rennen gegangen - die Tochter Maria Friederike des Hemmer Kirchspielschreibers Georg Leonhard Müller (ca. 1755-1811) heiraten und ab August 1834 bis zum Tod 1846 als Kirchspielvogt in Hemme fungieren, nachdem er zuvor bereits einige Jahre als Hebungsbeamter tätig war.

Der Tellingstedter Kirchspielvogtsohn Peter Bendix Wohldt, ein Absolvent der Meldorfer Gelehrtenschule, wird nach Abschluss seines Jura-Studiums zunächst Advokat in Heide, heiratet 1830 eine Tochter des Brunsbüttler Landesgevollmächtigten Hans Wolter (1775-1836) aus Mühlenstraßen und stirbt mit bereits knapp vierzig Jahren 1833/1834 in Pahlen.

Der ebenfalls ohne eine einzige Stimme aus dem Feld geschlagene Heider Advokat Nicolaus Matthiessen wird der um 1790 geborene Sohn des Marner Kirchspielvogts Johann Nicolaus Matthiessen (1748-1806, Amtszeit 1778 bis Tod) bzw. Enkel des Burger Vogts Hinrich Nicolaus Matthiessen (1718-1789, Amtszeit 1740-1770) sein, der mindestens auch noch 1835 mit Familie als Advokat in Heide genannt ist.

Neben den auf die Person des Vaters Johann Harders bezogenen und recht wohlwollend klingenden Worten Heinzelmanns, die als Zeugnis gelesen auf eine über alles langjährig gute und vertrauensvolle Arbeitsbeziehung der beiden schließen lassen, ist auch die Einwertung des Landvogtes zur finanziellen Ausstattung der Nordhastedter Kirchspielvogtei bemerkenswert. Denn hier wird vom Landvogt auf eine Situation hingewiesen, die in diesem Umbruchjahr 1820 eine ganz besondere Aktualität erhält. Obwohl die Erntesaison des letzten Amtsjahres 1820 des Kirchspielvogts Johann Harders, mit Ausnahme der nur 10% des üblichen Ertrages bringenden Rapsernte, eine gute mit hoher Kornqualität ist, bleiben die Zeiten wirtschaftlich schwierig. Die ohnehin niedrigen Kornpreise werden durch das überreiche Angebot weiter gedrückt. Beladen mit finanziellen Sorgen geht der Kirchspielvogt Johann Harders in den letzten Wochen des Jahres 1820 in die Nachspielzeit seiner Amtsführung. Der Sohn ist zwar von der Kirchspielsgemeinschaft präferiert, aber noch nicht vom König bestätigt und zum neuen Vogt bestellt.

So findet für den Vater Johann Harders die letzte Landesversammlung in Meldorf auch erst in der Adventszeit, am Donnerstag, den 7. Dezember 1820, statt. Er wird auf dieser Sitzung als abstimmender Teilnehmer ausdrücklich genannt[327]. Ein sich an die Arbeitssitzung anschließender adventlicher Abschiedsumtrunk im Kreise der langjährigen Kollegen ist wahrscheinlich. Auch die nur wenige Tage später am Montag, den 18. Dezember 1820, in Meldorf stattfindende turnusmäßige Gerichtswoche dürfte die letzte für den 72-jährigen Johann Harders sein. Laut späterem Sterbeeintrag seines Sohnes übergibt Johann Harders das Amt des Kirchspielvogtes in Nordhastedt endgültig zum Folgejahr 1821 an seinen Sohn Johann Andreas, der es dann formal als „studiosus juris" vom 17. Januar 1821 an noch weitere dreißig Jahre bis zu seinem eigenen Tod im Jahre 1852 als letzter Kirchspielvogt Harders in Nordhastedt nach sieben Generationen aus der Familie ausübt[328].

Ein Nordhastedter Konkurs

Die hierfür notwendige Hinterlegung einer Kaution für den Sohn Johann Andreas Harders wirft ein weiteres Blitzlicht auf die familiären und finanziellen Verhältnisse der Familie. Denn während die hinterlegte Sicherheit des Vaters Johann nunmehr frei werden müsste, wird zur Besicherung des Amtes von Johann Andreas der auf 3.200 neue Reichstaler angehobenen Kaution nicht auf Kirchspieleingessene, sondern auf den Hof des in Neuenwisch, Kirchspiel Wöhrden, lebenden Cousins, des Landesgevollmächtigten Claus Romberg, abgestellt[329].

Sowohl andere Höfe von Nordhastedter Hausmännern bleiben als Sicherheit außen vor als auch der Stammhof in Nordhastedt, der zunächst im Besitz des Vaters als auch laut Schuld- und Pfandprotokollen unbelastet bleibt. Möglicherweise ist der Hof des Cousins Romberg im wirtschaftlich besonders schwer betroffenen Kirchspiel Wöhrden zu dieser Zeit schon in einen (Teil-) Besitz der Nordhastedter Verwandten übergegangen oder wurde zuvor durch einen Privatkredit des Onkels Johann Harders gestützt? Jedenfalls erzwingt der nur wenige Monate nach dem Amtsantritt von Johann Andreas Harders eintretende Tod des unverheirateten Vetters Claus Romberg am 19. September 1821 zügig eine weitere Neuordnung der Besicherung des Amtes für den jungen Kirchspielvogt.

Mit Schreiben vom 19. Oktober 1824 an die Rentekammer Kopenhagen reicht der Kirchspielvogt Johann Andreas Harders eine neue Sicherheit ein: *„Durch den Verkauf des Hofes, auf welchem meine ...Bürgschaft protocolliert steht, bin ich genöthigt worden eine neue Bürgschaft zu bestellen, welche ich in den Anschluß zu übersenden ich mir erlaube. Rentekammer wolle .. geruhen, mir die vom verstorbenen Landesgevollmächtigten Claus Romberg zur Neuenwisch ausgestellte Bürgschaftsnotal wieder zuzustellen und deren Delierung* (Anm. Löschung) *im Schuld- und Pfandprotokoll zu bewilligen."* Auch diese neue

Bürgschaft übernimmt gemäß einer Aufstellung in den Akten der alten Meldorfer Landvogtei wiederum nicht der noch lebende Vater mit dessen Besitz, sondern der Cousin zweiten Grades Henning Schlüter aus Nordhastedt unter gleichem Datum[330]. Während Claus Rombergs Witwe, Anna Beata geb. Paulsen, nach dem Tod des Mannes als Kapitalistin nach Wöhrden verzieht, übernimmt den Neuenwischer Hof, der für einige Zeit als Sicherheit der Nordhastedter Vogtei diente, anscheinend der aus Wackenhusen stammende Carsten Johann Meier (1805-1887), der zweien seiner Kinder in späteren Jahren die Vornamen Claus Romberg bzw. Anna Beata der kinderlosen Vorbesitzer des Hofes gibt.

Möglicherweise steht die temporäre finanzielle Nicht-Beteiligung der Nordhastedter bei der Sicherheitenstellung 1820/1821 für den neuen Nordhastedter Vogt Harders auch im Zusammenhang mit einem der ganz wenigen Konkurse, die sich in dieser schwersten Zeit auch in Nordhastedt nicht vermeiden lassen. Im fraglichen Dezember 1820 ist der 55-jährige Hufner Johann Peters in existenzielle finanzielle Schwierigkeiten geraten, vermutlich aufgrund der im Herbst 1820 auf einem neuen Tiefpunkt angelangten Getreidepreise.

Wenige Tage vor seiner endgültigen Amtsniederlegung gewährt der Noch-Kirchspielvogt dem in Not geratenen Hufner Johann Peters einen Kredit über 1427 Reichsbanktaler[331], dem mindestens eine weitere Schuldaufnahme vorangegangenen sein muss (s.u.). Eine solche exponierte Gläubigerrolle scheint die Familie Harders über die Generationen zuvor, mindestens innerhalb des Kirchspiels, stets vermieden zu haben. Während andere Kirchspielvögte, wie beispielsweise der befreundete Maas Peter Paulsen, ihr umfangreiches Geldvermögen angesichts einer kaum vorhandenen Bankstruktur in Dithmarschen in vielfältigster Form als mit dem Standardzins von 5% verzinste Privatdarlehen breit streuen, taucht die Familie des Nordhastedter Kirchspielvogts in einer solchen Gläubigerrolle, mindestens im eigenen Kirchspiel, so gut wie nicht auf. Die Hardersche Kreditgewährung dieses Dezember 1820 ist deshalb umso bemerkenswerter.

Doch trotz der Gewährung der Mittel durch den Kirchspielvogt ist der Ruin des Johann Peters über die folgenden Wintermonate nicht aufzuhalten. Knappe sechs Monate später, am 23. Mai 1821, wird sein Konkurs in die Schuldprotokolle eingetragen. Johann Harders erhält per 29. November 1821 aus der Konkursmasse 683 Reichsbanktaler sowie 19 Schilling an Kreditforderung nebst Zinsen für zwei Jahre ausbezahlt. Aus der Zinslaufzeit ist zu schließen, dass der Kredit vom Dezember 1820 eine Prolongation eines früheren ist. Ein weiterer Kredit vom 4. Dezember 1820 an denselben über 1.281 Mark wird dagegen aus der Konkursmasse vollständig inkl. Zinsen noch per 5. Januar 1822 an den Vogt beglichen.

Der Konkurs des Johann Peters bedeutet somit auch für die Familie Harders einen finanziellen Schaden von mindestens knapp 800 Reichbanktaler. Das in die Abwicklung eingehende Gewese des Johann Peters am östlichen Ortsrand, direkt an der Landstraße gelegen (heutige Hauptstr. 6), wird, ebenfalls per 5. Januar 1822, vom „Cousin" des emeritierten Kirchspielvogts Johann Harders, Henning Schlüter, für etwas über 2.000 Mark erworben und in späteren Jahren teilweise parzelliert und weiter veräußert. Hier entstehen am östlichen Ende der heutigen Hauptstraße weitere Katen und Häuser auf ehemaligem Hofgrund der Peters.

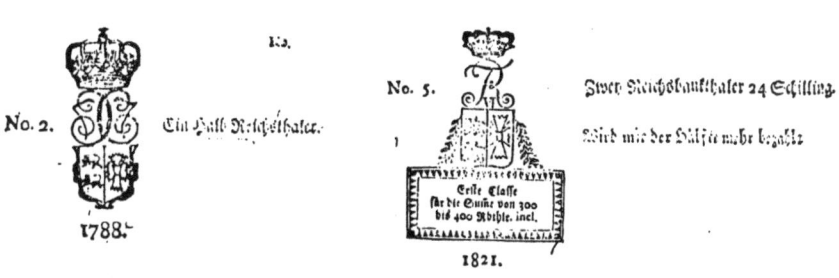

Beispiele für gestempeltes Papier der Jahrgänge 1788 und 1821

Zum Zeitpunkt der Protokollierung dieses Vorganges vom 5. Januar 1822 scheint es mit der Gesundheit des nun 73-jährigen Johann Harders abermals nicht zum Besten bestellt, mindestens aber das Alter macht sich bemerkbar. Neben der Unterschrift seines die Amtsbücher führenden Sohnes wirkt seine eigene „Quittierung" erneut zittrig und erinnert nur noch entfernt an die vor 1815 stets ausdrucksstark niedergelegte Handschrift.

Ein halbes Jahr später, am 1. Juni 1822, übernimmt Johann Harders dann aber doch noch die erste Gevatternstelle bei der Taufe des drei Tage zuvor in Meldorf geborenen Sohnes Wilhelm August Nicolaus des befreundeten Meldorfer Amtskollegen Maas Peter Paulsen. Dieses anscheinend einzig überlebende Patenkind des Nordhastedter Kirchspielvogts wird in den Folgejahren als Hofbesitzer in Harmswöhrden genannt, ein 1858 geborener Sohn Wilhelm desselben wird eine von Drathen-Tochter vom nahegelegenen Hof Kanzlei heiraten, der in den Jugendjahren des Johann Harders noch im Besitz des vormaligen Landesgevollmächtigten „Kanzleirat" Harder Offenhusen war, der zu Beginn dieser Erzählung bereits Erwähnung gefunden hat.

Diätenerhöhung

Um noch einmal deutlich zu machen, dass die Bedienung des kleinen Kirchspiels Nordhastedt alles andere als gut bezahlt ist und die Ausübung des Amts mit einer gehörigen Portion Idealismus getragen werden muss, sei auch auf eine zeitlich folgende Petition des Sohnes Johann Andreas vom 31. August 1824 an den Landvogt Heinzelmann verwiesen[332]. Die bei der Bestallung des Sohnes erwähnte „unauskömmliche" finanzielle Ausstattung des kleinen Amtes, die sicherlich in dieser Form aus dem Folgenden auch bereits für die Dienstzeit seines Vaters und der weiteren Vorfahren aus der Familie abgeleitet werden kann, wird in einem Antrag deutlich, zu dem sich der Sohn, gemeinsam mit dem amtierenden Nordhastedter Landesgevollmächtigten Beutien, nach wenigen Amtsjahren in wirtschaftlich schwierigen Zeiten genötigt sieht.

Er schreibt: *„Zu der ... eingereichten Vorstellung in Betreff einer besseren Vergütung für Reisen nach der Landschaftsversammlung und nach dem Meldorfischen Gerichte erlaube ich mir als Nachtrag beifolgenden Extract aus den alten Tagen von 1739 gehorsamst zu überreichen* (Anm.: leider nicht erhalten). *Aus diesem Extract gehet hervor, daß dem Kirchspielvogt bloß für Beiwohnung der Landschaftsversammlungen und Beobachtung der Kirchspielsangelegenheiten täglich 2 Mark (später auf 3 Mark gesetzt) gebühren, mithin bisher weder Diäten, noch weniger die nach dem erwähnten Extract schuldige Wagenfuhr vergütet worden. Auch ist mir die schuldige Wagenfuhr nach dem Gerichte und zurück, mithin eine doppelte, nur mit 4 Schilling bezahlt worden. Für sonstige Geschäfte in Commune-Angelegenheiten werden dem Kirchspielvogt außer freier Fuhr täglich für seine Mühe 3 Mark und an Diäten 3 Mark gut gethan.... Ich würde um diese Kleinigkeiten weiter kein Wort verlieren, und sie dem Kirchspiel schenken, wenn ich ein bemittelter Mann wäre, und meine Kirchspielvogtei mich einigermaßen ernährte. Fixa habe ich vom Kirchspiel nicht zu genießen als etwaige Entschädigung für die vielen Arbeiten, die ich in allen Kirchen-, Kirchspiels-, Schul- und Armenangelegenheiten und sonstigen Official-Geschäften, die oftmals mit großem Zeitverluste verknüpft sind, und manche Mühe und Unannehmlichkeiten mit sich führen, gratio übernehme. Äußerst hart und verdrießlich muß es für jeden sein, der sich in einem ähnlichen Falle befindet, rücksichtlich der Schadloshaltung für verrichtete Amtsgeschäfte, ganz der Willkühr und der Laune eines Collegii* (Anm: in diesem Fall der Nordhastedter Kirchspielversammlung) *überlassen und Preis gegeben zu sein, und in Amtsgeschäften auf eigene Kosten reisen zu müssen."*

Diesem Antrag vorgehend haben Vogt und Landesgevollmächtigter offensichtlich den Nordhastedter Kirchspielseingesessenen eine aus ihrer Sicht adäquate Kostenabrechnung vorgelegt. Die Eingesessenen haben zwar eingestanden, dass sich die bisherige Vergütung nicht ausreichend darstelle, sich zugleich aber überfordert gesehen, einen angemessenen Tarif aufzustellen und sich deshalb um Orientierungshilfe und Moderation an den Landvogt in Meldorf gewandt.

Insgesamt verläuft der Antragsprozess des Jahres 1824 für Vogt und Landesgevollmächtigten wohl unbefriedigend. Im Jahr 1829 trägt Kirchspielvogt Johann Andreas Harders sogar dem König selbst sein in der Zwischenzeit noch vergrößertes Leid vor. Er muss um Gewährung eines jährlichen Gratials von 500 Reichsbanktaler „aus königlicher Gnade" für seinen Aufwand bitten, weil die Einnahmen aus dem kleinsten der Süderdithmarscher Kirchspiele auch angesichts einer prekären familiären und gesamtwirtschaftlichen Situation nicht mehr hinreichen, ihn zu ernähren.

In seinem Gesuch vom 1. August 1829 schreibt er: *„Vor reichlich 9 Jahren hatten Ew. Königliche Majestät die Gnade, mich zum Kirchspielvogt in Nordhastedt zu ernennen. Diese Gnade war umso angenehmer für mich, da schon mein Urgroßvater, Großvater und Vater diese Stelle bekleidet hatten, und ich an einem Orte bleiben konnte, wo ich geboren und dem ich von Jugend auf so sehr angehangen. Indes mußte ich schon nach wenigen Jahren die traurige Erfahrung machen, daß ich unter ganz anderen Verhältnissen lebte, als meine Voreltern. Von ihnen hatte ich nie eine Klage über ihre geringe Einnahme vernommen, sondern sie waren stets zufrieden, und konnten es auch. So hatte ich es mir als ihr Nachfolger auch gedacht, aber ich irrte mich; die Geschäfte waren früher für die Kirchspielvögte wenige, und es wurde nicht so viel von ihnen verlangt, daher hatten sie Zeit genug, auf andere Weise für ihr Fortkommen zu sorgen. Meine Vorfahren lebten daher größtentheils von ihrer Landwirthschaft, die sie gehörig zu führen verstanden, indem sie sich von Jugend auf damit beschäftigt. Überdies waren sie so glücklich, eigenes Vermögen zu besitzen, so daß sie wenig auf die Einnahmen aus ihrem Amte rechnen durften. Ganz anders aber ist meine Lage. Der Geschäftskreis der Kirchspielvögte hat sich nach und nach erweitert, aber nicht die Einnahmen derselben vermehrt. ...*

Die Hauptursache aber, wodurch ich zu diesem Gesuche veranlaßt werde, ist die, daß mein verstorbener Vater vor einigen Jahren seine ausstehenden Capitalien alle verloren hat, so daß mein jetziges Besitzthum, eine kleine Landstelle auf der Geest, nicht einmal mehr schuldenfrei ist. Dieses soll ich nun auch noch mit 4 Schwestern theilen, welche sämmtlich von dem Alter sind, daß sie das Ihrige gern heraushaben wollen. Kann ich nicht im Besitze dieser Stelle bleiben, so bin ich ohne Obdach, und wäre im ganzen Kirchspiel für mich und die Archive kein passendes und sicheres Unterkommen zu finden, und ich genöthigt sein, ein eigenes Haus zu erbauen, wozu mir aber die Mittel fehlen. Unter solchen Verhältnissen müssen also Nahrungssorgen eintreten, die für die Beamten die gefährlichsten sind, ..."

Der Vorgang, dessen Ausgang leider unklar bleibt, zeigt, dass die Nordhastedter Kirchspielvögte Harders ihre Amtsarbeit, im Unterschied zu denen der deutlich größeren Vogteien, über die Zeiten fast schon in einem „ehrenamtlichen" Sinne ausüben, wohl auch der schwierigen wirtschaftlichen Verfassung des Kirchspiels über weite Teile des 18. Jahrhunderts geschuldet. Schlussendlich wird auch das Argument des Landvogtes Heinzelmann aus der Bestellung des Sohnes zum Jahreswechsel 1820/21 vollauf verständlich, der bei seiner Bevorzugung des Johann Andreas Harders explizit auf dessen zukünftiges Hofvermögen vor Ort abstellt, das eine Übernahme der Bedienung erst möglich mache.

Deutschnationale Töne verstummen im Biedermeier

In den letzten Lebensjahren des nun emeritierten alten Kirchspielvogts Johann Harders wendet sich der Zeitgeist unaufhaltsam ins frühe "Biedermeier". Deutschlandweit hat sich das vor allem in der jüngeren Generation durch die napoleonischen Befreiungskriege zunächst explosionsartig entzündete Nationalbewusstsein und in dessen Gefolge auch die Hoffnung auf politische Veränderungen durch die "restaurierenden" Beschlüsse des Wiener Kongresses bald wieder beruhigt. Auch die in der überwiegenden Mehrzahl erdverbunden pragmatischen und wertkonservativen Dithmarscher richten sich auch geistig zunächst wieder im dänischen Gesamtstaat ein. Die wirtschaftlich fordernden Zeiten lassen ohnehin Vielen kaum Zeit, sich allzu sehr für große politische, aber abstrakte Ideen wie Demokratie oder die deutsche Nation zu interessieren.

Während die Mehrheit der Deutschen, weiterhin von politischer Mitbestimmung ausgeschlossen, das bürgerliche Glück zunehmend im Privaten sucht, wendet sich der alte, pensionierte Vogt, wie die meisten Dithmarscher, soweit es seine Kräfte noch erlauben, der Hofarbeit und der einen oder anderen Lektüre zu. Die Zeit wird später nach einer fiktiven, spießbürgerlichen Figur aus den "Fliegenden Blättern", einer humoristischen, in München erscheinenden, aber deutschlandweit populären Wochenzeitschrift, „Biedermeier" genannt.

Sohn Johann Andreas führt seit Jahresbeginn 1821 die Amtsgeschäfte als Kirchspielvogt in Nordhastedt und dürfte sich politisch, wie sein Vater in bester Gesamtstaats-Beamtentradition, mehr um die Wahrung Dithmarscher Privilegien im Gesamtstaat als um deutsche Nationalitätsfragen kümmern, wenngleich er als junger Kieler Student durchaus mindestens mit den Kommilitonen in persönlichen und diskutierenden Kontakt gekommen sein dürfte, die im nationalen Elan dieser frühen Jahre der Einladung zum ersten Wartburgfest am 18. Oktober 1817 auch aus Kiel heraus noch in ansehnlicher Zahl gefolgt sind.

300 Jahre nach Beginn der Reformation hat die Jenaer Urburschenschaft Vertreter aller deutschen Universitäten zum 4. Jahrestag der Völkerschlacht bei Leipzig nach Thüringen zu einem „Nationalfest" eingeladen, um gegen reaktionäre Politik und deutsche Kleinstaaterei, wie sie sich in den Beschlüssen des Wiener Kongresses manifestiert hat, zu protestieren. Sie will auf der Wartburg als einem der erstrangigsten deutschen Nationalsymbole der Zeit ein Zeichen setzen für einen deutschen Nationalstaat mit eigener Verfassung, zu dem sich auch die mitgereisten Holsteiner Studenten leidenschaftlich hingezogen fühlen.

Unter den 24 (an anderer Stelle 40) Kieler Studenten, vorwiegend der juristischen Fakultät, die 1817, das protestantische Lied „Eine feste Burg..." auf den Lippen, zum Wartburgfest wandern, ist neben Uwe Jens Lornsen (1793-1838) mindestens auch der Meldorfer Advokatensohn Ludolf Braasch (1798-1854)[333], der 1853 als Nachfolger des auf den Heider Landvogtposten wechselnden Carl Hansen zum Kirchspielvogt der Meldorfer Nordervogtei ernannt werden wird, aber kurz darauf verstirbt. Zu diesem Zeitpunkt ist bereits sein 21-jähriger Sohn Bertus als Infanterieleutnant der Schleswig-Holsteinischen Armee im Juli 1849 vor der Festung Fredericia für den entflammten, aber scheiternden Freiheitskampf der Holsteiner gefallen.

König Friedrich besucht Meldorf

Vielleicht überredet der knapp 75-jährige Johann Harders im Jahr 1823, trotz aller körperlich schwindenden Kräfte, nochmals die gesamte Familie (oder sie ihn?) zu einem sommerlichen und mindestens halb beruflich motivierten Ausflug mit Pferd und Wagen nach Meldorf, der einen „biedermeierischen" Kontrapunkt zu solchen deutschnationalen Strömungen der jüngeren Generation setzen würde. Obwohl er in seinen späten Amtsjahren, wie viele seiner Amtskollegen, eine zunehmende Enttäuschung über die Staatsführung des Königs verspüren und angesichts der wirtschaftlichen Verhältnisse im Lande eine gewisse Verbitterung mit sich herumtragen könnte, ergibt sich für ihn und seinen Sohn eine besondere Gelegenheit, nochmals eine Verbundenheit mit Amt und König auszudrücken.

Der Landesvater Friedrich VI., König von Dänemark und Herzog der Holsteiner, hat sich mit seiner Frau und kleinem Gefolge zu einem Besuch der Westküste angesagt[334]. Eine späte und vielleicht letzte Möglichkeit für den Vogt im Ruhestand, seinen Zeit seines Berufslebens regierenden Souverän als König mit eigenen Augen zu erleben und sich als der gute Gesamtstaatspatriot zu zeigen, der er seine gesamte Schaffensperiode hindurch trotz allem wohl geblieben ist. Der damals gerade 16 Jahre alte Friedrich hat bereits 1784 als Kronprinzregent die Regierungsgeschäfte vom immer verwirrter werdenden Vater übernommen und war also bei dessen Tod und Übernahme der Königswürde im Frühjahr 1808 ausreichend regierungserfahren. Obwohl bereits zuvor als Kronprinzregent mehrmals auch in Meldorf, ist dieser Besuch Friedrichs des Sommers 1823 der erste Besuch Dithmarschens als regierender König.

Am Mittwoch, den 9. Juli 1823, erreichen die Monarchen, aus Glückstadt kommend, den Flecken. Die Meldorfer und zahlreiche aus ganz Süderdithmarschen zugereiste Schaulustige bereiten dem Paar, das in Begleitung der 30-jährigen Kronprinzessin Caroline und der 15-jährigen Prinzessin Marie Wilhelmine reist, einen "gebührenden" Empfang. Es herrscht eine Volksfeststimmung im Ort, die auch die inzwischen erwachsenen Harders-Kinder begeistern dürfte. Presse und Chronisten schreiben in vielleicht etwas übertreibender, zeitgenössischer Hofberichterstattungs-Manier von "freiwilligen Illuminationen, Ehrenpforten und Ehrengarden sowie jubilierenden Menschenströmen". Einige Meldorfer Bürger verfassen in zeittypischer Form für den Monarchen eigene Gedichte, die diesem bei passender Gelegenheit vorgetragen werden sollen. Eigentlich ist der Besuch Meldorfs nur für wenige Stunden geplant, doch bereits auf der Hinfahrt fühlt sich die Königin unpässlich.

Das Monarchenpaar bleibt schließlich umständehalber einige Tage in Meldorf und wohnt, wie bei späteren Besuchen belegt, wohl auch bei dieser Gelegenheit im Hause des Landvogts Heinzelmann am Nordermarkt. Man wird erst am Sonntag, den 13. Juli, wieder unter dem Jubel der Spalier stehenden Bevölkerung, die Reise mit der Weiterfahrt nach Heide und Friedrichstadt fortsetzen.

Friedrich VI. scheint die Sommertage in Meldorf zuvor dabei nicht ausnahmslos am Bett der kränkelnden Königin zu verbringen und bekommt so Einiges von der Gegend zu sehen und zu hören. Vielleicht gelingt es auch Johann Harders und seinem bereits amtierenden Sohn Johann Andreas, mit dem König in geeigneter Weise in Kontakt zu kommen, wahrscheinlich im Zusammenhang mit den üblichen Aufwartungsterminen für Geistlichkeit, lokale Beamte und Honoratioren. Unnahbar ist Majestät jedenfalls nicht, auch wenn er von 1808 bis zu seinem Tod 1839 weitgehend in "altertümlich" anmutender Weise immer absolutistischer regiert und, anders als in seiner frühen Kronprinzregentenzeit, in der er sogar die Nähe junger Reformkräfte als auch des „elder statesman" Bernstorff des Jüngeren gesucht und als Minister installiert hat, keine, mit starker Persönlichkeit versehenen Minister neben sich zu dulden scheint. Sein "Jeg ved allene" wird zum Markenzeichen seines mindestens in späten Jahren allwissenden Politikverständnisses. Friedrich ist der erste König Dänemarks, der im Reflex auf die gerade beendete Struensee-Ära in seiner Jugend ausschließlich dänisch erzogen wird. Er lebt und denkt in der dänischen Sprache, obwohl seine Oldenburger Familienlinie ursprünglich aus altem deutschen Adel stammt und auch seine Frau deutschstämmig ist. Noch sein Urgroßvater Christian VI. schrieb bis zu seinem Tod 1746 persönliche Briefe auf deutsch. Selbst die Kommandosprache im dänischen Heer ist

Friedrich VI. von Dänemark (1768-1839)

bis zum Februar 1773 das Deutsche, bevor die dänisch-bürgerliche Gegenreaktion der Guldberg-Ära auch hier konsequente „Danisierung" einführt. In den goldenen (Bernstorff-) Jahren des Gesamtstaates ist es auch für die Eliten am königlichen Hof in Kopenhagen noch schick und erstrebenswert, Kultiviertheit durch Kenntnis und Nutzung der deutschen Sprache auszudrücken, in fast einem ebenso starken Maße, wie es ansonsten in

Kontinentaleuropa, vor allem auch Preußen, angesagt ist, französisch zu „parlieren". Noch bis in die 1770er Jahre hinein verwenden auch einige Dithmarscher Vögte im formalen brieflichen Verkehr untereinander das „Französische", mindestens im Floskelhaften. So adressiert auch der Nordhastedter Vogt Claus Harders einen Brief vom 24. März 1762 an den Meldorfer Landvogt Eggers mit „à Monsieur d' Eggers, Conseiller d'Etat et Landvoigt de ja Majeste le Roi de Dännemarc et Norveque à Meldorff"[335] und sein Amtskollege Piehl in Brunsbüttel variiert mit „Landvoigt du Pays de Süder Ditmarse à Meldorp".

Friedrich VI. gibt sich trotz seines absolutistischen Herrschaftsverständnisses bei Reisen durchs Land leutselig und volksnah, auch wenn seine äußere Erscheinung wenig dazu angetan scheint, Sympathie im Gegenüber zu erwecken. Zeitgenossen beschreiben ihn in jungen Jahren als grotesk hässlich mit *„kleinlich, weißen Augenbrauen, Kakerlak-Augen, schiefem Mund, einer insgesamt unangenehmen Gesichtsform und zudem einem Ausschlag an der Nase."*[336] Die offiziellen späten Hofporträts werden so, im Unterschied zu jugendlicheren Porträts, seiner wahren äußeren Erscheinung, mit staatstragendem Weichzeichner belegt, vielleicht nicht unbedingt gerecht.

Wahrscheinlich bei diesem Meldorf-Besuch des Jahres 1823 wird dem häufig auch militärisch forsch polternden König voller Stolz die in einem der Nebenräume des Meldorfer Doms untergebrachte Feuerspritze auf dem Markt vorgeführt. Kamphausen schildert dieses als Anekdote in seiner Meldorf-Chronik von 1953 mit der zwar knappen, für den König aber typisch kompromisslosen und in der Sache wohl auch zutreffenden Einschätzung: "Det er skidt." Phonetisch dürfte das Gemeinte auch dem des Dänischen Unkundigen klar sein.

Die Nutzung der dänischen Sprache auch bei diesen Gelegenheiten ist dabei ein in den Herzogtümern sehr wohl registriertes politisches Kalkül des Königs. Natürlich ist er auch der deutschen Sprache hinreichend mächtig, zumal seine in diesem Sommer 1823 kränkelnde Königin, Marie von Hessen-Kassel, deutscher Herkunft und 1767 im hessischen Hanau geboren ist. Als Tochter des Landgrafen Carl von Hessen-Kassel (1744-1836), des seit 1768 königlich dänischen Statthalters in den Herzogtümern Schleswig und Holstein mit späterem Amtssitz auf dem 1773 einverleibten Schloss Gottorf, und der dänischen Prinzessin Louise, ist Marie im Übrigen zugleich auch eine Cousine ihres Mannes.

Agrarkrise 1819-1829 und die Folgen

Wenngleich der pensionierte Vogt Johann Harders mit der Amtsübernahme seines Sohnes Johann Andreas zu diesem Zeitpunkt die berufliche Tradition der Familie längst erfolgreich an die nächste Generation übertragen hat, bleibt für den weit über 70-Jährigen und seine Frau in ihren Mittfünfzigern doch noch die Frage offen, ob es auch für die Familie eine übernächste Generation geben wird. Denn die wirtschaftlich extrem schwierigen Jahre der zweiten Dekade des 19. Jahrhunderts, die „große Agrarkrise 1819-1829", könnten auch für die Familie des Kirchspielvogts Harders weitreichende Konsequenzen haben.

Der einzige Sohn Johann Andreas beendet seine schulische Ausbildung an der Meldorfer Gelehrtenschule zu Ostern 1816 und beginnt unmittelbar ein Jurastudium in Kiel, das er zu Ostern 1820 abschließt, um sich auf die im Jahresverlauf beabsichtigte Amtsübernahme eines Kirchspielvogts vorzubereiten. Wie bereits erwähnt, müssen so innerhalb weniger Jahre neben den Schul- und Studienkosten des Sohnes auch wieder umfangreiche Ernennungsprämien aufgebracht werden. Angesichts der Zeiten ist dieser Vorgang sicherlich ein finanzieller Kraftakt.

In vorauseilender Kalkulation des gewollten "dynastischen" Schrittes könnte der alte Vogt Johann Harders die letzten Reserven hierfür aufgespart und zum Leidwesen der Töchter mögliche oder erhoffte Hochzeiten vertröstet und aufgeschoben haben. Es ist auffällig, dass zu diesem Zeitpunkt keine seiner in die Jahre kommenden vier Töchter verheiratet wird. Vielleicht fehlt schlicht das Geld für entsprechende Aussteuern. Vergleichbar begüterte Marschbauern veranschlagen um 1820 für entsprechende Mitgiften inklusive denkbarer Hofabfindungen, die heiratende Töchter empfangen würden, bis zu 2.000 Mark je Tochter. Bei fünf Kindern wären hier für den Nordhastedter Vogt alles in allem 10.000-15.000 Mark an finanzieller Belastung in angespannter Zeit zu unterstellen.

Doch der alternde Johann Harders erlebt mindestens noch die Verheiratung seiner ältesten Tochter. Als einziges der Kinder wird die zu diesem Zeitpunkt bereits 33-jährige Christina Maria im Oktober 1825 heiraten. Ihr Bräutigam Hans Jacob Halkens ist erst im Frühjahr dieses Jahres durch den Tod seines Vaters in den Tagen nach der verheerenden Februarflut 1825 in einen wesentlichen Teil des elterlichen Hofbesitzes in der Meldorfer Norderstraße gelangt und kann in eine eigene Familienplanung einsteigen. An ihn und seine Frau gehen zum 1. November 1825, als Vorauserbe der Tochter, tatsächlich die „üblichen" 2.000 Mark aus dem Harders-Besitz[337].

Im Zusammenhang hiermit könnten dann auch Kredite stehen, die zu einem allerdings späteren Zeitpunkt eine erste Erwähnung finden. Nach dem Tod des Kirchspielvogts werden Kreditforderungen genannt, die älteren Ursprungs sind und damit auf den Vogt Johann Harders zurückgeführt werden müssen. Zum einen setzen sich die Vogt-Kinder in Bezug auf ein durch den aus Welmbüttel stammenden Albersdorfer Pastor Johann Paulsen (1794-1867), einem engen Schulfreund des Johann Andreas Harders von der Meldorfer Gelehrtenschule, gewährtes Darlehen über 1.250 Mark auseinander, als auch bezüglich einer Wechselschuld über 2.700 Mark gegenüber dem Kirchspielvogt Paulsen, also dem mit Johann Harders befreundeten Kollegen Maas Peter Paulsen, der im Jahre 1825 in Sachen „Mitgift" für den vielleicht an Barschaft klammen Vogt Johann Harders eingesprungen sein könnte.

Maas Peter Paulsen wird 23 Jahre später mit dem jungen Johann Maas Christian Albers (1823-1890) den Mann der ersten Enkelin von Johann Harders sowohl zu seinem Gevollmächtigten in der Kirchspielvogtei als auch im Privaten einsetzen[338]. Johann Albers wird 1854 als sein Testamentsvollstrecker auch die umfangreichen Kapitalforderungen, die der Vogt Paulsen hinterlässt, ordnen. Alle drei jüngeren Töchter des Johann Harders bleiben dagegen zeitlebens unverheiratet, obwohl sie als Töchter eines Kirchspielvogts doch durchaus gute Partien wären, wenn die entsprechenden finanziellen Möglichkeiten gegeben wären. Auch der seit 1821 als Kirchspielvogt eingesetzte Sohn Johann Andreas wird zeitlebens Junggeselle bleiben.

Ein dramatisches Jahr

Das Jahr 1825, in dem seine Tochter heiratet und die seit Jahren andauernde Agrarkrise ihren absoluten Tiefpunkt erreicht – auf dem Itzehoer Markt fällt der Weizenpreis pro Tonne von über 25 Mark kommend auf 5 Mark -, bringt für den alternden Johann Harders solch romanhaft zugespitzte Ereignisse, dass es geboten scheint, auf dieses Schicksalsjahr nochmals einen intensiveren Blick zu werfen.

Bereits am 27. Januar 1825 bringt der Meldorfer Landvogt Heinzelmann mit einem Gesuch an den König einen in Nordhastedt seit längerem vorbereiteten Vorgang in eine entscheidende Phase[339]. Wahrscheinlich ist der zunehmend seiner Kräfte beraubte Johann Harders selbst der „spiritus rector" für den Vorschlag, in einem ähnlichen beruflichen Vermächtnis, wie einst sein Vater Claus, auch die immer noch in der Nordhastedter Kirche lagernde geschmolzene Glockenmaterie von 1741 endlich in eine neue Form zu gießen.

Da die Kassenlage weiterhin prekär ist, schlägt Johann Harders seinem das Amt führenden Sohn Johann Andreas und Pastor Petersen dafür ein inzwischen gut vertrautes und erprobtes Vorgehen vor. Heinzelmann schreibt im Januar 1825: *„Bei der Kirche zu Nordhastedt sind die Kirchenglocken schon seit langer Zeit unbrauchbar geworden, so daß es der dortigen Kirche an einem Geläute fehlt. Das dortige Kirchencollegium hat daher den Beschluß genommen, die Glocken umgießen und ein neues Glockenhaus erbauen zu lassen."*

Heinzelmann fährt fort, dass die Kosten hierfür – 2.000 Reichstaler für das Glockenhaus und 1.000 Taler für einen Glockengießer aus Rendsburg – durch Verkauf von Kirchenholz unter Aufsicht des schon im Vorfeld eingebundenen Hegereuters aufzubringen, der zudem bereits befunden habe, dass auch ausreichend ohnehin zu fällender Eichen und Buchen vorhanden wären, sowie durch eine ergänzende und auf 4-5 Jahre abzutragende Restschuldaufnahme von 1.000 Taler zu begleichen sein würden. Das Strickmuster des Vorschlags kommt höchst bekannt vor.

Nur wenige Tage später muss die schwere Sturmflut vom Anfang Februar den fast schon Greis zu nennenden Johann Harders zwangsläufig an früheste Kindheitserfahrungen erinnern. Nun ist er es, wie einst sein Vater, der den Jüngeren und Jüngsten von seinen Erlebnissen der Markusflut des Jahres 1756 berichten kann. Angesichts seines Alters von 77 Jahren dürfte es in Nordhastedt wohl nicht mehr Viele geben, die die schweren Orkane der 1750er Jahre noch mit eigenen Augen erlebt haben.

Bereits der Frühwinter 1824 ist sehr stürmisch, seit November führen schwere Regenfälle zu zahlreichen Überschwemmungen. Zwischen 31. Oktober und 21. Dezember 1824 zeitigen vier Sturmfronten schwere Sturmfluten. Die aufgrund der wirtschaftlichen Depression der Nach-Napoleon-Ära ohnehin vernachlässigten Deiche sind so bereits vielerorts komplett durchweicht und „angezählt", als in der Nacht vom 2. auf den 3. Februar 1825 ein weiterer heftiger Wintersturm mit Schneegestöber einsetzt. In der folgenden Nacht auf den 4. Februar dreht der Wind von Südwest auf Nordwest und wird zum Orkan. Die nordwestliche Windrichtung bedroht nun unmittelbar die Dithmarscher Küstenlinie und treibt zudem das Nordseewasser tief in die Elbe hinein.

Obwohl der Februarsturm 1825 in seiner Spitze nicht annähernd an den Orkan vom 15. November 1824 heranreicht, führt allein die zweitägige Dauer des neuen Tiefdruckgebietes über zwei Tidephasen hinweg zum Unglück. Der Sturm, der v.a. auf den Halligen wegen absolut unzureichender Wurtenhöhen zu dramatischen Zerstörungen führt und in Folge deshalb auch als "Große Halligflut" in die Chroniken eingeht, wird zu einer der folgen schwersten Sturmfluten aller Zeiten. In der Freitagnacht auf den 4. Februar entstehen auf seinem Höhepunkt durch eine hineinreichende zusätzliche Kaltfront von Hagelschauern begleitete schwerste Gewitter, die eine wahre Weltuntergangsstimmung erzeugen.

Im rauen Februarklima müssen alle einsatzfähigen Männer schnellstens an die Deiche, um teils verzweifelte Sicherungsmaßnahmen zu ergreifen. Obwohl am Ende einzig die Landschaft Süderdithmarschen an der Westküste ohne vollständige Deichbrüche davonkommt, sind doch in den kommenden Wochen auch hier erhebliche Reparaturen vorzunehmen[340]. Die Nordhastedter werden wieder zur Hilfe gerufen. Johann Harders allerdings wird dieses Mal nicht mehr mit Hand anlegen können, hat aber sicher noch den einen oder anderen Ratschlag für die jüngeren Männer parat. Insgesamt sterben an der Westküste bei dieser verheerenden Sturmflut knapp 800 Menschen, davon aber nur sechs in Dithmarschen. Nach Schätzungen ertrinken 45.000 Stück Vieh, 2.400 Häuser werden zerstört. Allein im Norden Dithmarschens werden 9.000 Hektar Marschland, bei Pegelständen von fünf Metern über Normalnull, überflutet. In Hamburg steigt der Pegel sogar sechs Zentimeter höher als in der späteren Flut von 1962.

Halkens – eine alte Meldorfer Familie in der Norderstraße

Nur wenige Tage nach der dramatischen Sturmflut stirbt in Meldorf, möglicherweise infolge der Strapazen und Aufregungen dieser Tage, der 66-jährige und mit über 80 Hektar Marschland vermögende Hufner Johann Halkens in der Meldorfer Norderstraße[341]. Über seine Frau Anna, eine Enkelin des bereits mehrfach genannten Sarzbüttler Landesgevollmächtigten Hans Thiessen und dessen Odderader Thedens-Verbindungen, ist er ebenfalls entfernt verschwägert mit den Nordhastedter Harders und sicher seit vielen Jahren auch mit dem zehn Jahre älteren Nordhastedter Kirchspielvogt Johann Harders gut bekannt, möglicherweise hat der Sohn Johann Andreas während seiner Meldorfer Schuljahre bei der entfernt verwandten Familie Halkens sein Quartier gefunden.

Spätestens auf der Süderdithmarscher Landesversammlung vom 24. Februar 1818 ist man sich auch kommunalpolitisch über den Weg gelaufen[342]. Johann Halkens ist einer von drei Kandidaten, die sich zur Wahl eines neuen Meldorfer Landesgevollmächtigten der Südervogtei stellen. Er erhält allerdings nur eine Stimme – die des stimmberechtigten Johann Harders? - und unterliegt klar dem Meldorfer Gastwirt Jürgen Tiedemann auf der Holländerei, der 23 Stimmen auf sich vereinen kann.

Neben der verwandtschaftlichen Beziehung seiner Frau Anna geb. Thiessen, deren Vater ein Cousin 2. Grades zu Johann Harders ist, ist eine weitere Beziehung zwischen Vogt Harders und dem zehn Jahre jüngeren Johann Halkens bedeutsam. Die Stiefmutter von Johann Halkens Frau, Anna Elsabe geborene Jacobsen aus Norderbusenwurth, ist seit 1781 mit Peter Peters aus Elpersbüttel verheiratet. Dieser, also ein Stief-Stiefvater von Frau Halkens, ist aber niemand anderes als der Vormund und Onkel der ersten Frau des Johann Harders, Anna Dorothea Mügge, und als solcher bis zu seinem Tod 1793 in sicherlich engerem Kontakt sowohl zum Kirchspielvogt in Nordhastedt als auch den Halkens in Meldorf.

Johann Halkens überwiegend aus fettem Marschland bestehendes, 80 Hektar großes Grundvermögen wird, den nahe bevorstehenden Tod des Hufners bereits fest im Blick, mit umfangreichen Verträgen noch auf seinem Sterbebett rechtsverbindlich gemacht, im Februar 1825 auf die sechs Halkens-Kinder übertragen[343]. Während der älteste Sohn Matthias Halkens (1787-1848) seit Jahren als Müller in Meldorf auf der Mittelsten Mühle am Hinck'schen Kamp (heute südwestliche Ecke Friedrichstraße/Süderstraße), zeitweise zusätzlich auch auf der königlichen Nordermühle in unmittelbarer Nachbarschaft seines Elternhauses als Pächter, tätig ist und bereits zuvor versorgt wurde, übernehmen nun auch die anderen beiden Söhne entsprechenden Landbesitz in Meldorf. Vermutlich hat sich der zweitälteste Sohn Hans Jacob Halkens (1794-1847) schon seit einiger Zeit die zwei Jahre ältere Kirchspielvogt-Tochter Christina Harders in Nordhastedt als Braut ausersehen. Durch die Übernahme des väterlichen Stammhofes in der Norderstraße 15 sowie 34 Hektar Ländereien zuzüglich einer gemeinsam mit dem jüngeren Bruder Johann gehaltenen Holzhütte in Odderade nebst 12 Scheffel Land, steht nun einer Heirat auch wirtschaftlich nichts mehr im Weg.

Am Freitag, den 7. Oktober 1825, wird so erstmals seit langer Zeit, mitten hinein in die wirtschaftlich schwierige Zeit und am Ende einer wiederum ernüchternden, weil vom niedrigen Preisniveau belasteten Ernte, wieder eine Hochzeit auf dem Harders-Hof in Nordhastedt gefeiert[344].

Den Hochzeitstermin in den Herbst zu legen, ist dabei auf dem Dithmarscher Land nach wie vor eher Regel als Ausnahme. Zuerst muss die Ernte unter Dach und Fach sein, oder wie Goethe 1797 in seinen „Schatzgräbern" dichtet: „Tages Arbeit, abends Gäste! / Saure Wochen, frohe Feste!" Dieses Fest, das aber leider immer noch auf ein die Zeremonie begleitendes Glockengeläute verzichten muss, da der im Januar des Jahres angestoßene Vorgang immer noch nicht abgeschlossen ist, fällt umso größer aus, da man Doppelhoch zeit feiert, denn auch Hans Jacobs fünf Jahre jüngerer Bruder Johann Halkens, der nun im Besitz eines weiteren neugebauten Hauses in der Norderstraße (die heutige Nr. 27) sowie 39 Hektar Land ist, schreitet an diesem Tag, Seite an Seite mit seinem Bruder, in Nordhastedt zum Altar.

Der in den Folgejahren als Kornmakler und Hufner in Meldorf tätige Johann Halkens Junior heiratet an diesem Tag eine Tochter des Landesgevollmächtigten Detlef Heesch aus Eesch (1771-1844). Auch diesen wird der andere Brautvater und Gastgeber Johann Harders natürlich noch aus seiner aktiven Vogt-Zeit gut kennen. Christina Harders Schwager Johann Halkens d.J. wird im gesetzteren Alter, nach dem Tod seiner Frau Antje geb. Heesch (1801-1852) und zuletzt als hochangesehener Fleckensvorsteher (Bürgermeister) in Meldorf, mit allen seinen Kindern sowie den inzwischen verwaisten Töchtern seines ältesten Bruders Matthias Halkens, nach der gescheiterten 1848er-Erhebung, nach Amerika auswandern und dort noch bis in die 1870er Jahre hinein in der dortigen Hochburg Holsteiner Auswanderer, in Davenport, Iowa, ein erfolgreiches Leben führen. Seine noch in Meldorf geborene Tochter Sophia Dorothea Halkens (1835-1908), ein Patenkind von Christina Halkens geb. Harders, heiratet in Davenport einen der erfolgreichsten holsteinischen Auswanderer überhaupt, den 1828 in Lunden als Sohn eines Gastwirts geborenen Emil Nicolaus Geisler, der es als ehemaliger Freiheitskämpfer in der schleswig-holsteinischen 1848er-Erhebung in Amerika als sehr erfolgreicher Kaufmann, u.a. als Weinhändler, sogar zum Millionär bringt und zwei Jahre nach seiner Frau, kurz vor Weihnachten 1910, im kalifornischen Coronado verstirbt. Von deren amerikanischem Glück inspiriert, werden noch um das Jahr 1900 herum auch Meldorfer Halkens-Enkel von Hans Jacob Halkens und Christina geb. Harders nach Kalifornien auswandern.

Große Hochzeit feiern bedeutet noch im frühen 19. Jahrhundert nach guter alter Tradition auf den Dithmarscher Geesthöfen, dass die Gäste ihr Besteck mitbringen müssen. Kein Haushalt, auch der eines Kirchspielvogts nicht, wäre in der Lage, so viele Messer, Gabeln oder Löffel für die große Gästeschar bereit halten zu können[345]. Eine entsprechende Löffeltradition ist seit dem Mittelalter bekannt. An sie erinnert die in Dithmarschen noch bekannte Redensart: „Harrst dien Lepel mitbrocht, harrst miteeten kunnt." Auch das noch weithin bekannte Ritual des Silberlöffel-Verschenkens als Patengeschenk entstammt dieser Notwendigkeit vorangegangener Jahrhunderte. Zwischen den Gängen, natürlich darf meist auch hier der „Mehlbüdel" nicht fehlen, wird auf den Festen viel geraucht. Nach dem Essen folgt das Tanzen, auf den Landhöfen natürlich „op de Deel". Hierbei treten die angeheuerten Musikanten in Erscheinung, deren Zahl bei repräsentativeren Festen auf der Geest, bei denen die Gastgeber einem entsprechenden Status gerecht werden müssen, auch schon einmal acht bis zehn betragen kann. Meist sind allerdings vor 1800 nur Bläser verfügbar, die dann mit Waldhörnern und Trompeten auf Hochzeiten angehalten sind, nur ehrbare Tänze anzustimmen. Nach 1800 wird die Festmusik von Saiteninstrumenten geprägt, unter Beibehaltung der strikten, moralisch geprägten Tanzvorgaben. Das schließt den von den Älteren als „vulgär" erachteten Walzer noch für viele Jahre aus, zum Leidwesen der jüngeren Generation. Ebenso ist der ab ca. 1820 beliebte, auch als „Rutscher" bekannte Galopp im 2/4-Takt bei solchen Gelegenheiten verpönt, allenfalls als „Kehraus" oder Abschlusstanz des Festes wird der sich bis zur Raserei steigernde Tanz bei toleranten Gastgebern akzeptiert.

Da sämtliche Kinder der beiden Halkensbrüder Matthias und Johann auswandern, werden die Kinder der Brautleute Hans Jacob Halkens (1794-1847) und Christina geb. Harders (1792-1857) die einzigen Nachkommen beider Familien sein, die auch später noch in Meldorf und Eesch unter dem Namen Halkens leben werden. Die älteste Halkens-Schwester Margaretha (1789-1868) der Bräutigame ist zum Zeitpunkt der Nordhastedter Doppelhochzeit vom Oktober 1825 bereits mit dem Busenwurther Großbauern Hargen Wichmann (1784-1856), Sohn des verstorbenen Landesgevollmächtigten Christian Wichmann aus Norderbusenwurth (1758-1810) und mütterlicherseits Urenkel des Meldorfer Kirchspielvogts Hargen Karstens (1704-1775, Amtszeit 1736-1768), verheiratet. Eine weitere Schwester Wiebke (1797-1843) lebt mit dem aus Dammfleth bei Wilster stammenden Tierarzt Peter Junge (1789-1850) im Meldorfer Burgviertel in der Westerstraße. Die jüngste Schwester Dorothea Halkens (1802-1872) wird vier Jahre später den ebenfalls einflussreichen und schon bezüglich des dort ankommenden Postkutschenverkehrs genannten Meldorfer Bäcker und Gastwirt Thomas Ludwig Schmidt (1800-1883) in der Zingelstraße heiraten, allesamt nun Schwager und Schwägerinnen der Christina Maria Halkens, geb. Harders, die mit Ausnahme des Letzteren auch Hochzeitsgäste im Oktober 1825 in Nordhastedt sind.

Das frisch verheiratete Paar Hans Jacob und Christina Halkens lebt fortan auf dem zu diesem Zeitpunkt über 200 Jahre im Familienbesitz befindlichen Halkens-Hof in der Meldorfer Norderstraße 15, gemeinsam mit Christinas mit lebenslangem Wohnrecht ausgestatteter Schwiegermutter Anna Halkens, geborene Thiessen, die im März 1838 dort auch versterben wird. Zu diesem Zeitpunkt hat Christina Halkens, geborene Harders, sechs Kinder zur Welt gebracht. Noch heute erinnert an diesen Hof und die lange Meldorfer Familientradition der Halkens der zum alten Hofplatz führende „Halkensberg".

Johann Harders Schwiegersohn Hans Jacob Halkens wird Anfang der 1830er Jahre als Meldorfer Deichgraf auch die nachhaltige Sanierung der durch die Februarflut 1825 offenbarten, altersbedingten Schwächen der Miele-Schleusen in Angriff nehmen[346], die eine verbesserte Entwässerung der bis an die Nordhastedter Ortsgrenzen reichenden Niederung um Fiel erreichen wird. Das Halkens-Anwesen, wohl knapp fünfzig Jahre zuvor von Hans Jacobs Großvater Matthias Halkens dem Jüngeren (1727-1786) als repräsentatives zweistöckiges Gebäude modernisiert, ist dabei ebenfalls in bester Lage gelegen. Denn auch der Halkens-Hof besitzt in zentraler Lage des Norderviertels einen unschätzbaren

Der Halkens-Hof an der Norderstraße 15

Standortvorteil, den Christina Halkens, geborene Harders, bald zu schätzen wissen wird, eine unmittelbar vor dem Haus, an der Kreuzung Norderstraße/Halkensberg bzw. Breiter Weg, gelegene eigene Wasserversorgung über die dortige Pumpe der „Norderpumpen-Gemeinschaft", an die man mindestens seit dem vorherigen Jahrhundert angebunden ist[347].

Lebensende

Nur drei Monate nach der großen Doppelhochzeit vom Oktober 1825 schließt sich dann der Lebenskreis des Johann Harders, als habe dieser nochmals die letzten Kräfte mobilisiert und nur darauf gewartet, noch erleben zu dürfen, dass zumindest eines seiner Kinder in die

Haupteingang der Katharinen-Kirche in Nordhastedt

Ehe eintreten kann. Der alte Kirchspielvogt, der alle seine Geschwister um Jahre überlebt hat, stirbt am Donnerstag, den 26. Januar 1826, in Nordhastedt im Alter von 78 Jahren und wird hier am darauf folgenden Donnerstag, den 2. Februar, auf dem alten, noch um die Katharinen-Kirche gelegenen Friedhof zu Grabe getragen[348]. Zu seinem Begräbnis werden noch immer keine Glocken in Nordhastedt läuten. Die 1824 (noch von ihm?) angedachte und zu Beginn 1825 angeschobene Errichtung eines Glockenturmes hat sich zu lange verzögert. Erst 1828 werden diese erstmalig wieder im Ort erklingen. Die Kirchspielvogt-Familie Harders besitzt aufgrund ihrer langen Verbundenheit mit dem Ort und der Kirche direkt an die nordwestliche Ecke des Gotteshauses anschließend, somit unmittelbar am Haupteingang gelegen, gemäß einem Grabverzeichnis von 1812, einen großen, vermutlich gruftartigen Grabkeller, in dem bereits Johanns Vorfahren bestattet sein dürften[349]. Allerdings ist in seinem Besitz auch noch eine Grabparzelle genau südlich der südöstlichen Ecke der Kirche, neben den zwei Parzellen, die auf Kirche und Schule eingetragen und zur Straße am Rande des Kirchhofes gelegen sind, heute genau gegenüber der Landbäckerei Scharbau unter dem kircheneigenen Parkplatz. Hier dürften Johanns Schwiegereltern, der Pastor Andreas Jessen und seine Frau ihre letzte Ruhestätte in den Jahren 1809 und 1810 gefunden haben. Spätestens bei der Verlegung des Friedhofes auf ein neues aus vormaligem Kirchenbesitz stammendes Areal etwa 500 Meter südlich der Kirche „auf die ehemalige Predigerkoppel" im Jahre 1859 werden diese jahrhundertealten Familienbegräbnisplätze allerdings eingeebnet[350].

Johann Harders hinterlässt bei seinem Tod laut Kirchenbuch seine Frau und fünf Kinder aus der zweiten Ehe. Enkel erlebt er nicht mehr. Das erste Enkelkind, Johanna Dorothea Halkens (1827-1898), die spätere Frau des letzten Süderdithmarscher Landespfennig-meisters Johann Maas Christian Albers, wird erst im Folgejahr 1827 von seiner Tochter Christina Maria in Meldorf geboren, die als einziges seiner Kinder überhaupt Nachkommen haben wird.

Das Schicksal seiner Tochter Anna Margaretha aus der ersten Ehe bleibt dagegen ein Rätsel. Sie wird in seinem Sterbeeintrag, im Gegensatz zu den fünf Kindern der zweiten Ehe, nicht mehr erwähnt. Zwischen dem Januar 1826 und ihrer letzten Nennung in der Volkszählung von 1803, bei der sie als 19-jährige Tochter noch im Haushalt genannt wird, verliert sich ihre Spur. Im Kirchenbuch Nordhastedts taucht weder ein Sterbe- noch ein Traueintrag für sie auf. Vermutlich hat sie in diesen Jahren irgendwann das elterliche Nordhastedt verlassen und ist anderenorts ohne Nachkommen und wohl auch unverheiratet verstorben.

Doch das Mysterium ihres Verbleibs reizt zu "melodramatischen" Spekulationen, die hier nur angerissen oder angedeutet, aber keinesfalls als Wahrheit dargestellt werden sollen.

Fällt ihr Verschwinden möglicherweise in den zeitlichen Zusammenhang mit den chaotischen Zuständen des Kosakenwinters? Oder fühlt sie sich im Laufe der Jahre mehr und mehr von den Halbgeschwistern in der Gunst des Vaters herabgesetzt? Nicht einmal mehr ihr Geburtstag, der 19. Juli, ist ihr alleiniger großer Tag, seitdem am gleichen Tag des Jahres 1798 ihre 15 Jahre jüngere Halbschwester Sophia geboren wurde. Reift ihr Entschluss zum Verlassen des Vaters endgültig am Sterbebett ihrer einzigen verbliebenen echten Schwester am 20. April des Jahres 1811, oder ist sie, sich als von Stiefmutter und Halbgeschwistern ungeliebt Fühlende, bei Nacht und Nebel heimlich durchgebrannt, um anderenorts mit der großen Liebe ihres Lebens glücklicher zu werden, nach Hamburg vielleicht oder sogar in die große weite Welt außerhalb Dithmarschens? Ist sie mit einem Geliebten etwa nach Amerika aufgebrochen und hat sämtlichen Kontakt zu ihrer Familie in Nordhastedt abgebrochen? Auf jeden Fall bleibt ihr Schicksal eines der großen Geheimnisse, das der Tod des Johann Harders im Januar 1826 hinterlässt.

Seine Frau Christina Dorothea Harders, geborene Jessen, stirbt fünf Jahre nach Johann Harders im Alter von 66 Jahren am 28. August 1831 in Nordhastedt[351], auch hier fehlt jeder Hinweis auf ihre Stieftochter. Ihre fünf eigenen Kinder gehen im Folgejahr 1832 daran, ihre Erbengemeinschaft zu begradigen. Während die älteste, in Meldorf verheiratete Tochter Christina Maria Halkens mit Restzahlungen ihres Erbteils zunächst im Jahre 1832 abgefunden wird, kauft der Sohn Johann Andreas Harders von seinen drei anderen Schwestern die Koppel südlich des Mühlenbachs am Fuhlenweg, genau gegenüber dem alten Hof am anderen Bachufer gelegen, auf der er für sich im Sommer des Vorjahres ein neues Haus als Wohn- und Dienstsitz als Kirchspielvogt errichtet hat[352]. Bei späteren Renovierungsarbeiten an diesem Gebäude am Fuhlenweg werden von den Nachbesitzern entsprechend datierte Holzbalken im Dachgestühl entdeckt.

Johann Andreas Harders führt nach dem Tod des Vaters noch über 30 Jahre das Amt eines Nordhastedter Kirchspielvogts bis zu seinem eigenen Tod im Jahre 1852 als Junggeselle fort. Er lebt bis zu seinem Tod in einem Haushalt mit seinen drei ebenfalls unverheirateten Schwestern. Einige Zeit wohnt auch die älteste Nichte Johanna Dorothea Halkens, mindestens in den Jahren 1835 und 1840, bei ihnen, geht hier in Nordhastedt also auch zur Schule. Diese gemeinsame Nennung eines Haushaltes bis 1852 dürfte sich aber auf den nach wie vor im Gemeinschaftsbesitz der vier Geschwister befindlichen väterlichen Ur-Hof beziehen, der an das 1832 bebaute Grundstück am Fuhlenweg unmittelbar auf der nördlichen Seite des Mühlenbaches angrenzt.

Das 1831/1832 entstandene Haus des Johann Andreas Harders am Nordhastedter Fuhlenweg

Letzte Vögte

Nach dem Tod des Johann Andreas Harders am 25. Februar 1852 ist die Nordhastedter Kirchspielvogtei für fast zwei Jahre unbesetzt und wird aus Albersdorf mitverwaltet. Erst im Jahre 1854 wird die Position letztmalig, bevor später unter preußischer Verwaltung die tradierte jahrhundertalte Dithmarscher Amtsstruktur abgeschafft werden wird, Albrecht Friedrich Leopold Westedt (1818-1893) letzter Nordhastedter Kirchspielvogt. Er errichtet sich seinen Amtssitz am südöstlichen Ende der Dorfstraße, später in Nordhastedt als „am Centralgarten" bekannt.

Der vom Bruder Johann Andreas 1831/32 erbaute Hof am Nordhastedter Fuhlenweg wird von den drei Schwestern wenige Jahre nach dem Tod des Bruders im Juli 1856 an den "Verwandten" Reimer Schlüter verkauft, der ein Enkel der Taufpatin Malen, verwitwete Schlüter und verheiratet mit Marx Thomsen aus dem Jahre 1785 ist (s.o.) und auf dem unmittelbar davor gelegenen alten Schlüter-Hof zwischen Fuhlenweg und Hauptstraße gelegen, sitzt. Sie selbst bleiben noch viele Jahre auf dem hierzu nördlich benachbarten Stammhof der Harders an der Meiereistraße.

Bei den diversen Grundstückstransaktionen der Harders-Geschwister untereinander, die in den 1830er Jahren nach dem Tod der Eltern vollzogen werden, wird auch nochmals deutlich, dass diese nach wie vor einen engen und vertrauten Kontakt zum Cousin Jacob Diedrich Harders (1799-1860) halten, zu diesem Zeitpunkt noch als Untergerichtsadvokat in Meldorf tätig. Dieser letzte Sohn der zweiten Ehe des Marx Harders in Hochwöhrden mit Dorothea Schott tritt bei den Transaktionen stets als „Curator", also rechtlich notwendiger Interessenvertreter der drei unverheirateten Töchter des verstorbenen Kirchspielvogts Johann Harders auf.

Cousin Jacob Diedrich war in seinen jüngsten Jahren als noch Gelehrtenschüler als Gegenkandidat von Johann Andreas Harders bei der Kirchspielvogt-Wahl des Jahres 1820 in Nordhastedt aufgestellt. Sicherlich hat ihn der protegierende und inspirierende Onkel Johann Harders hierzu im Windschatten seines eigenen Sohnes Johann Andreas ermutigt, um frühzeitig entsprechend nützliche Erfahrungen zu sammeln. Jacob Diedrich Harders wird im Dezember 1837 in Meldorf mit der Meldorfer Pastorentochter Margaretha Amalia Dührsen (1809-1883) eine Enkelin des Meldorfer Kaufmanns Johann Hasse und Nichte des Albersdorfer Kirchspielvogts Jacob Friedrich Hasse heiraten. Er wird mit dieser Ehe u.a. ein Schwager des Dr. Hans Jürgen Michaelsen, der von 1831-1863, als Doktor der Medizin und Chirurg in Meldorf tätig, gegenüber der Holländerei am Meldorfer Pferdemarkt auch eine erste meteorologische Messstation in Schleswig-Holstein mit umfangreichen Messprotokollen einrichtet[353]. Dieser ist seit 1826 mit der älteren Schwester Johanna Henriette Dührsen der späteren Harders-Braut verheiratet. Der Neffe Jacob Diedrich Harders des zu diesem Zeitpunkt bereits verstorbenen alten Kirchspielvogts Johann Harders ist wenige Wochen vor seiner Heirat am 15. November 1837 zum nächsten Albersdorfer Kirchspielvogt bestallt worden und tritt dieses Amt zum 7. Januar 1838 an[354].

An die lange Tradition der Dithmarscher Kirchspielvogt-Familie Harders erinnert baulich noch heute auch die neue Kirchspielvogtei, die Jacob Diedrich Harders unmittelbar nach diesem Amtsantritt in Albersdorf im klassizistischen Stil der Zeit errichten lässt. Das "neue" Gebäude der Kirchspielvogtei geht später an den Uhrmacher Boie und steht heute relativ unscheinbar am östlichen Ende (Richtung Bahnhof) des zentralen Kreisverkehrs in Albersdorf. In erhaltenen Albersdorfer Lebensbeschreibungen[355] wird der Bauherr Kirchspielvogt Harders als "gemütlicher und freundlicher Herr" beschrieben, der einem Töpfergesellen, als dieser zur Verschönerung des im Sommer 1838 frisch angelegten Gartens der

Kirchspielvogtei diesen mit 50 Blumenkübeln ausstattet, "bei der Arbeit auf die Schulter geklopft habe". Da der Kirchspielvogt ein großer Blumen- und Gartenfreund ist, erhält die Vogtei einen seitlichen Anbau eines Gewächshauses entlang der Bahnhofstraße. Zeitlebens scheint Jacob Diedrich Harders aber von schwächlicher Gesundheit zu sein. Schon in seiner Meldorfer Gelehrtenschulzeit wird dieses durch entsprechende Fehlzeiten deutlich. 1846

Die Albersdorfer Kirchspielvogtei des Jacob Diedrich Harders

stellt er wegen eines Magenleidens, das ihn bereits seit vielen Jahren plagt und *"gegen welches ich fast eine halbe Apotheke ausgebraucht habe"*, einen Antrag auf einen Kuraufenthalt. Da ihm Karlsbad aber zu teuer ist, versucht er eine "moderne" Kurzform mit dem künstlichen Andreas-Brunnen in Eppendorf. Möglicherweise stammt diese "schwächliche" Konstitution von seinem Vater Marx, der, wie bereits erwähnt, früh verstorben ist. Beim Tod des Cousins Johann Andreas Harders zu Ende des Februars 1852 tritt selbstverständlich wiederum er die notwendige zusätzliche Interimsverwaltung auch in Nordhastedt für beinahe zwei Jahre an. Der Kirchspielvogt Jacob Diedrich Harders stirbt dann selbst kinderlos in Albersdorf fast genau acht Jahre später im Alter von 61 Jahren am 2. März 1860[356]. Seine Witwe verlässt daraufhin Albersdorf. Sie muss die "Witwe Kirchspielvogt Harders" sein, die 1866/67 in einem Setzungsregister im Meldorfer Geerviertel genannt ist. Sie soll dann aber 1883 in Nortorf verstorben sein.

Nachdem der inzwischen in Nordhastedt amtierende Vogt Westedt die Nachfolge von Jacob Diedrich Harders verstorbenem Vetter Johann Andreas angetreten hat, übernimmt Westedt im Jahre 1860 als Nachfolger des zweiten Harders für einige Jahre die besser dotierte Albersdorfer Vogtei, bevor die Verwaltungsstruktur nach 1866 unter preußischer Herrschaft ganz verändert wird. Der in Hennstedt als Pastorensohn geborene Westedt wird Amtsrichter in Meldorf, dem Ort, aus dem seine Mutter Juliane Caroline Griebel (1794-1877), Halbschwester des Heider Landvogts Anton Christian Friedrich Griebel (1782-1855) stammt.

Hier schließt sich im Übrigen ein weiterer Kreis. Der ehemalige Vogt Westedt ist auch der letzte Mitbesitzer von Teilen der alten Landvogtei des Heinrich Christian Boie, vormals Jessen-Haus, die er 1890 an die Stadt Meldorf verkauft, die es dann schließlich für den Neubau eines Rathauses abreißen lässt. Nach dem Tod des Vetters Jacob Diedrich im März 1860 in Albersdorf sind die Harders-Schwestern als einzige den Familiennamen tragende Nachkömmlinge der Kirchspielvogt-Familie Harders in Nordhastedt übrig. Bei der Volkszählung dieses Jahres 1860 führen die drei unverheirateten Harders-Schwestern Sophia Catharina (62 Jahre), Beata Amalia (58 Jahre) und Caroline Elisabeth (56 Jahre) gemeinschaftlich den schon mit umfangreichen Landverkäufen nach dem Tod des Bruders deutlich verkleinerten alten Harders-Hof, als Hufe 43 „im Dorfe" bezeichnet. In ihrem Haushalt leben zu diesem Zeitpunkt auch die beiden ledigen Dienstboten Hermann Lindemann (37 Jahre, gebürtig aus dem Kirchspiel Meldorf) und die aus Nordhastedt stammende Anna Catharina Thomsen (26 Jahre). Die Hofführung „der drei alten Jungfern aus altehrwürdiger Familie" dürfte im kleinen Nordhastedt in den Folgejahren noch für viele Jahre Anlass für zahllose Anekdoten und Geschichten sein.

Als allerletzte der Harders in Nordhastedt stirbt am 23. März 1885 Johann Harders jüngste Tochter Caroline als "Hofbesitzerin", von ihren Meldorfer Halkens-Nichten und Neffen liebevoll "Tante Lina" gerufen[357]. Spätestens jetzt geht der noch vorhandene Rest des alten Harders-Besitzes in Nordhastedt zunächst als Erbe an diese Meldorfer Neffen und Nichten, danach in neue Hände. Die Erinnerung an die seit dem Dreißigjährigen Krieg in Nordhastedt lebende und wirkende Kirchspielvogt-Familie Harders verblasst.

Johanna Dorothea Albers, geb. Halkens (1827-1898)

Nachwort

Ich habe bei der intensiven Recherche der hier zusammengetragenen Fakten und der einen oder anderen gewagten, aber hoffentlich immer qualifizierten Hypothese die Gedanken auch dahin schweifen lassen, wie der Mensch Johann Harders jenseits der archivierten Daten gedacht und gehandelt haben mag. Ich habe Freude an der Vorstellung, dass ihn seine vertrauten Gespräche mit seinem Schwiegervater, dem Pastor Andreas Jessen, z.B. bei gemeinsamen Spaziergängen am Donn in Nordhastedt mit Blick auf Meldorf und den gut sichtbaren Dom häufig an ihre „ähnliche" Schulzeit an der Meldorfer Gelehrtenschule erinnert haben. In meiner Fantasie haben die beiden ihre Gespräche Pfeife rauchend gelegentlich mit lateinischen Zitaten gewürzt, mit denen sie dort häufig genug „malträtiert" worden sind. In diesem Sinne schließe ich diese Erarbeitung mit der Hoffnung

Propterea quod superflua non nocent

(...weil denn Überflüssiges auch nicht schaden kann)

Thomas Giesenhagen, Nordhastedt 2016

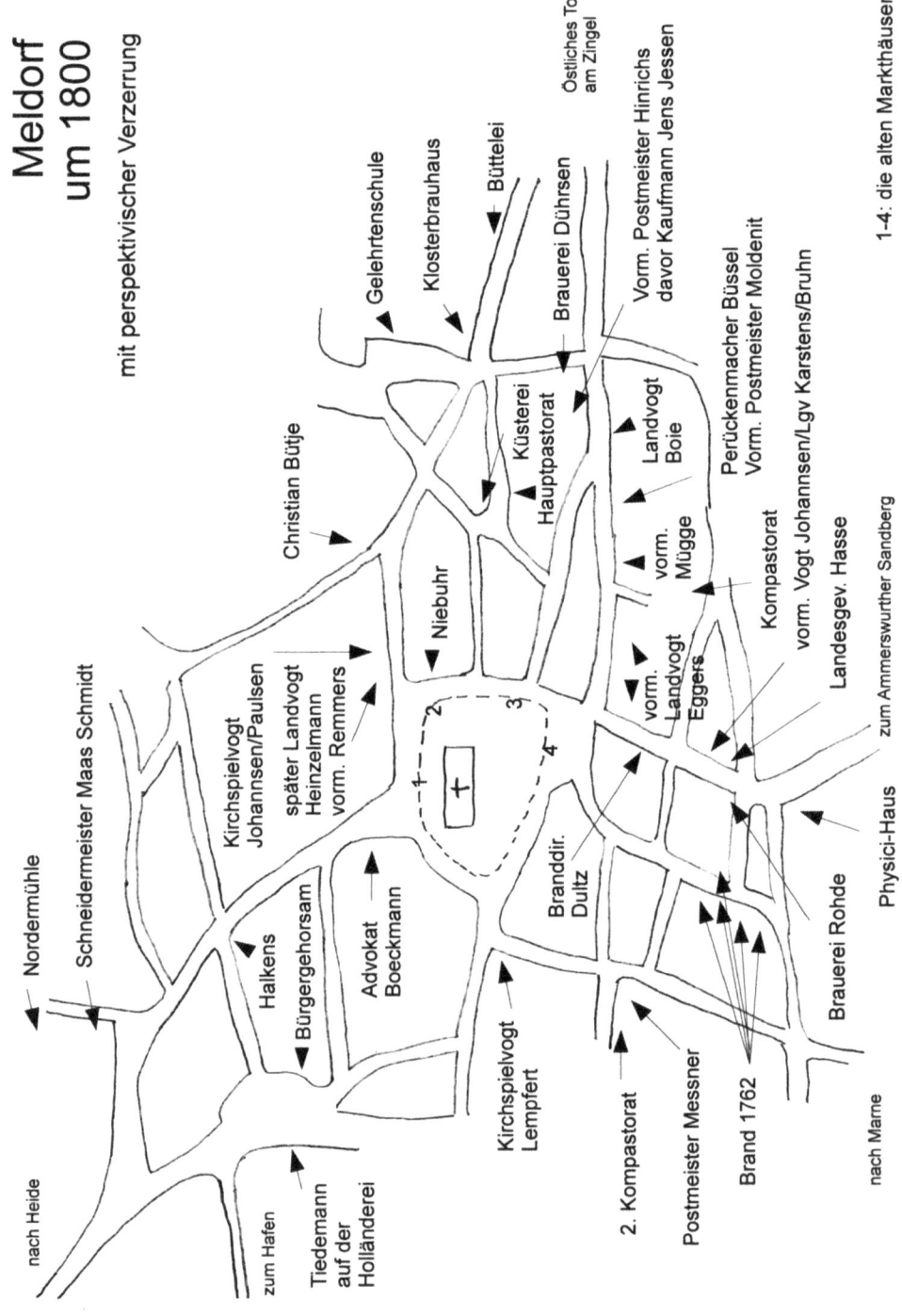

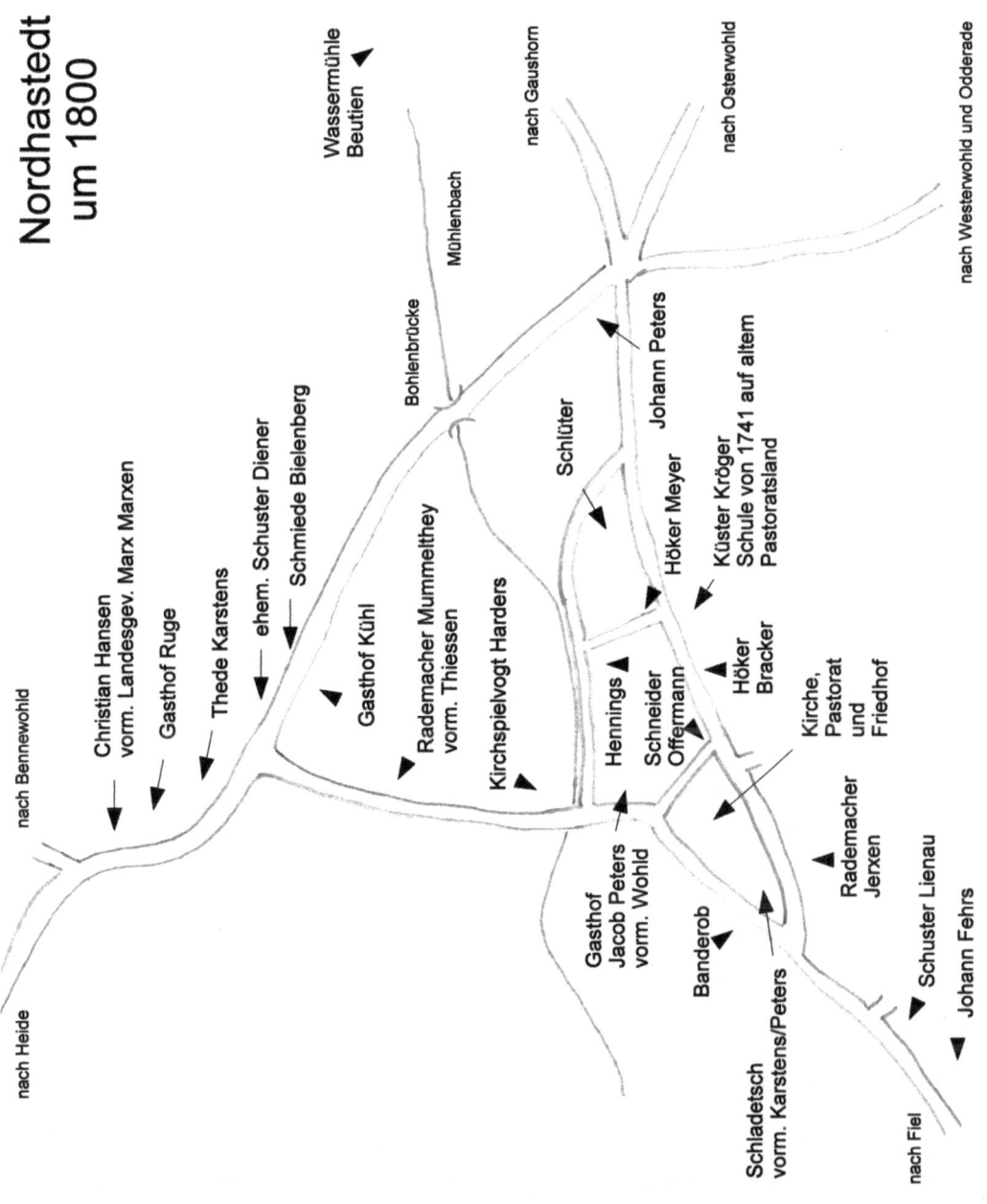

Bildnachweis

S. 17   Die Weihnachtsflut 1717/Hornung (Februar) 1718. (Bildquelle: Wikipedia)

S. 21   Das Erdbeben von Lissabon am 1. November 1755 (Allerheiligen) in einem zeitgenössischen Kupferstich. (Bildquelle: Wikipedia)

S. 30   Dragoner vom 1. Soenderfjaellske nationalen Dragonerregiment 1758/60 (Kavallerie-Uniform) mit dem typischen roten Rock der königlich Dänischen Armee und dem zeittypischen Dreispitz, wahrscheinliche Montur der in Dithmarschen stationierten Truppen während des dänisch-russischen Konflikts 1758-1762.
(Bildquelle: Handbuch zur Nordelbischen Militärgeschichte, Eva Susanne Fiebig, Jan Schlürmann (Herausgeber), Husum Druck- und Verlagsges. 2010, S. 276/77)

S.30   Königlich dänischer Kürassier (Brustpanzer), also schwere, gepanzerte Kavallerie, hier aus dem drohenden dänisch-russischen Konflikt 1758-1762, wie sie in Dithmarschen stationiert sind – ebenfalls mit dem roten Rock des Königs.
(Bildquelle: Handbuch zur Nordelbischen Militärgeschichte, Eva Susanne Fiebig, Jan Schlürmann (Herausgeber), Husum Druck- und Verlagsges. 2010, S. 419 – Zeichnung von R. Knötel)

S. 32   Das Haus Burgstraße 1 am Meldorfer Südermarkt hat, ebenso wie das benachbarte „Haus Hedde" zur linken Hand sowie der rechts davon befindliche alte „Mönchshof" (heute Ristorante Mama Leone) am Südermarkt eine lange Geschichte. Das Haus kommt spätestens zu Beginn des 18. Jahrhunderts in den Besitz der Familie Offenhusen. Der Landesgevollmächtigte und Meldorfer Kanzleirat Harder Offenhusen (1698-1769) überlässt das schon seinerzeit in die Jahre gekommene Gebäude im Jahre 1758 der Landschaft Süderdithmarschen, die es den einquartierten Militärs zur Verfügung stellt. Vollmacht Offenhusen zieht derweil auf einen Hof in Harmswöhrden, „hinter der hohen Pforte" in der Feldmark Thalingburen, der zuvor im Besitz des Landvogtes von Helm war. Dem Kanzleirat Offenhusen, einem Mann, der in Meldorf wohl vor allem als gestrenge Aufsicht der örtlichen Frohnerei, Bürgergehorsam und der damit in Verbindung stehenden Scharfrichterei bekannt geworden ist, verdankt dieser Hof „Kanzlei" bis in die heutigen Tage seinen Namen. Johann Harders Vater Claus Harders wird mit diesem „harten Hund", der zudem auch als Geschäftsmann ein gutes Händchen gehabt zu haben scheint (u.a. gehören ihm zeitweise mehrere „erste Adressen" in Meldorfs Ortskern) bis zu dessen Tod 1769 häufiger zu tun haben. Nach Auszug der Militärs im Jahre 1763 aus dem Haus Burgstraße 1 ist dieses, im Unterschied zum blühenden Hof Kanzlei, anscheinend aber so heruntergekommen, dass die Landschaft das Haus endgültig übernehmen muss, vermutlich zu einem für Offenhusen anständigen Preis. Dieser hat stattdessen schon das aus der Familie der vormaligen Kirchspielschreiber und ebenfalls sehr vermögenden Kaufleute Brehmer stammende, repräsentativere Haus am Südermarkt 11 (rechter Hand der „privilegierten Apotheke") erworben. Bis 1772 wird das „zweckentfremdete" und verwohnte Haus Burgstraße 1 dann anscheinend wieder von seinen Nachbesitzern in Ordnung gebracht und wird wohl fortan für knapp 100 Jahre in etwa so ausgesehen haben, wie es in der beiliegenden Aufnahme um das Jahr 1865 noch in seiner zeittypischen Form mit dem Brettergiebel zu sehen ist. (Bildquelle: Stadtarchiv Meldorf)

S. 48   Die Meldorfer Burgstraße 24 und 22 (Aufnahme vor 1928).
(Bildquelle: Bildindex für Architektur/Landesarchiv S-H)

S. 50   Die Meldorfer Gelehrtenschule im ehemaligen Kloster am Klosterhof, Lithografie um 1840. Die Schule wird erst 1859 in einen nur wenige Schritte entfernten Neubau ausgelagert, in dem heute das Dithmarscher Landesmuseum an der Bütjestraße untergebracht ist. Die neue Gelehrtenschule steht damit auf altem Bütje-Grund, das Grundstück ist Teil des Bütje'schen Vermächtnisses. (Bildquelle: 700 Jahre Meldorf)

S. 53   Der Dom der Dithmarscher und Hauptkirche der Süderdithmarscher Propstei ist im 18. und frühen 19. Jahrhundert meist in einem schlechten baulichen Zustand, auch weil die Größe des Gebäudes die Finanzkraft der Region eigentlich deutlich übersteigt. Johann Maas Christian Albers, der Ehemann der ersten Enkelin von Johann Harders, wird als seinerzeitiger Kirchenbaumeister und langjähriges Mitglied des Meldorfer Kirchenvorstands maßgeblich die kaufmännische Seite der Renovierungsarbeiten am Dom ab 1869 verantworten - Stich von H. Klinck um 1860, Original im Dithmarscher Landesmuseum.
(Bildquelle: Der Meldorfer Dom)

S. 55   Klosterbrauerei in der Meldorfer Klosterstraße 13, erbaut in der abgebildeten Form wohl von dem aus Barlt stammenden Brauer und Gastwirt Johann Huesmann, später bis 1863 geführt von seinem Neffen Franz August Huesmann. Hier entsteht die Legende vom Finger des hingerichteten Johann Wiese in einem Bierfass, die Theodor Storm zu seiner Erzählung „Im Brauerhause" inspiriert. Das Gebäude wird am 22. Juli 1966 abgerissen. Seit 1971 steht an seiner Stelle das evangelische Gemeindezentrum in Meldorf. Fotografie von 1952, die noch weitgehend den ursprünglichen Gebäudezustand des 18. und 19. Jahrhunderts zeigen dürfte.
(Bildquelle: Bildindex für Architektur/Landesarchiv S-H)

S. 58   Das Gebäude der Meldorfer Gelehrtenschule, das die Klassenräume der Schule bis 1859 beherbergte, in seiner 1789 umgebauten Form auf den Grundmauern der alten Klosteranlage des frühen 14. Jahrhunderts; am linken Bildrand ist das alte, 1631 erbaute Rektorenhaus der Schule zu erkennen, in dem nach dem Wegzug Heinzelmanns 1763 wohl auch die Konrektoren wohnten.
(Bildquelle: Meldorf in alter Schönheit, Jürgen Jensen, Boyens Buchverlag 2013)

S. 64   Eidesformel 1766 auf den neuen König Christian VII.
(Bildquelle Landesarchiv Schleswig-Holstein – LAS Abt. 102.4 Nr. 10)

S. 71   Landschaft mit Nordlicht. Zeitgenössisches Gemälde von Jens Jörgensen Juel (1745-1802), einem der Kopenhagener Hofmaler und späteren Direktor der dortigen Akademie, aus dem Jahre 1790. (Bildquelle: Wikipedia)

S. 86   Eine ein-oder zweisitzige, zwei- oder vierrädrige Kariole französischen Vorbildes wird spätestens in den Jahren um die Jahrhundertwende neben den rein bäuerlichen Transportwagen auch in Dithmarschen „das" moderne Beförderungsmittel. Für den, der das nötige Kleingeld hat (um die 300 Mark), wird das Gefährt über die Jahre zum Statussymbol seiner Zeit, praktischer Nutzen hin

oder her, da kaum Gepäck oder sonstiges transportiert werden kann. In einigen Modellen ist zudem das Stehen des Kutschierenden sinnvoller als das Sitzen. In der gewählten Bildvorlage wird karikiert das Prestige eines Kariole-Besitzers im Zusammenhang der Klassenunterschiede im revolutionären Frankreich überspitzt dargestellt.
(Bildquelle: Internet / aus dem freien Bildbestand der British Library)

S. 89   Hirsch, in Fischschwanz endigend, ein Siegelmotiv, das in den Heider und Meldorfer Harders-Familien des späten 17. und 18. Jahrhunderts genutzt wird und möglicherweise auf die Marschherkunft der nun auf der Geest lebenden Familien hindeuten soll. Belegt ist das Siegel bei dem Meldorfer Kleinschmied Hinrich Harders (1709), dem Meldorfer Barbier Johann Harders(en) (1730) und dem Bäcker Diedrich Harders(en) 1780 in Meldorf. Mit gleichem Motiv siegelt aber auch ein Hans Harders in Heide (1678) oder ein Reimer Harder in Wesselburen (1717).
(Bildquelle: Wappen und Siegel aus Dithmarschen von Wilhelm Thiessen, Westholsteinische Verlagsanstalt Boyens & Co., Heide 1964, S. 234/235)

S. 92   Detailausschnitt der Flurkarte 1787 von Bendorf im Gut Hanerau mit der Lohmühle am Lindhorster Teich, 30 Jahre gepachtet von Johann Behrens (1684-1770) von 1716 bis 1746 von der Gutsbesitzerfamilie von Rumohr, zuvor von seinem Schwiegervater Johann Puls, nachher von seinem Schwiegersohn Peter Beeck bewirtschaftet. Er selbst wechselt mit seinem Sohn Johann Behrens auf die neue Mühle in Schenefeld, wohl auch aufgrund persönlicher Differenzen mit der schwierigen Witwe von Rumohr und ihrem ebenfalls hitzigen Sohn Johann Rudolf von Rumohr, der das Gut 1744 übernommen hat. (Bildquelle: Adel, Bauern, Bürger von Hans Wilhelm Schwarz S. 214)

S. 96   Neumühlen bei Schenefeld in einer Umzeichnung von H. Ramm nach einem Foto aus dem späten 19. Jahrhundert. Die Mühle scheint bis ins 20. Jahrhundert im Familienbesitz der Behrens zu verbleiben.
(Bildquelle: Schenefeld in Mittelholstein – Seine Geschichte bis 1910, Heinz Ramm Selbstverlag 1993)

S. 100   Wolfsjagd im 17. Jahrhundert – Kupferstich eines unbekannten Künstlers
(Bildquelle: schaumburger-zeitung.de)

S. 119   Johann „Paul" Butterbrodt (1730-1793) wird im Jahre 1786 als 56-jähriger Bierbrauer und Branntweinbrenner aus Heiligenstedten an der Stör genannt, der sich auf den Jahrmärkten Norddeutschlands gegen Entgelt zur Schau stellt. Erhaltene Lithografien, auf denen für den 30. April 1786 seine enormen Ausmaße als in Paris gemessen festgehalten sind, werden wohl als Reklame gezielt auch von ihm selbst eingesetzt. Seine körperliche Attraktivität soll so sein eigentliches Geschäft befördern. Seitenansicht des Paul Butterbrodt in einer zeitgenössischen französischen Grafik.   (Bildquelle: wellcomeimages.org / Wellcome Library, London)

S. 124   Kronprinz Friedrich von Dänemark bei Übernahme seiner Regentschaft im Jahre 1784
(Bildquelle: Danmarks Riges Historie, Historik Illusteret, Kopenhagen 1897 – aus dem Bildbestand der British Library)

S. 130   Das nach dem Brand von Pfingsten 1741 entstehende neue Pastorat in Nordhastedt, das erst in der zweiten Hälfte des 19. Jahrhunderts durch einen in diesen Tagen abgerissenen Neubau ersetzt wird. Der Plan zeigt den nach wie vor von Landwirtschaft geprägten Charakter eines Dorfpastorats auf dem Süderdithmarscher Land des 18. Jahrhunderts. Beachtlich sind die vier eingezeichneten „Bilegger"-Öfen.
(Bildquelle: Landesarchiv LAS Schleswig-Holstein Abt. 11 Nr. 1527)

S. 133   Innenraum der Katharinen-Kirche in Nordhastedt mit Empore auf der Nordseite (heute kleiner nur im Süden) und abgekleideten Stühlen.
(Bildquelle: Bildindex für Architektur/Landesarchiv S-H)

S. 141   Ostseite der Katharinen-Kirche in Nordhastedt mit der Jahreszahl 1779, dem Jahr der Vollendung der Renovierung an Stelle des von Johann Georg Schott nach dem Brand 1741 vorgeschlagenen Abrisses und Neubaus. Die Kirche ist über Jahrhunderte Tauf- und Traukirche der Nordhastedter Harders, selbst Johann Harders in Meldorf geborene und lebende Enkelin Johanna Dorothea Halkens heiratet hier noch 1851 in alter Verbundenheit. Zudem ist die Kirche von 1786 bis 1810 Arbeitsplatz des Pastors Andreas Jessen, dem Schwiegervater des Johann Harders.
(Bildquelle: Bildindex für Architektur/Landesarchiv S-H)

S. 148   Typische Unterschrift des Nordhastedter Kirchspielvogt Claus Harder - hier aus einem Grundstücksvertrag in den Nordhastedter Schuld- und Pfandprotokollen vom 15. März 1778, in dem sein Neffe Johann Harders (nicht der Kirchspielvogt J. Harders, sondern dessen Cousin) ein Haus in Nordhastedt an seinen aus Odderade zugezogenen Schwager Hans Offermann überträgt.
(Bildquelle: Landesarchiv Schleswig-Holstein LAS Abt. 102.13 Nr. 271)

S. 152   Propst Jacob Jochims (1719-1790) (Bildquelle: Stadtarchiv Meldorf)

S. 154   Heinrich Christian Boie (1744-1806) ist ab 1781 unmittelbarer Vorgesetzter von Johann Harders und seinen Kirchspielvogt-Kollegen in Süderdithmarschen. Das in verschiedenen Versionen existierende Porträt zeigt die weichen Züge eines schon in jüngeren Jahren übergewichtigen Boie. Ebenfalls zu erahnen ist sein spärliches Haupthaar, unter dessen Rückgang Boie sehr leidet. So greift er häufig zur Perücke.
(Bildquelle: 700 Jahre Meldorf – Original von Heinrich Friedrich Leopold Mathieu, 1773, im Dithmarscher Landesmuseum Meldorf)

S. 157   Rückansicht mit Blick auf die wohl für die Zusammenkunft der Vögte auch gelegentlich genutzten Besprechungsräume des Hauses von Landvogt Heinrich Christian Boie an der Meldorfer Zingelstraße (heute dieser Teil als Rathausplatz). Boie lässt 1784 das „Jessen'sche" (auf dem Foto der linke Teil) als auch das benachbarte „Tresenreuther'sche" Gebäude (rechter Teil- ein vormaliger Actuarius in Meldorf), in dem der eigentliche Sitzungsraum für die Landesversammlungen und die Gerichtsstube untergebracht waren, unter Ergänzung eines hinteren Anbaus, baulich zu diesem Wohn- und Dienstsitz verbinden. Beide Gebäude, die schon in Vorzeiten häufig gemeinsam genutzt waren, gehörten 30 Jahre zuvor, bis zu seinem Tod 1753 dem aus Kliplev bei Flensburg

zugewanderten vermögenden Kaufmann Jens Jessen, Vater des späteren Windberger und Nordhastedter Pastoren Andreas Jessen, Schwiegervater von Johann Harders. Im direkten Vorbesitz Boies gehört das Haus danach auch noch dem damaligen Landschreiber Matthias Reinhold von Jessen. Eine Verbindung dieses geadelten Abkömmlings eines in Flensburg (!) geborenen und später in Großenwiehe tätigen Pastoren Johannes Andreas (!) Jessen (1594-1663) macht es wahrscheinlich, dass auch dieser zur erweiterten Familie des Schwiegervaters von Johann Harders gehört. Zu dem Gebäude gehört zu Lebzeiten Boies ein prächtiger Garten, der in Norddeutschland seines gleichen sucht und in dem die berühmten Gartenfeste gefeiert werden. Der Pflanzenbestand Boies soll so exotisch und ausgesucht sein, dass er sogar dem Botanischen Garten in Kiel in einzelnen Fällen aushelfen kann. Das Haus wird Ende des 19. Jahrhunderts abgerissen, heute befindet sich an dieser Stelle der freie Platz vor dem Meldorfer Rathaus.
(Bildquelle: Bildindex für Architektur/Landesarchiv S-H)

S. 168   Schloss Christiansborg brennt im Jahr 1794. (Bildquelle: Wikipedia)

S. 174   Hinrichtung Ludwig XVI. - Kupferstich aus dem Jahre 1793. (Bildquelle: Wikipedia)

S. 182   Meldorfer Westerstraße 2 / Ecke Marktstraße. Der Kirchspielvogt Lempfert erwirbt das Grundstück/Gebäude 1757 und baut es bis 1759 als ein für sich repräsentatives Anwesen „von 17 Fach" in der abgelichteten Form um. Fotografie aus dem Jahre 1937.
(Bildquelle: Bildindex für Architektur/Landesarchiv S-H)

S.192   Der als fundamental-orthodoxer Protestant alter Dithmarscher Prägung in seiner den Anti-Rationalismus neu belebende bedeutende holsteinische Theologe Claus Harms (1778-1855) ist geborener Dithmarscher Müllersohn und 1797-1799 ebenfalls Schüler der Meldorfer Gelehrtenschule, in dieser Zeit wohnhaft bei seinen Harms-Verwandten in der Meldorfer Norderstraße. Sein Vater Christian Harms ist in Nindorf bei Meldorf geboren, dessen aus Hütten bei Hohenwestedt stammende Eltern wohnen zuletzt in Epenwöhrden. Christian Harms heiratet auf die Mühle in Fahrstedt bei Marne. Claus Harms nach dem frühen Tod seiner Eltern ernannter Vormund, von ihm selbst „Ohm" genannt, ist eigentlich sein älterer Cousin, der Meldorfer Grützmüller Jürgen Vagt (dessen Patin wiederum ist Claus Harms Mutter gewesen). Jürgen Vagts Mutter ist Claus Harms Tante Abel Harms (erste Ehe mit Jürgen Vagt dem Älteren), die neun Jahre ältere Schwester von Christian Harms. Johann Harders erste Enkelin Johanna Dorothea Halkens heiratet 1851 mit Johann Maas Christian Albers einen Großneffen 2. Grades von Claus Harms (zweite Ehe der Tante Abel Harms mit dem ebenfalls Grützmüller Peter Peters).
(Bildquelle: Dr. Claus Harms gewesenen Predigers in Kiel Lebensbeschreibung, 2. Auflage Kiel 1851)

S. 197   Titelblatt der „Struensee'schen" Verordnung zur Knickanlage 1771.
(Bildquelle: Dorfchronik Nordhastedt)

S. 209   Johann Friedrich Struensee (1737-1772) ist als Physicus und Armenarzt in Altona, später Hofmedicus des dänischen Königs und kurzzeitiger dänischer Super-Minister deutschen Ursprungs nicht nur eine schillernde Persönlichkeit seiner Zeit. Wegen seiner unter Historikern nicht mehr

ernsthaft angezweifelten und folgenschweren Liebschaft mit der dänischen Königin, deren wegen er zunächst den Kopf verdreht bekam und später auch verlor, oder wie der Kieler Universitätsprofessor Otto Brandt es formuliert, die er als Leibarzt „nach dem Rezept des Mephisto kurierte", ist er auch ein Vorfahr einiger heutiger europäischer Königsfamilien (Schweden, über das alte griechische Königshaus auch Spanien, sowie über das deutsche Kaiserhaus auch die Hohenzollern). Es gilt heute als sicher, dass die offiziell von König Christian VII. anerkannte Tochter Louise Auguste (1771-1843) der Liebschaft der Königin mit Struensee entstammt. Dessen Vorfahren-Linien führen unter anderem zur ratsverwandten Familie Kriele im Neuruppin des 16. Jahrhunderts. Da mein direkter Vorfahr in väterlicher Linie, Johannes Giesenhagen, als Archidiakon in Neuruppin 1546 mit Barbara Kriele ebenfalls in diese Familie einheiratet, bin ich über deren Urgroßvater Heyne Kriele (1443-1500), Stadtbote in Neuruppin, somit ebenfalls mit den genannten Königshäusern „verwandt". Würden diese Königshäuser diese bürgerliche Abstammung einräumen - was sie offensichtlich auch nach Jahrhunderten nicht vorhaben – könnte ich so u.a. Auguste Viktoria von Schleswig-Holstein-Sonderburg-Augustenburg posthum auch Ururgroßtante 12. Grades nennen. Ihr Mann, der letzte Deutsche Kaiser Wilhelm II. wäre dann einfach nur „Onkel Willi".
(Bildquelle: Danmarks Riges Historie, Historik Illusteret, Kopenhagen 1897 – aus dem Bildbestand der British Library)

S. 211   Das Haus der Süderdithmarscher Landphysici im 17. und 18. Jahrhundert in Meldorfs Süderstraße 18. Hier in einer frühen Aufnahme aus dem Jahre 1903.
(Bildquelle: Bildindex für Architektur/Landesarchiv Schleswig-Holstein)

S. 216   Poststation Westerstraße in Meldorf zu Beginn des 19. Jahrhunderts (nach 1803) hier betrieben von Johann Nicolaus Messner, wohl bis zu seinem Tod 1852, in der ersten Hälfte des 18. Jahrhunderts lebt hier bis 1753 die Bäckerfamilie Harders, zunächst der Freibäcker Claus Harders (1695-1749), nach seinem Tod noch für vier Jahre der Sohn Diedrich Harders (1726-1786), der das Haus 1753 an einen Diedrich Funk verkauft. Diese Meldorfer Bäckerfamilie Harders siegelt im Übrigen mit dem erwähnten Wasserhirsch, ihre Vorfahren stammen aus einer Heider Schusterfamilie, die dort schon um 1600 genannt ist und allenfalls ältere Verbindungen zur Nordhastedter Vogt-Familie aufweisen könnte; Fotografie von 1937 – hier mit Blick von Süden auf die auf den Markt zulaufende Westerstraße, hinter dem Haus biegt nach links die Hemmtwiete auf den Jungfernstieg. An der Hemmtwiete links (links vom Bildausschnitt) liegt noch zu Messners Zeiten das zweite Kompastorat Meldorfs benachbart. (Bildquelle: Bildindex für Architektur/Landesarchiv Schleswig-Holstein)

S. 218   Meldorfs Zingelstraße Nr. 4 – ab mindestens 1835, wohl aber schon früher (Heirat 1829, Eltern?) lebt hier der Bäcker und Gastwirt Thomas Ludwig Schmidt (1800-1883) mit seiner Frau Anna Dorothea Halkens (1802-1872)- seit 1844 verkehrt hier der „Wrister Omnibus" .
(Bildquelle: Stadtarchiv Meldorf)

S. 221   Während die holsteinischen Postwagen zur Beförderung von Briefen und Personen um 1800 herum noch als offene Wagen ohne Komfort ausgestattet sind, setzt sich im Biedermeier, nach der „Franzosentid" doch auch hier der Transport in geschlossenen Kutschen durch. Hier eine Radierung

aus dem 18. Jahrhundert, die karikaturhaft einen der unbequemen frühen Postwagen der dänischen Post zeigt, die auch in Dithmarschen verkehrt haben werden.
(Bildquelle: Vom Postwagen zur Eisenbahn – Kleine Verkehrsgeschichte Schleswig-Holsteins im 19. Jahrhundert, Monika Frohriep, Verlag Boyens & Co, Heide 1998)

S. 224   Redder – ein durch Knickanlage definierter Hohlweg im westlichen Holstein – Foto von 1938
(Bildquelle: Vom Postwagen zur Eisenbahn – Kleine Verkehrsgeschichte Schleswig-Holsteins im 19. Jahrhundert, Monika Frohriep, Verlag Boyens & Co, Heide 1998)

S. 232   Schlussbemerkungen der Volkszählung vom Februar 1803 in Nordhastedt mit der Unterschrift des Kirchspielvogt Johann Harders vom 12. März 1803, der die Erhebung dieses Jahres sehr wahrscheinlich persönlich durchführt. Die dänische Regierung wählt als Termin einen Sonntag im Februar, da die Verwaltung davon ausgeht, dass zu dieser „arbeitsarmen" Jahreszeit die meisten Personen , die ansonsten auch als Wanderarbeiter oder bspw. Seeleute unterwegs gewesen wären, zu Hause bei ihren Familien anzutreffen wären. Die Ergebnisse in den Herzogtümern rechtfertigen diese, auch in folgenden Jahrzehnten wiederholt praktizierte Terminierung. Die Zahl der erhobenen Gebietsfremden scheint außerhalb der großen Städte, wie bspw. Altona, gering. Die Wahl eines Wintertermins ist auch auf entsprechend schlechte Erfahrungen einer vorlaufenden Erhebung vom August 1769 zurückzuführen. Diese erste Zählung 1769 zu Beginn der Aufklärung kann aber noch nicht als allgemeine Volkszählung im Gesamtstaat betrachtet werden, da in ihr u.a. keine Militärpersonen und deren Familien gezählt und in den allermeisten Fällen keine Namen erhoben wurden, da die Krone nur an einer numerischen Zählung interessiert war. Weiterhin stellte sich heraus, dass aufgrund einer gerade zuvor eingeführten Kopfsteuer in einigen Teilen des Landes die Erhebung (warum wohl?) schlampig durchgeführt und aus Sicht der Krone zahlreiche Bewohner nicht erfasst worden sind. (Bildquelle: Arbeitskreis Volkszählung Schleswig-Holstein)

S. 236   Hof und Gastwirtschaft Kühl in Nordhastedt
(Bildquelle: Dorfchronik Nordhastedt/Rolf Hollander)

S. 262   Altonaischer Mercurius
(Bildquelle: Deutsches Pressemuseum Hamburg; www.greeniscool.org)

S.270   Die Lage des alten Hofes der Kirchspielvogt-Familie Harders am Nordhastedter Fuhlenweg bis 1856. Die heutigen Straßennamen werden im 19. Jahrhundert noch nicht verwendet. Die allgemein gebräuchliche Beschreibung für alle Häuser im mit 71 Familien überschaubaren Ort lautet „im Dorf", soweit diese im Unterdorf (der weitgehend niedriger gelegene Ortskern unterhalb des Mühlenbaches) gelegen sind. Das Pastorat, in dem der Schwiegervater Andreas Jessen mit seiner Frau, anfänglich seiner Tochter (bis 1788) und den Dienstboten lebt, befindet sich seit jeher unmittelbar an der Katharinen-Kirche, auf der Kartendarstellung also ebenfalls am linken Bildrand im genannten Straßendreieck unterhalb des Bachlaufs.

S. 280   Ein namenloser Kirchspielvogt in Tellingstedt um ca. 1700, Ölporträt von M. Roß, Original im Dithmarscher Landesmuseum. Möglicherweise handelt es sich bei dem Abgebildeten um den

Tellingstedter Kirchspielvogt Marx Wohlt, der im Oktober 1714 als Taufpate bei einem jüngeren Bruder von Claus Harders, also einem Onkel des späteren Vogt Johann Harders in Nordhastedt genannt wird. (Bildquelle: Zeitschrift Dithmarschen 3/1972)

Der Kaufmann und Landesgevollmächtigte Jacob Jochims (1750-1812) in Marne, Aquarell, wohl vom Friedrichstädter Maler Nicolaus Peters, im Museum Marne.
(Bildquelle: Zeitschrift Dithmarschen 3/1972)

S.282 Meldorfs Norderstraße Nr. 32 – Das Haus ist ein besonderes Beispiel eines aufwändigen Substanzerhalts älterer Meldorfer Baugeschichte.
(Bildquelle: Stadtarchiv Meldorf)

S. 283 Die Haute Couture zum Ende der „Franzosentid" im Gesamtstaat - Mands- og Kvinde-Dragt fra 1812-1814 Efter Samtidige farvede Kobberstik
(Bildquelle: Danmarks Riges Historie, Historik Illusteret, Kopenhagen 1897 – aus dem Bildbestand der British Library)

S. 289 In Holstein gültige Münzen der erst 1813 im Zuge des Staatsbankrotts eingezogenen eigenen Altonaer „Schleswig-Holsteinischen Speciesbank" für das Herzogtum Holstein. Links: Altonaer 1/3 Spezies-Taler über 20 Schilling Schlesw.-Holsteinische Courant mit dem Konterfei von König Christian VII. von 1787 (also eine Erstausgabe) – rechts: Altonaer 1/12 Spezies-Taler über 5 Schilling Schlesw.-Holsteinische Courant – beide Münzen aus dem Bestand des Schleswig-Holsteinischen Landesmuseums.
(Bildquelle: Jahrbuch der Stiftung Schleswig-Holsteinische Landesmuseen Schloss Gottorf, Band VII, 1999-2000)

S. 291 Vollmacht Hansen (1758-1829) mit seiner Familie, Gemälde von Nicolaus Peters, 1796, einer der reichsten Marschbauern seiner Zeit, mindestens in den Landesversammlungen trifft Johann Harders auch auf ihn. Der Landesgevollmächtigte Hans Hansen ist u.a. Besitzer der größten Süderdithmarscher Ziegelei sowie einer der nur drei existierenden Ölmühlen seiner Zeit, die in Marne als Windmühle Rapsöl produziert (die anderen beiden in Heide befindlichen Ölmühlen werden dagegen als Rossmühlen betrieben). Er ist es auch, der zusammen mit dem Meldorfer Branddirektor Boeckmann im Dezember 1813 den Landvogt Heinzelmann ins Hauptquartier des Marschalls Bernadotte begleitet. Aus Anlass des Besuches eines Prinzen, Kronprinz Friedrich (?), aus der königlichen Familie bewirtet Hansen diesen in seinem als außerordentlich groß geschilderten Haus. Eigens zu diesem Ereignis soll sich Vollmacht Hansen laut einem Artikel in den Schleswig-Holsteinischen Provinzialberichten von 1796 ein Dutzend Mahagoni-Stühle (zu 8 Reichstaler das Stück) angeschafft haben. Um die Jahrhundertwende beschäftigt Hansen auf seinem Hof im Kronprinzenkoog mehr Arbeiter als der größte Gutshof Holsteins.
(Bildquelle: Geschichte Dithmarschens, Verlag Boyens & Co., S. 224)

S. 298 Andreas Peter Graf von Bernstorff (1735-1797) ist als dänischer Außenminister, wie zuvor sein Onkel in der Vor-Struensee-Ära, in den letzten knapp zwanzig Jahren des 18. Jahrhunderts

maßgeblich mitverantwortlich für die erfolgreiche Neutralitätspolitik des Dänischen Gesamtstaats. In seinen vorherigen Amtsjahren als Leiter der Deutschen Kanzlei in Kopenhagen ist er oberster Verwaltungschef der beiden Herzogtümer und erwirbt sich hierbei viel Sympathie, auch in Dithmarschen. Er setzt nach der Hinrichtung Struensees und der einige Jahre andauernden Gegenreaktion unter Guldberg, die Tradition des großen Einflusses des vornehmlich Holsteinischen Adels am Dänischen Königshof fort, den schon sein Onkel begründet hatte. Bernstorff ist über Jahre auch ein Freund und Förderer Heinrich Christian Boies, den er in Briefen in Zuneigung den „kleinen Boiuten" nennt und maßgeblich an dessen Funktionsübernahme als Landvogt von Süderdithmarschen im Jahre 1781 beteiligt.
(Bildquelle: "Schleswig-Holstein meerumschlungen in Wort und Bild" von Hippolyt J. Haas, Kiel 1896, aus dem Bildbestand der British Library, London)

S. 301   Napoleons Kontinentaleuropa von 1806-1813. Das von den feindlichen Engländern fast schon in die Allianz mit Napoleon gezwungene Dänemark erweist sich über die Jahre nicht nur bezüglich der von Napoleon eingerichteten Kontinentalsperre als ein nicht immer konsequenter und häufig auch lustloser und getriebener Partner des Korsen. Das Herzogtum Holstein ist mindestens bis 1809 die „offene Hintertür" zum abgeriegelten Kontinentaleuropa, zum wirtschaftlichen Nutzen einiger seiner Bewohner und des dänischen Gesamtstaats. Insbesondere die Entwicklung der Stadt Altona scheint ohne die Sonderkonjunktur der Jahre vor 1813 nicht denkbar.
(Bildquelle: medialesson GmbH)

S. 310   Der geschäftige, von einem Mastenwald geprägte Hamburger Hafen zu Beginn des 19. Jahrhunderts. Noch während der letzten Übergabetage im Mai 1814 fahren die ersten englischen Kauffahrer schon wieder in den zuvor abgeriegelten Hafen ein. Innerhalb von wenigen Wochen ab Anfang Juni 1814 blüht der Handel in der Hansestadt wieder.
(Bildquelle: Hamburg und seine Umgebung im 19. Jahrhundert, aus dem Bildbestand der British Library)

S. 313   Das Hamburger Millerntor am Hamburger Berg (heute St. Pauli) um 1790, noch mit intakter Brücke, Zugbrücke und Toranlage. Der Bildbetrachter würde heute wohl auf dem Spielbudenplatz stehen. Vor dem Tor befindet sich der Schlagbaum, an dem die Passkontrollen durchgeführt und die Akzisen eingefordert werden. Links vom Betrachterstandpunkt, von der Reeperbahn und dem Heilig-Geist-Feld kommend, befindet sich außerhalb des gewählten Bildausschnittes noch ein Wachhaus, dessen Nachfolgebau noch heute vor dem Jahrmarktsgelände des „Doms" am Wall steht. Das sich unmittelbar auf holsteinischem Boden hinter dem Betrachter anschließende Altona blüht in der Franzosenzeit angesichts vieler Hamburger Auslagerungen auf. In den Monaten der eingeschlossenen Festungsstadt Hamburg 1813/1814 wahren die Kriegsparteien für Altona einen entmilitarisierten Neutralitätsstatus, zum Wohle der Stadt, aber auch der Hamburger, die so immer noch einen nahe-gelegenen Anlauf- und Versorgungspunkt außerhalb der Festung behalten, wenn sich die wenigen Gelegenheiten ergeben, die von den Franzosen hermetisch gesicherten Wälle Hamburgs unter verschiedensten Vorwänden von innen zu überwinden.
(Bildquelle: Geo-Epoche Nr. 37 bzw. Napoleon-online)

S. 314 Hamburger Lastträger um 1800 - in ähnlichen zeitgenössischen Schubkarren werden Kleinmengen von Schmuggelware „geschuckelt", im Laufe der Zeit werden die Schmuggler allerdings zu immer gewagteren und raffinierten Manövern zur Überwindung der „Grünröcke" gezwungen. Während der Festungsperiode Sommer 1813 bis Mai 1814 erliegt der Schmuggel dann fast vollständig. (Bildquelle: Geo-Epoche 37)

S. 324 Die Geschichte der „Alten Holländerei" am Meldorfer Jungfernstieg als für viele Jahrzehnte bestem Haus (nicht nur) am Platze würde eine eigene Geschichte rechtfertigen. Die alten traditionsreichen Gebäude, um 1800 auf den Fundamenten einer schon mindestens 1694 hier erwähnten älteren „Holländerey" errichtet - Jürgen Tiedemann wird erstmals im Mai 1801 als „Gastwirt in der Holländerei und p.t. Armenvorsteher" genannt - fallen 1981 einem Feuer zum Opfer. An ihrer Stelle befindet sich heute das Landwirtschaftsmuseum am Meldorfer Jungfernstieg. Johann Harders Enkelin Johanna Dorothea Halkens, die in die Meldorfer Albers-Familie einheiratet, ist später mit den Tiedemanns auf der Holländerei verschwägert. Eine besonders ruhmreiche Zeit erlebt die Holländerei aber auch in ihrer Nach-Tiedemann-Ära unter dem Meldorfer Original Wilhelm Hartnack, der das Haus in seiner Zeit ab August 1900 bis 1956 zu höchster Blüte führt.
(Bildquelle: Postkarte im Privatbesitz – Aufnahme wohl um 1910)

S. 329 Das erste Meldorfer Bürgergehorsam im Norderviertel gegenüber der Holländerei am späteren Pferdemarkt (Bildquelle: Stadtarchiv Meldorf)

S. 339 Abschließendes Testat des Vogts Johann Harders aus einem Grundstückskaufvertrag des Jahres 1812: „…durch von mir als richtig attestiert. Nordhastedt, d. 24 ten Juli 1812 J. Harders – Dieser Kaufcontract ist protocolliert Grundstücks-Protocoll Band 1 Pag. 275 Num 2. Mobilio-Protocoll Band 1 Pag. 183 um. 1 – Nordhastedt d. 24 ten Juli 1812 Nebenband 1 Pag. 83 Num. 57 – J. Harders."
(Bildquelle: Dorfchronik Nordhastedt/Rolf Hollander)

S. 342 Der 1812 von Jacob Christian Buschmeyer erbaute Hof im heutigen Besitz der Familie Karstens an der Ecke Heider Straße/Meiereistraße.
(Bildquelle: Bildindex für Architektur/Landesarchiv Schleswig-Holstein)

S. 345 „Britannia rule the waves" - Die beiden, nicht nur durch politische Erwägungen, sondern wesentlich auch aufgrund wirtschaftlicher überseeischer Interessen motivierten Angriffe der Britischen Royal Navy auf die Dänische Flotte vom Gründonnerstag, den 2.April 1801, mit 51 Schiffen unter Admiral Horatio Nelson, und nochmals im August/September 1807 die Bombardierung Kopenhagens mit 54 Kriegsschiffen und annähernd weiteren 500 (Truppen-) Transportschiffen unter Wellington, treiben den eigentlich um Neutralität bemühten Dänischen Gesamtstaat fast zwingend in eine Allianz mit Napoleon, um die man sich bisher herum laviert hatte. Ein entsprechender Vertrag über gegenseitige militärische Hilfe wird am 31. Oktober 1807 ratifiziert. Ergänzend bittet Kronprinz Friedrich Napoleon sogar in einem persönlichen Brief um „Rache".
(Bildquelle: Wikipedia, Battle of Copenhagen – die erste Seeschlacht vom 2. April 1801, gemalt von Nicolas Pocock (1740-1821), Original im National Maritim Museum in London)

*S. 348 Jean-Baptiste Bernadotte (1763-1844), zunächst einer der Marschälle Napoleons, wird, noch mit dessen Zustimmung, adoptierter Kronprinz Schwedens. Napoleon verspricht sich von dieser Beförderung anfänglich sicherlich eine perspektivische Machtausweitung bis in den hohen Norden Europas. Nach dem gescheiterten Russlandfeldzug wechselt Bernadotte, dem ohnehin ein gespanntes und auf Rivalität basierendes persönliches Verhältnis zu Napoleon nachgesagt wird, allerdings, wohl auf Drängen seiner neuen Untertanen, die Fronten und verfolgt fortan die Strategie, Napoleons Verbündeten Dänemark ins Visier zu nehmen, um so schwedische Interessen bezüglich Norwegens zu wahren. Mit diesem Coup will er die bestehende schwedische Staats- und Wirtschaftskrise beenden und die zuvor erzwungene Abtretung Finnlands an Russland kompensieren. Er fällt in der Folge bei seinen neuen Verbündeten aber auch dadurch auf, dass er weniger militärisch forsch, sondern politisch zurückhaltend im Feldzug operiert. Er vermeidet konsequent Gelegenheiten zu größeren Schlachten und setzt vielmehr auf Zeitspiel und militärisch fragwürdige Einzelattacken seiner leichten Kosakeneinheiten. Das schont seine schwedischen Truppen, zum Gefallen seiner neuen Landsleute. Weiterhin scheut er aber erkennbar auch die große direkte militärische Konfrontation mit den französischen Truppen – sowohl aus Rücksichtnahme auf seine französische Herkunft als auch aus Sorge und Respekt vor der militärischen Leistungsfähigkeit seiner bisherigen Marschallskollegen im Dienste Napoleons. Im historischen Rückblick macht Bernadotte alles richtig. Die Einverleibung Norwegens löst in den Folgejahren viele strukturelle wirtschaftliche Probleme Schwedens und gibt Bernadotte die Möglichkeit, das schwedische Volk für sich und seine Familie zu gewinnen. Trotz der anfänglich abweisenden Haltung des restlichen europäischen Adels gegenüber diesem Emporkömmling, kann er so eine bis heute tragende Dynastie gründen. Als Holsteiner (und wohl auch Däne) darf man Bernadotte allerdings durchaus kritischer betrachten. Die wirtschaftlich katastrophalen Folgen seiner Holstein-Kampagne für Holstein selbst als auch den Dänischen Gesamtstaat sind wohl nur vor dem Hintergrund dieses persönlichen Ehrgeizes denkbar.
(Bildquelle: aus dem Bildbestand der British Library, nach einem Gemälde von Francois Gérard)*

S. 349 General Friedrich Karl Freiherr von Tettenborn (1778-1845), badisch-stämmiger Oberbefehlshaber in kaiserlich-russischen Diensten der kosakischen Reiterverbände der alliierten Nordarmee während der Holstein-Feldzüge 1813/1814 . Das Porträt zeigt ihn in späteren Jahren. Auf seiner Brust prangen zahlreiche seiner in den Befreiungskriegen erlangten Orden, so 1813 der russische Wladimir-Orden sowie der St. Annenorden erster Klasse, später auch noch der schwedische Schwertorden; Lithografie von Josef Kriehuber 1835. (Bildquelle: wikipedia)

*S. 352 Ein Brief des Kirchspielvogts Johann Harders vom 20. April 1813 an den Meldorfer Landvogt Heinzelmann, in dem er sein Bedenken ausdrückt gegen die anstehende Entlassung des Osterwohlders Johann Hansen aus dem Amt eines Bauerschaftsgevollmächtigten.
(Bildquelle: Dorfchronik Nordhastedt/Rolf Hollander – Original im Landesarchiv Schleswig-Holstein)*

*S. 354 Tettenborns Kosaken am Hamburger Jungfernstieg im Frühjahr 1813. Die Hamburger feiern diese, anders als später die Holsteiner, als Befreier.
(Bildquelle: „Von Bornhöved bis zur Erstürmung der Düppeler Schanzen", Walter Westphal, S.71)*

S. 357   Der alte Ochsenweg in Holstein, seit dem Mittelalter eine der Hauptverkehrsverbindungen Holsteins, auch als Heerstraße genutzt. Die Aufnahme zeigt das typische Erscheinungsbild der holsteinischen Straßen vor Errichtung der ersten befestigten Überlandstraßen, den ab den 1830ern errichteten Chausseen.
(Bildquelle: „Zur Beförderung des heilsamen Sparkassenwesens", Ute Haese und Torsten Prawitt-Haese, Deutscher Sparkassenverlag 1998)

S. 360   Darstellung kosakischer Uniformen der napoleonischen Befreiungskriege, die so gar nicht dem Bild der barbarischen Horden entsprechen. Im Kampfeinsatz und v.a. im fortgeschrittenen winterlichen Feldzug werden die einfachen Truppen tatsächlich etwas „bunter und wilder" aufgetreten sein, allenfalls die Offiziere ggf. in den gezeigten offiziellen Uniformen.
(Bildquelle:www.napolun.com)

S. 366   Romantisierende Darstellung der gefürchteten Kosakischen Reiter im winterlichen Einsatz des Jahres 1813 – hier aus den Februarkämpfen bei Berlin aus dem ersten Feldzug nach Norden. Während in den restlichen Teilen Deutschlands zu diesem Zeitpunkt die mit den Preußen verbündeten Kosaken als Befreier vom napoleonischen Joch von der Bevölkerung gefeiert werden, sind die Kosaken in Holstein ab Dezember 1813 jedoch zunächst der „Feind".
(Bildquelle: www.buendische-vielfalt.de)

S. 371   Kirche als Pferdestall. Aufgrund der Extrembedingungen während des bitterkalten Winters in den ersten Monaten des Jahres 1814 greifen sowohl die Koalitionstruppen als auch die französischen Besatzungstruppen im eingeschlossenen Hamburg zu dem seit Jahrhunderten „bewährten" Mittel, die Kirchen als Vorratslager oder sogar Pferdeställe zu nutzen. Die hier gewählte Darstellung zeigt vermutlich als eine der Hamburger Kirchen die Petri-Kirche.
(Bildquelle: Lithografie von Peter Suhr aus www.barmstedt-geschichte.de)

S. 372   Landvogtei am Meldorfer Nordermarkt, nach Amtsübernahme von Landvogt Heinzelmann nach 1806 im Meldorfer Klosterviertel am Nordermarkt errichtet, hier als Lithografie um 1865. Das Gebäude wird 1868 nach Preußischer Übernahme Schleswig-Holsteins abgerissen/umgebaut. Landrat und Kreisverwaltung Preußischen Zuschnitts brauchen mehr Platz. Das Nachfolgegebäude wird 1962 abgerissen bzw. zum heutigen Amtsgerichtsgebäude umgebaut. (Bildquelle: 700 Jahre Meldorf)

S. 374   Dänische Infanterie-Uniformen 1813, auch die Dithmarscher Nationalsoldaten dieser Jahre tragen den „roten Rock" des Königs.
(Bildquelle: Den Danske Haers Historie til Nutiden og den Norske Haers Historie indtil 1814, Otto Frederik von Vaupell, Kopenhagen 1870, aus dem Bildbestand der British Library)

S. 376   Louis-Nicolas Davout (1770-1823) ist eine der markantesten und zugleich sehr kontrovers diskutierten Persönlichkeiten der norddeutschen „Franzosentid" mit einem auch spektakulär wechselhaften Verhältnis zu Napoleon. Seine militärischen Erfolge vor seiner Hamburg-Zeit sind unbestritten. Er gehört bis zum Russlandfeldzug 1812 zu den Lieblingsgenerälen Napoleons und erhält von diesem viele Gunstbeweise. 1809 wird er von Napoleon zum Prinzen von Eckmühl ernannt (nach seinem wesentlichen Beitrag zum Sieg bei Eggmühl am 22. April gegen die Österreicher), deshalb wird er von seinen Truppen auch „le prince" gerufen, von den Deutschen danach auch an Stelle seines bürgerlichen Namens häufig nur kurz Eckmühl (so auch in einiger Literatur der Zeit). Später, während der Russland-Kampagne, fällt der Marschall jedoch aufgrund vermeintlich unzureichender Rückzugsdeckung in Ungnade. Während seiner Hamburg-Zeit 1813-1814 bleibt er Napoleon gegenüber, trotz dessen Distanzierung, sogar über den Tag dessen erster Abdankung hinaus treu ergeben und will bis zur endgültigen Bestätigung einer neuen Regierung auch keine neuen Befehle annehmen und verlängert so für die Holsteiner die Anwesenheit der seinetwegen verbleibenden Belagerungsarmeen. Nach der Rückkehr Napoleons aus seiner ersten Verbannung nach Elba wird Davout 1815, nunmehr wieder als einer von wenigen verbliebenen Getreuen wohlgelitten, für drei Monate französischer Kriegsminister, im Zuge der späteren Kriegsereignisse auch noch kurzzeitiger Gouverneur der Stadt Paris. Nach Waterloo ist es dann aber auch Davout, der seinen Kaiser unter Gewaltandrohung zur Abdankung drängt, wohl um ihm die dann schließlich doch vollstreckte Gefangenschaft durch die Engländer zu ersparen. (Bildquelle: Wikipedia)

S. 383   Carsten Niebuhr (1733-1815), in jungen Jahren 1761-67 als Forschungsreisender für den dänischen König in Arabien unterwegs und schon zu Lebzeiten durch seine Reiseberichte berühmt, wird 1778 Landschreiber für Süderdithmarschen in Meldorf. Vom Dänischen König zum „Etatsrath" ernannt, verbringt er als Freund von Heinrich Christian Boie sein Lebensende auch auf „Niebuhrslust" im Meldorfer Moor.
Bildquelle: Wikipedia, aus: Schleswig-Holstein meerumschlungen in Wort und Bild von Hippolyt Haas, Hermann Krumm u. Fritz Stoltenberg (1896))

S. 388   Barthold Georg Niebuhr (1776-1831), in Meldorf aufgewachsener Beamter, des Dänischen Gesamtstaates, dann in Preußen, und späterer Geschichtswissenschaftler, in erster Ehe verheiratet mit einer Tochter des früheren Heider Landvogtes und vormaligen Marner Kirchspielvogts Nicolaus Behrens. Seine lebenslange Vertraute Dora Hensler, bekannt durch spätere Veröffentlichungen seines Werkes, ist durch diese Heirat eine Schwägerin und ebenfalls eine Tochter des Heider Landvogtes Behrens. (Bildquelle: uniclub-bonn.de)

S. 397   Der Ausbruch des Tambora 1815 in Indonesien, ein zeitgenössischer Holzstich ansonsten unbekannter Herkunft. (Bildquelle: litdrift.com)

S. 403   Das als „Nanny-Peters-Stift" bekannte Gebäude, erbaut im Zeitraum 1796/97, vermutlich nach Entwürfen von Christian Friedrich Hansen (1756-1845), für den Branddirektor Peter Matthias Boeckmann (1764-1831) am Meldorfer Nordermarkt/Ecke Norderstraße. Die Witwe Christiane Magdalene geb. Homann (1814-1899) seines Enkels Eduard Peters, Obergerichtsadvokat in Meldorf (1812-1873), vermacht 1899 der Stadt Meldorf das Gebäude im Andenken an ihre früh an Tuberkulose verstorbene Tochter Nanny Christine Pauline (1853-1874). Auch die Geschichte des Vorgängerbaus an gleicher Stelle ist eine Aneinanderreihung von zum Teil anscheinend tragischen Frauenschicksalen. Die Schicksalskette dieses Ortes reicht bis in die Zeiten des 30-jährigen Krieges zurück und würde ebenfalls eine eigene Geschichte rechtfertigen. Die Kommune errichtet in dem Bau bis 1902 einen Stift für bedürftige Witwen und unverheiratete Töchter von Pastoren und Beamten

(bis 1960). Das erste in Lehmstampfbauweise errichtete Gebäude Schleswig-Holsteins markiert die Anfänge des Kopenhagener Klassizismus in Dithmarschen und steht seit 1972 unter Denkmalschutz, 1990-1993 in privater Hand aufwändig saniert. Die Aufnahme aus den vermutlich späten 1950er Jahren zeigt eine seitliche Sicht von Süden, rechts der Eingang in die Norderstraße, links eine nach dem 30-jährigen Krieg gepflanzte Esche, die 1962 gefällt werden musste.
(Bildquelle: Meldorf - Gesicht und Wandel einer alten Stadt, Alfred Kamphausen, Boyens & Co 1964, S. 81)

S. 423   Im Königreich Dänemark bzw. in den Herzogtümern Schleswig und Holstein wird eine zusätzliche Besteuerung von Rechtsangelegenheiten über die verpflichtende Nutzung von Stempelpapieren im europäischen Vergleich früh eingeführt. Ursprünglich in Holland um 1624 erstmals eingesetzt, findet sich die Nutzung in Dänemark schon 1661. Im Jahr 1775 wird der Gebührenkatalog in der Wirkensphase des Johann Harders letztmalig neu festgelegt. Mit Ausnahme des befreiten Adels, Armen- und Militärangelegenheiten sind ansonsten die Rechtsvorgänge je nach finanziellem Gegenwert festgeschrieben. Unterschieden nach Klassen werden beispielsweise (1) Urkunden und Dokumente, bei denen im Durchschnitt 0,5% des Geldgegenwertes zu bezahlen sind. In einer zweiten Klasse werden z.B. Loskündigungen (Kündigung von verbrieften Kredit- gewährungen), Quittungen, Kautionen oder Assekuranzbriefe mit Gebührensätzen zwischen 1 Schilling und 12 Reichstaler zusammengefasst. Mit Resolution vom 21. Mai 1708 wird auch den Süderdithmarscher Kirchen und Schulen für den internen Gebrauch eine Befreiung von der Nutzung „gestempelten Papiers" ausgesprochen. Für das Jahr 1785 nimmt der Staat Dänemark allein in den beiden Herzogtümern Schleswig und Holstein knapp 50.000 Reichstaler an solchen Papiersteuern ein, die zusätzlich zu den Administrationskosten erhoben werden. Im Dänischen Staat wird auch anderweitige Nutzung von Papier besteuert, so sind beispielsweise auch Karten oder auch Zeitungspapier „gestempelt". Vermutlich müssen die Kirchspielvögte entsprechende Vorräte solchen Stempelpapiers für die unterschiedlichen Amtshandlungen vorrätig halten, ggf. für diese auch in Vorleistung gehen. Aufbewahrt werden diese Stempelpapiere als Blankos dann wohl meist in den jeweiligen Kirchspielvogteien in feuerfesten Dokumentenkisten. Die dargestellten Jahrgänge 1788 und 1821 bilden fast ideal die 40-jährige Wirkensspanne des Vogt Johann Harders von 1780-1820 ab.
(Bildquelle: Dorfchronik Nordhastedt/Rolf Hollander)

S. 429   Friedrich VI. von Dänemark (1768-1839) in späten Jahren. Während vor allem die Schleswig-Holsteiner zu den großen Verlierern der „Befreiungskriege" gehören und auf Jahre die wirtschaftlichen Folgen für Dänemark zu tragen haben, ist Friedrich VI., obwohl doch mit dem Verlierer Napoleon verbündet, in der Nachbearbeitung des Konfliktes durchaus erfolgreich. Früh (22. Sept. 1814) reist Friedrich zum Wiener Kongress, auf dem zwischen September 1814 und Juni 1815 die Herrscher Europas die Neuordnung des Kontinents vornehmen. Obwohl ihm der offizielle Zugang zum Kongress verwehrt bleibt, sorgen doch die österreichischen Gastgeber dafür, dass er über Monate seine Interessen am Rande der offiziellen Gespräche in zahllosen diplomatischen Zirkeln wahrnehmen kann. Die Österreicher fürchten eine Zerschlagung Dänemarks zugunsten Preußen und damit eine Machtverschiebung zu eigenen Lasten, wollen in letzter Konsequenz also wohl auch keine Abtretung der Herzogtümer Holstein und Schleswig von Dänemark. Die Fürsten und Könige des nachnapoleonischen Europa wollen keinen Revanchismus betreiben, sondern „republikanische" Errungenschaften und nachrevolutionäre Entwicklungen zurückdrängen und in eine alte Ordnung zurück, mit aber mehr Stabilität durch sich neutralisierende Machtblöcke. So werden zwar die zuvor verhandelten Gebietsabtretungen zwischen Dänemark und Schweden bestätigt (Norwegen gegen Schwedisch-Pommern), doch tauscht Friedrich VI. später, nach Beendigung des Kongresses auf bilateraler Basis, noch die pommerschen Gebiete mit Preußen gegen das vormals zu Kurhannover gehörende und vom britischen Königshaus in Personalunion mitregierte Herzogtum Lauenburg auf nordelbischem Gebiet zuzüglich einer für den nach dem Staatsbankrott an Devisen armen König nicht unerheblichen Geldsumme von 2 Millionen Preußischen Talern. Auch kann er die endgültige Abtretung Helgolands an die britische Krone verschmerzen (erst 1890 vom Deutschen Reich im Gegenzug zum Verzicht auf Gebietsansprüche auf u.a. Sansibar zurückerworben), da Dänemark seine überseeischen Besitzungen sowie Grönland, Island und die Faröer-Inseln gegen vor allem britischen Widerstand schließlich doch halten kann. Erst nach dem aus seiner Sicht erfolgreichen Abschluss des Kongresses kehrt Friedrich VI. am 22. Mai 1815 in sein Reich zurück und lässt sich, nach vielen Jahren der Regentschaft, am 31. Juli 1815 in der heimischen Schlosskirche zu Fredriksborg krönen. Der deutsche Besitz des dänischen Gesamtstaats umfasst jetzt das gesamte nordelbische Gebiet der Herzogtümer Schleswig, Holstein und Lauenburg. Schleswig-Holstein in seiner heutigen Form hat begonnen Gestalt anzunehmen. Friedrich VI. ist in seiner Funktion als Herzog von Holstein fortan aber auch wieder Mitglied in den Bundesversammlungen des an Stelle des untergegangenen Reiches instituierten „Deutschen Bundes". Da seine Politik spätestens seit dem Tode Bernstorff (1797) darauf ausgerichtet war, zunehmend einen dänischen Einheitsstaat zu formieren, bei dem die Bindung des Herzogtums Holstein an das Deutsche Reich stets störte, war er 1806 mit der Zerschlagung des Reichs diesem Ziel schon sehr nahe gekommen. Die Restauration der alten Zustände mit einer erneuten Bindung Holsteins an „deutsche" Strukturen ist da wohl als eine Kröte anzusehen, die er schlucken muss. Möglicherweise auch aufgrund des unter dem Strich erfolgreichen „Politisierens" am Rande des Wiener Kongresses festigt sich Friedrichs hohe persönliche politische Selbsteinschätzung, die ihn mit seiner absolutistisch anmutenden Staatsführung schon fast zu einem wandelnden Anachronismus macht. Sein „Ich weiß allein" ist legendär.

(Bildquelle: museen-nord.de, Lithografie aus der Schleswig-Holsteinischen Landesbibliothek, 1836 von Johann Martin Graack)

S. 438 Der Halkens-Hof an der Norderstraße 15 (hier in einer rückwärtigen Aufnahme vom Halkensberg aus gesehen aus dem Jahre 1937) ist wohl seit 1600 der Stammsitz der Familie Halkens in Meldorf. Das abgebildete Gebäude entstammt vermutlich in dieser Form den 1770er Jahren und wurde so wohl noch von Matthias Halkens (1727-1786), dem Großvater von Johann Harders Schwiegersohn erbaut. Hans Jacob Halkens und Christina Maria geb. Harders werden mit ihrer Familie und Dienstboten hier in der Volkszählung 1840 genannt. Auch für die Vorjahrhunderte ist die Familie Halkens an dieser Stelle der Norderstraße belegt. Die Ortsbeschreibung „Halkens-Berg" für diesen, höher gelegenen, Mittelteil der Norderstraße wird schon in einer Rechnung für die Steinlegung eines Dammes (Breiter Weg) im Jahre 1749 verwendet. Hans Jacob Halkens in direkter Linie nachweisbarer ältester Meldorfer Vorfahr, Claus Halkens, geboren in Hemme mit wahr-

scheinlichen Wurzeln im dortigen altdithmarsischen Sulemannen-Geschlecht, kommt um das Jahr 1600 nach Meldorf. Fortan werden die Halkens über die Jahrhunderte stets zu den führenden Familien des Meldorfer Norderviertels gezählt. Die Geschichte dieser Familie ist so facettenreich, dass auch sie eine eigene Erzählung rechtfertigt.
(Bildquelle: Bildindex für Architektur/Landesarchiv Schleswig-Holstein)

S. 439   Haupteingang der Katharinen-Kirche in Nordhastedt (Blick von Westen in einer Aufnahme aus dem Jahre 1937. Die Familiengruft der Kirchspielvogtfamilie Harders schließt sich bis zur Einebnung des Friedhofs 1854 unmittelbar an die im Bildausschnitt vorne links gelegene nordwestliche Ecke des Kirchenbaus an.
(Bildquelle: Bildindex für Architektur/Landesarchiv Schleswig-Holstein)

S. 442   Der Hof des Reimer Schlüter, den dieser am 23. Juli 1856 der Familie Harders am Nordhastedter Fuhlenweg abkauft. Der diesen neueren Teil des alten Hardershofs am Fuhlenweg erwerbende Reimer Schlüter (1817-1874), über seine Thedens-Urgroßmutter entfernt mit der Familie Harders verwandt, heiratet am 1. November 1842 die Tochter Telsche Christina des erwähnten Landesgevollmächtigten Hinrich Thedens und damit nach vier Generationen erneut in die Odderader Thedens-Familie. Ein Sohn des Reimer Schlüter, Hermann Stephan, übernimmt 1889, nach dem Tod eines kinderlos versterbenden Bruders seiner Mutter (Gustav Hermann Thedens) dessen zu seinem eigenen Hof am Fuhlenweg benachbarten Hof an der heutigen Meiereistraße. Dieser brennt 1907 ab. Auf seinen Grundmauern steht die heutige „Alte Meierei" an der entsprechend hiervon den Namen tragenden Meiereistraße in Nordhastedt.

S. 444   Die Albersdorfer Kirchspielvogtei von 1838. Aus einem Artikel „Die alte Kirchspielvogtei in Albersdorf" von Wilhelm Johnsen.
(Bildquelle: Zeitschrift Dithmarschen aus dem Bestand des Dithmarscher Landesmuseums Meldorf)

S. 446   Johanna Dorothea Halkens (1827-1898), erste Enkelin des Nordhastedter Kirchspielvogts Johann Harders, lebt als junges Mädchen sowohl 1840, als auch noch 1845, einige Zeit im Haushalt ihres Onkels Johann Andreas Harders und dessen Schwestern auf dem Nordhastedter Harders-Hof. Die Fotografie, möglicherweise anlässlich ihrer Silberhochzeit im Jahr 1876 entstanden, ist die früheste Aufnahme einer Nachfahrin der Harders in Nordhastedt. Johanna heiratet im Mai 1851, aus enger Verbundenheit mit der Familie und dem Ort ebenfalls in der Nordhastedter Katharinen-Kirche, den Meldorfer Schreiber und Gevollmächtigten der Meldorfer Südervogtei Johann Maas Christian Albers. Dieser wird im Herbst seines 25sten Ehejahres 1876 auf Lebenszeit zum Landespfennigmeister in Süderdithmarschen gewählt und übt das Amt bis zu seinem Tod im Jahre 1890 aus. Danach wird das alte Dithmarscher Amt im Kaiserreich nicht wieder besetzt.
(Bildquelle: Fotografie im Privatbesitz John Albers)

Personenregister

Achard, Franz Carl: 331
Adelers (von), Major: 40
Adler, Jakob Georg Christian: 185, 187, 305, 338, 397
Adolf, Karsten: 245
Ahlefeldt (von), Wulf: 65
Albers, Johann: 417
Albers, Johann Maas Christian: 201, 432, 440, 451, 455, 468
Albers (geb. Halkens), Johanna Dorothea: 273, 440, 441, 446, 453, 455, 460, 468
Albers, Peter Friedrich: 280
Albers, Thies: 328
Albrecht (Landesgevollmächtiger, Marne): 327
Ancken (von), Christian Nicolaus: 258, 332
Ancken (von), Johann: 135, 142
Andersen, Andreas: 42
Andrehsen, Obristleutnant: 29
Anthony (geb. Peters, verw. Buschmeyer), Anna Christina: 340, 341
Anthony, Johann: 341
Archenholtz (von), Johann Wilhelm: 350
Arkwright, Richard: 75
Bach, Carl Philipp Emanuel: 163
Bach, Johann Sebastian: 9, 163, 308
Back, Paul: 220
Bärger, Hinrich: 147
Banderob, Andreas: 241, 242, 246, 251, 253, 270
Banderob; Karl: 237
Bardenet, Jacques: 318
Bargmann, Manufaktur: 292
Barkmann, Jürgen Hinrich: 81, 256
Barth, Prof.: 59
Beckmann, Hinrich: 111
Beeck, Andreas: 95
Beeck, Peter: 95, 452
Beethoven (van), Ludw.: 9, 79
Behmerwohld, Jacob: 47
Behrens, Claus (Cousin): 101
Behrens, Claus (Nordhastedt): 252
Behrens (geb. Hudemann), Dorothea Amalia: 169
Behrens, Johann (d.Ä.): 11, 12, 14, 93-98, 101, 230, 452
Behrens, Johann (d.J.): 97, 101, 452

Behrens, Johann Siegfried Georg: 170
Behrens, Nicolaus: 169-171, 202, 318, 464
Behrens, Nicolaus Hinrich Christian: 278
Behrens, Peter (Cousin): 101
Behrens, Peter (Nordhastedt): 244
Behrens (von), Rittmeister: 363
Bender (auf Riese): 261
Benningsen (von), General: 377
Bernadotte, Jean Baptiste: 323, 345-348, 351, 358, 364, 365, 377, 403, 458, 461, 462
Berning, Georg Bendix: 67, 177, 279
Berning, Johann Wilhelm: 67, 68, 126
Bernstorff (von), Andreas Peter (d.J.): 63, 123, 125, 126, 187, 188, 228, 257, 266, 298, 299, 428, 429, 459, 466
Bernstorff (von), Johann Hartwig Ernst (d.Ä.): 62, 63, 69, 125, 299
Beutien, Detlef Christopher: 235, 239, 270, 361, 362, 424
Bielenberg, Hans: 81, 242, 244, 245, 270
Bielenberg, Peter: 244
Bielenberg (geb. Jerxen), Trienmargreth: 244
Bismarck (von), Otto: 62
Blome, Christoph: 51, 99, 285
Blome (de), Heinrich: 99, 285
Blome (von), Otto: 119
Bock, Carl Gottlieb: 238
Bodenstein, Timm: 309
Boe, Caspar: 244
Boe (geb. Behrens), Wiebke: 244
Boeckmann, Friedrich Carl: 402
Boeckmann, Peter Matthias: 402-404, 458, 464
Böthern, Hans: 238
Böttcher, Jürgen Hermann: 256
Boie (geb. Vollmar), Anna Cäcilie: 155
Boie, Heinrich Christian: 101, 108, 110, 153-157, 159-163, 165, 166, 170, 172, 173, 175, 184, 185, 195, 204, 206, 211-213, 217, 219, 220, 230, 254, 259, 262, 263, 265-268, 275, 277, 279, 282, 294, 295, 298, 306, 355, 381, 386, 445, 454, 459, 464
Boie, Johann Friedrich: 153, 156
Boie (geb. Mejer), Luise: 162
Boie, Luise: 212, 230, 282
Boie, Reinhold Jakob: 156, 294
Boie (geb. von Hugo), Sara: 162

Boie (Uhrmacher): 443
Boje, Boje (Eddelak): 48, 89, 286
Boje, Boje (Nordhastedt): 239
Boje, Carsten: 211, 212, 285
Boje, Christian Ferdinand: 286
Boje, Jacob: 159
Boljen, Johann Hinrich: 78
Boljen, Michael: 113, 116, 254
Boljen, Peter: 254, 255, 309, 353
Bon, Manufaktur: 292
Bonaparte, Napoleon: 167, 171, 227, 228, 234, 297, 298, 300-303, 313, 316-318, 322, 326, 332, 345, 346, 350, 351, 357, 369, 376, 386-388, 390, 392, 393, 396, 433, 459-461, 463, 464, 465
Bornholdt, Marx: 135, 136, 138, 141
Bornholt, Hans: 46, 53, 217
Bornstrom, Jacob Peter: 281
Bornstrom, Neels Peter: 281
Bosso(h) (geb. Jerxen), Gretje: 238
Bosso(h), Johann Christian: 238
Bothmer (von), Graf: 367
Bougainville (de), Louis Antoine: 74
Bourrienne (de), Louis Antoine Fauvelet: 322, 323
Boye (Justizrath): 205
Boysen, Paul Johann Friedrich: 171
Braasch (Musikus): 285
Braasch, Bertus: 427
Braasch, Ludolf: 427
Bracker (geb. Feil), Antje: 240
Bracker, Claus: 168, 239, 240, 243, 270, 335
Bracker, Hartwig: 120, 239, 240
Bracker, Jochim Christian: 239, 240, 335
Bracker (auch Braaker), Johann: 334
Bracker, Marx Hinrich: 240
Bracker (geb. Harders), Wiebke Catharina (Schwester): 23, 120, 121, 229
Brahms (geb. Ruge), Anna Christina: 237
Brahms, Johannes: 237
Brahms, Johann Jacob: 286
Brahms, Peter Hinrich: 237
Brandt, Johann Carl Friedrich: 245
Brandt, Otto: 43, 216, 455
Brehmer (Kaufleute): 451
Breiholz, Diedrich: 239, 256

Brosböll (geb. Schwarz), Bernhardine Christine Wilhelmine: 220
Brosböll, Henrik: 220
Brosböll, Johann Carl Christian: 220
Bruhn (Justizrath): 205
Bruhn, Detlef Christian: 202
Bruhn, Nicolaus: 202
Bruhn, Peter: 217
Bruyn (von), Johann: 247
Buchholtz, Friedrich August: 111
Buchholz, Horst: 209
Bürger, Gottfried August: 120, 154
Büssel, Johann Christopher: 279
Büssel, Peter Hinrich: 279
Busch, Marx: 382
Buschmeyer, Jacob Christian: 340-342, 461
Bütje, Albert (d.Ä.): 175
Bütje, Albert (d.J.): 68, 177
Bütje, Christian (Sohn, Landesgev.): 68, 175, 294, 407, 410-413, 451
Bütje, Christian (Vater, Advokat): 68, 175, 279
Bütje, Claus: 175
Bütje, Jacob Friedrich: 328
Bütje (geb. Goldbeck, später verh. Warner), Marie Catharina: 55, 68
Büttner (geb. Meier), Henriette Dorothea: 160
Büttner, Johann: 160
Büttner, Johann Christopher: 160, 262
Buschmeyer: 237
Butterbrodt, Johann Paul: 118-120, 453
Callisen, Johann Leonhard: 305
Carl, Johann Christian: 210, 212, 279, 286
Carl, Johann Samuel: 210
Carstens, Hans: 194
Cartheuser, Carl Wilhelm: 230, 317, 318
Cartheuser (geb. Behrens), Friederica Luisa: 318
Cartheuser, Georg Wilhelm August: 318
Cartwright, Edmond: 75
Castor, Marx: 121
Christensen (geb. Sievers), Greta: 252
Christopher (geb. Lindemann), Antje: 235
Christopher, Hans: 235, 274, 359
Clasen, Hinrich Christoph: 332, 380
Clasen, Jochim Friedrich: 380
Clasen, Peter: 380

Claßen, Johann: 244
Claßen, Paul Hinrich: 244, 253
Claudius, Matthias: 107, 142, 144, 153, 264, 379
Claussen (Albersdorf): 237
Claussen (geb. Rahbek), Annina Amalia Claudine: 404
Claussen, Boje: 113, 114, 117, 240
Claussen, Detlef: 286
Claussen, Hans Reimer: 405
Claussen, Hinrich: 113
Claussen, Ties: 252
Cleinow, Wilhelm Johann Georg: 57
Clotz(ius), Stephan: 157, 158
Cohen, Michel Marcus: 416
Cohen, Wulf: 415-417
Congreve, William: 302
Cook, James: 74
Cord(e)s, Christopher: 279
Dänemark (von, geb. von England), Caroline Mathilde: 124, 208-210, 214
Dänemark (von), Caroline: 428
Dänemark (von), Christian VI.: 186, 210, 293, 307, 429
Dänemark (von), Christian VII.: 61-64, 67, 74, 123, 124, 208-210, 284, 316, 452, 455, 458
Dänemark (von), Friedrich IV.: 186
Dänemark (von), Friedrich V.: 15, 61, 62, 64, 307
Dänemark (von), Friedrich VI.: 123-126, 144, 195, 214, 257-259, 263, 266, 267, 284, 301, 303, 304, 307, 316, 369, 371, 385, 386, 427-430, 453, 458, 461, 465, 466
Dänemark (von), Juliane Marie: 124, 209
Dänemark (von), Luise: 15
Dänemark (von), Luise Auguste: 210, 455
Dänemark (von, geb. von Hessen-Kassel), Marie: 430
Dänemark (von), Marie Sophie Friederike: 301
Dänemark (von), Marie Wilhelmine: 428
Dallrich (auch Dallery), Conrad Christian August: 278
Davout (auch Prinz Eckmühl), Louis-Nicolas: 351, 376, 463, 464
Dau, Claus: 176
Delfs, Franz: 176
Denser: 225

Dethleffs, Johann: 399
Dethleffs, Sophie Auguste: 399, 404
Dickens, Charles: 412
Dieckmann, Johann: 329
Diener, Claus: 109, 253, 270
Diener (geb. Bracker), Elsabe: 240
Diener, Hans Hinrich: 109
Diener, Margaretha: 109
Döhren (von, geb. Rolfs), Anna: 184
Döhren (von), Claus: 184
Dörscher, Familie: 239
Dohrn, Henning: 59, 321
Dose, Ernst Ulrich: 60, 66, 391, 392
Drathen (von): 423
Dreessen, Hans: 256
Dreyer, Michael Hinrich: 47, 53, 54, 57
Dreyer (geb. Cleinow), Sara: 57
Dührsen, Andreas Friedrich: 321
Dührsen (geb. Voss), Catharina Margaretha: 219
Dührsen (geb. Wilckens), Christiana Amalia: 183, 184
Dührsen, Familie: 181, 183, 382
Dührsen, Jacob (d.Ä.): 183
Dührsen, Jacob (d.J.): 183, 184
Dührsen, Jacob (d.M.): 183
Dührsen, Nicolaus (d.Ä.): 219
Dührsen, Nicolaus (d.J.): 40, 183
Dührsen (geb. Hasse), Sara Agathe: 321
Dultz (geb. Bendix), Anna Elisabeth: 405
Dultz, Hinrich (d.Ä.): 404
Dultz, Hinrich (d.J.): 403-405
Dultz (geb. Kirsten), Sophia Amalia: 405
Ebio, Gerhard Dietrich: 46, 54, 58, 60, 61, 67
Eggers (von), Christian Siegfried: 27, 33, 40, 64, 66, 71-73, 76, 79, 80, 82, 91, 100, 112, 127, 135, 151, 154, 156, 158, 178, 181-183, 201-205, 211, 218, 281, 380, 430
Eggers, Christian Ulrich Detlev: 112
Eggers, Georg Wilhelm: 127
Eggers, Hans Hinrich: 72, 73, 127, 218
Eggers, Heinrich Christian: 126
Ehlers, Hans: 245
Ehlers, Johann Detlef: 242
Ehlers, Marx: 242

Ehrencron (von, geb. Boje, verw. Gude, verw. Clotzius), Catharina Beate: 157, 158
Ehrencron (Hansen von), Friedrich Adolph: 157, 158
Engel, Peter: 328
England (von), Georg III.: 209
Erps, Claus Starck: 67
Esmarch, Nicolaus Ludwig: 202
Estorff: 378
Fabriccius, Cornet: 40
Fack, Claus: 160
Fehring, Hans: 373
Fehring, Johann: 374
Fehrs (auch Vehrs), Johann: 241, 245, 270, 335
Feil, Thede: 255
Feldberg, Bernd: 177
Feldberg (geb. Huesmann), Juliane Johanna Dorothea: 177
Finkenbring, Peter Nicolaus: 286
Fischer, O.W.: 209
Fixen, Johann Friedrich: 164
Frankreich (von), Louis XVI.: 119, 176, 276, 455
Franssen (geb. Newe, verw. Boljen), Anna Margaretha: 254
Franssen (auch Franzen), Boje: 254, 334
Franssen, Claus: 254
Franzen, Claus: 309, 334
Frederking, Johann: 279
Frenssen, Gustav: 51
Friccius, Friedrich Christian: 259
Friccius (geb. Heilmann), Margaretha Hedwig: 259
Funk, Diedrich: 456
Geisler, Emil Nicolaus: 436
Geisler (geb. Halkens), Sophia Dorothea: 436
Giesenhagen (geb. Kriele), Barbara: 456
Giesenhagen, Johannes: 456
Gloyer, Johann Nicolai: 384, 385
Goethe, Cornelia: 216
Goethe (von), Johann Wolfgang: 9, 68, 69, 74, 97, 153, 216, 267, 287, 435
Göttsche, Claus: 241
Göttsche, Hans: 111
Goos (geb. Kruse), Catharina: 253
Goos, Friedrich Christian: 253

Gottorf (von), Carl Peter Ulrich (Zar Peter III.): 38, 39, 43, 134
Grandt, Peter: 256
Grefe, Marx: 251, 252
Griebel, Anton Christian Friedrich: 171, 363, 445
Grimm, Gebrüder: 368
Groth, Hans: 243
Groth, Peter: 103
Groth (geb. Thiessen), Trien Margareth: 243
Grützmacher: 72
Gude, Christian: 158, 382
Guldberg: 124, 125, 214, 429, 459
Habsburg (von), Franz I. Stephan: 61
Habsburg (von), Maria Theresia: 61
Hachten (von), Christopher: 159
Hachten (von), Claus: 159
Ha(e)idtmann, Johann: 204
Ha(e)idtmann (geb. Haß), Margaretha: 204
Hahn (von), Karl Graf: 367
Halkens (Familie): 147, 467
Halkens (geb. Thiessen), Anna: 434, 435, 437
Halkens (geb. Heesch), Antje: 436
Halkens (geb. Harders), Christina Maria: 166, 233, 368, 431, 435-438, 440, 441, 467
Halkens, Claus: 467
Halkens, Hans Jacob: 431, 435-438, 467
Halkens, Johann (d.Ä.): 434, 435
Halkens, Johann (d.J.): 435-437
Halkens, Matthias (Müller): 435-437
Halkens, Matthias der Jüngere: 438, 467
Hamann (geb. Bostel), Anelsabe: 253
Hamann, Eggert: 361
Hansen (geb. Piehl), Anna Christina: 291, 293
Hansen (geb. Rahbek), Anna Margaretha: 404
Hansen, Carl Nicolaus Dietrich: 171, 427
Hansen, Christian: 242, 251, 261, 262, 270
Hansen, Christian Friedrich: 404, 464
Hansen, Claus: 220
Hansen, Detlef: 257
Hansen (von), Major Friedrich Christian: 370
Hansen, Gretje: 257
Hansen (geb. Behrens), Gretje: 252
Hansen (geb. Jepsen), Gretje: 257
Hansen, Hans: 44
Hansen, Hans (d.J.): 262

Hansen, Hans (Vollmacht): 291, 293, 340, 341, 403, 458, 459
Hansen, Johann: 252
Hans(s)en, Johann (Osterwohld): 256, 339, 352, 353, 361, 462
Hansen (Pastor): 305
Hansen (geb. Boljen), Wiebke: 242, 262
Harder, Jacob: 88, 158
Harder, Reimer: 452
Harders (geb. Mügge), Anna Dorothea: 71-74, 76, 77, 108, 109, 112, 118, 121, 123, 127, 251, 253, 435
Harders, Anna Margaretha: 108, 112, 122, 233, 440
Harders, Beata Amalia: 233, 368, 445
Harders, Caroline Elisabeth („Line"): 179, 260, 317, 368, 445
Harders (geb. Jessen), Christina Dorothea: 122, 123, 127-129, 143, 151, 152, 155, 160, 166, 168, 173, 213, 214, 215, 233, 260, 274, 276, 296, 317, 368, 441
Harders, Claus (d.Ä.): 88
Harders, Claus (Urgroßvater): 242, 393
Harders, Claus (Ururgroßvater): 399
Harder(s), Claus: 10-16, 18, 19, 25-27, 29, 31, 33, 39, 40, 45, 46, 62-64, 72, 73, 76-83, 85, 89, 91, 93-95, 98, 102-104, 107-109, 113, 114, 116, 122, 123, 132, 135, 138-141, 143, 145-148, 151, 152, 162, 163, 172, 173, 178, 183, 198, 199, 206, 229, 231, 250, 255, 269, 401, 430, 432, 450, 454, 458
Harders, Claus (Meldorf): 456
Harders, Diedrich: 452, 456
Harders, Dorothea Magdalena: 108, 122, 233, 243, 332
Harders (geb. Schott), Dorothea Magdalena: 128, 129, 194, 443
Harders, Frenz: 104
Harders, Hans (Nordhastedt): 273
Harders, Hans (Bunsoh): 287
Harders, Hans (Heide): 452
Harders, Hargen: 256
Harders, Hinrich: 452
Harders (geb. Johannsen, verw. Martens), Jacobea: 127, 193, 363

Harders, Jacob Diedrich: 14, 286, 321, 418, 443-445
Harders, Johann (Neffe): 127
Harders, Johann (Cousin): 173, 246, 247, 454
Harders, Johann (Barbier): 164, 452
Harders (Herderi), Johannes: 88
Harders, Johann Andreas: 14, 153, 167, 168, 230, 233, 243, 245, 260, 271, 309, 310, 339, 368, 397, 398, 414, 418-421, 424-426, 428, 431-434, 441-445, 468
Harders, Johann Conrad (d.Ä.): 101, 102, 128
Harders, Johann Conrad (d.J.): 128
Harders, Johann Friedrich: 373
Harders, Johann Nicolaus: 151, 153, 166
Harders (geb. Thedens), Margaretha: 11
Harders (geb. Dührsen), Margaretha Amalia: 443, 445
Harders, Marx (Kirchspielvogt): 11, 14, 44, 51, 81, 85, 89, 93, 94, 98, 99, 104, 131-133, 139, 140, 147, 148, 163, 242, 336, 400, 401
Harders, Marx (Onkel): 12, 13, 104, 246
Harders, Marx (Bruder): 14, 23, 77, 95, 101, 127-129, 142, 193, 194, 229, 252, 286, 296, 363, 443, 444
Harders, Marx Nicolaus: 173
Harders, Peter: 256
Harders, Sophia Catharina: 233, 353, 368, 441, 445
Harders (geb. Thiessen), Trienke: 12
Harders (geb. Behrens), Wiebke: 10-12, 14, 93, 95, 122, 142
Harders, Wiebke Catharina (Tochter): 109, 118
Harms, Christian: 455
Harms, Claus: 60, 191, 192, 264, 327, 373, 391, 394, 396, 399, 455
Harms, Claus (d.Ä.): 373
Harms (geb. Hoeft), Gretje: 256
Harms, Hinrich: 256
Harmsdorf, Hinrich: 252
Hartnack, Wilhelm: 460
Hasse, Jacob Friedrich: 319, 320, 408, 443
Hasse, Johann: 202, 204, 320, 443
Hasse (geb. Radieken, verw. Schröder), Johanna Henriette: 320
Haydn, Franz Jos.: 9

Hebbel, Friedrich: 280
Hebbel, Hans Hinrich: 280
Hedde (geb. Rohde), Agnesa: 178
Hedde (geb. Japsen), Anna Christina: 178
Hedde, Jacob Friedrich: 341
Hedde, Johann (d.Ä.): 25, 178
Hedde, Johann (d.J.): 178, 179, 213, 256, 261, 319, 412
Hedde, Johann Jacob Friedrich: 178
Hedde, Peter: 341
Hedde, Peter Bendix: 47, 80, 102, 177, 178, 412
Hedde, Peter Jakob: 178
Heesch, Detlef: 436
Hegemann (von), Leutn.: 27
Heide (von der), Johann Hinrich: 51
Heilmann, Friedrich Christian: 259
Heine, Heinrich: 275
Heins, Johann: 129
Heinsohn, Johann: 329
Heinzelmann (geb. Remmers), Auguste Charlotte Marianne: 58, 60, 266
Heinzelmann, Gebhard Wilhelm: 57
Heinzelmann (geb. Rahbek), Jacobine: 404
Heinzelmann, Johann Friedrich Christian: 265-268, 298, 317, 325, 330, 334, 352, 353, 364, 365, 367, 370, 371, 375, 380, 384, 387, 389, 390, 394, 395, 403, 404, 408, 409, 414-416, 418-420, 424, 426, 428, 432, 433, 458, 462, 463
Heinzelmann, Rudolph Friedrich Otto: 57-60, 265, 266
Helm (von, geb. Eggers, verw. Thiessen), Friederica Louise: 203, 218
Helm (von), Friedrich Christian: 51, 98, 158, 159, 203, 204, 218, 306, 450
Helm (von), Gottfried Christian: 203, 218
Helm (von, geb. Moldenit), Ursula Margaretha: 218
Hennings (von), August Adolph Friedrich: 142, 144, 163, 164, 355
Hennings, Claus: 80, 240, 254, 270
Hennings, Hans: 25, 85, 240, 254
Hennings, Hans Hinrich: 251
Hennings, Johann: 254, 277
Hennings (geb. Johannsen, verw. Schult), Telsche: 254

Henrici, Hans Carl Theodor: 405
Henrici, Oleaus Magnus Friedrich: 406
Hensler (geb. Behrens), Dore: 170, 464
Herberg (von, geb. Schott), Cathrin Margareth: 129
Herberg (von), Hans Jacob: 129
Hessen(-Kassel) (zu), Carl Landgraf und Prinz: 114, 412, 414-416, 430
Hessen(-Kassel) (zu, geb. von Dänemark), Louise: 430
Heuck, Daniel: 252
Hinkelmann, Christian Friedrich: 117
Hinrichs (geb. Bornholt), Catharina: 217
Hinrichs, Claus (Ketelsbüttel): 172
Hinrichs, Claus (Hennstedt): 176
Hinrichs, Johann: 217, 220
Hinrichs, Wiebke: 173
Hintze, Dr. Nicolaus: 212, 213
Hoehne, Edmund: 322, 324
Hölck, Johann: 382
Höhrmann, Jürgen Heinrich: 250
Hollander, Rolf: 361, 406
Holten (von), Thomas: 204
Hoppe, Jacob Nicolaus: 159
Horn, Eggert (Nordhastedt): 246
Horn, Eggert (Osterwohld): 256
Horn (geb. Thomsen), Elsabe: 245
Horn, Elsabe: 245
Horn, Johann Rasmus: 245
Horsten (von), Hans (Johann): 76
Hudemann, Hinrich Georg: 169
Huesmann, Franziskus August: 177, 187, 451
Huesmann, Hermann Peter: 56, 177, 187
Huesmann, Johann: 56, 177, 451
Huesmann, Marx Nicolaus: 187
Inselmann, Claus Hinrich: 33
Inselmann, Hans Jürgen: 33
Isebrand, Wulf: 158
Jacobs, Jürgen: 253
Jacobsen, Jacob (Norderbusenwurth): 76, 102, 118
Jacobsen, Johann (Kattrepel): 104
Jacobsen (geb. Peters), Wiebke Catharina: 118, 121

Jäger, Johann Gottlob: 59-61, 192, 202, 321, 339, 413
Jäger (geb. Schröder), Elisabeth Dorothea Henriette: 320, 321
Jäger (geb. Remmers), Elisabeth Magdalena Erhardina Christina: 60
Jäger, Johann Friedrich: 319, 321, 414
Jahn, Friedrich Ludwig: 212
Jahn, Jacob Diedrich: 211
Jahn, Johann Wilhelm: 170
Jebens (geb. Suhl), Agneta: 420
Jebens, Claus: 93, 98, 100, 178, 202, 400, 413
Jebens, Claus Johann: 418, 420
Jebens, Johann Detlev: 420
Jebens (geb. Müller), Maria Friederike: 420
Jebens, Nicolaus: 202
Jebens (geb. Thiessen), Trienke: 420
Jenner, Edward: 214
Jenßen, Jens: 42
Jenssen, Peter: 251
Jerxen, Caspar: 238, 244, 270
Jerxen, Hans Wilhelm: 238
Jeren (geb. Marxen), Höbke: 238
Jessen, Andreas: 115-118, 122, 123, 127, 149, 151, 152, 153, 155, 156, 159, 160, 162, 167, 170, 172-176, 179, 183, 184, 186-188, 201, 206, 215, 217, 219, 220, 233, 234, 245, 254, 255, 259, 260, 264, 265, 276, 277, 296, 299, 305, 320, 331, 332, 336, 344, 368, 440, 447, 453, 454, 457
Jessen, Andreas (Sohn): 215
Jessen (geb. Moldenit), Anna: 219
Jessen, Asmus: 170
Jessen, Friedrich: 219
Jessen, Hermann Heinrich Caesar: 66
Jessen, Jens: 156-159, 217, 220, 264, 445, 454
Jessen, Johannes Andreas: 454
Jessen (geb. Jürgens), Marta Maria: 123, 254, 277, 319, 331
Jessen (von), Matthias Reinhold: 66, 73, 156, 159, 381, 391, 440, 454
Jessen, Peter (Bruder): 159, 160, 219, 279
Jessen, Peter (Sohn): 213
Jochims, Jacob: 113-118, 139, 151, 152, 155, 162, 163, 226, 296, 454
Jochims, Jakob (Landesgevollm.): 277, 280, 458
Johannsen (Kirchspielvogt-Familie): 73
Johannsen (geb. Rahbek), Agnetha Sophie: 404
Johannsen (geb. Jebens), Anna Dorothea: 202
Johannsen, Christian Matthias Jacob: 171, 202, 277, 404
Johannsen (geb. Karstens), Luise Elsabe: 203
Johannsen (geb. Nanne), Heinke: 158
Johannsen, Hinrich: 217
Johannsen, Johann: 362, 363
Johannsen, Johann Matthias Jakob: 200, 404
Johannsen, Nicolaus: 158
Johannsen, Nicolaus Hinrich: 179-181, 200-205, 218, 266, 364
Johnsen, Wilhelm: 75, 178, 212, 328, 386, 468
Juel, Jens Jörgensen: 71, 452
Jüling, Johann Jacob: 250
Jürgens (geb. Rüter) Beeke: 253
Jürgens, Johann: 241, 253
Jürgens, Jürgen: 241
Jürgens, Valentin: 123
Junge, Detlef: 158
Junge, Peter: 437
Junge (geb. Halkens), Wiebke: 437
Junker, Jacob: 279
Junker, Johann Caspar: 33
Junker (geb. Inselmann), Wiebke Margaretha: 33
Kamphausen: 305, 430
Kant, Immanuel: 297
Karstens, Claus (Nordhastedt): 241, 270
Karstens, Claus (Westerwohld): 255
Karstens, Gasthof: 237, 241
Karstens, Hargen: 40, 201, 202, 437
Karstens (geb. Peters), Malehn Elsabea: 242
Karstens, Peter Hermann: 10, 45, 78, 112, 113, 118, 135, 138-140, 145, 146, 401
Karstens, Reimer: 78, 113
Karstens, Teede (auch Thede): 78, 241, 242, 244, 251, 255, 270
Karstens, Thede (Westerwohld): 255
Karstens (geb. Peters), Wiebke: 255
Kastor, Jacob: 251, 253
Kastor (geb. Johannsen), Margaretha: 253
Kastor, Marx: 251
Kastor, Marx Christian: 253

Kelter, Peter Hinrich: 128
Kienitz, Dieter: 362, 363, 378
Kirsten, Andreas Diedrich: 405
Kirsten, Johann Diedrich Jacob: 404, 405
Klinck, Paul Hermann: 226, 286
Klink, Johann: 286
Klopstock, Friedrich Gottlieb: 68, 69, 153, 216, 294, 295
Klostermann, Johann: 321
Knölck, Michael: 405
Koch, Johann Diedrich: 132
Kock, Caspar: 256
Kock, Claus: 286
Kock, Gebr.: 111
Kohbrock (von), Lieutenant: 394
Krag, Carl: 225
Kragge, Johann Kaspar: 405
Kramer, Claus: 213, 220
Krey, Johann Hinrich: 386
Kriele, Heyne: 456
Kröger (geb. Rademacher), Anna Elsabe: 45
Kröger, Claus: 241, 335
Kröger, Detlef: 338
Kröger, Hartwig (Küster): 44, 236
Kröger, Hartwig (d.J.): 45
Kröger, Hartwig (Meldorf): 220
Kröger, Hinrich: 220
Kröger, Paul Christian: 243, 270, 336, 337
Kröger, Paul Lindemann (d.Ä.): 44, 45, 336
Kröger, Paul Lindemann (d.J.): 337, 338
Kröger, Peter: 220
Kroll, Reimer: 47
Kroymann, Peter Friedrich: 315, 316
Krück, Friedrich Christian: 162, 212, 317
Krück, Fritz: 212
Krumm, Johannes: 384
Kruse, Peter: 115-117
Kühl, Detlef: 256
Kühl, Ehlert: 256
Kühl, Gretje: 256
Kühl, Peter (d.J.): 236, 237, 241, 244, 270, 273, 334, 381, 402, 457
Kühl, Peter (Sohn): 237
Kühl, Peter-Jacob: 237
Kühl (geb. Meyer), Wiebke Catharina: 236

Kuhlmann, Diedrich: 339
Kuhlmann (geb. Hans(s)en), Heinke: 256, 339
Kuhlmann, Johann Matthias: 256, 309, 338
Laarsen, Knuth: 42
Lahrsen, Daniel Wilhelm: 213
Landmann, Johann: 256
Lange, Jochim Matthies: 47
Langen (von), Johann Friedrich: 65, 66, 238
Lempfert, Carl Georg Friedrich: 181
Lempfert, Hinrich: 181, 202
Lempfert, Jacob Hinrich: 180-183
Lempfert, Johann Hartwig: 181-183
Lempfert, Peter Friedrich: 181, 200, 204, 279, 405, 455
Lessing, Gotthold Ephraim: 185, 212, 275, 294, 308
Lienau (geb. Woldsen, verw. Sibink), Agatha Maria: 132
Lienau, Claus (Commerzrat): 131, 132, 169
Lienau (geb. Ovens, verw. Voss), Dorothea Elisabeth: 132
Lienau, Marx Hinrich: 245, 309
Lienau, Peter Friedrich (Nordhastedt): 132, 245, 270
Lindemann, Casper: 153, 247, 254, 361, 370, 381, 398, 418
Lindemann, Casper „Ohm": 309
Lindemann, Conrad Hinrich: 25, 239, 254
Lindemann, Detlef: 113, 240
Lindemann, Hermann: 445
Lindemann, Marten: 240, 245
Lindemann, Paul: 44, 78, 240
Lösch, Claus: 334
Loose, Jacob: 252
Lornsen, Uwe Jens: 427
Lorsignac (General): 323-325
Lowtzow (von), Carl Friedrich: 169, 171
Lucht, Claus: 111
Lucht, Jürgen: 334
Lütjens, Antje: 256
Lütjens, Hinrich: 109
Lütjens, Jochim: 256
Lüttichau (von), Caesar Laesar: 29, 66
Lüttichau (von), Hans Helmuth: 29
Lützow: 378

Maassen, Claus: 191
Macke, Jacob: 24
Martens, Boje: 193, 194
Martens, Maas: 211
Martens, Ulrich: 181
Marxen, Claus: 243
Marxen, Marx: 33, 39, 40, 78, 103, 104, 114, 116, 146, 163, 238, 242, 255, 270
Marxen (geb. Dun(c)ker), Gretje: 103
Matthiessen, Hinrich Nicolaus: 199, 420
Matthiessen, Johann Nicolaus: 420
Matthiessen, Nicolaus: 418, 420
Meier, Anna Beata: 422
Meier, Carsten Johann: 422
Meier, Claus Romberg: 422
Mendelssohn-Bartholdy, Felix: 9
Messner, Georg: 226
Messner Jacob Bendix: 226, 399, 412, 413
Messner, Johann Nicolaus: 215, 217, 220, 221, 226, 456
Messner, Johann (Pastor): 152, 226
Messner, Peter Bendix: 213, 226, 399
Messner, Dr. Peter Matthias: 190, 213, 215, 384, 411
Metternich: 351
Meyer (geb. Wiese), Anna Elisabeth: 65
Meyer, August Hinrich: 65, 238, 239, 255, 256, 361
Meyer (geb. von der Wisch), Charlotte Adelheid: 65
Meyer, Hans: 233
Meyer, Hinrich: 236
Meyer, Johann Friedrich Christian: 66, 238, 239, 250, 270
Michaelsen, Dr. Hans Jürgen: 443
Michaelsen (geb. Dührsen), Johanna Henriette: 443
Mikkelsen, Mats: 209
Möller, Christian Peter: 244
Möller, Jacob: 98-100, 360, 389, 403
Mohr, Johann Hinrich: 337
Moldenit, Claus: 217-220, 279
Moldenit, Diedrich: 218
Moldenit, Diedrich Göttsche: 217, 219, 220
Moldenit, Johannes: 219

Moltke (von), Adam Gottlob: 28, 62
Moltke (von), Caspar Hermann Gottlob: 28, 66
Moltke (von), Christian Magnus Frederik: 28
Montgolfier, Gebr.: 110
Montesquieu: 83
Mozart, Wolf. Amad.: 9
Mügge (geb. Jacobsen), Anna Margaretha: 76
Mügge, Johann (d.J.): 71-73, 75
Mügge, Johann (d.Ä.): 73
Müller, Georg Leonhard: 420
Müller, Theodor: 286
Münster, Diedrich: 252
Münster, Karsten: 176
Mundt, Nicolaus Hinrich: 286
Mummelthey, Hans Hinrich: 238, 239, 243, 251, 270
Mummelthey (geb. Kühl), Margaretha Elisabeth: 243
Mummelthey, Peter Hinrich: 243
Nachtigall, Schmiede (Nordhastedt): 244
Nelson, Horatio: 227, 461
Neumeister, Erdmann: 308
Neve, Jürgen: 251
Niebuhr (geb. Behrens), Amalie: 170
Niebuhr, Barthold Georg: 60, 107, 170, 318, 381, 382, 384-388, 464
Niebuhr, Carsten: 158, 170, 175, 226, 381-387, 389, 390, 464
Niebuhr, Christina Dorothea: 384, 386
Niebuhr (geb. Hensler), Luise: 382
Niemann (von): 327
Niß, Hanß: 147
Nissen, Nis R.: 87
Nottelmann, Trienke: 233
Numsen, Christian Friedrich: 42
Numsen (von), Michael: 42
Österreich (von), Maria Theresia: 398
Offenhusen, Harder: 99, 158, 423, 450
Offermann, Antje: 250
Offermann, Hans: 168, 247, 270, 281, 454
Offermann (geb. Harders), Margaretha: 13, 168, 247, 281
Offermann, Peter: 247-250, 408
Offermann, Peter Johann: 249, 250
Offermann, Timm: 250

Offermann (geb. Rolfs), Trien Margreth: 249
Offermann (geb. Lindemann), Wiebke: 247, 249, 250
Ohlen, Hans: 246
Ohrt, Hegereuter: 409
Olshausen, Justus: 384
Olter, Wilhelm: 24
Ottens, Johann Matthias: 315
Ottens, Johanna Margaretha: 316
Ovens, Johann Adolf: 132
Ovens, Jürgen: 132
Parish, David: 304
Parish, John: 304, 404
Parker, Hyde: 227
Paulsen (geb. Harders), Antje: 256
Paulsen, Christian Hinrich: 171
Paulsen (geb. Johannsen), Dorothea Amalia: 179, 260, 317
Paulsen (geb. Rolfs), Elsabe: 373
Paulsen, Hans Jacob: 78, 147, 241
Paulsen, Johann: 256
Paulsen, Johann (Pastor): 432
Paulsen, Johann Friedrich: 221
Paulsen, Maas Peter: 179-181, 201, 202, 260, 266, 317, 370, 409, 414, 417, 422, 423, 432
Paulsen, Paul (Landvogt): 171
Paulsen, Paul (Hedwigenkoog): 373
Paulsen, Rittmeister/Major: 29, 42
Paulsen, Wilhelm August Nicolaus: 179, 423
Pavonarius, Christian Adam: 164
Pavonarius, Christian Hinrich: 164
Pavonarius, Johann Bernhard: 164
Peters (geb. Harms, verw. Vagt), Abel: 455
Peters (geb. Christopher, verw. Wohld), Agnetha: 235
Peters (geb. Schott), Anna Elsabe: 129
Peters (geb. Rohde), Antje: 235
Peters (geb. Boeckmann), Catharina Paulina: 403
Peters (geb. Homann), Chriatiane Magdalene: 464
Peters, Claus (Fiel): 19
Peters, Claus (Nordhastedt): 29, 81, 242, 270
Peters, Claus (d.J.): 252
Peters, Claus (Westerwohld): 242
Peters, Eduard: 464
Peters, Hans (Landstr.): 246
Peters, Hans (Meiereistr.): 250
Peters, Hartwig: 403
Peters, Jacob: 235, 237, 247, 250, 270, 335, 336, 340, 361
Peters, Jacob Diedrich: 129
Peters, Johann (Brunsbüttel): 118
Peters, Johann (Nordhastedt): 241, 246, 270, 422, 423
Peters, Jürgen Christopher: 237, 334-336, 340, 341
Peters, Marx (d.Ä.): 78, 241, 246, 251
Peters, Marx (d.J.): 251
Peters, Nanny Christine Pauline: 402, 403, 464
Peters, Nicolaus: 291, 458
Peters, Peter (Elpersbüttel): 76, 77, 435
Peters, Peter (Tellingstedt): 259
Peters, Peter (Meldorf): 455
Peters, Peter Vogt: 81
Peters (geb. Thiessen), Susanna: 235
Peters, Ties: 250
Peters, Timm Christian: 251
Peters (geb. Jacobsen), Wiebke Catharina: 77
Petersen, Hans: 336, 338, 344, 362, 380, 381, 395, 415, 433
Petersen, Johann: 306
Petersen, Rittmeister: 40
Petersen, Thomas: 104, 115-117
Piehl, Hinrich Christian (d.J.): 67, 155, 293, 410, 411
Piehl, Hinrich Christian (d.Ä.): 67, 430
Piehl (Landesgevollmächtigter): 292
Pieper, Niclas: 256
Plessen (von), Kammerherr: 59
Ploog, Johann: 252
Polidori, John William: 398
Popp, Claus Johann: 250, 251
Popp, Peter: 250
Postel, Andreas: 399
Postel, Heinrich: 399
Postel, Johann Detlef Andreas: 399
Postel, Wilhelmine: 399
Preußen (von, geb. von Schl.-Holst.-Sonderb.-Aug.), Auguste Victoria: 210, 456
Preußen (von), Friedrich II.: 9, 186, 209

Preußen (von), Friedrich Wilhelm III.: 348
Preußen (von), Luise: 297
Preußen (von), Wilhelm II.: 62, 210, 456
Puls, Johann: 94, 452
Propst, Christian: 24, 85, 104, 113
Rabe, Hans Hinrich (Meldorf): 321
Rabe, Hans Hinrich (Süderholm): 334
Rahbek, Claus Olrog: 405
Rahbek (geb. Knölck), Elisabeth: 405
Rahe: 72
Rasmus, Hans: 220
Rasmus (geb. Bilden, verw. Carl, verw. Boje), Ingeborg: 286
Rasmus, Paul: 286
Regen, Marc: 275
Reimarus, Johann Albert Heinrich: 163, 164, 355
Reimarus (geb. Hennings), Sophie Christina Louise: 163, 355
Reimers, Hinrich Christian: 285
Reimers, Jacob: 285
Reimers, M.H.: 113
Reimers, Maas: 284, 285
Reimers, Reinhold: 285
Reinke (Schuster): 321
Remmers (Renner), August: 60
Remmers, Carl Anton August: 202, 266
Remmers, Johann Athen: 58, 60, 138, 141, 159, 202, 266, 279
Reuß, Jeremias Friedrich: 134
Revenstorff, Johann: 97
Reventlow (von), Cay Friedrich: 187, 257, 343
Reventlow, Familie: 166
Reventlow (von), Fritz Graf: 343, 344, 385
Rheder (von, geb. von Ötken), Dorothea Helena: 66
Rheder (von), Johann Christian: 66
Rheder (von), Michael Peter: 66
Reuter, Fritz: 331
Rietz, Dr. Walter: 321
Rink, Johann Jacob: 118, 332
Robespierre: 312
Rönnfeldt, Hans: 245
Rohde (geb. Schlüter), Antje: 103
Rohde, Boje: 47-49, 89, 178, 202, 279, 285, 286, 404

Ro(h)de, Boje Nicolaus: 334
Rohde, Carsten: 85
Rohde, Claus: 236
Rohde, Hans Peter: 280
Rohde, Hof: 243
Rohde, Johann Peter: 280
Rohde (geb. Boje), Magdalena Dorothea: 48
Rohde, Peter Jacob: 280
Rolfs (geb. Harders), Anna Magdalena: 23, 179, 230, 373, 414
Rolfs, Claus: 173
Rolfs, Detlef: 230, 372, 414
Rolfs, Familie: 260
Rolfs, Maas (d.Ä.): 230
Rolfs, Maas (d.J.): 372
Romana (de la), Pedro Caro Marquis: 317, 318
Romberg (geb. Paulsen), Anna Beata: 180, 422
Romberg (geb. Pape), Catharina: 229
Romberg, Claus: 173, 179, 180, 230, 421, 422
Romberg (geb. Harders), Margaretha: 12, 23, 180, 229, 230
Romberg, Melchert: 229
Romberg, Melchert Hinrich: 229
Rousseau, Jean-Jacques: 9
Ruge (geb. Schlüter), Elsche: 237
Ruge, Hans: 237, 252, 270, 334, 335, 340, 341
Ruge, Johann Höft: 237
Ruge, Jürgen (d.Ä.): 237
Ruge, Jürgen (d.J.): 252
Ruge, Jürgen (Bennewohld): 334
Ruge, Mich(a)el: 245, 251
Ruge (geb. Peters), Telsche: 237
Rumohr (von), Johann Rudolf: 93, 96, 452
Rumohr (von, geb. Buchwaldt), Benedicta Margaretha: 93, 96, 452
Russ, Stopher: 377
Russland (von), Alexander (Zar): 300
Russland (von), Elisabeth (Zarin): 38
Russland (von), Katharina (Zarin, d. Große): 39, 43, 75
Russland (von), Paul: 43
Russland (von), Peter (Zar, d. Große): 38
Salchow, Christoph Friedrich Georg Joachim: 212, 370
Salchow, Gustav Adolph Franz: 212

Salchow, Prof. Dr. Ulrich Christoph: 191, 212, 214, 286, 370
Sattler, Bernhard Hinrich: 384
Schaaf, Hans Christian: 47
Scharbau, Landbäckerei: 246, 247, 440
Scharffenberg, Kirchspielvogt: 169
Schelhorn (Schillhorn), Johann: 11, 102
Schelhorn (geb. Puls), Anna Barbara: 13
Schelhorn, Hans: 13
Schelhorn, Hans Hinrich: 102
Schelhorn, Marx: 11, 13, 14, 102
Schildt, Claus: 218
Schiller (von), Johann Christoph Friedrich: 68, 153, 287, 379
Schimmelmann (von), Ernst Heinrich: 264, 288, 331, 344
Schimmelmann (von), Heinrich Carl: 264, 331
Schladetsch, Christian: 242, 309
Schladetsch, Hans: 309
Schladetsch, Paul Hinrich: 242, 270
Schladetsch, Thede: 240, 309
Schlesw.-Holst.-Sonderburg-Augustenburg (von), Herzog Friedrich Christian: 125
Schlesw.-Holst.-Sonderburg-Augustenburg (von), Friedrich (Enkel): 125
Schlesw.-Holst.-Sonderburg-Augustenburg (von, geb. von Dänemark), Luise Auguste: 125
Schlömer (Kirchspielvgt, Lieth): 76
Schlüter, Claus: 251, 252
Schlüter, Hans: 250
Schlüter, Henning (d.Ä.): 19, 45, 103, 131, 243, 400, 401
Schlüter, Henning (d.J.): 242, 243, 270, 334, 361, 422, 423
Schlüter, Hermann Stephan: 467
Schlüter, Hinrich: 256
Schlüter (geb. Marxen, später verh. Thomsen), Magdalena: 243, 442
Schlüter, Reimer (d.Ä.): 19, 78, 81, 242
Schlüter, Reimer (d.J.): 361, 442, 467
Schlüter (geb. Thedens), Telsche Christina: 467
Schlüter (geb. Thedens), Trienke: 103
Schmedtje, Willy: 164
Schmidt (geb. Engel), Anna Elsabea Dorothea: 328
Schmidt (geb. Halkens), Anna Dorothea: 437, 456
Schmidt, Jochim: 281
Schmidt, Johann Hinrich: 328
Schmidt, Maas (d.Ä.): 281, 284
Schmidt, Maas (d.J.): 281
Schmidt, Peter: 328
Schmidt, Thomas Ludwig: 219, 437, 456
Schott, Johann Georg (d.Ä.): 127-129, 135, 136, 138, 141, 142, 399, 453
Schott, Johann Georg (d.J.): 129
Schott, Nicolaus Conrad: 128
Schott, Peter Nicolaus: 129
Schramm, Carsten: 253
Schramm, Johann Hinrich: 252
Schramm (geb. Diener), Trienmargareth: 253
Schramm (geb. Bornholdt), Wiebke: 252
Schröder, Claus: 359
Schröder, Henning Friedrich: 319, 320
Schröder, Hinrich: 148, 250, 251
Schröder, Hinrich Friedrich: 204
Schröder (geb. von Holten), Margaretha: 204
Schröder, Peter (Fiel): 72
Schröder (geb. Offermann), Trienke: 250, 251
Schütt, Claus: 244, 250
Schult, Johann: 254
Schumacher, Georg Friedrich: 365
Schulz, Johann Friedrich: 281
Schulz, Leopold: 281
Schwarz, Nicolaus Diedrich: 220
Scriver, Peter: 80
Selmer (Rendsburg): 394
Seume, Johann Gottfried: 308
Seve (de), Leutn.: 27
Severin, Johann: 112
Shakespeare, William: 70
Shelley, Mary: 398
Siel, Hans: 251
Sievers (von), Georg Joachim Johann: 171
Sievers, Schmiede (Nordhastedt): 244
Silhouette (de), Etiènne: 290
Sodtfeldt (Hebamme): 127
Söth, Johann: 239, 256, 261
Soltau, Otto: 239, 310
Somm-Helmcke (von), Johann Reinhold: 321

Somm-Helmcke (von, geb. Hasse), Sophia Elsabe: 321
Sonnlad, David: 284
Stam(m)erjohann, Ties: 247
Stammerjohann (geb. Peters), Ann-Malehn: 253
Stammerjohann, Hinrich: 253
Stammerjohann, Thies: 241, 247, 253
Stammerjohann, Thies Hans: 253
Stange, Hof: 251
Stein, Dr. Dietrich: 175
Stein (auch Steen, la Mothe), Carl: 278
Steinfeld, Eberhard: 45
Steinfeld, Johann Georg: 45
Stevens, Henrik August: 28
Stiel, Hinrich: 252
Stifter, Adalbert: 379
Stoffers, Hinrich: 252
Stoffers, Jochim Hinrich: 252
Stoffers (geb. Siel), Wiebke: 252
Stoker, Bram: 398
Stolberg (auf Gut Emkendorf): 166
Stolberg (zu), Friedrich Leopold Graf: 379
Storm, Theodor: 20, 177, 212, 370, 451
Struck, Heinrich Christian: 112
Struensee, Adam: 134, 135, 139, 208, 210, 305, 380
Struensee, Johann Friedrich: 28, 62, 69, 124-126, 134, 185, 208-210, 214, 217, 380, 455, 459
Strufe, Johann: 246, 255
Suhl, Havemann: 420
Teichmann, Johann Christian: 48, 402
Telemann, Georg Friedrich: 163
Tetens, Johann Nicolaus: 91, 275, 291, 293
Tettenborn (von), Friedrich Karl Freiherr: 348-350, 354, 360, 367, 462
Thedens, Gustav Hermann: 467
Thedens, Hans: 11, 12
Thedens, Hinrich: 250, 309, 310, 361, 467
Thedens, Karsten: 85
Thedens, Thede: 11, 85, 400
Thiessen (geb. Jacobsen, später verh. Peters), Anna Elsabe: 76, 435
Thiessen (geb. Thiessen), Anna Margarethe Elsabe: 413
Thiessen (geb. Jebens), Antje: 412, 413

Thiessen (geb. Marxen), Antje: 243
Thiessen, Christopher: 81, 241, 243, 251, 270
Thiessen, Claus: 103, 235, 321, 412, 413
Thiessen, Claus (d.J.): 413, 417
Thiessen, Detlef: 246, 247
Thiessen, Hans (Meldorf): 76, 103
Thiessen, Hans (Sarzbüttel): 76, 103, 322, 400, 412, 420, 434
Thiessen, Hans (Schafstedt): 286
Thiessen, Johann: 13, 246
Thiessen, Johann Matthias: 169, 203, 218
Thiessen, Johann Peter: 143
Thiessen, Matthias: 323, 413
Thiessen, Otto: 413
Thiessen, Peter (Wennbüttel): 103
Thiessen, Peter (Meldorf): 323
Thiessen (geb. Groth), Telsche: 81, 243
Thiessen, Thede: 103
Thiessen-Vehling, Familie: 251, 252
Thomsen, Andreas: 113
Thomsen (geb. Dührsen), Anna: 113
Thomsen, Anna Catharina: 445
Thomsen, Jacob: 113
Thomsen, Marx: 168, 243, 442
Tiedemann, Jürgen: 323, 324, 434, 460
Tiessen-Hof (Nordhastedt): 237, 242
Timm (geb. Horn), Anna Magdalena: 245
Timm, Hans: 241
Timm, Marx: 241, 245
Timm, Nicolaus: 93
Timm (geb. Horn), Trienke: 253
Timmermann, Johann: 226
Timmermann, Johann Friedrich: 226
Tödt (auch Teut), Timm: 255
Tödter, Peter: 239
Tomsen, Hans: 116
Trede, Jochim: 244
Tresenreuter, Johann Ulrich Christoph: 159, 162, 212, 219, 230, 454
Türk, Johann Carl David: 285
Tussaud, Madame: 120
Vagt, Jürgen (d.J.): 327, 455
Veers, Hans: 241
Vernon, James: 223
Vieth (Vögte): 171

Vollmar, Andreas: 155, 156
Vollmar, Hieronymus: 155
Vollmar (geb. Peters), Margaretha Elisabeth: 155
Volquartsen, Carsten: 129
Volquartsen (geb. Bartels, verw. Schott), Cathrin Dorte: 129
Voss (geb. Pavonarius), Adelheit Catharina: 164
Voss, Christoph: 132, 163, 306
Voss, Hans: 212
Voss, Hinrich Johann: 155, 163-165, 173, 184, 225, 258, 380
Voß, Johann Christian: 256, 257
Voss, Johann Heinrich: 155, 166, 185
Voss, Martin: 163, 219
Voss, Martin Gottlieb: 225
Voß, Matthies: 257
Vringhy (de), Lacombe: 223
Wasmer, Hinrich: 158
Weber, Johann Adam Anton: 219
Wellington: 317, 461
Westedt, Albrecht Friedrich Leopold: 442, 445
Westedt (geb. Griebel), Juliane Caroline: 445
Westphalen, Matthias: 95, 409
Wichern, Johann Hinrich: 382
Wichmann, Christian: 323
Wichmann, Christian (Landesgev.): 437
Wichmann, Hargen: 437
Wichmann (geb. Halkens), Margaretha: 437
Widdrich, Matthies: 81, 251, 252, 253
Wieck, Claus: 259
Wiese, Ernst Christian: 255
Wiese, Johann: 173, 175, 177, 184, 451
Wilckens, Boje: 104, 165
Wilckens (geb. Harders, später verh. Jacobsen), Catharina: 104, 165

Wilckens (geb. Voss), Charlotta Amalia: 165, 225
Wilckens, Jacob (d.Ä.): 104, 184
Wilckens, Jacob (d.J.): 165, 225
Wilckens, Johann Matthias August: 184
Wilckens (geb. Harders), Magdalene Boje: 184
Wilckens (geb. Harders), Margaretha: 104
Winterstedt (von), Baron Schenck: 27, 32, 210
Wisch (von der, geb. von Ahlefeldt), Elisabeth Dorothea: 65
Wisch (von der), Friedrich Christian: 65
Wisch (von der), Johann : 42, 65, 239, 261
Wischmann, Johann: 256, 335, 336
Witt, Christian: 328
Witt, Claus Groth: 200
Wittmaack, Claus: 255
Wittmaack, Hans: 163
Wittmaack, Marx: 78, 163, 174, 254-256, 337, 353, 398
Witzel (geb. Lacroix), Anna Elsabe: 280
Witzel, Reinhard Diedrich: 279, 280
Witzendorff (von), Friedrich August Wilhelm: 127
Wohld, Claus (Nordhastedt): 274
Wohld, Marten Hinrich: 78, 235, 237, 259, 270, 274, 275
Wohl(d)t, Claus (Kirchspielvogt): 419, 420
Wohl(d)t, Peter Bendix: 418-420
Wohlt, Daniel: 259
Wohlt, Johann: 259
Wohlt (geb. Hedde), Margaretha Dorothea: 259
Wohlt, Marx: 458
Wolf, Heinrich: 99, 112, 191, 207
Wolter, Hans: 420
Wulff, Johann Ludwig: 316
Wulfsdorf, Conrad: 48, 321
York, Junker: 249

Literaturnachweis

1. Allen, C.F.: Geschichte des Köngreichs Dänemark, 2. deutsche Auflage, Kiel 1846
2. Ast-Reimers, Ingeborg: Landgemeinde und Territorialstaat (Quellen und Forschungen zur Geschichte Schleswig-Holsteins Band 50), Karl Wachholtz Verlag Neumünster 1965
3. Benzler, G.S. (Churhannöverischer Ober-Deichgraf im Herzogtum Bremen): Lexicon der beym Deich- und Wasserbau auch beym Deich- und Dammrecht vorkommenden fremden und einheimischen Kunstwörter und Ausdrüke, Zweyter Band, Leipzig 1792
4. Bolten, Johann Adrian: Dithmarsische Geschichte, Flensburg u. Leipzig 1781
5. Brandt, Otto: Geistesleben und Politik in Scheswig-Holstein um die Wende des 18. Jahrhunderts, Deutsche Verlagsanstalt Stuttgart, 1925
6. von Cronhelm, Friedrich Detlef Carl: Corpus Constitutionem Regio Holsaticum, Band 2, Altona 1751
7. Eggers, Emil August Friedrich: Beyträge zu neuen Erfahrungen der Rechts- und Gesetzkunde oder Jahrgänge der Rechtspflege bey den Holsteinischen Obergerichten – Jahrgang 1795, bei Johann Friedrich Hammerich, Altona 1797
8. Falck, Dr. Nikolaus: Handbuch des Schleswig-Holsteinischen Privatrechts, Band 2, bei Johann Friedrich Hammerich, Altona, 1831
9. Fiebig, Eva Susanne u. Schlürmann, Jan (Herausgeber): Handbuch zur Nordelbischen Militärgeschichte, Husum Druck- und Verlagsgesellschaft mbH& Co KG, 2010
10. Frohriep, Monika: Vom Postwagen zur Eisenbahn – Kleine Verkehrsgeschichte Schleswig-Holsteins im 19. Jahrhundert, Westholsteinische Verlagsanstalt Boyens GmbH & Co KG, Heide 1998
11. Gebhardi, Ludwig-Albrecht: Allgemeine Welthistorie 33. Theil – Geschichte der Königreiche Dänemark und Norwegen, Halle 1770
12. GEO-Epoche Nr. 37 – Die deutsche Romantik, Gruner + Jahr, 2009
13. Gietzelt, Martin (Redaktion): Geschichte Dithmarschens, Verlag Boyens & Co, 2000
14. Grant, James: British battles on land and sea, Cassell & Comp. Ltd. ,London 1873
15. Hanssen, Jacob & Wolf, H.: Chronik des Landes Dithmarschen, Langhoffsche Buchdruckerei Hamburg 1833
16. Harms, Dr. Claus: Lebensbeschreibung; Akademische Buchhandlung Kiel, 1851
17. Hennings, August: Der Genius der Zeit – Ein Journal, erschienen bei Hammerich, Altona 1794
18. Hoffmann, Gabrielle: Die Eisfestung – Hamburg im kalten Griff Napoleons, Piper Verlag, 2012
19. Jensen, Hans Nicolai Andreas und Michelsen, Andreas Ludwig Jacob (Hrsg.) - Schleswig-Holsteinische Kirchengeschichte – nach hinterlassenen Handschriften von H.N.A. Jensen, vierbändig erschienen bei Ernst Homann, Kiel 1873-1879
20. Jensen, Jürgen: Meldorf in alter Schönheit – DenkMale seiner 750-jährigen Geschichte, Boyens Buchverlag 2013
21. Jestrzemski, Dagmar: Altonas Blütezeit und ihr jähes Ende – Die Reederei Hinrich Dultz 1756-1807, Convent Verlag Hamburg, 2000

22. Johnsen, Wilhelm: Bauern, Handwerker, Seefahrer, Verein für Brunsbüttler Geschichte, Brunsbüttel 1961
23. Kamphausen, Alfred; Nissen, Nis Rudolf; Rietz, Walter (Herausgeber): 700 Jahre Meldorf, Westholsteinische Verlagsanstalt Boyens & Co, 1965
24. Kamphausen, Alfred: Meldorf – Gesicht und Wandel einer alten Stadt, Westholsteinische Verlagsanstalt Boyens & Co, 1953
25. Kienitz, Dieter: Der Kosakenwinter in Schleswig-Holstein 1813/14, Verlag Boyens und Co., 2000
26. Kier, Otto: Über die auf der Capitulationsacte vom Jahre 1559 beruhenden Steuerverhältnisse Dithmarschens – aus: Jahrbücher für die Landeskunde der Herzogtümer Schleswig, Holstein und Lauenburg, Kiel 1861
27. Klöffler, Martin: Hamburg 1813-14 – Die Bewährungsprobe einer provisorischen Befestigung, Dresden 2013 (Napoleon-online)
28. Kobbe, Peter von: Schleswig-Holsteinische Geschichte vom Tode des Herzogs Christian Albrecht bis zum Tode Königs Christian VII. (1694-1808), gedruckt bei Johann Friedrich Hammerich, Altona 1834
29. Krumm, Johannes: Der schleswigholsteinisch-dänische Gesamtstaat des 18. Jahrhunderts (1721-1797), Verlag J.J. Augustin, Glückstadt 1934
30. Kühn, Hans Joachim: Die Anfänge des Deichbaus in Schleswig-Holstein, Verlag Boyens & Co, Heide 1992
31. Lange, Ulrich (Herausgeber): Geschichte Schleswig-Holsteins – Von den Anfängen bis zur Gegenwart, Wachholtz-Verlag Neumünster 1996
32. Lohmeier, Dieter; Schmidt-Tollgreve, Urs; Trende, Frank (Herausgeber): Heinrich Christian Boie – Literarischer Mittler in der Goethe-Zeit, Boyens Buchverlag, 2008
33. Looft-Gaude, Ulrike: Vom Ziehbrunnen zum Wasserbeschaffungsverband – Wasserversorgung und Abwasser in Meldorf vom 16. Jahrhundert bis heute, aus Zeitschrift Dithmarschen 1/1988
34. Lübkert, Dr. Johann Heinrich Bernhard; Bertram, Johann Friedrich - Versuch einer kirchlichen Statistik Holsteins, Glückstadt 1837
35. Meldorfer Gelehrtenschule 1540-1990 – Eine Gemeine Schole for de Joget des gantzen Landes, Verlag Boyens & Co., 1990
36. Mencken, F.E. (Herausgeber): Dein Dich zärtlich liebender Sohn – Kinderbriefe aus sechs Jahrhunderten, Heimeran, 1966
37. Michelsen, Andreas Ludwig Jacob: Urkundenbuch zur Geschichte des Landes Dithmarschen; gedruckt bei Johann Friedrich Hammerich, Altona 1834
38. Momsen, Ingwer Ernst: Die allgemeine Volkszählung in Schleswig-Holstein in dänischer Zeit (1769-1860), Wachholtz-Verlag, Neumünster 1974
39. Niemann, August: Schleswig-Holsteinische Vaterlandskunde, Zweiter Band: Landwirtschaftliche Nachrichten aus Dithmarschen, Friedrich Perthes Hamburg, 1802
40. Nissen, Nis R. (Herausgeber): Süderdithmarschen 1581-1970, Westholsteinische Verlagsanstalt Heide, 1970 – darin besonders: Witt, Reimer: Die Verwaltung Süderdithmarschens – Entwicklung und Besonderheiten 1559-1900
41. Petersen, Hans-Peter, Scherreiks, Sandra: Mühlengeschichte Dithmarschens, Boyens Buchverlag, 2006

42. *Petersen, J.A.: Wanderungen durch die Herzogtümer Schleswig, Holstein und Lauenburg, Kiel 1839*
43. *Philipps, Carolin: Königin Caroline Mathilde von Dänemark – Die Geliebte des Leibarztes; Piper Verlag, München 2005*
44. *Ramm, Heinz: Schenefeld in Mittelholstein – Seine Geschichte bis 1910; im Selbstverlag 1993*
45. *Rehn, Marie-Elisabeth: Juden in Süderdithmarschen – Fremde im eigenen Land; Herzogtum Holstein 1799-1858; Hartung-Gorre Verlag, 2003*
46. *Schleswig-Holsteinische Provinzialberichte – diverse Jahrgänge, ab 1787 regelmäßig in Altona erscheinend (über Google Books)*
47. *Schmidt-Lorenzen, Klaus-J.: Archiv für Agrargeschichte der holsteinischen Elbmarschen (über „arbeitskreis-geschichte.de), diverse Jahrgänge*
48. *Schulze, Heiko K.L. (Herausgeber): Der Meldorfer Dom, Westh. Verlagsanstalt Boyens & Co., Heide 1992*
49. *Schwarz, Hans Wilhelm: Adel Bauern Bürger – Lokalgeschichte und Landesgeschichte (erschienen als Rendsburger Studien Band 6 der Schriftenreihe der Gesellschaft für Rendsburger Stadt- und Kreisgeschichte e.V.), Wachholtz-Verlag 2010*
50. *Stein, Dietrich: Das Leben des Tagelöhners Johann Wiese – Eine Geschichte aus Landvogt Boies Zeit, Westholsteinische Verlagsanstalt Boyens & Co, 1993*
51. *Stoob, Heinz: Geschichte Dithmarschens im Regentenzeitalter, Westholsteinische Verlagsanstalt Boyens & Co, 1959*
52. *Thiessen, Wilhelm: Wappen und Siegel aus Dithmarschen, Westholsteinische Verlagsanstalt Boyens & Co. Heide 1964*
53. *Vaupell, Otto Frederik: Den danske haers historie til nutiden og den norske haers historie, indtil 1814, Band 2; Gyldendal, 1876 (online über archive.org)*
54. *Viethen, Anton: Beschreibung und Geschichte des Landes Dithmarschen; Hamburg 1733*
55. *Walczok, Carsten und Boehart, William (Herausgeber): Sturm über Schleswig-Holstein – Der Krieg von 1813/1814 in Schleswig-Holstein und Hamburg, Wachholtz-Verlag 2013*
56. *Weinhold, Karl: Heinrich Christian Boie – Beitrag zur Geschichte der deutschen Literatur im achtzehnten Jahrhundert, Halle 1868*
57. *Westphal, Walter: Von Bornhöved bis zur Erstürmung der Düppeler Schanzen, Books on demand GmbH, 2001*
58. *Wittich, Prof. Dr. Karl: Struensee, Verlag von Veit & Comp., Leipzig 1879*
59. *Wolf, Heinrich: Ueber die Feld-Mäuse insonderheit in Norder-Dithmarschen; gedruckt bei Dieterich Anton Harmsen, Hamburg, 1786*
60. *Zeitschrift Dithmarschen und Meldorfer Hausfreund – zahllose Artikel aus vielen Jahrgängen (aus dem Bestand des Meldorfer Stadtarchivs/Dithmarscher Landesmuseum)*

Quellennachweis

1. LAS Abt. 102 IV Nr. 177 (Süderdithmarschen) Generalvisitationen 1747-1882
2. Kirchenarchiv Me   lr. 24/1748
3. Kirchenarchiv Meldorf – Nordhastedt Sterberegister Nr. 24/1746
4. LAS Abt. 102.4 Nr. 389 (Landschaft Süderdithmarschen) Wasserflut 1756
5. LAS Abt. 65.2 Nr. 3078 (Deutsche Kanzlei Kopenhagen) Süderd. Befreiung Einquartierung 1762
6. Allemeyer, M. L.: Kein Land ohne Deich...!, Vandenhoeck & Ruprecht, Göttingen 2006, S. 356
7. Siehe Literaturverz. (Nr. 30) Kühn, H. J.: Die Anfänge des Deichbaus in Schleswig-Holstein, S. 53
8. LAS Abt. 102.4 Nr. 30 (Landschaft Süderdithm.) Kirchspielschreiberei Nordhastedt 1707
9. LAS Abt. 102.4 Nr. 430 I (Landschaft Süderdithmarschen) Kriegssachen 1758-1763
10. LAS Abt. 102 IV Nr. 627 (Süderdithm.) Besitz der Kirche NH in Norderdithm. 1651)
11. LAS Abt. 102.4 Nr. 431 I (Landschaft Süderdithmarschen) Kriegssachen 1758-1763
12. LAS Abt. 102.4 Nr. 431 I (Landschaft Süderdithmarschen) Kriegssachen 1758-1763
13. Siehe Literaturverz. (Nr. 53) Vaupell, O. F: Den danske haers historie, S. 589
14. Siehe Literaturverz. (Nr. 58) Wittich, : Struensee, S. 36
15. Siehe Literaturverz. (Nr. 53) Vaupell, O. F: Den danske haers historie, S. 576
16. LAS Abt. 102.4 Nr. 431 I (Landschaft Süderdithmarschen) Kriegssachen 1758-1763
17. LAS Abt. 102.4 Nr. 431 I (Landschaft Süderdithmarschen) Kriegssachen 1758-1763
18. LAS Abt. 102.4 Nr. 431 I (Landschaft Süderdithmarschen) Kriegssachen 1758-1763
19. LAS Abt. 102.4 Nr. 430 I (Landschaft Süderdithmarschen) Kriegssachen 1758-1763
20. Homfeldt, Paul: Das Haus Burgstraße 1 in Meldorf und seine Bewohner, Zeitschr. Dithm. 3/1979
21. Siehe Literaturverz. (Nr. 15) Hanssen, J. & Wolf, H.: Chronik des Landes Dithmarschen, S. 31
22. LAS Abt. 102.4 Nr. 431 I (Landschaft Süderdithmarschen) Kriegssachen 1758-1763
23. LAS Abt. 65.2 Nr. 3078 (Deutsche Kanzlei Kopenhagen) Süderd. Befreiung Einquartierung 1762
24. LAS Abt. 65.2 Nr. 3078 (Deutsche Kanzlei Kopenhagen) Süderd. Befreiung Einquartierung 1762

25 LAS Abt. 65.2 Nr. 3078 (Deutsche Kanzlei Kopenhagen) Süderd. Befreiung Einquartierung 1762

26 LAS Abt. 102.4 Nr. 431 I (Landschaft Süderdithmarschen) Kriegssachen 1758-1763

27 LAS Abt. 102.4 Nr. 433 I (Landschaft Süderdithmarschen) Kriegssachen 1758-1763

28 LAS Abt. 65.2 Nr. 3078 (Deutsche Kanzlei Kopenhagen) Süderdithm. Befreiung Einquartierung 1762

29 LAS Abt. 102.4 Nr. 434 I (Landschaft Süderdithmarschen) Kriegssachen 1758-1763

30 LAS Abt. 102.4 Nr. 434 I (Landschaft Süderdithmarschen) Kriegssachen 1758-1763

31 LAS Abt. 102.4 Nr. 132 (Landschaft Süderdithmarschen) Friedensdankfest 1763

32 „Geschichtliches von der Meldorfer Lustgilde", Meldorfer Hausfreund 22.03.1955, Stadtarchiv Meldorf

33 Kirchenarchiv Meldorf – Nordhastedt Sterberegister 20/1776

34 Kirchenarchiv Meldorf - Windbergen Taufregister Nr. 34/1763

35 LAS Abt. 102 III Nr. 489 (Süderdithmarschen) Nordhastedt Erledigung Kirchspielschreiberei 1716

36 LAS Abt. 102 IV Nr. 1134 (Süderdithmarschen) Nordhastedt Schule 1747-1867

37 Meld. Brandreg. p.186 „die Schule" No. 5 „des Küsters Wohnung" zwischen der Straße und Johann Sinn (p. 212), aus Stadtarchiv Meldorf

38 Meld. Brandreg. p. 85 (Rohde), 97, 98,99, 100 (alle unter Burgviertel), aus Stadtarchiv Meldorf

39 Div. Einträge im Meldorfer Brandvers.- und Umschreiberegister (ab 1741), Stadtarchiv Meldorf

40 Michaelsen, Rolf: Geschichte der Meldorfer Orgel, aus Zeitschrift Dithmarschen 1/1983

41 Michaelsen, Rolf: Geschichte der Meldorfer Orgel, aus Zeitschrift Dithmarschen 1/1983

42 LAS Abt. 102 III Nr. 489 (Süderdithmarschen) Nordhastedt Erledigung der Kirchspielschreiberei 1716

43 Siehe diverse Registerbücher Kirchenarchiv Meldorf

44 Siehe Literaturverz. (Nr. 48) Schulze, H.K.L. (Herausgeber): Der Meldorfer Dom, S. 81

45 Siehe Literaturverz. (Nr. 35) Meldorfer Gelehrtenschule 1540-1990 , S. 25

46 Siehe Literaturverz. (Nr. 35) Meldorfer Gelehrtenschule 1540-1990, S. 38

47 Siehe Literaturverz. (Nr. 35) Meldorfer Gelehrtenschule 1540-1990,   S. 41

48 Kirchenarchiv Meldorf, diverse Unterlagen

49 „Verzeichniß Allerhand Begebenheiten, so von altersher geschehen sind" in „Arbeitskreis für Wirtschafts- und Sozialgeschichte Schleswig-Holsteins", Archiv für Agrargeschichte der holsteinischen Elbmarschen 1/1987 S. 30, über www.arbeitskreis-geschichte.de

50 Philipps, Caroline: Zwischen Krone und Leidenschaft: Caroline Mathilde von Dänemark, Ueberreuter Verlag, 2003, S. 29

51 LAS Abt. 102.4 Nr. 10 (Landschaft Süderdithmarschen) Beeidigung der Beamten 1766

52 Jahrbuch des Vereins für Dithmarscher Landeskunde, 1932, S. 87 ff, iStadtarchiv Meldorf

53 „Die Abiturienten der Meldorfer Gelehrtenschule - Von Ostern 1767 bis Ostern 1910", im Bestand des Stadtarchiv Meldorf/Dithmarscher Landesmuseum

54 Staack, Hans: Christian Bütjes Ahnen, aus Zeitschrift Dithmarschen

55 Quelle: https://sites.google.com/site/ahnensucheimamteutin (herausragende Sammlung zu Wetteraufzeichnungen in Holstein, auch wenn teilweise die Quellenangaben nicht eindeutig sind, Hauptquelle laut Impressum ist „Jahrbuch denkwürdiger Naturereignisse in den Herzogthümern Schleswig und Holstein" von Christian Kuss, 1826, das ich selbst aber nicht eingesehen habe

56 Meld. Brandreg. p. 327 (unter Rosenviertel), aus Stadtarchiv Meldorf

57 Freytag, Erwin: „Neubürger in Meldorf 1574-1755", Sonderheft 3 der Schleswig-Holsteinischen Gesellschaft für Familienforschung und Wappenkunde o.V., Kiel 1983

58 Kirchenarchiv Meldorf – Nordhastedt Trauregister 10/1779 und Meldorf Trauregister 34/1779

59 LAS Abt. 66 Nr. 5796 (Rentekammer Kopenhagen) Hornvieh-Zählung 01.04.1774

60 LAS Abt. 66 Nr. 6608 (Rentekammer Kopenhagen) Generaltabellen Volkszählung 1769

61 LAS Abt. 102 III Nr. 492 Nordhastedt Gesuch des Vogts Harders um einen Adjunkten

62 LAS Abt. 102 III Nr. 492 (siehe 61) Nordhastedt Gesuch des Vogts Harders um einen Adjunkten

63 LAS Abt. 102 III Nr. 489 (Süderdithmarschen) Nordhastedt Erledigung Kirchspielschreiberei 1716

64 LAS Abt. 102 III Nr. 492 (siehe 61) Nordhastedt Gesuch des Vogts Harders um einen Adjunkten

65 Siehe Literaturverz. (Nr. 7) Eggers, E. A. Fr.: Beyträge zu neuen Erfahrungen der Rechts- und Gesetzkunde oder Jahrgänge der Rechtspflege bey den Holsteinischen Obergerichten, S. 378 ff

66 Wandsbecker Bothe vom 16. Aug 1774 (über Google books)

67 Falck, Dr. Nicolaus: Neues Staatsbürgerliches Magazin Band 5, Schleswig 1837, S. 547 ff

68 LAS Abt. 102 III Nr. 19 (Süderdithmarschen) Kirchspiele 1722-1783

69 Siehe Literaturverz. (Nr. 37) Michelsen, A.L. J.: Urkundenbuch zur Geschichte ..., S. 375

70 Nissen, Nis R.: „Führungsschichten in Dithmarschen" aus Zeitschrift Dithmarschen 3/1972

71 LAS Abt. 102.4 Nr. 286 (Landschaft Süderdithmarschen) Wolf bei Schelrade 1797

72 Tetens, Joh. Nik.: „Reisen in die Marschländer an der Nordsee zur Beobachtung des Deichbaus", Leipzig 1788, hieraus entlehnt für „Bermerkungen über die einlädischen Marschen über das Eigene ihrer verschiedenen Bezirke und den Karakter ihrer Bewohner" in „Schleswig-Holsteinische Provinzialberichte Zweiter Jahrgang zweiter Band (Viertes bis sechstes Heft)", Altona 1788, S. 359 ff (über Google Books)

73 Kirchenarchiv Meldorf – Nordhastedt Taufen Nr. 2/1711

74 Kirchenarchiv Meldorf – Nordhastedt Trauregister 4/1743

75 LAS Abt. 102 III Nr. 491 (Süderdithmarschen) Nordhastedt, durch Tod erledigte Kirchspielvogtei 1746

76 u.a. Witt, Reimer: Die Privilegien der Landschaft Norderdithmarschen in gottorfischer Zeit 1559 bis 1773, Wachholtz Verlag 1975, S. 263, in Verbindung mit Corpus Constitutionem Regio Holsatico und Bolten-Chronik (siehe Literaturverz. Nr. 6 u. 4)

77 Siehe Literaturverz. (Nr. 49) Schwarz, H. W.: Adel Bauern Bürger ..., S. 212 ff

78 Kirchenarchiv Meldorf – Nordhastedt Taufregister 31/1750

79 Kirchenarchiv Rendsburg – Schenefeld Sterberegister 128/1770

80 Hollander, Rolf: mehrbändige Dorfchronik Nordhastedt (Sammlung zahlreicher Einzelberichte)

81 LAS Abt. 102.4 Nr. 279 (Landschaft Süderdithmarschen) Jagden 1729-1741

82 LAS Abt. 102.4 Nr. 280 (Landschaft Süderdithmarschen) Verfügungen wg. Jagdbrüchen 1748

83 Hansen, Karl: Besetz- und Wolfsjagden, welche in den Jahren 1729 bis 1741 in der Landschaft veranstaltet worden, aus Zeitschrift Dithmarschen 3/1969

84 LAS Abt. 102.4 Nr. 281 (Landschaft Süerdithmarschen) Wolf bei Albersdorf 1748/49

85 LAS Abt. 102.4 Nr. 286 (Landschaft Süderdithmarschen) Wolf bei Schelrade 1797

86 LAS Abt. 102 IV Nr. 592 (Süderdithmarschen) Pastoren Nordhastedt

87 Himly, Dr. Gustav (Übersetzer): Darstellung der Grippe (Influenza) vom Jahre 1782..., Hannover 1833, u.v.a. (über Google Books Suchbegriff Influenza 1782)

88 Lorenzen-Schmidt, Klaus-J.: Ernteberichte aus dem Amt Steinburg für das Erntejahr 1782, in „Arbeitskreis für Wirtschafts- und Sozialgeschichte Schleswig-Holsteins", Archiv für Agrargeschichte der holsteinischen Elbmarschen 4/1984, S. 160 (als Dokumentenquelle dort angegeben LAS Abt. 66 Nr. 1905), über www.arbeitskreis-geschichte.de

89 Quelle: https://sites.google.com/site/ahnensucheimamteutin (herausragende Sammlung zu Wetteraufzeichnungen in Holstein, auch wenn teilweise die Quellenangaben nicht eindeutig sind, Hauptquelle laut Impressum ist „Jahrbuch denkwürdiger Naturereignisse in den Herzogthümern Schleswig und Holstein" von Christian Kuss, 1826, das ich selbst aber nicht eingesehen habe

90 Kraack, Detlev: Regionale Überlieferungssplitter als Grundlage für eine Klimageschichte Schleswig-Holsteins, in „Arbeitskreis für Wirtschafts- und Sozialgeschichte Schleswig-Holsteins", Rundbrief 110, S. 31 ff (Mai 2013), über www.arbeitskreis-geschichte.de

91 Kraack, Detlev: (siehe 90) Regionale Überlieferungssplitter ..., S. 37 (Mai 2013), über www.arbeitskreis-geschichte.de

92 Register zu den Meldorfer Kirchenbüchern, Stadtarchiv Meldorf/Dithmarscher Landesmuseum

93 Meld. Brandreg. p. 54 (unter Norderviertel), aus Stadtarchiv Meldorf

94 LAS Abt. 102 IV Nr. 594 (Süderdithm.) Gesuch der Gemeinde Nordhastedt wegen Prediger 1786

95 LAS Abt. 65.2 Nr. 3115 I (Deutsche Kanzlei Kopenhagen) Nordhastedt Pastorenwahl 1786

96 LAS Abt. 102 IV Nr. 592 (Süderdithmarschen) Pastoren Nordhastedt

97 LAS Abt. 102 IV Nr. 592 (Süderdithmarschen) Pastoren Nordhastedt

98 LAS Abt. 102 IV Nr. 592 (Süderdithmarschen) Pastoren Nordhastedt

99 LAS Abt. 102 IV Nr. 592 (Süderdithmarschen) Pastoren Nordhastedt

100 LAS Abt. 65.2 Nr. 3114 (Deutsche Kanzlei Kopenhagen) Kirchspiel Nordhastedt Allgemein 1743-1843

101 Kirchenarchiv Meldorf – Meldorf Sterberegister 2/1786 (gesondertes Buch des Hauptpastoren)

102 Zeitschrift Dithmarschen 2/1987, S. 63

103 Hansen, A.U. (Pastor zu Wandsbek): Charakterbilder, Hamburg 1858, S. 36 (über Google Books)

104 Datenbank Arbeitskreis Volkszählungen Schleswig-Holstein e.V., 1803 Heide

[105] *Quelle: https://sites.google.com/site/ahnensucheimamteutin (herausragende Sammlung zu Wetteraufzeichnungen in Holstein, auch wenn teilweise die Quellenangaben nicht eindeutig sind, Hauptquelle laut Impressum ist „Jahrbuch denkwürdiger Naturereignisse in den Herzogthümern Schleswig und Holstein" von Christian Kuss, 1826, das ich selbst aber nicht eingesehen habe*

[106] *Kirchenarchiv Meldorf – Nordhastedt Sterberegister 10/1787*

[107] *Kirchenarchiv Meldorf – Nordhastedt Trauregister 5/1788*

[108] *(siehe 105)*

[109] *Kirchenarchiv Meldorf – Heide Trauregister 6/1789*

[110] *Siehe Literaturverz. (Nr. 41) Petersen, Mühlengeschichte Dithmarschens*

[111] *Datenbank Arbeitskreis Volkszählungen Schleswig-Holstein e.V.*

[112] *LAS Abt. 11 Nr.1527 (Reg.-Kanzlei Glückstadt) Wiederaufbau Pastorat Nordhastedt 1743-1753*

[113] *LAS Abt. 102.1 Nr. 514 (Landschaft Süderdithmarschen) Kirchenvisitationen Nordhastedt 1703-1799*

[114] *LAS Abt. 65.2 Nr. 3130 (Deutsche Kanzlei Kopenhagen) Nordhastedt Schule*

[115] *LAS Abt. 65.2 Nr. 3130 (Deutsche Kanzlei Kopenhagen) Nordhastedt Brand 1741*

[116] *LAS Abt. 102.1 Nr. 514 (Landschaft Süderdithmarschen) Kirchenvisitationen Nordhastedt 1703-1799*

[117] *LAS Abt. 102.13 Nr. 271-290 (Landsch. Süderdithm.) Schuld- u. Pfandprotok. NH*

[118] *LAS Abt. 102 IV Nr. 610 (Süderdithmarschen) Baufälligkeit Kirche Nordhastedt 1741-1773*

[119] *LAS Abt. 102 IV Nr. 610 (Süderdithmarschen) Baufälligkeit Kirche Nordhastedt 1741-1773*

[120] *LAS Abt. 102.4 Nr. 126 (Landschaft Süderdithmarschen) Kirchenvisitation Nordhastedt*

[121] *LAS Abt. 102.4 Nr. 126 (Landschaft Süderdithmarschen) Kirchenvisitation Nordhastedt*

[122] *LAS Abt. 102 IV Nr. 610 (Süderdithmarschen) Baufälligkeit Kirche Nordhastedt 1741-1773*

[123] *Kirchenarchiv Meldorf – Nordhastedt Sterberegister 15/1789*

[124] *Lemke-Paetznick, Klaus: Kirche in revolutionärer Zeit – Die Staatskirche in Schleswig und Holstein 1789-1851, S. 124*

[125] *LAS Abt. 102.1 Nr. 514 (Landschaft Süderdithmarschen) Kirchenvisitationen Nordhastedt 1703-1799*

26 „Rechnung wegen Legung des Stein-damms zu Osten Meldorff vom Thor bis an den sogenandten Halkenberg" von 1749, Archivstück 382 Stadtarchiv Meldorf

27 Siehe Literaturverz. (Nr. 26) Kier, O.: Über die auf der Capitulationsacte ..., S. 324/325

28 Kirchenarchiv Meldorf – Nordhastedt Taufen Nr. 4/1794/95 (Zählung beginnt mit Start Kirchenjahr)

29 Ritter, Alexander: Gelehrter Mentor für bürgerliche Lektürekultur in der ländlichen Kleinstadt: Heinrich Christian Boie und die Lesegesellschaft in Meldorf; siehe auch Literaturverz. (Nr. 32) Lohmeier, D.; Schmidt-Tollgreve, U.; Trende, Fr. (Herausgeber): Heinrich Christian Boie – Literarischer Mittler in der Goethe-Zeit, S. 83 ff

30 Siehe Literaturverz. (Nr. 34) Lübkert u. Bertram: Versuch einer kirchlichen Statistik Holsteins, S. 535

31 Meld. Brandreg. p. 323a (unter Rosenviertel), aus Stadtarchiv Meldorf

32 Bürgerbuch Meldorf, aus Bestand Stadtarchiv Meldorf

33 LAS Abt. 11 Nr. 9018 (Reg.-Kanzlei Glückstadt) Visitationsmahlzeiten 1824-1829

34 LAS Abt. 102 IV Nr. 176 (Süderdithmarschen) Kirchenvisitationen 1792-1884

35 Meld. Brandreg. p. 222 (unter Geerviertel), aus Stadtarchiv Meldorf

36 Chronik der Kreisstadt Meldorf, Manuskript von W. Schmedtje, aus Bestand Stadtarchiv Meldorf

37 Rietz, Dr. Walter: „Beispielhafter Opfersinn Meldorfer Bürger", Artikel im Meldorfer Anzeigenblatt vom 24.09.1965, aus Bestand Stadtarchiv Meldorf

38 Meld. Brandreg. p. 435 als „das Schranken-Haus" (unter Geerviertel), aus Stadtarchiv Meldorf

39 Siehe Literaturverz. (Nr. 5) Brandt, O.: Geistesleben und Politik in Scheswig-Holstein, S. 191

140 Kirchenarchiv Meldorf – Nordhastedt Taufregister 30/1792

141 Kirchenarchiv Meldorf – Nordhastedt Taufregister 4/1794-95

142 Schleswig-Holsteinische Provinzialberichte Zehnter Jahrgang Erster Band (Erstes bis drittes Heft), Altona und Kiel 1796, S. 143 (über Google Books)

143 Schleswig-Holsteinische Provinzialberichte (siehe 142), S. 305 (über Google Books)

144 Meld. Brandreg. p. 53 (unter Norderviertel), aus Stadtarchiv Meldorf

145 Rietz, Walter: „Die „stille Nachtwache" machte „anno 1795/96" dem Landvogt manchen Verdruß" aus Zeitschrift Dithmarschen 2/1968

[146] Kirchenarchiv Meldorf – Nordhastedt Sterberegister 1/1795-96 (startet mit Beginn Kirchenjahr)

[147] LAS Abt. 102 III Nr. 492 (Süderdithm.) Nordhastedt Gesuch des Vogts Harders um einen Adjunkten

[148] LAS Abt. 102.4 Nr. 126 (Landschaft Süderdithmarschen) Kirchenvisitation Nordhastedt

[149] Siehe Literaturverz. (Nr. 50) Stein, D.: Das Leben des Tagelöhners Johann Wiese, S. 400

[150] Meld. Brandreg. p. 181 (unter Klosterviertel), aus Stadtarchiv Meldorf

[151] Verzeichnis der Gebäude des Fleckens Meldorf 1854, Archivstk. 208 Stadtarchiv Heide

[152] Kirchenarchiv Meldorf – Albersdorf Sterberegister 1796

[153] Siehe Literaturverz. (Nr. 22) Johnsen, W.: Bauern, Handwerker, Seefahrer, S. 192

[154] LAS Abt. 102.13 Nr. 271-290 (Landsch. Süderdithm.) Schuld- u. Pfandprotok. NH

[155] Thiessen, Wilhelm: Die Kirchspielvögte in Süderdithmarschen 1559-1862, Zeitschrift Dithmarschen 3/1963, S. 147/148

[156] Meld. Brandreg. p. 147 (unter Burgviertel), aus Stadtarchiv Meldorf

[157] LAS Abt. 66 Nr. 5753 (Rentekammer Kopenhagen) Viehseuche 1748-1767

[158] Kirchenarchiv Meldorf – Nordhastedt Trauregister 4/1793

[159] Zusammenhang ergibt sich indirekt über Meld. Brandreg. p. 232 und p. 248 (unter Geerviertel), im Bestand Stadtarchiv Meldorf

[160] Siehe Literaturverz. (Nr. 5) Brandt, O.: Geistesleben und Politik in Scheswig-Holstein, S. 202

[161] Christiani & Hegewisch: „Geschichte der Herzogthümer Schleswig und Holstein", Altona 1834, S. 140

[162] Siehe Literaturverz. (Nr. 28) Kobbe, P. von : Schleswig-Holsteinische Geschichte, S. 264

[163] LAS Abt. 102.1 Nr. 486 (Landschaft Süderdithm.) Protokolle Kirchengerichtsakten Meldorf 1794-1802

[164] Lorenzen-Schmidt, Klaus-J.: Die Viehseuche von 1745/1746 im Amt Steinburg, in „Arbeitskreis für Wirtschafts- und Sozialgeschichte Schleswig-Holsteins", Archiv für Agrargeschichte der holsteinischen Elbmarschen 4/1979, S. 96 ff, über www.arbeitskreis-geschichte.de

[165] LAS Abt. 102 IV Nr. 424 (Süderdithmarschen) Ruhr

[166] LAS Abt. 102.4 Nr. 419 (Landschaft Süderdithmarschen) Kriebelkrankheit 1771

67 *Siehe Literaturverz. (Nr. 59) Wolf, H.(Haupt-Pastor in Weslingbuhren): Ueber die Feld-Mäuse insonderheit in Norder-Dithmarschen, S. 46*

68 *Witthohn, Peter: Über große Mäuseplagen im Kirchspiel Wesselburen, Zeitschr. Dithmarschen 2/1989*

69 *(siehe 105)*

70 *Siehe Literaturverz (Nr. 2) Ast-Reimers, I.: Landgemeinde und Territorialstaat, S. 123*

71 *Siehe Literaturverz. (Nr. 26) Kier, O.: Über die auf der Capitulationsacte vom Jahre 1559 beruhenden Steuerverhältnisse Dithmarschens, insb. S. 307 ff*

72 *Diverse Schriftstücke zur Meentabwicklung im Stadtarchiv Meldorf*

73 *Meld. Brandreg. p. 333 (unter Rosenviertel), aus Stadtarchiv Meldorf*

74 *Meld. Brandreg. p. 174 (unter Klosterviertel), aus Stadtarchiv Meldorf*

75 *Looft-Gaude, Ulrike: „Vom Ziehbrunnen zum Wasserbeschaffungsverband", Übersichtsplan aus Zeitschrift Dithmarschen 1/1988, S. 7*

76 *Homfeldt, Paul: „Wohin mit der Meldorfer Spritze?", aus Zeitschrift Dithmarschen 1/1979*

77 *LAS Abt.11 Nr. 8889 (Reg.-Kanzlei Glückstadt) Schadenersatz Jessen wg. Meente Nordhastedt 1805*

78 *Siehe Literaturverz. (Nr. 39) Niemann, A.: Schleswig-Holsteinische Vaterlandskunde, Zweiter Band: Landwirtschaftliche Nachrichten aus Dithmarschen, S. 1 ff*

79 *Siehe Literaturverz. (Nr. 26) Kier, O.: Über die auf der Capitulationsacte ... , S. 318 ff*

80 *Schleswig-Holsteinische Provinzialberichte 1789, Dritten Jahrgangs zweiter Band, viertes Heft, S. 72*

81 *Register zu den Meldorfer Kirchenbüchern, Stadtarchiv Meldorf/Dithmarscher Landesmuseum*

82 *Meld. Brandreg. p. 83 (unter Burgviertel), aus Stadtarchiv Meldorf*

83 *Datenbank Arbeitskreis Volkszählungen Schleswig-Holstein e.V., 1803 Meldorf*

84 *Zeitschrift Dithmarschen 3/1982, S. 61*

85 *Siehe Literaturverz. (Nr. 36) Mencken, F.E. (Herausgeber): Dein Dich zärtlich liebender Sohn – Kinderbriefe aus sechs Jahrhunderten, S. 113/114*

86 *Register zu den Meldorfer Kirchenbüchern, Stadtarchiv Meldorf/Dithmarscher Landesmuseum*

87 *Zeitschr. Dithmarschen 4/1984: „Aus den Lebenserinnerungen des Peter Jacob Hedde", S. 86*

188 *Leipziger Intelligenz-Blatt 1779, Sammlung S. 90 (über google books), Ausgabe von Sonnabend, den 6 März 1779, hierin zitiert ein entsprechender Verweis auf Salchows Veröffentlichung im 5ten Bande der berlinischen Sammlungen*

189 *Meld. Brandreg. p. 139/140 (unter Burgviertel), aus Stadtarchiv Meldorf – hierbei „das Pastorat-Haus" auf p. 140 dem späteren Postamt benachbart angegeben; der Trede-Plan von 1849 zeigt das „zweite Kompastorat" ebenfalls als in der Hemmtwiete direkt westlich dem Eckgrundstück gelegen; zahlreiche Meldorfer interpretieren bislang das abgebildete Eckgrundstück als das (2.) Kompastorat (vielleicht ist es das im weiteren Verlauf des 19. Jahrhunderts auch gewesen). Aufgrund des Baustils und seiner Größe scheint es aber eher zu einem um 1800 enstandenen Gebäude in der Funktion einer Poststation zu passen. Die Schlussfolgerung, dass das abgebildete Gebäude in seiner Entstehungszeit in der ersten Hälfte des 19. Jahrhunderts als Poststation des Johann Hinrichs genutzt wurde, ist deshalb m.E. sowohl gem. Tredeplan (1849) als auch Umschreibeprotokollen zulässig und wahrscheinlicher. (siehe auch Anmerkungen zu Bild Nr. 37)*

190 *Meld. Brandreg. p. 232 (unter Geerviertel), aus Stadtarchiv Meldorf, Umschreibung auf Johann Hinrichs erfolgt zum 2. Mai 1759*

191 *Kirchenarchiv Meldorf – Meldorf Taufregister 158/1731*

192 *Datenbank Arbeitskreis Volkszählungen Schleswig-Holstein e.V. (hieraus die Adresszuordnung) in Verbindung mit der Lebenserinnerung Clasen „An meine Kinder" (anscheinend auf der Grundlage eines von mir nicht eindeutig identifizierten Originalmanuskripts aus dem Landesarchiv Schleswig-Holstein); abgedruckt auf www.mynetcologne.de/~nc-clasenhe (in diesem Manuskript auch zahlreiche andere Darstellungen Meldorfs im 19. Jahrhundert, u.a. auch Erlebnisse mit dem Albersdorfer Kirchspielvogt Jacob Diedrich Harders und dessen angeheirateter Dührsen-Verwandschaft in Meldorf)*

193 *Meld. Brandreg. p.325 (unter Rosenviertel), aus Stadtarchiv Meldorf*

194 *Schleswig-Holsteinische Provinzialberichte 1795 und 1796*

195 *Siehe Literaturverz. (Nr. 34) Lohmeier, D.; Schmidt-Tollgreve, U.; Trende, F. (Herausgeber): Heinrich Christian Boie – Literarischer Mittler in der Goethe-Zeit, S. 192*

196 *Pasche: Reisen durch die Herzogthümer Holstein und Schleswig im Jahre 1702; siehe Literatur-Verz. (Nr. 8) Falck, Dr. N.: Handbuch des Schleswig-Holsteinischen Privatrechts, Band 2, S. 318*

197 *Siehe Literaturverz. (Nr. 24) Kamphausen, A.: Meldorf – Gesicht und Wandel einer alten Stadt, S. 82*

198 *Stiftungen Meldorf, lfd. Nr. 36, aus Stadtarchiv Meldorf*

199 *Siehe Literaturverz. (Nr. 36) Mencken, F.E. (Herausgeber): Dein Dich zärtlich liebender Sohn – Kinderbriefe aus sechs Jahrhunderten, S. 114/115*

200 *Siehe Literaturverz. (Nr. 5) Brandt, O.: Geistesleben und Politik in Scheswig-Holstein, S. 306*

201 *Datenbank Arbeitskreis Volkszählungen Schleswig-Holstein e.V.*

202 *LAS Abt. 102.13 Nr. 271-290 (Landsch. Süderdithm.) Schuld- u. Pfandprotok. NH*

203 *Zeitschrift Dithmarschen 4/1984: „Aus den Lebenserinnerungen des Peter Jacob Hedde ", S. 87*

204 *Schleswig-Holsteinische Provinzialberichte 1792, Sechster Jahrgang, erster Band, zweites Heft (*

205 *Siehe Literaturverz. (Nr. 5) Brandt, O.: Geistesleben und Politik in Scheswig-Holstein, S. 323/324*

206 *LAS Abt. 102 IV Nr. 176 (Süderdithmarschen) Kirchenvisitationen 1792-1884*

207 *Siehe Literaturverz. (Nr. 56) Weinhold, K.: Heinrich Christian Boie – Beitrag zur Geschichte der deutschen Literatur im achtzehnten Jahrhundert, S. 136*

208 *Kirchenarchiv Meldorf – Nordhastedt Taufregister 25/1804*

209 *Bock-Metzner, Hans-Hermann und Denker, Walter: Ein Rand vom Riesewohld wird Knicklandschaft, aus Zeitschrift Dithmarschen 4/1988*

210 *Acta historico-ecclesiastica Band 16, Leipzig 1752, S. 703, (über google Books): (1749) „Zu Meldorf in Süderdithmarschen stellte Herr Johann von Anken, Ihro königlichen Maiestät Consistorialrath, und Kirchenprobst daselbst, seine Jubelpredigt unter dem Titel: Freudiges Denkmal der göttlichen Gnade an dem königlichen Hausero... Die Einladungsschrift des dasigen Herrn Rectors Henr. Aug. von Aken aus den Reden in der Schule führte den Titel....Nach dem Herrn Rector handelte der Herr Conrector Piper in einer lateinischen Rede....von den Schülern aber die drey ersten **Andreas Jessen**, Joh. Christ. Inselmann und David Joh. Cirsovius von dem vorzüglichen Glück Dännemarks aus der höchsten Regenten des oldenburgischen Stammes Liebe zur Tugend und besonders zur Gottesfurcht; zur Weisheit und Wissenschaften; und zum Vaterlande; und Ernst Ludwig Cirsovius machte den Schluß mit einer Aufmunterung zur Erkenntlichkeit gegen Gott, und zu inbrünstigen Wünschen auf die zukünftige Zeit."*

211 *Siehe Literaturverz. (Nr. 34) Lübkert u. Bertram: Versuch einer kirchlichen Statistik Holsteins, S. 539*

212 *Siehe Literaturverz. (Nr. 56) Weinhold, K.: Heinrich Christian Boie ... (siehe 207), S. 128*

213 *Siehe Literaturverz. (Nr. 56) Weinhold, K.: Heinrich Christian Boie ... (siehe 207), S. 127*

214 *Siehe Literaturverz. (Nr. 26) Kier, O.: Über die auf der Capitulationsacte ...*

215 *Launert, Dieter: Geschichte eines Hofes und einer Familie in Dithmarschen – Stephanus Schlüter (1813-1901), Heide 2012, S. 64 (im Bestand des Stadtarchiv Meldorf)*

216 *Siehe Literaturverz. (Nr. 39) Niemann, A.: Schleswig-Holsteinische Vaterlandskunde, Zweiter Band: Landwirtschaftliche Nachrichten aus Dithmarschen, S. 23*

217 *Niemann, August: Schleswig-Holsteinische Blätter für Polizei und Kultur, Altona 1800, 2. Bd, S. 14*

218 *Rammler, Otto Friedrich: Universal-Briefsteller, Leipzig 1848, S. 103 ff (über Google Books)*

219 *Tetens, Joh. Nik.: „Reisen in die Marschländer an der Nordsee zur Beobachtung des Deichbaus", Leipzig 1788, hierin „Bemerkungen über die einlädischen Marschen über das Eigene ihrer verschiedenen Bezirke und den Karakter ihrer Bewohner in „Schleswig-Holsteinische Provinzialberichte Zweiter Jahrgang zweiter Band (Viertes bis sechstes Heft), Altona 1788, S. 359 ff*

220 *Aus dem Bestand des Stadtarchiv Meldorf*

221 *LAS Abt. 102.4 Nr. 81 (Landschaft Süderdithmarschen) Maria Jessen wg. Injurienprozess 1794*

222 *Siehe Literaturverz. (Nr. 39) Niemann, A.: Schleswig-Holsteinische Vaterlandskunde, Zweiter Band: Landwirtschaftliche Nachrichten aus Dithmarschen, S. 27*

223 *Meld. Brandreg. p.311 (unter Rosenviertel), aus Stadtarchiv Meldorf; Datenbank Arbeitskreis Volkszählungen Schleswig-Holstein e.V., 1835 und 1840 Meldorf*

224 *Siehe Literaturverz. (Nr. 36) Mencken, F.E. (Herausgeber): Dein Dich zärtlich liebender Sohn – Kinderbriefe aus sechs Jahrhunderten, S. 113/114*

225 *Aus dem Bestand des Stadtarchiv Meldorf*

226 *LAS Abt. 102 III Nr. 127 (Süderdithmarschen) Regelung des Musikmachens*

227 *Datenbank Arbeitskreis Volkszählungen Schleswig-Holstein e.V., 1840 und 1845 Bunsoh*

228 *Aus dem Bestand des Stadtarchiv Meldorf*

229 *Tetens, Joh. Nik.: „Reisen in die Marschländer an der Nordsee zur Beobachtung des Deichbaus", Leipzig 1788, hieraus entlehnt für „Bemerkungen über die einlädischen Marschen über das Eigene ihrer verschiedenen Bezirke und den Karakter ihrer Bewohner" in „Schleswig-Holsteinische Provinzialberichte Zweiter Jahrgang zweiter Band (Viertes bis sechstes Heft)", Altona 1788, S. 359 ff*

230 *Tetens, Joh. Nik.: „Reisen in die Marschländer … (siehe 229)*

231 *Buch im Bestand des Dithmarscher Landesmuseums/Stadtarchiv Meldorf*

232 *Aus „Baierische National-Zeitung Nro. 232, München, Sonnabend, den 12. September 1807"*

233 *„Ueber die Congreveschen Raketen" aus „No. 9 Der Bote von Süd-Tyrol, Botzen, Samstag, den 30. Oktober 1813" (über Google Books)*

234 *Siehe Literaturverz. (Nr. 5) Brandt, O.: Geistesleben und Politik in Scheswig-Holstein, S. 326*

235 *Siehe Literaturverz. (Nr. 5) Brandt, O.: Geistesleben und Politik in Scheswig-Holstein, S. 327*

236 *Hansen, J.H.: Ueber einige Diakonatverhältnisse in den schleswig-holsteinischen Kirchen, aus den Schleswig-Holsteinischen Provinzialberichten 1797, erster Band, erstes Heft, S. 53*

237 *„Meldorf müßte heute 200 Gaststätten zählen..." von Alfed Kamphausen, aus Zeitschrift Dithmarschen 3/1962, aus dem Bestand Stadtarchiv Meldorf*

238 *Siehe Literaturverz. (Nr. 56) Weinhold, K.: Heinrich Christian Boie – Beitrag zur Geschichte der deutschen Literatur im achtzehnten Jahrhundert, S. 363*

239 *„Meldorf müßte heute 200 Gaststätten zählen..." von Alfed Kamphausen, aus Zeitschrift Dithmarschen 3/1962, aus dem Bestand Stadtarchiv Meldorf*

240 *„Meldorf müßte heute 200 Gaststätten zählen..." von Alfed Kamphausen, aus Zeitschrift Dithmarschen 3/1962, aus dem Bestand Stadtarchiv Meldorf*

241 *Acta historico-ecclesiastica, Band VII, S. 372 ff, auch Henke, Archiv für die neueste Kirchengeschichte, Band 2, Weimar 1795, S. 380*

242 *LAS Abt. 102 IV Nr. 177 (Süderdithmarschen) Generalvisitationen 1747-1882*

243 *„Statuten des Enthaltsamkeitsvereins gegen das Branntweintrinken cc im Kirchspiel Nordhastedt", 1845-1848, Privatbesitz*

244 *Schleswig-Holsteinische Provinzialberichte 1796, zehnter Jahrgang, zweiter Band, fünftes Heft, S. 243 („Auszug aus Marie Wollstonecraft Briefen geschrieben während eines kurzen Aufenthalts in Schweden, Norwegen und Dännemark")*

245 *Rademacher, Cay: „Hamburg unter den Franzosen" aus GEO-Epoche Nr. 37, S. 47ff*

246 *LAS Abt. 102 IV Nr. 637(Süderdithmarschen) Visitationen Nordhastedt 1808-1810*

247 *Siehe Literaturverz. (Nr. 15) Hanssen, J. & Wolf, H.: Chronik des Landes Dithmarschen, S. 391*

248 *Zeitschrift Dithmarschen 4/1984: „Aus den Lebenserinnerungen des Peter Jacob Hedde (1791-1868)", S. 87*

249 *LAS Abt. 65.2 Nr. 3118 (Deutsche Kanzlei Kopenhagen) Windbergen Pastor 1742-1828*

250 *„Der Marktplatz in Meldorf 1834" erstellt 30.09.1834 vom königl. Landmesser Franz Alfs im Zusammenhang eines Supplicandums von GH Carstens, nachgezeichnet und ergänzt von W. Thiessen Meldorf 1964, aus dem Bestand des Stadtarchiv Meldorf*

251 *Zitiert und kommentiert von Prof. Joachim Krause auf www.dithmarschen-wiki.de*

252 *Meld. Brandreg. p.6 (unter Norderviertel) „d. 20. Oct 1741" „ist dessen (Christian Wichmann) Wohnhaus..., zwischen seinen Weiden eingeschrieben" , 1788 an Matthias Thiessen (zu dieser Zeit ebenfalls keine Nachbargebäude), aus Bestand Stadtarchiv Meldorf*

253 *Siehe Literaturverz. (Nr. 42) Petersen, J.A.: Wanderungen durch die Herzogtümer Schleswig, Holstein und Lauenburg, dritte Section, S. 147*

254 *LAS Abt. 102.1 Nr. 548 (Landschaft Süderdithmarschen) Aufstand Marner Küstenmiliz 1.7.1810*

255 *Rietz, Dr. Walter: Der Meldorfer „Bürgergehorsam", Artikel in der Zeitung „Dithmarscher Land un Lüd" Nr. 59/6.8.1966, im Bestand des Stadtarchiv Meldorf*

256 *Datenbank Arbeitskreis Volkszählungen Schleswig-Holstein e.V., 1835 und 1840 Meldorf Nordervogtei*

257 *Kirchenarchiv Meldorf – Kirchenbucheinträge in diesem Zeitraum*

258 *Kirchenarchiv Meldorf – Nordhastedt Sterberegister Nr. 12/1810*

259 *Siehe Literaturverz. (Nr. 15) Hanssen, J.& Wolf, H.: Chronik des Landes Dithmarschen, S. 432 und wikipedia „C/1811 F1 (Großer Komet)"*

260 *LAS Abt. 102 IV Nr. 176 (Süderdithmarschen) Kirchenvisitationen 1792-1884*

261 *LAS Abt. 102 V Nr. 816 (Süderdithmarschen) Wege im Kirchspiel Nordhastedt 1811-1858*

262 *LAS Abt. 102 IV Nr. 1138 (Süderdithmarschen) Schule Nordhastedt/Fiel*

263 *LAS Abt. 102 IV Nr. 1134 (Süderdithmarschen) Nordhastedt Schule 1747-1867*

264 *Launert, Dieter: Geschichte eines Hofes und einer Familie in Dithmarschen – Stephanus Schlüter (1813-1901), Heide 2012, S. 51-53 (im Bestand des Stadtarchiv Meldorf)*

265 *Beeck, Hans: Zur Schulgeschichte Süderdithmarschens III, aus Zeitschrift Dithmarschen 1/1974*

266 *Launert, Dieter: Geschichte eines Hofes und einer Familie in Dithmarschen – Stephanus Schlüter (1813-1901), Heide 2012, S. 49 (im Bestand des Stadtarchiv Meldorf)*

267 *„Die Abiturienten der Meldorfer Gelehrtenschule - Von Ostern 1767 bis Ostern 1910", im Bestand des Stadtarchiv Meldorf/Dithmarscher Landesmuseum*

268 *LAS Abt. 102.13 Nr. 271-290 (Landsch. Süderdithm.) Schuld- u. Pfandprotok. NH*

269 *Datenbank Arbeitskreis Volkszählungen Schleswig-Holstein e.V., 1803 Diekhusen, Kirchspiel Marne*

270 *Siehe Literaturverz. (Nr. 5) Brandt, O.: Geistesleben und Politik in Scheswig-Holstein, S. 347*

271 *Siehe Literaturverz. (Nr. 5) Brandt, O.: Geistesleben und Politik in Scheswig-Holstein, S. 349*

272 *LAS Abt. 65.2 Nr. 3114 (Deutsche Kanzlei Kopenhagen) Kirchsp. Nordhastedt Allgemein 1743-1843*

273 *LAS Abt. 102 III Nr. 28 (Süderdithmarschen) Bauerschaftsgevollmächtigte 1763-1861*

274 *Siehe Literaturverz. (Nr. 25) Kienitz, D.: Der Kosakenwinter in Schleswig-Holstein 1813/14, S. 156*

275 *Siehe Literaturverz. (Nr. 25) Kienitz, D.: Der Kosakenwinter in Schleswig-Holstein 1813/14, S. 112*

276 *Siehe Literaturverz. (Nr. 25) Kienitz, D.: Der Kosakenwinter in Schleswig-Holstein 1813/14, S. 152*

277 *Siehe Literaturverz. (Nr. 13) Gietzelt, M.: Geschichte Dithmarschens, S. 240*

278 *Datenbank Arbeitskreis Volkszählungen Schleswig-Holstein e.V.*

279 *Peters, Hans: Erinnerungen an Kosaken in Tensbüttel im Jahre 1813, Zeitschrift Dithmarschen 1/1977*

280 *Siehe Literaturverz. (Nr. 18) Hoffmann, G.: Die Eisfestung ... S. 225, 226, 285*

281 *Kirchenarchiv Meldorf – Kirchenbuch Wöhrden Sterberegister Januar 1814*

282 *LAS Abt. 102.13 Nr. 271-290 (Landsch. Süderdithm.) Schuld- u. Pfandprotok. NH*

283 *Schmedtje, W.: Chronik der Kreisstadt Meldorf (unveröffentlichtes Manuskript, Stadtarchiv Meldorf)*

284 *Frei zitiert nach „http://www.geschichte-s-h.de/kosakenwinter": Kienitz (siehe Literaturverz. Nr. 25)*

285 *LAS Abt. 65.2 Nr. 3114 (Deutsche Kanzlei Kopenhagen) Kirchsp. Nordhastedt Allgemein 1743-1843*

286 *LAS Abt. 65.2 Nr. 3114 (Deutsche Kanzlei Kopenhagen) Kirchsp. Nordhastedt Allgemein 1743-1843*

287 *Meld. Brandreg. p. 217 (unter Klosterviertel), aus Stadtarchiv Meldorf*

288 *Meld. Brandreg. p. 217 (unter Klosterviertel), aus Stadtarchiv Meldorf*

289 *LAS Abt. 102 V Nr. 518 (Süderdithmarschen) Nordhastedt Pfuhlensee*

290 *LAS Abt. 102 II Nr. 66a (Süderdithmarschen)*

291 *Arbeitskreis Volkszählungen Schleswig-Holstein e.V. i. V. m. Meldorfer Brandregister Rosenviertel*

292 *Siehe Literaturverz. (Nr. 5) Brandt, O.: Geistesleben und Politik in Scheswig-Holstein, S. 395*

293 *LAS Abt. 65.2 Nr. 3114 (Deutsche Kanzlei Kopenhagen) Kirchsp. Nordhastedt Allgemein 1743-1843*

294 *LAS Abt. 102.8 Nr. 2 (Landschaft Süderdithmarschen) Protokolle Landesversammlungen 1811-1847*

295 *LAS Abt. 102 III Nr. 9 (Süderdithmarschen) Schuldenstand der Kirchspiele 1779-1801*

296 *Siehe Literaturverz. (Nr. 26) Kier, O.: Über die auf der Capitulationsacte ... , S. 332-336*

297 *LAS Abt. 102 III Nr. 9 (Süderdithmarschen) Schuldenstand der Kirchspiele 1779-1801*

298 Siehe Literaturverz. (Nr. 59) Wolf, H.: Ueber die Feld-Mäuse insonderheit in Norder-Dithm., S. 87

299 LAS Abt. 66 Nr. 6764 (Rentekammer Kopenhagen) Briefe Bevölkerung Süderdithmarschen 1690-1766

300 Im Bestand des Stadtarchiv Meldorf

301 LAS Abt.11 Nr. 10315 (Reg.-Kanzlei Glückstadt) Süderdith., Untersuchung wg. Missständen 1815-16

302 LAS Abt. 65.2 Nr. 3114 (Deutsche Kanzlei Kopenhagen) Kirchsp. Nordhastedt Allgemein 1743-1843

303 LAS Abt. 65.2 Nr. 3114 (Deutsche Kanzlei Kopenhagen) Kirchsp. Nordhastedt Allgemein 1743-1843

304 „Die Abiturienten der Meldorfer Gelehrtenschule - Von Ostern 1767 bis Ostern 1910", im Bestand des Stadtarchiv Meldorf/Dithmarscher Landesmuseum

305 LAS Abt. 102.8 Nr. 2 (Landschaft Süderdithmarschen) Protokolle Landesversammlungen 1811-1847

306 Niemann, August: Nebenstunden für die innere Staatenkunde, Altona 1823, S. 132

307 Harders, Magdalene: Die Albersdorfer Brandgilde von 1569 aus Zeitschrift Dithmarschen, S. 71

308 LAS Abt.11 Nr. 1527 (Reg.-Kanzlei Glückstadt) Wiederaufbau Pastorat Nordhastedt 1743-1753

309 LAS Abt. 65.2 Nr. 3130 (Deutsche Kanzlei Kopenhagen) Nordhastedt Brand 1741

310 LAS Abt.11 Nr. 1527 (Reg.-Kanzlei Glückstadt) Wiederaufbau Pastorat Nordhastedt 1743-1753

311 Meld. Brandreg. p. 86 und 88 (unter Burgviertel), aus Stadtarchiv Meldorf

312 Siehe Literaturverz. (Nr. 21) Jestrzemski, D.: Altonas Blütezeit und ihr jähes Ende

313 Korth, Dietrich: Revolutionär aus Dithmarschen: Hans Reimer Claussen, Zeitschrift Dithmarschen 3/1973

314 Schriften der Schleswig-Holsteinischen Patriotischen Gesellschaft, Erster Band, Heft II und III, Altona, bei Joh. Friedr. Hammerich 1818, „Bericht und dadurch veranlaßte Vorschläge und Gutachten über das Armenwesen in den Herzogthümern Schleswig und Holstein", S. 52ff

315 LAS Abt. 66 Nr. 7498 (Rentekammer Kopenhagen) Kirchspiel Albersdorf 1809-1846

316 Siehe Literaturverz. (Nr. 15) Hanssen, J. & Wolf, H.: Chronik des Landes Dithmarschen, S. 404

317 LAS Abt. 65.2 Nr. 3114 (Deutsche Kanzlei Kopenhagen) Kirchsp. Nordhastedt Allgemein 1743-1843

318 LAS Abt. 65.2 Nr. 3046 (Deutsche Kanzlei Kopenhagen) Süderdithm. Kirchspielvögte 1736-1847

319 LAS Abt. 102 III Nr. 493 (Süderdith.) Nordhastedt Diensteinkünfte des Vogts Harders 1824-1830

320 Johnsen, Wilhelm: Führer durch die Stadt Meldorf, S. 40 (im Bestand des Stadtarchiv Meldorf)

321 LAS Abt. 65.2 Nr. 3046 (Deutsche Kanzlei Kopenhagen) Süderdithm. Kirchspielvögte 1736-1847

322 LAS Abt. 102 Kirchspielvogtei Meldorf Nr. 372 (Süderdithmarschen) Vogtwahl Albersdorf 1817

323 LAS Abt. 66 Nr. 7503 (Rentekammer Kopenhagen) Kirchspiel Nordhastedt 1820-1830

324 LAS Abt. 66 Nr. 7503 (Rentekammer Kopenhagen) Kirchspiel Nordhastedt 1820-1830

325 Bürgerbuch Meldorf „Verzeichnis No. 20 der in Meldorf sich gesetzwidrig aufhaltenden Juden…": „im Burg-Viertel der Jude David Marcus Cohen mit seinem Bruder und 3 Knechten in Joh. Albers Mauermans Hause auf der Burg Straße" in Verbindung mit Meld. Brandreg. p. 100 (unter Burgviertel), „hier Johann Albers seit 12.07.1792" und Literaturverz. (No. 45) Rehn, M.-E.: Juden in … – ein am 4.9.1811 hier geborener Sohn wird zu Ostern 1830 der erste jüdische Absolvent der Gelehrtenschule und ist bis zu seinem Tod 1862 Arzt in Barlt und Elmshorn (Qu. Abgangslisten Gelehrtenschule) jeweils im Stadtarchiv Meldorf

326 LAS Abt. 66 Nr. 7503 (Rentekammer Kopenhagen) Kirchspiel Nordhastedt 1820-1830

327 LAS Abt. 102.8 Nr. 2 (Landschaft Süderdithmarschen) Protokolle Landesversammlungen 1811-1847

328 Kirchenarchiv Meldorf – Nordhastedt Sterberegister Nr. 6/1852, nach seinem Tod interirmistisch noch für einige Zeit sein Vetter, der Kirchspielvogt in Albersdorf, Jacob Diedrich Harders

329 LAS Abt. 66 Nr. 7503 (Rentekammer Kopenhagen) Kirchspiel Nordhastedt 1820-1830

330 LAS Abt. 102 III Nr. 19 (Süderdithmarschen) Kirchspiele 1722-1783

331 LAS Abt. 102.13 Nr. 271-290 (Landsch. Süderdithm.) Schuld- u. Pfandprotok. NH

332 LAS Abt. 102 III Nr. 493 (Süderdithm.) Nordhastedt Diensteinkünfte des Vogts Harders 1824-1830

333 Korth, Dietrich: Revolutionär …(siehe 313), Zeitschrift Dithmarschen 3/1973, S. 68

334 Siehe Literaturverz. (Nr. 15) Hanssen, J. & Wolf, H.: Chronik des Landes Dithmarschen, S. 405 ff

335 LAS Abt. 102.4 Nr. 433 I (Landschaft Süderdithmarschen) Kriegssachen 1758-1763

336 Wanscher, Wilhelm: Artes – Monuments et memoires, Band 2, 1933, S. 113

337 LAS Abt. 102.13 Nr. 271-290 (Landsch. Süderdithm.) Schuld- u. Pfandprotok. NH

338 LAS Abt. 66 Nr. 5165 (Rentekammer Kopenhagen) Kirchspielvögte Vorgänge (1792) 1803-1848

339 LAS Abt.11 Nr. 9024 (Reg.-Kanzlei Glückstadt) Umgießen der Glocken Nordhastedt 1825

340 *LAS Abt. 102.4 Nr. 394 (Landschaft Süderdithmarschen) Wasserflut 1825*

341 *Kirchenarchiv Meldorf – Meldorf Sterberegister 23/1825 in Verbindung mit Meld. Brandreg. p. 22 (unter Norderviertel), aus Stadtarchiv Meldorf*

342 *LAS Abt. 102.8 Nr. 2 (Landschaft Süderdithmarschen) Protokolle Landesversammlungen 1811-1847*

343 *Meldorfer Schuld- und Pfandprotokolle 1825, S. 361 ff, aus Bestand Stadtarchiv Meldorf*

344 *Kirchenarchiv Meldorf – Meldorf Trauregister Nr. 51 und 52/1825 (hier: Copulation in Nordhastedt)*

345 *Zeitschrift Dithmarschen 4/1984: „Aus den Lebenserinnerungen des Peter Jacob Hedde ", S. 85*

346 *Michelsen, Hans: Chronik des Deich- und Hauptsielverbandes Dithmarschen Band II (Nr. 10986 Bibliothek Dithm. Landesmuseums), S. 182; Hans Jacob Halkens wird im April 1830 in einem Taufeintrag Meldorf als „p.t. Deichgräfer" (Anm. pro tempore, also derzeitiger Deichgraf) bezeichnet*

347 *Looft-Gaude, Ulrike: „Vom Ziehbrunnen zum Wasserbeschaffungsverband", Übersichtsplan S. 7 aus Zeitschrift Dithmarschen 1/1988*

348 *Kirchenarchiv Meldorf - Nordhastedt Sterberegister Nr. 3/1826*

349 *LAS Abt.102 IV Nr. 620 (Süderdithmarschen) Kirchhofsprotokoll Nordhastedt 1812*

350 *LAS Abt. 102 IV Nr. 624 (Süderdithmarschen) Nordhastedt Predigerkoppel als neuer Friedhof 1859-60*

351 *Kirchenarchiv Meldorf – Nordhastedt Sterberegister 23/1831*

352 *LAS Abt. 102.13 Nr. 271-290 (Landsch. Süderdithm.) Schuld- u. Pfandprotok. NH*

353 *Aus einem leider undatierten Artikel aus dem Meldorfer Hausfreund (1950er Jahre) mit dem Titel „Historisches Jahr 1910" ist u.a. zu lesen „In Meldorf befand sich die erste und älteste meteorologische Station Schleswig-Holsteins; sie war 79 Jahre in Betrieb und von dem Physikus Dr. Michaelsen 1831 gegründet worden." (im Bestand Stadtarchiv Meldorf)*

354 *„Die Kirchspielvögte im Kirchspiel Albersdorf 1559-1867 II", W. Thiessen, Zeitschr. Dith. 3/1967*

355 *„Die alte Kirchspielvogtei in Albersdorf" von Wilhelm Johnsen aus Zeitschrift Dithmarschen*

356 *Kirchenarchiv Meldorf – Albersdorf Sterberegister*

357 *Kirchenarchiv Meldorf – Nordhastedt Sterberegister 10/1885*